LA PROSTITUTION DANS L'ANTIQUITÉ

PAUL LACROIX

ALICIA EDITIONS

TABLE DES MATIÈRES

Introduction vii

TOME I : ANTIQUITÉ. GRÈCE - ROME.

Chapitre 1	3
Chapitre 2	15
Chapitre 3	24
Chapitre 4	49
Chapitre 5	60
Chapitre 6	71
Chapitre 7	82
Chapitre 8	94
Chapitre 9	117
Chapitre 10	139
Chapitre 11	149
Chapitre 12	164
Chapitre 13	175
Chapitre 14	197
Chapitre 15	218
Chapitre 16	238

TOME II : ANTIQUITÉ. GRÈCE - ROME (SUITE ET FIN)

Chapitre 1	255
Chapitre 2	269
Chapitre 3	301
Chapitre 4	315
Chapitre 5	347
Chapitre 6	371
Chapitre 7	384
Chapitre 8	397
Chapitre 9	424
Chapitre 10	442
Chapitre 11	461

Chapitre 12 487
Chapitre 13 508

Ce texte, publié en 1851 sous le pseudonyme de Pierre Dufour, est composé des deux premiers tomes d'un travail qui en comporte six et qui s'intitule dans sa version intégrale : « *Histoire de la prostitution chez tous les peuples du monde depuis l'antiquité la plus reculée jusqu'à nos jours* ».

INTRODUCTION

S'il est difficile de définir le mot *Prostitution*, combien est-il plus difficile de caractériser ce qui est son histoire dans les temps anciens et modernes! Ce mot *Prostitution*, qui flétrit comme avec un fer rouge une des plus tristes misères de l'humanité, s'emploie moins au propre qu'au figuré, et il reparaît souvent dans la langue parlée ou écrite, sans y prendre sa véritable acception. Les graves auteurs du Dictionnaire de l'Académie (dernière édition de 1835) n'ont pas trouvé pour ce mot-là une meilleure définition que celle-ci: «Abandonnement à l'impudicité.» Avant eux, Richelet s'était contenté d'une définition plus vague encore: «Déréglement de vie;» mais peu satisfait lui-même de cette explication, dont l'insuffisance accuse la modestie, il en avait complété le sens par une phrase moins amphibologique: «C'est un abandonnement illégitime que fait une fille ou femme de son corps à une personne, afin que cette personne prenne avec elle des plaisirs défendus.» Cette phrase, dans laquelle les auteurs du Dictionnaire de l'Académie ont puisé leur définition, ne dit pas même tout ce que renferme le mot *Prostitution*, puisque l'*abandonnement* dont il s'agit s'est étendu, en certaines circonstances, aux personnes des deux sexes, et que les plaisirs défendus par la religion ou la morale sont souvent autorisés ou tolérés par la loi. Nous pensons donc que ce mot *Prostitution* doit être ramené à son étymologie (*Prostitum*) et s'entendre alors de toute espèce de trafic obscène du corps humain.

Ce trafic sensuel, que la morale réprouve, a existé dans tous les siècles et chez tous les peuples; mais il a revêtu les formes les plus variées et les plus étranges, il s'est modifié selon les mœurs et les idées; il a obtenu ordinairement la protection du législateur; il est entré dans les codes politiques et même parfois dans les cérémonies religieuses; il a presque toujours et presque partout conquis son droit de cité, pour ainsi dire, et il est encore, de nos jours, sous l'empire du perfectionnement philosophique des sociétés, il est l'auxiliaire obligé de la police des villes, il est le gardien immoral de la moralité publique, il est le triste et indispensable tributaire des passions brutales de l'homme.

C'est là, il faut l'avouer, une des plus honteuses plaies de l'humanité; mais cette plaie, aussi ancienne que le monde, s'est déguisée tantôt dans les ténèbres du foyer hospitalier, tantôt dans les mystères des temples du paganisme, tantôt sous les voiles décents de la tolérance légale; cette plaie infâme, qui ronge plus ou moins le corps social, a trouvé dans la philosophie antique et dans la religion chrétienne un puissant palliatif, sinon un remède absolu, et à mesure que le peuple s'éclaire et s'améliore, le mal inévitable de la Prostitution diminue d'intensité et circonscrit, en quelque sorte, ses ravages. On ne peut espérer qu'il disparaisse tout à fait, puisque les instincts vicieux auxquels il répond sont malheureusement innés dans l'espèce humaine; mais on doit prévoir avec certitude qu'il se cachera un jour au fond des sentines publiques et qu'il n'affligera plus les regards des honnêtes gens.

Déjà, de toutes parts, en France ainsi que dans tous les pays soumis à un gouvernement régulier, la Prostitution voit décroître progressivement le nombre de ses agents avec celui de ses victimes; elle recule, comme si elle était accessible à un sentiment de pudeur, devant le développement de la raison morale; elle n'abdique pas, mais elle se sait détrônée et s'enveloppe dans les plis de sa robe de courtisane, en ne songeant plus à reconquérir son royaume impudique. Le moment n'est pas loin où elle rougira d'elle-même, où elle sortira pour jamais du sanctuaire des mœurs, où elle tombera par degrés dans l'obscurité et l'oubli. Il en est de ces maladies du cœur humain, comme de ces maladies physiques qui finissent par s'user et par perdre leur caractère contagieux ou épidémique sous l'influence du régime de vie. La lèpre ne nous est plus connue que de nom, et si l'on rencontre çà et là quelques rares vestiges de cette terrible peste du moyen âge, on reconnaît avec bonheur qu'ils n'ont plus la force de s'étendre et de se propager: ce sont seulement des témoignages redoutables du fléau qui sévissait jadis sur la population entière, et qui attaque à peine maintenant certains individus isolés.

L'heure est donc venue d'écrire l'histoire de la Prostitution, lorsqu'elle tend de plus en plus à s'effacer dans les souvenirs des hommes comme dans les habitudes des nations. L'historien s'empare des temps qui ne sont plus; il ressuscite les choses mortes; il ranime, il fait vivre le passé, pour l'enseignement du présent et de l'avenir; il donne un corps et une voix à la tradition. Le vaste et curieux sujet que nous allons traiter avec le secours de l'érudition et sous la censure de la prudence la plus sévère, ce sujet, délicat et suspect à la fois, se rattache de tous côtés à l'histoire des religions, des lois et des mœurs; mais il a été constamment mis à l'écart et comme à l'index par les historiens qui s'occupaient des mœurs, des lois et des religions anciennes et modernes. Les archéologues seuls, tels que Meursius, Laurentius, Musonius, etc., ont osé l'aborder, en écrivant des dissertations latines où la langue de Juvénal et de Pétrone a pu tout à son aise *braver l'honnêteté* et dans les mots et dans les faits.

Quant à nous, tout archéologue que nous sommes aussi, nous n'oublierons pas que nous écrivons en français, et que nous nous adressons à un public français qui veut être instruit, mais qui en même temps veut être respecté. Nous ne perdrons jamais de vue que ce livre, préparé lentement au profit de la science, doit servir à la morale et qu'il a pour principal objet de faire détester le vice en dévoilant ses turpitudes. Les Lacédémoniens montraient à la jeunesse le hideux spectacle des esclaves ivres, pour lui apprendre à fuir l'ivrognerie. Dieu nous garde de vouloir rendre le vice aimable, même en le montrant couronné de fleurs chez les peuples de l'antiquité! C'est là, surtout, que nous nous distinguerons des archéologues et des savants proprement dits, qui ne se préoccupent pas de la moralité des faits et qui ne se soucient pas d'en tirer des conséquences philosophiques. Ils dissertent longuement, par exemple, sur les cultes scandaleux d'Isis, d'Astarté, de Vénus et de Priape; ils en dévoilent les monstruosités, ils en retracent les infamies, mais ils oublient ensuite de nous purifier la pensée et de nous tranquilliser l'esprit, en opposant à ces images impures et dégradantes les chastes leçons de la philosophie et l'action bienfaisante du christianisme.

La Prostitution, dans l'histoire ancienne et moderne, revêt trois formes distinctes ou se traduit à trois degrés différents, qui appartiennent à trois époques différentes de la vie des peuples: 1° la Prostitution hospitalière; 2° la Prostitution sacrée ou religieuse; 3° la Prostitution légale ou politique. Ces trois dénominations résument assez bien les trois espèces de Prostitution, que M. Rabutaux caractérise en ces termes, dans un savant travail sur le sujet que nous nous disposons à traiter après lui, sous un point de vue plus général: «Partout, aussi loin que l'histoire nous permet de pénétrer, chez tous les peuples et dans tous les temps, nous voyons, comme un fait plus ou moins général, la femme, acceptant le plus odieux esclavage, s'abandonner sans choix et sans attrait aux brutales ardeurs qui la convoitent et la provoquent. Parfois, toute lumière morale venant à s'éteindre, la noble et douce compagne de l'homme perd dans cette nuit funeste la dernière trace de sa dignité, et, devenue, par un abaissement suprême, indifférente à celui même qui la possède, elle prend place comme une chose vile parmi les présents de l'hospitalité: les relations sacrées d'où naissent les joies du foyer et les tendresse de la famille n'ont chez ces peuples dégradés aucune importance, aucune valeur. D'autres fois, dans l'ancien Orient, par exemple, et de proche en proche chez presque tous les peuples qui y avaient puisé d'antiques traditions, par un accouplement plus hideux encore, le sacrifice de la pudeur s'allie chez la femme aux dogmes d'un naturalisme monstrueux qui exalte toutes les passions en les divinisant; il devient un rite sacré d'un culte étrange et dégénéré, et le salaire payé à d'impudiques prêtresses est comme une offrande faite à leurs dieux. Chez d'autres peuples enfin, chez ceux qui tiennent sur l'échelle morale le rang le plus élevé, la misère ou le vice livrent encore aux impulsions grossières des sens et à leurs cyniques désirs une classe entière, reléguée dans les plus basses régions, tolérée mais notée d'infamie, de femmes malheureuses pour lesquelles la débauche et la honte sont devenues un métier.»

Ainsi, M. Rabutaux regarde comme un odieux esclavage la Prostitution que nous considérons comme un odieux trafic. En effet, dans ses trois formes principales, elle nous apparaît plus vénale encore que servile, car elle est toujours volontaire et libre. Hospitalière, elle représente un échange de bons procédés avec un étranger, un inconnu, qui devient tout à coup un hôte, un ami; religieuse, elle achète, au prix de la pudeur qu'elle immole, les faveurs du Dieu et la consécration du prêtre; légale, elle s'établit et se met en pratique à l'instar de tous les métiers: comme eux, elle a ses droits et ses devoirs; elle a sa marchandise, ses boutiques et ses chalands; elle vend et elle gagne; ainsi que les commerces les plus honnêtes, elle n'a pas d'autre but que le lucre et le profit. Pour que ces trois sortes de Prostitution pussent être rangées dans la catégorie des servitudes morales et physiques, il faudrait que l'Hospitalité, la Religion et la Loi les eussent violemment créées, et leur imposassent la nécessité d'être, en dépit de toutes les résistances et de tous les dégoûts de la nature. Mais, à aucune époque, la femme n'a été une esclave qui ne fût pas même maîtresse de son corps, soit au foyer domestique, soit dans le sanctuaire des temples, soit dans les lupanars des villes.

La véritable Prostitution a commencé dans le monde, du jour où la femme s'est vendue comme une denrée, et ce marché, de même que la plupart des marchés, a été soumis à une multitude de conditions diverses. Quand la femme se donnait en obéissant aux désirs du cœur et aux entraînements de la chair, c'était l'amour, c'était la volupté, ce n'était pas la Prostitution qui pèse et qui calcule, qui tarife et qui négocie. Comme la volupté, comme l'amour, la Prostitution remonte à l'origine des peuples, à l'enfance des sociétés.

Dans l'état de simple nature, lorsque les hommes commencent à se chercher et à se réunir, la promiscuité des sexes est le résultat inévitable de la barbarie qui n'a pas encore d'autre règle que l'instinct. L'ignorance profonde dans laquelle végète l'âme humaine lui cache les notions élémentaires du bien et du mal. Alors, la Prostitution peut exister déjà: la femme, afin d'obtenir de l'homme une part du gibier qu'il a tué ou du poisson qu'il a pêché, consentira sans doute à se livrer à des ardeurs qu'elle ne ressent pas; pour un coquillage nacré, pour une plume d'oiseau éclatante, pour un lingot de métal brillant, elle accordera sans attrait et sans plaisir à une brutalité aveugle les priviléges de l'amour. Cette Prostitution sauvage, on le voit, est antérieure à toute religion comme à toute législation, et pourtant, dès ces premiers temps de l'enfance des nations, la femme ne cède pas à une servitude, mais à son libre arbitre, à son choix, à son avarice. Quand les peuplades s'assemblent, quand le lien social les divise en familles, quand le besoin de s'aimer et de s'entr'aider a fait des unions fixes et durables, le dogme de l'hospitalité engendre une autre espèce de Prostitution qui doit être également antérieure aux lois religieuses et morales. L'hospitalité n'était que l'application de ce précepte, inné peut-être dans le cœur de l'homme, et procédant d'une prévoyance égoïste plutôt que d'une générosité désintéressée, qui a fait depuis la charité évangélique: «Fais à autrui ce que tu voudrais qu'on te fît à toi-même.» En effet, dans les bois au milieu desquels il vivait, l'homme sentait la nécessité de trouver toujours et partout, chez son semblable, place au feu et à la table, lorsque ses chasses ou ses courses vagabondes le conduisaient loin de sa hutte de branchages et loin de sa couche de peaux de bêtes: c'était une condition d'utilité générale qui avait donc fait de l'hospitalité un dogme sacré, une loi inviolable. L'hôte, chez tous les anciens peuples, était accueilli avec respect et avec joie. Son arrivée semblait de bon augure; sa présence portait bonheur au toit qui l'avait abrité. En échange de cette heureuse influence qu'il amenait avec lui et qu'il laissait partout où il avait passé, n'était-ce pas justice de s'efforcer à lui plaire et à lui être agréable, chacun dans la mesure de ses moyens? De là l'empressement et les soins dont il était l'objet. Un mari cédait volontiers son lit et sa femme à l'hôte que les dieux lui envoyaient, et la femme, docile à un usage qui flattait sa curiosité capricieuse, se prêtait de bonne grâce à l'acte le plus délicat de l'hospitalité. Il est vrai qu'elle y était entraînée par l'espoir d'un présent que l'étranger lui offrait souvent le lendemain en prenant congé d'elle. Ce n'était pas le seul avantage qu'elle retirait de sa prostitution autorisée, prescrite même par ses parents et par son époux; elle courait la chance de recevoir les caresses d'un dieu ou d'un génie qui la rendrait mère et la doterait d'une glorieuse progéniture; car, dans toutes les religions, dans celles de l'Inde comme dans celles de la Grèce et de l'Égypte, c'était une croyance universelle que le passage et le séjour des dieux parmi les hommes sous la figure humaine. Ce voyageur, ce mendiant, cet être difforme et disgracié, qui faisait partie de la famille dès qu'il avait franchi le seuil de la maison ou de la tente, et qui s'y installait en maître au nom de l'hospitalité, ne pouvait-il pas être Brama, Osiris, Jupiter ou quelque dieu déguisé descendu chez les mortels pour les voir de près et les éprouver? La femme ne se trouvait-elle pas alors purifiée par les embrassements d'une divinité? Voilà comment la Prostitution hospitalière, commune à tous les peuples primitifs, s'était perpétuée par tradition et par habitude dans les mœurs de la civilisation antique.

La Prostitution sacrée était presque contemporaine de cette première Prostitution, qui fut en quelque sorte un des mystères du culte de l'hospitalité. Aussitôt que les religions naquirent de la crainte qu'imprimait au cœur de l'homme l'aspect des grandes commotions de la nature; aussitôt que le volcan, la tempête, la foudre, le tremblement de terre et la mer en fureur eurent fait inventer les dieux, la Prostitution s'offrit d'elle-même à ces dieux terribles et non pas implacables, et le prêtre s'attribua pour son compte une offrande dont les dieux qu'il représentait n'auraient pu profiter. Les hommes ignorants et crédules apportaient sur les autels tout ce qu'ils avaient de plus précieux: le lait de leurs génisses, le sang et la chair de leurs taureaux, les fruits et les moissons de leurs champs, le produit de leur chasse et de leur pêche, les ouvrages de leurs mains; les femmes ne tardèrent pas à s'offrir elles-mêmes en sacrifice au dieu, c'est-à-dire à son idole ou à son prêtre; prêtre ou idole, c'était l'un ou l'autre qui recevait l'offrande, tantôt la virginité de la fille nubile, tantôt la pudeur de la femme mariée. Les religions païennes, nées du hasard et du caprice, se formulèrent en dogmes et en principes, se façonnèrent selon les mœurs et s'assimilèrent aux gouvernements des États politiques: les philosophes et les prêtres avaient préparé et accompli d'intelligence cette œuvre de fraude ingénieuse; mais ils se gardèrent bien de porter atteinte aux vieux usages de la Prostitution sacrée: ils ne firent que la réglementer et en diriger l'exercice, qu'ils entourèrent de cérémonies bizarres et secrètes. La Prostitution devint dès lors l'essence de certains cultes de dieux et de déesses qui l'ordonnaient, la toléraient ou l'encourageaient. De là, les mystères de Lampsaque, de Babylone, de Paphos, de Memphis; de là, le trafic infâme qui se faisait à la porte des temples; de là, ces idoles monstrueuses auxquelles se prostituaient les vierges de l'Inde; de là, l'empire obscène que les prêtres s'arrogeaient sous les auspices de leurs impures divinités.

La Prostitution devait inévitablement passer de la religion dans les mœurs et dans les lois: ce fut donc la Prostitution légale qui s'empara de la société et qui la corrompit jusqu'au cœur. Cette Prostitution, plus dangereuse cent fois que celle qui se cachait à l'ombre des autels et des bois sacrés, se montrait sans voile à tous les yeux et ne se couvrait pas même d'un prétexte spécieux de nécessité publique: elle eut pour fille la débauche qui engendra tous les vices. C'est alors que des législateurs, frappés du péril que courait la société, eurent le courage de s'élever contre la Prostitution et de la resserrer dans de sages limites; quelques-uns essayèrent inutilement de l'étouffer et de l'anéantir; mais ils n'osèrent pas la poursuivre jusque dans les asiles inviolables que lui ouvrait la religion à certaines fêtes et en certaines occasions solennelles. Cérès, Bacchus, Vénus, Priape, la protégeaient contre l'autorité des magistrats, et d'ailleurs elle avait pénétré si avant dans l'habitude du peuple, qu'il n'eût pas été possible de l'en arracher sans toucher aux racines du dogme religieux. Une nouvelle religion pouvait seule venir en aide à la mission du législateur politique et faire disparaître la Prostitution sacrée en imposant un frein salutaire à la Prostitution légale. Telle fut l'œuvre du christianisme, qui détrôna les sens et proclama le triomphe de l'esprit sur la matière.

Et pourtant Jésus-Christ, dans son Évangile, avait réhabilité la courtisane en relevant Madeleine, et, admettant cette pécheresse au banquet de la parole divine, Jésus-Christ avait appelé à lui les vierges folles comme les vierges sages; mais, en inaugurant l'ère du repentir et de l'expiation, il avait enseigné la pudeur et la continence. Ses apôtres et leurs successeurs, pour faire tomber les faux dieux de l'impudicité, annoncèrent au monde chrétien que le vrai Dieu ne communiquait qu'avec des âmes chastes et ne s'incarnait que dans des corps exempts de souillures. A cette époque de civilisation avancée, la Prostitution hospitalière n'existait plus; la Prostitution sacrée, qui rougissait pour la première fois, se renferma dans ses temples, que lui disputait un nouveau culte plus moral et moins sensuel. Le paganisme, menacé, attaqué de toutes parts, ne tenta même pas de défendre, comme une de ses formes favorites, cette Prostitution que la conscience publique repoussait avec horreur. Ainsi, la Prostitution sacrée avait cessé d'exister, du moins ouvertement, avant que le paganisme eût abdiqué tout à fait son culte et ses temples. La religion de l'Évangile avait appris à ses néophytes à se respecter eux-mêmes; la chasteté et la continence étaient désormais des vertus obligatoires pour tout le monde, au lieu d'être comme autrefois le privilége de quelques philosophes; la Prostitution n'avait donc plus de motif ni d'occasion pour se faire un manteau religieux et pour se blottir en quelque coin obscur du sanctuaire. Cependant elle s'était depuis tant de siècles infiltrée si profondément dans les mœurs religieuses, elle avait procuré tant de jouissances cachées aux ministres des autels, qu'elle survécut encore çà et là au fond de quelques couvents et qu'elle essaya de se mêler au culte indécent de quelques saints. C'était toujours Priape qu'un vulgaire grossier et ignorant adorait sous le nom de saint Guignolet ou de saint Grelichon: c'était toujours, dans l'origine du christianisme, la Prostitution sacrée qui mettait les femmes stériles en rapport direct avec les statues phallophores de ces bienheureux malhonnêtes.

Mais la noble morale du Christ avait illuminé les esprits, assoupi les passions, exalté les sentiments, purifié les cœurs. Aux commencements de cette foi nouvelle, on put croire que la Prostitution s'effacerait dans les mœurs comme dans les lois, et qu'il ne serait pas même nécessaire d'opposer des digues légales aux impuretés de ce torrent fangeux que saint Augustin compare à ces cloaques construits dans les plus splendides palais pour détourner les miasmes infects et assurer la salubrité de l'air. La société nouvelle, qui s'était fondée au milieu de l'ancien monde et qui se conduisait d'abord selon la règle évangélique, fit une rude guerre à la Prostitution, sous quelque forme qu'elle osât demander grâce; les évêques, les synodes, les conciles la dénonçaient partout à la haine des fidèles, et la forçaient de se cacher dans l'ombre pour échapper à des châtiments pécuniaires et corporels. Mais la sagesse des législateurs chrétiens avait trop présumé de l'autorité religieuse; ils s'étaient trop hâtés de réprimer tous les élans de la convoitise charnelle; ils n'avaient pas fait la part des instincts, des goûts, des tempéraments: la Prostitution ne pouvait disparaître sans mettre en péril le repos et l'honneur des femmes de bien. Elle rentra dès lors effrontément dans ses ignobles domaines, et elle brava souvent la loi qui ne la tolérait qu'à regret, qui la retenait dans les bornes les plus étroites, et qui s'efforçait de l'éloigner des regards honnêtes. C'était encore le christianisme qui lui opposait les barrières les plus réelles et les plus respectées. Le christianisme, en faisant du mariage une institution de sérieuse moralité, et en relevant la condition de la femme vis-à-vis de l'époux qui la prenait pour compagne devant Dieu et devant les hommes, condamna la Prostitution à vivre hors de la société dans des repaires mystérieux et sous le sceau de la flétrissure publique.

Cependant la Prostitution, malgré les rigueurs de la loi qui la tolérait, mais qui la menaçait ou la poursuivait sans cesse, n'en avait pas une existence moins assurée ni moins nécessaire: elle était expulsée des villes, mais elle trouvait refuge dans les faubourgs, aux carrefours des routes, derrière les haies, en rase campagne; elle se distinguait au milieu du peuple par certaines couleurs réputées infâmes, par certaines formes de vêtement à elle seule affectées, mais elle affichait ainsi son abominable métier; elle faisait horreur aux personnes pieuses et pudiques, mais elle attirait à elle les jeunes débauchés, les vieillards pervers et les gens sans aveu. On peut donc dire qu'elle n'a jamais cessé d'être et de mener son train de vie, lors même que les scrupules moraux ou religieux d'un roi, d'un prince ou d'un magistrat, en étaient venus à ce point de l'interdire tout à fait et de vouloir la supprimer par un excès de pénalité. Les lois qui avaient prononcé son abolition ne tardaient pas à être abolies elles-mêmes, et cette odieuse nécessité sociale restait constamment attachée au corps de la nation, comme un ulcère incurable dont la médecine surveille et arrête les progrès. Tel est le rôle de la Prostitution depuis plusieurs siècles dans tous les pays où il y a une police prévoyante et intelligente à la fois. C'est là ce qu'on doit appeler la Prostitution légale: la religion la défend, la morale la blâme, la loi l'autorise.

Cette Prostitution légale comprend non-seulement les créatures dégradées qui avouent et pratiquent officiellement leur profession abjecte, mais encore toutes les femmes qui, sans avoir qualité et diplôme pour s'abandonner aux plaisirs du public payant, font aussi commerce de leurs charmes à divers degrés et sous des titres plus ou moins respectables. Il y a donc, à vrai dire, deux espèces de Prostitution légale: celle qui a droit et qui porte avec elle une autorisation dûment personnelle; celle qui n'a pas droit et qui s'autorise du silence de la loi à son égard: l'une dissimulée et déguisée, l'autre patente et reconnue. D'après cette distinction entre deux sortes de prostituées qui profitent du bénéfice de la loi civile, on peut apprécier à combien de catégories différentes s'étend cette Prostitution de contrebande sur laquelle le législateur a fermé les yeux et que le moraliste hésite à livrer aux jugements de l'opinion dont elle relève à peine. Plus la Prostitution perd son caractère spécial de trafic habituel, plus elle s'éloigne du poteau légal d'infamie auquel l'enchaîne sa destinée; quand elle est sortie du cercle encore indéfini de ses marchés honteux, elle s'égare, insaisissable, dans les vagues espaces de la galanterie et de la volupté. On voit qu'il n'est point aisé d'assigner des bornes exactes et fixes à la Prostitution légale, puisqu'on ne sait pas encore où elle commence, où elle finit.

Mais ce qui doit être désormais clairement établi dans l'esprit de nos lecteurs, c'est la distance énorme qui sépare de la Prostitution ancienne la Prostitution moderne. Celle-ci, purement légale, tolérée plutôt que permise, sous la double censure de la religion et de la morale; celle-là, au contraire, également condamnée par la philosophie, mais consacrée par les mœurs et par les dogmes religieux. Avant l'ère du christianisme, la Prostitution est partout, sous le toit domestique, dans le temple et dans les carrefours; sous le règne de l'Évangile, elle n'ose plus se montrer qu'à certaines heures de nuit, dans les lieux réservés et loin du séjour des honnêtes gens. Plus tard cependant, pour avoir la liberté de paraître au grand jour et d'échapper à la police des mœurs, elle prit des emplois, des costumes et des noms, qui n'effarouchaient ni les yeux ni les oreilles, et elle se fit un masque de décence pour avoir le privilége d'exercer son métier librement, sans contrôle et sans surveillance. Mais toujours, lors même que la loi est impuissante ou muette, l'opinion proteste contre ces métamorphoses hypocrites de la Prostitution légale.

Nous en avons dit assez déjà pour laisser deviner le plan de cet ouvrage, fruit de longues recherches et d'études absolument neuves. Quant à son but, nous ne croyons pas utile d'insister pour le faire comprendre; vis-à-vis d'un pareil sujet, un écrivain, qui se respecte autant qu'il respecte ses lecteurs, doit s'attacher à faire détester le vice, quand bien même le vice se présenterait sous les dehors les plus séduisants. Il suffit, pour rendre le vice haïssable, d'en étaler les tristes conséquences et les redoutables enseignements. Notre ouvrage n'est pas un livre de morale austère et glacée; c'est une histoire curieuse, pleine de tableaux dont nous voilerons la nudité, surtout dans ceux que nous fournissent en abondance les auteurs grecs et romains. Mais, à toutes les époques et dans tous les pays, on verra que les sages avertissements des philosophes et des législateurs ont protesté contre les débordements des passions sensuelles. Moïse inscrivait la chasteté dans le code qu'il donnait aux Hébreux; Solon et Lycurgue sévissaient contre la Prostitution, dans la patrie voluptueuse des courtisanes; le sénat romain flétrissait la débauche, en face des sales mystères d'Isis et de Vénus; Charlemagne, saint Louis, tous les rois qui se regardaient comme des *pasteurs d'hommes*, suivant la belle expression d'Homère, travaillaient à épurer les mœurs de leurs peuples et à contenir la Prostitution dans une obscure et abjecte servitude. Ce n'était là que l'action vigilante de la loi. Mais en même temps la philosophie, dans ses leçons et dans ses écrits, prêchait la continence et la pudeur; Pythagore, Platon, Aristote, Cicéron, prêtaient une voix entraînante ou persuasive à la morale la plus pure. Lorsque l'Évangile eut réhabilité le mariage, lorsque la chasteté fut devenue une prescription religieuse, la philosophie chrétienne ne fit que répéter les conseils de la philosophie païenne. Depuis dix-huit siècles, la chaire de Jésus-Christ tonne et foudroie l'antre de la Prostitution. Ici la fange et les ténèbres; là une onde sainte où le cœur lave ses souillures, une lumière vivifiante qui vient de Dieu.

TOME I : ANTIQUITÉ. GRÈCE - ROME.

1

Sommaire.—La Chaldée, berceau de la Prostitution hospitalière et de la Prostitution sacrée.—Babylone.—Vénus Mylitta.—Loi honteuse des Babyloniens.—Mystères du culte de Mylitta.—Culte de Vénus Uranie dans l'île de Cypre.—Le prophète Baruch et Hérodote.—Prostitution sacrée des femmes de Babylone.—Offrandes pour se rendre Vénus favorable.—Le *Champ sacré* de la Prostitution.—Corruption épouvantable des Babyloniens.—Leur science dans l'art du plaisir et des voluptés.—Impudeur des dames babyloniennes et de leurs filles dans les banquets.—La Prostitution sacrée en Arménie.—Temple de Vénus Anaïtis.—Sérails des deux sexes.—Hôtes de Vénus.—L'enclos sacré.—Prêtresses d'Anaïtis.—La Prostitution sacrée en Syrie.—Cultes de Vénus, d'Adonis et de Priape.—L'Astarté des Phéniciens.—Fêtes nocturnes et débauches infâmes qui avaient lieu sous les auspices et en l'honneur d'Astarté.—La déesse des Sidoniens.—La Prostitution sacrée dans l'île de Cypre.—Les filles d'Amathonte.—Cypris, maîtresse du roi Cinyras, fondateur du temple de Paphos.—Phallus offerts en holocauste.—La Vénus hermaphrodite d'Amathonte, dite la *double déesse*.—Mystères secrets du culte d'Astarté.—Le *Hochequeue*.—Philtres amoureux des magiciens.—La Prostitution sacrée dans les colonies phéniciennes.—Les *Tentes des Filles*, à Sicca-Veneria.—Principaux caractères du culte de Vénus, précisés par saint Augustin.—Culte hermaphrodite dans l'Asie-Mineure.—Fêtes en l'honneur d'Adonis, à Byblos.—Rites du culte d'Adonis.—Sa statue phallophore.—Temples de Vénus Anaïtis à Zela et à Comanes, à Suse et à Ecbatane.—La Prostitution sacrée chez les Parthes et chez les Amazones.—Mollesse des Lydiens.—Débauche éhontée des filles lydiennes.—Tombeau du roi Alyattes, père de Crésus, construit presque en entier avec l'argent de la Prostitution.—Prostituées musiciennes et danseuses suivant l'armée des Lydiens.—Orgies des anciens Perses en présence de leurs femmes et de leurs filles légitimes.—Les trois cent vingt-neuf concubines de Darius.

C'est dans la Chaldée, dans l'antique berceau des sociétés humaines, qu'il faut chercher les premières traces de la Prostitution. Une partie de la Chaldée, celle qui touchait au nord la Mésopotamie et qui renfermait le pays d'Ur, patrie d'Abraham, avait pour habitants une race belliqueuse et sauvage, vivant au milieu des montagnes et ne connaissant pas d'autre art que celui de la chasse. Ce peuple chasseur inventa l'hospitalité et la Prostitution qui en était, en quelque sorte, l'expression naïve et brutale. Dans l'autre partie de la Chaldée, qui confinait avec l'Arabie déserte et qui s'étendait en plaines fertiles, en gras pâturages, un peuple pasteur, d'un naturel doux et pacifique, menait une vie errante au milieu de ses innombrables troupeaux. Il observait les astres, il créait les sciences, il inventa les religions et avec elles la Prostitution sacrée. Quand Nembrod, ce roi, ce conquérant que la Bible appelle un *fort chasseur devant Dieu*, réunit sous ses lois les deux provinces et les deux peuples de la Chaldée, quand il fonda Babylone au bord de l'Euphrate, l'an du monde 1402, selon les livres de Moïse, il laissa se mêler ensemble les croyances, les idées et les mœurs des différentes races de ses sujets, et il n'en dirigea pas même la fusion, qui se fit lentement sous l'influence de l'habitude. Ainsi la Prostitution sacrée et la Prostitution hospitalière ne signifièrent bientôt plus qu'une seule et même chose dans la pensée des Babyloniens, et devinrent simultanément une des formes les plus caractéristiques du culte de Vénus ou Mylitta.

Écoutons Hérodote, le vénérable père de l'histoire, le plus ancien collecteur des traditions du monde: «Les Babyloniens ont une loi très-honteuse: toute femme née dans le pays est obligée, une fois dans sa vie, de se rendre au temple de Vénus, pour s'y livrer à un étranger.

Plusieurs d'entre elles, dédaignant de se voir confondues avec les autres à cause de l'orgueil que leur inspirent leurs richesses, se font porter devant le temple dans des chars couverts. Là elles se tiennent assises, ayant derrière elles un grand nombre de domestiques qui les ont accompagnées; mais la plupart des autres s'asseyent dans la pièce de terre dépendante du temple de Vénus avec une couronne de ficelles autour de la tête. Les unes arrivent, les autres se retirent. On voit, en tous sens, des allées séparées par des cordages tendus; les étrangers se promènent dans ces allées et choisissent les femmes qui leur plaisent le plus. Quand une femme a pris place en ce lieu, elle ne peut retourner chez elle que quelque étranger ne lui ait jeté de l'argent sur les genoux et n'ait eu commerce avec elle hors du lieu sacré. Il faut que l'étranger, en lui jetant de l'argent, lui dise: «J'invoque la déesse Mylitta.» Or, les Assyriens donnent à Vénus le nom de Mylitta. Quelque modique que soit la somme, il n'éprouvera point de refus: la loi le défend, car cet argent devient sacré. Elle suit le premier qui lui jette de l'argent, et il ne lui est pas permis de repousser personne. Enfin, quand elle s'est acquittée de ce qu'elle devait à la déesse, en s'abandonnant à un étranger, elle retourne chez elle; après cela, quelque somme qu'on lui donne, il n'est pas possible de la séduire. Celles qui ont en partage une taille élégante et de la beauté ne feront pas un long séjour dans le temple; mais les laides y restent davantage, parce qu'elles ne peuvent satisfaire à la loi. Il y en a même qui y demeurent trois ou quatre ans.» (Liv. I, paragr. 199).

Cette Prostitution sacrée, qui se répandit avec le culte de Mylitta ou Vénus Uranie dans l'île de Cypre et en Phénicie, est un de ces faits acquis à l'histoire, si monstrueux, si bizarre, si invraisemblable qu'il paraisse. Le prophète Baruch, qu'Hérodote n'avait pas consulté et qui se lamentait avec Jérémie deux siècles avant l'historien grec, raconte aussi les mêmes turpitudes dans la lettre de Jérémie aux Juifs que le roi Nabuchodonosor avait amenés en captivité à Babylone: «Des femmes, enveloppées de cordes, sont assises au bord des chemins et brûlent des parfums (*succendentes ossa olivarum*). Quand une d'elles, attirée par quelque passant, a dormi avec lui, elle reproche à sa voisine de n'avoir pas été jugée digne, comme elle, d'être possédée par cet homme et de n'avoir pas vu rompre sa ceinture de cordes.» (Baruch, ch. VI). Cette ceinture de cordes, ces nœuds qui entouraient le corps de la femme vouée à Vénus, représentaient la pudeur qui ne la retenait que par un lien fragile et que l'amour impétueux devait bientôt briser. Il fallait donc que celui qui voulait cohabiter avec une de ces femmes consacrées saisît l'extrémité de la corde qui l'entourait et entraînât ainsi sa conquête sous des cèdres et des lentisques qui prêtaient leur ombre à l'achèvement du mystère. Le sacrifice à Vénus était mieux reçu par la déesse, lorsque le sacrificateur, dans ses transports amoureux, rompait impétueusement tous les liens qui lui faisaient obstacle. Mais les savants qui ont commenté le fameux passage de Baruch ne sont pas d'accord sur l'espèce d'offrande que les consacrées brûlaient devant elles pour se rendre Vénus favorable. Selon les uns, c'était un gâteau d'orge et de froment; selon les autres, c'était un philtre qui allumait les désirs et préparait à la volupté; enfin, d'après une explication plus naturelle, il ne s'agissait que des baies parfumées de l'arbre à encens.

Hérodote avait vu de ses yeux, vers l'an 440 avant Jésus-Christ, la Prostitution sacrée des femmes de Babylone; comme étranger, sans doute jeta-t-il quelque argent sur les genoux d'une belle Babylonienne. Trois siècles et demi après lui, un autre voyageur, Strabon, fut aussi témoin de ces désordres, et il raconte que toutes les femmes de Babylone obéissaient à l'oracle en livrant leur corps à un étranger qu'elles considéraient comme un hôte: *Mos est... cum hospite corpus miscere*, dit la traduction latine de sa Géographie écrite en grec. Cette Prostitution n'avait lieu que dans un seul temple où elle s'était installée dès les premiers temps de la fondation de Babylone. Le temple de Mylitta eût été trop petit pour contenir tous les adorateurs de la déesse; mais il y avait à l'entour de ce temple une vaste enceinte qui en faisait partie et qui renfermait des édicules, des bocages, des bassins et des jardins. C'était là le champ de la Prostitution. Les femmes qui s'y abandonnaient se trouvaient sur un terrain sacré où l'œil d'un père ou d'un mari ne venait pas les troubler. Hérodote et Strabon ne parlent pas de la part que se réservait le prêtre dans les offrandes des pieuses adoratrices de Mylitta; mais Baruch nous représente les prêtres de Babylone comme des gens qui ne se refusaient rien.

On comprend que le spectacle permanent de la Prostitution sacrée ait gâté les mœurs de Babylone. En effet, cette immense cité, peuplée de plusieurs millions d'hommes répartis sur un espace de quinze lieues, était devenue bientôt un épouvantable lieu de débauche. Elle fut détruite en partie par les Perses, qui s'en emparèrent dans l'année 331 avant Jésus-Christ; mais la ruine de quelques grands édifices, le saccagement des palais et des tombeaux, le renversement des murailles ne purifièrent pas l'air empesté de la Prostitution, qui s'y perpétua comme dans sa véritable patrie, tant qu'il y eut un toit pour l'abriter. Alexandre-le-Grand avait été lui-même effrayé du libertinage babylonien lorsqu'il y était venu prendre part et en mourir. «Il n'était rien de plus corrompu que ce peuple, rapporte Quinte-Curce, un des historiens du conquérant de Babylone; rien de plus savant dans l'art des plaisirs et des voluptés. Les pères et les mères souffraient que leurs filles se prostituassent à leurs hôtes pour de l'argent, et les maris n'étaient pas moins indulgents à l'égard de leurs femmes. Les Babyloniens se plongeaient surtout dans l'ivrognerie et dans les désordres qui la suivent. Les femmes paraissaient d'abord dans leurs banquets avec modestie; mais ensuite elles quittaient leurs robes; puis le reste de leurs habits l'un après l'autre, dépouillant peu à peu la pudeur jusqu'à ce qu'elles fussent toutes nues. Et ce n'étaient pas des femmes publiques qui s'abandonnaient ainsi; c'étaient les dames les plus qualifiées, aussi bien que leurs filles.»

L'exemple de Babylone avait porté fruit; et le culte de Mylitta s'était propagé, avec la Prostitution qui l'accompagnait, dans l'Asie et dans l'Afrique, jusqu'au fond de l'Égypte comme jusqu'en Perse; mais dans chacun de ces pays la déesse prenait un nom nouveau, et son culte affectait des formes nouvelles sous lesquelles reparaissait toujours la Prostitution sacrée.

En Arménie, on adorait Vénus sous le nom d'Anaïtis; on lui avait élevé un temple à l'instar de celui que Mylitta avait à Babylone. Autour de ce temple s'étendait un vaste domaine dans lequel vivait enfermée une population consacrée aux rites de la déesse. Les étrangers seuls avaient le droit de passer le seuil de cette espèce de sérail des deux sexes et d'y demander une galante hospitalité qu'on ne leur refusait jamais. Quiconque était admis dans la cité amoureuse devait, suivant l'antique usage, acheter par un présent les faveurs qu'on lui accordait; mais, comme il n'est pas de coutume qui ne tombe tôt ou tard en désuétude à une époque de décadence, la femme que l'hôte de Vénus avait honorée de ses caresses le forçait souvent d'accepter un don plus considérable que celui qu'elle en recevait. Les desservants et desservantes de l'enclos sacré étaient les fils et les filles des meilleures familles du pays; et ils entraient au service de la déesse pour un temps plus ou moins long, d'après le vœu de leurs parents. Quand les filles sortaient du temple d'Anaïtis, en laissant à ses autels tout ce qu'elles avaient pu gagner à la sueur de leur corps, elles n'avaient point à rougir du métier qu'elles avaient fait, et alors elles ne manquaient pas de maris qui s'en allaient au temple prendre des renseignements sur les antécédents religieux des jeunes prêtresses. Celles qui avaient accueilli le plus grand nombre d'étrangers étaient les plus recherchées en mariage. Il faut dire aussi que dans le culte d'Anaïtis on assortissait autant que possible l'âge, la figure et la condition des amants, de manière à contenter la déesse et ses adorateurs. C'est Strabon qui nous a conservé cette particularité consolante, que nous ne rencontrerons pas chez les autres Vénus.

Ces différentes Vénus s'étaient éparpillées dans toute la Syrie, et elles avaient partout établi leur Prostitution avec certaines variantes de cérémonial. Vénus, sous ses noms divers, personnifiait, déifiait l'organe de la femme, la conception féminine, la nature femelle. Il était donc tout simple de déifier, de personnifier aussi l'organe de l'homme, la génération masculine, la nature mâle. Les hommes avaient fait le culte de Vénus; les femmes firent celui d'Adonis, qui devint, en se matérialisant, celui de Priape. On voit, dans l'antiquité, les deux cultes régner, l'un auprès de l'autre en bonne intelligence. C'est surtout aux Phéniciens qu'il faut attribuer la propagation des deux cultes, qui souvent n'en formaient qu'un seul, en se mêlant l'un à l'autre. La Vénus des Phéniciens se nommait Astarté. Elle avait des temples à Tyr, à Sidon et dans les principales villes de Phénicie; mais les plus célèbres étaient ceux d'Héliopolis de Syrie et d'Aphaque près du mont Liban. Astarté avait les deux sexes dans ses statues, pour représenter à la fois Vénus et Adonis. Le mélange des deux sexes se traduisait encore mieux par le travestissement des hommes en femmes et des femmes en hommes, dans les fêtes nocturnes de la déesse. Les débauches les plus infâmes avaient lieu à la faveur de ces déguisements, et le prêtre en réglait lui-même la cérémonie, au son des instruments de musique, des sistres et des tambours. Cette monstrueuse promiscuité, qui avait lieu sous les auspices de la *bonne déesse*, amenait une multitude d'enfants qui ne connaissaient jamais leurs pères et qui venaient à leur tour, dès leur plus tendre jeunesse, retrouver leurs mères dans les mystères d'Astarté. Il y avait pourtant une espèce de mariage, en dehors de la Prostitution sacrée, à laquelle se livraient les hommes ainsi que les femmes; puisque les Phéniciens, suivant le témoignage d'Eusèbe, prostituaient leurs filles vierges aux étrangers, pour la plus grande gloire de l'hospitalité. Ces turpitudes, que n'absolvait pas leur antiquité, se continuèrent jusqu'au quatrième siècle de l'ère vulgaire, et il fallut que Constantin-le-Grand y mît ordre, en les interdisant par une loi, en détruisant les temples d'Astarté et en remplaçant celui qui déshonorait Héliopolis par une église chrétienne.

Cette Astarté, que la Bible appelle la *déesse des Sidoniens*, avait trouvé des autels non moins impurs dans l'île de Cypre, où les Phéniciens d'Ascalon importèrent de bonne heure, avec leur commerce industrieux, la Prostitution sacrée. On eût dit que Vénus, née de la mer, comme la brillante planète Uranie, que les bergers chaldéens en voyaient sortir dans les belles nuits d'été, avait choisi pour son empire terrestre cette île de Cypre, que les dieux, à sa naissance, lui assignèrent en partage, comme nous le raconte la tradition grecque par la bouche d'Homère. C'était l'Astarté des Phéniciens, l'Uranie des Babyloniens: elle avait dans son île vingt temples renommés; les deux principaux étaient ceux de Paphos et d'Amathonte, où la Prostitution sacrée s'exerçait sur une plus grande échelle que partout ailleurs. Et pourtant, les filles d'Amathonte avaient été chastes, et même obstinées dans leur chasteté, lorsque Vénus fut rejetée sur leur rivage par l'écume des flots; elles méprisèrent cette nouvelle déesse qui leur apparaissait toute nue, les pauvres Propœtides, et la déesse irritée leur ordonna de se prostituer à tout venant, pour expier le mauvais accueil qu'elles lui avaient fait: elles obéirent avec tant de répugnance aux ordres de Vénus, que la protectrice des amours les changea en pierres. Ce fut une leçon qui profita aux filles de Cypre: elles se vouèrent donc à la Prostitution en l'honneur de leur déesse, et elles se promenaient le soir, au bord de la mer, pour se vendre aux étrangers qui arrivaient dans l'île. Il en était encore ainsi au deuxième siècle, du temps de Justin, qui raconte ces promenades des jeunes Cypriennes sur le rivage; mais, à cette époque, le produit de leur prostitution n'était pas déposé, comme dans l'origine, sur l'autel de la déesse: ce salaire malhonnête s'entassait dans un coffre, de manière à former une dot qu'elles apportaient à leurs maris et que ceux-ci recevaient sans rougir.

Quant aux fêtes de Vénus, qui attiraient en Cypre une innombrable foule d'adorateurs zélés, elles n'en étaient pas moins accompagnées d'actes, ou du moins d'emblèmes de Prostitution. On attribuait au roi Cinyras la fondation du temple de Paphos, et les prêtres du lieu prétendaient que la maîtresse de ce roi, nommée Cypris, s'était fait un tel renom d'habileté dans les choses de l'amour, que la déesse avait voulu qu'on lui donnât son nom. Cette Vénus, qu'on adorait à Paphos, était donc l'image de la nature femelle, de même que la Mylitta de Babylone: aussi, dans les sacrifices qui lui étaient offerts, on lui présentait, sous le nom de *Carposis* (Καρπωσις), qui signifiait *prémices*, un phallus ou une pièce de monnaie. Les initiés ne s'en tenaient pas à l'allégorie. La déesse était représentée d'abord par un cône ou pyramide en pierre blanche, qui fut transformée plus tard en statue de femme. La statue du temple d'Amathonte, au contraire, représentait une femme barbue, avec les attributs de l'homme sous des habits féminins: cette Vénus-là était hermaphrodite, selon Macrobe (*putant eamdem marem ac feminam esse*); voilà pourquoi Catulle l'invoque en la qualifiant de *double déesse d'Amathonte* (*duplex Amathusia*). Les mystères les plus secrets de cette Astarté se passaient dans le bois sacré qui environnait son temple, et dans ce bois toujours vert on entendait soupirer l'iunx ou *frutilla*, oiseau dédié à la déesse. Cet oiseau, dont les magiciens employaient la chair pour leurs philtres amoureux, n'était autre que notre trivial *hochequeue*; s'il nous est venu de Cypre, il a eu le temps de changer en chemin. Cette île fortunée avait encore d'autres temples, où le culte de Vénus suivait les mêmes rites: à Cinyria, à Tamasus, à Aphrodisium, à Idalie surtout, la Prostitution sacrée prenait les mêmes prétextes, sinon les mêmes formes.

De Cypre, elle gagna successivement toutes les îles de la Méditerranée; elle pénétra en Grèce et jusqu'en Italie: la marine commerçante des Phéniciens la portait partout où elle allait chercher ou déposer des marchandises. Mais chaque peuple, en acceptant un culte qui flattait ses passions, y ajoutait quelques traits de ses mœurs et de son caractère. Dans les colonies phéniciennes la Prostitution sacrée conservait les habitudes de lucre et de mercantilisme qui distinguaient cette race de marchands: à Sicca-Veneria, sur le territoire de Carthage, le temple de Vénus, qu'on appelait dans la langue tyrienne *Succoth Benoth* ou *les Tentes des Filles*, était, en effet, un asile de Prostitution dans lequel les filles du pays allaient gagner leur dot à la peine de leur corps (*injuria corporis*, dit Valère-Maxime); elles n'en étaient que plus honnêtes femmes après avoir fait ce vilain métier, et elles ne se mariaient que mieux. On peut induire de certains passages de la Bible, que ce temple, comme ceux d'Astarté à Sidon et à Ascalon, était tout environné de petites tentes, dans lesquelles les jeunes Carthaginoises se consacraient à la Vénus phénicienne. Elles s'y rendaient de tous côtés en si grand nombre, qu'elles se faisaient tort réciproquement et qu'elles ne retournaient pas à Carthage aussi vite qu'elles l'auraient voulu pour y trouver des maris. Les temples de Vénus étaient ordinairement situés sur des hauteurs, en vue de la mer, afin que les nautoniers, fatigués de leur navigation, pussent apercevoir de loin, comme un phare, la blanche demeure de la déesse, qui leur promettait le repos et la volupté. On comprend que la Prostitution hospitalière se soit d'abord établie au profit des marins, le long des côtes où ils pouvaient aborder. Cette Prostitution est devenue sacrée, lorsque le prêtre a voulu en avoir sa part et l'a couverte, en quelque sorte, du voile de la déesse qui la protégeait. Saint Augustin, dans sa *Cité de Dieu*, a précisé les principaux caractères du culte de Vénus, en constatant qu'il y avait trois Vénus plutôt qu'une, celle des vierges, celle des femmes mariées et celle des courtisanes, déesse impudique, à qui les Phéniciens, dit-il, immolaient la pudeur de leurs filles, avant qu'elles fussent mariées.

Toute l'Asie-Mineure avait embrassé avec transport un culte qui déifiait les sens et les appétits charnels: ce culte associait souvent Adonis à Vénus. Adonis, dont les Hébreux firent le nom du Dieu créateur du monde, *Adonaï*, personnifiait la nature mâle, sans laquelle est impuissante la nature femelle. Aussi, dans les fêtes funèbres qu'on célébrait en l'honneur de ce héros chasseur, tué par un sanglier et tant pleuré par Vénus, sa divine amante, on symbolisait l'épuisement des forces physiques et matérielles, qui se perdent par l'abus qu'on en fait, et qui ne se réveillent qu'à la suite d'une période de repos absolu. Durant ces fêtes, qui étaient fort célèbres à Byblos en Syrie, et qui rassemblaient une immense population cosmopolite autour du grand temple de Vénus, les femmes devaient consacrer leurs cheveux ou leur pudeur à la déesse. Il y avait la fête du deuil, pendant laquelle on pleurait Adonis en se frappant l'un l'autre avec la main ou avec des verges; il y avait ensuite la fête de la joie, qui annonçait la résurrection d'Adonis. Alors, on exposait en plein air, sous le portique du temple, la statue phallophore du dieu ressuscité, et aussitôt, toute femme présente était forcée de livrer sa chevelure au rasoir ou son corps à la Prostitution. Celles qui avaient préféré garder leurs cheveux étaient parquées dans une espèce de marché, où les étrangers seuls avaient le privilège de pénétrer; elles restaient là *en vente*, dit Lucien, pendant tout un jour, et elles s'abandonnaient à ce honteux trafic autant de fois qu'on voulait bien les payer. Tout l'argent que produisait cette laborieuse journée s'employait ensuite à faire des sacrifices à Vénus. C'était ainsi qu'on solennisait les amours de la déesse et d'Adonis. On peut s'étonner que les habitants du pays fussent si empressés pour un culte où leurs femmes avaient tout le bénéfice des mystères de Vénus; mais il faut remarquer que les étrangers n'étaient pas moins qu'elles intéressés dans ces mystères qui semblaient institués exprès pour eux. Le culte de Vénus était donc, en quelque sorte, sédentaire pour les femmes, nomade pour les hommes, puisque ceux-ci pouvaient visiter tour à tour les fêtes et les temples divers de la déesse, en profitant partout, dans ces pèlerinages voluptueux, des avantages réservés aux hôtes et aux étrangers.

Partout, en effet, dans l'Asie-Mineure, il y avait des temples de Vénus, et la Prostitution sacrée présidait partout aux fêtes de la déesse, qu'elle prît le nom de Mylitta, d'Anaïtis, d'Astarté, d'Uranie, de Mitra, ou tout autre nom symbolique. Il y avait, dans le Pont, à Zela et à Comanes, deux temples de Vénus-Anaïtis, qui attiraient à leurs solennités une multitude de fervents adorateurs. Ces deux temples s'étaient prodigieusement enrichis avec l'argent de ces débauchés, qui s'y rendaient de toutes parts pour accomplir des vœux (*causa votorum*, dit Strabon). Pendant les fêtes, les abords du temple à Comanes ressemblaient à un vaste camp peuplé d'hommes de toutes les nations, offrant un bizarre mélange de langages et de costumes. Les femmes qui se consacraient à la déesse, et qui faisaient argent de leur corps (*corpore quæstum facientes*), étaient aussi nombreuses qu'à Corinthe, dit encore Strabon, qui avait été témoin de cette affluence. Il en était de même à Suse et à Ecbatane en Médie; chez les Parthes, qui furent les élèves et les émules des Perses en fait de sensualité et de luxure; jusque chez les

Amazones, qui se dédommageaient de leur chasteté ordinaire, en introduisant d'étranges désordres dans le culte de leur Vénus, qu'elles nommaient pourtant Artémis la Chaste. Mais ce fut en Lydie que la Prostitution sacrée entra le plus profondément dans les mœurs. Ces Lydiens, qui se vantaient d'avoir inventé tous les jeux de hasard et qui s'y livraient avec une sorte de fureur, vivaient dans une mollesse, éternelle conseillère de la débauche. Tout plaisir leur était bon, sans avoir besoin d'un prétexte de religion ni de l'occasion d'une fête sacrée. Ils adoraient bien Vénus, avec toutes les impuretés que son culte avait admises; mais, en outre, les filles se vouaient à Vénus et pratiquaient pour leur propre compte la Prostitution la plus éhontée: «Elles y gagnent leur dot, dit Hérodote, et continuent ce commerce jusqu'à ce qu'elles se marient.» Cette dot si malhonnêtement acquise leur donnait le droit de choisir un époux qui n'avait pas toujours le droit de repousser l'honneur d'un pareil choix. Il paraît que les filles lydiennes ne faisaient pas de mauvaises affaires, car lorsqu'il fut question d'ériger un tombeau à leur roi Alyattes, père de Crésus, elles contribuèrent à la dépense, de concert avec les marchands et les artisans de la Lydie. Ce tombeau était magnifique, et des inscriptions commémoratives marquaient la part qu'avait eue, dans sa construction, chacune des trois catégories de ses fondateurs; or, les courtisanes avaient fourni une somme considérable et fait bâtir une portion du monument bien plus étendue que les deux autres, bâties aux frais des artisans et des marchands.

Les Lydiens, ayant été subjugués par les Perses, communiquèrent à leurs vainqueurs le poison de la Prostitution. Ces Lydiens, qui avaient dans leurs armées une foule de danseuses et de musiciennes, merveilleusement exercées dans l'art de la volupté, apprirent aux Perses à faire cas de ces femmes qui jouaient de la lyre, du tambour, de la flûte et du psaltérion. La musique devint alors l'aiguillon du libertinage, et il n'y eut pas de grand repas où l'ivresse et la débauche ne fussent sollicitées par les sons des instruments, par les chants obscènes et les danses lascives des courtisanes. Ce honteux spectacle, ces préludes de l'orgie sans frein, les anciens Perses ne les épargnèrent pas même aux regards de leurs femmes et de leurs filles légitimes, qui venaient prendre place au festin, sans voile et couronnées de fleurs, elles qui vivaient ordinairement renfermées dans l'intérieur de leurs maisons et qui ne sortaient que voilées, même pour aller au temple de Mithra, la Vénus des Perses. Échauffées par le vin, animées par la musique, exaltées par la pantomime voluptueuse des musiciennes, ces vierges, ces matrones, ces épouses perdaient bientôt toute retenue et, la coupe à la main, acceptaient, échangeaient, provoquaient les défis les plus déshonnêtes, en présence de leurs pères, de leurs maris, de leurs frères, de leurs enfants. Les âges, les sexes, les rangs se confondaient sous l'empire d'un vertige général; les chants, les cris, les danses redoublaient, et la sainte Pudeur, dont les yeux et les oreilles n'étaient plus respectés, fuyait en s'enveloppant dans les plis de sa robe. Une horrible promiscuité s'emparait alors de la salle du festin, qui devenait un infâme *dictérion*. Le banquet et ses intermèdes libidineux se prolongeaient de la sorte jusqu'à ce que l'aurore fît pâlir les torches et que les convives demi-nus tombassent pêle-mêle endormis sur leurs lits d'argent et d'ivoire. Tel est le récit que Macrobe et Athénée nous font de ces hideux festins, que Plutarque essaie de réhabiliter en avouant que les Perses avaient un peu trop imité les Parthes, qui se livraient avec fureur à tous les entraînements du vin et de la musique.

Au reste, dès la plus haute antiquité, les rois de Perse avaient des milliers de concubines musiciennes attachées à leur suite, et Parménion, général d'Alexandre de Macédoine, en trouva encore dans les bagages de Darius trois cent vingt-neuf qui lui étaient restées après la défaite d'Arbelles, avec deux cent soixante dix-sept cuisiniers, quarante-six tresseurs de couronnes et quarante parfumeurs, comme un dernier débris de son luxe et de sa puissance.

2

Sommaire.—La Prostitution en Égypte, autorisée par les lois.—Cupidité des Égyptiennes.—Leurs talents incomparables pour exciter et satisfaire les passions.—Réputation des courtisanes d'Égypte.—Cultes d'Osiris et d'Isis.—Osiris, emblème de la nature mâle.—Isis, emblème de la nature femelle.—Le Van mystique, le Tau sacré et l'Œil sans sourcils, des processions d'Osiris.—La Vache nourricière, les *Cistophores* et le Phallus, des processions d'Isis.—La Prostitution sacrée en Égypte.—Initiations impudiques des néophytes des deux sexes, réservées aux prêtres égyptiens.—Opinion de saint Épiphane sur ces cérémonies occultes.—Fêtes d'Isis à Bubastis.—Obscénités des femmes qui s'y rendaient.—Souterrains où s'accomplissaient les initiations aux mystères d'Isis.—Profanation des cadavres des jeunes femmes par les embaumeurs.—Rhampsinite ou Rhamsès prostitue sa fille pour parvenir à connaître le voleur de son trésor.—Subtilité du voleur, auquel il donne sa fille en mariage.—La fille de Chéops et la grande pyramide.—*La pyramide du milieu.*—La pyramide de Mycérinus et la courtisane Rhodopis.—Histoire de Rhodopis et de son amant Charaxus, frère de Sapho.—Les broches de fer du temple d'Apollon à Delphes.—Rhodopis-Dorica.—Ésope a les faveurs de cette courtisane, en échange d'une de ses fables.—Le roi Amasis, l'aigle et la pantoufle de Rhodopis.—Épigramme de Pausidippe.—Naucratis, la ville des courtisanes.—La prostituée Archidice.—Les Ptolémées.—Ptolémée Philadelphe et ses courtisanes Cleiné, Mnéside, Pothyne et Myrtion.—Stratonice.—La belle Bilistique.—Ptolémée Philopator et Irène.—La courtisane Hippée ou *la Jument*.

L'Égypte, malgré ses sages, malgré ses prêtres qui lui avaient enseigné la morale, ne fut pas exempte cependant du fléau de la Prostitution; elle avait trop de rapports de voisinage et de commerce avec les Phéniciens pour ne pas adopter quelque chose d'une religion qui lui venait, comme la pourpre et l'encens, de Tyr et de Sidon. Elle leur laissa le dogme, elle ne prit que le culte, et quoique Vénus n'eût pas d'autels sous son nom dans l'empire d'Isis et d'Osiris, la Prostitution régna, dès les temps les plus reculés, au milieu des villes et presque publiquement, encore plus que dans le sanctuaire des temples. Ce n'était pas la Prostitution hospitalière: le foyer domestique des Égyptiens demeurait toujours inaccessible aux étrangers, à cause de l'horreur que ceux-ci leur inspiraient; ce n'était pas la Prostitution sacrée, car, en s'y livrant, les femmes n'accomplissaient pas une pratique de religion: c'était la Prostitution légale dans toute sa naïveté primitive. Les lois autorisaient, protégeaient, justifiaient même l'exercice de cet infâme commerce; une femme se vendait, comme si elle eût été une marchandise, et l'homme qui l'achetait à prix d'argent excusait ou du moins n'accusait pas l'odieux marché que celle-ci n'acceptait que par avarice. L'Égyptienne se montrait aussi cupide que la Phénicienne, mais elle ne prenait pas la peine de cacher sa cupidité sous les apparences d'une pratique religieuse. Elle était également d'une nature très-ardente, comme si les feux de son soleil éthiopique avaient passé dans ses sens; elle possédait surtout, si nous en croyons Ctésias, dont Athénée invoque le témoignage, des qualités et des talents incomparables pour exciter, pour enflammer, pour satisfaire les passions qui s'adressaient à elle; mais tout cela n'était qu'une manière de gagner davantage. Aussi, les courtisanes d'Égypte avaient-elles une réputation qu'elles s'efforçaient de maintenir dans le monde entier.

La religion égyptienne, ainsi que toutes les religions de l'antiquité, avait déifié la nature fécondante et génératrice sous les noms d'Osiris et d'Isis. C'étaient, dans l'origine, les seules divinités de l'Égypte: Osiris ou le Soleil représentait le principe de la vie mâle; Isis ou la Terre, le principe de la vie femelle. Apulée, qui avait été initié aux mystères de la déesse, lui fait tenir ce langage: «Je suis la Nature, mère de toutes choses, souveraine de tous les éléments, le commencement des siècles, la première des divinités, la reine des mânes, la plus ancienne habitante des cieux, l'image uniforme des dieux et des déesses... Je suis la seule divinité révérée dans l'univers sous plusieurs formes, avec diverses cérémonies et sous différents noms. Les Phéniciens m'appellent la Mère des dieux; les Cypriens, Vénus Paphienne...» Isis n'était donc autre que Vénus, et son culte mystérieux rappelait, par une foule d'allégories, le rôle que joue la femme ou la nature femelle dans l'univers. Quant à Osiris, son mari, n'était-ce pas l'emblème de l'homme ou de la nature mâle, qui a besoin du concours de la nature femelle qu'elle féconde, pour engendrer et créer? Le bœuf et la vache étaient donc les symboles d'Isis et d'Osiris. Les prêtres de la déesse portaient dans les cérémonies le van mystique qui reçoit le grain et le son, mais qui ne garde que le premier en rejetant le second; les prêtres du dieu portaient le tau sacré ou la clef, qui ouvre les serrures les mieux fermées. Ce tau figurait l'organe de l'homme; ce van, l'organe de la femme. Il y avait encore l'œil, avec ou sans sourcils, qui se plaçait à côté du tau dans les attributs d'Osiris, pour simuler les rapports des deux sexes. De même, aux processions d'Isis, immédiatement après la vache nourricière, de jeunes filles consacrées, qu'on nommait *cistophores*, tenaient la ciste mystique, corbeille de jonc renfermant des gâteaux ronds ou ovales et troués au milieu; près des *cistophores*, une prêtresse cachait dans son sein une petite urne d'or, dans laquelle se trouvait le phallus, qui était, selon Apulée, «l'adorable image de la divinité suprême et l'instrument des mystères les plus secrets.» Ce phallus, qui reparaissait sans cesse et sous toutes les formes dans le culte égyptien, était la représentation figurée d'une partie du corps d'Osiris, partie que n'avait pu retrouver Isis, lorsqu'elle rassembla conjugalement les membres épars de son mari, tué et mutilé par l'odieux Typhon, frère de la victime. On peut donc juger du culte d'Isis et d'Osiris par les objets mêmes qui en étaient les mystérieux symboles.

La Prostitution sacrée devait, dans un pareil culte, avoir la plus large extension; mais elle était certainement, du moins dans les premiers âges, réservée au prêtre qui en faisait un des revenus les plus productifs de ses autels. Elle régnait avec impudeur dans ces initiations, auxquelles il fallait préluder par les ablutions, le repos et la continence. Le dieu et la déesse avaient remis leurs pleins pouvoirs à des ministres qui en usaient tout matériellement et qui se chargeaient d'initier à d'infâmes débauches les néophytes des deux sexes. Saint Épiphane dit positivement que ces cérémonies occultes faisaient allusion aux mœurs des hommes avant l'établissement de la société. C'étaient donc la promiscuité des sexes et tous les débordements du libertinage le plus grossier. Hérodote nous apprend comment on se préparait aux fêtes d'Isis, adorée dans la ville de Bubastis sous le nom de Diane: «On s'y rend par eau, dit-il, hommes et femmes pêle-mêle, confondus les uns avec les autres; dans chaque bateau il y a un grand nombre de personnes de l'un et de l'autre sexe. Tant que dure la navigation, quelques femmes jouent des castagnettes, et quelques hommes de la flûte; le reste, tant hommes que femmes, chante et bat des mains. Lorsqu'on passe près d'une ville, on fait approcher le bateau du rivage. Parmi les femmes, les unes continuent à jouer des castagnettes; d'autres crient de toutes leurs forces et disent des injures à celles de la ville; celles-ci se mettent à danser, et celles-là, se tenant debout, retroussent indécemment leurs robes.» Ces obscénités n'étaient que les simulacres de celles qui allaient se passer autour du temple où chaque année sept cent mille pèlerins venaient se livrer à d'incroyables excès.

Les horribles désordres auxquels le culte d'Isis donna lieu se cachaient dans des souterrains où l'initié ne pénétrait qu'après un temps d'épreuves et de purification. Hérodote, confident et témoin de cette Prostitution que les prêtres d'Égypte lui avaient révélée, en dit assez là-dessus pour que ses réticences mêmes nous permettent de deviner ce qu'il ne dit pas: «Les Égyptiens sont les premiers qui, par principe de religion, aient défendu d'avoir commerce avec les femmes dans les lieux sacrés, ou même d'y entrer après les avoir connues, sans s'être auparavant lavé. Presque tous les autres peuples, si l'on en excepte les Égyptiens et les Grecs, ont commerce avec les femmes dans les lieux sacrés, ou bien, lorsqu'ils se lèvent d'auprès d'elles, ils y entrent sans s'être lavés. Ils s'imaginent qu'il en est des hommes comme de tous les autres animaux. On voit, disent-ils, les bêtes et les différentes espèces d'oiseaux s'accoupler dans les temples et les autres lieux consacrés aux dieux; si donc cette action était désagréable à la divinité, les bêtes mêmes ne l'y commettraient pas.» Hérodote, qui n'approuve pas ces raisons, s'abstient de trahir les secrets des prêtres égyptiens, dans la confidence desquels il avait vécu à Memphis, à Héliopolis et à Thèbes. Il ne nous fait connaître qu'indirectement les mœurs privées et publiques de l'Égypte; mais à certains détails qu'il donne en passant, on peut juger que la corruption, chez cet ancien peuple, était arrivée à son comble. Ainsi, on ne remettait aux embaumeurs les corps des femmes jeunes et belles que trois ou quatre jours après leur mort, et cela, de peur que les embaumeurs n'abusassent de ces cadavres. «On raconte, dit Hérodote, qu'on en prit un sur le fait avec une femme morte récemment.»

L'histoire des rois d'Égypte nous présente encore dans l'ouvrage d'Hérodote deux étranges exemples de la Prostitution légale. Rhampsinite ou Rhamsès, qui régnait environ 2244 ans avant Jésus-Christ, voulant découvrir l'adroit voleur qui avait pillé son trésor, «s'avisa d'une chose que je ne puis croire,» dit Hérodote, dont la crédulité avait été souvent mise à l'épreuve: «il prostitua sa propre fille, en lui ordonnant de s'asseoir dans un lieu de débauche et d'y recevoir également tous les hommes qui se présenteraient, mais de les obliger, avant de leur accorder ses faveurs, à lui dire ce qu'ils avaient fait dans leur vie de plus subtil et de plus méchant.» Le voleur coupa le bras d'un mort, le mit sous son manteau et alla rendre visite à la fille du roi. Il ne manqua pas de se vanter d'être l'auteur du vol; la princesse essaya de l'arrêter, mais, comme ils étaient dans l'obscurité, elle ne saisit que le bras du mort, pendant que le vivant gagnait la porte. Ce nouveau tour d'adresse le recommanda tellement à l'estime de Rhampsinite, que le roi fit grâce au voleur et le maria ensuite avec celle qu'il lui avait déjà fait connaître dans un mauvais lieu. Cette pauvre princesse en était sortie sans doute en meilleur état que la fille de Chéops, qui fut roi d'Égypte, douze siècles avant Jésus-Christ. Chéops fit construire la grande pyramide, laquelle coûta vingt années de travail et des dépenses incalculables. «Épuisé par ces dépenses, rapporte Hérodote, il en vint à ce point d'infamie de prostituer sa fille dans un lieu de débauche, et de lui ordonner de tirer de ses amants une certaine somme d'argent. J'ignore à quel taux monta cette somme; les prêtres ne me l'ont point dit. Non-seulement elle exécuta les ordres de son père, mais elle voulut aussi laisser elle-même un monument: elle pria donc tous ceux qui la venaient voir de lui donner chacun une pierre pour des ouvrages qu'elle méditait. Ce fut de ces pierres, me dirent les prêtres, qu'on bâtit la pyramide qui est au milieu des trois.» La science moderne n'a pas encore calculé combien il était entré de pierres dans cette pyramide.

L'érection d'une pyramide, si coûteuse qu'elle fût, ne semblait pas au-dessus des moyens d'une courtisane. Aussi, malgré la chronologie et l'histoire, attribuait-on généralement en Égypte la construction de la pyramide de Mycérinus à la courtisane Rhodopis. Cette courtisane n'était pas Égyptienne de naissance, mais elle avait fait sa fortune avec les Égyptiens, longtemps après le règne de Mycérinus. Rhodopis, qui vivait sous Amasis, 600 ans avant Jésus-Christ, était originaire de Thrace; elle avait été compagne d'esclavage d'Ésope le fabuliste, chez Iadmon, à Samos. Elle fut menée en Égypte par Xanthus, de Samos, qui faisait aux dépens d'elle un assez vilain métier, puisqu'il l'avait achetée pour qu'elle exerçât l'état de courtisane au profit de son maître. Elle réussit à merveille, et sa renommée lui attira une foule d'amants entre lesquels Charaxus, de Mytilène, frère de la célèbre Sapho, fut tellement épris de cette charmante fille, qu'il donna une somme considérable pour sa rançon. Rhodopis, devenue libre, ne quitta pas l'Égypte, où sa beauté et ses talents lui procurèrent des richesses immenses. Elle en fit un singulier usage, car elle employa la dixième partie de ses biens à fabriquer des broches de fer, qu'elle offrit, on ne sait pour quel vœu, au temple de Delphes, où on les voyait encore du temps d'Hérodote. Ce grave historien parle de ces broches symboliques comme d'une chose que personne n'avait encore imaginée et il ne cherche pas à deviner le sens figuré de cette singulière offrande. On n'en montrait plus que la place du temps de Plutarque. La tradition populaire avait si bien confondu les broches du temple d'Apollon delphien et la pyramide de Mycérinus, construite plusieurs siècles avant la fabrication des broches, que tout le monde en Égypte s'obstinait à mettre cette pyramide sur le compte de Rhodopis. Selon les uns, elle en avait payé la façon; selon les autres (Strabon et Diodore de Sicile ont l'air d'adopter cette opinion erronée), ses amants l'avaient fait bâtir à frais communs pour lui plaire: d'où il faut conclure que la courtisane avait l'amour des pyramides.

Rhodopis, que les Grecs nommaient Dorica, et Dorica était célèbre dans toute la Grèce, ouvrit la liste de ses adorateurs par le nom d'Ésope, qui, tout contrefait et tout laid qu'il fût, ne donna qu'une de ses fables pour acheter les faveurs de cette belle fille de Thrace. Le baiser du poëte la désigna aux regards complaisants de la destinée. Le beau Charaxus, à qui elle devait sa liberté et le commencement de son opulence, la laissa se fixer dans la ville de Naucratis, où il venait la voir, à chaque voyage qu'il faisait en Égypte pour y apporter et y vendre du vin. Rhodopis l'aimait assez pour lui être fidèle tant qu'il séjournait à Naucratis, et l'amour l'y retenait plus que son commerce. Pendant une de ses absences, Rhodopis, assise sur une terrasse, regardait le Nil et cherchait à l'horizon la voile du navire qui lui ramenait Charaxus; une de ses pantoufles avait quitté son pied impatient et brillait sur un tapis: un aigle la vit, la saisit avec son bec et l'emporta dans les airs. En ce moment, le roi Amasis était à Naucratis et y tenait sa cour, entouré de ses principaux officiers. L'aigle, qui avait enlevé la pantoufle de Rhodopis sans que celle-ci s'en aperçût, laissa tomber cette pantoufle sur les genoux du Pharaon. Jamais il n'avait rencontré pantoufle si petite et si avenante. Il se mit en quête aussitôt du joli pied à qui elle appartenait, et lorsqu'il l'eut trouvé, en faisant essayer la divine pantoufle à toutes les femmes de ses États, il voulut avoir Rhodopis pour maîtresse. Néanmoins, la maîtresse d'Amasis ne renonça pas à Charaxus; et la Grèce célébra, dans les chansons de ses poëtes, les amours de Dorica, que Sapho, sœur de Charaxus, avait poursuivie d'amers reproches. Pausidippe, dans son livre sur l'Éthiopie, a consacré cette épigramme à l'amante de Charaxus: «Un nœud de rubans relevait tes longues tresses, des parfums voluptueux s'exhalaient de ta robe flottante; aussi vermeille que le vin qui rit dans les coupes, tu enlaçais dans tes bras charmants le beau Charaxus. Les vers de Sapho l'attestent et t'assurent l'immortalité. Naucratis en conservera le souvenir, tant que les vaisseaux vogueront avec joie sur les flots du Nil majestueux.»

Naucratis était la ville des courtisanes: celles qui sortaient de cette ville semblaient avoir profité des leçons de Rhodopis. Leurs charmes et leurs séductions firent longtemps l'entretien de la Grèce, qui envoyait souvent ses débauchés à Naucratis et qui en rapportait de merveilleux récits de Prostitution. Après Rhodopis, une autre courtisane, nommée Archidice, acquit aussi beaucoup de célébrité par les mêmes moyens; mais, de l'aveu d'Hérodote, elle eut moins de vogue que sa devancière. On sait pourtant qu'elle mettait un si haut prix à ses faveurs, que le plus riche se ruinait à les payer; et beaucoup se ruinèrent ainsi. Un jeune Égyptien, qui était éperdument amoureux de cette courtisane, voulut se ruiner pour elle; mais, comme sa fortune était médiocre, Archidice refusa la somme et l'amant. Celui-ci ne se tint pas pour battu: il invoqua Vénus, qui lui envoya en songe gratuitement ce qu'il eût payé si cher en réalité; il n'en demanda pas davantage. La courtisane apprit ce qui s'était passé sans elle, et cita devant les magistrats son débiteur insolvable en lui réclamant le prix du songe. Les magistrats jugèrent ce point litigieux avec une grande sagesse: ils autorisèrent Archidice à rêver qu'elle avait été payée, et partant quitte. (Voy. les notes de Larcher, traducteur d'Hérodote.)

La grande époque des courtisanes en Égypte paraît avoir été celle des Ptolémées, dans le troisième siècle avant Jésus-Christ; mais, parmi ces illustres filles, les unes étaient Grecques, les autres venaient d'Asie, et presque toutes avaient commencé par jouer de la flûte. Ptolémée-Philadelphe en eut un grand nombre à son service: l'une, Cléiné, lui servait d'échanson, et il lui fit élever des statues qui la représentaient vêtue d'une tunique légère et tenant une coupe ou *rithon*; l'autre, Mnéside, était une de ses musiciennes; celle-ci, Pothyne, l'enchantait par les grâces de sa conversation; celle-là, Myrtion, qu'il avait tirée d'un lieu de débauche hanté par les bateliers du Nil, l'enivrait de sales jouissances. Ce Ptolémée payait généreusement les services qu'on lui rendait, et il honora d'un tombeau la mémoire de Stratonice, qui lui avait laissé de tendres souvenirs, quoiqu'elle fût Grecque et non Égyptienne. Ce roi voluptueux n'avait pas de répugnance pour les Grecques: il avait fait venir d'Argos la belle Bilistique, qui descendait de la race des Atrides, et qui oubliait son origine le plus joyeusement qu'elle pouvait. Ptolémée Evergète, fils de Philadelphe, n'éparpilla pas ses amours autant que son père lui en avait donné l'exemple: il se contenta d'Irène, qu'il conduisit à Éphèse, dont il était gouverneur, et qui poussa le dévouement jusqu'à mourir avec lui. Ptolémée Philopator se mit à la merci d'une adroite courtisane, nommée Agathoclée, qui régna sous son nom en Égypte, comme elle régnait dans sa chambre à coucher. Un autre Ptolémée ne pouvait se passer d'une hétaire subalterne, qu'il avait surnommée Hippée, ou la Jument, parce qu'elle se partageait entre lui et l'administrateur du fourrage de ses écuries. Il aimait surtout à boire avec elle; un jour qu'elle buvait à plein gosier, il s'écria en riant et en lui frappant sur la croupe: «La Jument a trop mangé de foin!»

3

Sommaire.—La Prostitution hospitalière chez les Hébreux.—Les fils des anges.—Le déluge.—Sodome et Gomorrhe.—Les filles de Loth.—La Prostitution légale établie chez les Patriarches.—Joseph et la femme de l'eunuque Putiphar.—Thamar se prostitue à Juda son beau-père.—Le *marché aux paillardes*.—Les *femmes étrangères*.—Le roi Salomon permet aux courtisanes de s'établir dans les villes.—Apostrophe du prophète Ézéchiel à Jérusalem la grande prostituée.—Lois de Moïse.—Sorte de Prostitution permise par Moïse, et à quelles conditions.—Trafic que les Hébreux faisaient entre eux de leurs filles.—Inflexibilité de Moïse à l'égard des crimes contre nature.—Raisons qui avaient décidé Moïse à exclure les Juives de la Prostitution légale.—Le chapitre XVIII du *Lévitique*.—Infirmités secrètes dont les femmes juives étaient affligées.—Précautions singulières prises par Moïse pour sauvegarder la santé des Hébreux.—Tourterelles offertes en holocauste par les *hommes découlants*, pour obtenir leur guérison.—La loi de Jalousie.—Le *gâteau de jalousie* et les *eaux amères* de la malédiction.—La Prostitution sacrée chez les Hébreux.—Cultes de Moloch et de Baal-Phegor.—Superstitions obscènes et offrandes immondes.—Les *Molochites*.—Les *efféminés* ou consacrés.—Leurs mystères infâmes.—Le *prix du chien*.—Les *consacrées*.—Maladies nées de la débauche des Israélites.—Zambri et la prostituée de Madian.—Les efféminés détruits par Moïse reparaissent sous les rois de Juda.—Asa les chasse à son tour.—Maacha, mère d'Asa, grande prêtresse de Priape. Les efféminés, revenus de nouveau, sont décimés par Josias.—Débordements des Israélites avec les filles de Moab.—Mœurs des prostituées moabites.—Expédition contre les Madianites.—Massacre des femmes prisonnières, par ordre de Moïse.—Lois de Moïse sur la virginité des filles.—Moyens des Juifs pour constater la virginité.—Peines contre l'adultère et le viol.—L'*achat d'une vierge*.—La concubine de Moïse.—Châtiment infligé par le Seigneur à Marie, sœur de Moïse.—Recommandation de Moïse aux Hébreux, au sujet des plaisirs de l'amour.—La fille de Jephté.—Les espions de Josué et la fille de joie Rahab.—Samson et la paillarde de Gaza.—Dalila.—Le lévite d'Éphraïm et sa concubine.—Infamie des Benjamites.—La jeune fille vierge du roi David.—Débordements du roi Salomon.—Ses sept cents femmes et ses trois cents concubines.—Tableau et caractère de la Prostitution à l'époque de Salomon, puisés dans son livre des *Proverbes*.—Les prophètes Isaïe, Jérémie et Ézéchiel.—Le temple de Dieu à Jérusalem, théâtre du commerce des prostituées.—Jésus les chasse de la maison du Seigneur.—Marie Madeleine chez le Pharisien.—Jésus lui remet ses péchés à cause de son repentir.

Les Hébreux, qui étaient originaires de la Chaldée, y avaient pris les mœurs de la vie pastorale: il est donc certain que la Prostitution hospitalière exista dans les âges reculés, chez la race juive comme chez les pâtres et les chasseurs chaldéens. On en retrouve la trace çà et là dans les livres saints. Mais la Prostitution sacrée était fondamentalement antipathique avec la religion de Moïse, et ce grand législateur, qui avait pris à tâche d'imposer un frein à son peuple pervers et corrompu, s'efforça de réprimer au nom de Dieu les excès épouvantables de la Prostitution légale. De là cette pénalité terrible qu'il avait tracée en caractères de sang sur les tables de la loi, et qui suffisait à peine pour arrêter les monstrueux débordements des fils d'Abraham.

Le plus ancien exemple qui existe peut-être de la Prostitution hospitalière, c'est dans la Genèse qu'il faut le chercher. Du temps de Noé les fils de Dieu ou les anges étaient descendus sur la terre pour connaître les filles des hommes, et ils en avaient eu des enfants qui furent des géants. Ces anges venaient le soir demander un abri sous la tente d'un patriarche et ils y laissaient, en s'éloignant plus ou moins satisfaits de ce qu'ils avaient trouvé, des souvenirs vivants de leur passage. La Genèse ne nous dit pas à quel signe authentique on pouvait distinguer un ange d'un homme: ce n'était qu'au bout de neuf mois qu'il se révélait par la naissance d'un géant. Ces géants n'héritèrent pas des vertus de leurs pères, car la méchanceté des hommes ne fit que s'accroître; de telle sorte que le Seigneur, indigné de voir l'espèce humaine si dégénérée et si corrompue, résolut de l'anéantir, à l'exception de Noé et de sa famille. Le déluge renouvela la face du monde, mais les passions et les vices, que Dieu avait voulu faire disparaître, reparurent et se multiplièrent avec les hommes. L'hospitalité même ne fut plus chose sainte et respectée dans les villes immondes de Sodome et de Gomorrhe; lorsque les deux anges qui avaient annoncé à Abraham que sa femme Sarah, âgée de six vingts ans, lui donnerait un fils, allèrent à Sodome et s'arrêtèrent dans la maison de Loth pour y passer la nuit, les habitants de la ville, depuis le plus jeune jusqu'au plus vieux, environnèrent la maison, et appelant Loth: «Où sont ces hommes, lui dirent-ils, qui sont venus cette nuit chez toi? Fais-les sortir, afin que nous les connaissions? —Je vous prie, mes frères, répondit Loth, ne leur faites point de mal. J'ai deux filles qui n'ont point encore connu d'homme, je vous les amènerai, et vous les traiterez comme il vous plaira, pourvu que vous ne fassiez pas de mal à ces hommes. Car ils sont venus à l'ombre de mon toit.» Loth, qui faisait ainsi à l'hospitalité le sacrifice de l'honneur de ses filles, n'eût-il pas accordé de bonne grâce à ses deux hôtes ce qu'il offrait malgré lui à une populace en délire? Quant à ses deux filles, que le spectacle de la destruction de Sodome et de Gomorrhe n'avait point assez épouvantées pour leur inspirer des sentiments de continence, elles abusèrent étrangement l'une après l'autre de l'ivresse de leur malheureux père.

C'est bien la débauche, et la plus hideuse, mais ce n'est pas encore la Prostitution légale, celle qui s'accomplit en vertu d'un marché que la loi ne condamne pas et que l'usage autorise. Cette espèce de Prostitution se montre chez les Hébreux, dès les temps des patriarches, dix-huit siècles avant Jésus-Christ, alors même que le chaste Joseph, esclave et intendant de l'eunuque Putiphar en Égypte, résistait aux provocations impudiques de la femme de son maître, et lui abandonnait son manteau plutôt que son honneur. Un des frères de Joseph,

Juda, le quatrième fils de Jacob, avait marié successivement à une fille nommée Thamar deux fils qu'il avait eus avec une Chananéenne: ces deux fils, Her et Onan, étant morts sans laisser d'enfants, leur veuve se promettait d'épouser leur dernier frère, Séla; mais Juda ne se souciait pas de ce mariage, auquel les deux précédents, restés stériles, attachaient un fâcheux augure. Thamar, mécontente de son beau-père, qui s'était engagé vis-à-vis d'elle à la marier avec Séla, imagina un singulier moyen de prouver qu'elle pouvait devenir mère. Ayant su que Juda s'en allait sur les hauteurs de Tinnath pour y faire tondre ses brebis, elle ôta ses habits de veuvage, elle se couvrit d'un voile et s'en enveloppa, puis s'assit dans un carrefour sur la route que Juda devait prendre. «Quand Juda la vit, raconte la *Genèse* (ch. XXXVIII), il imagina que c'était une prostituée, car elle avait couvert son visage pour n'être pas reconnue. Et, s'avançant vers elle, il lui dit: «Permets que j'aille avec toi!» Car il ne soupçonnait pas que ce fût sa belle-fille. Elle lui répondit: «Que me donneras-tu pour jouir de mes embrassements?» Il dit: «Je t'enverrai un chevreau de mes troupeaux.» Alors, elle reprit: «Je ferai ce que tu veux, si tu me donnes des arrhes jusqu'à ce que tu m'envoies ce que tu promets?» Et Juda lui dit: «Que veux-tu que je te donne pour arrhes?» Elle répondit: «Ton anneau, ton bracelet et le bâton que tu tiens à la main.» Il s'approcha d'elle et aussitôt elle conçut; ensuite, se levant, elle s'en alla, et, quittant le voile qu'elle avait pris, elle revêtit les habits du veuvage. Cependant Juda envoya un chevreau, par l'entremise d'un de ses pâtres, qui devait lui rapporter son gage; mais le pâtre ne trouva pas cette femme, entre les mains de qui le gage était resté, et il interrogea les passants: «Où est cette prostituée qui stationnait dans le carrefour?» Et ils répondirent: «Il n'y a point eu de prostituée dans cet endroit-là.» Et il retourna vers Juda et lui dit: «Je ne l'ai point trouvée, et les gens de l'endroit m'ont déclaré que jamais prostituée n'avait stationné à cette place.» Peu de temps après, on vint annoncer à Juda que sa belle-fille était enceinte et il ordonna qu'elle fût brûlée comme adultère; mais Thamar lui fit connaître alors le père de l'enfant qu'elle portait, en lui rendant son anneau, son bracelet et son bâton.

Voilà certainement le plus ancien exemple de Prostitution légale que puisse nous fournir l'histoire; car le fait, rapporté par Moïse avec toutes les circonstances qui le caractérisèrent, remonte au vingt-unième siècle avant Jésus-Christ. Nous voyons déjà la prostituée juive, cachée dans les plis d'un voile, assise au bord d'un chemin et s'y livrant à son infâme métier avec le premier venu qui veut la payer. C'était là, depuis la plus haute antiquité, le rôle que jouait la Prostitution chez les Hébreux. Les livres saints sont remplis de passages qui nous montrent les carrefours des routes servant de marché et de champ de foire aux *paillardes*, qui tantôt se tenaient immobiles, enveloppées dans leur voile comme dans un linceul, et tantôt, vêtues d'habits immodestes et richement parées, brûlaient des parfums, chantaient des chansons voluptueuses, en s'accompagnant avec la lyre, la harpe et le tambour, ou dansaient au son de la double flûte. Ces paillardes n'étaient pas des Juives, du moins la plupart; car l'Écriture les qualifie ordinairement de *femmes étrangères*: c'étaient des Syriennes, des Égyptiennes, des Babyloniennes, etc., qui excellaient dans l'art d'exciter les sens. La loi de Moïse défendait expressément aux femmes juives de servir d'auxiliaires à la Prostitution qu'elle autorisait pour les hommes, puisqu'elle ne la condamnait pas. On s'explique donc comment les *femmes étrangères* n'avaient pas le droit de se prostituer dans l'enceinte des villes et pourquoi les grands chemins avaient le privilége de donner asile à la débauche publique. Il n'y eut d'exception à cet usage que sous le règne de Salomon, qui permit aux courtisanes de s'établir au milieu des villes. Mais, auparavant et depuis, on ne les rencontrait pas dans les rues et les carrefours de Jérusalem; on les voyait se mettre à l'encan, le long des routes. Là, elles dressaient leurs tentes de peaux de bêtes ou d'étoffes aux couleurs éclatantes. Quinze siècles après l'aventure de Thamar, le prophète Ézéchiel disait, dans son langage symbolique, à Jérusalem la grande prostituée: «Tu as construit un lupanar et tu t'es fait un lieu de Prostitution dans tous les carrefours, à la tête de chaque chemin tu as arboré l'enseigne de ta paillardise, et tu as fait un abominable emploi de ta beauté, et tu t'es abandonnée à tous les passants (*divisisti pedes tuos omni transeunti*, dit la *Vulgate*), et tu as multiplié tes fornications.»

Le séjour des Hébreux en Égypte, où les mœurs étaient fort dépravées, acheva de pervertir les leurs et de les ramener à l'état de simple nature: ils vivaient dans une honteuse promiscuité, lorsque Moïse les fit sortir de servitude et leur donna un code de lois religieuses et politiques. Moïse, en conduisant les Juifs vers la terre promise, eut besoin de recourir à une pénalité terrible pour arrêter les excès de la corruption morale qui déshonorait le peuple de Dieu. Du haut du mont Sinaï il fit entendre ces paroles, que le Seigneur prononça au milieu des éclairs et des tonnerres: «Tu ne paillarderas point! Tu ne convoiteras pas la femme de ton prochain!» Ensuite, il ne dédaigna pas de régler lui-même, au nom de Jehovah, les formes d'une espèce de Prostitution qui faisait essentiellement partie de l'esclavage. «Si quelqu'un a vendu sa fille comme esclave, dit-il, elle ne pourra quitter le service de son maître, à l'instar des autres servantes. Si elle déplaît aux yeux du maître à qui elle a été livrée, que le maître la renvoie; mais il n'aura pas le pouvoir de la vendre à un peuple étranger, s'il veut se débarrasser d'elle. Toutefois, s'il l'a fiancée à son fils, il doit se conduire envers elle comme envers ses propres filles. Que s'il en a pris une autre, il pourvoira à la dot et aux habits de son esclave, et il ne lui niera pas le prix de sa pudicité (*pretium pudicitiæ non negabit*). S'il ne fait pas ces trois choses, elle sortira de servage, sans rien payer.» Ce passage, que les commentateurs ont compris de différentes façons, prouve de la manière la plus évidente que chez les Juifs, du moins avant la rédaction définitive des tables de la loi, le père avait le droit de vendre sa fille à un maître, qui en faisait sa concubine pour un temps déterminé par le contrat de vente. On voit aussi, dans cette singulière législation, que la fille, vendue de la sorte au profit de son père, ne retirait aucun avantage personnel de l'abandon qu'elle était forcée de faire de son corps, excepté dans le cas où le maître, après l'avoir fiancée à son fils, voudrait la remplacer par une autre concubine. Il est donc clairement établi que les Hébreux trafiquaient entre eux de la Prostitution de leurs filles.

Moïse, ce sage législateur qui parlait aux Hébreux par la bouche de Dieu, avait affaire à des pécheurs incorrigibles: il leur laissa, par prudence, comme un faible dédommagement de ce qu'il leur enlevait, la liberté d'avoir commerce avec des prostituées étrangères; mais il fut inflexible à l'égard des crimes de bestialité et de sodomie. «Celui qui aura eu des rapports charnels avec une bête de somme sera puni de mort,» dit-il dans l'*Exode* (chap. XXII). «Tu n'auras pas de relation sexuelle avec un mâle, comme avec une femme, dit-il dans le *Lévitique* (chap. XVIII), car c'est une abomination; tu ne cohabiteras avec aucune bête et tu ne te souilleras pas avec elle. La femme ne se prostituera pas à une bête et ne se mélangera pas avec elle, car c'est un forfait!» Moïse, en parlant de ces désordres contre nature, ne peut s'empêcher d'excuser les Juifs, qui ne les avaient pas inventés et qui s'y abandonnaient à l'exemple des autres peuples. «Les nations que je m'en vais chasser de devant vous se sont polluées de toutes ces turpitudes, s'écrie le chef d'Israël, la terre qu'elles habitent en a été souillée, et moi je vais punir sur elle son iniquité, et la terre vomira ses habitants.» Moïse, qui sait combien son peuple est obstiné dans ses vilaines habitudes, joint la menace à la prière pour imposer un frein salutaire aux déréglements des sens: «Quiconque aura fait une seule de ces abominations sera retranché du milieu des miens!» Ce n'était point encore assez pour effrayer les coupables; Moïse revient encore à plusieurs reprises sur la peine qu'on doit leur infliger: «Les deux auteurs de l'abomination seront également mis à mort, lapidés ou brûlés, l'homme et la bête, la bête et la femme, le mâle et son complice mâle.» Moïse n'avait donc pas prévu que le sexe féminin pût se livrer à de pareilles énormités. Et toujours il mettait sous les yeux des Israélites la nécessité de ne pas ressembler aux peuples qu'ils allaient chasser de la terre de Chanaan: «Vous ne suivrez point les errements de ces nations, disait l'Éternel, car elles ont pratiqué les infamies que je vous défends, et je les ai prises en abomination (*Lévit.*, XX).»

Le but évident de la loi de Moïse était d'empêcher, autant que possible, la race juive de dégénérer et de s'abâtardir par suite des débauches qui n'avaient déjà que trop vicié son sang et appauvri sa nature. Ces débauches portaient, d'ailleurs, un grave préjudice au développement de la population et à la santé publique. Tels furent certainement les deux principaux motifs qui déterminèrent le législateur à ne tolérer la Prostitution légale, que chez les femmes étrangères. Il la défendit absolument aux femmes juives. «Tu ne prostitueras pas ta fille, dit-il dans le *Lévitique* (chap. XIX), afin que la terre ne soit pas souillée ni remplie d'impureté.» Il dit encore plus expressément dans le *Deutéronome* (XXIII): «Il n'y aura pas de prostituées entre les filles d'Israël, ni de ruffian entre les fils d'Israël.» (*Non erit meretrix de filiabus Israel nec scortator de filiis Israel.*) Ces deux articles du code de Moïse réglèrent la Prostitution chez les Juifs, quand les Juifs furent fixés en Palestine et constitués en corps de nation sous le gouvernement des juges et des rois. Les lieux de débauche étaient dirigés par des étrangers, la plupart Syriens; les femmes de plaisir, dites consacrées, étaient toutes étrangères, la plupart Syriennes. Quant aux raisons qui avaient décidé Moïse à exclure les femmes juives de la Prostitution légale, elles sont suffisamment déduites dans les chapitres du *Lévitique* où il ne craint pas de révéler les infirmités dégoûtantes auxquelles étaient sujettes alors les femmes de sa race. De là toutes les précautions qu'il prend pour rendre les unions saines et prolifiques. On ne s'explique pas autrement ce chapitre XVIII du *Lévitique*, dans lequel il énumère toutes les personnes du sexe féminin, dont un juif ne découvrira pas la nudité (*turpitudinem non discoperies*), sous peine de désobéir à l'Éternel: «Que nul ne s'approche de sa parente pour cohabiter avec elle!» dit le Seigneur. Ainsi, tout Juif ne pouvait, sans crime, connaître sa mère ou belle-mère, sa sœur ou belle-sœur, sa fille, petite-fille ou belle-fille, sa tante maternelle ou paternelle, sa nièce ou sa cousine germaine. Moïse crut utile d'établir de la sorte les degrés de parenté qui repoussassent une alliance incompatible et plus contraire encore à l'état physique d'une société qu'à son organisation morale. C'était par des motifs tout à fait analogues, que l'approche d'une femme, à l'époque de son indisposition menstruelle, avait été si sévèrement interdite, que la loi de Moïse la punissait de mort dans certaines circonstances. Le danger, il est vrai, était plus sérieux chez les Juives que partout ailleurs.

Ces Juives, si belles qu'elles fussent, avec leurs yeux noirs fendus en amande, avec leur bouche voluptueuse aux lèvres de corail et aux dents de perles, avec leur taille souple et cambrée, avec leur gorge ferme et riche, avec tous les trésors de leurs formes potelées, ces juives, dont la Sunamite du *Cantique des Cantiques* nous offre un si séduisant portrait, étaient affligées, s'il faut en croire Moïse, de secrètes infirmités que certains archéologues de la médecine ont voulu traiter comme les symptômes du mal vénérien. A coup sûr, ce mal-là ne venait ni de Naples ni d'Amérique. Il serait donc imprudent et bien osé de se prononcer sur un sujet si délicat; mais, en tout cas, on ne peut qu'approuver Moïse, qui avait pris des précautions singulières pour sauvegarder la santé des Hébreux et pour empêcher leur progéniture d'être gâtée dans son germe. Selon d'autres commentateurs, peu ou point médecins, mais très-habiles théologiens sans doute, il ne s'agit que du flux de sang et des hémorrhoïdes, dans ce terrible chapitre XV du *Lévitique*, qui commence ainsi dans la traduction la plus décente: «Tout homme à qui la chair découle sera souillé à cause de son flux, et telle sera la souillure de son flux; quand sa chair laissera aller son flux ou que sa chair retiendra son flux, c'est sa souillure.» Le texte de la *Vulgate* ne laisse pas de doute sur la nature de ce flux, sinon sur son origine: *Vir qui patitur fluxum seminis immundus erit; et tunc indicabitur huic vitio subjacere, cum per singula momenta adhæserit carni ejus atque concreverit fœdus humor.* Et voilà pourquoi Moïse avait ordonné des ablutions si rigoureuses et des épreuves si austères, à ceux qui *découlaient*, suivant l'expression des traductions orthodoxes de la *Bible*. Le malade, qui rendait impur tout ce qu'il touchait, et dont les vêtements devaient être lavés à mesure qu'il les souillait, se rendait à l'entrée du tabernacle, le huitième jour de son flux, et sacrifiait deux tourterelles ou deux pigeons, l'un pour son péché, l'autre en holocauste. Ces deux pigeons, que le paganisme avait consacrés à Vénus à cause de l'ardeur et de la multiplicité de leurs caresses, représentaient évidemment les deux auteurs d'un péché qui avait eu de si fâcheuses conséquences. Ce sacrifice expiatoire ne guérissait pas le malade, qui restait retranché hors d'Israël et loin du tabernacle de Dieu jusqu'à ce que son flux s'arrêtât. Moïse impose là de véritables règlements de police, pour empêcher autant que possible qu'une maladie immonde, qui altérait les sources de la génération chez les Hébreux, ne se propageât encore en augmentant ses ravages, et ne finît par infecter tout le peuple d'Israël.

Cette maladie cependant s'était tellement aggravée et multipliée pendant le séjour des Israélites dans le désert, que Moïse expulsa du camp tous ceux qui en étaient atteints (*Nombres*, chap. V). Ce fut par l'ordre du Seigneur que les enfants d'Israël chassèrent sans pitié tout lépreux et *tout homme découlant*. On peut penser que ces malheureux, à qui sans doute l'Éternel n'envoyait pas le bienfait de la manne céleste, périrent de froid et de faim, sinon de leur mal. Il est permis de rapporter encore à ce mal étrange et odieux la loi de Jalousie, que Moïse formula pour tranquilliser les maris qui accusaient leurs femmes d'avoir compromis leur santé en commettant un adultère dont elles avaient gardé les traces cuisantes. Des querelles inextinguibles éclataient sans cesse à ce sujet dans l'intérieur des ménages juifs. Le mari soupçonnait sa femme et cherchait la preuve de ses soupçons dans l'état de leur santé réciproque; la femme jurait en vain qu'elle ne s'était pas souillée, et elle imputait souvent à son mari les torts que celui-ci lui reprochait. Alors, mari et femme se rendaient devant le sacrificateur; le mari présentait pour sa femme un gâteau de farine d'orge, sans huile, nommé *gâteau de jalousie*; les deux époux se tenaient debout devant l'Éternel; le sacrificateur posait le gâteau sur les mains de la femme, et tenait dans les siennes les eaux amères qui apportent la malédiction: «Si aucun homme n'a couché avec toi, lui disait-il, et si, étant en la puissance de ton mari, tu ne t'es point débauchée et souillée, sois exempte de ces eaux amères; mais si, étant en la puissance de ton mari, tu t'es débauchée et souillée, et que quelque autre que ton mari ait couché avec toi, que l'Éternel te livre à l'exécration à laquelle tu t'es assujettie par serment, et que ces eaux-là, qui apportent la malédiction, entrent dans tes entrailles pour te faire enfler le ventre et faire tomber ta cuisse.» La femme répondait *Amen* et buvait les eaux amères, tandis que le sacrificateur faisait tournoyer le gâteau de jalousie et l'offrait sur l'autel. Si plus tard la femme voyait enfler son ventre et se dessécher sa cuisse, elle était convaincue d'adultère et elle devenait infâme aux yeux d'Israël. Son mari, au contraire, que tout le monde plaignait comme une victime *exempte de faute*, se trouvait justifié, sinon guéri; car, bien qu'il n'eût pas bu les eaux amères en présence du sacrificateur, il avait souvent la meilleure part des infirmités dégoûtantes et des accidents terribles que l'exécration faisait peser sur sa femme criminelle. Quand celle-ci avait manifesté son innocence par l'état prospère de son ventre et de sa cuisse charnue, elle n'avait plus à redouter les reproches de son mari et elle pouvait avoir des enfants.

Moïse, on le voit, ne s'occupait pas seulement de moraliser les Israélites: il s'efforçait de détruire les germes de leurs vilaines maladies, et il mettait ses lois d'hygiène publique sous la sauvegarde du tabernacle de Dieu. Mais les Israélites, en passant à travers les peuplades étrangères, Moabites, Ammonites, Chananéens, et toutes ces races syriennes plus ou moins corrompues et idolâtres, s'incorporaient les goûts, les usages et les vices de leurs hôtes ou de leurs alliés. Or, la Prostitution la plus audacieuse florissait chez les descendants incestueux de Loth et de ses filles. La Prostitution sacrée avait surtout étendu son empire impudique dans le culte des faux dieux, que les habitants du pays adoraient avec une déplorable frénésie. Moloch et Baal-Phegor étaient les monstrueuses idoles de cette Prostitution à laquelle le peuple juif s'empressa de se faire initier. Moïse eut beau sévir contre les fornicateurs, leur exemple ne fut pas moins suivi par ceux qui se laissèrent entraîner aux appétits de la chair. Ainsi, une foule de superstitions obscènes restèrent dans les mœurs des Hébreux, quoique les autels de Baal et de Moloch eussent été renversés et ne reçussent plus d'offrandes immondes. Moïse, dans le chapitre XX du *Lévitique* et dans le chapitre XXIII du *Deutéronome*, a imprimé un stigmate d'infamie à ce culte exécrable et aux apostats qui le pratiquaient à la honte du vrai Dieu d'Israël: «Quiconque des enfants d'Israël ou des étrangers qui demeurent dans Israël donnera de sa semence à l'idole de Moloch, qu'il soit puni de mort: le peuple le lapidera.» Ainsi parle l'Éternel à Moïse, en lui ordonnant de retrancher du milieu de son peuple ceux qui auront forniqué avec Moloch. Dans le *Deutéronome*, c'est Moïse seul qui condamne, sans toutefois les frapper d'une peine déterminée, certaines impuretés qui concernaient Baal plutôt que Moloch: «Tu n'offriras pas dans le temple du Seigneur le salaire de la Prostitution et le *prix du chien*, quel que soit le vœu que tu aies fait, parce que ces deux choses sont en abomination devant le Seigneur ton Dieu.»

Les savants se sont donné beaucoup de mal pour découvrir quels étaient ces dieux moabites, Moloch et Baal-Phegor; ils ont extrait du *Talmud* et des commentateurs juifs les détails les plus étranges sur les idoles de ces dieux-là et sur le culte qu'on leur rendait. Ainsi, Moloch était représenté sous la figure d'un homme à tête de veau, qui, les bras étendus, attendait qu'on lui offrît en sacrifice de la fleur de farine, des tourterelles, des agneaux, des béliers, des veaux, des taureaux et des enfants. Ces différentes offrandes se plaçaient dans sept bouches qui s'ouvraient au milieu du ventre de cette avide divinité d'airain, posée sur un immense four qu'on allumait pour consumer à la fois les sept espèces d'offrandes. Pendant cet holocauste, les prêtres de Moloch faisaient une terrible musique de sistres et de tambours, afin d'étouffer les cris des victimes. C'est alors qu'avait lieu l'infamie, maudite par le Dieu d'Israël: les *Molochites* se livraient à des pratiques dignes de la patrie d'Onan, et, animés par le bruit cadencé des instruments de musique, ils s'agitaient autour de la statue incandescente qui apparaissait rouge à travers la fumée, ils poussaient des hurlements frénétiques, et, suivant l'expression biblique, donnaient de leur postérité à Moloch. Cette abomination se naturalisa tellement dans Israël, que quelques malheureux insensés osèrent l'introduire dans le culte du Dieu des Juifs, et souillèrent ainsi son sanctuaire. La colère de Moïse en fit justice, et il répéta ces paroles de l'Éternel: «Je mettrai ma face contre ceux qui paillardent avec Moloch, et je les retrancherai du milieu de mon peuple.» Ce Moloch, ou Molec, n'était autre que la Mylitta des Babyloniens, l'Astarté des Sidoniens, la Vénus génératrice, la femme divinisée. De là, les offrandes qu'on lui apportait: la fleur de farine, pour indiquer la substance de vie; les tourterelles, pour exprimer les tendresses de l'amour; les agneaux, pour désigner la fécondité; les béliers, pour caractériser la pétulance des sens; les veaux, pour peindre la richesse de la nature nourricière; les taureaux, pour symboliser la force créatrice; et les enfants, pour montrer le but du culte même de la déesse. On comprend que, par une honteuse exagération du zèle religieux, les fidèles adorateurs de Moloch, n'ayant pas d'enfants à lui offrir, lui aient offert une impure compensation de ce cruel sacrifice. Au reste, il semble que le culte de ce sale Moloch ait eu moins de vogue que celui de Baal-Phegor chez les Juifs.

Baal-Phegor ou Belphegor, qui était le dieu favori des Madianites, fut accepté par les Hébreux avec une passion qui témoigne assez de l'indécence de ses mystères. Ce dieu malhonnête balança souvent le Dieu d'Abraham et de Jacob; son culte détestable, accompagné des plus affreuses débauches, ne fut jamais complétement détruit dans la nation juive, qui le pratiquait secrètement dans les bois et dans les montagnes. Ce culte était certainement celui d'Adonis ou de Priape. Les monuments qui représentaient le dieu nous manquent tout à fait. C'est à peine si quelques écrivains juifs se sont permis de faire parler la tradition au sujet de Baal, de ses statues et de ses cérémonies. Nous nous bornerons à entrevoir derrière un voile décent les images scandaleuses que Selden, l'abbé Mignot et Dulaure ont essayé de relever avec la main de l'érudition. Selon Selden, qui s'appuie de l'autorité d'Origène et de saint Jérôme, Belphegor était figuré tantôt par un phallus gigantesque, appelé dans la *Bible*: *species turpitudinis*; tantôt par une idole portant sa robe retroussée au-dessus de la tête, comme pour étaler sa turpitude (*ut turpitudinem membri virilis ostenderet*); selon Mignot, la statue de Baal était monstrueusement hermaphrodite; selon Dulaure, elle n'était remarquable que par les attributs de Priape. Mais tous les savants, se fondant sur les saintes Écritures et sur les commentaires des Pères de l'Église, sont d'accord au sujet de la Prostitution sacrée, qui faisait le principal élément de ce culte odieux. Les prêtres du dieu étaient de beaux jeunes hommes, sans barbe, qui, le corps épilé et frotté d'huiles parfumées, entretenaient un ignoble commerce d'impudicité dans le sanctuaire de Baal. La *Vulgate* les nomme *efféminés* (*effœminati*); le texte hébraïque les qualifie de *kedeschim*, c'est-à-dire *consacrés*. Quelquefois, ces consacrés n'étaient que des mercenaires attachés au service du temple. Leur rôle ordinaire consistait dans l'usage plus ou moins actif de leurs mystères infâmes: ils se vendaient aux adorateurs de leur dieu, et déposaient sur ses autels le salaire de leur Prostitution. Ce n'est pas tout, ils avaient des chiens dressés aux mêmes ignominies; et le produit impur qu'ils retiraient de la vente ou du louage de ces animaux, ils l'appliquaient aussi aux revenus du temple. Enfin, dans certaines cérémonies qui se célébraient la nuit au fond des bois sacrés, lorsque les astres semblaient voiler leur face et se cacher d'épouvante, prêtres et consacrés s'attaquaient à coups de couteau, se couvraient d'entailles et de plaies peu profondes, échauffés par le vin, excités par leurs instruments de musique, et tombaient pêle-mêle dans une mare de sang.

Voilà pourquoi Moïse ne voulait pas qu'il y eût des bocages auprès des temples; voilà pourquoi, rougissant lui-même des turpitudes qu'il dénonçait à la malédiction du ciel, il défendait d'offrir dans la maison de Dieu le salaire de la Prostitution et le *prix du chien*. Les efféminés formaient une secte qui avait ses rites et ses initiations. Cette secte se multipliait donc en cachette, quelques efforts que fît le législateur pour l'anéantir; elle survivait à la ruine de ses idoles et elle se propageait jusque dans le temple du Seigneur. L'origine de ces efféminés se rattache évidemment à la profusion de diverses maladies obscènes qui avaient vicié le sang des femmes et qui rendait leur approche fort dangereuse, avant que Moïse eût purifié son peuple en expulsant et en vouant à l'exécration quiconque était atteint de ces maladies endémiques: la lèpre, la gale, le flux de sang et les flux de tout genre. Lorsque la santé publique fut un peu régénérée, les Juifs qui s'adonnaient au culte de Baal ne se contentèrent plus de leurs efféminés; et ceux-ci, se voyant moins recherchés, imaginèrent, pour obvier à la diminution des revenus de leur culte, de consacrer également à Baal une association de femmes qui se prostituaient au bénéfice de l'autel.

Ces femmes, nommées comme eux *kedeschoth*, dans le langage biblique, ne résidaient pas avec eux sous le portique ou dans l'enceinte du temple: elles se tenaient, sous des tentes bariolées, aux abords de ce temple, et elles se préparaient à la Prostitution, en brûlant des parfums, en vendant des philtres, en jouant de la musique. C'étaient là ces femmes étrangères, qui continuaient leur métier à leur profit lorsque le temple de Baal n'était plus là pour recevoir leurs offrandes; c'étaient elles qui, exercées dès l'enfance à leur honteux sacerdoce, servaient exclusivement aux besoins de la Prostitution juive.

L'histoire de la Prostitution sacrée chez les Hébreux commence donc du temps de Moïse, qui ne réussit pas à l'abolir, et elle reparaît çà et là, dans les livres saints, jusqu'à l'époque des Machabées.

Lorsque Israël était campé en Sittim, dans le pays des Moabites, presque en vue de la terre promise, le peuple s'abandonna à la fornication avec les filles de Moab (*Nombres*, chap. XXV), qui les invitèrent à leurs sacrifices: il fut initié à Belphegor. L'Éternel appela Moïse et lui ordonna de faire pendre ceux qui avaient sacrifié à Belphegor. Une maladie terrible, née de la débauche des Israélites, les décimait déjà, et vingt-quatre mille étaient morts de cette maladie. Moïse rassembla les juges d'Israël pour les inviter à retrancher du peuple les coupables que le fléau avait atteints. «Voilà qu'un des enfants d'Israël, nommé Zambri, entra, en présence de ses frères, chez une prostituée du pays de Madian, à la vue de Moïse et de l'assemblée des juges, qui pleuraient devant les portes du tabernacle. Alors Phinées, petit-fils d'Aaron, ayant vu ce scandale, se leva, prit un poignard, entra derrière Zambri dans le lieu de débauche, et perça d'un seul coup l'homme et la femme dans les parties de la génération.» Cette justice éclatante fit cesser l'épidémie qui désolait Israël et apaisa le ressentiment du Seigneur. Mais le mal moral avait des racines plus profondes que le mal physique, et les abominations de Baal-Phegor reparurent souvent au milieu du peuple de Dieu. Elles ne furent jamais plus insolentes que sous les rois de Juda. Pendant le règne de Roboam, 980 ans avant Jésus-Christ, «les efféminés s'établirent dans le pays et y firent toutes les abominations des peuples que le Seigneur avait écrasés devant la face des fils d'Israël.» Asa, un des successeurs de Roboam, fit disparaître les efféminés, et purgea son royaume des idoles qui le souillaient; il chassa même sa mère Maacha, qui présidait aux mystères de Priape (*in sacris Priapi*), et renversa de fond en comble le temple qu'elle avait élevé à ce dieu, dont il mit en pièces la statue impudique (*simulacrum turpissimum*). Josaphat, qui régna ensuite, anéantit le reste des efféminés qui avaient pu se soustraire aux poursuites sévères de son père Asa. Cependant, les efféminés ne tardèrent pas à revenir; les temples de Baal se relevèrent; ses statues insultèrent de nouveau à la pudeur publique; car, deux siècles plus tard, le roi Josias fit encore une guerre implacable aux faux dieux et à leur culte, qui s'était mêlé dans Jérusalem au culte du Seigneur. Les temples furent démolis, les statues jetées par terre, les bois impurs arrachés et brûlés; Josias n'épargna pas les tentes des efféminés que ces infâmes avaient plantées dans l'intérieur même du temple de Salomon, et qui, tissées de la main des femmes consacrées à Baal, servaient d'asile à leurs étranges Prostitutions.

Un ancien commentateur juif des livres de Moïse ajoute beaucoup de traits de mœurs, que lui fournit la tradition; au chapitre XV des *Nombres*, dans lequel sont mentionnés les débordements des Israélites avec les filles de Moab. Ces filles avaient dressé des tentes et ouvert des boutiques (*officinæ*) depuis Bet-Aiscimot jusqu'à Ar-Ascaleg: là, elles vendaient toutes sortes de bijoux; et les Hébreux mangeaient et buvaient au milieu de ce camp de Prostitution. Quand l'un d'eux sortait pour prendre l'air et se promenait le long des tentes, une fille l'appelait de l'intérieur de la tente où elle était couchée: «Viens, et achète-moi quelque chose?» Et il achetait; le lendemain il achetait encore, et le troisième jour elle lui disait: «Entre, et choisis-moi; tu es le maître ici.» Alors, il entrait dans la tente; et là, il trouvait une coupe pleine de vin ammonite qui l'attendait: «Qu'il te plaise de boire ce vin!» lui disait-elle. Et il buvait, et ce vin enflammait ses sens, et il disait à la belle fille de Moab: «Baise-moi!» Elle, tirant de son sein l'image de Phegor (sans doute un phallus): «Mon seigneur, lui disait-elle, si tu veux que je te donna un baiser, adore mon dieu?—Quoi! s'écriait-il, puis-je accepter l'idolâtrie?—Que t'importe! reprenait l'enchanteresse; il suffit de te découvrir devant cette image.» L'Israélite se gardait bien de refuser un pareil marché; il se découvrait, et la Moabite achevait de l'initier au culte de Baal-Phegor. C'était donc reconnaître Baal et l'adorer, que de se découvrir devant lui. Aussi, les Juifs, de peur de paraître la tête nue en sa présence, conservaient leur bonnet jusque dans le temple et devant le tabernacle du Seigneur. Ces filles de Moab n'étaient peut-être pas trop innocentes de la plaie qui frappa Israël, à la suite des idolâtries qu'elles avaient sollicitées; car, après l'expédition triomphante que Moïse avait envoyée contre les Madianites, tous les hommes ayant été passés au fil de l'épée, il ordonna de tuer aussi une partie des femmes qui restaient prisonnières: «Ce sont elles, dit-il aux capitaines de l'armée, ce sont elles qui, à la suggestion de Balaam, ont séduit les fils d'Israël et vous ont fait pécher contre le Seigneur en vous montrant l'image de Phegor.» Il fit donc tuer impitoyablement toutes les femmes qui avaient perdu leur virginité (*mulieres quæ noverunt viros in coitu*).

Moïse, dans vingt endroits de ses livres, paraît se préoccuper beaucoup de la virginité des filles: c'était là une dot obligée que la femme juive apportait à son mari, et l'on doit croire que les Hébreux, si peu avancés qu'ils fussent dans les sciences naturelles, avaient des moyens certains de constater la virginité, lorsqu'elle existait, et de prouver ensuite qu'elle avait existé. Ainsi (*Deutéron.*, ch. XXII), lorsqu'un mari, après avoir épousé sa femme, l'accusait de n'être point entrée vierge dans le lit conjugal, le père et la mère de l'accusée se présentaient devant les anciens qui siégeaient à la porte de la ville, et produisaient à leurs yeux les marques de la virginité de leur fille, en déployant la chemise qu'elle avait la nuit de ses noces. Dans ce cas, on imposait silence au mari et il n'avait plus rien à objecter contre une virginité si bien établie. Mais, dans le cas contraire, quand la pauvre femme n'en pouvait produire autant, elle courait risque d'être convaincue d'avoir manqué à ses devoirs et d'être alors condamnée comme ayant forniqué dans la maison de son père: on la conduisait devant cette maison et on l'assommait à coups de pierres. Moïse, ainsi que tous les législateurs, avait prononcé la peine de mort contre les adultères; quant au viol, celui d'une fille fiancée était seul puni de mort, et la fille périssait avec l'homme qui l'avait outragée, à moins que le crime eût été commis en plein champ; autrement, cette infortunée était censée n'avoir pas crié ou avoir peu crié. Si la fille n'avait pas encore reçu l'anneau de fiancée, son insulteur devenait son mari pour l'avoir humiliée (*quia humiliavit illam*), à la charge seulement de payer au père de sa victime cinquante sicles d'argent, ce qui s'appelait l'*achat d'une vierge*. Moïse, plus indulgent pour les hommes que pour les femmes, prescrivait à celles-ci une chasteté si rigoureuse, que la femme mariée qui voyait son mari aux prises avec un autre homme ne pouvait lui venir en aide, sous peine de s'exposer à perdre la main; car on coupait la main à la femme qui, par mégarde ou autrement, touchait les parties honteuses d'un homme; or, dans leurs rixes, les Juifs avaient l'habitude de recourir trop souvent à ce mode d'attaque redoutable, qui n'allait à rien moins qu'à mutiler la race juive. Ce fut donc pour empêcher ces combats dangereux, que Moïse ferma l'entrée du temple aux eunuques, de quelque façon qu'ils le fussent devenus (*attritis vel amputatis testiculis et abscisso veretro*. Deutéron., XXIII). Mais toutes ces rigueurs de la loi ne s'appliquaient qu'aux femmes juives; les étrangères, quoi qu'elles fissent dans Israël ou avec Israël, n'étaient nullement inquiétées, et Moïse lui-même savait bien tout le prix de ces étrangères, puisque, âgé de plus de cent ans, il en prit une pour femme ou plutôt pour concubine. C'était une Éthiopienne, qui n'adorait pas le Dieu des Juifs, mais qui n'en plaisait pas moins à Moïse. La sœur de ce favori de l'Éternel, Marie, eut à se repentir d'avoir mal parlé de l'Éthiopienne, car Moïse s'attrista et le Seigneur s'irrita: Marie devint lépreuse, blanche comme neige, en châtiment de ses malins propos contre la noire maîtresse de Moïse. Celui-ci, qui ne prêchait pas toujours d'exemple, eût été malvenu à exiger des Israélites une continence qui lui semblait difficile à garder. Il leur recommandait seulement la modération dans les plaisirs des sens, la chasteté dans les actes extérieurs. Ainsi, suivant sa loi, l'amour était une sorte de mystère, qui ne devait s'accomplir qu'avec certaines conditions de temps, de lieu et de décence. Il y avait, en outre, beaucoup de précautions à prendre dans l'intérêt de la salubrité publique: les femmes juives étaient sujettes à des indispositions héréditaires que l'abus des rapports sexuels pouvait aggraver et multiplier; les familles, en se concentrant pour ainsi dire sur elles-mêmes, avaient appauvri et vicié leur sang. L'intempérance étant le vice dominant des Israélites, leur législateur, qui eût été impuissant à les rendre absolument chastes et vertueux, leur prescrivit de se modérer dans leurs désirs et dans leurs jouissances: «Que les fils d'Israël, dit le Seigneur à Moïse, portent des bandelettes de pourpre aux bords de leurs manteaux, afin que la vue de ces bandelettes leur rappelle les commandements du Seigneur et détourne de la fornication leurs yeux et leurs pensées.» (*Nombr.*, XV.)

Les étrangères ou femmes de plaisir n'étaient pas si décriées dans

Israël, que leurs fils ne pussent prendre rang et autorité parmi le peuple de Dieu: ainsi, le brave Jephté était né, à Galaad, d'une prostituée, et il n'en fut pas moins un des chefs de guerre les plus estimés des Israélites. Un commentateur des livres saints a pensé que Jephté, pour expier la prostitution de sa mère, consacra au Seigneur la virginité de sa fille unique. On a peine à croire, en effet, que Jephté ait réellement immolé sa fille, et il faut sans doute ne voir dans cet holocauste humain qu'un emblème assez intelligible: la fille de Jephté pleure, pendant deux mois, sa virginité avec ses compagnes, avant de prendre l'habit de veuve et de se vouer au service du Seigneur. Un autre commentateur, plus préoccupé d'archéologie antique, a vu dans la retraite de cette fille sur la montagne une initiation au culte de Baal-Phegor, qui avait ses temples, ses statues et ses bois sacrés dans les *lieux élevés*, comme le dit souvent la *Bible*. Jephté aurait donc consacré sa fille à la Prostitution, c'est-à-dire au métier que sa mère avait exercé. Au reste, les livres de Josué et des Juges ne témoignent pas une aversion bien implacable à l'égard des prostituées. Quand Josué envoya deux espions à Jéricho, ces espions arrivèrent la nuit dans la maison d'une fille de joie, nommée Rahab, «et couchèrent là,» dit la *Bible*. Cette femme demeurait sur la muraille de la ville, comme les femmes de son espèce qui n'avaient pas le droit d'habiter dans l'intérieur des cités. On vint, de la part du roi de Jéricho, pour s'emparer de ces espions, mais elle les avait cachés sur le toit de sa maison, et elle les aida ensuite à sortir de la ville au moyen d'une corde. Ces espions lui promirent la vie sauve pour elle et pour tous ceux qui seraient sous son toit lors de la prise de Jéricho. Josué ne manqua pas de tenir la promesse que ses envoyés avaient faite à cette paillarde, qui fut épargnée dans le massacre, ainsi que son père, sa mère, ses frères et tous ceux qui lui appartenaient. «Elle a habité au milieu d'Israël jusqu'à aujourd'hui,» dit l'auteur du livre de Josué, qui n'a pas l'air de se scandaliser de cette résidence d'une étrangère au milieu des Israélites. Ce n'était pas la seule, il est vrai, et l'historien sacré a souvent occasion de parler de ces créatures.

Nous ne nous arrêterons pas à la naissance de Samson, dans laquelle on pourrait rechercher quelques traces de la Prostitution sacrée; nous ne ferons pas remarquer que sa mère était stérile, et qu'un homme de Dieu, dont la face était semblable à celle d'un ange, *vint* vers cette femme stérile, pour lui annoncer qu'elle aurait un fils; nous montrerons seulement Samson, cet élu du Seigneur, lequel va dans la ville de Gaza, y voit une femme paillarde et entre chez elle. Le Seigneur néanmoins ne se retire pas de lui; car, au milieu de la nuit, Samson se lève aussi dispos que s'il avait dormi paisiblement et arrache les portes de Gaza, qu'il porte sur le sommet de la montagne. Ensuite, il aima une femme qui s'appelait Dalila, et qui se tenait sous une tente près du torrent de Cédron. C'était encore là une courtisane, et sa trahison, que les Philistins achetèrent à prix d'argent, prouve qu'elle n'avait pas à se louer de la générosité de son amant. Le Seigneur ne reprochait point à Samson l'usage qu'il faisait de sa force, mais il l'abandonna dès que le rasoir eut dépouillé le front de ce Nazaréen. Dalila l'abandonna aussi et ne l'endormit plus sur ses genoux. Les Juifs pouvaient d'ailleurs avoir des concubines dans leur maison, sans offenser le Dieu d'Abraham, qui avait eu aussi la sienne. Gédéon en eut aussi une qui lui donna un fils, outre les soixante-dix fils que ses femmes lui avaient donnés. Quant au lévite d'Éphraïm, il avait pris dans le pays de Bethléem une concubine qui paillarda chez lui, dit la traduction protestante de la *Bible*, et qui le quitta pour retourner chez son père. Ce fut là que le lévite alla, pour leur malheur, la rechercher: à son retour, il accepta l'hospitalité que lui offrait un bon vieillard de la ville de Guibha, et entra dans la maison de ce vieillard, pour y passer la nuit, avec ses deux ânes, sa concubine et son serviteur. Les voyageurs lavèrent leurs pieds, mangèrent et burent; mais, comme ils allaient s'endormir, les habitants de Guibha, qui étaient enfants de Jemini et appartenaient à la tribu de Benjamin, environnèrent la maison et, heurtant à la porte, crièrent à l'hôte: «Amène-nous l'homme qui est entré chez toi, pour que nous abusions de lui (*ut abutamur eo*).» Le vieillard sortit à la rencontre de ces fils de Bélial et leur dit: «Frères, ne commettez pas cette vilaine action; cet homme est mon hôte et je dois le protéger. J'ai une fille vierge et cet homme a une concubine: je vais vous livrer ces deux femmes et vous assouvirez sur elles votre brutalité; mais, je vous en supplie, ne vous souillez pas d'un crime contre nature, en abusant de cet homme.» Ces furieux ne voulaient rien entendre; enfin, le lévite d'Éphraïm mit dehors sa concubine et l'abandonna aux Benjamites, qui abusèrent d'elle toute la nuit. Le lendemain matin, ils la renvoyèrent, et cette malheureuse, épuisée par cette horrible débauche, put à peine se traîner jusqu'à la maison où dormait son amant: elle tomba morte, les mains étendues sur le seuil. C'est en ce triste état que le lévite la trouva en se levant. Quoiqu'il l'eût en quelque sorte sacrifiée lui-même, il ne fut que plus ardent à la venger. Israël prit fait et cause pour cette concubine et s'arma contre les Benjamites, qui furent presque exterminés. Ce qui resta de la tribu coupable n'aurait pas eu de postérité, si les autres tribus, qui avaient juré de ne pas donner leurs filles à ces fils de Bélial, ne s'étaient avisées de faire prisonnières les filles de Jabès en Galaad et d'enlever les filles de Silo en Chanaan, pour repeupler le pays, que cette affreuse guerre avait changé en solitude. Les Benjamites épousèrent donc des étrangères et des idolâtres.

Ces étrangères ne tardèrent pas sans doute à rétablir le culte de Moloch et de Baal-Phegor dans Israël, comme le firent plus tard les concubines du roi Salomon. Sous ce roi, qui régnait mille ans avant Jésus-Christ, et qui éleva le peuple juif au plus haut degré de prospérité, la licence des mœurs fut poussée aux dernières limites. Le roi David, sur ses vieux jours, s'était contenté de prendre une jeune fille vierge qui avait soin de lui et qui le réchauffait la nuit dans sa couche. Le Seigneur, malgré cette innocente velléité d'un vieillard glacé par l'âge, ne s'était pourtant pas retiré de lui et le visitait encore souvent. Mais Salomon, après un règne glorieux et magnifique, se laissa emporter par la fougue de ses passions charnelles: il aima, outre la fille d'un Pharaon d'Égypte, qu'il avait épousée, des femmes étrangères, des Moabites, des Ammonites, des Iduméennes, des Sidoniennes et d'autres que le dieu d'Israël lui avait ordonné de fuir comme de dangereuses sirènes. Mais Salomon se livrait avec frénésie à ses débordements. (*His itaque copulatus est ardentissimo amore*). Il eut sept cents femmes et trois cents concubines, qui détournèrent son cœur du vrai Dieu. Il adora donc Astarté, déesse des Sidoniens; Camos, dieu des Moabites, et Moloch, dieu des Ammonites; il érigea des temples et des statues à ces faux dieux, sur la montagne située vis-à-vis de Jérusalem; il les encensa et leur offrit d'impurs sacrifices. Ces sacrifices, offerts à Vénus, à Adonis et à Priape sous les noms de Moloch, de Camos et d'Astarté, avaient pour prêtresses les femmes et les concubines de Salomon. Il y eut, en effet, pendant le règne de ce roi voluptueux et sage, un si grand nombre d'étrangères qui vivaient de Prostitution au milieu d'Israël, que ce sont deux prostituées qui figurent comme héroïnes dans le célèbre jugement de Salomon. La *Bible* fait comparaître ces deux femmes de mauvaise vie (*meretrices*) devant le trône du roi, qui décide entre elles et tranche leur différend sans leur témoigner aucun mépris.

A cette époque, la Prostitution avait donc une existence légale, autorisée, protégée, chez le peuple juif. Les femmes étrangères, qui en avaient pour ainsi dire le monopole, s'étaient même glissées dans l'intérieur des villes, et elles y exerçaient leur honteuse industrie publiquement, effrontément, sans craindre aucune punition corporelle ou pécuniaire. Deux chapitres du *Livre des Proverbes* de Salomon, le Ve et le VIIe, sont presque un tableau de la Prostitution et de son caractère en ce temps-là. On pourrait induire de certains passages du chapitre V, que ces étrangères n'étaient pas exemptes de terribles maladies, nées de la débauche, et qu'elles les communiquaient souvent aux libertins, qui en étaient consumés (*quando consumpseris carnes tuas*): «Le miel distille des lèvres d'une courtisane, dit Salomon; sa bouche est plus douce que l'huile; mais elle laisse des traces plus amères que l'absinthe et plus aiguës que le glaive à deux tranchants... Détourne-toi de sa voix et ne t'approche pas du seuil de sa maison, de peur de livrer ton honneur à un ennemi et le reste de ta vie à un mal cruel, de peur d'épuiser tes forces au profit d'une paillarde et d'enrichir sa maison à tes dépens.» Dans le chapitre VII, on voit une scène de Prostitution, qui diffère peu dans ses détails de celles qui se reproduisent de nos jours sous l'œil vigilant de la police; c'est une scène que Salomon avait vue certainement d'une fenêtre de son palais, et qu'il a peinte d'après nature avec les pinceaux d'un poëte et d'un philosophe: «D'une fenêtre de ma maison, dit-il, à travers les grillages, j'ai vu et je vois les hommes, qui me paraissent bien petits. Je considère un jeune insensé qui traverse le carrefour et qui s'avance vers la maison du coin, lorsque le jour va déclinant, dans le crépuscule de la nuit et dans le brouillard. Et voici qu'une femme accourt vers lui, parée comme le sont les courtisanes, toujours prête à surprendre les âmes, gazouillante et vagabonde, impatiente de repos tellement que ses pieds ne tiennent jamais à la maison; tantôt à sa porte, tantôt dans les places, tantôt aux angles des rues, dressant ses embûches. Elle saisit le jeune homme, elle le baise, elle lui sourit avec un air agaçant: «J'ai promis des offrandes aux dieux à cause de toi, lui dit-elle; aujourd'hui mes vœux devaient être comblés. C'est pourquoi je suis sortie à ta rencontre, désirant te voir, et je t'ai trouvé. J'ai tissu mon lit avec des cordes, je l'ai couvert de tapis peints venus d'Égypte, je l'ai parfumé de myrrhe, d'aloès et de cinnamome. Viens, enivrons-nous de volupté, jouissons de nos ardents baisers jusqu'à ce que le jour reparaisse. Car mon maître (*vir*) n'est pas dans sa maison; il est allé bien loin en voyage; il a emporté un sac d'argent; il ne reviendra pas avant la pleine lune.» Elle a entortillé ce jeune homme avec de pareils discours, et, par la séduction de ses lèvres, elle a fini par l'entraîner. Alors il la suit comme le bœuf conduit à l'autel du sacrifice; comme l'agneau qui se joue, ne sachant pas qu'on doit le garrotter, et qui l'apprend lorsqu'un fer mortel lui traverse le cœur; comme l'oiseau qui se jette dans le filet, sans savoir qu'il y va de sa vie. Maintenant donc, mes enfants, écoutez-moi et ayez égard aux paroles de ma bouche: Que votre esprit ne se laisse pas attirer dans la voie de cette impure, et qu'elle ne vous égare point sur ses traces; car elle a mis à bas beaucoup d'hommes gravement blessés, et les plus forts ont été tués par elle.» Salomon, au milieu des orgies de ses concubines, célébrant les mystères de Moloch et de Baal, le grand roi Salomon avait probablement oublié ses *Proverbes*. Salomon néanmoins se repentit et mourut dans la paix du Seigneur.

Le fléau de la Prostitution resta toujours attaché, comme la lèpre, à la nation juive; non-seulement la Prostitution légale, que tolérait la loi de Moïse dans l'intérêt de la pureté des mœurs domestiques, mais encore la Prostitution sacrée qu'entretenait au milieu d'Israël la présence de tant de femmes étrangères élevées dans la religion de Moloch, de Camos et de Baal-Phegor. Les prophètes, que Dieu suscitait sans cesse pour gourmander et corriger son peuple, le trouvaient occupé à sacrifier aux dieux de Moab et d'Ammon sur le sommet des montagnes et dans l'ombre des bois sacrés: l'air retentissait de chants licencieux et se remplissait de parfums que les prostituées brûlaient devant elles. Il y avait des tentes de débauche aux carrefours de tous les chemins et jusqu'aux portes des temples du Seigneur. Il fallait bien que le scandaleux spectacle de la Prostitution affligeât constamment les yeux du prophète, pour que ses prophéties en reflétassent à chaque instant les images impudiques. Isaïe dit à la ville de Tyr, qui s'est prostituée avec toutes les nations de la terre: «Prends une cithare, ô courtisane condamnée à l'oubli, danse autour de la ville, chante, fais résonner ton instrument, afin qu'on se ressouvienne de toi!» On voit, par ce passage, que les *étrangères* faisaient de la musique pour annoncer leur marchandise. Jérémie dit à Jérusalem, qui, comme une cavale sauvage, aspire de toutes parts les émanations de l'amour physique: «Courtisane, tu as erré sur toutes les collines, tu t'es prostituée sous tous les arbres!» Jérémie nous représente sous les couleurs les plus hideuses ces impurs enfants d'Israël qui se souillaient de luxure dans la maison d'une paillarde, et qui devenaient des courtiers de Prostitution. (*Mœchati sunt et in domo meretricis luxuriabantur; equi amatores et emissarii facti sunt.*) Les Juifs, lorsqu'ils furent menés en captivité à Babylone, n'eurent donc pas à s'étonner de ce qu'ils y virent en fait de désordres et d'excès obscènes dans le culte de Mylitta qu'ils connaissaient déjà sous le nom de Moloch. Jérémie leur montre avec une sainte indignation les prêtres qui trafiquent de la Prostitution, les dieux qui y président, l'or du sacrifice payant les travaux de la courtisane, et la courtisane rendant aux autels le centuple de la solde qu'elle en a reçue. (*Dant autem et ex ipso prostitutis, et meretrices ornant, et iterum, cum receperint illud a meretricibus, ornant deos suos.*)

Mais Israël peut maintenant, sur le champ de la Prostitution, en apprendre à tous les peuples qui l'ont instruit et qu'il a surpassés. Le prophète Ézéchiel nous fait une peinture épouvantable de la corruption juive. Ce ne sont, dans ses effrayantes prophéties, que mauvais lieux ouverts à tout venant, que tentes de paillardise plantées sur tous les chemins, que maisons de scandale et d'impudicité; on n'aperçoit que courtisanes vêtues de soie et de broderie, étincelantes de joyaux, chargées de parfums; on ne contemple que des scènes infâmes de fornication. La grande prostituée, Jérusalem, qui se donna aux enfants d'Égypte à cause des promesses de leur belle taille, fait des présents aux amants dont elle est satisfaite, au lieu de leur demander un salaire: «Je te mettrai dans les mains de ceux à qui tu t'es abandonnée, lui dit le Seigneur, et ils détruiront ton lupanar, et ils démoliront ton repaire; et ils te dépouilleront de tes vêtements, et ils emporteront tes vases d'or et d'argent, et ils te laisseront nue et pleine d'ignominie.» Il fallait que Jérusalem eût porté au comble ses prévarications, pour que le prophète la menaçât du sort de Sodome. La Prostitution qui faisait le plus souffrir les hommes de Dieu, ce devait être celle qui persistait à s'abriter sous les voûtes du temple de Salomon. Ce temple, du temps des Machabées, un siècle et demi avant Jésus-Christ, était encore le théâtre du commerce des prostituées qui venaient y chercher des chalands. (*Templum luxuria et comessationibus gentium erat plenum et scortantium cum meretricibus.*) On doit croire que cet état de choses ne changea pas jusqu'à ce que Jésus eut chassé les vendeurs du temple, et bien que les évangélistes ne s'expliquent pas sur la nature du commerce dont Jésus purgea la maison du Seigneur, le livre des Machabées, écrit cent ans auparavant, nous indique assez ce qu'il pouvait être. D'ailleurs, il est parlé de marchands de tourterelles dans l'Évangile de saint Marc, et l'on doit présumer que ces oiseaux, chers à Vénus et à Moloch, n'étaient là que pour fournir des offrandes aux amants. La loi des Jalousies, si poétiquement imaginée par Moïse, ne prescrivait pas aux époux ce sacrifice d'une tourterelle; mais seulement celui d'un gâteau de farine d'orge.

Jésus, qui fut impitoyable pour les hôtes parasites du sanctuaire et qui brisa leur comptoir d'iniquité, se montra pourtant plein d'indulgence à l'égard des femmes, comme s'il avait pitié de leurs faiblesses. Quand la Samaritaine le trouva assis au bord d'un puits, cette étrangère qui avait eu cinq maris et qui vivait en concubinage avec un homme, Jésus ne lui adressa aucun reproche et s'entretint doucement avec elle, en buvant de l'eau qu'elle avait tirée du puits. Les disciples de Jésus s'étonnèrent de le voir en compagnie d'une telle femme et dirent dédaigneusement: «Pourquoi parler à cette créature?» Les disciples étaient plus intolérants que leur divin maître, car ils auraient volontiers lapidé, selon la loi de Moïse, une autre femme adultère, que Jésus sauva en disant: «Que celui qui n'a pas péché lui jette la première pierre!» Enfin, le Fils de l'homme ne craignit pas d'absoudre publiquement une prostituée, parce qu'elle avait honte de son coupable métier. Tandis qu'il était à table dans la maison du pharisien, à Capharnaüm, une femme de mauvaise vie (*peccatrix*), qui demeurait dans cette ville, apporta un vase d'albâtre contenant une huile parfumée; elle arrosa de ses larmes les pieds du Sauveur, les oignit d'huile et les essuya avec ses cheveux. Ce que voyant le pharisien, il disait en lui-même: «S'il était prophète, il saurait bien quelle est cette femme qui le touche, car c'est une pécheresse.» Jésus, se tournant vers cette femme, lui dit avec une bonté angélique: «Tes péchés, si grands et si nombreux qu'ils soient, te sont remis, parce que tu as beaucoup aimé.» Ces paroles de Jésus ont été commentées et tourmentées de bien des manières; mais, à coup sûr, le fils de Dieu, qui les a prononcées, n'entendait pas encourager la pécheresse à continuer son genre de vie. Il chassa sept démons qui possédaient cette femme, nommée Marie-Madeleine, et qui n'étaient peut-être que sept libertins avec qui elle avait des habitudes. Madeleine devint dès lors une sainte femme, une digne repentie; elle s'attacha aux pas du divin Rédempteur, qui l'avait délivrée; elle le suivit en larmes jusqu'au Calvaire; elle s'assit, toujours gémissante, devant le sépulcre. Ce fut à elle que le Christ apparut d'abord, comme pour lui donner un témoignage éclatant de pardon. Cette pécheresse fut mise au rang des saintes, et si, pendant tout le moyen âge, elle ne se sentit pas fort honorée d'être la patronne des pécheresses qui n'imitaient pas sa conversion, elle les consolait du moins par son exemple, et, même au fond de leurs retraites maudites, elle leur montrait encore le chemin du ciel. (*Remittuntur ei peccata multa, quoniam dilexit multum.*)

4

Sommaire.—La Prostitution sacrée en Grèce.—Les Vénus grecques.—*Vénus-Uranie.*—*Vénus-Pandemos.*—Pitho, déesse de la persuasion.—Solon fait élever un temple à la déesse de la Prostitution, avec les produits des *dictérions* qu'il avait fondés à Athènes.—Temples de Vénus-Populaire à Thèbes et à Mégalopolis.—Offrande d'Harmonie, fille de Cadmus, à Vénus-Pandemos.—*Vénus-Courtisane* ou *Hétaire.*—La ville d'Abydos délivrée par une courtisane.—Temple de Vénus-Hétaire à Éphèse construit aux frais d'une courtisane.—Les *Simœthes.*—Temple de Vénus-Courtisane, à Samos, bâti avec les deniers de la Prostitution. —*Vénus Peribasia* ou *Vénus-Remueuse.*—*Vénus Salacia* ou *Vénus-Lubrique.*—Sa statue en vif-argent par Dédale.—Dons offerts à Vénus-Remueuse par les prostituées.—*Vénus-Mélanis* ou *la Noire*, déesse de la nuit amoureuse.—Ses temples.—*Vénus Mucheia* ou la déesse des repaires.—*Vénus Castnia* ou la déesse des accouplements impudiques. —*Vénus Scotia* ou la *Ténébreuse.*—*Vénus Derceto* ou *la Coureuse.*—*Vénus Mechanitis* ou *Mécanique.*—*Vénus Callipyge* ou Aux belles fesses.—Origine du culte de Vénus Derceto.—Jugement de Pâris.—Origine du culte de Vénus Callipyge.—Les *Aphrodisées* et les *Aloennes.*—Les mille courtisanes du temple de Vénus à Corinthe.—Offrande de cinquante hétaires, faite à Vénus par le poëte Xénophon de Corinthe.—Procession des *consacrées.*—Fonctions des courtisanes dans les temples de Vénus.

—Les *petits mystères de Cérès*.—Le pontife Archias.—Cottine, fameuse courtisane de Sparte.—Célébration des fêtes d'Adonis.—*Vénus Leæna* et *Vénus Lamia*.

La Prostitution sacrée exista dans la Grèce dès qu'il y eut des dieux et des temples; elle remonte donc à l'origine du paganisme grec. Cette théogonie, que l'imagination poétique de la race hellène avait créée plus de dix-huit siècles avant l'ère moderne, ne fut qu'un poëme allégorique, en quelque sorte, sur les jeux de l'amour dans l'univers. Toutes les religions avaient eu le même berceau; ce fut partout la nature femelle s'épanouissant et engendrant au contact fécond de la nature mâle; ce furent partout l'homme et la femme, qu'on divinisait dans les attributions les plus significatives de leurs sexes. La Grèce reçut donc de l'Asie le culte de Vénus avec celui d'Adonis, et comme ce n'était point assez de ces deux divinités amoureuses, la Grèce les multiplia sous une foule de noms différents, de telle sorte qu'il y eut presque autant de Vénus que de temples et de statues. Les prêtres et les poëtes qui se chargèrent, d'un commun accord, d'inventer et d'écrire les annales de leurs dieux, ne firent que développer un thème unique, celui de la jouissance sensuelle. Dans cette ingénieuse et charmante mythologie, l'Amour reparaissait à chaque instant, avec un caractère varié, et l'histoire de chaque dieu ou de chaque déesse n'était qu'un hymne voluptueux en l'honneur des sens. On comprend sans peine que la Prostitution, qui se montre de tant de manières dans l'odyssée des métamorphoses des dieux et des déesses, devait être un reflet des mœurs grecques au temps d'Ogygès et d'Inachus. Une nation dont les croyances religieuses n'étaient qu'un amas de légendes impures pouvait-elle jamais être chaste et retenue?

La Grèce accepta, dès les temps héroïques, le culte de la femme et de l'homme divinisés, tel que Babylone et Tyr l'avaient établi à Cypre; ce culte sortit de l'île qui lui était spécialement consacrée, pour se répandre d'île en île dans l'Archipel, et pour gagner bientôt Corinthe, Athènes et toutes les villes de la terre Ionienne. Alors, à mesure que Vénus et Adonis se naturalisaient dans la patrie d'Orphée et d'Hésiode, ils perdaient quelque chose de leur origine chaldéenne et phénicienne; ils se façonnaient, pour ainsi dire, à une civilisation plus polie et plus raffinée, mais non moins corrompue. Vénus et Adonis sont plus voilés qu'ils ne l'étaient dans l'Asie-Mineure; mais, sous ce voile, il y a des délicatesses et des recherches de débauche qu'on ignorait peut-être dans les enceintes sacrées de Mylitta et dans les bois mystérieux de Belphegor. Les renseignements nous manquent pour reconstituer dans tous ses détails secrets le culte des Vénus grecques, surtout dans les époques antérieures aux beaux siècles de la Grèce; les poëtes ne nous offrent çà et là que des traits épars qui, s'ils indiquent tout, ne précisent rien; les philosophes évitent les tableaux et se jettent au hasard dans de vagues généralités morales; les historiens ne renferment que des faits isolés qui ne s'expliquent pas souvent l'un l'autre; enfin, les monuments figurés, à l'exception de quelques médailles et de quelques inscriptions, ont tous péri. Nous avons seulement des notions assez nombreuses sur les principales Vénus, dont le nom et les attributs se rattachent plus particulièrement au sujet que nous traitons. La simple énumération de ces Vénus nous dispensera de recourir à des conjectures plus ou moins appuyées de preuves et d'apparences. La Prostitution sacrée, en cessant de s'exercer au profit du temple et du prêtre, avait laissé dans les rites et les usages religieux la trace profonde de son empire.

La Vénus qui personnifiait, pour ainsi dire, cette Prostitution, se nommait Pandemos. Socrate dit, dans le *Banquet* de Xénophon, qu'il y a deux Vénus, l'une céleste et l'autre humaine ou Pandemos; que le culte de la première est chaste, et celui de la seconde criminel. Socrate vivait, dans le cinquième siècle avant Jésus-Christ, comme un philosophe sceptique qui soumet les religions elles-mêmes à son jugement inflexible. Platon, dans son *Banquet*, parle aussi des deux Vénus, mais il est moins sévère à l'égard de Pandemos. «Il y a deux Vénus, dit-il: l'une très-ancienne, sans mère, et fille d'Uranus, d'où lui vient le nom d'Uranie; l'autre, plus jeune, fille de Jupiter et de Dioné, que nous appelons Vénus-Pandemos.» C'est la Vénus-Populaire (παν, tout; δῆμος, peuple); c'est la première divinité que Thésée fit adorer par le peuple qu'il avait rassemblé dans les murailles d'Athènes; c'est la première statue de déesse qui fut érigée sur la place publique de cette ville naissante. Cette antique statue, qui ne subsistait plus déjà quand Pausanias écrivit son Voyage en Grèce, et qui avait été remplacée par une autre, due à un habile sculpteur, et plus modeste sans doute que la première, faisait un appel permanent à la Prostitution. Les savants ne sont pas d'accord sur la pose que l'artiste lui avait donnée, et l'on peut supposer que cette pose avait trait au caractère spécial de la déesse. Thésée, pour que ce caractère fût encore plus clairement représenté, avait placé près de la statue de Pandemos celle de Pitho, déesse de la persuasion. Les deux déesses disaient si bien ce qu'on avait voulu leur faire exprimer, que l'on venait à toute heure, de jour comme de nuit, sous ses yeux, faire acte d'obéissance publique. Aussi, lorsque Solon eut réuni, avec les produits des *dictérions* qu'il avait fondés à Athènes, les sommes nécessaires pour élever un temple à la déesse de la Prostitution, il fit bâtir ce temple vis-à-vis de la statue qui attirait autour de son piédestal une procession de fidèles prosélytes. Les courtisanes d'Athènes se montraient fort empressées aux fêtes de Pandemos, qui se renouvelaient le quatrième jour de chaque mois, et qui donnaient lieu à d'étranges excès de zèle religieux. Ces jours-là, les courtisanes n'exerçaient leur métier qu'au profit de la déesse, et elles dépensaient en offrandes l'argent qu'elles avaient gagné sous les auspices de Pandemos.

Ce temple, dédié à la Vénus-Populaire par le sage Solon, n'était pas le seul qui témoignât du culte de la Prostitution en Grèce. Il y en avait aussi à Thèbes en Béotie et à Mégalopolis en Arcadie. Celui de Thèbes datait du temps de Cadmus, fondateur de cette ville. La tradition racontait que la statue qu'on voyait dans ce temple, avait été fabriquée avec les éperons d'airain des vaisseaux qui avaient amené Cadmus aux bords thébains. C'était une offrande d'Harmonie, fille de Cadmus; cette princesse, indulgente pour les plaisirs de l'amour, s'était plu à en consacrer le symbole à la déesse, en lui destinant ces éperons ou becs de métal qui s'étaient enfoncés dans le sable du rivage pour en faire sortir une cité. Dans le temple de Mégalopolis, la statue de Pandemos était accompagnée de deux autres statues qui présentaient la déesse sous deux figures différentes, plus décentes et moins nues. Ces statues de Pandemos avaient toutes une physionomie assez effrontée, car elles ne furent pas conservées quand les mœurs imposèrent des voiles même aux déesses; celle qui était à Élis, où Pandemos eut aussi un temple célèbre, avait été refaite par le fameux statuaire Scopas, qui en changea entièrement la posture et qui se contenta d'un emblème très-transparent, en mettant cette Vénus sur le dos d'un bouc aux cornes d'or.

Vénus était adorée, dans vingt endroits de la Grèce, sous le nom d' Ἑταιρα ou de Πορνη, Courtisane ou Hétaire; ce nom-là annonçait suffisamment le genre d'actions de grâce qu'on lui rendait. Ses adorateurs ordinaires étaient les courtisanes et leurs amants; les uns et les autres ne se faisaient pas faute de lui offrir des sacrifices pour se mettre sous sa protection. Cette Vénus-là, si malhonnête qu'elle fût dans son culte, rappelait pourtant un fait historique qui était à l'honneur des courtisanes, mais qui se rattachait par malheur aux temps fabuleux de la Grèce. Suivant une tradition, dont la ville d'Abydos était fière, cette ville, réduite jadis en esclavage, avait été délivrée par une courtisane. Un jour de fête, les soldats étrangers, maîtres de la ville et préposés à la garde des portes, s'enivrèrent dans une orgie avec des courtisanes abydéniennes et s'endormirent au son des flûtes. Une des courtisanes se saisit des clefs de la ville, où elle rentra par-dessus la muraille, et alla avertir ses concitoyens, qui s'armèrent, tuèrent les sentinelles endormies et chassèrent l'ennemi de leur cité. En mémoire de leur liberté recouvrée, ils élevèrent un temple à Vénus-Hétaire. Cette Vénus avait encore un temple à Éphèse, mais on ne sait pas si son origine était aussi honorable que celle du temple d'Abydos. Chacun de ces temples évoquait d'ailleurs une tradition particulière. Celui du promontoire Simas, sur le Pont-Euxin, aurait été construit aux frais d'une belle courtisane, qui habitait dans cet endroit-là, et qui attendait au bord de la mer que Vénus, née du sein des flots, lui envoyât des passagers. Ce fut en souvenir de cette prêtresse de Vénus-Hétaire, que les prostituées s'intitulaient *Simœthes*, aux environs de ce promontoire qui conviait de loin les matelots au culte de la déesse, et qui leur ouvrait ses grottes consacrées à ce culte. Le temple de Vénus-Courtisane à Samos, qu'on appelait la déesse des roseaux ou des marécages, avait été bâti avec les deniers de la Prostitution, par les hétaires qui suivirent Périclès au siége de Samos, et qui y trafiquèrent de leurs charmes pour des sommes énormes. (*Ingentem ex prostitutâ formâ quæstum fecerant*, dit Athénée, dont le grec est plus énergique encore que cette traduction latine.) Mais quoique Vénus eût le nom d'*Hétaire*, les fêtes qu'on célébrait en Magnésie, sous le nom de *Hétaïridées*, ne la regardaient pas; elles avaient été instituées en l'honneur de Jupiter-Hétairien et de l'expédition des Argonautes.

Ce n'était point assez que d'avoir donné à Vénus le nom des courtisanes qu'elle inspirait et qui se recommandaient à elle: on lui donnait encore d'autres noms qui n'eussent pas moins convenu à ses prêtresses favorites. Celui de *Peribasia*, par exemple, en latin *Divaricatrix*, faisait allusion aux mouvements que provoque et règle le plaisir. Cette Vénus était nominativement adorée chez les Argiens, comme nous l'apprend saint Clément d'Alexandrie, qui ne craint pas d'avouer que ce nom bizarre de *Remueuse* lui était venu *à divaricandis cruribus*. La Peribasia des Grecs devint chez les Romains *Salacia* ou Vénus-Lubrique, qui prit encore d'autres noms analogues et plus caractéristiques. Le fameux architecte du labyrinthe de Crète, Dédale, par amour de la mécanique, avait dédié à cette déesse une statue en vif-argent. Les dons offerts à la déesse faisaient allusion aux qualités qu'on lui supposait. Ces dons, qui étaient parfois fort riches, rappelaient, en général, la condition des femmes qui les déposaient sur l'autel ou les appendaient au piédestal de la statue. C'étaient le plus souvent des phallus en or, en argent, en ivoire ou en nacre de perle; c'étaient aussi des bijoux précieux, et surtout des miroirs d'argent poli, avec des ciselures et des inscriptions. Ces miroirs furent toujours considérés comme les attributs de la déesse et des courtisanes. On représentait Vénus un miroir à la main; on la représentait aussi tenant un vase ou une boîte à parfums: car, disait le poëte grec, «Vénus n'imite point Pallas, qui se baigne quelquefois mais qui ne se parfume jamais.» Les courtisanes, qui avaient tant d'intérêt à se rendre Vénus propice, se dépouillaient pour elle de tous les objets de toilette qu'elles aimaient le mieux. Leur première offrande devait être leur ceinture; elles avaient des peignes, des pinces à épiler, des épingles et d'autres menus affiquets en or et en argent, que les femmes honnêtes ne se permettaient pas, et que Vénus-Courtisane pouvait sans scrupule accepter de ses humbles imitatrices. Aussi le poëte Philétère s'écrie-t-il avec enthousiasme, dans sa *Corinthiaste*: «Ce n'est pas sans raison que dans toute la Grèce on voit des temples élevés à Vénus-Courtisane et non à Vénus-Mariée.»

Vénus avait en Grèce bien d'autres dénominations qui se rapportaient à certaines particularités de son culte, et les temples qu'on lui élevait sous ces dénominations souvent obscènes étaient plus fréquentés et plus enrichis que ceux de Vénus-Pudique ou de Vénus-Armée. Tantôt on l'adorait avec le nom de *Mélanis* ou *la Noire*, comme déesse de la nuit amoureuse: ce fut elle qui apparut à Laïs pour lui apprendre que les amants lui arrivaient de tous côtés avec de magnifiques présents; elle avait des temples à Mélangie en Arcadie; à Cranium, près de Corinthe; à Thespies en Béotie, et ces temples étaient environnés de bocages impénétrables au jour, dans lesquels on cherchait à tâtons les aventures. Tantôt on l'appelait *Mucheia* ou la déesse des repaires; *Castnia* ou la déesse des accouplements impudiques; *Scotia* ou *la Ténébreuse*; *Derceto* ou *la Coureuse*; *Callipyge* ou Aux belles fesses, etc. Vénus, véritable Protée de l'amour ou plutôt de la volupté, avait, pour chacune de ses transformations, une mythologie spéciale, toujours ingénieuse et allégorique. Elle représentait constamment la femme remplissant les devoirs de son sexe. Ainsi, lorsqu'elle fut *Derceto* ou déesse de Syrie, elle était tombée de l'Olympe dans la mer et elle y avait rencontré un grand poisson qui s'était prêté à la ramener sur la côte de Syrie, où elle récompensa son sauveur en le mettant au nombre des astres: pour traduire cette fable en langage humain, il ne fallait qu'imaginer une belle Syrienne perdue dans un naufrage et sauvée par un pêcheur qui s'était épris d'elle. Le nom de *Derceto* exprimait ses allées et venues sur les côtes de Syrie avec le pêcheur qui l'avait recueillie dans sa barque. Les prêtres de Derceto avaient donné une forme plus mystique à l'allégorie. Selon eux, aux époques contemporaines du chaos un œuf gigantesque s'était détaché du ciel et avait roulé dans l'Euphrate; les poissons poussèrent cet œuf jusqu'au rivage, des colombes le couvèrent et Vénus en sortit: voilà pourquoi colombes et poissons étaient consacrés à Vénus; mais on ne sait pas à quelle espèce de poissons la déesse accordait la préférence. Enfin, il y avait une Vénus *Mechanitis* ou *Mécanique*, dont les statues étaient en bois avec des pieds, des mains et un masque en marbre; ces statues-là se mouvaient par des ressorts cachés et prenaient les poses les plus capricieuses.

Cette déesse était, sans doute, sous ses divers aspects, la déesse de la beauté: mais la beauté qu'elle divinisait, ce fut moins celle du visage que celle du corps; et les Grecs, plus amoureux de la statuaire que de la peinture, faisaient plus de cas aussi de la forme que de la couleur. La beauté du visage, en effet, appartenait presque indistinctement à toutes les déesses du panthéon grec, tandis que la beauté du corps était un des attributs divins de Vénus. Lorsque le berger troyen, Pâris, décerna la pomme à la plus belle des trois déesses rivales, il n'avait décidé son choix entre elles, qu'après les avoir vues sans aucun voile. Vénus ne représentait donc pas la beauté intelligente, l'âme de la femme; elle ne représentait que la beauté matérielle, le corps de la femme. Les poëtes, les artistes lui attribuaient donc une tête fort petite, au front bas et étroit, mais en revanche un corps et des membres fort longs, souples et potelés. La perfection de la beauté chez la déesse commençait surtout à la naissance des reins. Les Grecs se regardaient comme les premiers connaisseurs du monde en ce genre de beauté. Cependant ce ne fut pas la Grèce, mais la Sicile qui fonda un temple à Vénus Callipyge. Ce temple dut son origine à un jugement qui n'eut pas autant d'éclat que celui de Pâris, car les parties n'étaient pas déesses et le juge n'eut pas à se prononcer entre trois. Deux sœurs, aux environs de Syracuse, en se baignant un jour, se disputèrent le prix de la beauté; un jeune Syracusain, qui passait par là et qui vit les pièces du procès, sans être vu, fléchit le genou en terre comme devant Vénus elle-même, et s'écria que l'aînée avait remporté la victoire. Les deux adversaires s'enfuirent à demi nues. Le jeune homme revint à Syracuse et raconta, encore ému d'admiration, ce qu'il avait vu. Son frère, émerveillé à ce récit, déclara qu'il se contenterait de la cadette. Enfin ils rassemblèrent ce qu'ils possédaient de plus précieux, et ils se rendirent chez le père des deux sœurs et lui demandèrent de devenir ses gendres. La cadette, désolée et indignée d'avoir été vaincue, était tombée malade; elle sollicita la révision de la cause, et les deux frères, d'un commun accord, proclamèrent qu'elles avaient toutes deux également droit à la victoire, selon que le juge regardait l'une, du côté droit, et l'autre, du côté gauche. Les deux sœurs épousèrent les deux frères et transportèrent à Syracuse une réputation de beauté, qui ne fit que s'accroître. On les comblait de présents, et elles amassèrent de si grands biens, qu'elles purent ériger un temple à la déesse qui avait été la source de leur fortune. La statue qu'on admirait dans ce temple participait à la fois des charmes secrets de chaque sœur, et la réunion de ces deux modèles en une seule copie avait formé le type parfait de la beauté callipyge. C'est le poëte Cercidas de Mégalopolis qui a immortalisé cette copie sans avoir vu les originaux. Athénée rapporte la même anecdote, dont le voile transparent cache évidemment l'histoire de deux courtisanes syracusaines.

Si les courtisanes élevaient des temples à Vénus, elles étaient donc autorisées, du moins dans les premiers temps de la Grèce, à offrir des sacrifices à la déesse, et à prendre une part active à ses fêtes publiques, sans préjudice de quelques fêtes, telles que les Aphrodisées et les Aloennes, qu'elles se réservaient plus particulièrement et qu'elles célébraient à huis clos. Elles remplissaient même quelquefois les fonctions de prêtresses dans les temples de Vénus, et elles y étaient attachées, comme auxiliaires, pour nourrir le prêtre et augmenter les revenus de l'autel. Strabon dit positivement que le temple de Vénus à Corinthe possédait plus de mille courtisanes que la dévotion des adorateurs de la déesse lui avait consacrées. C'était un usage général en Grèce de consacrer ainsi à Vénus un certain nombre de jeunes filles quand on voulait se rendre la déesse favorable, ou quand on avait vu ses vœux exaucés par elle. Xénophon de Corinthe, en partant pour les jeux Olympiques, promet à Vénus de lui consacrer cinquante hétaires si elle lui donne la victoire; il est vainqueur et il s'acquitte de sa promesse. «O souveraine de Cypris, s'écrie Pindare dans l'ode composée en l'honneur de cette offrande, Xénophon vient d'amener dans ton vaste bocage une troupe de cinquante belles filles!» Puis, il s'adresse à elles: «O jeunes filles qui recevez tous les étrangers et leur donnez l'hospitalité, prêtresses de la déesse Pitho dans la riche Corinthe, c'est vous qui, en faisant brûler l'encens devant l'image de Vénus et en invoquant la mère des Amours, nous méritez souvent son aide céleste et nous procurez les doux moments que nous goûtons sur des lits voluptueux, où se cueille le tendre fruit de la beauté!» Cette consécration des courtisanes à Vénus était surtout usitée à Corinthe. Quand la ville avait une demande à faire à la déesse, elle ne manquait jamais de la confier à des *consacrées* qui entraient les premières dans le temple et qui en sortaient les dernières. Selon Cornélien d'Héraclée, Corinthe, en certaines circonstances importantes, s'était fait représenter auprès de Vénus par une procession innombrable de courtisanes dans le costume de leur métier.

L'emploi de ces consacrées dans les temples et les bocages de la déesse est suffisamment constaté par quelques monuments figurés, qui sont moins discrets à cet égard que les écrivains contemporains. Les peintures de deux coupes et de deux vases grecs, cités par le savant M. Lajard, d'après les descriptions de MM. de Witte et Lenormand, ne nous laissent pas de doute sur la Prostitution sacrée qui s'était perpétuée dans le culte de Vénus. Un de ces vases, qui faisait partie de la célèbre collection Durand, représente un temple de Vénus, dans lequel une courtisane reçoit, par l'intermédiaire d'un esclave, les propositions d'un étranger couronné de myrte, placé en dehors du temple et tenant à la main une bourse. Sur le second vase, un étranger, pareillement couronné de myrte, est assis sur un lit et semble marchander une courtisane debout devant lui dans un temple. M. Lajard attribue encore la même signification à une pierre gravée, taillée à plusieurs faces, dont cinq portent des animaux, emblèmes du culte de la Vénus Orientale, et dont la sixième représente une courtisane qui se regarde dans un miroir pendant qu'elle se livre à un étranger. Mais ce qui se passait dans les temples et dans les bois sacrés n'a pas laissé de traces plus caractéristiques chez les auteurs de l'antiquité, qui n'ont pas osé trahir les mystères de Vénus.

Si les courtisanes étaient les bienvenues dans le culte de leur déesse, elles ne pouvaient se mêler que de loin à celui des autres déesses; ainsi, elles célébraient, dans l'intérieur de leurs maisons, après la vendange, les Aloennes ou fêtes de Cérès et de Bacchus. C'étaient des soupers licencieux qui composaient le rituel de ces fêtes, dans lesquelles les courtisanes se réunissaient avec leurs amants pour manger, boire, rire, chanter et folâtrer. «A la prochaine fête des Aloennes, écrit Mégare à Bacchis dans les Lettres d'Alcyphron, nous nous assemblons au Colyte chez l'amant de Thessala pour y manger ensemble, fais en sorte d'y venir.»—«Nous touchons aux Aloennes, écrit Thaïs à Thessala, et nous étions toutes assemblées chez moi pour célébrer la veille de la fête.» Ces soupers, appelés les *petits mystères de Cérès*, étaient des prétextes de débauches qui duraient plusieurs jours et plusieurs nuits. Il paraît que dans certains temples de Cérès, à Éleusis par exemple, les courtisanes, dont les femmes honnêtes fuyaient la vue et l'approche, avaient obtenu d'ouvrir une salle à elles, où elles avaient seules le droit d'entrer sans prêtres, et où une d'elles présidait aux cérémonies religieuses, que ses compagnes, comme autant de vestales, embellissaient de leur présence plus chaste qu'à l'ordinaire. Durant ces cérémonies, les vieilles courtisanes donnaient des leçons aux jeunes dans la science et la pratique des mystères de la Bonne Déesse. Le pontife Archias, qui s'était permis d'offrir un sacrifice à Cérès d'Éleusis, dans la salle des courtisanes, sans l'intervention de leur grande prêtresse, fut accusé d'impiété par Démosthène, et condamné par le peuple.

Tous les dieux, comme toutes les déesses, acceptaient pourtant les offrandes que les courtisanes leur envoyaient, sans oser toutefois pénétrer en personne dans les temples dont le seuil leur était fermé. La fameuse courtisane, Cottine, qui se rendit assez célèbre pour qu'on imposât son nom au dictérion qu'elle avait occupé, près de Colone, vis-à-vis un temple de Bacchus, dédia en l'honneur d'un de ses galants spartiates un petit taureau d'airain, qui fut placé sur le fronton du temple de Minerve Chalcienne. Ce taureau votif se trouvait encore à sa place du temps d'Athénée. Mais il était pourtant un dieu qui se montrait naturellement moins sévère pour les femmes de plaisir, c'était Adonis, déifié par Vénus, qui l'avait aimé. Les fêtes d'Adonis étaient, d'ailleurs, tellement liées à celles de la déesse, qu'on ne pouvait guère adorer l'un sans rendre hommage à l'autre. Adonis avait eu aussi, dans les temps antiques, une large part aux offrandes de la Prostitution sacrée, avant que son culte se fût confondu dans celui de Priape. Les courtisanes de toutes les conditions profitaient donc des fêtes d'Adonis, qui attiraient partout tant d'étrangers, pour venir exercer leur industrie, sous la protection du dieu et à son profit, dans les bois qui environnaient ses temples. «A l'endroit où je te mène, dit un courtier à un cuisinier qu'il va mettre en maison, il y a un lieu de débauche (πορνεων): une hétaire renommée y célèbre les fêtes d'Adonis, avec une nombreuse troupe de ses compagnes.» Les Athéniens, malgré la juste réprobation que leurs moralistes attachaient à la vie des courtisanes, ne les trouvèrent pas plus déplacées dans leur Olympe que dans leurs temples, car ils élevèrent des autels et des statues à Vénus *Leæna* et à Vénus *Lamia*, pour diviniser les deux maîtresses de Démétrius Poliorcète.

5

Sommaire.—Motifs qui engagèrent Solon à fonder à Athènes un établissement de Prostitution.—Ce que dit l'historien Nicandre de Colophon, à ce sujet.—Solon salué, pour ce même fait, par le poëte Philémon, du titre de bienfaiteur de la nation.—Taxe de la Prostitution fixée par Solon.—Les *dictériades* considérées comme *fonctionnaires publiques*.—Règlements de Solon pour les prostituées d'Athènes.— Festins publics institués par Hippias et Hipparque.—Ordonnance du tyran Pisistrate pour les jours consacrés à la débauche publique.—Vices honteux des Athéniens.—Mœurs privées des femmes de Sparte et de Corinthe.—Vie licencieuse des femmes spartiates.—Inutilité des courtisanes à Sparte.—Indifférence de Lycurgue à l'égard de l'incontinence des femmes et des filles.—La fréquentation des prostituées regardée comme chose naturelle.—Mission morale des poëtes comiques et des philosophes.—L'aréopage d'Athènes.—Législation de la Prostitution athénienne.—Situation difficile faite par les lois aux courtisanes.— Bacchis et Myrrhine.—Euthias accuse d'impiété la courtisane Phryné.— L'avocat Hypéride la fait absoudre.—Reconnaissance des prostituées envers Hypéride.—La courtisane Théocris, prêtresse de Vénus, condamnée à mort sur l'accusation de Démosthène.—Isée.—Décrets de l'aréopage d'Athènes concernant les prostituées.—L'hétaire *Nemea*.— Triste condition des enfants des concubines et des courtisanes.—

Hercule dieu de la bâtardise.—Infamie de la loi envers les bâtards.—Les *Dialogues des Courtisanes* de Lucien.—L'orateur Aristophon et le poëte comique Calliade.—*Loi* dite *de la Prostitution.*—Singularités monstrueuses des lois athéniennes.—Tribunaux subalternes d'édilité et de police.—Leurs fonctions.

La Prostitution sacrée, qui existait dans tous les temples d'Athènes à l'époque où Solon donna des lois aux Athéniens, invita certainement le législateur à établir la Prostitution légale. Quant à la Prostitution hospitalière, contemporaine des âges héroïques de la Grèce, elle avait disparu sans laisser de traces dans les mœurs, et le mariage était trop protégé par la législation, la légitimité des enfants semblait trop nécessaire à l'honneur de la république, pour que le souvenir des métamorphoses et de l'incarnation humaine des dieux pût encore prévaloir contre la foi conjugale, contre le respect de la famille. Solon vit les autels et les prêtres s'enrichir avec le produit de la Prostitution des consacrées, qui ne se vendaient qu'à des étrangers; il songea naturellement à procurer les mêmes bénéfices à l'État, et par les mêmes moyens, en les faisant servir à la fois aux plaisirs de la jeunesse athénienne et à la sécurité des femmes honnêtes. Il fonda donc, comme établissement d'utilité publique, un grand dictérion, dans lequel des esclaves, achetées avec les deniers de l'État et entretenues à ses frais, levaient un tribut quotidien sur les vices de la population, et travaillaient avec impudicité à augmenter les revenus de la république. On a voulu bien souvent, à défaut de preuves historiques, qui n'appuient pas, il est vrai, la tradition, ne pas laisser au sage Solon la responsabilité morale du libertinage institué légalement à Athènes; on a prétendu que ce grand législateur, dont le code respire la pudeur et la chasteté, n'avait pu se donner un démenti à lui-même en ouvrant la porte aux débauches de ses concitoyens. Mais, dans un fait de cette nature, qui semblait au-dessous de la dignité de l'histoire, la tradition, recueillie par Athénée et conservée aussi dans des ouvrages qui existaient de son temps, était comme l'écho de ce dictérion, qui avait eu Solon pour fondateur et qui se glorifiait de son origine.

Nicandre de Colophon, dans son *Histoire d'Athènes*, aujourd'hui perdue, avait dit positivement que Solon, indulgent pour les ardeurs d'une pétulante jeunesse, non-seulement acheta des esclaves et les plaça dans des lieux publics, mais encore bâtit un temple à Vénus-Courtisane avec l'argent qu'avaient amassé les impures habitantes de ces lieux-là. «O Solon! s'écrie le poëte Philémon dans ses *Delphiens*, comédie qui n'est pas venue jusqu'à nous; ô Solon! vous devîntes par là le bienfaiteur de la nation, vous ne vîtes dans un tel établissement que le salut et la tranquillité du peuple. Il était d'ailleurs absolument nécessaire dans une ville où la bouillante jeunesse ne peut s'empêcher d'obéir aux lois les plus impérieuses de la nature. Vous prévîntes ainsi de très-grands malheurs et des désordres inévitables, en plaçant dans certaines maisons destinées à cet usage les femmes que vous aviez achetées pour les besoins du public, et qui étaient tenues, par état, d'accorder leurs faveurs à quiconque consentirait à les payer.» A cette invocation, que la reconnaissance arrache au poëte comique, Athénée ajoute, d'après Nicandre, que la taxe fixée par Solon était médiocre, et que les *dictériades* avaient l'air de remplir des fonctions publiques: «Le commerce qu'on avait avec elles n'entraînait ni rivalités ni vengeances. On n'essuyait de leur part ni délais, ni dédains, ni refus.» C'était sans doute à Solon lui-même que l'on devait le règlement intérieur de cet établissement, qui fut longtemps administré comme les autres services publics et qui eut sans doute à sa tête, du moins dans l'origine, un grave magistrat.

On peut supposer, avec beaucoup d'apparence de raison, que les femmes communes étaient alors entièrement séparées de la population citoyenne et de la vie civile; elles ne sortaient pas de leur officine légale; elles ne se montraient jamais dans les fêtes et les cérémonies religieuses; si une tolérance restreinte leur permettait de descendre dans la rue, elles devaient porter un costume particulier, qui les fît reconnaître, et elles étaient sévèrement éloignées de certains lieux où leur présence eût causé du scandale ou de la distraction. Étrangères, d'ailleurs, elles n'avaient aucun droit à revendiquer dans la cité; et celles qui, Athéniennes de naissance, s'étaient vouées à la Prostitution, perdaient tous les priviléges attachés à leur naissance. Nous n'avons pas les lois que Solon avait rédigées pour constituer la Prostitution légale; mais il est permis d'en formuler ainsi les principales dispositions, qui se trouvent suffisamment constatées par une foule de faits que nous découvrons çà et là dans les écrivains grecs. Mais le code de Solon, à l'égard des femmes du grand dictérion entretenu aux frais de la république, se relâcha de sa sévérité, puisque, moins d'un siècle après la mort du législateur, les courtisanes avaient fait irruption de toutes parts dans la société grecque, et osaient se mêler aux femmes honnêtes jusque dans le forum. Hippias et Hipparque, fils du tyran Pisistrate, qui gouvernait Athènes 530 ans avant l'ère moderne, établirent des festins publics, qui réunissaient le peuple à la même table, et dans ces festins les courtisanes furent autorisées à prendre place à côté des matrones; car les fils du tyran se proposaient moins d'améliorer le peuple que de le corrompre et de le subjuguer. Aussi, pour nous servir de l'expression de Plutarque, les femmes de plaisir arrivaient là par flots, et, comme le disait un historien grec, Idoménée, dont les ouvrages ne nous sont connus que par des fragments, Pisistrate, à l'instigation de qui ces orgies avaient lieu, ordonnait que les champs, les vignes et les jardins fussent ouverts à tout le monde, dans les jours consacrés à la débauche publique, afin que chacun pût en prendre sa part sans être obligé d'aller se cacher dans le mystère du dictérion de Solon.

Le législateur d'Athènes avait eu deux motifs évidents et impérieux pour réglementer comme il l'avait fait la Prostitution: il se proposait d'abord de mettre à l'abri de la violence et de l'insulte la pudeur des vierges et des femmes mariées; ensuite, il avait eu pour but de détourner la jeunesse des penchants honteux qui la déshonoraient et l'abrutissaient. Athènes devenait le théâtre de tous les désordres; le vice contre nature se propageait d'une manière effrayante et menaçait d'arrêter le progrès social. Ces débauchés, qui n'étaient déjà plus des hommes, pouvaient-ils être des citoyens? Solon voulut leur donner les moyens de satisfaire aux besoins de leurs sens, sans se livrer aux déréglements de leur imagination. Il ne fit pourtant que corriger une partie de ses compatriotes; les autres, sans renoncer à leurs coupables habitudes, contractèrent celles d'un libertinage plus naturel, mais non moins funeste. Le but de Solon fut toutefois rempli, en ce que la sécurité des femmes mariées n'eut plus rien à craindre des libertins. La Prostitution légale était alors, pour ainsi dire, dans son enfance, et elle ne comptait pas une nombreuse clientèle: on la connaissait à peine, on ne s'y accoutuma que par degrés; on ne s'y livra avec fureur qu'après en avoir eu, en quelque sorte, l'expérience. Voilà comment les lois de Solon se trouvèrent bientôt débordées par les nécessités de la débauche publique et successivement effacées sous l'empire de la corruption des mœurs, qui ne s'épuraient pas en se civilisant. Mais, du moins à Athènes, le foyer domestique resta incorruptible et sacré, le poison de la Prostitution n'y pénétra pas; et alors que Vénus-Pandemos conviait ses adorateurs à l'oubli de toute décence, alors que le Pirée agrandissait aux portes d'Athènes le domaine affecté aux courtisanes, la pudeur conjugale gardait le seuil de la maison du citoyen qui s'en allait offrir un sacrifice à Pandemos et souper avec ses amis chez sa maîtresse.

Les mœurs privées des femmes de Sparte, et des femmes de Corinthe surtout, n'étaient pas aussi régulières que les mœurs des Athéniennes, et pourtant, dans ces deux villes, la Prostitution n'avait pas été soumise à des lois spéciales: elle y était libre, pour employer une expression moderne, et elle pouvait impunément se produire sous toutes les formes et dans toutes les conditions possibles. A Corinthe, ville de commerce et de passage, le plaisir était une grande affaire pour ses habitants et pour les étrangers qui y affluaient de tous les pays du monde: on avait donc jugé à propos de laisser à la volonté et au caprice de chacun l'entière jouissance de soi-même. A Sparte, ville de vertus républicaines et austères, la Prostitution ne pouvait être qu'un accident, une exception presque indifférente. Lycurgue n'y avait certainement pas songé. La continence, la chasteté chez les femmes lui semblaient superflues, sinon ridicules. Il ne s'était proposé que de gouverner les hommes et de les rendre plus braves, plus robustes, plus guerriers; quant aux femmes, il n'y avait pas pris garde. Lycurgue, comme le dit formellement Aristote dans sa *Politique* (liv. II, chap. 7), avait voulu imposer la tempérance aux hommes et non pas aux femmes; celles-ci, bien avant lui, vivaient dans le désordre, et elles s'abandonnaient presque publiquement à tous les excès de la débauche (*in summâ luxuriâ*, dit la version latine d'Aristote). Lycurgue ne changea rien à cet état de choses: les filles de Sparte, qui recevaient une éducation mâle assez peu conforme à leur sexe, se mêlaient, à moitié nues, aux exercices des hommes, couraient, luttaient, combattaient avec eux. Si elles se mariaient, elles ne se renfermaient pas davantage dans leurs devoirs d'épouses; elles n'étaient pas vêtues plus décemment; elles ne se tenaient pas plus à distance de la compagnie des hommes; mais ceux-ci ne faisaient pas semblant de s'apercevoir d'une différence de sexe, que les femmes avaient à cœur de faire oublier. Un mari qu'on aurait surpris sortant de la chambre à coucher de sa femme eût rougi d'être si peu Spartiate. On comprend que, chez de pareils hommes, les courtisanes auraient été parfaitement inutiles. Ils ne se permettaient pas toutefois les égarements de cœur et de sens, auxquels les jeunes Athéniens étaient trop enclins. L'amitié des Spartiates entre eux n'était qu'une fraternité d'armes, aussi pure, aussi sainte que celle des Athéniens était dépravée et flétrissante. Les femmes de Sparte ne s'accommodaient pas toutes de cette abnégation absolue de leur sexe et de leur nature; il y en avait beaucoup, filles ou femmes, qui se prêtaient volontiers aux actes d'une extrême licence, et cela, sans exiger la moindre rétribution. Les courtisanes n'auraient pas eu d'emploi dans une ville où femmes mariées et filles à marier étaient là pour leur faire concurrence. C'est donc avec justice que Platon, dans le livre Ier de ses *Lois*, attribue à Lycurgue l'incontinence des femmes de Sparte, puisque ce législateur n'avait pas daigné y porter remède, ni même lui infliger un blâme.

La Prostitution était, on le voit, tolérée, sinon organisée et régularisée, dans les républiques grecques: on la regardait comme un mal nécessaire, qui obviait à de plus grands maux. Athénée a donc pu dire (liv. XIII, chap. 6): «Plusieurs personnages qui ont eu part au gouvernement de la chose publique ont parlé des courtisanes, les uns en les blâmant, les autres en faisant l'éloge de ces femmes.» Ce n'était pas une honte pour un citoyen, si haut placé fût-il par son rang ou par son caractère, de fréquenter les courtisanes, même avant l'époque de Périclès, pendant laquelle cette espèce de femmes régna, en quelque sorte, sur la Grèce. On ne blâmait pas même les rapports qu'on pouvait avoir avec elles. Un comique latin, en peignant les mœurs d'Athènes, était presque autorisé à déclarer nettement qu'un jeune homme devait hanter les mauvais lieux pour faire son éducation: *non est flagitium scortari hominem adolescentulum*.

Les poëtes comiques cependant, de même que les philosophes, avaient la mission morale de punir la débauche, en la forçant de rougir quelquefois; leurs épigrammes mettaient seules un frein à la licence des mœurs, qu'ils surveillaient là où la loi faisait défaut et gardait le silence. «Une courtisane est la peste de celui qui la nourrit! s'écriait le *Campagnard* d'Aristophane.»—«Si quelqu'un a jamais aimé une courtisane, disait hautement Anaxilas, dans sa *Neottis*, qu'il me nomme un être plus pervers.»

La loi néanmoins n'était pas toujours muette ou impuissante contre les femmes de mauvaise vie, qu'elles fussent hétaires, joueuses de flûtes ou dictériades; non-seulement elle leur refusait impitoyablement tous les droits attachés à la qualité de citoyenne, mais encore elle mettait des bornes à leurs déportements. L'aréopage d'Athènes avait souvent les yeux ouverts sur la conduite de ces femmes, et souvent aussi il les frappait avec une rigueur impitoyable. Il paraîtrait, d'après plusieurs passages d'Alciphron, qu'elles étaient toutes solidaires devant la loi, et qu'une condamnation qui atteignait une d'entre elles avait des conséquences fâcheuses pour chacune d'elles en particulier. On peut présumer qu'il s'agissait d'un impôt proportionnel applicable à toute femme qui ne justifiait pas du titre de citoyenne. On leur faisait ainsi, de temps à autre, rendre aux coffres de l'État ce qu'elles avaient pris dans ceux des citoyens. Cette singulière législation a permis de soutenir un paradoxe que nous donnons pour ce qu'il vaut. Suivant certains érudits, les courtisanes d'Athènes auraient formé une corporation, un collége, qui se composait de divers ordres de femmes occupées du même métier, et classées hiérarchiquement sous des statuts ou règlements relatifs à leur méprisable industrie. C'est pourquoi l'aréopage pouvait rendre le corps entier responsable des fautes de ses membres. Ce tribunal évoquait la cause devant lui, quand une courtisane poussait un citoyen à commettre une action répréhensible, et même lorsque son influence était préjudiciable à des jeunes gens, au point de leur faire dissiper leur fortune, de les détourner du service de la République et de leur donner des leçons d'impiété. Les accusations étaient quelquefois capitales, et il ne fallait que la haine ou la vengeance d'un amant dédaigné pour soulever un orage terrible contre une femme qui n'avait aucun appui et qui pouvait être condamnée sans avoir été défendue. «Essaie d'exiger quelque chose d'Euthias en échange de ce que tu lui donneras, écrivait l'aimable Bacchis à son amie Myrrhine, et tu verras si tu n'es pas accusée d'avoir incendié la flotte ou violé les lois fondamentales de l'État!» Ce fut ce méchant Euthias qui accusa d'impiété la belle Phryné; mais l'avocat Hypéride ne craignit pas de prendre la défense de cette courtisane, qui le paya bien lorsqu'il l'eut fait absoudre. «Grâce aux dieux! lui écrivit naïvement

Bacchis à la suite de ce procès mémorable, nos profits sont légitimés par le dénoûment de ce procès inique. Vous avez acquis les droits les plus sacrés à la reconnaissance de toutes les courtisanes. Si même vous consentiez à recueillir et à publier la harangue que vous avez prononcée pour Phryné, nous nous engagerions à vous ériger à nos frais une statue d'or dans l'endroit de la Grèce que vous auriez choisi.» L'histoire ne dit pas si Hypéride publia sa harangue, et si les courtisanes se cotisèrent pour lui élever une statue d'or dans quelque temple de Vénus-Pandemos ou de Vénus Peribasia. Une accusation intentée contre une courtisane frappait donc de terreur tout le corps auquel appartenait l'accusée; car cette accusation n'aboutissait guère à un acquittement. Une vieille courtisane, nommée Théocris, qui se mêlait aussi de magie et de philtres amoureux, fut condamnée à mort, sur la dénonciation de Démosthène, pour avoir conseillé aux esclaves de tromper leurs maîtres, et pour leur avoir procuré les moyens de le faire. Cette Théocris était pourtant attachée comme prêtresse à un temple de Vénus. Ce fut à l'occasion du procès de Phryné que Bacchis faisait en ces termes un retour sur elle-même: «Si, pour n'avoir pas obtenu de nos amants l'argent que nous leur demandons; si, pour avoir accordé nos faveurs à ceux qui les payent généreusement, nous devenions coupables d'impiété envers les dieux, il faudrait renoncer à tous les avantages de notre profession et ne plus faire commerce de nos charmes.»

L'accusation d'impiété était la plus fréquente contre les courtisanes; et cette accusation se présentait d'autant plus redoutable, qu'elle ne reposait que sur des faits vagues et faciles à dénaturer. Les courtisanes remplissaient les fonctions de prêtresses dans certains temples et dans certaines fêtes; néanmoins leur présence dans un temple pouvait être considérée comme une impiété. «Il n'est pas permis, disait Démosthène dans son plaidoyer contre Nééra, il n'est pas permis à une femme auprès de laquelle on a trouvé un adultère d'entrer dans nos temples, quoique nos lois permettent à une étrangère et à une esclave d'y pénétrer soit pour voir, soit pour prier. Les femmes surprises en adultère sont les seules à qui l'entrée des temples soit interdite.» Avant Démosthène, l'orateur Isée, qui fut le maître de ce grand orateur, avait plaidé sur le même objet, et déclaré solennellement qu'une femme commune, qui fut au service de tout le monde, et qui mena une vie de débauche, ne pouvait sans impiété s'introduire dans l'intérieur d'un temple ni assister aux mystères secrets du culte. Ces malheureuses femmes se trouvaient ainsi exposées sans cesse à des poursuites judiciaires sous prétexte d'impiété, elles étaient, pour ainsi dire, hors la loi; et l'aréopage, devant lequel on les traduisait au gré de leurs ennemis puissants, ne se faisait pas plus de scrupule de les condamner que de les absoudre. Un décret de l'aréopage avait défendu aux prostituées et aux esclaves de porter des surnoms empruntés aux jeux solennels; et cependant il y eut à Athènes une hétaire qui se fit appeler *Nemea*, parce que son amant s'était distingué dans les jeux Néméens et peut-être aussi parce qu'elle se plaçait elle-même sous les auspices d'Hercule. L'aréopage la laissa faire et ne lui disputa pas son nom de bon augure. Un autre décret de l'aréopage avait défendu également aux courtisanes de célébrer les fêtes des dieux en même temps que les matrones et les femmes libres ou citoyennes. Cependant, aux Aphrodisées, comme le rapporte Athénée sur le témoignage du poëte Alexis, femmes libres et courtisanes se confondaient à table dans les festins publics qui se donnaient en l'honneur de Vénus. Ainsi donc l'impiété était là, partout et toujours, sur les pas des courtisanes, qui n'échappaient à ses piéges que par bonheur plutôt que par adresse. Cette situation difficile, qu'on leur faisait pour être maître d'elles, explique le nombre et la richesse des offrandes qu'elles consacraient aux dieux, afin d'obtenir leur protection.

La loi n'épargnait aucune humiliation aux courtisanes. Les enfants qui naissaient d'elles, de même que les fils des concubines, participaient à leur ignominie; c'était une tache dont ils ne pouvaient se laver qu'après avoir servi glorieusement l'État. La condition personnelle des concubines différait essentiellement de celle des courtisanes, et toutefois la condition des enfants des unes et des autres était presque identique. Les bâtards, quelle que fût leur mère (et le nombre des bâtards était considérable à Athènes en raison du nombre des courtisanes), les bâtards se trouvaient comme retranchés de la population libre: ils n'avaient pas de costume spécial ni de marques distinctives; mais dans leur enfance ils jouaient, ils s'exerçaient à part, sur un terrain dépendant du temple d'Hercule, qu'on regardait comme le dieu de la bâtardise. Quand ils avaient l'âge d'homme, ils n'étaient pas aptes à hériter; ils n'avaient pas le droit de parler devant le peuple; ils ne pouvaient devenir citoyens. Enfin, les bâtards des courtisanes (Plutarque mentionne ce fait dans la *Vie de Solon*), pour comble d'infamie, n'étaient pas obligés de nourrir les auteurs de leurs jours: le fils n'était tenu à aucun devoir filial envers ses père et mère, parce que ceux-ci n'avaient également aucun devoir paternel ou maternel à remplir à son égard. On s'explique alors pourquoi la plupart des filles exposaient leurs enfants nouveau-nés dans la rue, et les confiaient ainsi à la république qui leur était moins marâtre. Ces expositions d'enfants étaient si ordinaires, que, dans les *Dialogues des Courtisanes*, Lucien fait une exception bien honorable en faveur d'une de ses héroïnes, qui dit à sa compagne: «Il me faudra nourrir un enfant, car ne crois pas que j'expose celui dont j'accoucherai.» Sous l'archontat d'Euclide, l'orateur Aristophon fit promulguer une loi qui déclarait bâtard quiconque ne prouverait pas qu'il était né d'une citoyenne ou femme libre. Alors, pour le railler de ce surcroît de rigueur contre les bâtards, le poëte comique Calliade le mit en scène, et le représenta lui-même comme fils de la courtisane Chloris.

Solon, en réglementant la Prostitution, lui avait imposé des digues salutaires, et s'était proposé de tenir à distance les misérables artisans de débauche qui voudraient se créer une industrie infâme en corrompant les filles et les garçons. Il fit donc une loi, dite de la Prostitution, qui ne nous est connue que par la citation qu'en fait Eschine dans un de ses discours: «Quiconque se fera le *lénon* d'un jeune homme ou d'une femme, appartenant à la classe libre, sera puni du dernier supplice.» Mais bientôt on adoucit cette loi, et l'on inventa des palliatifs qui en dénaturèrent le vrai caractère: ainsi, la peine de mort fut remplacée par une amende de vingt drachmes, tandis que l'amende était de cent pour le vol ou le rapt d'une femme libre. On ne conserva la peine capitale que dans le texte de la loi, et même, ainsi que l'affirme Plutarque, les femmes dépravées qui font ouvertement métier de procurer des maîtresses aux débauchés, n'étaient pas comprises dans la catégorie des coupables que cette loi devait atteindre. Ce fut inutilement qu'Eschine demanda l'application d'une loi qui n'avait jamais été complétement appliquée. Il était fort difficile, en effet, de tracer la limite où commençait le crime en vue duquel cette loi terrible avait été faite, car l'usage en Grèce autorisait un amant à enlever sa maîtresse, pourvu que celle-ci y consentît et que les parents n'y missent pas obstacle. Il suffisait donc d'avoir d'avance l'agrément du père et de la mère d'une fille qu'on voulait posséder; on les prévenait du jour où l'enlèvement aurait lieu, et ils ne faisaient qu'un simulacre de résistance. Quand une jeune fille ou sa mère avait reçu d'un homme un présent, cette fille n'était plus considérée comme vierge, sa virginité fût-elle intacte; mais on ne lui devait plus les mêmes égards ni le même respect, comme si elle eût souffert un commencement de Prostitution.

L'aréopage qui jugeait les courtisanes et leurs odieux parasites, lorsque le crime lui était dénoncé par la voix du peuple ou par quelque citoyen, ne daignait pas s'occuper des simples délits que pouvait commettre cette population impure, vouée aux mauvaises mœurs, et soumise à de rigoureuses prescriptions de police. La connaissance des délits résultant de l'exercice de la Prostitution appartenait certainement à des tribunaux subalternes d'édilité et de police. C'étaient eux qui faisaient observer les règlements relatifs aux habits que devaient porter les prostituées, aux lieux affectés à leur séjour et à leurs promenades, aux impôts qui frappaient leur honteux métier, et enfin à toutes les habitudes de leur vie publique.

6

Sommaire.—Des différentes catégories de prostituées athéniennes.—Les Dictériades, les Aulétrides, les Hétaires.—Pasiphaé.—Conditions diverses des femmes de mauvaise vie.—Démosthène contre la courtisane Nééra.—Revenu considérable de l'impôt sur la Prostitution.—Le *Pornicontelos* affermé par l'État à des spéculateurs.—Les collecteurs du Pornicontelos.—Heures auxquelles il était permis aux courtisanes de sortir.—Le port du Pirée assigné pour domaine à la Prostitution.—Le Céramique, marché de la Prostitution élégante.—Usage singulier: profanation des tombeaux du Céramique.—Le port de Phalère et le bourg de Sciron.—La grande place du Pirée.—Thémistocle traîné par quatre hétaires en guise de chevaux.—Enseignes impudiques des maisons de Prostitution.—Les petites maisons de louage des hétaires.—Lettre de Panope à son mari Euthibule.—Police des mœurs concernant les vêtements des prostituées.—Le costume *fleuri* des courtisanes d'Athènes.—Lois somptuaires.—Costume des prostituées de Lacédémone.—Loi terrible de Zaleucus, disciple de Pythagore, contre l'adultère.—Suidas et Hermogène.—Loi somptuaire de Philippe de Macédoine.—Costume ordinaire des Athéniennes de distinction.—Costume des courtisanes de Sparte.—Différence de ce costume avec celui des femmes et des filles Spartiates.—Mode caractéristique des courtisanes grecques.—Dégradation, par la loi, des femmes qui se faisaient les servantes des prostituées.—Perversité ordinaire de ces servantes.

Les courtisanes d'Athènes formaient plusieurs classes, tellement distinctes entre elles, que les lois des mœurs, qui les régissaient, devaient également varier selon les différentes catégories de ces femmes de plaisir. Il y avait trois principales catégories, qui se subdivisaient elles-mêmes en plusieurs espèces plus ou moins homogènes: les Dictériades, les Aulétrides et les Hétaires. Les premières étaient, en quelque sorte, les esclaves de la Prostitution; les secondes en étaient les auxiliaires; les troisièmes en étaient les reines. Ce furent les dictériades que Solon rassembla dans des maisons publiques de débauche, où elles appartenaient, moyennant certaine redevance fixée par le législateur, à quiconque entrait dans ces maisons, appelées *dictérions*, en mémoire de Pasiphaé, femme de Minos, roi de Crète (*Dictæ*), laquelle s'enferma dans le ventre d'une vache d'airain pour recevoir sous cette enveloppe les caresses d'un véritable taureau. Les aulétrides ou joueuses de flûte avaient une existence plus libre, puisqu'elles allaient exercer leur art dans les festins quand elles y étaient mandées; elles pénétraient donc dans l'intérieur du domicile et de la vie privée des citoyens: leur musique, leurs chants et leurs danses n'avaient pas d'autre objet que d'échauffer et d'exalter les sens des convives, qui les faisaient bientôt asseoir à côté d'eux. Les hétaires étaient des courtisanes sans doute, trafiquant de leurs charmes, s'abandonnant impudiquement à qui les payait, mais elles se réservaient pourtant une part de volonté, elles ne se vendaient pas au premier venu, elles avaient des préférences et des aversions, elles ne faisaient jamais abnégation de leur libre arbitre; elles n'appartenaient qu'à qui avait su leur plaire ou leur convenir. D'ailleurs, par leur esprit, leur instruction et leur exquise politesse, elles pouvaient souvent marcher de pair avec les hommes les plus éminents de la Grèce.

Ces trois catégories de courtisanes n'eussent pas eu le moindre rapport entre elles sans le but unique de leur institution: elles servaient toutes trois à satisfaire les appétits sensuels des Athéniens, depuis le plus illustre jusqu'au plus infime. Il y avait des degrés dans la Prostitution, comme dans le peuple, et la fière hétaire du Céramique différait autant de la vile dictériade du Pirée, que le brillant Alcibiade différait d'un grossier marchand de cuirs. Si les documents sur la législation de la débauche athénienne ne s'offrent à nous que rares et imparfaits, nous pouvons y suppléer par la pensée, en comparant les conditions diverses des femmes qui faisaient métier et marchandise de leur corps. Les hétaires, ces riches et puissantes souveraines, qui comptaient dans leur clientèle des généraux d'armée, des magistrats, des poëtes et des philosophes, ne relevaient guère que de l'aréopage; mais les aulétrides et les dictériades étaient plus ordinairement déférées à des tribunaux subalternes, si tant est que ces dernières, soumises à une sorte de servitude infamante, eussent conservé le droit d'avoir des juges hors de l'enceinte de leur prison obscène. La plupart des dictériades et des aulétrides étaient étrangères; la plupart, d'une naissance obscure et servile; en tout cas, une Athénienne qui, par misère, par vice ou par folie, tombait dans cette classe abjecte de la Prostitution, avait renoncé à son nom, à son rang, à sa patrie. Cependant l'hétaire grecque, qui ne subissait pas la même flétrissure, s'obstinait quelquefois à garder son titre de citoyenne, et il ne fallait pas moins qu'un arrêt de l'aréopage pour le lui enlever. Démosthène, plaidant contre la courtisane Nééra, s'écriait avec indignation: «Une femme qui se livre à des hommes, qui suit partout ceux qui la payent, de quoi n'est-elle pas capable? Ne doit-elle pas se prêter à tous les goûts de ceux auxquels elle s'abandonne? Une telle femme, reconnue publiquement et généralement pour s'être prostituée par toute la terre, prononcerez-vous qu'elle est citoyenne?»

Il paraît que toutes les courtisanes, quelle que fût leur condition, étaient considérées comme vouées à un service public et sous la dépendance absolue du peuple; car elles ne pouvaient sortir du territoire de la république sans avoir demandé et obtenu une permission que les archontes ne leur accordaient souvent qu'avec des garanties, pour mieux assurer leur retour. Dans certaines circonstances, le collége des courtisanes fut déclaré utile et nécessaire à l'État. En effet, elles s'étaient bientôt tellement multipliées à Athènes et dans l'Attique, que l'impôt annuel que chacune payait au fisc, constituait pour lui un revenu considérable. Cet impôt spécial (*pornicontelos*), que l'orateur Eschine nous représente comme fort ancien, sans en attribuer l'établissement à Solon, était affermé tous les ans à des spéculateurs qui se chargeaient de le prélever. Moyennant l'acquittement de cette taxe, les courtisanes achetaient le droit de tolérance et de protection publique. On conçoit qu'un impôt de cette nature blessa d'abord les susceptibilités honnêtes et pudibondes des citoyens vertueux; mais on finit par s'y accoutumer, et l'administration urbaine ne rougit pas de puiser souvent à cette source honteuse de crédit. Quant aux fermiers de l'impôt, ils ne négligeaient rien pour lui faire produire le plus possible. On peut donc supposer qu'ils inventèrent une foule d'ordonnances somptuaires qui avaient l'avantage de grossir les amendes et d'en créer de nouvelles. Les courtisanes et les collecteurs du *pornicontelos* étaient toujours en guerre: les vexations des uns semblaient s'accroître à mesure que la soumission des autres devenait plus résignée, et tous les ans aussi, la Prostitution et le produit de l'impôt s'accroissaient dans une proportion égale.

Athénée dit positivement que les femmes publiques, probablement les dictériades, ne pouvaient sortir de leurs habitations qu'après le coucher du soleil, à l'heure où pas une matrone n'eût osé se montrer dans les rues sans exposer sa réputation. Mais il ne faut pas prendre à la lettre ce passage d'Athénée, car toutes les courtisanes qui demeuraient au Pirée, hors des murailles de la ville, se promenaient soir et matin sur le port. Il est possible que ces femmes ne fussent admises dans la ville, pour y faire des achats et non pour s'y prostituer, qu'à la fin du jour, lorsque l'ombre les couvrait d'un voile décent. Dans tous les cas, elles ne devaient point passer la nuit à l'intérieur de la ville, et elles encouraient une peine lorsqu'on les y trouvait après certaine heure. Il leur était aussi défendu de commettre un acte de débauche au milieu du séjour des citoyens paisibles. Cette coutume existait dans les villes d'Orient, depuis la plus haute antiquité, et elle se maintint à Athènes, tant que l'aréopage imposa des limites à la Prostitution légale. Le port du Pirée avait été comme assigné pour domaine à cette Prostitution. Il formait une sorte de ville composée de cabanes de pêcheurs, de magasins de marchandises, d'hôtelleries, de mauvais lieux et de petites maisons de plaisir. La population flottante de ce faubourg d'Athènes comprenait les étrangers, les libertins, les joueurs, les gens sans aveu: c'était pour les courtisanes une clientèle lucrative et ardente. Elles habitaient parmi leurs serviteurs ordinaires et n'avaient que faire d'aller chercher des aventures dans la ville sous l'œil austère des magistrats et des matrones; elles se trouvaient à merveille au Pirée et elles y affluaient de tous les pays du monde. Cette affluence, nuisible aux intérêts de toutes, changea pour quelques-unes le théâtre de leurs promenades: les plus fières et les plus triomphantes se rapprochèrent d'Athènes et vinrent se mettre en montre sur le Céramique.

Le Céramique, dont s'emparèrent les hétaires en laissant le Pirée aux joueuses de flûte et aux dictériades, n'était pas ce beau quartier d'Athènes qui tirait son nom de Céramus, fils de Bacchus et d'Ariane. C'était un faubourg qui renfermait le jardin de l'Académie et les sépultures des citoyens morts les armes à la main. Il s'étendait le long de la muraille d'enceinte depuis la porte du Céramique jusqu'à la porte Dipyle; là, des bosquets d'arbres verts, des portiques ornés de statues et d'inscriptions, présentaient de frais abris contre la chaleur du jour. Les courtisanes du premier ordre venaient se promener et s'asseoir dans ce lieu-là, qu'elles s'approprièrent comme si elles l'avaient conquis sur les illustres morts qui y reposaient. Ce fut bientôt le marché patent de la Prostitution élégante. On y allait chercher fortune, on y commençait des liaisons, on s'y donnait des rendez-vous, on y faisait des affaires d'amour. Lorsqu'un jeune Athénien avait remarqué une hétaire dont il voulait avoir les faveurs, il écrivait sur le mur du Céramique le nom de cette belle, en y ajoutant quelques épithètes flatteuses; Lucien, Alciphron et Aristophane font allusion à ce singulier usage. La courtisane envoyait son esclave pour voir les noms qui avaient été tracés le matin, et, lorsque le sien s'y trouvait, elle n'avait qu'à se tenir debout auprès de l'inscription pour annoncer qu'elle était disposée à prendre un amant. Celui-ci n'avait plus qu'à se montrer et à faire ses conditions, qui n'étaient pas toujours acceptées, car les hétaires en vogue n'avaient pas toutes le même tarif, et elles se permettaient d'ailleurs d'avoir des caprices. Aussi, bien des déclarations d'amour n'aboutissaient qu'à la confusion de ceux qui les avaient adressées. On comprend que les courtisanes, par leurs refus ou leurs dédains, se fissent des ennemis implacables.

Les dictériades et les joueuses de flûte, ainsi que les hétaires du dernier ordre, voyant que les galanteries les plus avantageuses se négociaient au Céramique, se hasardèrent à y venir ou du moins à s'en rapprocher; elles quittèrent successivement le port du Pirée, celui de Phalère, le bourg de Sciron et les alentours d'Athènes, pour disputer la place aux hétaires de l'aristocratie, qui reculèrent à leur tour et finirent par se réfugier dans la ville. Les lois qui leur défendaient d'y paraître en costume de courtisane furent abolies de fait, puisqu'on cessait de les appliquer. On vit alors les prostituées les plus méprisables encombrer les abords de la porte Dipyle, et y vaquer tranquillement à leur odieux commerce. Les ombrages du Céramique et les gazons qui environnaient les tombeaux ne favorisaient que trop l'exercice de la Prostitution, qui s'était emparée de ce glorieux cimetière! «C'est à la porte du Céramique, dit Hésychius, que les courtisanes tiennent boutique.» Lucien est aussi explicite: «Au bout du Céramique, dit-il, à droite de la porte Dipyle, est le grand marché des hétaires.» On vendait, on achetait à tous prix, et souvent la marchandise se livrait sur-le-champ, à l'ombre de quelque monument élevé à un grand citoyen mort sur le champ de bataille. Le soir, à la faveur des ténèbres, la terre nue ou couverte d'herbes offrait une arène permanente aux ignobles trafics de la débauche, et parfois le passant attardé, qui par une nuit sans lune traversait le Céramique et hâtait le pas en longeant le jardin de l'Académie, avait cru entendre les mânes gémir autour des tombeaux profanés.

L'invasion du Céramique par les femmes publiques n'avait pas toutefois dépeuplé le Pirée: il restait encore un grand nombre de ces femmes dans ce vaste faubourg, qui recrutait ses habitants parmi les voyageurs et les marchands de toutes les parties du monde connu. Il en était de même du port de Phalère et du bourg de Sciron, où affluaient autant de courtisanes que d'étrangers. Leur principal centre était une grande place qui s'ouvrait sur le port du Pirée, et qui regardait la citadelle; cette place, entourée de portiques sous lesquels on ne voyait que joueurs de dés, dormeurs et philosophes éveillés, se remplissait, vers la tombée de la nuit, d'une foule de femmes, presque toutes étrangères, les unes voilées, les autres à demi-nues, qui, debout et immobiles, ou bien assises, ou bien allant et venant, silencieuses ou agaçantes, obscènes ou réservées, faisaient appel aux désirs des passants. Le temple de Vénus Pandemos, érigé sur cette place par Solon, semblait présider au genre de commerce qui s'y faisait ouvertement. Quand la courtisane voulait vaincre une résistance, obtenir un plus haut prix, avoir des arrhes, elle invoquait Vénus sous le nom de Pitho, quoique cette Pitho fût une déesse tout à fait distincte de Vénus dans la mythologie grecque: on les confondit l'une et l'autre comme pour exprimer que la persuasion était inséparable de l'amour. Au reste, on pouvait voir, dans le sanctuaire du temple, briller les statues de marbre des deux déesses qui étaient placées là au milieu de leur empire amoureux. Bien des contrats, que Vénus et sa compagne avaient arrêtés et conclus, se signaient ensuite sous le portique du temple ou sur le bord de la mer, ou bien au pied de cette longue muraille construite par Thémistocle pour réunir le Pirée à la ville d'Athènes.

La réputation du Pirée et celle du Céramique étaient si bien établies dans les mœurs de la Prostitution et de l'hétaïrisme, que Thémistocle, fils d'une courtisane, afficha lui-même sa naissance avec impudeur, en se promenant, du Pirée au Céramique, dans un char magnifique traîné par quatre hétaires en guise de chevaux. Athénée rapporte ce fait incroyable d'après le témoignage d'Idoménée, qui en doutait lui-même. Plusieurs commentateurs ont vu, dans le passage cité par Athénée, non pas un quadrige de courtisanes, mais des courtisanes assises dans un quadrige aux côtés de Thémistocle. Nous hésiterions donc à soutenir contre Athénée lui-même, que Thémistocle avait imaginé un singulier moyen d'appliquer les courtisanes à l'attelage des chars. Outre les débauches au grand air, il y avait au Pirée celles qui se renfermaient à huis clos. Le grand dictérion, fondé par Solon près du sanctuaire de Pandemos, n'avait bientôt plus suffi aux besoins de la corruption des mœurs. Une multitude d'autres s'étaient établis, sans se faire tort, sous les auspices de la loi fiscale qui affermait la Prostitution à des entrepreneurs. Les dictérions qu'on rencontrait à chaque pas dans les rues du Pirée et des autres faubourgs se faisaient reconnaître à leur enseigne, qui était partout la même, et qui ne différait que par ses dimensions: c'était toujours l'attribut obscène de Priape qui caractérisait les mauvais lieux. Il n'était donc pas possible d'y entrer, sans avouer hautement ce qu'on y allait chercher. Un philosophe grec aperçut un jeune homme qui se glissait dans un de ces repaires: il l'appela par son nom; le jeune homme baissa la tête en rougissant: «Courage! lui cria le philosophe, ta rougeur est le commencement de la vertu.» Outre les maisons publiques, il y avait des maisons particulières que les hétaires prenaient à louage, pour y faire leur métier: elles n'y demeuraient pas constamment, mais elles y passaient quelques jours et quelques nuits avec leurs amis. Ce n'étaient que festins, danses, musique, dans ces retraites voluptueuses, où l'on ne pénétrait pas sans payer. Alciphron a recueilli une lettre de Panope écrivant à son mari Euthibule: «Votre légèreté, votre inconstance, votre goût pour la volupté vous portent à me négliger, ainsi que vos enfants, pour vous livrer entièrement à la passion que vous inspire cette Galène, fille d'un pêcheur, qui est venue ici d'Hermione, pour prendre une maison à louage, et étaler ses charmes dans le Pirée, où elle en fait commerce, au grand détriment de toute notre pauvre jeunesse; les marins vont faire la débauche chez elle, ils la comblent de présents, elle n'en refuse aucun: c'est un gouffre qui absorbe tout.»

La police des mœurs, qui avait circonscrit dans certains quartiers le scandaleux commerce des prostituées, leur avait infligé comme aux esclaves la honte de certains vêtements, destinés à les faire reconnaître partout. Cette loi somptuaire de la Prostitution paraît avoir existé dans toutes les villes de la Grèce et de ses colonies; mais si de certaines couleurs devaient signaler en quelque sorte à la défiance publique les femmes qui les portaient, ces couleurs n'étaient pas les mêmes à Athènes, à Sparte, à Syracuse et ailleurs. Ce fut probablement Solon qui assigna le premier un costume caractéristique aux esclaves qu'il consacrait à la Prostitution. Ce costume était probablement rayé de couleurs éclatantes, parce que les femmes que le législateur avait envoyé chercher en Orient pour l'usage de la république, s'étaient montrées d'abord vêtues de leur habit national en étoffes de laine ou de soie teinte de diverses couleurs. La loi de Solon n'était donc que la sanction d'une ancienne coutume, et l'aréopage, en formulant cette loi, décréta que les courtisanes porteraient à l'avenir un costume *fleuri*. De là, bien des variations dans ce costume, que chacune s'appliquait à modifier à sa manière en interprétant le texte de la loi. Selon les uns, elles ne devaient paraître en public qu'avec des couronnes et des guirlandes de fleurs; selon les autres, elles devaient porter des fleurs peintes sur leurs vêtements; tantôt elles se contentaient d'accoutrements bariolés de couleurs vives; tantôt elles s'habillaient de pourpre et d'or: elles ressemblaient à des corbeilles de fleurs épanouies. Mais la loi somptuaire mit ordre à ce luxe effréné; elle leur défendit de prendre des robes d'une seule couleur, de faire usage d'étoffes précieuses, telles que l'écarlate, et d'avoir des bijoux d'or, quand elles sortiraient de leurs maisons. L'interdiction des robes de pourpre et des ornements d'or n'était pourtant pas générale pour les prostituées de toutes les villes grecques, car, à Syracuse, les femmes honnêtes seules ne pouvaient porter des vêtements bordés de pourpre; teints de couleurs éclatantes ou ornés d'or, qui servaient d'enseigne à la Prostitution; à Sparte, mêmes défenses étaient faites aux femmes de bien: «Je loue l'antique cité des Lacédémoniens, dit saint Clément d'Alexandrie (*Pædagog.* liv. II, c. X), qui permit aux courtisanes les habits fleuris et les joyaux d'or, en interdisant aux femmes mariées ce luxe de toilette, qu'elle attribuait aux courtisanes seules.» Athénée reproduit un passage de Philarchus qui, dans le vingt-cinquième livre de ses Histoires, approuve une loi semblable qui existait chez les Syracusains: les bariolages de couleurs, les bandes de pourpre, les ornements d'or, composaient le costume obligé des hétaires syracusaines.

Nous voyons, d'ailleurs, dès la plus haute antiquité, les paillardes de la Bible se parer de fleurs et d'étoffes brillantes: Solon n'avait donc fait que se conformer aux mœurs de l'Orient, en prescrivant aux prostituées de ne pas quitter leur costume oriental. Zaleucus, le législateur des Locriens, ne fit que suivre le système de Solon, lorsqu'il imposa également aux prostituées de sa colonie grecque le stigmate du costume fleuri, comme le rapporte Diodore de Sicile. Zaleucus, disciple de Pythagore, était assez peu indulgent pour les passions sensuelles, et, s'il toléra la Prostitution, en la flétrissant, ce fut pour ne pas laisser d'excuse à l'adultère, qu'il punissait en faisant crever les yeux au coupable. Suidas, dans son Lexique, parle des courtisanes *fleuries*, c'est-à-dire, suivant l'explication qu'il donne lui-même, «portant des robes fleuries, bariolées, peintes de diverses couleurs, car une loi existait à Athènes, qui ordonnait aux prostituées de porter des vêtements fleuris, ornés de fleurs ou de couleurs variées, afin que cette parure désignât les courtisanes au premier coup d'œil.» Il semble probable que les courtisanes d'Athènes se montraient couronnées de roses, puisque les couronnes d'or leur étaient interdites sous peine d'amende. «Si une hétaire, dit le rhéteur Hermogène dans sa Rhétorique, porte des bijoux en or, que ces bijoux soient confisqués au profit de la république.» On confisquait de même les couronnes d'or et les habits dorés qu'une prostituée osait porter publiquement. Une loi de Philippe de Macédoine infligeait une amende de mille drachmes, environ mille francs de notre monnaie, à la courtisane qui prenait des airs de princesse en se couronnant d'or. Ces lois somptuaires ne furent sans doute que rarement appliquées, et les riches hétaires, qui étaient comme les reines de la Grèce savante et lettrée, n'avaient certainement rien à craindre de ces règlements de police, auxquels les dictériades se trouvaient seules rigoureusement soumises.

Le costume ordinaire des Athéniennes de distinction différait essentiellement de celui des étrangères de mauvaise vie. Ce costume, élégant et décent à la fois, se composait de trois pièces de vêtement: la tunique, la robe et le manteau; la tunique blanche, en lin ou en laine, s'attachait avec des boutons sur les épaules, était serrée au-dessous du sein avec une large ceinture, et descendait en plis ondoyants jusqu'aux talons; la robe, plus courte que la tunique, assujettie sur les reins par un large ruban, et terminée dans sa partie inférieure, ainsi que la tunique, par des bandes ou raies de différentes couleurs, était garnie quelquefois de manches qui ne couvraient qu'une partie des bras; le manteau de drap, tantôt ramassé en forme d'écharpe, tantôt se déployant sur le corps, semblait n'être fait que pour en dessiner les formes. On avait employé d'abord, comme nous l'apprend Barthélemy dans le *Voyage du jeune Anacharsis*, des étoffes précieuses, que rehaussait l'éclat de l'or, ou bien des étoffes asiatiques, sur lesquelles s'épanouissaient les plus belles fleurs avec leurs couleurs naturelles; mais ces étoffes furent bientôt exclusivement réservées aux vêtements dont on couvrait les statues des dieux et aux habits de théâtre; pour interdire enfin aux femmes honnêtes l'usage de ces étoffes à fleurs, les lois ordonnèrent aux femmes de mauvaise vie de s'en servir. Ces femmes avaient aussi le privilége de l'immodestie, et elles pouvaient descendre dans la rue, les cheveux flottants, le sein découvert et le reste du corps à peine caché sous un voile de gaze. A Sparte, au contraire, les courtisanes devaient être amplement vêtues de robes traînantes, et chargées d'ornements d'orfévrerie, parce que le costume des Lacédémoniennes était aussi simple que léger. Ce costume consistait en une tunique courte et en une robe étroite descendant jusqu'aux talons; mais les jeunes filles, qui se mêlaient à tous les exercices de force et d'adresse que l'éducation spartiate imposait aux hommes, étaient encore plus légèrement vêtues: leur tunique sans manches, attachée aux épaules avec des agrafes de métal, et relevée au-dessus du genou par leur ceinture, s'ouvrait de chaque côté à sa partie inférieure, de sorte que la moitié du corps restait à découvert: lorsque ces belles et robustes filles s'exerçaient à lutter, à courir et à sauter, les courtisanes les plus lascives n'auraient pas eu l'avantage auprès d'elles.

Enfin une des modes qui caractérisaient le mieux les courtisanes grecques, quoique cette mode ne fût pas prescrite par les lois somptuaires, c'était la couleur jaune de leurs cheveux. Elles les teignaient avec du safran ou bien avec d'autres plantes qui, de noirs qu'ils étaient ordinairement, les rendaient blonds. Le poëte comique Ménandre se moque de ces cheveux blonds, qui n'étaient quelquefois que des chevelures postiches, de véritables perruques, empruntées aux cheveux des races septentrionales, ou composées de crins dorés. Saint Clément d'Alexandrie dit en propres termes que c'est une honte pour une femme pudique de teindre sa chevelure et de lui donner une couleur blonde. On peut induire, de ce passage de saint Clément, que les femmes honnêtes avaient imité cette coiffure que les courtisanes s'étaient faite pour s'égaler aux déesses que les poëtes, les peintres et les statuaires représentaient avec des cheveux d'or. Ces raffinements de parure exigeaient sans doute le concours officieux de plusieurs servantes, très-expertes dans l'art de la toilette, et cependant une ancienne loi d'Athènes défendait aux prostituées de se faire servir par des femmes à gages ou par des esclaves. Cette loi qu'on n'exécuta pas souvent, dégradait une femme libre qui se mettait à la solde d'une prostituée, et lui ôtait son titre de citoyenne, en la confisquant comme esclave au profit de la république. Il paraîtrait que la citoyenne, par le seul fait de son service chez une prostituée, devenait prostituée elle-même, et pouvait être employée dans les dictérions de l'État. Mais, en dépit de cette loi sévère les courtisanes ne manquèrent jamais de servantes, et celles-ci, jeunes ou vieilles, étaient ordinairement plus perverties que les prostituées dont elles aidaient la honteuse industrie.

7

Sommaire.—Auteurs grecs qui ont composé des *Traités* sur les hétaires. —*Histoire des Courtisanes illustres*, par Callistrate.—Les *Déipnosophistes* d'Athénée.—Aristophane de Byzance, Apollodore, Ammonius, Antiphane, Gorgias.—La *Thalatta* de Dioclès.—La *Corianno* d'Hérécrate.— La *Thaïs* de Ménandre.—La *Clepsydre* d'Eubule.—Les cent trente-cinq hétaires en réputation à Athènes.—Classification des courtisanes par Athénée.—Dictériades libres.—Les *Louves*.—Description d'un dictérion, d'après Xénarque et Eubule.—Prix courants des lieux de débauche.— Occupation des Dictériades.—Le *pornoboscéion* ou maître d'un dictérion. —Les vieilles courtisanes ou *matrones*.—Leur science pour débaucher les jeunes filles.—Éloge des femmes de plaisir, par Athénée.—Les dictérions lieux d'asile.—Salaires divers des hétaires de bas étage et des dictériades libres.—Phryné de Thespies.—La *Chassieuse*.—Laïs.—Le villageois Anicet et l'avare Phébiane.—Cupidité des courtisanes.—Le pêcheur Thallassion.—Origine des surnoms de quelques dictériades.— Les *Sphinx*.—L'*Abîme* et la *Pouilleuse*.—La *Ravaudeuse*, la *Pêcheuse* et la *Poulette*.—L'*Arcadien* et le *Jardinier*.—L'*Ivrognesse*, la *Lanterne*, la *Corneille*, la *Truie*, la *Chèvre*, la *Clepsydre*, etc., etc.

Il y avait une telle distance sociale entre la condition d'une dictériade et celle d'une hétaire, que la première, reléguée dans la catégorie des esclaves, des affranchies et des étrangères, traînait dans l'obscurité de la débauche une existence sans nom, tandis que la seconde, quoique privée du rang et du titre de citoyenne, vivait au milieu des hommes les plus éminents et les plus lettrés de la Grèce. On peut donc supposer que les écrivains, poëtes ou moralistes, qui composèrent des traités volumineux sur les courtisanes de leur temps, n'avaient pas daigné s'occuper des dictériades, à l'exception de quelques-unes, que la singularité de leur caractère et de leurs mœurs signalait davantage à l'attention des curieux d'anecdotes érotiques. Ces anecdotes faisaient l'entretien favori des libertins d'Athènes: aussi, plusieurs auteurs s'étaient-ils empressés de les recueillir en corps d'ouvrage; par malheur, il ne nous est resté de ces recueils consacrés à l'histoire de la Prostitution, que des lambeaux isolés et des traits épars, qu'Athénée a cousus l'un à l'autre dans le livre XII de ses *Déipnosophistes*. Nous n'aurions rien trouvé sans doute de particulier aux dictériades dans les écrits qu'Aristophane, Apollodore, Ammonius, Antiphane et Gorgias avaient composés, en différents genres littéraires, sur les courtisanes d'Athènes. C'étaient les hétaires, et encore les plus fameuses, qui se chargeaient de fournir des matériaux à ces compilations pornographiques. Callistrate avait rédigé l'*Histoire des courtisanes* aussi sérieusement que Plutarque les Vies des hommes illustres; Machon avait rassemblé les bons mots des hétaires en renom; beaucoup de poëtes comiques avaient mis en scène les désordres de ces femmes plus galantes que publiques: Dioclès, dans sa *Thalatta*, Hérécrate dans sa *Corianno*, Ménandre dans sa *Thaïs*, Eubule dans sa *Clepsydre*. Mais eussions-nous encore ces nombreux opuscules qu'Athénée nous fait seulement regretter, nous ne serions pas mieux instruits au sujet des dictériades, qui se succédaient dans leur hideux métier, sans laisser de traces personnelles de leur infamie. Celles-là même, qui avaient mérité d'être renommées à cause de leurs vices et de leurs aventures, n'éveillaient qu'un souvenir de mépris dans la mémoire des hommes.

Aristophane de Byzance, Apollodore et Gorgias ne comptaient guère que cent trente-cinq hétaires qui avaient été en réputation à

Athènes et dont les faits et gestes pouvaient passer à la postérité; mais ce petit nombre de célébrités ne faisait que mieux ressortir la multitude de femmes qui desservaient la Prostitution à Athènes, et qui se piquaient peu d'acquérir l'honneur d'être citées dans l'histoire pourvu qu'elles eussent la honte d'amasser de la fortune. Il y eut dans Athènes une si grande quantité de courtisanes au dire d'Athénée, qu'aucune ville, si peuplée qu'elle fût, n'en produisit jamais autant. Athénée, en généralisant ainsi, comprenait dans cette quantité les dictériades aussi bien que les hétaires et les joueuses de flûte. Athénée, cependant, a soin de distinguer entre elles ces trois espèces de femmes de plaisir, et même il semble diviser les dictériades en deux classes, l'une dont il fait le dernier ordre des hétaires (μετα ἑταίρων) et l'autre dont il peuple les mauvais lieux (τὰς ἐπὶ τῶν οἰδηματων). Nous sommes disposé à conclure, de ces nuances dans les désignations, que les dictériades, qui prêtaient leur aide stipendiée aux maisons de débauche, et qui se mettaient à louage dans ces établissements publics, n'étaient pas les mêmes que celles qui se vendaient pour leur propre compte et qui se prostituaient dans les cabarets, chez les barbiers, sous les portiques, dans les champs et autour des tombeaux. Ces bacchantes populaires, qu'on voyait errer le soir dans les endroits écartés, avaient été surnommées *louves*, soit parce qu'elles allaient cherchant leur proie dans les ténèbres, comme les louves affamées, soit parce qu'elles annonçaient leur présence et leur état de disponibilité par des cris de bête fauve. C'est là du moins l'étymologie que Denys d'Halicarnasse regarde comme la plus naturelle.

Les dictériades enfermées étaient presque toujours des étrangères, des esclaves achetées partout aux frais d'un spéculateur; les dictériades libres, au contraire, étaient plutôt des Grecques que le vice, la paresse ou la misère avaient fait tomber à ce degré d'avilissement et qui cachaient encore avec un reste de pudeur le métier dégradant dont elles vivaient. Ces malheureuses, dont le hasard seul protégeait les amours sublunaires, ne rencontraient guère dans leurs quêtes nocturnes que des matelots, des affranchis et des vagabonds, non moins méprisables qu'elles. On devine assez qu'elles essayaient de se soustraire aussi longtemps que possible à l'affront du costume fleuri et de la perruque blonde, qui les eussent stigmatisées du nom de courtisanes. Elles n'avaient que faire d'ailleurs d'un signe extérieur pour appeler les chalands, puisqu'elles ne se montraient pas et qu'elles hurlaient dans l'ombre, où il fallait les aller chercher à tâtons. Peu importait donc à la nature de leur commerce, qu'elles fussent jeunes ou vieilles, laides ou belles, bien parées ou mal mises; la nuit couvrait tout, et le chaland à moitié ivre ne demandait pas à y voir plus clair. Dans les dictérions, au contraire, sur lesquels s'exerçait une sorte de police municipale, rien n'était refusé au regard, et l'on étalait même avec complaisance tout ce qui pouvait recommander plus particulièrement les habitantes du lieu. Xénarque, dans son *Pentathle*, et Eubule, dans son *Pannychis*, nous représentent ces femmes nues, qui se tenaient debout, rangées à la file dans le sanctuaire de la débauche, et qui n'avaient pour tout vêtement que de longs voiles transparents, où l'œil ne rencontrait pas d'obstacle. Quelques-unes, par un raffinement de lubricité, avaient le visage voilé, le sein emprisonné dans un fin tissu qui en modelait la forme, et le reste du corps à découvert. Eubule les compare à ces nymphes que l'Éridan voit se jouer dans ses ondes pures. Ce n'était pas le soir, mais le jour, en plein soleil (*in aprico stantes*), que les dictérions mettaient en évidence tous leurs trésors impudiques. Cet étalage de nudités servait d'enseigne aux maisons de débauche encore mieux que le phallus peint ou sculpté qui en décorait la porte; mais, selon d'autres archéologues, on ne voyait ces spectacles voluptueux que dans la cour intérieure.

Il y eut sans doute des dictérions plus ou moins crapuleux à Athènes, surtout lorsque la Prostitution fut mise en ferme; mais, dans l'origine, l'égalité la plus républicaine régnait dans ces établissements administrés aux frais de l'État. Le prix était uniforme pour tous les visiteurs, et ce prix ne s'élevait pas très-haut. Philémon, dans ses *Adelphes*, le fait monter seulement à une obole, ce qui équivaudrait à trois sous et demi de notre monnaie. «Solon a donc acheté des femmes, dit Philémon, et les a placées dans des lieux, où pourvues de tout ce qui leur est nécessaire, elles deviennent communes à tous ceux qui en veulent. Les voici dans la simple nature, vous dit-on: pas de surprise, voyez tout! N'avez vous pas de quoi vous féliciter? La porte va s'ouvrir, si vous voulez: il ne faut qu'une obole. Allons, entrez, on ne fera point de façons, point de minauderies, on ne se sauvera pas: celle que vous aurez choisie vous recevra dans ses bras, quand vous voudrez et comme vous voudrez.» Eubule composait ses comédies grecques, dont nous n'avons que des fragments, 370 ans avant Jésus-Christ, et, de son temps, le prix d'entrée n'était pas encore fort élevé dans les dictérions; de plus, malgré le bon marché, on n'avait aucun risque à courir, comme si la prévoyance de Solon eut joint un dispensaire à sa fondation: «C'est de ces belles filles, dit Eubule, que tu peux acheter du plaisir pour quelques écus, et cela sans le moindre danger.» (*A quibus tuto ac sine periculo licet tibi paucalis nummis voluptatem emere*; mais la traduction latine n'en dit pas autant que le grec.) Nous ne savons donc rien de plus précis sur les prix courants des mauvais lieux d'Athènes, et nous pouvons présumer que ces prix ont souvent varié en raison de la taxe que le sénat imposait aux fermiers des dictérions. Ces mauvais lieux, d'ailleurs, n'étaient pas seulement fréquentés par des matelots et des marchands que la marine commerçante de tous les pays amenait au Pirée: les citoyens les plus distingués, lorsqu'ils étaient ivres, ou bien quand le démon du libertinage s'emparait d'eux ne craignaient pas de se glisser, le manteau sur le visage, dans les maisons de tolérance fondées par Solon. La porte de ces maisons restait ouverte jour et nuit; elle n'était pas gardée, comme les autres, par un chien enchaîné sous le vestibule; un rideau de laine aux couleurs éclatantes empêchait les passants de plonger leurs regards indiscrets dans la cour environnée de portiques ouverts, sous lesquels attendaient les femmes, debout, assises ou couchées, occupées à polir leurs ongles, à lisser leurs cheveux, à se farder, à s'épiler, à se parfumer, à dissimuler leurs défauts physiques et à mettre en relief leurs beautés les plus secrètes. Ordinairement, une vieille Thessalienne, qui était un peu sorcière et qui vendait des philtres ou des parfums, se tenait accroupie derrière le rideau, et avait mission d'introduire les visiteurs, après s'être informée de leurs goûts et de leurs offres.

Il ne paraît pas que le nombre des dictérions fût restreint par les lois de Solon et de l'aréopage. L'industrie particulière avait le droit de créer, du moins hors la ville, des établissements de cette espèce, et de les organiser au gré de l'entrepreneur, pourvu que la taxe fût exactement payée au fisc, et cette taxe devait être, selon toute probabilité, fixe et payable par tête de dictériade. On ne trouve pas de renseignement qui fasse soupçonner qu'elle pût être proportionnelle et progressive. Un dictérion en vogue produisait de beaux revenus à son propriétaire; celui-ci ne pouvait être qu'un étranger, mais souvent un citoyen d'Athènes, possédé de l'amour du gain, consacrait son argent à cette vilaine spéculation, et s'enrichissait du produit de la débauche publique, en exploitant sous un faux nom une boutique de Prostitution. Les poëtes comiques signalent ainsi au mépris des honnêtes gens les avides et lâches complaisances de ceux qui louaient leurs maisons à des collèges de dictériades; on appelait *pornobosceíon* le maître d'un mauvais lieu. La concurrence multiplia les entreprises de ce genre, et les vieilles courtisanes, qui ne gagnaient plus rien par elles-mêmes, songèrent bientôt à utiliser au moins leur expérience. Ce fut alors d'étranges écoles qui se formèrent dans les faubourgs d'Athènes: on y enseignait ouvertement l'art et les secrets de la Prostitution, sans que les magistrats eussent à intervenir pour la répression de ces désordres. Les maîtresses de ces écoles impures enrôlaient à leur solde les malheureuses qu'elles avaient parfois débauchées, et l'éducation qu'on donnait à ces écolières motivait le titre de *matrones* que s'attribuaient effrontément leurs perverses directrices. Alexis, dans une comédie intitulée *Isostasion*, dont Athénée nous a conservé quelques fragments, a fait un tableau pittoresque des artifices que les matrones employaient pour métamorphoser leurs élèves: Elles prennent chez elles des jeunes filles qui ne sont pas encore au fait du métier, et bientôt elles les transforment au point de leur changer les sentiments, et même jusqu'à la figure et la taille. Une novice est-elle petite, on coud une épaisse semelle de liège dans sa chaussure. Est-elle trop grande, on lui fait porter une chaussure très-mince, et on lui apprend à renfoncer la tête dans les épaules en marchant, ce qui diminue un peu sa taille. N'a-t-elle point assez de hanches, on lui applique par-dessus une garniture qui les relève, de sorte que ceux qui la voient ainsi, ne peuvent s'empêcher de dire: «Ma foi! voilà une jolie croupe!» A-t-elle un gros ventre; moyennant des buscs, qui font l'effet de ces machines qu'on emploie dans les représentations scéniques, on lui renfonce le ventre. Si elle a les cheveux roux, on les lui noircit avec de la suie; les a-t-elle noirs, on les lui blanchit avec de la céruse; a-t-elle le teint trop blanc, on le colore avec du pœderote. Mais a-t-elle quelque beauté particulière en certain endroit du corps, on étale au grand jour ces charmes naturels. Si elle a une belle denture, on la force de rire, afin que les spectateurs aperçoivent combien la bouche est belle; et si elle n'aime pas à rire, on la tient toute la journée au logis, ayant un brin de myrte entre les lèvres, comme les cuisiniers en ont ordinairement lorsqu'il vendent leur têtes de chèvres au marché, de sorte qu'elle est enfin obligée de montrer son râtelier, bon gré, malgré.» Les matrones excellaient dans ces raffinements de coquetterie et de toilette, qui avaient pour but d'éveiller les désirs, et la curiosité de leurs clients; elles ne se bornaient pas, dans leur art, à satisfaire seulement les yeux, elles enseignaient à leurs écolières tout ce que la volupté a pu inventer de plus ingénieux, de plus bizarre et de plus infâme. Aussi, Athénée, qui n'en parle peut-être que par ouï-dire, fait un éloge formel de ces femmes de plaisir, en ces termes: «Tu seras content des femmes qui travaillent dans les dictérions.» (Τὰς ἐπὶ τῶν οἰκήματων ἀσπάζεσθαι.)

Les dictérions, de quelque nature qu'ils fussent, jouissaient d'un privilége d'inviolabilité; on les considérait comme des lieux d'asile, où le citoyen se trouvait sous la protection de l'hospitalité publique. Personne n'avait le droit d'y pénétrer pour commettre un acte de violence. Les débiteurs y étaient à l'abri de leurs créanciers, et la loi élevait une espèce de barrière morale entre la vie civile et cette vie secrète qui commençait à l'entrée du dictérion. Une femme mariée n'aurait pu pénétrer dans ces retraites inviolables, pour y chercher son mari; un père n'avait pas le droit d'y venir surprendre son fils. Une fois que l'hôte du dictérion avait passé le seuil de ce mystérieux repaire, il devenait en quelque sorte sacré, et il perdait, pour tout le temps qu'il passait dans ce lieu-là, son caractère individuel, son nom, sa personnalité. «La loi ne permet pas, dit Démosthène dans son plaidoyer contre Nééra, de surprendre quelqu'un en adultère auprès des femmes qui sont dans un lieu de Prostitution, ou qui s'établissent pour faire le même trafic dans la place publique.» Cependant les prostituées étaient des étrangères, des esclaves, des affranchies; ce n'étaient donc pas elles que la loi épargnait et semblait respecter, c'étaient les citoyens qui venaient, en vertu d'un contrat tacite, sous la sauvegarde de la loi, accomplir un acte dont ils n'avaient à répondre que vis-à-vis d'eux-mêmes. Il est permis de supposer que le plaisir, en Grèce, faisait partie de la religion et du culte; c'est pourquoi Solon avait placé le temple de Vénus-Pandemos à côté du premier dictérion d'Athènes, afin que la déesse pût surveiller à la fois ce qui se passait dans l'un et dans l'autre. Suivant les idées des adorateurs fervents de Vénus, l'homme lui était consacré, tant qu'il se livrait aux pratiques de ce culte, qui était le même dans les temples et les dictérions.

Les auteurs anciens nous fournissent beaucoup plus de détails sur les dictériades non enfermées, et sur les hétaires subalternes qui exerçaient la Prostitution errante, ou qui l'installaient audacieusement dans leur propre demeure. Non-seulement nous savons quels étaient les prix variés de leurs faveurs, les habitudes ordinaires de leurs amours, les diverses faces de leur existence dissolue, mais même nous connaissons leurs surnoms et l'origine de ces surnoms qui caractérisent, avec trop de liberté peut-être, leurs mœurs intimes. Le salaire des dictériades libres et des hétaires de bas étage n'avait rien de fixe ni même de gradué, selon la beauté et les mérites de chacune. Ce salaire ne se payait pas toujours en monnaie d'argent ou d'or: il prenait même plus volontiers la forme d'un présent que la prostituée exigeait avant de se donner, et quelquefois après s'être donnée. C'était d'ailleurs l'importance du salaire qui établissait tout d'abord le rang que la courtisane s'attribuait dans la corporation des hétaires; mais la véritable distinction que ces femmes pouvaient revendiquer entre elles, et que les hommes de leur commerce ordinaire se chargeaient de leur attribuer, c'était plutôt leur cortége d'esprit, de talents et de science. Celles qui vivaient dans les cabarets, parmi les matelots ivres et les pêcheurs aux poitrines velues, n'auraient pas été bienvenues à demander de grosses sommes; les unes se contentaient d'un panier de poisson; les autres, d'une amphore de vin; elles avaient aussi des caprices, et tel jour elles se prostituaient gratis, en l'honneur de Vénus, pour se faire payer double le lendemain. Les courtisanes de Lucien nous initient à toutes ces variantes de salaire, qu'elles exigeaient parfois d'un ton impérieux, et que parfois aussi elles sollicitaient de l'air le plus humble. «A-t-on jamais vu, s'écrie avec indignation une de ces hétaires de rencontre, prendre avec soi une courtisane pendant toute une nuit et lui donner cinq drachmes (environ 5 francs) de récompense!» Une autre de ces hétaires, Chariclée, était si complaisante et si facile, qu'elle accordait tout et ne demandait rien. Lucien déclare, dans son *Toxaris*, qu'on ne vit jamais fille de si bonne composition.

Quand les hétaires des cabarets du Pirée voulaient plaire et arracher quelque présent, elles prenaient les airs les plus caressants, la voix la plus mielleuse, la pose la plus agaçante: «Êtes-vous âgé? dit

Xénarque dans son *Pentathle* cité par Athénée, elles vous appelleront *papa*; êtes-vous jeune? elles vous appelleront *petit frère*.» Il faut voir les conseils que la vieille courtisane donne à sa fille, dans Lucien: «Tu es fidèle à Chéréas et tu ne reçois pas d'autre homme; tu as refusé deux mines du laboureur d'Acharnès, une mine d'Antiphon,» etc. Or, une mine représente cent francs de notre monnaie, et l'on ne sait si l'on doit plus s'étonner de la générosité du laboureur d'Acharnès que de la fidélité de cette hétaire à son amant Chéréas. Machon, qui avait colligé avec soin les bons mots des courtisanes, nous raconte que Mœrichus marchandait Phryné de Thespies, qui finit par se contenter d'une mine, c'est-à-dire de cent francs: «C'est beaucoup! lui dit Mœrichus; ces jours derniers, tu n'as pris que deux statères d'or (environ quarante francs) à un étranger?—Eh bien! lui répond vivement Phryné, attends que je sois en bonne humeur, je ne te demanderai rien de plus.» Gorgias, dans son ouvrage sur les courtisanes d'Athènes, avait mentionné une hétaire du dernier ordre, nommée *Lemen*, c'est-à-dire Chassie ou Chassieuse, qui était maîtresse de l'orateur Ithatoclès, et qui se prostituait cependant à tout venant pour deux drachmes, environ quarante sous de notre temps, ce qui la fit surnommer *Didrachma* et *Parorama*. Enfin, si l'on en croit Athénée, Laïs devenue vieille et forcée de continuer son métier en modifiant le taux de ses charmes usés, ne recevait plus qu'un statère d'or ou vingt francs, des rares visiteurs qui voulaient savoir à quel point de dégradation avait pu tomber la beauté d'une hétaire célèbre. C'était là, en général, la destinée des courtisanes: après s'être élevées au plus haut degré de la fortune et de la réputation d'hétaire, après avoir vu à leurs pieds des poëtes, des généraux et même des rois, elles redescendaient rapidement les échelons de cette prospérité factice, et elles arrivaient avec l'âge au mépris, à l'abandon et à l'oubli. Le dictérion ouvrait alors un refuge à ces ruines de la beauté et de l'amour. C'est ainsi qu'on vit finir Glycère, qui avait été aimée par le poëte Ménandre. Heureuses celles qui avaient amassé de quoi se faire une vieillesse indépendante et tranquille, heureuses celles qui, comme Scione, Hippaphésis, Théoclée, Psamœthe, Lagisque, Anthée et Philyre renonçaient au métier d'hétaire avant que le métier leur eût dit adieu! Lysias, dans son discours contre Laïs, félicitait hautement ces hétaires d'avoir essayé, jeunes encore, de devenir d'honnêtes femmes.

    Les courtisanes qui ne s'étaient pas mises à la solde des dictérions, se faisaient souvent payer si largement, même par des pêcheurs et des marchands, que ces pauvres victimes se laissaient entièrement dépouiller, et se voyaient ensuite remplacées par d'autres, que d'autres devaient bientôt remplacer aussi. «Vous avez oublié, écrivait tristement le villageois Anicet à l'avare Phébiane, qu'il avait enrichie à ses dépens, et qui ne daignait plus lui faire l'aumône d'un regard; vous avez oublié les paniers de figues, les fromages frais, les belles poules, que je vous envoyais? Toute l'aisance dont vous jouissiez, ne la teniez-vous pas de moi? Il ne me reste que la honte et la misère.» Alciphron, qui nous a conservé cette lettre comme un monument de l'âpre cupidité des courtisanes, nous montre aussi le pêcheur Thalasserus amoureux d'une chanteuse, et lui envoyant tous les jours le poisson qu'il avait pêché. Athénée cite des vers d'Anaxilas, qui, dans sa *Néottis*, avait fait un effroyable portrait des courtisanes de son temps: «Oui, toutes ces hétaires sont autant de sphinx qui, loin de parler ouvertement, ne s'énoncent que par énigmes; elles vous caressent, vous parlent de leur amour, du plaisir que vous leur donnez, mais ensuite on vous dit: «Mon cher, il me faudrait un marchepied, un trépied, une table à quatre pieds, une petite servante à deux pieds.» Celui qui comprend cela se sauve à ces détails, comme un Œdipe, et s'estime fort heureux d'avoir été peut-être le seul qui ait échappé au naufrage malgré lui; mais celui qui espère être payé d'un vrai retour, devient la proie du monstre.» Ce passage d'un poëte grec, qui a disparu comme tant d'autres, a fait croire au commentateur que le surnom de *sphinx*, qui désignait les hétaires en général, leur avait été appliqué à cause de leurs requêtes énigmatiques; mais ce surnom leur venait plutôt de leurs longues stations sur les places publiques et aux carrefours des chemins, où elles se tenaient accroupies comme des sphinx et enveloppées dans les plis de leur voile, immobiles et ordinairement silencieuses. Quoi qu'il en soit, le sphinx, suivant la remarque de Pancirole, était l'emblème des filles de joie.

Quant aux surnoms particuliers des courtisanes, ils présentaient moins d'amphibologie, et d'ailleurs pour les comprendre on n'avait qu'à se reporter aux circonstances qui les avaient produits. Ces surnoms étaient rarement flatteurs pour celles qui les portaient. Ainsi, la séduisante Synope n'était pas encore décrépite, qu'on l'appelait *Abydos* ou l'*Abîme*; Phanostrate, qui n'avait jamais eu, au dire d'Apollodore de Byzance, une clientèle bien distinguée, s'abandonna insensiblement à un tel excès de saleté, qu'elle fut surnommée *Phthéropyle*, parce qu'on la voyait assise dans la rue à ses moments perdus, et occupée à détruire la vermine qui la dévorait. Ces deux dictériades, l'une par ses poux, l'autre par les promesses peu engageantes de son sobriquet, s'étaient fait une popularité qui leur amenait encore des curieux, et qui autorisait Démosthène à les citer dans ses discours de tribune. Antiphane, Alexis, Callicrate et d'autres écrivains n'avaient pas dédaigné de parler aussi de l'*Abîme* et de la *Pouilleuse*. C'étaient deux types bien connus, du moins à distance, qui complétaient une collection d'hétaires de l'espèce la plus vile. Dans cette collection figuraient la *Ravaudeuse*, la *Pêcheuse* et la *Poulette*; celle-ci caquetait comme une poule qui attend le coq; celle-là guettait les hommes au passage, et les pêchait comme à l'hameçon; la troisième enfin ne se lassait pas de ravauder, pour ainsi dire, la trame usée des vieux amours. Antiphane, qui avait enregistré dans son livre les qualités diverses de ces dictériades, leur accole mal à propos l'*Arcadien* et le *Jardinier*, que nous ne prendrons pas pour des femmes. Athénée parle encore de l'*Ivrognesse*, qui était toujours pleine de vin et qui ne s'échauffait jamais assez pour assez boire. Synéris avait été surnommée la *Lanterne*, parce qu'elle sentait l'huile; Théoclée, la *Corneille*, parce qu'elle était noire; *Callysto*, sa fille, la *Truie*, parce qu'elle grognait toujours; Nico, la *Chèvre*, parce qu'elle avait ruiné un certain Thallus, qui l'aimait, aussi lestement qu'une chèvre broute les rameaux d'un olivier (θαλλος); enfin, la *Clepsydre*, dont on ne sait pas le véritable nom, s'était fait qualifier de la sorte, parce qu'elle n'accordait à chaque visiteur, que le temps nécessaire pour vider son horloge de sable, un quart d'heure selon quelques commentateurs, une heure selon les plus généreux. Eubule avait fait une comédie sur ce sujet-là et sur cette fille qui connaissait si bien le prix du temps.

Athénée, qui puisait à pleines mains dans une foule de livres que nous ne possédons plus, caractérise par leurs surnoms beaucoup de dictériades, dont toute l'histoire se borne à ces sobriquets parfois amphibologiques. Il énumère, avec tout le flegme d'un érudit qui ne craint pas d'épuiser la matière, les surnoms que lui fournissent ses autorités Timoclès, Ménandre, Polémon et tous les pornographes grecs: la *Nourrice*, c'est Coronée, fille de Nanno, qui entretenait ses amants; les *Aphies*, c'étaient les deux sœurs Anthis et Stragonion, remarquables par leur blancheur, leur taille mince et leurs grands yeux, qui leur avaient fait appliquer le nom d'un poisson (ἀφύη); la *Citerne*, c'était Pausanias, qui tombe un jour dans un tonneau de vin: «Le monde s'en va tout à l'heure! s'écrie l'hétaire Glycère, célèbre par ses bons mots; voilà que la Citerne est dans un tonneau!» Athénée et Lucien citent encore plusieurs hétaires d'un ordre inférieur qui n'étaient désignées que par leurs surnoms: Astra ou l'*Astre*, Cymbalium ou la *Cymbale*, Conallis ou la *Barbue*, Cercope ou la *Caudataire*, Lyra ou la *Lyre*, Nikion ou la *Mouche*, Gnomée ou la *Sentence*, Iscade ou la *Figue*, Ischas ou la *Barque*, Lampyris ou le *Ver luisant*, Lyia ou la *Proie*, Mélissa ou l'*Abeille*, Neuris ou la *Corde à boyau*, Démonasse ou la *Populacière*, Crocale ou le *Grain de sable*, Dorcas ou la *Biche*, Crobyle ou la *Boucle de cheveux*, etc. Quelques dictériades avaient des sobriquets qui s'expliquent d'eux-mêmes: la *Chimère*, la *Gorgone*, etc.; quelques autres, telles que Doris, Euphrosine, Myrtale, Lysidis, Évardis, Corinne, etc., échappaient aux honneurs du surnom qualificatif.

Mais, d'ordinaire, le surnom se rattachait à une épigramme plus ou moins mordante, plus ou moins louangeuse, qui l'avait mieux constaté que s'il eût été gravé sur le marbre ou sur l'airain; l'épigramme passait de bouche en bouche, et avec elle le surnom qu'elle laissait comme une empreinte indélébile à la fille qui l'avait mérité. Ainsi, le poëte Ammonide eut à se plaindre d'une dictériade: «Qu'elle vienne à se montrer nue, proclama-t-il dans ses vers, vous fuirez au delà des colonnes d'Hercule.» Un autre poëte ajouta: «Son père s'est enfui le premier.» Et elle fut surnommée *Antipatra*. Deux autres avaient la singulière habitude de se défendre et de vouloir être prises d'assaut, comme pour se dissimuler à elles-mêmes la honte de leur trafic. Timoclès fut surpris de trouver de la résistance chez une femme publique, et il surnomma celles-ci: la *Pucelle* (κορισκη), et la *Batteuse* (de καμεω, je forge, et de τυπη, coup), en leur consacrant ces vers: «Oui, c'est être au rang des dieux, que de passer une nuit à côté de Corisque ou de Camétype. Quelle fermeté! quelle blancheur! quelle peau douce! quelle haleine! quel charme dans leur résistance! elles luttent contre leur vainqueur: il faut ravir leurs faveurs, on est soufflété: une main charmante vous frappe... O délices!»

8

Sommaire.—Dangers, pour la jeunesse, de la fréquentation des hétaires subalternes.—Ce que le poëte Anaxilas dit des hétaires.—Portrait qu'il fait de l'hétaïrisme.—Science des femmes de mauvaise vie dans l'emploi des fards.—Le *pædérote*.—Dryantidès à sa femme Chronion.—Manière dont les courtisanes se peignaient le visage.—Les peintres de courtisanes Pausanias, Aristide et Niophane.—Lettre de Thaïs à Thessala au sujet de Mégare.—Amour de Charmide pour la vieille Philématium.—Les vieilles hétaires.—Comment les hétaires attiraient les passants.—Conseils de Crobyle à sa fille Corinne.—L'hétaire Lyra.—Reproches de la mère de Musarium à sa fille.—L'esclave Salamine et son maître Gabellus.—Simalion et Pétala.—Dialogue entre l'hétaire Myrtale et Dorion, son amant rebuté.—Les marchands de Bithynie.—Sacrifice des courtisanes aux dieux.—La dictériade Lysidis.—Singulière offrande que fit cette prostituée à Vénus-Populaire.—Les commentateurs de l'Anthologie grecque.—Explication du proverbe célèbre: *On ne va pas impunément à Corinthe.*—Le mot *Ocime*.—Denys-le-Tyran à Corinthe.—D'où étaient tirées les nombreuses courtisanes de Corinthe. —Le verbe λεσβιάζειν.—L'amour *à la Phénicienne*.—Les *beaux ouvrages* des Lesbiennes.—Préceptes théoriques de l'hétaïrisme.—Code général des courtisanes.—Lettres d'Aristénète.—Piéges des hétaires pour faire des victimes.—Encore les murs du Céramique.—Le *cachynnus* des courtisanes.—Infâme métier de Nicarète, affranchie de Charisius.—Ses élèves.—Prix élevé des filles libres et des femmes mariées.—Pénalité de l'adultère.—Le supplice du *radis noir*.—Les lois de Dracon.—Philumène.—Philtres soporifiques et philtres amoureux.—Les magiciennes de Thessalie et de Phrygie.—Cérémonies mystérieuses qui accompagnaient la composition d'un philtre.—Mélissa.—Diversité des philtres.—Opérations magiques.—Philtres préservatifs.—Jalousies et rivalités des courtisanes entre elles.—L'*amour lesbien*.—Sapho, auteur des scandaleux développements que prit cet amour.—Dialogue de Cléonarium et de Lééna.—Mégilla et Démonasse.

Les véritables dictériades d'Athènes étaient moins dangereuses pour la jeunesse et même pour l'âge mûr, que les hétaires subalternes, car rien n'égalait l'avidité et l'avarice de ces êtres sordides qui semblaient n'avoir pas d'autre occupation que de ruiner les jeunes gens inexpérimentés et les vieillards insensés. Solon avait voulu évidemment mettre un frein à la rapacité des courtisanes de bonne volonté, en créant l'institution des courtisanes esclaves; il croyait avoir fait beaucoup pour les mœurs par cette institution, qui épargnait à la fois le temps et la bourse des citoyens. Mais ces dictériades étaient de pauvres captives, achetées hors de la Grèce et rassemblées de tous les pays sous le régime d'une législation uniforme de plaisir; elles n'avaient souvent pas la moindre notion des usages grecs; elles ne connaissaient rien de la ville fondée par Minerve, où elles exerçaient leur honteuse profession; elles ne parlaient pas même la langue de cette ville, où elles avaient été amenées comme des marchandises étrangères; leur beauté et l'emploi plus ou moins habile qu'elles en savaient faire, ce n'était point là un attrait suffisant pour les Athéniens qui, même dans les choses de volupté, voulaient que leur esprit fût satisfait ou du moins excité à l'égal de leurs sens physiques. Les hétaires d'un ordre inférieur ne pouvaient donc manquer de trouver à Athènes plus d'amateurs, et surtout plus d'habitués que les esclaves des dictérions. Ces hétaires, sorties la plupart de la lie du peuple, et dépravées de bonne heure par les détestables conseils de leurs mères ou de leurs nourrices, étaient rarement aussi belles et aussi bien faites que les dictériades, mais elles avaient des ressources naturelles dans l'esprit, et leur perversité même prenait des formes piquantes, ingénieuses, mobiles et divertissantes. Aussi, leur empire s'établissait-il facilement, par la parole, sur les malheureuses et imprudentes victimes qu'elles avaient d'abord attirées et charmées par la volupté. On les redoutait, on les montrait du doigt comme des écueils vivants, et sans cesse venaient se briser sur ces écueils de la Prostitution les pilotes les plus sages, les rameurs les plus habiles, les navires les plus solides; ces naufrages continuels d'honneur, de vertu et de fortune faisaient la gloire et l'amusement des funestes sirènes qui les avaient causés. «Si quelqu'un s'est jamais laissé prendre dans les filets d'une hétaire, disait le poëte Anaxilas dans sa comédie intitulée *Néottis*, qu'il me nomme un animal qui ait autant de férocité. En effet, qu'est-ce, en comparaison, qu'une dragonne inaccessible, une chimère qui jette le feu par les narines, une Charybde, une Scylla, ce chien marin à trois têtes, un sphinx, une hydre, une lionne, une vipère? Que sont ces harpies ailées? Non, il n'est pas possible d'égaler la méchanceté de cette exécrable engeance, car elle surpasse tout ce qu'on peut se figurer de plus mauvais!» Ces hétaires, corrompues dès leur enfance par les leçons des vieilles débauchées, ne conservaient pas un sentiment humain; jeunes, elles avaient l'air quelquefois de se contenter d'un seul amant, lorsque cet amant les payait autant que vingt autres; elles s'abandonnaient ensuite au plus grand nombre possible, et ne se souciaient que de tirer le meilleur parti possible de leur abandonnement continuel; elles conseillaient le vol, la fraude, le meurtre, s'il le fallait, aux infortunés qui n'avaient plus de quoi les payer, et qui étaient forcés de renoncer à elles, ou bien de ne reculer devant aucun moyen criminel pour garder leurs maîtresses. Ce n'étaient pas seulement des fils de famille, des héritiers de grands noms, de jeunes orateurs, des poëtes et des philosophes novices, que les hétaires du Pirée se faisaient un plaisir de dépouiller, c'étaient des matelots, des soldats, des villageois, des joueurs, surtout, qui se montraient plus généreux, des marchands et des dissipateurs. Mais ce qui surprend, c'est que ces femmes, dont l'influence pernicieuse avait tant de pouvoir et de prestige, n'avaient parfois qu'une beauté douteuse et plus ou moins effacée, des charmes vieillis et recrépits, des sourires grimaçants et des baisers insapides. Anaxilas nous fait un portrait peu engageant des principaux monstres de l'hétaïrisme de son temps: «Voici cette Plangon, dit-il, véritable Chimère, qui détruit les étrangers par le fer et la flamme, à qui cependant un seul cavalier a dernièrement ôté la vie, car il s'en est allé emportant tous les effets de la maison. Quant à Synope, n'est-ce pas une seconde hydre: elle est vieille et a pour voisine Gnathène aux cent têtes! Mais Nannion, en quoi diffère-t-elle de Scylla aux trois gueules? ne cherche-t-elle pas à surprendre un troisième amant après en avoir déjà étranglé deux? Cependant on dit qu'il s'est sauvé à force de rames. Pour Phryné, je ne vois pas trop en quoi elle diffère de Charybde: n'a-t-elle pas englouti le pilote et la barque? Théano n'est-elle pas une sirène épilée, qui a des yeux et une voix de femme mais des jambes de merle!» Ce passage d'une comédie grecque, qui était encore sous les yeux d'Athénée, nous initie aux dégradations du métier d'hétaire, et nous y voyons figurer, au rang des plus viles dictériades, de fameuses courtisanes qui avaient, dans leur bon temps, été les plus recherchées, les plus riches, les plus triomphantes de la Grèce. Plangon, Synope, Gnathène, Phryné, Théano, devenues vieilles, ne différaient plus des *louves* et des *sphinx* du Céramique.

Nous trouvons la preuve, dans cent endroits, que la décrépitude ne passait pas pour un défaut irréparable chez les femmes de mauvaise vie, soit qu'elles eussent un art merveilleux pour déguiser les traces de l'âge, soit qu'elles se recommandassent moins à la débauche publique par leurs avantages extérieurs que par la réputation de leur expérience libidineuse. Jeunes ou vieilles, ridées ou non, elles se faisaient un visage avec le pædérote, sorte de fard emprunté à la fleur d'une plante épineuse d'Égypte ou à la racine de l'acanthe; ce rouge végétal, détrempé avec du vinaigre, appliquait sur la peau la plus jaune le teint frais d'un enfant; quant aux rides, on avait eu soin auparavant de les remplir avec de la colle de poisson et du blanc de céruse, si bien que la peau devenait lisse et polie pour recevoir les couleurs brillantes de jeunesse qu'on y étendait avec un pinceau soyeux. Le fardement du visage était comme le stigmate de la Prostitution. «Prétendrais-tu, écrit Dryantidès à sa femme Chronion (dans les Lettres d'Alciphron), te mettre au niveau de ces femmes d'Athènes, dont le visage peint annonce les mœurs dépravées? Le fard, le rouge et le blanc, entre leurs mains, le disputent à l'art des plus excellents peintres, tant elles sont expertes à se donner le teint qu'elles croient le plus convenable à leurs desseins!» Comme les hétaires publiques ne se montraient de près que le soir à la lueur d'une torche ou d'une lanterne, et comme elles se tenaient le jour à distance du regard, demi-voilées, devant leur porte ou à leur fenêtre, elles tiraient profit de l'éclat singulier que les cosmétiques donnaient à leur teint. Il suffisait, d'ailleurs, que l'effet fût produit et que l'imprudent qui s'engageait sur leurs pas, dans l'obscurité de leur repaire, restât échauffé par son premier coup d'œil. La cellule étroite, où la courtisane conduisait sa proie, ne laissait point pénétrer assez de clarté dans l'ombre pour que le désenchantement suivît la découverte de ces mystères de la toilette. Lorsque les femmes honnêtes, sans doute pour disputer leurs maris à l'amour des hétaires, eurent la fatale ambition d'imiter les artifices de coquetterie de leurs rivales, elles en firent un essai bien maladroit, qui tourna souvent à leur confusion. «Nos femmes, disait Eubule dans sa comédie des *Bouquetières*, ne se couvrent pas la peau de blanc, ne se peignent pas avec du jus de mûre, comme vous le faites, de sorte que, si vous sortez en été, on voit couler de vos yeux deux ruisseaux d'encre, et la sueur former, en vous tombant sur le cou, un sillon de fard; quant à vos cheveux, avancés sur le front, ils présentent toute la blancheur de la vieillesse par la poudre blanche dont ils sont couverts!»

Si l'usage des fards était général chez les hétaires subalternes, la manière de les préparer et de les appliquer offrait des variétés infinies qui correspondaient aux différents degrés d'un art véritable. Il faut supposer que les novices se faisaient peindre, avant de savoir se peindre elles-mêmes. En effet, dans un pays où l'on peignait de couleurs éclatantes les statues de marbre, on devait exiger que les visages humains fussent peints avec autant de vérité. Nous croyons donc que les artistes, qu'on nommait peintres de courtisanes (πορνογράφοι), tels que Pausanias Aristide et Niophane, cités par Athénée, ne se bornaient pas à faire des portraits d'hétaires et à représenter leurs académies érotiques: ils ne dédaignaient pas de peindre, pour la circonstance, la figure d'une courtisane, comme ils peignaient dans les temples les statues des dieux et des déesses. Selon les préceptes d'un poëte grec, la beauté doit varier sans cesse pour être toujours la beauté, et ce sont ces variations continuelles de physionomie qui entretiennent les ardeurs du désir. Quant une courtisane avait appris l'art de se peindre elle-même, le goût et l'habitude achevaient de l'instruire dans cet art, où chacune se piquait d'exceller, mais toutes n'y réussissaient pas également. Dans les Lettres d'Alciphron,

Thaïs écrit à son amie Thessala, au sujet de Mégare, la plus décriée de toutes les courtisanes: «Elle a parlé très-insolemment du fard dont je me servais, et du rouge dont je me peignais le visage. Elle a donc oublié l'état de misère ou je l'ai vue, quand elle n'avait pas même un miroir? Si elle savait que son teint est de la couleur de sandaraque, oserait-elle parler du mien?» On comprend que, toutes les hétaires étant fardées, les plus vieilles rétablissaient ainsi une espèce d'égalité entre elles, et se réservaient d'autres avantages que les plus jeunes ne pouvaient acquérir que par une longue pratique du métier. Voilà pourquoi il arrivait souvent qu'une jeune et belle hétaire se voyait préférer une vieille et laide courtisane, préférence qu'elle ne s'expliquait pas, et qu'elle attribuait à des philtres magiques. Dans les Dialogues de Lucien, Thaïs s'étonne que l'amant de Glycère ait quitté celle-ci pour Gorgone: «Quel charme a-t-il trouvé en des lèvres mortes et des joues pendantes? dit Thaïs. Est-ce pour son beau nez qu'il l'a prise, ou pour sa tête chauve et son grand col effilé?» Dans les mêmes Dialogues, Tryphène se moque de la vieille Philématium qu'on avait surnommée le *Trébuchet*. «Avez-vous bien remarqué son âge et ses rides? dit Tryphène.—Elle jure qu'elle n'a que vingt-deux ans, répond Charmide. —Mais croirez-vous à ses serments plutôt qu'à vos yeux? Ne voyez-vous pas que le poil commence à lui blanchir autour des tempes? Que si vous l'aviez vue toute nue!—Elle ne me l'a jamais voulu permettre.— Avec raison, car elle a le corps marqueté comme un léopard.»

Ces vieilles hétaires, quand elles étaient peintes et parées, se plaçaient à une fenêtre haute qui s'ouvrait sur la rue, et là, un brin de myrte entre leurs doigts, l'agitant comme une baguette de magicienne, ou le promenant sur leurs lèvres, elles faisaient appel aux passants; un d'eux s'arrêtait-il, la courtisane faisait un signe connu, en rapprochant du pouce le doigt annulaire, de manière à figurer avec la main demi-fermée un anneau; en réponse à ce signe, l'homme n'avait qu'à lever en l'air l'index de la main droite, et aussitôt la femme disparaissait pour venir à sa rencontre. Alors il se présentait à la porte, et sous l'atrium il trouvait une servante qui le conduisait en silence, un doigt posé sur la bouche, dans une chambre qui n'était éclairée que par la porte, lorsqu'on écartait l'épais rideau qui la couvrait. Au moment où ce nouvel hôte allait passer le seuil, la servante le retenait par le bras et lui demandait la somme fixée par la maîtresse du lieu: il devait la remettre sans marchander; après quoi, il pouvait pénétrer dans la chambre, et le rideau retombait derrière lui. La courtisane, qu'il n'avait fait qu'entrevoir au grand jour, lui apparaissait comme une vision dans l'ombre de cette cellule, où filtrait un faible crépuscule à travers la portière. Il ne s'agissait donc pas de jeunesse, de fraîcheur, de beauté candide et pure, en cette voluptueuse obscurité qui n'était nullement défavorable aux formes du corps, mais qui rendait inutile tout ce que le toucher seul ne percevait pas. Cependant l'âge venait, qui enlevait aux vieilles courtisanes, en leur ôtant leur embonpoint et en amollissant leurs chairs, l'heureux privilège de se donner pour jeunes; elles ne renonçaient pas toutefois aux bénéfices du métier, puisqu'elles se consacraient alors à l'éducation amoureuse des jeunes hétaires, et qu'elles vivaient encore de Prostitution. Elles avaient aussi, au besoin, deux industries assez lucratives: elles fabriquaient des philtres pour les amants, ou des cosmétiques pour les courtisanes, et elles pratiquaient l'office de sage-femme. Phébiane, qui n'était pas encore vieille, écrit au vieil Anicet, qui avait voulu l'embrasser: «Une de mes voisines en mal d'enfant venait de m'envoyer quérir, et j'y allai en hâte, portant avec moi les instruments de l'art des accouchements.»

Ces sages-femmes, ces faiseuses de philtres étaient encore plus expertes dans l'art de séduire et de corrompre une fille novice; les Lettres d'Alciphron et les Dialogues de Lucien sont pleins de la dialectique galante de ces vieilles conseillères de débauche. C'est ordinairement la mère qui prostitue sa propre fille, et qui, après avoir flétri la virginité de cette innocente victime, s'attache encore à souiller son âme. «Ce n'est pas un si grand malheur, dit l'affreuse Crobyle à sa fille Corinne, qu'elle a livrée la veille à un riche et jeune Athénien; ce n'est pas un si grand malheur de cesser d'être fille, et de connaître un homme qui vous donne, dès sa première visite, une mine (environ 100 francs), avec laquelle je vais t'acheter un collier!» Elle se réjouit donc de voir sa fille commencer si bien un métier qui les tirera toutes deux de la misère: «Comment ferai-je pour cela? reprend naïvement Corinne.— Comme tu viens de faire, répond la mégère, et comme fait ta voisine.— Mais c'est une courtisane?—Qu'importe? tu deviendras riche comme elle; comme elle, tu auras une foule d'adorateurs. Tu pleures, Corinne? Mais vois donc quel est le nombre des courtisanes, quelle est leur cour, quelle est leur opulence!» Viennent ensuite les conseils de la mère, qui présente à sa fille l'exemple de l'aulétride Lyra, fille de Daphnis: son goût pour la parure, ses manières attrayantes, sa gaieté qui engage par le sourire le plus caressant, son commerce sûr, l'ont bientôt mise en crédit; si elle consent à se rendre, pour un prix convenu, à un festin, elle ne s'enivre point, elle touche aux mets avec délicatesse, elle boit sans précipitation, elle ne parle pas trop: «Elle n'a des yeux que pour celui qui l'a amenée; c'est ce qui la fait aimer; lorsqu'il la conduit au lit, elle n'est ni emportée ni sans égards; elle ne s'occupe que de plaire, de s'attacher sa conquête. Il n'est personne qui n'ait à s'en louer. Imite-la dans tous ces points, et nous serons heureuses.» La fille ne s'effraye pas trop des conditions que sa mère lui impose pour s'enrichir: «Mais, dit-elle par réflexion, tous ceux qui achètent nos faveurs ressemblent-ils à Lucritus qui obtint hier les miennes?—Non, réplique Crobyle avec gravité, il en est de plus beaux, de plus âgés, de plus laids même.—Et faudra-t-il que je caresse ceux-là aussi bien que les autres?—Ceux-là surtout, car ils donnent davantage. Les beaux garçons ne sont que beaux. Songe uniquement à t'enrichir.» Là-dessus, la mère l'envoie au bain; car Lucritus doit revenir le soir même.

La mère de Musarium n'a pas affaire à une ignorante qui se laisse conduire les yeux fermés, et qui n'en est plus à ses premiers amours; la fille aime Chéréas qui ne lui donne pas une obole, et pour qui elle vend ses bijoux et sa garde-robe: une courtisane qui fait la folie d'aimer n'aime pas à demi. La vieille mère, indignée de cet amour onéreux au lieu d'être productif, est bien près de maudire une fille indigne d'elle: «Va, rougis! lui dit-elle avec colère et mépris. Seule de toutes les courtisanes, tu parais sans boucles d'oreilles, sans collier, sans robe de Tarente!—Eh! ma mère, s'écrie Musarium piquée au vif dans son amour-propre de femme, sont-elles plus heureuses ou plus belles que moi!—Elles sont plus sages; elles entendent mieux le métier; elles ne croient pas sur parole des jouvenceaux, dont les serments ne reposent que sur les lèvres. Pour toi, nouvelle Pénélope, fidèle amante d'un seul, tu n'admets aucun autre que Chéréas. Dernièrement, un villageois arcanien (il était jeune aussi, celui-là!) t'offrait deux mines, prix du vin que son père l'avait envoyé vendre à la ville, ne l'as-tu pas repoussé avec un sourire insultant? Tu n'aimes à dormir qu'avec cet autre Adonis!—Quoi! laisser Chéréas, pour un rustre exhalant l'odeur du bouc! Chéréas est un Apollon, et l'Arcanien un Silène.—Eh bien! c'était un rustre, soit; mais Antiphon, le fils de Ménécrate, qui t'offrait une mine, n'est-il pas un élégant Athénien, jeune et charmant comme Chéréas?—Chéréas m'avait menacée: Je vous tue tous les deux, si je vous trouve ensemble!—Vaine menace! te faudra-t-il donc renoncer aux amants et cesser de vivre en courtisane, pour prendre les mœurs d'une prêtresse de Cérès? Laissons le passé; voici les Aloennes, c'est un jour de fête: que t'a-t-il donné?—Ma mère, il n'a rien.—Seul il ne saurait donc trouver quelque expédient auprès de son père, le faire voler par un fripon d'esclave? demander de l'argent à sa mère, la menacer, en cas de refus, de s'embarquer pour la première expédition? Mais il est toujours là, nous obsédant, monstre avare, qui ne veut ni donner ni permettre que d'autres nous donnent!» Musarium ne veut rien entendre, et malgré sa mère, elle continuera de se laisser dépouiller par lui, jusqu'à ce qu'elle ne l'aime plus.

Les courtisanes de la Grèce n'étaient pas souvent aussi désintéressées que Musarium, et quand elles avaient perdu leur temps à aimer, elles le regagnaient bientôt en mettant à contribution ceux qu'elles n'aimaient pas. On n'entrait chez elles que la bourse à la main, et l'on n'en sortait presque jamais avec la bourse. Elles avaient aussi différents tarifs, et quelquefois, par répugnance ou par caprice, elles refusaient de se vendre à aucun prix. Ce n'est pas des hétaires, mais des dictériades, que Xénarque a pu dire dans son *Pentathle*, cité par Athénée: «Il en est de taille svelte, épaisse, haute, courte; de jeunes, de vieilles, de moyen âge. On peut choisir entre toutes et jouir dans les bras de celle qu'on trouve la plus aimable, sans qu'il soit besoin d'escalader les murs ni d'user d'aucun artifice pour parvenir jusqu'à elles. Ce sont elles qui vous font les avances et qui se disputent l'avantage de vous recevoir dans leur lit.» Les hétaires, même celles des matelots et des gens du peuple, usaient parfois de leur libre arbitre, et, même sans avoir un amant préféré, fermaient leurs oreilles et leur porte à certains prétendants. Une simple esclave, Salamine, que Gébellus avait tirée de la boutique d'un marchand boiteux, et dont il voulait faire sa concubine, résiste aux poursuites de ce grossier personnage, qui lui déplaît invinciblement: «Les supplices m'épouvantent moins que le partage de votre couche, lui écrit-elle. Je n'ai point fui la nuit dernière. Je m'étais cachée dans le jardin où vous m'avez cherchée. Enfermée dans un coffre, je m'y suis dérobée à l'horreur de vos embrassements. Oui, plutôt que de les supporter, j'ai résolu de me pendre. Je ne redoute point la mort, et ne crains point de m'expliquer hautement. Oui, Gébellus, je vous hais. Colosse énorme, vous me faites peur; je crois voir un monstre. Votre haleine m'empoisonne. Allez à la male heure! Puissiez-vous être uni à quelque vieille Hélène des hameaux, sale, édentée, et parfumée d'huile grasse!» Alciphron ne nous apprend pas si Salamine a fini par s'accoutumer à la taille monstrueuse de Gébellus. Les marchands, qui vendaient ainsi des esclaves qu'ils avaient élevées et dressées pour l'amour, se nommaient *andropodocapeloi*; ces esclaves, dont les hanches avaient été comprimées avec des nœuds de corde et des bandelettes, se distinguaient par des qualités secrètes que le libertinage athénien recherchait avec une scandaleuse curiosité.

Bien des hétaires avaient commencé par être esclaves; puis, quelque amant, épris de leurs charmes et reconnaissant de leurs services, les avait rachetées, ou bien elles s'étaient rachetées elles-mêmes avec les dons qu'on leur avait faits. La plupart conservaient toujours le caractère sordide et avare des esclaves; elles élevaient graduellement le prix de leurs faveurs, à mesure que la fortune les protégeait davantage. Après avoir appris leur métier dans un dictérion, où le règlement de la maison ne permettait pas de recevoir plus d'une obole par tête, elles exigeaient bientôt une ou deux drachmes, une fois qu'elles étaient libres; bientôt, ce n'était point assez d'un statère d'or; une mine leur semblait une bagatelle, et elles finissaient par demander un *talent*, c'est-à-dire 8,000 francs de notre monnaie, lorsqu'elles avaient la vogue. Cette élévation de leur salaire avait lieu très-rapidement, si elles étaient belles, adroites et intrigantes. Mais cette prospérité ne durait pas si elles manquaient d'esprit et de prudence: on les voyait redescendre rapidement dans les rangs inférieurs des hétaires illettrées, et il leur fallait encore se contenter de quelques drachmes arrachées avec effort à la pauvreté ou à la parcimonie de leurs grossiers visiteurs. On les avait vues se promener, dans de magnifiques litières, au milieu d'un cortége d'esclaves et d'eunuques, on les avait vues chargées de colliers, de boucles d'oreilles, de bagues, d'épingles d'or, fraîches et parfumées sous la gaze et la soie; on les retrouvait bientôt après, couvertes de haillons squalides, la chevelure en désordre, les bras décharnés, la gorge ridée et pendante, assises sous le long portique du Pirée ou errant à travers les tombes du Céramique. L'insolence de ces créatures dans le bonheur ne faisait que mieux ressortir leur humiliation dans l'infortune. Il suffisait d'un procès, d'une maladie, d'un vice, tel que l'ivrognerie ou le jeu, pour causer cette décadence subite. On ne les plaignait pas, en les voyant déchoir et tomber au dernier degré de la misère et de l'avilissement; car elles avaient été sans pitié et sans cœur au moment de leur splendeur. Combien de larmes, combien de ruines, combien de désespoirs étaient leur ouvrage! malgré leurs vices, malgré leur infamie, elles avaient fait naître trop souvent de véritables passions!

Les Lettres d'Alciphron sont remplies des plaintes de malheureux amants qui se voient trompés ou congédiés, et des railleries de cruelles hétaires qui les repoussent et les torturent. Ici, c'est Simalion ruiné par Pétala, et plus amoureux que jamais; là, c'est le pêcheur Anchénius, qui, pour posséder sa maîtresse, n'est pas éloigné d'en faire sa femme; ailleurs, dans les Dialogues de Lucien, c'est Myrtale qui se moque de Dorion après l'avoir dépouillé: «Alors que je te comblais de largesses, lui dit le plaintif Dorion, j'étais ton bien-aimé, ton époux, ton maître; j'étais tout pour toi; depuis que je ne possède plus rien, depuis que tu as fait la conquête de ce marchand de Bithynie, ta porte m'est fermée. Devant cette porte inexorable je répands en vain des larmes solitaires; mais lui, il est seul auprès de toi, toute la nuit, enivré de caresses......— Quoi! tu prétends m'avoir comblée de présents, réplique en ricanant Myrtale; je t'ai ruiné, dis-tu? Comptons, voyons tout ce que tu m'as apporté.—Oui, comptons, Myrtale. D'abord, une chaussure de Sicyone: posons deux drachmes.—Tu as couché deux nuits avec moi.—Poursuivons. A mon retour de Syrie, je t'ai rapporté un vase plein d'un parfum de Phénicie, qui me coûta, j'en jure par Neptune, deux drachmes.—Et moi, je t'avais donné à ton départ une tunique courte, que le matelot Épiure avait oubliée chez moi.—Épiure l'a reconnue et me l'a reprise, non sans combat, j'en atteste les dieux! En revenant du Bosphore, je t'ai apporté des ognons de Cypre, cinq saperdes et huit perches; de plus, huit biscuits secs, un vase de figues de Carie, et dernièrement encore, ingrate que tu es, je t'ai rapporté de Patare des brodequins dorés. Il me souvient aussi d'un beau fromage de Gythium.—Le tout à estimer cinq drachmes.—Eh! Myrtale, c'est tout ce que je possédais! malheureux nautonier à gages que j'étais! Maintenant, je préside à l'aile droite des rameurs et tu nous méprises! Depuis peu, dans les solennités d'Aphrodite, n'ai-je pas déposé, et pour toi, une drachme d'argent, aux pieds de Vénus? N'ai-je pas donné deux drachmes à ta mère pour ta chaussure? et à cette Lydé, deux ou trois oboles? Tout bien calculé, voilà la fortune d'un matelot.» Myrtale ne fait que rire; puis, elle étale avec orgueil les riches présents qu'elle a reçus de son marchand de Bithynie, collier, boucles d'oreilles, tapis, argent, et lui tourne le dos en disant: «O bienheureuse l'amante de Dorion! oh! sans doute tu lui porteras des ognons de Cypre et des fromages de Gythium?» Pétala, qui cherche aussi un marchand de Bithynie, et qui ne l'a pas encore trouvé, écrit à Simalion, dont l'amour larmoyant et parcimonieux l'importune: «De l'or, des tuniques, des bijoux, des esclaves, voilà ce que ma situation et ma profession exigent. Mes pères ne m'ont point laissé de riches possessions à Nurinonte; je n'ai point de part dans le produit des mines de l'Attique. Les tributs ingrats de la volupté, les trop légers présents de l'amour, que me paye en gémissant cette foule d'amants avares et insensés, sont toute ma richesse. Je vis depuis un an avec vous, consumée de déplaisirs et d'ennuis. Pas même un parfum qui coule sur ma chevelure! Ces vieilles et grossières étoffes de Tarente forment toute ma parure. Je n'ose paraître devant mes compagnes. Trouverai-je de quoi exister à vos côtés?.... Tu pleures! c'en est trop. Il me faut un amant qui me nourrisse. Tu pleures! quel ridicule! par Vénus! Il m'idolâtre, dit-il, il faut me donner à lui! il ne peut vivre sans moi! Quoi! vous n'avez point de coupes d'or? ne pouvez-vous dérober l'argent de votre père, les épargnes de votre mère?» Il n'arrivait que trop souvent qu'un jeune homme, aveuglé par sa passion, cédait à ces suggestions fatales, et volait ses parents pour satisfaire à la rapacité d'une hétaïre qui ne l'aimait pas et qui l'éconduisait impitoyablement, dès qu'elle n'en pouvait plus rien tirer. Anaxilas avait donc raison de dire dans une de ses comédies: «De toutes les bêtes féroces, il n'en est pas de plus dangereuse qu'une hétaïre.»

Quelle que fût leur avarice, les courtisanes assiégeaient les autels des dieux et des déesses avec des sacrifices et des offrandes; mais ce qu'elles demandaient aux divinités, ce n'était pas de rencontrer des cœurs aimants et dévoués, des adorateurs beaux et bien faits: elles ne se souciaient que du lucre, et elles espéraient, en apportant une offrande dans un temple, que le dieu ou la déesse de ce temple leur enverrait d'Asie ou d'Afrique les dépouilles opimes d'un riche vieillard. Leur générosité, même à l'égard des maîtres de la destinée, n'était donc qu'une spéculation et une sorte d'usure. Dès qu'elles avaient fait une bonne affaire, et trouvé une dupe, elles allaient remercier la divinité à qui elles croyaient devoir cette heureuse fortune; elles ne lésinaient pas avec les dieux et les prêtres, dans l'espoir d'en être bientôt récompensées par de nouveaux profits. La mère de Musarium, irritée de ce que sa fille ne se faisait pas payer par Chéréas, s'écrie ironiquement: «Si nous trouvons encore un amoureux tel que Chéréas, il faudra sacrifier une chèvre à Vénus-Pandemos! une génisse à Vénus-Uranie! une autre génisse à Vénus-Jardinière! il faudra consacrer une couronne à la déesse des richesses!» La dictériade Lysidis, ayant à se louer de Vénus-Populaire, lui fait une singulière offrande, qui rappelle les broches emblématiques offertes par la courtisane Rhodopis au temple d'Apollon Delphien: «O Vénus! Lysidis vous offre cet éperon d'or qui appartenait à un très-beau pied. Il a animé plus d'une monture paresseuse, et quoiqu'elle l'agitât avec beaucoup d'agilité, jamais coursier n'en eut la cuisse ensanglantée; le fier animal parvenait au bout de sa carrière, sans qu'elle eût besoin de l'éperonner. Elle suspend cette arme au milieu de votre temple.» Les doctes commentateurs de l'Anthologie grecque sont restés assez indécis au sujet de cet éperon, qui, selon les uns, figurait l'aiguillon de la volupté et le piquant de la débauche; selon les autres, l'impatiente requête d'une courtisane qui épuise la bourse de ses clients; selon d'autres encore, un instrument de libertinage féminin, qui aidait aux erreurs d'une imagination dévergondée. A Corinthe, l'hétaire s'offrait et se dédiait elle-même à Vénus, qui avait le produit de cette Prostitution sacrée.

Les courtisanes étaient en plus grand nombre à Corinthe qu'à Athènes; de là, le proverbe célèbre, qui a traversé toute l'antiquité pour venir jusqu'à nous en changeant quelque peu de signification: *«Il n'est pas donné à tout le monde d'aller à Corinthe.»* On attribuait à ce proverbe différentes origines qui se rapportaient toutes aux courtisanes si renommées de cette ville. Aristophane, dans son *Plutus*, explique le proverbe, en disant que «les femmes de Corinthe repoussent les pauvres et accueillent les riches.» Strabon est plus explicite, en racontant que les marchands et les marins qui abordaient à Corinthe pendant les fêtes de Vénus trouvaient tant d'enchanteresses parmi les consacrées de la déesse, qu'ils se ruinaient totalement avant d'avoir mis le pied dans la ville. Strabon reproduit ailleurs le même proverbe, avec une variante qui justifiait le sens de son commentaire: *On ne va pas impunément à Corinthe*. Les courtisanes de tous les pays et de tous les rangs abondaient dans cette opulente cité, où l'on formait publiquement des élèves à la Prostitution dans les temples de Vénus. Le commerce de la débauche était encore le plus actif et le plus étendu qui se fît dans ce vaste et populeux entrepôt du commerce de l'univers. Toutes ou presque toutes les femmes exerçaient le métier de l'amour vénal; chaque maison équivalait à un dictérion. Une courtisane, assise sur le port, regardait un jour les vaisseaux qui arrivaient et guettait de nouvelles victimes; on lui reprocha sa paresse, en lui disant qu'elle ferait bien mieux de filer de la laine et de tramer de la toile que de se croiser ainsi les bras: «Que parlez-vous de paresse? dit-elle; il ne m'a pas fallu beaucoup de temps pour gagner toute la toile qui peut entrer dans la voilure de trois navires!» Elle entendait par là, comme le remarque Strabon, qu'elle avait obligé trois capitaines de mer à vendre leurs vaisseaux pour la payer. Le poëte comique Eubule avait représenté, dans sa pièce des *Cercopes*, un pauvre diable qui avouait gaiement qu'on l'avait dépouillé de la sorte: «Je passai à Corinthe, disait-il, et je m'y ruinai en mangeant certain légume qu'on appelle *ocime* (courtisane ou basilic); je fis tant de folies que j'y perdis jusqu'à ma cape.» Le poëte jouait sur le double sens du mot *ocime*, signifiait à la fois *courtisane* et *basilic*, et qui rappelait ainsi, par une allusion figurée, que cette herbe aromatique était regardée comme la plante favorite des scorpions. Lorsque Denys le Tyran, chassé de Syracuse, se réfugia, méprisé et misérable, à Corinthe, il voulut se faire une égide du mépris qu'il inspirait et de la misère où il s'enfonçait de plus en plus: il passait donc des journées entières, au rapport de Justin, dans les tavernes et dans les dictérions, en vivant d'*ocime*, et en se souillant de toutes les turpitudes.

Ces lubriques et infatigables reines de la Prostitution, loin d'être originaires de Corinthe, y avaient été conduites dès l'âge le plus tendre par des spéculateurs ou par des matrones de plaisir; elles venaient, la plupart, de Lesbos et des autres îles de l'Asie-Mineure, Tenedos, Abydos, Cypre, comme pour rendre hommage à la tradition qui faisait sortir Vénus de l'écume de la mer Égée. On en tirait un grand nombre, de Milet et de la Phénicie, qui fournissaient les plus ardentes. Mais les plus voluptueuses, les plus expertes du moins dans l'art de la volupté, c'étaient les Lesbiennes, tellement qu'on avait créé en leur honneur un nouveau verbe grec emprunté à leur nom, λεσβιάζειν, qui signifiait non-seulement faire l'amour, mais encore le faire avec art. Les Phéniciennes avaient eu également le privilége de doter la langue grecque d'un verbe qui avait le même sens, sinon la même portée: φοινικίζειν, faire l'amour à la phénicienne. C'était un éloge qu'ambitionnaient les courtisanes, quelle que fût d'ailleurs leur patrie ou celle de leur matrone. Milet était comme la pépinière des danseuses et des joueuses de flûte, *aulétrides*, qui servaient aux festins de la Grèce; mais Lesbos et la Phénicie envoyaient les hétaires que Corinthe recevait dans son sein, comme un immense gynécée où la Prostitution avait son école publique. Homère, parmi les présents qu'Agamemnon fait offrir à Achille (*Iliad.*, IX), cite avec complaisance «sept femmes habiles dans les beaux ouvrages, sept Lesbiennes qu'il avait choisies pour lui-même, et qui remportèrent sur toutes les autres femmes le prix de la beauté.» Les *beaux ouvrages* qui caractérisaient l'habileté de ces Lesbiennes n'étaient pas de ceux que la chaste et industrieuse Pénélope savait faire.

Outre ces travaux mystérieux de l'amour, qui faisaient de bonne heure l'étude assidue des courtisanes, leur éducation morale, si l'on peut employer ici cette expression, se composait de certains préceptes malhonnêtes qu'on pouvait appliquer à toutes les conditions de l'hétairisme, depuis la plus vile dictériade jusqu'à la grande hétaire de l'aristocratie. Ce n'était pas Solon, à coup sûr, qui avait rédigé ce code général des courtisanes. On retrouve çà et là dans les érotiques grecs les principaux enseignements que les courtisanes se transmettaient l'une à l'autre, et qui pouvaient se diviser en trois catégories spéciales: 1° l'art d'inspirer de l'amour; 2° l'art de l'augmenter et de l'entretenir; 3° l'art d'en tirer le plus d'argent possible. «Il est à propos, dit une des plus habiles du métier, dans les Lettres d'Aristénète, il est à propos de faire éprouver quelques difficultés aux jeunes amants, de ne leur pas accorder tout ce qu'ils demandent. Cet artifice empêche la satiété, soutient les désirs d'un amant pour une femme qu'il aime, et lui rend ses faveurs toujours nouvelles. Mais il ne faut pas pousser les choses trop loin: l'amant se lasse, s'irrite, forme d'autres projets et d'autres liaisons; l'amour s'envole avec autant de légèreté qu'il est venu.» Aristénète, qui, tout philosophe qu'il fût, ne dédaignait pas de s'instruire avec les courtisanes, a formulé encore la même théorie dans une autre lettre: «Les jouissances que l'on espère, dit-il, ont en idée des douceurs, des charmes inexprimables; elles animent et soutiennent toute la vivacité des désirs. Les a-t-on obtenues, on n'en fait plus de cas.» Lucien, dans son *Discours de ceux qui se mettent au service des grands*, approuve la tactique des hétaires qui refusent quelque chose à leurs amants: «Ce n'est que rarement, dit-il, qu'elles leur permettent quelques baisers, parce qu'elles savent par expérience que la jouissance est le tombeau de l'amour; mais elles ne négligent rien pour prolonger l'espérance et les désirs.» Voilà comment les hétaires excitaient, ranimaient, développaient, enracinaient l'amour qu'elles avaient fait naître. Elles n'étaient pas moins ingénieuses à le provoquer, et les moyens qu'elles employaient à ce manége devenaient d'autant plus raffinés, qu'elles s'adressaient à un homme plus distingué, et qu'elles appartenaient elles-mêmes à une classe plus élevée parmi les courtisanes.

Une hétaire, fût-elle la moins exercée, avait des manières à elle pour attirer les hommes; ses regards, ses sourires, ses poses, ses gestes étaient des amorces plus ou moins attractives qu'elle jetait autour d'elle; chacune connaissait bien ce qu'il lui fallait cacher ou montrer: tantôt elle feignait la distraction et l'indifférence, tantôt elle était immobile et silencieuse, tantôt elle courait après sa proie et la saisissait au passage pour ne la plus lâcher, tantôt elle cherchait la foule et tantôt la solitude. Ses piéges changeaient de forme et d'aspect selon la nature de gibier qu'elle se proposait de prendre. Elles avaient toutes un rire provoquant et licencieux; qui de loin éveillait les pensées impures en parlant aux sens, et qui de près faisait briller des dents d'ivoire, tressaillir des lèvres de corail, creuser des fossettes capricieuses dans les joues et frémir une gorge d'albâtre. C'était le *cachynnus*, que saint Clément d'Alexandrie qualifie de *rire des courtisanes*. Dans une position supérieure, l'hétaire avait aussi des procédés de séduction plus décents et non moins sûrs. Elle envoyait son esclave ou sa servante écrire avec du charbon, sur les murs du Céramique, le nom de l'homme qu'elle voulait captiver; une fois qu'elle s'était fait remarquer par lui, elle lui adressait des bouquets qu'elle avait portés, des fruits dans lesquels elle avait mordu; elle lui faisait savoir par message qu'elle ne dormait plus, qu'elle ne mangeait plus, qu'elle soupirait sans cesse. Un homme, si froid et si sévère fût-il, est rarement insensible à un sentiment qu'il croit inspirer. «Elle courait l'embrasser quand il arrivait, raconte Lucien dans son *Toxaris*; elle l'arrêtait quand il voulait partir; elle faisait semblant de ne se parer que pour lui, et savait mêler à propos les larmes, les dédains, les soupirs, parmi les attraits de sa beauté et les charmes de sa voix et de sa lyre.» Tels étaient les artifices qu'une hétaïre bien apprise ne manquait pas de mettre en œuvre avec un succès presque certain. Ces artifices de coquetterie et de mensonge, c'étaient ordinairement de vieilles femmes, d'anciennes courtisanes qui les enseignaient aux novices qu'elles formaient pour leur propre compte.

La célèbre Nééra avait été formée ainsi par une nommée Nicarète, affranchie de Charisius et femme d'Hippias, cuisinier de ce Charisius. Nicarète acheta sept petites filles: Antia, Stratole, Aristoclée, Métanire, Phila, Isthmiade et Nééra; elle était fort habile à deviner, dès leur plus tendre enfance, celles qui se distingueraient par leur beauté; «elle s'entendait parfaitement à les bien élever, dit Démosthène dans son plaidoyer contre Nééra: c'était sa profession et elle en vivait.» Ces sept esclaves, elle les appelait ses filles pour faire croire qu'elles étaient libres, et pour tirer plus d'argent de ceux qui voulaient avoir commerce avec elles; elle vendit cinq ou six fois la virginité de chacune, et ensuite elle les vendit elles-mêmes. Mais ces esclaves avaient reçu de si belles leçons, qu'elles ne tardèrent pas à se racheter de leurs deniers, et à continuer à leur profit le métier de courtisane. Les faveurs d'une fille libre se payaient plus cher que celles d'une esclave ou d'une affranchie. Le prix était encore plus élevé si l'hétaïre se donnait pour une femme mariée, quoique l'adultère fût puni de mort par la loi. Mais cette loi ne s'appliquait presque jamais: le coupable était remis seulement à la discrétion de l'époux outragé, qui se contentait le plus souvent de lui faire donner les étrivières. La mort se compensait ordinairement par une somme d'argent que payait à titre d'indemnité et de rançon l'adultère, contraint de se soustraire de la sorte à un supplice aussi douloureux que ridicule, car s'il ne se rachetait pas, l'époux le livrait à la merci des esclaves, qui le fouettaient cruellement, et qui lui enfonçaient un énorme radis noir dans le derrière. Telle était, suivant Athénée, la punition de l'adultère, punition dont les Orientaux ont conservé quelque chose dans le supplice du pal. Il arrivait souvent qu'on mettait à contribution la crainte du radis noir, en faisant accroire à certaines dupes qu'elles avaient encouru ce châtiment en commettant un adultère sans le savoir. Rien n'était plus aisé que de supposer un mari en fureur, après avoir supposé une femme mariée surprise en flagrant délit: «Ah! Vénus, déesse adorable, s'écrie le poëte Anaxilas, comment s'exposer à se jeter dans leurs bras, lorsqu'on songe aux lois de Dracon! comment oser même imprimer un baiser sur leurs lèvres!» Il paraîtrait pourtant qu'en dépit des lois de Dracon, il y avait des femmes mariées qui exerçaient à l'insu de leurs maris la profession d'hétaire. Mégare, dans une lettre à sa compagne Bacchis, lettre que le rhéteur Alciphron n'a pas eu la pudeur de déchirer, dit positivement que Philumène, quoique nouvellement mariée, se trouvait dans une partie de débauche où se produisirent les excès les plus honteux: «Elle avait trouvé le secret d'y venir, dit-elle, en plongeant son cher époux dans le sommeil le plus profond,» à l'aide d'un philtre.

Ces philtres soporifiques, de même que les philtres amoureux, avaient cours surtout parmi les courtisanes et les débauchés, dont l'amour faisait l'unique occupation. C'étaient, comme nous l'avons dit, de vieilles femmes qui vendaient les philtres ou qui les préparaient. La préparation de ces philtres passait pour une œuvre magique, et ces vieilles qui en avaient le secret, le tenaient généralement des magiciennes de Thessalie ou de Phrygie. Théocrite et Lucien nous ont révélé quelques-unes des cérémonies mystérieuses qui accompagnaient la composition d'un philtre, et Lucien nous fait connaître plus particulièrement le fréquent usage qu'en faisaient les courtisanes, soit pour être aimées, soit pour être haïes. Abandonnée par son amant qui lui préfère Gorgone, Thaïs attribue cette infidélité aux philtres que sait préparer la mère de Gorgone: «Elle connaît, dit-elle, les secrets de tous les enchantements de la Thessalie; la lune descend à sa voix. On l'a vue voltiger dans les airs au milieu de la nuit.» Voilà le charme qui aveugle le pauvre infidèle, au point de lui cacher les rides et la laideur du monstre qu'il n'aime que par un effet magique. Mélisse, pour ravoir son amant Charinus, que Symmique lui a enlevé, demande à Bacchis de lui amener une magicienne, dont la puissance fasse aimer une femme que l'on déteste, et haïr une femme que l'on aime: «Je connais, ma chère, répond Bacchis touchée de la douleur de sa compagne, une magicienne de Syrie qui fera bien ton affaire. C'est elle qui au bout de quatre mois m'a réconciliée avec Phanias: un charme magique l'a ramené à mes pieds, lorsque je désespérais de le revoir.—Et qu'exige la vieille? demande Mélisse, t'en souvient-il?—Son art n'est point à grand prix, Mélisse. On lui donne une drachme et un pain; on y joint sept oboles, du sel, des parfums, une torche, une coupe pleine de breuvage, qu'elle seule doit vider. Il faudrait aussi quelque objet qui vînt de ton amant, un vêtement, sa chaussure, des cheveux ou quelque chose de semblable.—Une de ses chaussures m'est restée!—Cette femme suspend le tout à une baguette, le purifie dans les vapeurs qu'exhale le parfum, et jette du sel dans le feu. Elle prononce alors les deux noms. Tirant ensuite une boule de son sein, elle la fera tourner et récitera avec rapidité son enchantement composé de plusieurs mots barbares, qui font frémir.» Il y avait plusieurs espèces de philtres: ceux qui faisaient aimer, ceux qui faisaient haïr, ceux qui rendaient les hommes impuissants et les femmes stériles, ceux enfin qui causaient la mort. L'usage de ces philtres était plus ou moins dangereux, car plusieurs renfermaient de véritables poisons, et cependant les hétaires y avaient sans cesse recours au gré de leurs desseins ou de leurs passions. Aristote raconte qu'une femme ayant fait prendre un philtre à un homme qui en mourut, l'aréopage, devant qui cette femme fut accusée, ne la condamna pas, par cette raison qu'elle avait eu l'intention, non de faire mourir son amant, mais de ranimer un amour éteint: l'intention expiait l'homicide. Au reste, si l'on vendait des philtres chez les courtisanes, on vendait aussi des préservatifs qui en arrêtaient les effets; ainsi, selon Dioscoride, la racine de cyclamen, pilée et mise en pastilles, passait pour souveraine contre les philtres les plus redoutables.

Voulait-on réduire un homme à l'impuissance, une femme à la stérilité, on leur versait du vin dans lequel on avait étouffé un surmulet. Voulait-on faire revenir un amant infidèle, on pétrissait un gâteau avec de la farine sans levain, et on laissait consumer ce gâteau dans un feu allumé avec des branches de thym et de laurier. Pour changer l'amour en haine, on épiait celui ou celle que l'on se proposait de faire haïr, on observait les traces des pas de cette personne, et, sans qu'elle s'en aperçût, on posait le pied droit là où elle avait posé le pied gauche, et le pied gauche là où elle avait posé le pied droit, en disant tout bas: «Je marche sur toi, je suis au-dessus de toi.» La magicienne, lorsqu'elle faisait tourner la boule magique dans une incantation, prononçait ces paroles: «Comme le globe d'airain roule sous les auspices de Vénus, puisse ainsi mon amant se rouler sur le seuil de ma porte!» Quelquefois elle jetait dans le brasier magique une image de cire, à laquelle était attaché le nom de l'homme ou de la femme qu'on vouait aux ardeurs de l'amour: «Ainsi que je fais fondre cette cire sous les auspices du dieu que j'invoque, murmurait l'incantatrice, ainsi fondra d'amour le cœur glacé que je veux enflammer.» C'étaient là des enchantements solennels, accompagnés de sacrifices mystérieux et de pratiques secrètes. Mais, d'ordinaire, on se contentait d'un breuvage ou d'un onguent, dans la composition duquel entraient certaines herbes ou certaines drogues narcotiques, réfrigérantes, spasmodiques ou aphrodisiaques. «L'usage du philtre est très-hasardeux, écrivait Myrrhine à Nicippe; souvent même il est funeste à celui qui le prend. Mais qu'importe! il faut que Dyphile vive pour m'aimer ou qu'il meure en aimant Thessala.» Les courtisanes, dans leurs préoccupations d'amour, de fortune, d'ambition ou de vengeance, consultaient souvent aussi les Thessaliennes pour connaître l'avenir, pour apprendre l'issue d'une aventure commencée, pour pénétrer dans les ténèbres de la destinée. Glycère, dans une lettre au poëte Ménandre, parle d'une femme de Phrygie qui «sait deviner, par le moyen de certaines cordes de jonc qu'elle étend pendant la nuit: à leur mouvement, elle est instruite de la volonté des dieux aussi clairement que s'ils lui apparaissaient eux-mêmes.» Cette opération magique devait être précédée de diverses purifications et de sacrifices où l'on se servait d'encens mâle, de pastilles oblongues de styrax, de gâteaux faits au clair de lune et de feuilles de pourpier sauvage. On avait recours à ces charmes pour savoir des nouvelles d'une maîtresse absente ou d'un amant éloigné. Quant aux philtres composés pour donner de l'amour, ils étaient si puissants et si terribles, que leur emploi modéré produisait les fureurs des Ménades et des Corybantes, et que l'abus de ces excitants amoureux causait la folie ou la mort.

Les hétaires entre elles avaient des jalousies, des ressentiments, des haines, qui les portaient souvent à des vengeances de cette espèce. C'était à qui, par exemple, enlèverait un amant riche et beau à celle qui le possédait, et cette guerre de rivalités féminines empruntait tous les moyens les moins honnêtes pour en venir à un triomphe de vanité ou d'avarice. Ces femmes ne songeaient qu'à s'enrichir et à se satisfaire aux dépens l'une de l'autre; elles étaient éternellement rivales et souvent ennemies implacables. Quand Gorgone, qui feignait d'être l'amie de Glycère, lui a enlevé son amant, Thaïs console celle-ci en disant: «C'est là un tour que nous nous jouons assez souvent, nous autres courtisanes.» Puis, elle conclut en ces termes: «Gorgone le plumera comme tu l'as plumé, et comme tu en plumeras un autre.» La traduction de Perrot d'Ablancourt est ici plus expressive que le texte grec de Lucien, qui se borne à dire: «Tu retrouveras une autre proie.» Malgré le tort qu'elles se faisaient à qui mieux, les hétaires n'en restaient pas moins amies, ou plutôt elles ne se brouillaient pas par politique. Il y avait un esprit de corps, un intérêt commun qui les liait ensemble, et qui les rapprochait bientôt lorsqu'elles s'étaient désunies un moment. Elles ne s'en détestaient que davantage au fond du cœur, nonobstant les sourires, les caresses et les flatteries réciproques. Mais en revanche, quand elles s'aimaient, elles s'aimaient à la rage, et rien n'était plus fréquent que l'amour lesbien des courtisanes. Cet amour, que la Grèce ne flétrissait pas d'une éclatante réprobation, n'avait pas à craindre non plus le châtiment des lois ni les anathèmes de la religion. C'était dans les dictérions, c'était chez les hétaires enfermées, que ce *contre-amour* (αντερος) régnait avec tous ses emportements. Une courtisane, qui avait ce goût contre nature (τριβας), n'inspirait que de l'horreur aux hommes, mais elle leur cachait soigneusement un vice qui ne trouvait que trop d'indulgence parmi ses compagnes. On attribuait à Sapho les scandaleux développements que l'amour lesbien avait pris, et les théories philosophiques sur lesquelles il s'était établi comme un culte fondé sur un dogme. Sapho fut punie d'avoir méprisé les hommes, par l'amour que Phaon lui inspira sans le partager; mais le mal que Sapho avait fait par ses doctrines et par son exemple se propagea dans les mœurs grecques, infecta toutes les classes des hétaires, et pénétra jusqu'au gynécée des pudiques vierges et des matrones vénérables.

Nous ne dirons rien de plus que ce que dit Lucien sur ce sujet délicat, et nous choisirons seulement la traduction la plus décente. Le dialogue de Cléonarium et de Lééna est comme un tableau fait d'après nature par un des peintres de courtisanes d'Athènes: «Cléonarium. Belle nouvelle, Lééna! On dit que tu es devenue l'amante de la riche Mégilla, que vous êtes unies, et que..... Je ne sais qu'est ceci? Tu rougis? Serait-il vrai?—Lééna. Il est vrai, j'en suis honteuse... C'est une chose étrange!—Cléonarium. Eh! comment? par Cérès! et que prétend notre sexe? et que faites-vous donc? où conduit cet hymen? Ah!... tu n'es pas mon amie, si tu me tais ce mystère.—Lééna. Je t'aime autant qu'une autre, mais Mégilla tient vraiment de l'homme.—Cléonarium. Je ne comprends pas. Serait-ce une tribade? On dit que Lesbos est remplie de ces femmes qui, se refusant au commerce des hommes, prennent la place de ceux-ci auprès des femmes.—Lééna. C'est quelque chose de semblable.—Cléonarium. Raconte-moi donc, Lééna, comment tu as été amenée à écouter sa passion, à la partager, à la satisfaire?—Lééna. Mégilla et Démonasse, riches Corinthiennes, éprises des mêmes goûts, se livraient à une orgie. J'y fus conduite pour chanter en m'accompagnant de la lyre. Les chants et la nuit se prolongent: il était l'heure du repos; elles étaient ivres. Alors, Mégilla: «Lééna, il est temps de dormir, viens coucher ici entre nous!»—Cléonarium. As-tu accepté?... Ensuite? —Lééna. Elles me donnèrent d'abord des baisers mâles, non-seulement en joignant leurs lèvres aux miennes, mais bouche entr'ouverte. Je me sentis étreindre dans leurs bras: elles caressaient mon sein; Démonasse mordait en me baisant. Pour moi, je ne savais où tout cela devait aboutir. Enfin, Mégilla, échauffée, rejette sa coiffure en arrière et me presse, me menace comme un athlète, jeune, robuste et me... Je m'émeus. Mais elle: «Eh bien! Lééna, as-tu vu un plus beau garçon?—Un garçon, Mégilla? je n'en vois point ici.—Cesse de me regarder comme une femme, je m'appelle aujourd'hui Mégillus, j'ai épousé Démonasse.» Je me pris à rire: «J'ignorais, beau Mégillus, lui dis-je, que vous fussiez ici comme Achille au milieu des vierges de Scyros. Rien ne vous manque sans doute de ce qui caractérise un jeune héros, et Démonasse l'a éprouvé.—A peu près, Lééna, et cette sorte de jouissance a aussi ses douceurs.—Vous êtes donc de ces hermaphrodites à double organe... (Que j'étais simple, Cléonarium!)—Non, je suis mâle de tout point.— Cela me remet en mémoire ce conte d'une aulétride béotienne: une femme de Thèbes fut changée en homme et cet homme devint par la suite un devin célèbre nommé Tyrésias. Pareil accident vous serait-il arrivé?—Nullement, Lééna, je suis semblable à vous, mais je me sens la passion effrénée et les désirs brûlants de l'homme.—Le désir?... Est-ce tout?—Daigne te prêter à mes transports, Lééna, tu verras que mes caresses sont viriles; j'ai même quelque chose de mâle: daigne te prêter, tu sentiras.» Elle me supplia longtemps, me fit présent d'un collier précieux, d'un vêtement diaphane. Je me prêtai à ses transports; elle m'embrassait alors comme un homme: elle se croyait tel, me baisait, s'agitait et succombait sous le poids de la volupté.—Cléonarium. Et quelles étaient, Lééna, tes sensations? Où? Comment?—Lééna. Ne me demande pas le reste. Véritable turpitude!..... Par Uranie! je ne le révèlerai point.»

9

Sommaire.—Les joueuses de flûte.—Le dieu Pan, le roi Midas et le satyre Marsyas.—Les aulétrides aux fêtes solennelles des dieux.—Aux fêtes bachiques.—Intermèdes.—Noms des différents airs que les aulétrides jouaient pendant les repas.—L'air *Gingras* ou triomphal.—Le chant *Callinique*.—Supériorité des Béotiens dans l'art de la flûte.—Inscription recueillie par saint Jean Chrysostome.—Supériorité des joueuses de flûte phrygiennes, ioniennes et milésiennes.—Leur location pour les banquets.—Le philosophe et la baladine.—Les danseuses.—Genre distinctif de débauche des joueuses de flûte.—Passion des Athéniens pour les aulétrides.—Délire qu'occasionnaient les flûteuses dans les festins.—Bromiade, la joueuse de flûte.—Indignation de Polybe, au sujet des richesses de certaines femmes publiques.—Les danseuses du roi Antigonus et les ambassadeurs arcadiens.—Ce qui distinguait les aulétrides de leurs rivales en Prostitution.—Philine et Dyphile.—Liaisons des aulétrides entre elles.—Amour de l'aulétride Charmide pour Philématium.—Mœurs dépravées des aulétrides.—Les festins *callipyges*.—Combats publics de beauté, institués par Cypsélus.—Hérodice.—Les chrysophores ou *porteuses d'or*.—Tableau des fêtes nocturnes où les aulétrides se livraient les combats de beauté.—Lettre de l'aulétride Mégare à l'hétaire Bacchis.—Combat de Myrrhine et de Pyrallis.—Philumène.—Les jeunes gens admis comme spectateurs aux orgies des courtisanes.—Le souper des Tribades.—Lettre de l'hétaire Glycère à l'hétaire Bacchis.—Amours de Ioesse et de Lysias.—Pythia.—Désintéressement ordinaire des aulétrides.—Tarif des caresses d'une joueuse de flûte à la mode.—Billet de Philumène à Criton.—Lettre de Pétala à son amant Simalion.—Caractère joyeux des aulétrides.—Mésaventures de Parthénis, la joueuse de flûte.—Le cultivateur Gorgus, et Crocale sa maîtresse.—Origine des sobriquets de quelques aulétrides célèbres.—Le *Serpolet*.—L'*Oiseau*.—L'*Éclatante*.—L'*Automne*.—Le *Gluau*.—La *Fleurie*.—Le *Merlan*.—Le *Filet*.—Le *Promontoire*.—Synoris, Euclée, Graminée, Hiéroclée, etc.—L'ardente Phormesium.—Neméade.—Phylire.—Amour d'Alcibiade pour Simœthe.—Antheia.—Nanno.—Jugement des trois Callipyges.—Lamia.—Amour passionné de Démétrius Poliorcète, roi de Macédoine, pour cette célèbre aulétride.—Comment Lamia devint la maîtresse de Démétrius.—Lettre de cette courtisane à son royal amant.—Jalousie des autres maîtresses de Démétrius: Lééna, Chrysis, Antipyra et Démo.—Secrets amoureux de Lamia, rapportés par Machon et par Athénée.—Origine du surnom de Lamia ou *Larve*.—Les ambassadeurs de Démétrius à la cour de Lysimachus, roi de Thrace.—Épigrammes de Lysimachus sur Lamia.—Réponses de Démétrius.—Lettres de Lamia à Démétrius.—Jugement de Bocchoris, roi d'Égypte, entre l'hétaire Thonis et un jeune Égyptien.—Boutade de Lamia au sujet de ce jugement.—Exaction de Démétrius au profit de Lamia.—Ce que coûta aux Athéniens le savon pour la toilette de cette courtisane.—Richesses immenses de Lamia.—Édifices qu'elle fit construire à ses frais.—Polémon, poëte à la solde de Lamia.—Magnificence des festins que donnait Lamia à Démétrius.—Comment elle s'en faisait rembourser le prix.—Mort de Lamia.—Bassesse des Athéniens qui la divinisent et élèvent un temple en son honneur.—Mot cruel de Démo, rivale de Lamia.

Parmi les courtisanes que nous avons citées d'après Lucien et Athénée, plusieurs étaient joueuses de flûte, et, comme nous l'avions dit en énumérant les principales espèces de femmes de plaisir qu'on distinguait chez les Grecs, les joueuses de flûte formaient une classe à part dans ce que nous nommons le *collége* des courtisanes. Elles avaient des analogies plus ou moins sensibles avec les dictériades et les hétaires, mais en général elles différaient également des unes et des autres, car elles n'étaient point attachées à des maisons publiques, et elles n'appartenaient pas inévitablement au premier venu; d'un autre côté, on n'allait point chercher auprès d'elles les distractions d'esprit et d'intelligence que l'on rencontrait chez la plupart des hétaires; enfin, si elles s'enrichissaient par la Prostitution, elles avaient, en outre, un métier qui pouvait les faire vivre. Ce métier était même parfois assez lucratif. Elles n'acceptaient donc pas pour leur compte la qualification de courtisane, quoiqu'elles fissent tout au monde pour la justifier. Ce fut toujours à leurs yeux un témoignage de leur liberté et de leur condition indépendante, que de porter le titre de leur profession. Elles s'intitulaient donc *joueuses de flûte*, et sous ce nom elles ne se faisaient pas scrupule d'être plus courtisanes que celles qui se donnaient pour telles. On a vu que dans certaines circonstances les joueuses de flûte s'associaient aux abominations des tribades; on a vu aussi quels étaient les conseils que Musarium recevait de sa mère; on ne peut douter que ces femmes-là ne fussent toutes prêtes à contenter les passions qu'elles animaient, qu'elles sollicitaient par les sons de leurs instruments et par le spectacle de leurs danses; mais néanmoins une aulétride n'était pas, à proprement parler, une hétaire. Celle-ci s'estimait, d'ailleurs, beaucoup plus qu'une aulétride, qu'elle considérait comme une baladine exerçant un métier manuel; l'autre, au contraire, ne faisait aucun cas de la courtisane qui n'avait pas d'autre état que de recueillir une partie des désirs et des transports qu'elle-même se vantait d'avoir fait naître avec sa danse et ses flûtes.

La flûte était l'instrument favori des Athéniens; ses inventeurs avaient une haute place dans la reconnaissance et l'admiration des hommes: on attribuait au dieu Pan l'invention du chalumeau ou flûte simple; celle de la flûte traversière, à Midas, roi de Phrygie, et à Marsyas, celle des flûtes doubles. Ces différentes flûtes avaient depuis reçu de grands perfectionnements, et l'art d'en tirer des sons mélodieux s'était également perfectionné. Ce furent les femmes qui excellèrent surtout dans cet art qu'on regardait comme l'auxiliaire le plus puissant de la volupté. Vainement, d'anciens poëtes, qui n'étaient peut-être que des flûteurs dédaignés, avaient-ils essayé d'arracher l'instrument de Marsyas aux belles mains des aulétrides, en inventant cette ingénieuse fable dans laquelle ils montraient Pallas indignée de la difformité qu'infligeait au visage le jeu des flûtes, et proscrivant l'usage de cet instrument qui faisait grimacer les nymphes: le nombre des aulétrides ne fit qu'augmenter, et leur présence dans les festins devint absolument indispensable. On avait reconnu, en effet, que quand les joueuses de flûte avaient gonflé leurs joues, contracté leurs lèvres et troublé momentanément l'ensemble harmonieux de leurs traits, elles n'en étaient pas moins charmantes, lorsqu'elles déposaient leurs instruments et cessaient leurs concerts pour prendre une part plus ou moins active aux festins. D'ailleurs la plupart de ces musiciennes avaient appris à respecter leur beauté et à jouer de la flûte double comme de la flûte simple, sans que leur physionomie voluptueuse fût altérée par des efforts et des mouvements disgracieux. La poésie alors se chargea de réhabiliter les flûtes, et tandis qu'un habile statuaire représentait en marbre Minerve châtiant le satyre Marsyas pour le punir d'avoir ramassé une flûte qu'elle avait jetée, les poëtes interprétaient la colère de la chaste déesse en accusant les sons des flûtes d'endormir la sagesse, et de l'entraîner doucement dans les bras des plaisirs.

Les flûtes résonnaient aussi dans les fêtes solennelles des dieux, surtout dans celles de Cérès, qui n'eussent point été complètes si les aulétrides n'y avaient pas joué leur rôle ordinaire, en flûtant et en dansant; mais c'était plutôt dans les fêtes bachiques, dans les joyeuses réunions de table, que le merveilleux instrument de Marsyas exerçait son irrésistible puissance. Chaque intermède du repas s'annonçait par un air différent qui lui était propre: *comos* au premier service, *dicomos* au second, *tetracomos* au troisième. Les convives semblaient-ils satisfaits des mets et des vins qu'on leur servait, l'air nommé *hedicomos* exprimait leur satisfaction et témoignait de leur belle humeur; applaudissaient-ils, l'air triomphal, appelé *gingras* se mêlait à leurs applaudissements, et en imitait le bruyant concert. Il y avait encore un air, dit chant *callinique*, qui célébrait les hauts faits des buveurs, et qui animait leurs défis d'ivrognes. La double flûte, qui comprenait la flûte masculine tenue de la main droite, et la flûte féminine tenue de la main gauche, se prêtait à tous les tours de force de l'harmonie imitative: elle rendait fidèlement, dans les tons graves ou aigus, les bruits les plus intraduisibles, et avec eux les émotions les plus fugitives. Aussi, voit-on les compagnons de table, électrisés, subjugués par cette musique énervante, oublier la coupe encore remplie dans leur main, et se pencher avec extase sur leurs lits, en suivant des yeux et des oreilles le rhythme du chant et la mesure de la danse. Leur ivresse se prolongeait ainsi des nuits entières: «J'ai beau me dire, écrivait Lamia à Démétrius, C'est ce prince qui vient partager ton lit, c'est lui qui passe la nuit à t'entendre jouer de la flûte! je ne m'en crois pas moi-même.» Ces jeux de flûte étaient soutenus quelquefois par des chants qui en caractérisaient encore mieux l'expression et l'objet; ils se réglaient aussi d'après les danses et la pantomime qui les accompagnaient habituellement, et qui avaient la même variété qu'eux. Cette pantomime, ces danses, ces airs voluptueux servaient de prélude à des scènes de volupté dans lesquelles les aulétrides ne restaient point inactives.

Dans les premiers âges de la Grèce, l'art de la flûte était en honneur chez les jeunes gens, qui le préféraient même à l'art de la lyre; mais quand les Thébains et les autres Béotiens, que le proverbe accusait de stupidité naturelle, et dont l'intelligence n'avait pas, il est vrai, autant de développement que celle des Athéniens, quand ces lourds et grossiers enfants de la Béotie eurent surpassé comme joueurs de flûte tous leurs compatriotes, cet instrument fut abandonné aux femmes et déclaré indigne des hommes libres, excepté dans la province où il trouvait de si habiles interprètes. Les mœurs commençaient à se corrompre, et l'Asie, surtout la Phrygie et l'Ionie envoyèrent une multitude d'aulétrides à Athènes, à Corinthe et dans les principales villes de la Grèce. Les Thébains conservèrent leur supériorité ou du moins leur réputation dans le jeu des flûtes, tellement qu'au deuxième siècle de l'ère vulgaire, une statue d'Hermès, demeurée debout au milieu des ruines de Thèbes, offrait encore cette inscription que rapporte saint Jean Chrysostome: «La Grèce t'accorde, ô Thèbes, la supériorité dans l'art de la flûte. Thèbes honore en toi, ô Panomos, le maître de l'art.» Mais en dépit de la science instrumentale de Thèbes, les joueuses de flûte phrygiennes, ioniennes et milésiennes ne connaissaient pas de rivales. Elles ne jouaient pas seulement de la flûte, elles chantaient, elles dansaient, elles mimaient, elles étaient belles, bien faites et complaisantes. On les faisait venir dès qu'on avait des convives à traiter et à divertir; elles se louaient ainsi pour le soir ou pour la nuit: les conditions du louage variaient suivant les besoins de la circonstance; le prix, suivant le mérite et la beauté des sujets. D'ordinaire, la joueuse de flûte ne demandait un salaire que pour sa musique et sa danse: elle se réservait de conclure d'autres marchés pendant le souper.

Lorsque cette joueuse de flûte était esclave et avait un patron ou une mère qui l'exploitait, on la mettait à l'enchère à la suite de ses exercices, et elle passait dans le lit du dernier enchérisseur. Athénée raconte qu'un philosophe qui se piquait d'austérité, soupant un jour avec de jeunes débauchés, repoussa dédaigneusement une aulétride qui était venue à ses pieds, comme pour se mettre sous la sauvegarde de sa philosophie; mais cette philosophie farouche s'humanisa lorsque la baladine déploya ses grâces et dansa au son des flûtes; le philosophe oublia sa barbe blanche et poussa les enchères pour avoir cette charmante fille qui lui gardait rancune: elle ne lui fut donc pas adjugée, et il entra dans une terrible colère, en disant qu'on n'avait pas tenu compte de ses offres, et que l'adjudication était nulle. Mais l'aulétride ne voulut pas se remettre en vente, et le philosophe en vint aux coups de poing avec ses voisins.

Toutes les aulétrides ne dansaient pas, toutes les danseuses ne jouaient pas de la flûte: «Je vous ai parlé précédemment, dit Aristagoras dans son *Mammecythus*, de belles courtisanes danseuses (ὀρχαστρίδας ἑταίρας); je ne vous en dirai plus rien, laissant aussi de côté ces joueuses de flûte qui, à peine nubiles, énervent les hommes les plus robustes, en se faisant bien payer.» Ces joueuses de flûte avaient des procédés de débauche, selon l'expression du poëte, capables d'épuiser Hercule lui-même, et d'amaigrir l'embonpoint de Silène. Les libertins, qui avaient expérimenté les raffinements de la luxure asiatique, ne pouvaient plus s'en passer, et à la fin du repas, lorsque tous leurs sens avaient été surexcités par les sons des flûtes, ils étaient pris souvent d'accès de fureur érotique, et se précipitaient les uns sur les autres en s'accablant de coups, jusqu'à ce que la victoire eût nommé celui à qui la flûteuse appartiendrait: «Pour approuver cela, s'écrie Antiphane le Comique, il faut s'être trouvé souvent à ces repas où chacun paye son écot, et y avoir reçu et donné nombre de coups en l'honneur de quelque courtisane!» Plus on s'était battu avec acharnement, plus les coups avaient été drus et retentissants, plus aussi était fière la reine de la bataille, et mieux elle récompensait son vainqueur, à la santé duquel toutes les coupes se remplissaient et se couronnaient de roses. La passion des Athéniens pour les aulétrides fut portée à son comble, et, si l'on en croit Théopompe dans ses *Philippiques*, d'un bout de la Grèce à l'autre, on n'entendait que flûtes et coups de poing. Les aulétrides, en général, moins intéressées que les hétaires, plus amoureuses aussi, ne se piquaient pas de savoir résister à une galante proposition: «Ne t'adresse pas aux grandes hétaires pour avoir du plaisir, tu en trouveras facilement parmi les joueuses de flûte!» Tel est l'avis que donnait à ses concitoyens Épicrate dans l'*Anti-Laïs*. On comprend que les femmes honnêtes n'assistaient jamais à ces orgies, et que l'entrée d'une aulétride dans la salle du festin les mettait en fuite, avant qu'elles eussent même ouï le son d'une flûte.

Ces flûteuses excitaient de tels transports par leur musique libidineuse, que les convives se dépouillaient de leurs bagues et de leurs colliers pour les leur offrir. Une habile joueuse de flûte n'avait point assez de ses deux mains pour recevoir tous les dons qu'on lui faisait dans un repas où sa musique avait fait tourner toutes les têtes. Théopompe, dans un ouvrage, aujourd'hui perdu, sur les vols faits à Delphes, avait transcrit cette inscription qu'on lisait sur un marbre votif près des broches de fer de la courtisane Rhodopis: «Phaylle, tyran des Phocéens, donne à Bromiade, joueuse de flûte, fille de Diniade, un carchesium (coupe en gondole, montée sur un pied) en argent, et un cyssibion (couronne de lierre) en or.» Dans certains repas, toute la vaisselle d'or et d'argent y passait, et chaque fois que la flûteuse trouvait des sons plus enivrants, la danseuse, des pas et des gestes plus accentués, c'était une pluie de fleurs, de joyaux et de monnaie, qu'elle arrêtait au passage avec une prodigieuse dextérité. Cette espèce de courtisanes s'enrichissaient donc plus rapidement que toutes les autres, et elles amassaient ainsi des biens considérables dès qu'elles avaient la vogue. Polybe s'indigne de ce que les plus belles maisons d'Alexandrie portaient les noms de Myrtion, de Mnésis et de Pothyne: «Et pourtant, dit-il, Mnésis et Pothyne étaient joueuses de flûte, et Myrtion une de ces femmes publiques condamnées à l'infamie, et que nous appelons *dictériades*!» Myrtion avait été la maîtresse de Ptolémée Philadelphe, roi d'Égypte, aussi bien que Mnésis et Pothyne. Il n'y avait ni âge, ni rang, ni position, qui fût à l'abri du prestige qu'exerçaient les danseuses et les musiciennes. Athénée raconte que des ambassadeurs arcadiens furent envoyés au roi Antigonus, qui les reçut avec beaucoup d'égards, et qui leur fit servir un splendide festin. Ces ambassadeurs étaient des vieillards austères et vénérables; ils se mirent à table, mangèrent et burent, d'un air sombre et taciturne. Mais tout à coup les flûtes de

Phrygie donnent le signal de la danse: des danseuses, enveloppées de voiles transparents, entrent dans la salle en se balançant mollement sur l'orteil, puis leur mouvement s'accélère, elles se découvrent la tête, ensuite la gorge et successivement tout le corps: elles sont entièrement nues, à l'exception d'un caleçon qui ne leur cache que les reins; leur danse devient de plus en plus lascive et ardente. Les ambassadeurs s'exaltent à ce spectacle inusité, et, sans respect pour la présence du roi qui se pâme de rire, ils se jettent sur les danseuses qui ne s'attendaient pas à cet accueil, et qui se soumettent aux devoirs de l'hospitalité.

On voit, dans les *Dialogues des courtisanes*, que les aulétrides avaient le cœur plus tendre que leurs rivales en Prostitution. Lucien semble se plaire à les représenter, du moins dans leur jeunesse, comme des amantes passionnées et généreuses, qui n'exigeaient rien de leurs amants, et qui parfois même se ruinaient pour eux. C'est Musarium qui a vendu deux colliers d'Ionie pour nourrir Chéréas qui lui promet de l'épouser; c'est Myrtium, jalouse de Pamphile qui l'a rendue mère, et tremblant de voir ce cher amant épouser la fille du pilote Philon: «Ah! Pamphile, tu me rends la vie, s'écrie-t-elle en apprenant que ses soupçons n'avaient aucun fondement, je me serais pendue de désespoir si cet hymen avait été consommé!» C'est Philine, également jalouse, mais avec plus de raison, qui se venge de son infidèle Dyphile en faisant tout ce qu'il faut pour lui inspirer de la jalousie à son tour: «Quelle était hier ta folie? demande la mère de Philine. Que t'est-il donc arrivé dans ce festin? Dyphile est venu me trouver tout à l'heure; il fondait en larmes; il s'est plaint de tes torts: que tu étais ivre, que tu avais dansé malgré sa défense; que tu avais donné un baiser à son compagnon Lamprias; qu'en voyant le dépit qu'il en éprouva, tu l'abandonnas pour Lamprias que tu enlaçais dans tes bras; que cependant, lui, séchait sur pied, et que cette nuit enfin tu as refusé de partager sa couche; qu'il pleurait, mais que, te retirant sur un lit voisin, tu n'as cessé de le désoler par tes chansons et par des refus?» Philine justifie sa conduite par les griefs qu'elle reproche à Dyphile, qui pendant le festin a eu l'air de lui préférer Thaïs, la maîtresse de Lamprias: «Il voyait mon dépit, mes gestes l'en avertissaient; il prit Thaïs par le bout de l'oreille, et, l'attirant vers lui, il imprima un baiser de feu sur ses lèvres, dont il semblait ne pouvoir se détacher. Je pleurais, il souriait. Il parlait bas à Thaïs, longtemps, et de moi sans doute. Thaïs me regardait et souriait aussi. L'arrivée de Lamprias put seule terminer leurs transports. Cependant, pour qu'il n'eût aucun reproche à me faire, j'allai me placer à côté de lui pendant le repas. Thaïs se leva et dansa la première, affectant de découvrir sa jambe, comme si elle avait seule une belle jambe. Lamprias garda le silence; mais Dyphile, se répandant en éloges, ne cessait de vanter la grâce de tous ses mouvements, l'accord de tous ses pas, que son pied était fait pour marquer la cadence, que sa jambe était élégante, et mille autres impertinences. On eût dit que c'était la Sosandre de Calamis, et non cette Thaïs que vous connaissez bien, car vous l'avez vue au bain. Elle a été jusqu'à l'insulte, en disant: «Qu'elle danse à son tour celle qui ne craindra point de faire briller ses grêles fuseaux!» Que vous dirai-je, ma mère? je me suis levée et j'ai dansé. Les convives applaudirent. Le seul Dyphile, nonchalamment penché, tint constamment, jusqu'à la fin de ma danse, les yeux attachés au plafond de la salle.» Philine a donc voulu chagriner Dyphile en feignant de lui préférer Lamprias, et elle a si bien réussi à mettre au désespoir son infidèle, que sa mère, en courtisane experte, croit devoir lui adresser ce conseil: «Je te permets le ressentiment, mais non pas l'outrage. Un amant que l'on offense s'éloigne et s'anime contre lui-même. Tu lui as montré trop de rigueur. Rappelle-toi le proverbe: L'arc que l'on a trop tendu se rompt.»

Si les aulétrides avaient des amants de cœur, elles se permettaient entre elles d'intimes liaisons qui avaient toutes les allures de l'amour le plus effréné. C'était cet amour lesbien, dans lequel Lééna, encore innocente, quoique joueuse de flûte, avait consenti à se faire instruire par Mégilla et Démonasse, aulétrides corinthiennes. On a déjà vu quelles étaient les leçons des ces deux courtisanes. Nous avons tout lieu de croire que les danseuses et les musiciennes tenaient moins à l'amour des hommes qu'à celui dont elles seules faisaient tous les frais. Ces femmes, exercées de bonne heure dans l'art de la volupté, arrivaient bientôt à des désordres où leur imagination entraînait leurs sens. Leur vie entière était comme une lutte perpétuelle de lascivité, comme une étude assidue du beau physique: à force de voir leur propre nudité et de la comparer à celle de leurs compagnes, elles y prenaient goût, et elles se créaient des jouissances bizarres et d'autant plus ardentes, sans le secours de leurs amants, qui souvent les laissaient froides et insensibles. Les passions mystérieuses qui s'allumaient ainsi chez les aulétrides étaient violentes, terribles, jalouses, implacables. Il faut entendre, dans les *Dialogues* de Lucien, la belle Charmide qui se lamente et qui gémit, parce que sa maîtresse, Philématium, qu'elle aime depuis sept ans et qu'elle comblait de présents naguère, l'a quittée et lui a donné un homme pour successeur. Philématium est vielle et fardée; mais n'importe, elle a su exciter un amour que rien ne peut apaiser ni remplacer. Charmide, pour triompher de cet amour qui la dévore, a essayé de choisir une autre maîtresse; elle a donné cinq drachmes à Tryphène pour venir partager son lit, après un festin où elle n'a touché à aucun mets ni vidé une seule coupe. Mais à peine Tryphène est-elle couchée à ses côtés, que Charmide la repousse et semble éviter le contact de cette nouvelle amie, qui ne veut pas qu'on la paye puisqu'on ne l'a pas employée. «Je t'ai choisie pour me venger de Philématium! lui avoue enfin Charmide.—Par Vénus! s'écrie Tryphène, blessée dans sa vanité de tribade; je n'aurais point accepté, si j'avais su que l'on me choisissait pour se venger d'une autre! et de Philématium! d'un monstre d'imposture! Adieu, voici la troisième heure de nuit.—Ne m'abandonne point, ma Tryphène; si ce que tu dis est vrai, si Philématium n'est qu'une vieille décrépite, et fardée..., je ne pourrai plus la regarder en face.— Interroge ta mère, si elle est allée aux bains avec elle? Ton aïeul, s'il vit encore, pourra te dire son âge.—S'il en est ainsi, plus de barrière. Serre-moi dans tes bras, baise-moi, livrons-nous à Vénus. Adieu pour toujours, Philématium?»

Ces mœurs dépravées étaient si répandues chez les joueuses de flûte, que plusieurs d'entre elles se réunissaient souvent dans des festins où pas un homme n'était admis, et là elles faisaient la débauche sous l'invocation de Vénus-Péribasia. Ce fut dans ces festins, qu'on appelait *callipyges*, ce fut au milieu des coupes de vin couronnées de roses, ce fut devant le tribunal charmant de ces femmes demi-nues, que le combat de la beauté se livrait encore, comme sur les bords de l'Alphée, du temps de Cypsélus, sept siècles avant l'ère chrétienne. Cypsélus, exilé de Corinthe, bâtit une ville et la peupla de Parrhasiens, habitants de l'Arcadie; dans cette ville, consacrée à Cérès d'Eleusis, Cypsélus établit des jeux ou combats de la beauté, dans lesquels toutes les femmes étaient appelées à concourir, sous le nom de *chrysophores*. La première qui remporta la victoire se nommait *Herodice*. Depuis leur fondation, ces combats mémorables se renouvelèrent avec éclat tous les cinq ans, et les chrysophores, c'est-à-dire *porteuses d'or*, pour signifier sans doute que la beauté ne saurait se vendre trop cher, venaient en foule se soumettre aux regards des juges qui avaient bien de la peine à garder leur impartialité et leur sang-froid. Il n'y avait pas d'autres combats publics du même genre, en Grèce, quoique la beauté y fût pourtant honorée et adorée; mais les courtisanes se plaisaient à retracer dans leurs assemblées secrètes une gracieuse image de la fondation de Cypsélus et se posaient à la fois comme juges et parties, dans ces combats voluptueux qui se livraient à huis clos. Les aulétrides, plus que toutes les hétaires, aimaient à se voir et à se juger de la sorte: elles préludaient par là aux mystères de leurs goûts favoris. Alciphron, tout grave rhéteur qu'il fût, nous a conservé le tableau d'une de ces fêtes nocturnes où les joueuses de flûte et les danseuses se disputaient non-seulement la palme de la beauté, mais encore celle de la volupté. L'abbé Richard, dans sa traduction des *Lettres d'Alciphron*, n'a traduit que par extraits la fameuse lettre de Mégare à Bacchis; mais Publicola Chaussard a été moins timoré, et sa traduction, que nous reproduisons en partie, ne va pas pourtant jusqu'à l'audace du texte grec. C'est l'aulétride Mégare qui écrit à l'hétaire Bacchis et qui lui raconte les détails d'un festin magnifique auquel ses amies, Thessala, Thryallis, Myrrhine, Philumène, Chrysis et Euxippe assistaient, moitié hétaires, moitié joueuses de flûte. «Quel repas délicieux! je veux que le seul récit te pique de regret. Quelles chansons! que de saillies! On a vidé des coupes jusqu'au lever de l'aurore. Il y avait des parfums, des couronnes, les vins les plus exquis, les mets les plus délicats. Un bosquet ombragé de lauriers fut la salle du festin. Rien n'y manquait, si ce n'est toi seule.» Mégare ne dit pas quelle était la reine de ce festin, et l'on peut supposer que l'une des convives, amante ou maîtresse, le donnait à l'amie de son choix, pour célébrer leurs amours.

«Bientôt une dispute s'élève et vient ajouter à nos plaisirs. Il s'agissait de décider laquelle de Thryallis ou de Myrrhine était la plus riche en ce genre de beauté, qui fit donner à Vénus le nom de Callipyge. Myrrhine laisse tomber sa ceinture; sa tunique était transparente; elle se tourne: on croit voir des lis à travers le cristal; elle imprime à ses reins un mouvement précipité, et regardant en arrière, elle sourit au développement de ces formes voluptueuses qu'elle agite. Alors, comme si Vénus elle-même eût reçu son hommage, elle se mit à murmurer je ne sais quel doux gémissement qui m'émeut encore. Cependant Thryallis ne s'avouait pas vaincue; elle s'avance, et sans retenue: «Je ne combats point derrière un voile; je veux paraître ici comme dans un exercice gymnique: ce combat n'admet point de déguisement!» Elle dit, laisse tomber sa tunique, et inclinant ses charmes rivaux: «Contemple, dit-elle, ô Myrrhine, cette chute de reins, la blancheur et la finesse de cette peau, et ces feuilles de rose que la main de la Volupté a comme éparpillées sur ces contours gracieux, dessinés sans sécheresse et sans exagération; dans leur jeu rapide, dans leurs convulsions aimables, ces sphères n'ont pas le tremblement de celles de Myrrhine: leur mouvement ressemble au doux gémissement de l'onde.» Aussitôt elle redouble les lascives crispations avec tant d'agilité, qu'un applaudissement universel lui décerne les honneurs du triomphe. On passa ensuite à d'autres combats: on disputa de la beauté, mais aucune de nous n'osa jouter contre le ventre ferme, égal et poli de Philumène, qui ignore les travaux de Lucine. La nuit s'écoula dans ces plaisirs; nous la terminâmes par des imprécations contre nos amants et par une prière à Vénus, que nous conjurâmes de nous procurer chaque jour de nouveaux adorateurs; car la nouveauté est le charme le plus piquant de l'amour. Nous étions toutes ivres, en nous séparant.»

Mégare dit, dans sa lettre, que les soupers des hétaires faisaient du bruit dans le monde et que les jeunes Grecs étaient fort curieux d'assister à ces orgies, dans lesquelles on ne leur laissait pas d'autre rôle que celui de spectateurs; mais, ordinairement, les courtisanes les plus éhontées ne voulaient pas que leurs débauches secrètes se dévoilassent aux regards d'un homme. Celles qui ne se laissaient point entraîner, par curiosité du moins, à ces scandaleux excès de dépravation, passaient pour ridicules auprès de leurs compagnes, et souvent ce reste de pudeur les faisait soupçonner d'avoir des infirmités à cacher. Les joueuses de flûte ne se trouvaient pas atteintes par ce soupçon, puisqu'elles se montraient nues dans l'exercice de leur métier: on ne pouvait donc attribuer d'autre motif à leur réserve sur le fait de l'amour lesbien, qu'une préférence marquée pour les sentiments et les plaisirs de l'amour véritable. C'était là une cause de railleries qu'on ne leur épargnait pas. «Serais-tu assez chaste pour n'aimer qu'un seul homme? écrivait Mégare à la douce et tendre Bacchis qui n'avait pas voulu se rendre aux soupers des tribades. Ambitionnerais-tu la réputation que te donneraient des mœurs si rares, tandis que nous passerions, nous, pour des courtisanes livrées à tout venant?» Mégare était une des aulétrides les plus libertines de son temps, de même que Bacchis était la plus sage des hétaires: «Tes mœurs, ma très-chère, écrivait à celle-ci l'hétaire Glycère, tes mœurs et ta conduite sont trop honnêtes pour l'état dans lequel nous vivons!» Cette honnêteté de mœurs était plus rare encore chez les aulétrides que chez les hétaires, quoique les unes et les autres fussent sujettes à se concentrer dans un seul amour, masculin ou féminin, qui souvent les ruinait et qui ne les enrichissait jamais. Il n'arrivait guère que les deux espèces d'amour se rencontrassent, et au même degré, chez la même femme; mais cette bizarrerie du cœur et des sens se voyait pourtant quelquefois chez les aulétrides, plus sensuelles et plus passionnées que les simples hétaires. Lucien, dans un de ses *Dialogues des Courtisanes*, nous montre qu'une joueuse de flûte pouvait à la fois mener deux affections hétérogènes et se mourir d'amour pour un homme, pendant qu'elle se livrait sans scrupule à l'amour d'une femme.

Ioesse, qui n'a point exigé d'argent de Lysias et qui ne lui accordait pas des faveurs vénales, se voit tout à coup abandonnée par cet amant à qui elle a sacrifié les offres les plus avantageuses. Elle qui, heureuse de cette affection désintéressée, vivait avec Lysias aussi chastement que Pénélope, comme elle ose s'en vanter, elle a perdu, sans en savoir la raison, la tendresse de ce jeune homme, qu'elle n'avait pourtant pas engagé à tromper son père ni à voler sa mère, détestables conseils qui ne sont que trop familiers aux courtisanes. Elle pleure, elle gémit, elle essaie d'attendrir Lysias qui ne lui répond pas et qui la regarde de travers: «Dernièrement, lui dit-elle, lorsque vous vidiez des coupes avec Thrason et Dypile, la joueuse de flûte Cymbalium et Pyrallis, mon ennemie, furent appelées. Peu m'importe que tu aies baisé cinq fois Cymbalium; tu n'humiliais alors que toi-même. Mais, Pyrallis! j'ai surpris tous vos signes; tu lui faisais remarquer la coupe dans laquelle tu buvais, et, en la rendant à l'esclave chargé de la remplir, tu lui ordonnais tout bas de la porter pleine à Pyrallis. Tu mordis un fruit, et profitant de l'inattention de Dypile occupé de sa conversation avec Thrason, tu saisis le moment et lanças le fruit dans le sein de Pyrallis, qui reçut l'offrande, la baisa et la cacha comme un trophée.» Lysias se détourne et passe son chemin. Pythia, la compagne, l'amie favorite de Ioesse, vient la consoler et la gronder en même temps! «Ces hommes! s'écrie-t-elle dédaigneusement; leur orgueil s'accroît avec notre passion malheureuse!» Ioesse ne fait que se désespérer davantage; alors, Pythia s'adresse à Lysias et cherche à le réconcilier avec sa maîtresse: «Cette Ioesse qui pleure et que vous défendez, Pythia, répond Lysias avec amertume, eh bien! elle me trahit et je l'ai surprise couchée avec un jeune homme.—D'abord, elle est courtisane? réplique Pythia, qui trouve la chose fort simple; mais enfin, quand l'avez-vous surprise?—Il y a six jours, raconte en soupirant Lysias; mon père, qui n'ignorait point ma passion pour cette vertueuse fille, m'enferma dans notre maison, en recommandant à l'esclave qui garde la porte de ne pas l'ouvrir sans qu'on lui en donnât l'ordre. Moi qui ne pouvais me résoudre à passer la nuit loin d'elle, j'appelle Drimon, je le fais placer contre la muraille à l'endroit où elle est plus basse, je monte sur ses épaules et franchis la barrière. J'arrive; la porte est fermée: la nuit était au milieu de son cours. Je n'ai point frappé, mais démontant la porte (ce n'était pas la première fois), je suis entré sans bruit. Tout dormait: je m'approche en tâtant les murs et je touche au lit...—Que va-t-il dire? murmura Ioesse. O Cérès, je me meurs!—J'entends au souffle qu'on n'est pas seule, continue Lysias. Je crus d'abord qu'elle était couchée avec une esclave, avec Lydé. Il en était bien autrement, Pythia! Ma main, qui veut s'assurer, rencontre la peau fine et douce d'un tendre adolescent, nu, exhalant l'odeur des parfums et la tête rasée. Oh! si alors ma main eût tenu un glaive, je... Qu'avez-vous à rire, Pythia? cela est-il donc si risible?—Lysias, s'écrie Ioesse, est-ce bien là le sujet de ce grand courroux? C'était Pythia couchée à mes côtés!—Pourquoi lui dire, Ioesse? interrompt Pythia.—Pourquoi le taire? ajoute Ioesse. Oui, mon cher Lysias, c'était Pythia! Dans l'ennui de ton absence, je la fis venir près de moi.—Cette tête rasée, c'était Pythia? objecte l'incrédule Lysias. En ce cas, sa chevelure a crû prodigieusement en six jours.— Elle s'est fait raser à la suite d'une maladie, répond Ioesse: ses cheveux tombaient. Ceux qu'elle porte ne lui appartiennent pas. Fais-lui voir, Pythia? achève de convaincre son incrédulité. Le voilà, ce fripon d'adolescent dont Lysias fut jaloux!»

Les aulétrides, chez lesquelles l'art et l'habitude avaient singulièrement développé les instincts voluptueux, n'étaient pas possédées, comme les hétaires, de l'ambition de la fortune; elles n'aimaient l'argent que pour le dépenser, et elles le gagnaient si aisément, avec leurs flûtes, qu'elles n'avaient pas besoin d'en tirer d'une source malhonnête. Quand elles exécutaient leur musique et leurs danses, en présence des convives d'un festin, elles s'animaient elles-mêmes au bruit des applaudissements, et elles subissaient la réaction des désirs qu'elles avaient communiqués à leur auditoire; mais une fois les fumées du vin dissipées, elles rentraient, pour ainsi dire, en possession de leur libre arbitre, et elles refusaient souvent avec fierté de se mettre à l'encan comme des courtisanes. Il y avait sans doute des exceptions, mais dans ce cas la joueuse de flûte s'estimait assez pour se faire payer autant que la plus grande hétaire. Ce billet de Philumène à Criton nous apprend jusqu'où pouvait s'élever le tarif des caresses d'une joueuse de flûte à la mode: «Pourquoi vous tourmenter et perdre votre temps à m'écrire? j'ai besoin de 50 pièces d'or, et non de vos lettres. Si vous m'aimez, donnez-les-moi sans retard. Si le démon de l'avarice ou de la mesquinerie vous possède, ne me fatiguez plus inutilement. Adieu!» Pétala, dont nous avons vu la correspondance avec son amant Simalion, était une fille aussi positive que sa compagne Philumène, mais du moins avait-elle le droit d'être plus exigeante, puisque Simalion ne lui donnait pas même de quoi acheter une robe et des parfums. «Et je dois être contente de cet équipage, lui écrivait-elle, passer les jours et les nuits à votre côté, pendant qu'un autre aura sans doute la bonté de pourvoir à mes besoins!... Vous pleurez! oh! cela ne durera pas. Il me faut, de toute nécessité, un autre amant qui m'entretienne mieux, car je ne veux pas mourir de faim!» Elle envie le sort d'une joueuse de flûte, Phylotis, que le riche Ménéclide comble de présents tous les jours. «Quant à moi, pauvrette, j'ai pour mon lot, non un amant, mais un pleureur qui croit avoir tout fait en m'envoyant quelques fleurs, sans doute pour orner le tombeau où me conduira la mort prématurée qu'il me ménage. Il ne saurait que dire, s'il n'avait à m'apprendre qu'il a pleuré toute la nuit!»

Ces flûteuses, ces danseuses qu'on louait pour les festins et pour les réunions de plaisir, n'avaient pas l'humeur mélancolique, et les pleurs n'étaient guère de leur goût, à moins qu'elles n'eussent un amour dans l'âme, ce qui les rendait alors plus dévouées, plus sensibles, que des vierges et des épouses. Elles avaient toujours le rire à la bouche, et elles invitaient les convives à la gaieté, à l'oubli des peines, à l'insouciance de l'avenir. C'était là d'ailleurs une des conditions de leur métier. Un caractère joyeux et délibéré ne les mettait pas moins en vogue que leur beauté et leur talent: en vivant au milieu des coupes, elles recevaient les inspirations de Bacchus, et elles semblaient parfois suivre les leçons des Ménades. De là, ce jeu de mots proverbial, échappé à un poëte grec: «On trouve toujours Bacchus à la porte de Cythérée.» On les accueillait avec transport dans les maisons où on les appelait, et leur apparition était le signal d'un bruyant enthousiasme. Cependant elles étaient quelquefois maltraitées; on leur jetait à la tête les vases à boire, quand elles devenaient cause d'une dispute entre les convives; elles se voyaient exposées aussi à des brutalités contre lesquelles la loi ne les défendait pas, puisqu'elles étaient esclaves ou étrangères. Cochlis rencontre Parthénis tout en larmes, meurtrie de coups, ses vêtements en lambeaux, sa flûte brisée: voici le triste récit que lui fait Parthénis. Gorgus l'avait fait venir chez sa maîtresse Crocale; celle-ci s'était donnée à Gorgus, riche cultivateur d'Énoé, en congédiant Dinomaque, soldat étolien qui ne pouvait la payer aussi cher qu'elle l'exigeait. Gorgus, homme simple, bon et facile, qui désirait depuis longtemps posséder Crocale, lui avait remis les deux *talents* (environ 12,000 francs) que Dinomaque refusait d'apporter à la belle. «Ils étaient donc à table, les portes closes, raconte Parthénis en gémissant; je jouais de la flûte. Le repas s'avançait; je jouais un air dans le mode lydien. Mon cultivateur se levait pour danser; Crocale applaudissait. Tout était délicieux. On est interrompu par un grand bruit et des cris; la porte de la rue est enfoncée; bientôt se précipitent huit jeunes gens robustes, parmi lesquels se trouvait Dinomaque. Soudain, tout est culbuté, et Gorgus est frappé, foulé aux pieds. Crocale eut le bonheur, je ne sais comment, de se sauver chez sa voisine Thespiade. Alors Dinomaque se tournant vers moi: «Va à la male heure!» dit-il. Ses lourdes mains tombèrent sur mes joues et brisèrent ma flûte.» Gorgus alla se plaindre aux tribunaux, mais Parthénis, qui n'était pas citoyenne, n'eût pas même obtenu une indemnité pour payer ses flûtes.

Nous avons déjà cité quelques surnoms d'aulétrides mêlés à ceux des dictériades et des hétaïres: Sinope ou l'*Abyme*, Synoris ou la *Lanterne*, étaient des joueuses de flûte. Ces joueuses-là n'avaient pas moins d'occasions que les autres courtisanes de gagner l'honneur ou la honte d'un sobriquet. Mais, en général, les surnoms que la voix publique leur décernait rappelaient un éloge plutôt qu'une satire: en faut-il conclure que les aulétrides valaient mieux que leurs rivales en volupté? Sysimbrion ou le *Serpolet* exhalait, après avoir dansé, une senteur qu'on eût dit émanée d'une herbe aromatique; Pyrallis ou l'*Oiseau* semblait avoir des ailes en dansant; Parène ou l'*Éclatante* méritait surtout cette dénomination quand elle était nue; Opora ou l'*Automne*, qui avait fourni au poëte Alexis le sujet et le personnage d'une comédie, ne portait pas d'autres fruits que ceux de l'amour; Pagis ou le *Gluau* surpassait encore sa réputation, et ne laissait plus s'envoler les imprudents qu'elle avait englués; Thaluse ou la *Fleurie* brillait comme une fleur; Nicostrate ou le *Merlan* se piquait d'être hermaphrodite; Philématium ou le *Filet* ne s'amusait pas à pêcher du fretin; Sigée ou le *Promontoire* était célèbre par les naufrages des vertus les plus solides. Athénée cite encore beaucoup d'aulétrides dont les noms restèrent gravés dans la mémoire des amateurs: Eirénis, Euclée, Graminée, Hiéroclée, Ionie, Lopadion, Méconide, Théolyte, Thryallis, etc. Les Dialogues de Lucien et les Lettres d'Alciphron en ont immortalisé quelques autres; Plutarque lui-même a consacré un souvenir à l'ardente Phormesium, qui mourut entre les bras d'un amant, et, selon une version plus authentique, sur le sein d'une maîtresse. Mais les détails biographiques manquent, pour la plupart de ces célébrités de la musique et de la danse. On sait seulement que Néméade avait pris le nom des jeux néméens, parce qu'elle y avait joué de la flûte en l'honneur d'Hercule; on sait que Phylire avait exercé comme simple hétaire avant de se faire aulétride; on sait que la fameuse Simœthe inspira tant d'amour à Alcibiade, qu'il l'enleva aux Mégariens et refusa de la leur rendre, ce qui fut pour Mégare un deuil public; on sait que la jeune Anthéia, pour employer les expressions du poëte qui l'a célébrée, fraîche comme la fleur dont elle portait le nom, cessa trop tôt de sacrifier à Vénus; on sait que Nanno, maîtresse de Mimnerme, tuait tous ses amants, sans qu'ils s'en plaignissent; enfin on a recueilli dans l'*Anthologie* une épigramme grecque qui nous offre la description d'un combat de beauté, dans lequel les héroïnes ont voulu garder l'anonyme. Cette épigramme est comme un cri d'admiration que laisse échapper le juge après avoir prononcé la sentence: «J'ai jugé trois callipyges. M'ayant fait voir à nu leur brillant éclat, elles me prirent pour arbitre. L'une avait les pommes d'une blancheur éblouissante, et l'on y remarquait de petites fossettes, telles qu'il s'en forme sur les joues des personnes qui rient. L'autre, étendant les jambes, fit voir, sur une peau aussi blanche que la neige, des couleurs plus vermeilles que celles des roses. La troisième, faisant paraître un air tranquille, excitait sur sa peau délicate de légères ondulations. Si Pâris, le juge des déesses, avait vu ces callipyges, il n'aurait pas regardé ce que lui montrèrent Junon, Minerve et Vénus.»

Mais de toutes les aulétrides grecques, la plus fameuse sans comparaison, c'est Lamia, qui fut aimée passionnément par Démétrius Poliorcète, roi de Macédoine (300 ans avant Jésus-Christ). Elle était Athénienne et fille d'un certain Cléanor, qu'elle quitta en bas âge pour aller jouer de la flûte en Égypte; elle en jouait si bien, que le roi Ptolémée la prit à son service et l'y retint longtemps. Mais à la suite d'un combat naval où Démétrius dispersa la flotte de Ptolémée près de l'île de Cypre, le navire où se trouvait Lamia tomba au pouvoir du vainqueur, qui se sentit épris d'elle en la voyant, et qui la préféra constamment à des maîtresses plus jeunes et plus belles. Lamia avait alors plus de quarante ans, et comme l'affirme Plutarque, elle ne se contentait plus de jouer de la flûte: elle exerçait ouvertement le métier de courtisane. Mais du jour où Démétrius l'eut honorée de ses embrassements, elle repoussa tous les autres: «Certes, depuis cette nuit sacrée, écrit-elle à son royal amant dans une lettre admirable recueillie par Alciphron, depuis cette nuit sacrée jusqu'au moment actuel, je n'ai rien fait qui puisse me rendre indigne de tes bontés, quoique tu m'aies donné le pouvoir illimité de disposer de moi. Mais ma conduite est sans reproche, et je ne me permets aucune liaison. Je n'agis point avec toi comme font les hétaires, je ne te trompe point, mon souverain, ainsi qu'elles le font. Non, par Vénus-Artémis! depuis cette époque, on ne m'a pas écrit ni adressé de propositions, car on te craint et on te respecte comme l'invincible.» Lamia, comme elle le dit dans sa lettre, avait conquis, au moyen de sa flûte, ce dompteur de villes. Démétrius avait plusieurs maîtresses qui cherchaient l'une l'autre à se supplanter dans la faveur du roi: leur beauté, leur jeunesse, leurs grâces, leur esprit, étaient les armes dont elles faisaient usage; mais ces armes-là n'avaient aucun prestige contre Lamia. Son âge, qu'elles lui reprochaient sans cesse dans leurs épigrammes, ne se montrait jamais aux yeux de Démétrius. La jalousie de Lééna, de Chrysis, d'Antipyra et de

Démo s'augmentait en proportion de l'amour du roi pour leur rivale. Dans un souper où Lamia jouait de la flûte, Démétrius en extase demanda vivement à Démo: «Eh bien! comment la trouves-tu?— Comme une vieille,» répondit perfidement Démo. Une autre fois Démétrius, qui ne cachait pas la préférence qu'il accordait à Lamia, dit à Démo: «Vois-tu le beau fruit qu'elle m'envoie!—Si vous vouliez passer la nuit avec ma mère, répondit aigrement Démo, ma mère vous enverrait un fruit encore plus beau.» Démétrius avait l'air de ne point entendre. Lamia pardonnait aussi à ses rivales, parce qu'elle ne les craignait pas, mais elle conçut pourtant un vif ressentiment à l'égard de Lééna qui avait tout fait pour la perdre.

Machon, qui cite Athénée en ajoutant de nouvelles obscénités à celles du poëte grec, nous initie à quelques-uns des secrets amoureux de cette vieille joueuse de flûte; il dit positivement que Démétrius, dans le lit de sa maîtresse, s'imaginait encore l'entendre et suivait avec délices la cadence qui l'avait charmé pendant le souper: *Ait Demetrium ab incubante Lamia concinne suaviterque subagitatum fuisse*; mais cette version latine n'a pas la pétulance du grec. Il dit encore que, de tous les parfums que l'Asie savait extraire des plantes, aucun n'était aussi agréable à l'odorat de Démétrius que les impures émanations du corps de Lamia (*cum pudendum manu confricuisset ac digitis contractasset*). Lamia, dans ses fureurs amoureuses, oubliait qu'elle avait affaire à un roi et elle le tenait enchaîné et haletant sous l'empire de ses morsures brûlantes. On prétendait que c'était là l'origine du surnom de *Lamia*, qui signifie *larve*, espèce de mauvais esprit femelle, qu'on accusait de sucer le sang des personnes endormies. Les ambassadeurs de Démétrius se permirent de faire allusion à ces épisodes de l'amour de Lamia, lorsqu'ils répondirent en riant à Lysimachus qui leur faisait remarquer les blessures qu'il avait reçues dans une lutte terrible avec un lion: «Notre maître pourrait vous montrer aussi les morsures qu'une bête plus redoutable, une lamie, lui a faites au cou!» Démétrius ne mettait pas moins d'emportement dans ses caresses. Au retour d'un voyage, il court embrasser son père et le presse dans ses bras avec tant d'effusion que le vieillard s'écrie: «On croirait que tu embrasses Lamia!» On disait, en effet, que Démétrius était aimé de ses maîtresses, mais qu'il n'aimait que Lamia. Un jour, pourtant, il eut l'air de lui préférer Lééna; mais Lamia, lui passant les bras autour du cou, l'entraîna doucement vers sa couche, en lui murmurant à l'oreille: «Eh bien! tu auras aussi Lééna, quand tu voudras!» On appelait Λεαιναν dans la langue érotique un des mystères les plus malhonnêtes du métier des hétaires, et Lamia, en prononçant le nom de sa rivale, ne parlait que d'une posture lascive qui lui convenait mieux qu'à Lééna. Aussi, l'amour de Démétrius pour cette vieille enchanteresse ne connaissait-il plus de bornes. Les plaisanteries glissaient sur cet amour sans l'entamer, et le roi de Macédoine, tout en avouant que sa Lamia n'était plus jeune, prétendait que la déesse Vénus était plus vieille encore, sans être moins adorée. Lysimachus, dans sa sauvage royauté de Thrace, se moquait des mœurs voluptueuses de la cour de Démétrius qu'il devait combattre et détrôner un jour: «Ce grand roi, disait-il, n'a pas peur des spectres, ni des larves, puisqu'il couche avec Lamia.» L'épigramme fut rapportée à Démétrius qui répondit: «La cour de Lysimachus ressemble à un théâtre comique; on n'y voit que des personnages dont le nom est de deux syllabes, tels que Paris, Bithes et tant d'autres bouffons.» Lysimachus ne voulut pas avoir le dernier mot: «Mon théâtre comique est plus honnête que son théâtre tragique, répliqua-t-il; on n'y voit pas de joueuse de flûte ni de courtisane.»—«Ma courtisane, répliqua Démétrius, est plus chaste que sa Pénélope!» Et ils devinrent ennemis irréconciliables.

Lamia, pour captiver ainsi le roi de Macédoine, mettait à profit le jour et la nuit, avec un art merveilleux; la nuit, elle forçait son amant à reconnaître qu'elle n'avait pas d'égale; le jour, elle lui écrivait des lettres charmantes, elle l'amusait par de vives et spirituelles reparties, elle l'enivrait des sons de sa flûte, elle le flattait surtout: «Roi puissant, lui écrivait-elle, tu permets à une hétaire de t'adresser des lettres, et tu penses qu'il n'est pas indigne de toi de consacrer quelques moments à mes lettres, parce que tu t'es consacré toi-même à ma personne! Mon souverain, lorsque, hors de ma maison, je t'entends ou je te vois, orné du diadème, entouré de gardes, d'armées et d'ambassadeurs, alors, par Vénus Aphrodite! alors je tremble et j'ai peur; alors je détourne de toi mes regards, comme je les détourne du soleil pour ne pas être éblouie, alors je reconnais en toi, Démétrius, le vainqueur des villes. Que ton regard est terrible et guerrier! A peine en puis-je croire mes yeux, et je me dis: O Lamia, est-ce là véritablement cet homme dont tu partages le lit?» Démétrius avait battu les Grecs devant Éphèse, et Lamia célébrait cette victoire avec sa flûte, en chantant: «Les lions de la Grèce sont devenus des renards à Éphèse.» Démétrius méprisait les Athéniens qu'il avait vaincus et détestait les Spartiates qu'il avait domptés: «Les exécrables Lacédémoniens, pour avoir l'air de véritables hommes, lui écrivait-elle, ne cesseront de blâmer, dans leurs déserts et sur leur Taygète, nos festins splendides et d'opposer à ton urbanité la grossièreté de Lycurgue.» Lamia avait souvent les boutades les plus heureuses. Une nuit, dans un souper, on vint à parler du jugement attribué à Bocchoris, roi d'Égypte: un jeune Égyptien, n'ayant pas la somme que lui demandait une hétaire nommée Thonis, invoqua les dieux qui lui envoyèrent en songe ce que cette belle fille lui refusait en réalité; Thonis l'apprit et réclama son salaire. De là, procès pendant au tribunal de Bocchoris. Le roi écouta les parties et ordonna au jeune homme de compter la somme que demandait Thonis, de la mettre dans un vase et de faire passer le vase sous les yeux de la courtisane, pour lui prouver que l'imagination était l'ombre de la vérité. «Que pense Lamia de ce jugement? dit Démétrius.—Je le trouve injuste, repartit aussitôt Lamia, car l'ombre de cet argent n'a point amorti le désir de Thonis, tandis que le songe a satisfait la passion de son amant.»

Démétrius payait en roi. Quand il fut maître d'Athènes, il exigea des Athéniens une somme de 250 talents (près de deux millions de notre monnaie), et il fit lever cet impôt avec une singulière rigueur, comme s'il avait eu besoin de la somme sur-le-champ. Lorsqu'elle fut réunie à grand'peine: «Qu'on la donne à Lamia, dit-il, pour acheter du savon!» Les Athéniens se vengèrent de cette odieuse exaction, en disant que Lamia devait avoir le corps bien sale, pour que tant de savon fût nécessaire pour sa toilette. Lamia était donc fort riche, mais elle dépensait autant qu'une reine. Elle fit construire des édifices superbes, entre autres le Pœcile de Sicyone, dont le poëte Polémon publia la description. Elle donnait à Démétrius des festins dont la magnificence surpassait tout ce que l'histoire a raconté de ceux des rois de Babylone et de Perse. Il y en eut un qui coûta des sommes fabuleuses et qui fut chanté aussi par Polémon. «Je suis sûre, écrivait-elle à Démétrius, que le festin que je compte donner en ton honneur, dans la maison de Thérippidios, à la fête d'Aphrodite, attirera l'attention non-seulement de la ville d'Athènes, mais même de toute la Grèce.» Plutarque affirme qu'elle mit à contribution tous les officiers de Démétrius, sous prétexte de couvrir les frais de ces repas, qu'elle se faisait en même temps rembourser par le roi et par les Athéniens. Quoique Athénienne, elle ne ménagea ni la bourse ni l'amour-propre de ses concitoyens. Lorsque la mort l'eut frappée au milieu de ses orgies, Démétrius Poliorcète la pleura, et les Athéniens la divinisèrent, en lui élevant un temple sous le nom de Vénus-Lamia. Démétrius, indigné de tant de bassesse, s'écria qu'on ne verrait plus aux enfers un seul Athénien de grand cœur. «Il n'aurait garde d'y descendre, dit la cruelle Démo, de peur d'y rencontrer Lamia.»

10

Sommaire.—Les concubines athéniennes.—Leur rôle dans le domicile conjugal.—But que remplissaient les courtisanes dans la vie civile.—En quoi l'hétaire différait de la fille publique.—Origine du mot *hétaire*.—Vicissitudes de ce mot.—Les *hétaires* de Sapho.—Les *bonnes amies* ou grandes hétaires.—Leur position sociale.—Les *familières* et les *philosophes*.—Préférences que les Athéniens accordaient aux courtisanes sur leurs femmes légitimes.—Portrait de la femme de bien, par le poëte Simonide.—Les neuf espèces de femmes de Simonide.—Les femmes honnêtes.—Axiome de Plutarque.—Loi du divorce.—Alcibiade et sa femme Hipparète devant l'archonte.—Avantages des hétaires sur les femmes mariées.—Influence des courtisanes sur les lettres, les sciences et les arts.—Action salutaire de la Prostitution dans les mœurs grecques.—Les jeunes garçons.—Les deux portraits d'Alcibiade.—L'aulétride Drosé et le philosophe Aristénète.—Les philosophes, corrupteurs de la jeunesse.—Thaïs et Aristote.—Les plaisirs *ordinaires* des hétaires et les amours *extraordinaires* de la philosophie.—Gygès, roi de Lydie.—Les Ptolémées.—Alexandre-le-Grand et l'Athénienne Thaïs.—Mariage de cette courtisane.—Hommes illustres qui eurent pour mères des courtisanes.

« Nous avons, dit Démosthène dans son plaidoyer contre Nééra, nous avons des courtisanes (ἑταίρας) pour le plaisir, des concubines (πταλλακίδες) pour le service journalier, mais des épouses pour nous donner des enfants légitimes et veiller fidèlement à l'intérieur de la maison.» Ce précieux passage de l'orateur grec nous initie à tout le système des mœurs grecques, qui toléraient l'usage des concubines et des courtisanes, à la porte même du sanctuaire conjugal. Les concubines, au sujet desquelles on trouve très-peu de renseignements dans les écrivains grecs, étaient des esclaves qu'on achetait ou des servantes qu'on prenait à louage, et qui devaient, au besoin, servir à satisfaire les sens de leurs maîtres: il n'y avait là ni amour, ni libertinage; c'était un simple service, quoique d'une nature plus délicate que tous les autres. Aussi, une femme légitime ne daignait-elle pas s'offenser, ni même s'étonner de voir sous ses yeux, et dans sa propre maison, servantes ou esclaves, faire acte de servitude ou de soumission en s'abandonnant à son mari. Elle-même, réduite à un état d'infériorité et d'obéissance dans le mariage, elle n'avait point à s'immiscer en ces sortes de choses qui ne la regardaient pas, puisqu'il n'en pouvait sortir que des bâtards. Les concubines faisaient donc partie essentielle du domicile des époux: elles avaient surtout leur rôle marqué et, en quelque sorte, autorisé, pendant les maladies, les couches et les autres empêchements de la véritable épouse. Leur existence s'écoulait silencieuse, à l'ombre du foyer domestique, et elles vieillissaient ignorées au milieu des travaux manuels, bien qu'elles eussent donné des fils à leurs maîtres, des fils qui n'avaient aucun droit de famille, il est vrai, et qui étaient par leur naissance même déshérités du titre de citoyen.

Les courtisanes formaient une catégorie absolument différente des concubines, et elles remplissaient pourtant un but analogue dans l'économie de la vie civile: elles étaient des instruments de plaisir pour les hommes mariés. Voilà comment leur destination avait été sanctionnée par l'usage et l'habitude, sinon par la loi, et, sous cette dénomination générale de courtisanes, on comprenait à la fois toutes les espèces d'hétaires, sans mettre à part les aulétrides et les dictériades. Mais néanmoins on distinguait de la fille publique proprement dite (πορνης) l'hétaire, dont Anaxilas fait, pour ainsi dire, cette définition dans sa comédie du *Monotropos*: «Une fille qui parle avec retenue, accordant ses faveurs à ceux qui recourent à elle dans leurs besoins de nature, a été nommée hétaire ou bonne amie, à cause de son hétairie ou bonne amitié.» L'origine du mot *hétaire* n'est pas douteuse, et l'on voit, dans une foule de passages des auteurs grecs, que ce mot, honnête d'abord, avait fini par subir les vicissitudes d'une application vicieuse. Il est certain que, bien avant les progrès de l'hétairisme érotique, les femmes et filles de condition libre appelaient *hétaires* leurs connaissances intimes et leurs meilleures amies (φίλας ἑταίρας). La tradition du mot s'était perpétuée depuis Latone et Niobé qui se chérissaient comme deux hétaires, selon l'expression du mythologue grec. Il est vrai que, depuis, Sapho qualifia de la sorte ses Lesbiennes: «Je chanterai d'agréables choses à mes hétaires!» disait-elle dans ses poésies. Le vrai sens du mot *hétaire* commençait à se dénaturer. Il était encore assez honnête toutefois, pour que le poëte Antiphane ait pu dire dans son *Hydre*: «Cet homme avait pour voisine une jeune fille; il ne l'eut pas plutôt vue qu'il devint amoureux de cette citoyenne, qui n'avait ni tuteur, ni parent. C'était, d'ailleurs, une fille qui annonçait le penchant le plus honnête, vraiment hétaire (ὄντως ἑταίρας).» Athénée parle aussi de celles qui sont vraiment hétaires, qui peuvent, dit-il, donner une amitié sincère, et qui, seules entre toutes les femmes, ont reçu ce nom du mot *amitié* (ἑταιρεία), ou du surnom même de Vénus, que les Athéniens ont qualifiée d'Hétaire.» Le mot fut bientôt détourné de sa première acception, et on le laissa en toute propriété aux femmes qui étaient, en effet, des amies faciles pour tout le monde. Cependant il y eut encore de fréquentes erreurs d'attribution, et les grammairiens crurent y remédier en modifiant l'accentuation du mot, avec lequel le poëte Ménandre jouait ainsi: «Ce que tu as fait, dit-il, n'est pas le propre des amis (ἑταίρων), mais des courtisanes (ἑταιρῶν).» On devine tout de suite le chemin qu'avait fait le mot original en partant de son sens honnête, lorsqu'on entend le poëte Éphippus, dans sa comédie intitulée le *Commerce*, caractériser en ces termes les caresses des *bonnes amies*: «Elle le baise, non en serrant les lèvres, mais bouche béante, comme font les oiseaux, et elle lui rend la gaieté.»

Ces *bonnes amies*, parmi lesquelles nous ne rangerons pas les dictériades, les aulétrides et les hétaires subalternes ou courtisanes vagabondes, occupaient à Athènes la place d'honneur dans le grand banquet de la Prostitution. Elles dominaient, elles éclipsaient les femmes honnêtes; elles avaient des clients et des flatteurs; elles exerçaient une influence permanente sur les événements politiques, en influant sur les hommes qui s'y trouvaient mêlés; elles étaient comme les reines de la civilisation attique. On peut les diviser en deux classes distinctes qui se faisaient des emprunts réciproques: les *Familières* et les *Philosophes*. Ces deux classes, également intéressantes et recherchées, constituaient l'aristocratie des prostituées. Les *philosophes*, à force de vivre dans la société des savants et des lettrés, apprenaient à imiter leur jargon et à se plaire dans leurs études; les *familières*, moins instruites ou moins pédantes, se recommandaient aussi par leur esprit, et s'en servaient également pour charmer les hommes éminents qu'elles avaient attirés par leur beauté ou par leur réputation. Chacune de ces grandes hétaires avait sa cour et son cortége d'adorateurs, de poëtes, de capitaines et d'artistes; chacune avait ses amitiés et ses haines; chacune, son crédit et son pouvoir. Ce fut sous Périclès et à son exemple, que les Athéniens se passionnèrent pour ces sirènes et pour ces magiciennes, qui firent beaucoup de mal aux mœurs et beaucoup de bien aux lettres et aux arts. Pendant cette période de temps, on peut dire qu'il n'y eut pas d'autres femmes en Grèce, et que les vierges et les matrones se tinrent cachées dans le mystère du gynécée domestique, tandis que les hétaires s'emparaient du théâtre et de la place publique. Ces hétaires étaient la plupart des citoyennes déchues, des beautés et des talents cosmopolites.

La préférence que les Athéniens de distinction accordaient à ces femmes-là sur leurs femmes légitimes, cette préférence ne se conçoit que trop, quand on compare les unes aux autres, quand on se rend compte du désenchantement qui accompagnait presque toujours les relations intimes d'un mari avec sa femme. Ce qui faisait le prestige d'une hétaire aurait fait la honte d'une femme mariée; ce qui faisait la gloire de celle-ci eût fait le ridicule de celle-là. L'une représentait le plaisir, l'autre le devoir; l'une appartenait à l'intérieur de la maison, et l'autre au dehors. Elles restèrent toutes deux dans les limites étroites de leur rôle, sans vouloir empiéter alternativement sur leur domaine réciproque. Le vieux poëte Simonide s'est plu à faire le portrait de la femme de bien, qu'il suppose issue de l'abeille: «Heureux le mortel qui en trouve une pour sa femme! dit-il. Seule parmi toutes les autres, le vice n'eut jamais d'accès dans son cœur; elle assure à son mari une vie longue et tranquille. Vieillissant avec lui dans le plus touchant accord; mère d'une famille nombreuse dont elle fait ses délices; distinguée parmi les autres femmes dont elle est l'exemple et la gloire, on ne la voit point perdre son temps à de vaines conversations. La modestie règne dans ses propos et semble donner plus d'éclat aux grâces qui l'accompagnent et qui se répandent sur toutes ses occupations.» Or, ces occupations consistaient en soins de ménage, en travaux d'aiguille, en fonctions d'épouse, de nourrice ou de mère. Simonide compte neuf autres espèces de femmes, qu'il suppose créées avec les éléments du pourceau, du renard, du chien, du singe, de la jument, du chat et de l'âne: c'était, selon ce grossier satirique, dans ces diverses espèces qu'il fallait chercher les hétaires.

«Le nom d'une femme honnête, dit Plutarque, doit être, ainsi que sa personne, enfermé dans sa maison.» Thucydide avait exprimé la même idée, longtemps avant lui: «La meilleure femme est celle dont on ne dit ni bien ni mal.» Cette maxime résume le genre de vie que menait la matrone athénienne. Elle ne sortait pas de sa maison; elle ne paraissait ni aux jeux publics ni aux représentations du théâtre; elle ne se montrait dans les rues, que voilée et décemment vêtue, sous peine d'une amende de 1,000 drachmes que lui imposaient alors les magistrats nommés *ginecomi*, en faisant afficher la sentence aux platanes du Céramique. Elle n'avait d'ailleurs aucune lecture, aucune instruction; elle parlait mal sa langue, et elle n'entendait rien aux raffinements de la politesse, aux variations de la mode, aux plus simples notions de la philosophie. Elle n'inspirait donc à son époux d'autre sentiment qu'une froide ou tendre estime. Un mari qui se fût permis d'aimer sa femme avec transport et avec volupté, aurait été blâmé de tout le monde, suivant l'axiome formulé par Plutarque: «On ne peut pas vivre avec une femme honnête comme avec une épouse et une hétaire à la fois.» L'empire de la femme mariée finissait à la porte de sa maison, là où commençait celui du mari; elle n'avait donc pas le droit de le suivre ni de le troubler dans sa vie extérieure, et elle était censée ignorer ce qui se passait hors de chez elle. Toutefois, dans certaines circonstances, en vertu d'une ancienne loi tombée en désuétude, elle pouvait se plaindre aux magistrats et demander le divorce, si les excès de son mari lui devenaient insupportables. Ainsi, Hipparète, chaste épouse d'Alcibiade qu'elle aimait, et dont l'inconstance la désolait, voyant que ce mari libertin la délaissait pour fréquenter des étrangères de mauvaise vie, se retira chez son frère et réclama le divorce. Alcibiade prit gaiement la chose et déclara que sa femme devait apporter chez l'archonte les pièces du divorce: elle y vint, Alcibiade y vint aussi; mais, au lieu de se justifier, il emporta entre ses bras la plaignante, qu'il ramena de la sorte au domicile conjugal. Ordinairement les matrones ne se plaignaient pas, de peur de paraître abdiquer leur dignité. Le seul privilége dont elles fussent jalouses, c'était la légitimité des enfants issus du mariage légal. Démosthène conjurait l'aréopage de condamner la courtisane Nééra, «pour que des femmes honnêtes, disait-il, ne fussent pas mises au même rang qu'une prostituée; pour que des citoyennes, élevées avec sagesse par leurs parents, et mariées suivant les lois, ne fussent pas confondues avec une étrangère qui plusieurs fois en un jour s'était livrée à plusieurs hommes, de toutes les manières les plus infâmes, et au gré de chacun.»

Les hétaires avaient donc d'invincibles avantages sur les femmes mariées: elles ne paraissaient qu'à distance, il est vrai, dans les cérémonies religieuses; elles ne participaient point aux sacrifices, elles ne donnaient pas le jour à des citoyens; mais combien de compensations douces et fières pour leur vanité de femme! Elles faisaient l'ornement des jeux solennels, des exercices guerriers, des représentations scéniques; elles seules se promenaient sur des chars, parées comme des reines, brillantes de soie et d'or, le sein nu, la tête découverte; elles composaient l'auditoire d'élite dans les séances des tribunaux, dans les luttes oratoires, dans les assemblées de l'Académie; elles applaudissaient Phidias, Apelles, Praxitèle et Zeuxis, après leur avoir fourni des modèles inimitables; elles inspiraient Euripide et Sophocle, Ménandre, Aristophane et Eupolis, en les encourageant à se disputer la palme du théâtre. Dans les occasions les plus difficiles, on ne craignait pas de se guider d'après leurs conseils; on répétait partout leurs bons mots, on redoutait leur critique, on était avide de leurs éloges. Malgré leurs mœurs habituelles, malgré le scandale de leur métier, elles rendaient hommage aux belles actions, aux nobles ouvrages, aux grands caractères, aux talents sublimes. Leur blâme ou leur approbation était une récompense ou un châtiment, qu'on ne détournait pas aisément de la vérité et de la justice. Leur charmant esprit, cultivé et fleuri, créait autour d'elles l'émulation du beau et la recherche du bien, répandait les leçons du goût, perfectionnait les lettres, les sciences et les arts, en les illuminant des feux de l'amour. Là était leur force, là était leur séduction. Admirées et aimées, elles excitaient leurs adorateurs à se rendre dignes d'elles. Sans doute elles étaient les causes flétrissantes de bien des débauches, de bien des prodigalités, de bien des folies; quelquefois elles amollissaient les mœurs, elles dégradaient certaines vertus publiques, elles affaiblissaient les caractères et dépravaient les âmes; mais en même temps elles donnaient de l'élan à de généreuses pensées, à des actes honorables de patriotisme et de courage, à des œuvres de génie, à de riches inventions de poésie et d'art.

Leur action était surtout bienfaisante contre un vice odieux et méprisable, qui, originaire de Crète, s'était propagé dans toute la Grèce et jusqu'au fond de l'Asie. L'auteur du *Voyage d'Anacharsis* dit avec raison que les lois protégeaient les courtisanes pour corriger des excès plus scandaleux. Les liaisons amicales des jeunes Grecs dégénéraient d'ordinaire, excepté à Sparte, en débauches infâmes, que l'habitude avait fait passer dans les mœurs, et que d'indignes philosophes avaient la turpitude d'encourager. Solon avait déjà fondé son fameux dictérion, et taxé à une obole le service public qu'on y trouvait, pour fournir une distraction facile aux goûts dissolus des Athéniens, et pour faire une concurrence morale au désordre honteux de l'amour antiphysique; mais cette concurrence fut bien plus active et plus puissante, lorsque les hétaires se chargèrent de l'établir. Elles firent rougir ceux qui les approchaient après s'être souillés dans un immonde commerce réprouvé par la nature; elles employèrent tous les artifices de la coquetterie, pour être préférées aux jeunes garçons qui servaient d'auxiliaires à la Prostitution la plus abominable; mais elles n'eurent pas toujours l'avantage sur ces efféminés, au menton épilé, aux cheveux ondoyants, aux ongles polis, aux pieds parfumés. Il y avait des perversités incorrigibles, et les débauchés, qui leur rendaient hommage avec le plus d'enthousiasme, réservaient une part de leurs appétits sensuels pour un autre culte que le leur. L'opinion, par malheur, ne venait point en aide aux admonitions et au bon exemple des courtisanes, qui frappaient en vain de réprobation les souillures que tolérait l'indulgence des hommes. Tous les jours, à Athènes et à Corinthe, les marchands d'esclaves amenaient de beaux jeunes garçons, qui n'avaient pas d'autre mérite que leur figure et leur beauté physique: le prix de ces esclaves ne faisait pas baisser pourtant celui des hétaires, mais on les achetait souvent fort cher pour leur donner dans la maison l'emploi des concubines. L'honnêteté publique et la pudeur conjugale ne s'indignaient pas de cette abomination. Quant aux jeunes citoyens, qui, comme Alcibiade, par leurs grâces corporelles et leur séduisante physionomie, excitaient beaucoup de ces passions ignobles, ils étaient honorés au lieu d'être conspués; ils occupaient la première place dans les jeux; ils portaient des habits d'étoffe précieuse qui les faisaient reconnaître; ils recueillaient sur leur passage l'éclatant témoignage de l'immoralité publique. C'étaient là les rivaux que les hétaires essayaient constamment de détrôner ou d'effacer; c'était là le triomphe de la corruption, contre lequel les hétaires protestaient sans cesse. Lorsque Alcibiade se fut fait peindre, pour ainsi dire, sous ses deux faces, nu et recevant la couronne aux jeux Olympiques, nu et encore vainqueur sur les genoux de la joueuse de flûte Néméa, les hétaires d'Athènes formèrent une ligue pour faire exiler cet Adonis qui leur causait un si grave préjudice. Elles se bornaient parfois à combattre leurs adversaires par le mépris et le ridicule. Dans un Dialogue de Lucien, une aulétride, Drosé, est privée de son amant, le jeune Clinias; c'est Aristénète, «le plus infâme des philosophes,» dit-elle, qui le lui a enlevé: «Quoi! s'écrie Chélidonium, ce visage renfrogné et hérissé, cette barbe de bouc, qu'on voit se promener au milieu des jeunes gens dans le Pœcile!» Drosé lui raconte alors que depuis trois jours Aristénète, qui s'est emparé de cet innocent, promet de l'élever au rang des dieux, et lui fait lire les Colloques obscènes des anciens philosophes: «En un mot, dit-elle, il assiége le pauvre jeune homme!—Courage! nous l'emporterons, répond Chélidonium; je veux écrire sur les murs du Céramique: Aristénète est le corrupteur de Clinias.»

Les hétaires fuyaient donc les philosophes qui corrompaient ainsi la jeunesse, mais elles recherchaient ceux qui avaient une philosophie moins hostile aux femmes. Elles faisaient encore plus de cas des poëtes et des auteurs comiques, parce qu'elles participaient presque à leurs succès: «Que serait Ménandre sans Glycère? écrit cette spirituelle hétaire au grand comique grec. Quelle autre te servirait comme moi, qui te prépare tes masques, qui te donne tes habits, qui sais me présenter à temps sur l'avant-scène, saisir les applaudissements du côté d'où ils partent, et les déterminer à propos par le battement de mes mains?» Poëtes et auteurs comiques n'étaient pas riches, et ne pouvaient guère payer qu'en vers les faveurs qu'on leur accordait; mais ces vers ajoutaient du moins à la célébrité de celle qui les avait inspirés, et elle était sûre aussi d'échapper aux sarcasmes du poëte: «Je te demande avec instance, mon cher Ménandre, écrivait la même Glycère, de mettre au rang de tes pièces favorites la comédie dans laquelle tu me fais jouer le principal rôle, afin que si je ne t'accompagne pas en Égypte, elle me fasse connaître à la cour de Ptolémée, et qu'elle apprenne à ce roi l'empire que j'ai sur mon amant.» Cette comédie portait le nom même de Glycère. D'autres courtisanes voulurent avoir de même leur nom en titre de comédie, et l'on vit Anaxilas, Eubule et d'autres se prêter au caprice de leurs maîtresses. Quant aux philosophes qui n'avaient pas de semblables moyens d'illustrer ces belles capricieuses, et de les mettre à la mode, ils étaient traités par elles avec moins d'égards, et si on ne leur riait pas au nez, si ou ne leur tirait pas la barbe, on leur tournait souvent le dos, surtout s'ils parlaient trop: «Sera-ce, écrivait Thaïs à Euthydème, sera-ce parce que nous ignorons la cause de la formation des nuées et la propriété des atomes, que nous vous paraissons au-dessous des sophistes? Mais sachez que j'ai perdu mon temps à m'instruire de ces secrets de votre philosophie, et que j'en ai raisonné peut-être avec autant de connaissance que votre maître.» C'était pourtant Aristote à qui Thaïs osait faire ainsi la grimace, en l'accusant d'avoir une feinte aversion pour les femmes: «Pensez-vous qu'il y ait, disait-elle, tant de différence entre un sophiste et une courtisane? S'il y en a, ce n'est que dans les moyens qu'ils emploient pour persuader; l'un et l'autre ont le même but: recevoir.» Elle voulait parier avec Euthydème qu'elle viendrait à bout, en une nuit, de cette austérité factice, et qu'elle forcerait bien Aristote à se contenter des plaisirs *ordinaires*. Les courtisanes étaient toujours en dispute avec les philosophes, avec qui elles se raccommodaient pour se brouiller de nouveau. Leur gros grief contre la philosophie semble avoir été surtout son indulgence ou son penchant pour les amours *extraordinaires*.

Si les philosophes n'avaient pas la force d'âme de résister aux attraits d'une courtisane, on ne doit pas s'étonner que les plus grands hommes de la Grèce aient cédé également à leurs séductions. On en citerait bien peu qui soient restés maîtres d'eux-mêmes en présence de tous les enchantements de la beauté, de la grâce, de l'instruction et de l'esprit. Les rois aussi mettaient leur diadème aux pieds de ces dominatrices charmantes, à l'instar de Gygès, roi de Lydie, qui pleurant une courtisane lydienne, qu'il jugeait incomparable, lui fit élever un tombeau pyramidal si élevé qu'on l'apercevait de tous les points de ses États. Parmi les rois que les courtisanes grecques subjuguèrent avec le plus d'adresse, nous avons déjà cité les Ptolémées d'Égypte. Alexandre le Grand, qui emmenait avec lui, dans ses expéditions, l'Athénienne Thaïs, semblait avoir légué avec son vaste empire à ses successeurs le goût des hétaires grecques et des joueuses de flûte ioniennes. Quelques-unes de ces favorites, plus habiles ou plus heureuses que leurs concurrentes, réussirent à se faire épouser. Ainsi, après la mort d'Alexandre, Thaïs, qu'il avait presque divinisée en l'aimant, se maria avec un de ses généraux, Ptolémée, qui fut roi d'Égypte, et qui eut d'elle trois enfants. Les hétaires cependant n'étaient pas aptes à fournir une nombreuse progéniture; la plupart restaient stériles. L'histoire mentionne néanmoins plusieurs hommes illustres qui eurent pour mères des courtisanes: Philétaire, roi de Pergame, était fils de Boa, joueuse de flûte paphlagonienne; le général athénien Timothée, fils d'une courtisane de Thrace; le philosophe Bion, fils d'une hétaire de Lacédémone, et le grand Thémistocle, fils d'Abrotone, dictériade taxée à une obole.

11

Sommaire.—Les hétaires *philosophes*.—La Prostitution protégée par la philosophie.—Systèmes philosophiques de la Prostitution.—La Prostitution *lesbienne*.—La Prostitution *socratique*.—La Prostitution *cynique*.—La Prostitution *épicurienne*.—Philosophie amoureuse de Mégalostrate, maîtresse du poëte Alcman.—Sapho.—Cléis, sa fille.—Sapho *mascula*.—Ode saphique traduite par Boileau Despréaux.—Les élèves de Sapho.—Amour effréné de Sapho pour Phaon.—Source singulière de cet amour.—Suicide de Sapho.—Le saut de Leucade.—L'hétaire philosophe Lééna, maîtresse d'Harmodius et d'Aristogiton.—Son courage dans les tourments.—Sa mort héroïque.—Les Athéniens élèvent un monument à sa mémoire.—L'hétaire philosophe Cléonice.—Meurtre involontaire de Pausanias.—L'hétaire philosophe Thargélie.—Mission difficile et délicate dont la chargea Xerxès, roi de Perse.—Son mariage avec le roi de Thessalie.—Aspasie.—Son cortége d'hétaires.—Elle ouvre une école à Athènes, et y enseigne la rhétorique.—Amour de Périclès pour cette courtisane philosophe.—Chrysilla.—Périclès épouse Aspasie.—Socrate et Alcibiade, amants d'Aspasie.—Dialogue entre Aspasie et Socrate.—Pouvoir d'Aspasie sur l'esprit de Périclès.—Guerres de Samos et de Mégare.—Aspasie et la femme de Xénophon.—Aspasie accusée d'athéisme par Hermippe.—Périclès devant l'aréopage.—Acquittement d'Aspasie.—Exil du philosophe Anaxagore et du sculpteur Phidias, amis d'Aspasie.—Mort de Périclès.—Aspasie se remarie avec un marchand de grains.—Croyance des Pythagoriciens sur l'âme d'Aspasie.—La seconde Aspasie, dite Aspasie *Milto*.—Le cynique Cratès.—Passion insurmontable que ressentit Hipparchia pour ce philosophe.—Leur mariage.—Cynisme d'Hipparchia.—Les *hypothèses* de cette philosophe.—Portrait des disciples de Diogène par Aristippe.—Les hétaires *pythagoriciennes*.—La mathématicienne Nicarète, maîtresse de Stilpon.—Philénis et Léontium, maîtresses d'Épicure. Amour passionné d'Épicure pour Léontium.—Lettre de cette courtisane à son amie Lamia.—Son amour pour Timarque, disciple d'Épicure.—Son portrait par le peintre Théodore.—Ses écrits.—Sa fille Danaé, concubine de Sophron, gouverneur d'Éphèse.—Mort de Danaé.—Archéanasse de Colophon, maîtresse de Platon.—Bacchis de Samos, maîtresse de Ménéclide, etc.—Célébration des courtisanes par les philosophes et les poëtes.

Il faut attribuer surtout l'origine et le progrès de l'hétairisme grec aux courtisanes qui s'intitulaient philosophes, parce qu'elles suivaient les leçons des *philosophes*, et servaient à leurs amours. Ces philosophes hétaires avaient mis de la sorte la Prostitution sous l'égide de la philosophie, et toutes les femmes, qui, par tempérament, par cupidité ou par paresse, s'abandonnaient aux dérèglements d'une vie impudique, pouvaient s'autoriser de l'exemple et des prouesses de Sapho, d'Aspasie et de Léontium. Il y eut sans doute un grand nombre d'hétaires qui se distinguèrent dans les différentes écoles de philosophie, mais l'histoire n'a consacré que dix ou douze noms, qui représentent seuls pendant plus de trois siècles le dogme et le culte de l'hétairisme, si l'on peut appliquer ce mot-là au système philosophique de la Prostitution. Ce système nous paraît avoir eu quatre formes et quatre phases distinctes, que nous nommerons *lesbienne*, *socratique*, *cynique* et enfin *épicurienne*. On voit, par ces dénominations arbitraires, que Sapho, Socrate, Diogène et Épicure sont les patrons, sinon les auteurs, des doctrines que les hétaires philosophes se chargeaient de répandre dans le domaine de leurs attributions érotiques. Sapho prêcha l'amour des femmes; Socrate, l'amour spirituel; Diogène, l'amour grossièrement physique; Épicure, l'amour voluptueux. C'étaient là quatre amours dont les courtisanes de la philosophie se partageaient la propagande, et qui trouvaient ensuite plus ou moins de prosélytes parmi les hétaires familières auxquelles appartenait la direction suprême des plaisirs publics.

La plus ancienne philosophe qui ait laissé un souvenir dans la légende des courtisanes grecques, c'est Mégalostrate, de Sparte, qui fut aimée du poëte Alcman, et qui philosophait, poétisait et faisait l'amour, 674 ans avant Jésus-Christ. Sa philosophie était purement amoureuse, et il est permis de la regarder comme le prélude de l'épicuréisme. Alcman, selon le témoignage d'Athénée, fut le prince des poëtes érotiques, et comme il fut aussi le plus fougueux coureur de femmes (*erga mulieres petulantissimum*, dit la version latine qui ne dit pas tout), on comprend qu'il ait été le plus gros mangeur que l'antiquité s'honore d'avoir produit. Il passait à table ses jours et ses nuits, Mégalostrate couchée à ses côtés, et il chantait sans cesse un hymne à l'amour, que Mégalostrate répétait à l'unisson. Dans une épigramme de ce poëte, épigramme citée par Plutarque, le joyeux Alcman remarque, entre deux libations, que s'il eût été élevé à Sarde, patrie de ses ancêtres, il serait devenu un pauvre prêtre de Cybèle, privé de ses parties viriles, tandis qu'il est supérieur aux rois de Lydie, comme citoyen de Lacédémone, et comme amant de Mégalostrate. Après cette belle philosophe, qui n'empêcha pas son cher Alcman de mourir dévoré par les poux, il y a une espèce de lacune dans la philosophie érotique. Sapho, de Mitylène, invente l'amour lesbien, et le proclame supérieur à celui dont les femmes s'étaient contentées jusque-là. Sapho n'en avait pas toujours pensé ainsi, et elle n'en pensa pas toujours de même. Elle fut mariée d'abord à un riche habitant de l'île d'Andros, nommé Cercala, et elle en eut une fille qu'elle appela Cléis, du nom de sa mère; mais, étant devenue veuve, par un désordre de son imagination et de ses sens, elle se persuada que chaque sexe devait se concentrer sur lui-même et s'éteindre dans un embrassement stérile. Elle était poëte, elle était philosophe: ses discours, ses poésies lui firent beaucoup de partisans, surtout chez les femmes, qui n'écoutèrent que trop ses mauvais conseils. Quoique Platon l'ait gratifiée de l'épithète de *belle*, quoique Athénée se soit fié là-dessus à l'autorité de Platon, il est plus probable que Maxime de Tyr, qui nous la peint noire et petite, se conformait à la tradition la plus authentique. Ovide ne nous la montre pas autrement, et la savante madame Darcier ajoute au portrait de cette illustre Lesbienne, qu'elle avait les yeux extrêmement vifs et brillants. De plus,

Horace, en lui attribuant la qualification de *mascula*, répétée par Ausone avec le même sens, s'est conformé à une opinion généralement reçue, qui voulait que Sapho eût été hermaphrodite, comme les faits parurent le prouver.

Sans doute, la poétesse Sapho, née d'une famille distinguée de Lesbos, et possédant une fortune honorable, ne se prostituait pas à prix d'argent, mais elle tenait une école de Prostitution, où les jeunes filles de son gynécée apprenaient de bonne heure un emploi extra-naturel de leurs charmes naissants. On a voulu inutilement réhabiliter les mœurs et la doctrine de Sapho: il suffit de la fameuse ode, qui nous est restée parmi les fragments de ses poésies, pour démontrer aux plus incrédules que, si Sapho n'était pas hermaphrodite, elle était du moins tribade. (*Diversis amoribus est diffamata*, dit Lilio Gregorio Giraldi dans un de ses Dialogues, *adeo ut vulgo tribas vocaretur*.) Cette ode, ce chef-d'œuvre de la passion hystérique, retrace la fièvre brûlante, l'extase, le trouble, les langueurs, le désordre et même la dernière crise de cette passion, plus délirante, plus effrénée que tous les autres amours. On ignore le nom de la Lesbienne à qui est adressée l'ode saphique, dont le froid Boileau Despréaux a rendu le mouvement et le coloris avec plus de chaleur et d'art que ses nombreux concurrents:

> Heureux qui près de toi pour toi seule soupire,
> Qui jouit du plaisir de t'entendre parler,
> Qui te voit quelquefois doucement lui sourire!
> Les dieux, dans son bonheur, peuvent-ils l'égaler?
> Je sens de veine en veine une subtile flamme
> Courir par tout mon corps, sitôt que je te vois;
> Et dans les doux transports où s'égare mon âme,
> Je ne saurais trouver de langue ni de voix.
> Un nuage confus se répand sur ma vue,
> Je n'entends plus, je tombe en de molles langueurs;
> Et pâle, sans haleine, interdite, éperdue,
> Un frisson me saisit, je tombe, je me meurs!

On a essayé, mal à propos, de faire honneur à Phaon des sentiments et des sensations que Sapho exprime dans cette admirable pièce, qui nous fait tant regretter la perte de ses ouvrages; mais, d'un bout à l'autre, l'ode s'adresse à une personne du genre féminin. On est donc réduit à la laisser sans nom au milieu de l'école de Sapho, qui eut pour élèves ou pour amantes Amycthène, Athys, Anactorie, Thélésylle, Cydno, Eunica, Gongyle, Anagore, Mnaïs, Phyrrine, Cyrne, Andromède, Mégare, etc. Quelle que fût celle qui a inspiré l'ode sublime dont nous devons la conservation au rhéteur Longin, cette ode, qui offre une description si fidèle et si vraie de la fièvre saphique, a été enregistrée par la science médicale de l'antiquité, comme un monument diagnostique de cette affection. L'abbé Barthélemy, dans son *Voyage d'Anacharsis*, se borne à dire que Sapho «aima ses élèves avec excès, parce qu'elle ne pouvait rien aimer autrement.» La nature, en effet, avait ébauché en elle l'organe masculin en développant celui de son sexe. Ce fut, dit-on, l'amour incestueux de son frère Charaxus, ce fut la rivalité qu'elle rencontra de la part d'une courtisane égyptienne, nommée Rhodopis, ce fut surtout le triomphe de sa rivale, qui conduisirent Sapho à la recherche d'une nouvelle manière d'aimer. Elle vivait donc dans la compagnie de ses Lesbiennes, et elle oubliait que les hommes protestaient contre ses façons de faire, lorsque Vénus, pour la punir, lui envoya Phaon. Elle l'aima aussitôt et elle ne réussit point à vaincre les mépris de ce bel indifférent. Pline raconte que cet amour légitime était venu d'une source singulière: Phaon aurait trouvé sur son chemin une racine d'éryngium blanc, au moment où Sapho passait par là. Le vieux traducteur de Pline explique en ces termes ce curieux passage de l'*Histoire naturelle*: «Il y en a qui disent que la racine de l'éryngium blanc (qui est fort rare) est faite à mode de la nature d'un homme ou d'une femme; et tient-on que si un homme en rencontre une qui soit faite à mode du membre de l'homme, il sera bien aimé des femmes, et a-t-on opinion que cela seul induisit la jeune Sapho à porter amitié à Phao, Lesbien.» Cette *amitié* fut telle, que Sapho, désespérée par les froideurs de Phaon, se jeta dans la mer, du haut du rocher de Leucade, pour étouffer sa flamme avec sa vie. Elle avait malheureusement trop instruit ses écolières, pour qu'elles renonçassent à leurs premières amours, et sa philosophie, qui n'était que la quintessence de l'amour lesbien, ne cessa jamais d'avoir des initiées, particulièrement chez les courtisanes. Quelques-unes d'entre elles, pour échapper aux poursuites des hommes qu'elles trouvaient aimables, se précipitèrent aussi du Saut de Leucade, afin de se guérir d'une passion que Sapho regardait comme une honte et comme une servitude.

L'école de Sapho, par bonheur pour l'espèce humaine, ne fut toutefois qu'une exception qui ne pouvait prévaloir contre le véritable amour. L'hétaire Lééna, la philosophe, qu'on ne confondra point avec la favorite de Démétrius Poliorcète, n'avait pas été pervertie par l'esprit de contradiction des Lesbiennes; elle exerçait franchement et honorablement son métier de courtisane à Athènes; elle était l'amie, la maîtresse d'Harmodius et d'Aristogiton; elle conspira avec eux contre le tyran Pisistrate et son fils Hippias, 514 ans avant l'ère moderne. On s'empare d'elle, on la met à la torture, on veut qu'elle nomme ses complices, et qu'elle révèle le secret de la conspiration; mais elle, pour être plus sûre de garder ce secret, se coupe la langue avec ses dents et la crache au visage de ses bourreaux. On croit qu'elle périt dans les tourments. Les Athéniens, pour honorer sa mémoire, lui élevèrent un monument, représentant une lionne sans langue, en airain, qui fut placé à l'entrée du temple dans la citadelle d'Athènes. Ce n'est pas le seul acte de courage et de fierté que présentent les annales des courtisanes grecques. Une autre philosophe, Cléonice, hétaire de Byzance, s'était fait connaître par sa beauté et par divers écrits de morale. Ce fut sa réputation qui la désigna aux préférences de Pausanias, fils du roi de Sparte Cléombrote. Ce général demanda qu'on lui envoyât cette belle philosophe, pour le distraire des fatigues de la guerre. Cléonice arriva au camp, la nuit, pendant que Pausanias dormait: elle ne voulut point qu'on l'éveillât; elle fit seulement éteindre les lampes qui veillaient auprès du général endormi, et elle s'avança dans les ténèbres vers la couche du prince, qui, réveillé en sursaut par le bruit d'une lampe qu'elle renverse, croit à la présence d'un assassin, saisit son poignard et le lui plonge dans le sein. Depuis cette fatale méprise, chaque nuit lui faisait revoir le fantôme de Cléonice qui lui reprochait ce meurtre involontaire; il la conjurait en vain de s'apaiser et de lui pardonner; elle lui annonça qu'il ne serait délivré de cette sanglante apparition qu'en revenant à Sparte. Il y revint, mais pour y mourir de faim dans le temple de Minerve, où il s'était réfugié, afin d'échapper à la vengeance de ses concitoyens qui l'accusaient de trahison (471 ans avant Jésus-Christ).

L'ère des courtisanes avait commencé en Grèce à l'époque où Cléonice alliait les séductions de l'amour aux enseignements de la philosophie. Une autre philosophe de la même espèce, Thargélie, de Milet, avait été chargée d'une mission aussi difficile que délicate par Xerxès, roi de Perse, qui méditait la conquête de la Grèce: cette hétaire, aussi remarquable par son esprit et son instruction, que par sa beauté et ses grâces, servait d'instrument politique à Xerxès; elle devait lui gagner les principales villes grecques, en inspirant de l'amour aux chefs qui les défendaient; elle réussit, en effet, dans cette première partie de sa galante mission: elle captiva successivement quatorze chefs, qui furent ses amants sans vouloir être les serviteurs du roi de Perse. Celui-ci, en pénétrant dans la Grèce par le passage des Thermopyles, se vit obligé d'emporter d'assaut les villes dont Thargélie croyait lui avoir assuré la possession. Thargélie s'était fixée à Larisse, et le roi de Thessalie l'avait épousée: elle cessa d'être hétaire, mais elle resta philosophe. La haute destinée de cette courtisane excita l'ambition d'une autre Milésienne, qui l'éclipsa bientôt dans la carrière des lettres et de la fortune. Aspasie, originaire de Milet, comme Thargélie, après avoir été dictériade à Mégare, épousa Périclès, l'illustre chef de la république d'Athènes.

Elle était venue à Athènes, vers le milieu du cinquième siècle avant l'ère moderne; elle y était venue avec un brillant cortége d'hétaires qu'elle avait formées, et dont elle dirigeait habilement les opérations. Ces hétaires n'étaient pas des esclaves étrangères, savantes seulement dans l'art de la volupté; c'étaient de jeunes Grecques, de condition libre, nourries des leçons de la philosophie que professait leur éloquente institutrice, et initiées à tous les mystères de la galanterie la plus raffinée. Aspasie avait aussi des moyens de séduction toujours prêts pour toutes les circonstances, et elle exerçait, par l'intermédiaire de ses élèves, l'influence qu'elle ne daignait pas tirer de ses propres ressources. Elle ouvrit son école et y enseigna la rhétorique: les citoyens les plus considérables furent ses auditeurs et ses admirateurs. Périclès, qui s'était épris de cette philosophe, entraînait à sa suite, non-seulement les généraux, les orateurs, les poëtes, tous les hommes éminents de la république, mais encore les femmes et les filles de ces citoyens, que l'amour de la rhétorique rendait indulgentes pour tout le reste. Elles y allaient «pour l'ouïr deviser,» dit Plutarque dans la naïve traduction de Jacques Amyot, aumônier de Charles IX et évêque d'Auxerre, «combien qu'elle menast un train qui n'estoit guères honneste, parce qu'elle tenoit en sa maison de jeunes garces qui faisoient gain de leur corps.» Ce fut par là qu'elle acheva de captiver Périclès qui l'aimait à la passion, mais qui n'était pas indifférent aux ragoûts de libertinage qu'elle lui préparait. Aspasie se montrait partout en public, au théâtre, au tribunal, au lycée, à la promenade, comme une reine entourée de sa cour; elle s'était fait, d'ailleurs, une royauté plus rare et moins lourde à porter que toutes les autres: elle seule donnait le ton à la mode; elle seule dictait des lois aux Athéniens et même aux Athéniennes pour tout ce qui concernait les habits, le langage, les opinions, les mœurs mêmes, car elle mit en honneur l'hétaïrisme et elle lui ôta, pour ainsi dire, sa tache originelle. Les jeunes Grecques, en dépit de leur naissance, descendirent du rang de citoyennes à celui de courtisanes, et se proclamèrent philosophes à l'exemple d'Aspasie.

Périclès, avant d'aimer Aspasie, avait aimé Chrysilla, fille de Télée de Corinthe; mais ce premier amour passa sur son union conjugale, sans la dissoudre ni la troubler. Dès qu'il eut connu Aspasie, il ne songea plus qu'à rompre son mariage, pour en contracter un nouveau avec elle. Il amena donc sa femme à consentir au divorce, et il put alors, en se remariant, introduire dans sa maison la belle philosophe qu'on appelait dans les tavernes la *dictériade de Mégare*. Périclès était fort amoureux, mais il n'était pas jaloux; il laissait Aspasie fréquenter Socrate et Alcibiade, qui l'avaient possédée avant lui: «Il n'allait jamais au sénat, rapporte Plutarque, et il n'en revenait jamais, sans donner un baiser à son Aspasie.» Les commentateurs n'ont pas dédaigné de s'occuper de ce baiser quotidien du départ et du retour: ils l'ont supposé aussi tendre que Périclès était capable de le faire. Ensuite, Aspasie demeurait seule avec Socrate ou Alcibiade, et elle ne se consacrait pas uniquement à la philosophie, en attendant Périclès. L'entretien roulait entre nos philosophes sur des sujets érotiques, et l'on regrette d'apprendre que cette charmante femme tolérait, encourageait même chez ses deux amis les désordres les plus repoussants. Platon nous a conservé un fragment d'un dialogue entre Socrate et Aspasie: «Socrate, j'ai lu dans ton cœur, lui dit-elle; il brûle pour le fils de Dinomaque et de Clinias. Écoute, si tu veux que le bel Alcibiade te paye de retour, sois docile aux conseils de ma tendresse.—O discours ravissants! s'écrie Socrate, ô transports!... Une sueur froide a parcouru mon corps, mes yeux sont remplis de larmes...—Cesse de soupirer, interrompt-elle; pénètre-toi d'un enthousiasme sacré; élève ton esprit aux divines hauteurs de la poésie: cet art enchanteur t'ouvrira les portes de son âme. La douce poésie est le charme des intelligences; l'oreille est le chemin du cœur, et le cœur l'est du reste.» Socrate, de plus en plus attendri, ne sait que pleurer et cache son front chauve entre ses mains: «Pourquoi pleures-tu, mon cher Socrate? Il troublera donc toujours ton cœur, cet amour qui s'est élancé, comme l'éclair, des yeux de ce jeune homme insensible? Je t'ai promis de le fléchir pour toi!...» La complaisante Aspasie ne paraît pas trop piquée du successeur que Socrate veut lui donner, elle qui avait eu les prémices de cette austère sagesse. «Vénus se vengea de lui, dit le poëte élégiaque Hermésianax, en l'enflammant pour Aspasie; son esprit profond n'était plus occupé que des frivoles inquiétudes de l'amour. Toujours il inventait de nouveaux prétextes pour retourner chez Aspasie, et lui, qui avait démêlé la vérité dans les sophismes les plus tortueux, ne pouvait trouver d'issue aux détours de son propre cœur.»

Aspasie ne manifesta jamais mieux son pouvoir sur l'esprit de Périclès qu'en obtenant de lui qu'il déclarât la guerre aux Samiens, puis aux Mégariens. Dans ces deux guerres, elle accompagna son mari et ne se sépara point de sa maison d'hétaires. La guerre de Samos ne fut pour elle qu'un souvenir d'intérêt à l'égard de sa ville natale: Aspasie ne voulut pas que les Samiens, qui étaient alors en lutte avec les Milésiens, s'emparassent de Milet; elle promit du secours à ses compatriotes et elle leur tint parole. Quant à la guerre de Mégare, la cause en était moins honorable. Alcibiade, ayant entendu vanter les charmes de Simœthe, courtisane de Mégare, se rendit dans cette ville avec quelques jeunes libertins, et ils enlevèrent Simœthe en disant qu'ils agissaient pour le compte de Périclès. Les Mégariens usèrent de représailles et firent enlever aussi deux hétaires de la maison d'Aspasie. Celle-ci se plaignit amèrement, et voici la guerre déclarée. Cette guerre de Mégare fut le commencement de celle du Péloponèse. Aspasie, par sa présence et par l'aimable concours de ses filles, entretint le courage des capitaines de l'armée; pendant le siège de Samos surtout, les hétaires ne chômèrent pas, et elles firent de si énormes bénéfices, qu'elles remercièrent Vénus en lui élevant un temple aux portes de cette ville, qui n'avait pas résisté longtemps à l'armée de Périclès. Cette double guerre, qui coûtait, si glorieuse qu'elle fût, beaucoup de sang et d'argent, augmenta le nombre des ennemis d'Aspasie et accrut leur acharnement. Les femmes honnêtes, irritées de se voir préférer des courtisanes qui savaient mieux plaire, reprochèrent vivement à Aspasie et à ses compagnes de débaucher les hommes, et de faire tort aux amours légitimes. Aspasie rencontra la femme de Xénophon, qui criait plus haut que les autres; elle l'arrêta par le bras et lui dit en souriant: «Si l'or de votre voisine était meilleur que le vôtre, lequel aimeriez-vous mieux, le vôtre ou le sien?—Le sien, répondit en rougissant cette fière vertu.—Si ses habits et ses joyaux étaient plus riches que les vôtres, continua Aspasie, aimeriez-vous mieux les siens que les vôtres?—Oui, répliqua-t-elle sans hésiter.—Mais si son mari était meilleur que le vôtre, ne l'aimeriez-vous pas mieux aussi?» La femme de Xénophon ne répondit rien et s'enveloppa dans les plis de son voile.

Cependant les ennemis d'Aspasie redoublaient de malice et de perfidie. Les poëtes comiques, payés ou séduits, l'insultaient en plein théâtre: ils l'appelaient une nouvelle Omphale, une nouvelle Déjanire, pour exprimer le tort qu'elle faisait à Périclès. Cratinus alla jusqu'à la traiter de concubine impudique et déhontée. C'est alors qu'Hermippe, un de ces faiseurs de comédies, l'accusa d'athéisme devant l'aréopage, en ajoutant, dit le Plutarque d'Amyot, «qu'elle servait de maquerelle à Périclès, recevant en sa maison des bourgeoises de la ville, dont Périclès jouissait.» L'accusation suivit son cours; Aspasie comparut en face de l'aréopage, et elle eût été inévitablement condamnée à mort, si Périclès n'était venu en personne pour la défendre: il la prit dans ses bras, il la couvrit de baisers et il ne put trouver que des larmes; mais ces larmes eurent une éloquence qui sauva l'accusée. La même accusation atteignit ses amis, le philosophe Anaxagore et le sculpteur Phidias; mais Périclès ne put les préserver de l'exil qui les frappa, malgré les pleurs d'Aspasie. En perdant le grand homme qui l'avait réhabilitée, Aspasie ne resta pas fidèle à sa mémoire; elle lui donna pour successeur un grossier marchand de grains, nommé Lysiclès, qu'elle prit la peine de polir et de parfumer. Elle ne cessa point de professer la rhétorique, la philosophie et l'hétaïrisme. Elle mourut vers la fin du cinquième siècle avant Jésus-Christ. C'était une croyance des Pythagoriens, que son âme avait été celle de Pythagore, et qu'elle passa de son beau corps dans celui du hideux cynique Cratès. Son nom avait retenti jusqu'au fond de l'Asie, et la maîtresse de Cyrus le jeune, gouverneur de l'Asie-Mineure, voulut être nommée aussi Aspasie, en souvenir de la célèbre philosophe qu'elle essayait d'imiter. Cette seconde Aspasie, non moins remarquable par sa beauté et son esprit, hérita de la célébrité de son homonyme, et entra tour à tour dans le lit de deux rois de Perse, Artaxerxe et Darius. Elle était Phocéenne, et avant de prendre le surnom d'Aspasie, elle avait porté celui de *Milto*, c'est-à-dire vermillon, à cause de l'éclat de son teint.

Puisque Aspasie, par la grâce de la métempsycose, avait consenti à devenir le cynique Cratès, on s'étonnera moins de la préférence que la philosophe Hipparchia avait accordée à ce cynique, qui vivait en chien, 350 ans avant Jésus-Christ. Elle appartenait à une bonne famille d'Athènes; elle n'était pas laide; elle avait beaucoup d'intelligence et d'instruction; mais dès qu'elle eut écouté Cratès discutant sur les arcanes de la philosophie cynique, elle devint amoureuse de lui, et elle ne craignit pas de déclarer à ses parents qu'elle se livrerait à Cratès. On l'enferma: elle ne fit que soupirer pour Cratès. Sa famille alla supplier ce philosophe de s'employer à guérir cette obstinée, et il s'y employa de très-bonne foi. Quand il vit que ses raisons et ses avis n'avaient pas le moindre crédit auprès d'Hipparchia, il étala sa pauvreté devant elle, il lui découvrit sa bosse, il mit par terre son bâton, sa besace et son manteau: «Voilà l'homme que vous aurez, lui dit-il, et les meubles que vous trouverez chez lui. Songez-y bien, vous ne pouvez devenir ma femme, sans mener la vie que prescrit notre secte.» Hipparchia lui répondit qu'elle était prête à tout et qu'elle avait fait ses réflexions. Cratès fit aussi les siennes sur-le-champ, et en présence du peuple qui s'était rassemblé, il célébra ses noces dans le Pœcile. Depuis ce jour-là, Hipparchia s'attacha aux pas de Cratès, rôdant partout avec lui, l'accompagnant dans les festins, contre l'usage des femmes mariées, et ne se faisant aucun scrupule, suivant les expressions de Bayle, «de lui rendre le devoir conjugal au milieu des rues.» Telle était la prescription de la philosophie cynique. Saint Augustin, dans sa *Cité de Dieu*, met en doute cette circonstance malhonnête, en disant (et nous nous servons de la traduction du vénérable Lamothe Levayer, précepteur de Monsieur, frère de Louis XIII) «qu'il ne peut croire que Diogène ni ceux de sa famille, qui ont eu la réputation de faire toutes choses en public, y prissent néanmoins une véritable et solide volupté, s'imaginant qu'ils ne faisoient qu'imiter sous le manteau cynique les remuements de ceux qui s'accouplent, pour imposer ainsi aux yeux des spectateurs.» Quoi qu'il en soit, les noces de Cratès et d'Hipparchia furent immortalisées par les cynogamies que les cyniques d'Athènes célébraient de la même manière sous le portique du Pœcile. Hipparchia était encore plus cynique que son Cratès, et rien ne pouvait la faire rougir. Un jour, dans un repas, elle posa un sophisme que l'athée Théodore résolut, en lui levant la jupe, suivant les expressions un peu hasardées dont se sert Ménage pour traduire Diogène-Laerce (ἀνέσυρε δ' αὐτῆς θοιμάτιον). Hipparchia ne bougea pas et le laissa faire. «Qu'est-ce que cela prouve?» lui dit-elle, en le voyant s'arrêter tout court. Il ne paraît pas que la philosophie de Diogène ait eu beaucoup de prestige pour les courtisanes, car, suivant les termes énergiques d'un poëte grec, «elle ne fit pas baisser le prix des parfums.» Hipparchia eut pourtant des élèves qui suivaient son vilain exemple, et qui faisaient rougir jusqu'aux dictériades. Elle composa plusieurs ouvrages de philosophie et de poésie, entre autres, des lettres, des tragédies et un traité sur les hypothèses, ce qui fit dire à une hétaire: «Tout chez elle est hypothèse, même l'amour.» Il y a dans le grec un jeu de mots fort libre, que peut faire comprendre l'étymologie d'*hypothèse* (ὑπὸ, sous, et θέσις, position). Hipparchia, en tant que courtisane, ne pouvait avoir de vogue que dans le monde cynique, car le portrait que le philosophe Aristippe nous a laissé des disciples de Diogène, donne des femmes de cette secte une idée assez peu engageante: «N'auriez-vous pas raison, dit-il, de vous moquer de ces hommes qui tirent vanité de l'épaisseur de leur barbe, d'un bâton noueux et d'un manteau en guenilles, sous lequel ils cachent la saleté la plus outrée et toute la vermine qui peut s'y loger? Que diriez-vous encore de leurs ongles qui ressemblent aux griffes d'une bête fauve?»

Les pythagoriciens étaient du moins, en dépit des préceptes de Socrate, mieux vêtus et mieux lavés; les hétaires qui se consacraient à ces philosophes et qui leur prêtaient une aide dévouée, n'avaient rien de repoussant dans leur toilette, et à travers les soins de la philosophie, elles prenaient le temps de soigner les choses matérielles. Ces hétaires ne faisaient pas fi du luxe, principalement celles de la secte d'Épicure. Avant lui, Stilpon, philosophe de Mégare, au milieu du quatrième siècle avant Jésus-Christ, avait introduit aussi les hétaires dans la secte des stoïciens, quoique cette secte regardât la vertu comme le premier des biens. Stilpon commença par être débauché et il en conserva toujours quelque chose, alors même qu'il recommandait à ses disciples de tenir en bride leurs passions: le fond de sa doctrine était l'apathie et l'immobilité. Sa maîtresse Nicarète, qu'il faut distinguer d'une courtisane du même nom, mère de la fameuse Nééra, protestait contre cette doctrine et partageait ses moments entre les mathématiques et l'amour. Née de parents honorables qui lui donnèrent une belle éducation, elle fut passionnée pour les problèmes de la géométrie et elle ne refusait pas ses faveurs à quiconque lui proposait une solution algébrique. Stilpon ne lui apprit que la dialectique; d'autres lui enseignèrent les propriétés des grandeurs qui font l'objet des mathématiques; Stilpon s'enivrait et dormait souvent; les autres n'en étaient que plus éveillés. Une secte philosophique qui avait des hétaires pour lui faire des partisans, ne manquait jamais de réussir. Si la mathématicienne Nicarète rendit des services multipliés aux stoïciens, Philénis et Léontium ne furent pas moins utiles aux épicuriens. Philénis, disciple et maîtresse d'Épicure, écrivit un traité sur la physique et sur les atomes crochus. Elle était de Leucade, mais elle n'en fit pas le saut, car elle n'avait point à se plaindre de la froideur de ses amants. Elle eut à sa disposition la jeunesse d'Épicure; Léontium ne connut ce philosophe que dans sa vieillesse: il ne l'en aima que davantage, et elle était bien embarrassée de lui rendre amour pour amour. «Je triomphe, ma chère reine, lui écrivait-il en réponse à une de ses lettres; de quel plaisir je me sens pénétré à la lecture de votre épître!» Diogène-Laerce n'a malheureusement cité que ce début épistolaire. Quant aux lettres de Léontium, on n'en a qu'une seule, adressée à son amie Lamia, et l'on peut juger, d'après cette lettre, que le vieil Épicure avait plus d'un rival préféré. Ses soupçons et sa jalousie n'étaient donc que trop justifiés. Léontium admirait le philosophe et abhorrait le vieillard.

«J'en atteste Vénus! écrit-elle à Lamia; oui, si Adonis pouvait revenir ici-bas et qu'il eût quatre-vingts ans, qu'il fût accablé des infirmités de cet âge, rongé par la vermine, couvert de toisons puantes et malpropres, ainsi que mon Épicure, Adonis lui-même me paraîtrait insoutenable.» Épicure est jaloux, avec raison, d'un de ses disciples, de Timarque, jeune et beau Céphisien, que Léontium lui préfère à juste titre. «C'est Timarque, dit-elle, qui le premier m'a initiée aux mystères de l'amour: il demeurait dans mon voisinage et je crois qu'il eut les prémices de mes faveurs. Depuis ce temps, il n'a cessé de me combler de biens: robes, argent, servantes, esclaves, joyaux des pays étrangers, il m'a tout prodigué.» Épicure n'est pas moins généreux, mais il n'en est pas plus aimable et il est cent fois plus jaloux; car, si Timarque souffre sans se plaindre la rivalité de son maître, celui-ci ne peut lui pardonner d'être jeune, beau et aimé. Épicure charge donc ses disciples favoris Hermaque, Metrodore, Polienos, de surveiller les deux amants et de les empêcher de se joindre. «Que faites-vous, Épicure? lui dit Léontium, qui essaye de l'apaiser. Vous vous traduisez vous-même en ridicule; votre jalousie va devenir le sujet des conversations publiques et des plaisanteries du théâtre, les sophistes gloseront sur vous.» Mais le barbon ne veut rien entendre: il exige qu'on n'aime que lui: «Toute la ville d'Athènes, fût-elle peuplée d'Épicures ou de leurs semblables, s'écrie Léontium poussée à bout, j'en jure par Diane, je ne les estimerais certainement pas tous ensemble autant que la moindre partie du corps de Timarque, voire le bout de son doigt!» Léontium demande un asile à Lamia, pour se mettre à l'abri des fureurs et des tendresses d'Épicure.

Elle ne s'épargnait pas, d'ailleurs, les distractions; elle avait, en même temps, un autre amant, le poëte Hermésianax, de Colophon, qui composa en son honneur une histoire des poëtes amoureux et qui lui réserva la plus belle place dans ce livre. Mais elle était plus préoccupée de philosophie que de poésie, et elle ne se trouvait jamais mieux que dans les délicieux jardins d'Épicure, où elle se prostituait publiquement avec tous les disciples du maître, auquel elle accordait aussi ses faveurs devant tout le monde. C'est Athénée qui nous fournit ces détails philosophiques. On est indécis, après cela, pour deviner la manière dont le peintre Théodore avait représenté Léontium en méditation: *Leontium Epicuri cogitantem*, dit Pline, qui fait l'éloge de ce portrait célèbre. Elle ne se bornait point à parler sur la doctrine d'Épicure: elle écrivait des ouvrages remarquables par l'élégance du style. Celui qu'elle rédigea contre le savant Théophraste faisait l'admiration de Cicéron, qui regrettait de trouver tant d'atticisme provenant d'une source si impure. On prétend que la doctrine épicurienne l'avait rendue mère, et que sa fille Danaé, qu'elle attribuait à Épicure, naquit sous les platanes des jardins de ce philosophe. Au reste, malgré son âge vénérable, Épicure couvait sous ses cheveux blancs toutes les ardeurs d'un jeune cœur. Diogène-Laerce cite de lui cette lettre comparable à l'ode brûlante de Sapho: «Je me consume moi-même; à peine puis-je résister au feu qui me dévore; j'attends le moment où tu viendras te réunir à moi comme une félicité digne des dieux!» Par malheur, cette épître passionnée n'est point adressée à Léontium, mais à Pitoclès, un des disciples du père de l'épicurisme. Nonobstant Pitoclès et Léontium, on a tenté de faire d'Épicure le plus chaste, le plus vertueux des philosophes. Léontium lui survécut sans doute et florissait encore vers le milieu du troisième siècle avant l'ère moderne.

Sa fille Danaé ne mourut pas en courtisane: elle était devenue la concubine de Sophron, gouverneur d'Éphèse, sans abandonner pour cela la philosophie de sa mère et de son père. Sophron l'aimait éperdument, et Laodicée, femme de Sophron, ne fut pas jalouse d'elle; au contraire, elle en fit son amie et sa confidente: elle lui confia un jour qu'elle avait remis à des assassins le soin de les délivrer toutes deux à la fois d'un mari et d'un amant. Danaé s'en alla tout révéler à Sophron, qui n'eut que le temps de s'enfuir à Corinthe. Laodicée, furieuse de voir sa victime lui échapper, se vengea sur Danaé et ordonna qu'elle fût précipitée du haut d'un rocher. Danaé, en mesurant la profondeur du précipice dans lequel on allait la jeter, s'écria: «O dieux! c'est avec raison qu'on nie votre existence. Je meurs misérablement pour avoir voulu sauver la vie de l'homme que j'aimais, et Laodicée, qui voulut assassiner son époux, vivra au sein de la gloire et des honneurs.»

Telles furent les principales philosophes qui ont fait partie des hétaires grecques et qui donnèrent un prestige de science, un attrait d'esprit, une raison d'être, aux faits et gestes de la Prostitution; elles s'élevèrent au rang des maîtres de la philosophie, par la parole et par le style: leur gloire rejaillit sur l'innombrable famille des courtisanes qui, en fréquentant des poëtes et des philosophes, ne devenaient pas toutes philosophes et poëtes elles-mêmes. Platon eut Archéanasse de Colophon; Ménéclide, Bacchis de Samos; Sophocle, Archippe; Antagoras, Bédion, etc.; mais ces hétaires se contentèrent de briller dans les choses de leur profession et ne cherchèrent pas à s'approprier le génie de leurs amants, comme Prométhée le feu sacré. Poëtes et philosophes à l'envi chantèrent les louanges des courtisanes.

12

Sommaire.—Les *familières* des hommes illustres de la Grèce.—Amour de Platon pour la vieille Archéanasse.—Épigramme qu'il fit sur les rides de cette hétaire.—Interprétation de cette épigramme par Fontenelle.—L'Hippique Plangone.—Pamphile.—Singulière offrande que fit cette courtisane à Vénus.—Son académie d'équitation.—Vénus *Hippolytia*.—Rivalité de Plangone et de Bacchis.—Procès de Colophon.—Générosité de Bacchis.—Le collier des deux amies.—Archippe et Théoris, maîtresses de Sophocle.—Hymne de Sophocle à Vénus.—Théoris condamnée à mort sur l'accusation de Démosthène.—Archippe la *Chouette*.—Aristophane rival de Socrate.—Théodote, *Don de Dieu*.—Socrate *sage conseiller des amours*.—Dédains d'Archippe pour Aristophane.—Vengeance d'Aristophane.—Les *Nuées*.—Mort de Socrate.—Lamia et Glycère, maîtresses de Ménandre.—Lettre de Glycère à Bacchis.—Amour sincère de Ménandre pour Glycère.—Comédies faites en l'honneur des courtisanes.—Le poëte Antagoras et l'avide Bédion.—Lagide ou la *Noire* et le rhéteur Céphale.—Choride et Aristophon.—Phyla concubine d'Hypéride.—Les maîtresses d'Hypéride.—Euthias accusateur de Phryné.—Isocrate et Lagisque.—Herpyllis et Aristote.—L'esclave Nicérate et le rhéteur Stéphane.—L'impudique Nééra.—Le maître, le complaisant, le médecin et l'ami de Naïs ou Oia.—L'hétaire Bacchis.—Efforts que fit cette courtisane pour sauver Phryné de l'accusation portée contre elle par Euthias.—Regrets que causa sa mort.—Désespoir d'Hypéride son amant.—La *bonne* Bacchis.—Mœurs honnêtes de la courtisane Pithias.—Exemple de tendresse donné par Théodète lors de la mort d'Alcibiade son amant.—L'hétaire Médontis d'Abydos.—Les *quadriges* de Thémistocle.—La vieille courtisane Thémistonoé.—Boutades de Nico dite la *Chèvre*.—Épigrammes de Mania dite l'*Abeille* et *Manie*.

Presque tous les grands hommes de la Grèce s'attachèrent, comme Périclès, au char des courtisanes; chaque orateur, chaque poëte eut sa familière; mais, quoique les hétaires, qui s'adonnaient ainsi aux lettres et à l'éloquence, n'eussent pour mobile d'intérêt que l'amour de la célébrité, elles furent souvent trompées dans leur attente, et leurs amants ne les ont célébrées que dans des ouvrages qui survivaient peu à la circonstance, ou qui du moins ne sont pas venus jusqu'à nous. Il ne reste donc que bien peu de détails sur ces hétaires que les noms illustres de leurs adorateurs nous recommandent assez, mais qui ont peut-être trop négligé de se recommander par elles-mêmes, par leurs grâces et par leur esprit. Il semble que les hommes éminents qui ne rougissaient pas de les aimer et de se traîner à leurs pieds publiquement, aient craint de se compromettre vis-à-vis de la postérité en se faisant les trompettes de la Prostitution et des vices qui en découlent. Il est possible aussi que les maîtresses choisies par les maîtres de la littérature grecque n'eussent pas d'autre mérite que l'honneur de ce choix et leur beauté matérielle; ce n'est pas d'aujourd'hui que les gens d'esprit ont donné la préférence aux belles statues, et se sont moins préoccupés des sentiments que des sensations; or, chez les Grecs, comme nous l'avons déjà dit, la femme était surtout remarquable par la perfection des formes, et son corps harmonieux avait seul plus de séductions muettes que l'esprit et le cœur n'en eussent pu mettre dans sa voix et dans son entretien. Nous en conclurons que les amantes des poëtes, des orateurs et des savants, n'étaient que belles et voluptueuses.

Platon dérogea pourtant de la philosophie jusqu'à composer des vers sur les rides de son Archéanasse, qu'il n'en aimait pas moins, si ridée qu'elle fût. Cette épigramme, qui est intraduisible en français, roule sur l'analogie de consonnance que présente en grec le mot *ride* et le mot *bûcher* (en latin, *rogum* et *ruga*): «Archéanasse, hétaire colophonienne, est maintenant à moi, elle qui cache sous ses rides un Amour vainqueur. Ah! malheureux, qu'elle a touchés de sa flamme dans sa première jeunesse, vous êtes depuis longtemps la proie du bûcher!» On attribue au poëte Asclépiade ces vers qui portent le nom de Platon, et que Fontenelle a déguisés de la sorte dans une galante imitation qu'il s'est bien gardé de rapprocher de l'original grec:

L'aimable Archéanasse a mérité ma foi;
Elle a des rides, mais je voi
Une troupe d'Amours se jouer dans ses rides.
Vous qui pûtes la voir avant que ses appas
Eussent du cours des ans reçu ces petits vides,
Ah! que ne souffrîtes-vous pas?

Au reste, l'épigramme de Platon ou d'Asclépiade pourrait s'entendre de dix manières et se traduire de cent. Nous comprenons mieux une autre épigramme, dont l'auteur ne s'est pas nommé, et qui a été faite pour une autre courtisane de Milet, appelée Plangone en Grèce, et Pamphile en Ionie. Cette Plangone, dont la beauté était sans rivale, enleva les amants de ses deux amies Philénis et Bacchis; puis, satisfaite de sa double victoire, offrit à Vénus un fouet et une bride, avec cette inscription allégorique: «Plangone a dédié ce fouet et ces rênes brillantes, et les a mis sur la porte de son académie, où l'on apprend si bien à monter à cheval, après avoir vaincu avec un seul coursier la guerrière Philénis, quoiqu'elle commençât déjà à être sur le retour. Aimable Vénus, accorde-lui la faveur de voir sa victoire passer à l'immortalité.» Le poëte, dans ces vers, compare la carrière amoureuse aux stades où se faisait la course des chars; Plangone se servit si habilement du fouet et de la bride, qu'elle atteignit le but avant Philénis, qui avait dépassé pourtant la borne fatale, et qui se croyait sûre de garder l'avantage; quant au coursier, que montait Plangone dans cette lutte mémorable, c'était peut-être le poëte lui-même. Si Plangone eut le prix de la course cette fois-là, elle fut moins heureuse plus tard; Lucien nous apprend qu'elle se trouva un beau matin dépouillée par son amant, qui de cheval était devenu écuyer et avait retourné le fouet et la bride contre son écuyère: «Un seul cavalier lui a coûté la vie,» dit Lucien, qui faisait allusion à l'inscription de l'offrande à Vénus. Nous supposerions volontiers qu'à cette offrande était jointe une statuette représentant la courtisane sous les traits de la déesse qu'elle invoquait dans son académie d'équitation, car son nom (πλαγγων) resta depuis à des poupées ou images de cire qu'on vendait aux portes des temples de Vénus, principalement à Trézène, où Vénus était adorée sous le titre d'*Hippolytia*.

Plangone fut moins célèbre par ses mœurs hippiques que par sa rivalité avec Bacchis. Cette belle hétaire de Samos, la plus douce et la plus honnête des courtisanes, avait pour amant Proclès de Colophon. Ce jeune homme rencontra Plangone et oublia Bacchis; mais Plangone, sachant quelle était sa rivale, ne voulut pas écouter d'abord les tendres supplications de Proclès, qui lui offrait de tout sacrifier pour elle, même Bacchis: «Demandez-moi une preuve d'amour? disait-il, je vous la donnerai, dût-elle me coûter la vie.—Eh bien! je te demande le collier de Bacchis, répondit Plangone en riant.» Ce collier de perles n'avait pas de pareil au monde: les reines d'Asie l'enviaient à la courtisane, qui le portait jour et nuit. Proclès, désespéré, s'en alla trouver Bacchis, lui avoua en pleurant qu'il se mourait d'amour, et que Plangone, par dérision sans doute, ne lui laissait aucun espoir, à moins qu'il n'eût le collier de Bacchis à donner en échange de ce qu'il demandait. Bacchis détacha en silence son collier et le mit dans les mains de Proclès; celui-ci, éperdu, indécis, fut au moment de le rendre en se jetant aux genoux de sa noble maîtresse; mais la passion l'emporta; il se leva en tremblant et s'enfuit comme un voleur avec le collier: «Je vous renvoie votre collier, écrivit Plangone à Bacchis dont elle admirait la générosité; demain je vous renverrai votre amant.» Les deux courtisanes conçurent réciproquement beaucoup d'estime l'une pour l'autre, et se lièrent d'une si étroite amitié, qu'elles mirent en commun jusqu'à l'amant et le collier. Quand on voyait Proclès entre ses deux maîtresses, on disait: «C'est le collier des deux amies!»

Revenons aux maîtresses des grands hommes. Sophocle, le vieux Sophocle en eut deux, Archippe et Théoris. Celle-ci était prêtresse dans les mystères de Vénus et de Neptune; elle passait aussi pour magicienne, parce qu'elle fabriquait des philtres. Elle avait dédaigné l'amour du fameux Démosthène, pour flatter l'orgueil de Sophocle, qui adressa cet hymne à Vénus: «O déesse, écoute ma prière! Rends

Théoris insensible aux caresses de cette jeunesse que tu favorises; répands des charmes sur ma chevelure blanche; fais que Théoris préfère un vieillard. Les forces du vieillard sont épuisées, mais son esprit conçoit encore des désirs.» Démosthène, pour se venger des dédains de cette belle prêtresse, l'accusa d'avoir conseillé aux esclaves de tromper leurs maîtres, et la fit condamner à mort. Sophocle ne paraît pas avoir pris la défense de la malheureuse Théoris. Il aimait déjà peut-être Archippe, qui lui sacrifia le jeune Smicrinès: «C'est une chouette, dit celui-ci, elle se plaît sur les tombeaux.» Ce tombeau-là cachait un trésor: Sophocle, qui mourut centenaire, laissa tous ses biens par testament à l'aimable chouette. Les courtisanes n'avaient pas moins d'empire sur la comédie que sur la tragédie. Aristophane fut le rival de Socrate, et eut une passion malheureuse pour la maîtresse de ce philosophe, qu'on avait surnommée *Théodote*, c'est-à-dire *Don de Dieu*. Cette divine hétaire avait reçu des leçons de Socrate, qui s'intitulait lui-même le *sage conseiller en amours*; elle s'était éprise de ce nez camard et de ce front chauve; elle avait supplié Socrate de lui donner la plus humble place parmi ses amantes et ses disciples: «Prêtez-moi donc un philtre dont je puisse me servir, lui avait-elle dit en soupirant, pour vous attirer près de moi?—Mais je ne veux pas vraiment, avait répondu Socrate, être attiré près de vous; je prétends bien que vous veniez me chercher vous-même.—J'irai volontiers, si vous consentez à me recevoir.—Je vous recevrai s'il n'y a personne auprès de moi que j'aime plus que vous.» Elle choisit bien son temps: Socrate était seul. Socrate continua de lui donner d'excellents avis pour régler sa conduite de courtisane, et pour conserver longtemps ses amants en les rendant toujours plus passionnés. Ce fut sur ces entrefaites, qu'elle se fit un ennemi d'Aristophane, lorsqu'elle refusa d'en faire un amant. Le terrible poëte soupçonna Socrate d'avoir prévenu contre lui la naïve Théodote, et au lieu de se venger d'elle, il composa la comédie des *Nuées*, dans laquelle il attaquait cruellement le philosophe. Cette comédie eut pour dénoûment le procès qui fit condamner Socrate à boire la ciguë. Théodote pleura la glorieuse victime d'Aristophane: «Vos amis font vos richesses, lui avait dit Socrate, dans la première visite qu'il lui rendait; c'est la plus précieuse et la plus rare de toutes les richesses!» Théodote ne voulut jamais admettre au nombre de ses amis l'ennemi, l'accusateur, le bourreau de Socrate.

Le poëte Ménandre, dont les comédies n'étaient pas des satires comme celles d'Aristophane, fut mieux accueilli par les courtisanes. Lamia et Glycère se disputèrent successivement la gloire de le posséder et de le fixer; l'une, maîtresse de Démétrius Poliorcète; l'autre, d'Harpalus de Pergame. On a compendieusement disserté pour savoir s'il devança ces deux princes dans les bonnes grâces de leurs favorites. «Ménandre est du tempérament le plus amoureux, écrivait Glycère à Bacchis, qu'elle craignait d'avoir pour rivale, et l'homme le plus austère ne se défendrait qu'avec peine des charmes de Bacchis. Ne me taxe donc pas de former des soupçons injustes, et pardonne-moi, ma chère, les inquiétudes de l'amour. Je regarde comme la chose la plus importante à mon bonheur, de me conserver Ménandre pour amant, car si je venais à me brouiller avec lui, si sa tendresse venait seulement à se refroidir, ne serais-je pas sans cesse dans la crainte d'être traduite sur la scène, en butte aux propos insultants des Chrémès et des Dyphile?» Glycère aimait véritablement Ménandre, et celui-ci en fut tellement épris que, pour ne pas la quitter, il refusa les offres brillantes du roi d'Égypte Ptolémée, qui cherchait en vain à l'attacher à sa personne. «Loin de toi, écrivait Ménandre à Glycère, quelles douceurs trouverais-je dans la vie? Y a-t-il quelque chose au monde qui puisse me flatter davantage et me rendre plus heureux que ton amitié? Ton caractère charmant, la gaieté de ton esprit, conduiront jusqu'à notre extrême vieillesse les agréments de la jeunesse. Passons donc ensemble ce qui nous reste de beaux jours; vieillissons ensemble, mourons ensemble; n'emportons pas avec nous le regret d'imaginer que le dernier survivant pourrait encore jouir de quelque félicité. Que les dieux me préservent d'espérer un bonheur de cette espèce!» Ménandre préfère l'amour de Glycère à toutes les joies de l'ambition, à toutes les splendeurs de la fortune: il enverra donc à sa place chez Ptolémée le poëte Philémon: «Philémon n'a point de Glycère!» s'écrie-t-il avec tendresse. Glycère, touchée de cette preuve de solide affection, essaie pourtant de décider Ménandre à accepter les propositions du roi d'Égypte: elle ne veut pas être en reste de générosité, elle le suivra partout, elle ira s'établir avec lui dans Alexandrie; mais elle triomphe au fond du cœur, elle se réjouit de l'avoir emporté sur Ptolémée: «Je ne crains plus, dit-elle, le peu de durée d'un amour qui ne serait appuyé que sur la passion: si les attachements de cette espèce sont violents, ils se rompent aisément;

mais quand la confiance les soutient, il semble qu'on peut les regarder comme indissolubles.» On ne croirait pas que c'est une courtisane qui sait trouver ces délicatesses de sentiments, et l'on en doit conclure que l'amour ne dure pas moins longtemps chez une vieille courtisane que chez une jeune vestale. Avant d'aimer Ménandre, Glycère avait été royalement entretenue par Harpalus, un des plus riches officiers d'Alexandre le Grand; mais, en revanche, Lamia avait quitté Ménandre pour entrer dans la couche royale de Démétrius Poliorcète.

Ménandre avait fait une comédie en l'honneur de sa Glycère; le poëte Eunicus célébra la sienne, Anthée, dans une pièce qu'il nomma du même nom qu'elle. Pérécrate fit à Corianno l'offrande d'une comédie homonyme. Thalatta eut aussi la gloire d'être mise en comédie, mais le nom de son poëte a été plus vite oublié que celui de sa pièce. Le poëte Antagoras, favori d'Antigonus, n'eut pas à se repentir d'avoir consacré sa muse à sa maîtresse, à l'avide Bédion, qui, suivant l'expression de Simonide, commença en sirène et finit en pirate. Les orateurs étaient encore plus ardents que les poëtes pour ces hétaires, qui n'en tiraient pas ordinairement d'autre profit qu'une satisfaction de vanité. Lagide ou la *Noire*, dont le rhéteur Céphale avait composé le panégyrique en style galant, se donna, pour une harangue, à Lysias; Choride rendit père Aristophon, qui était fils lui-même de la courtisane Chloris. Phyla fut la concubine d'Hypéride, qui l'avait rachetée, et qui lui confia le soin d'une maison qu'il avait à Éleusis, sans cesser d'avoir des relations avec Myrrhine, Aristagore, Bacchis et même Phryné: Phyla n'était cependant qu'une esclave née à Thèbes. Myrrhine accorda ses faveurs à Euthias, pour le déterminer à se porter accusateur de Phryné qu'elle détestait: «Par Vénus! lui écrivait Bacchis indignée de cet odieux marché, puisses-tu ne trouver jamais un autre amant! Va, que le sublime objet de ton amour, que cet infâme Euthias enchaîne ta vie à la sienne!» Les rhéteurs, les moralistes n'avaient pas moins de penchant pour l'hétaïrisme. Isocrate se relâche de son austérité en faveur de Lagisque; Herpyllis, qui s'était montrée digne d'être couchée sur le testament d'Aristote, lui avait donné un fils, nommé Nicomaque; Nicérate, esclave de Cassius d'Élée, doit sa liberté au rhéteur Stéphane. Lorsqu'une hétaire prenait l'habitude d'avoir un rhéteur ou un poëte parmi ses amis, c'était une charge qu'elle ne laissait jamais vacante dans sa maison, et, suivant le bon mot d'une de ces amoureuses des gens d'esprit, si le poste se trouvait mal occupé ou mal défendu, on doublait, on triplait la garnison. La célèbre Nééra, que Démosthène accusa d'impiété et d'adultère devant le tribunal des Thesmothètes, eut à la fois pour amants Xénéclide, l'acteur Hipparque et le jeune Phrynion, neveu du poëte Démocharès, qui avait eu les mêmes priviléges en qualité d'oncle. Ce n'était point encore assez; Phrynion avait un ami nommé Stéphane: ils convinrent ensemble de se partager les nuits de Nééra, qui n'était pas faite pour s'effrayer du partage, elle qui, soupant avec ses deux amants jumeaux chez Chabrias, sortit de leurs bras pour se prostituer à tous les esclaves de la maison. Il faut dire, pour l'excuser, que cette nuit-là elle était ivre. Naïs ou Oia, surnommée *Anticyre*, parce qu'on l'accusait de faire boire de l'ellébore à ses amants, en avait plusieurs en même temps, qu'elle déguisait sous des noms différents: Archias était son maître, Himénéus son complaisant, Nicostrate son médecin, Philonide son ami.

Une des plus renommées parmi les hétaires de poëtes ou d'orateurs, ce fut certainement Bacchis, la maîtresse de l'orateur Hypéride. Elle l'aimait si profondément, qu'elle refusa de connaître aucun autre homme, après l'avoir connu. C'était une âme tendre et mélancolique, qui se contentait d'aimer et d'être aimée par un seul. Elle n'avait ni jalousie à l'égard de ses compagnes ni défiance à leur endroit; incapable de faire le mal et d'en avoir même l'idée, elle ne supposait pas la méchanceté chez les autres. Lorsque Phryné fut accusée d'impiété par Euthias, elle conjura Hypéride de la défendre, et elle contribua de tous ses efforts à la sauver. On lui reprochait seulement, parmi les hétaires, de gâter le métier de courtisane et de faire trop de vertu.

Lorsqu'elle mourut dans la fleur de l'âge, on la regretta généralement. On la pleura comme un modèle de bonté, de douceur et de tendresse. «Jamais je n'oublierai Bacchis, écrivait Hypéride après l'avoir perdue, jamais! Quel était son noble et généreux dévouement! il ennoblit le nom de courtisane. Que toutes se réunissent pour lui dresser une statue dans le temple de Vénus ou des Grâces! leur gloire le conseille, car l'on va répétant de tous côtés qu'elles sont des sirènes perfides, dévorantes, éprises de la passion de l'or, mesurant leur amour à la fortune, et précipitant enfin leurs adorateurs dans un abîme de maux.» Bacchis avait repoussé les présents les plus magnifiques, pour rester fidèle à Hypéride; elle mourut pauvre, n'ayant que le manteau de son amant pour se couvrir dans le misérable lit où elle cherchait encore la trace de ses baisers.

«Je ne surprendrai plus la douceur de ses regards, disait en gémissant cet amant désolé, je ne verrai plus le sourire voluptueux de cette bouche charmante; elles sont évanouies, les délices de ces nuits qu'elle animait d'une volupté sans cesse renaissante! Son caractère, d'une douceur ineffable, se peignait encore au sein du plus entier abandon. Quels regards! quels discours! quelle conversation de sirène! quel pur et enivrant nectar que son baiser! La séduction reposait sur ses lèvres. Elle réunissait en elle seule les trois Grâces et Vénus; elle semblait enveloppée de la ceinture de la déesse même!» Et pourtant Hypéride avait donné plus d'une rivale à Bacchis, il l'avait même abandonnée un moment pour s'attacher à Phryné, dont il venait de sauver la vie; mais Bacchis ne lui témoigna ni dépit ni rancune; elle ne lui en resta pas moins fidèle, et si on lui demandait ce qu'elle faisait seule, pendant qu'Hypéride l'oubliait dans les bras d'une foule de maîtresses qui ne la valaient pas, «Je l'attends!» disait-elle avec simplicité. L'aventure du collier l'avait mise à la mode par toute la Grèce, et on ne l'appelait que la *bonne* Bacchis. Quant à Plangone, qui n'avait pourtant pas joué un rôle odieux dans cette aventure, on ne lui pardonnait pas d'avoir troublé les amours de Bacchis, et on la surnomma *Pasiphile* ou le *Paon*. Le mordant Archioloque la compare, dans ses vers, aux figuiers qui croissent sur les rochers et dans les lieux écartés, et dont les fruits amers ne servent qu'à nourrir les corneilles et les oiseaux de passage: «Ainsi, dit-il, les faveurs de Pasiphile ne sont que pour les étrangers qui passent et n'y reviennent plus.» Il y avait donc une justice morale entre les courtisanes qui subissaient les arrêts de l'opinion.

Bacchis ne fut pas la seule qui se fit estimer dans sa profession; Aristénète et Lucien citent encore Pithias qui, bien qu'hétaire, conserva des mœurs honnêtes et, disent-ils, «ne s'écarta jamais de la belle et simple nature.» Une autre, Théodète, qui n'eût pas sans doute mérité le même éloge, donna l'exemple de la tendresse la plus dévouée: elle avait aimé Alcibiade, quand son amant périt dans les embûches de Pharnabaze; elle recueillit pieusement ses restes, les enveloppa de riches étoffes et leur rendit les honneurs funèbres. On vit ainsi une courtisane mener le deuil de l'élève de Socrate. Alcibiade n'était pourtant pas un amant fidèle, et l'on peut dire qu'il tint à honneur de connaître toutes les courtisanes de son temps. Un jour, on vint à parler, devant lui et son mignon Axiochus, de Médontis d'Abydos, qu'il ne connaissait pas; on en fit l'éloge en des termes qui excitèrent sa curiosité: il s'embarqua le soir même avec Axiochus, traversa l'Hellespont et alla passer une nuit entre elle et lui. Beaucoup d'hétaires furent célèbres, qui ne nous ont guère laissé que leurs noms. Telles sont les quatre courtisanes Scyonne, Lamia, Satyra et Nanion, qui parurent dans un char à côté de Thémistocle, ou qui s'attelèrent, suivant une autre tradition, au char où cet illustre fils d'une dictériade était couché en costume d'Hercule. On les nomma depuis les *quadriges* de Thémistocle. Lucien, Athénée et Plutarque nomment seulement Aéris, Agallis, Timandra, Thaumarion, Dexithea, Malthacée et quelques autres célébrités du même genre. Quant à Thémistonoé, qui exerça son métier pendant plus de douze lustres, elle ne quitta la lice amoureuse qu'en perdant sa dernière dent et son dernier cheveu. Cette intrépide persévérance fut récompensée par cette épigramme de l'Anthologie: «Malheureuse, te peux effacer la couleur de tes cheveux blancs, tu n'effaceras pas les outrages inséparables de la vieillesse; tu prodigues en vain les parfums, tu épuises en vain la céruse et le fard, le masque ne te cache point. Il est un prodige inaccessible à ton art, c'est de changer Hécube en Hélène.»

La plupart des hétaires avaient, à défaut d'esprit et d'instruction, une vivacité de repartie qui rencontrait souvent des mots heureux et plus souvent des mots mordants. Nico, dite la *Chèvre* à cause de ses fougues, était connue pour ses boutades, qu'elle appelait ses coups de cornes. Un jour, Démophon, le mignon de Sophocle, lui demanda la permission de s'assurer qu'elle était faite comme Vénus Callipyge: «Que veux-tu faire de cela? lui dit-elle dédaigneusement: Est-ce pour le donner à Sophocle?» Mais la plus fameuse par ses épigrammes, ce fut Mania, qui en décochait de si cuisantes et de si acérées, qu'on l'avait nommée l'*Abeille*. Les Grecs disaient en faisant allusion à son nom de Mania: «C'est une douce Manie!» Machon avait rassemblé un livre entier de ses bons mots; elle était, d'ailleurs, très-belle et se comparait elle-même à une des trois Grâces, en ajoutant qu'elle avait chez elle de quoi en faire quatre. Elle répondit à un dissipateur qui marchandait ses faveurs: «Je ne t'ouvrirai que mes bras; autrement, je te connais, tu dévorerais le fonds.» Un lâche, qui avait pris la fuite dans un combat en jetant son bouclier, se trouvait à table auprès d'elle: «Quel est l'animal qui court le plus vite? lui demanda-t-il pendant qu'elle découpait un lièvre.—C'est un fuyard,» répliqua-t-elle. Là-dessus, elle raconta, sans le nommer, qu'un des convives présents au festin avait naguère perdu son bouclier à la guerre; celui qui se sentait en butte à ces railleries rougit, se lève et veut sortir: «Cela soit dit sans vous blesser, ajouta-t-elle en l'arrêtant par le bras. J'en jure par Vénus! si quelqu'un a perdu le bouclier, assurément c'est l'insensé qui vous l'avait prêté.» Une fois, Démétrius Poliorcète lui demanda la permission de juger par ses propres yeux des beautés secrètes qu'elle tenait de Vénus Callipyge et qu'elle aurait pu montrer au berger Pâris, si elle eût été admise à entrer en lutte avec les trois déesses; elle se retourna sur-le-champ, avec une grâce enchanteresse, en parodiant ces deux vers de Sophocle: «Contemple, fils superbe d'Agamemnon, ces objets pour lesquels tu as toujours eu une admiration si prononcée!» Elle avait à la fois deux amants, Léontius et Anténor, qu'elle choisit parmi les vainqueurs des jeux olympiques, et qu'elle contenta dans la même nuit, à l'insu de l'un et de l'autre. Léontius lui fit des reproches, d'un air piqué, quand il apprit la chose: «J'ai eu la curiosité, lui dit-elle, de connaître quelle serait l'espèce de blessure que deux athlètes, tous deux vainqueurs dans les jeux olympiques, pourraient me faire dans une seule nuit!»

13

Sommaire.—Biographie des courtisanes célèbres de la Grèce.—Gnathène.—Ses bons mots mis en vers par Machon.—Ses repas.—Sa nièce Gnathœnion ou la petite Gnathène.—Les *Apophthegmes* de Lyncæus.—Amants de Gnathène.—Le vase de neige et la sardine.—Comment Gnathène s'y prit pour manger avec le Syrien un repas donné par Dyphile.—Lois conviviales de la maison de Gnathène.—Ses reparties spirituelles.—Ses querelles avec l'hétaire Mania.—Bonne réponse de cette courtisane à Gnathène.—Le souper de Dexithea.—Gnathœnion.—Sa rencontre avec le vieux satrape.—Amants de Gnathœnion.—Gnathœnion et l'athlète.—Gnathène *hippopornos*.—Diogène et le maquignon.—Laïs.—Son enfance.—Son rachat par Apelles.—Laïs à Corinthe.—Renommée de cette courtisane.—Sommes exorbitantes qu'elle exigeait de ceux qui voulaient obtenir ses faveurs.—Démosthène et Laïs.—Les amants de Laïs.—Aristippe.—Diogène.—Laïs et Xénocrate.—Honte et confusion de Laïs.—Le sculpteur Myron.—Laïs et Eubates.—Richesses de Laïs.—Sa vieillesse malheureuse.—L'*Anti-Laïs*.—Sa mort.—Monuments élevés à sa mémoire.—Les autres Laïs.—Phryné.—La *lie du vin* de Phryné.—Pourquoi cette courtisane reçut le surnom de *Phryné*.—Son emploi dans les mystères d'Eleusis et aux fêtes de Neptune et de Vénus.—Phryné accusée d'impiété par Euthias.—Son acquittement.—Le *parasite de la courtisane*.—Grandes richesses de Phryné.—Offre que cette courtisane fait aux Béotiens, de reconstruire à ses frais la ville de Thèbes détruite par Alexandre-le-Grand.—Le Cupidon de Praxitèle.—Statue d'or élevée à Phryné après sa mort.—Phryné dite le *Crible*.—Pythionice et Glycère.—Harpalus.—Les deux amants de Pythionice.—Mort de cette courtisane.—Le *blé de Glycère*.—Assassinat d'Harpalus.—Bons mots de Glycère.—*Le Monument de la Prostituée*.—Mort de Glycère.

Entre toutes les hétaires grecques qui eurent leurs historiens et leurs panégyristes, les plus célèbres à différents titres ont été Gnathène, Laïs, Phryné, Pythionice et Glycère.

La biographie de Gnathène ne se compose que de bons mots, de fines reparties, de piquantes épigrammes, que le poëte Machon avait mis en vers et qu'Athénée a recueillis avec une complaisance que nous avons le regret de ne pouvoir imiter; la langue grecque a des licences qui se prêtaient à toutes les témérités de la langue des courtisanes, et le français se trouve bien empêché de les reproduire d'une manière à la fois décente et intelligible. Gnathène, qui devait être Athénienne, à en juger par l'atticisme et la vivacité de son esprit, vivait du temps de Sophocle, à la fin du cinquième siècle avant Jésus-Christ. Elle était certainement d'une beauté remarquable; mais ce qu'on appréciait le plus en elle, ce fut toujours sa gaieté intarissable, assaisonnée de propos pleins de sel, qui, parfois âcres et grossiers, n'en avaient pas moins de charme pour les libertins. On la payait pour l'entendre comme pour la voir, et les repas qu'elle donnait chez elle réunissaient par écot les citoyens les plus distingués d'Athènes. Elle fut donc courtisée et recherchée par les hommes de goût, longtemps après que l'âge eut fait tomber le prix de ses amours. Elle avait, d'ailleurs, prévu cet abandon des amants, en élevant sous ses yeux une charmante fille qu'elle faisait passer pour sa nièce, et qui se nommait Gnathœnion ou la petite Gnathène. Cette nièce-là se montra digne de sa tante et tira bon profit des leçons qu'elle en avait reçues. Ces deux hétaires avaient acquis tant de vogue à cause de leurs innombrables reparties, que le Samien Lyncæus, dans ses *Apophthegmes*, enregistra curieusement tous les traits de malice et de bonne humeur, qu'on attribuait à la tante ou à la nièce. Gnathène, qui craignait d'être livrée sur la scène aux risées des Athéniens, s'était attaché le poëte comique Dyphile; mais elle ne lui épargnait pas d'amères plaisanteries, et elle semblait vouloir lui prouver qu'elle serait de force à se mesurer avec lui, au besoin, dans l'arène de la comédie. Dyphile, tout gonflé de vanité, ne voulait pas avoir de rivaux, et Gnathène, pour le satisfaire sur ce point, lui répétait en riant le proverbe thébain: «Les ronces ne poussent jamais sur la route d'Hercule.» Elle avait néanmoins autant d'amants, qu'elle pouvait en prendre, et chacun d'eux était admis à différents tarifs. Parmi ces habitués de la maison, un certain Syrien, qui n'était pas des plus généreux, trouvait pourtant des inventions de galanterie peu coûteuses, mais assez divertissantes, avec lesquelles il payait les bonnes grâces que Gnathène avait pour lui. Un jour, aux fêtes de Vénus, ce Syrien lui envoya un vase rempli de neige et une sardine dans un plat: «Cette neige est moins blanche que vous, lui écrivait-il; cette sardine est moins salée que votre langue.» Gnathène allait répondre, quand arriva un messager de Dyphile, apportant pour le festin du soir deux amphores de vin de Thrasos, deux de vin de Chios, un chevreuil, des poissons, des parfums, des couronnes, des rubans, des confitures, le tout accompagné d'un cuisinier et d'une joueuse de flûte: «Je veux, dit-elle, que le présent de mon Syrien figure aussi parmi les vins et les mets du souper.» Elle ordonna donc qu'on fît fondre la neige dans le vin de Chios, et que la sardine fût mêlée aux autres poissons. Le souper servi, Dyphile arriva, et les portes furent closes; quand le Syrien s'y présenta, on lui dit de patienter jusqu'à ce que la table fût prête. Gnathène, qui savait son Syrien dehors, cherchait dans sa tête le moyen de le faire entrer, en chassant Dyphile. Celui-ci commença les libations, et se faisant verser à boire: «Par Jupiter! s'écria-t-il, tu as fait rafraîchir mon vin dans ta fontaine: il n'en est pas une à Athènes dont l'eau soit aussi glacée.—Cela doit être, répondit-elle, car nous ne manquons jamais d'y faire jeter les prologues de tes drames.» Dyphile, blessé de l'épigramme, ne répliqua pas, rougit, et se retira en silence. Gnathène aussitôt fit introduire le Syrien et continua le souper avec lui. Elle mangea du meilleur appétit la sardine que son hôte préféré lui avait offerte: «C'est un bien petit poisson, dit-elle, mais il me fait un bien grand plaisir.»

Dyphile était le souffre-douleur; Gnathène, pour se débarrasser de lui jusqu'au lendemain matin, n'avait qu'à le piquer au vif dans son orgueil de poëte. Un jour, à la représentation d'une de ses comédies, il fut hué par l'auditoire et quitta le théâtre, au bruit des rires moqueurs. Il était si découragé et si chagrin, qu'il eut l'idée d'aller se consoler auprès de sa maîtresse. Celle-ci avait disposé de sa nuit; elle riait encore de l'échec que Dyphile venait de subir, lorsque celui-ci entra chez elle; il appela un esclave et lui dit brusquement: «Lave-moi les pieds.—A quoi bon? répliqua Gnathène avec un air dédaigneux: vos pieds ne doivent pas avoir ramassé de poussière, puisque tout à l'heure encore on vous portait sur les épaules.» Dyphile ne demanda pas son reste et s'en alla, tout rouge et tout confus. Ordinairement, elle tenait table ouverte, et quiconque voulait s'y asseoir n'avait qu'à solder d'avance la carte et à se soumettre aux lois conviviales que la courtisane avait fait versifier par son Dyphile, et qu'on lisait gravées sur un marbre à l'entrée de la salle du festin. Ces lois, rédigées à l'imitation de celles qui étaient en vigueur dans les écoles philosophiques, commençaient ainsi, selon Callimaque, qui les avait citées dans son recueil de jurisprudence: «Cette loi, égale et semblable pour tous, a été écrite en 323 vers.» On peut juger, par ce début, que Gnathène affectait de n'avoir aucune préférence à l'égard de ses amants, et de leur imposer à tous les mêmes conditions. «Elle était toujours élégante, dit Athénée en esquissant son portrait; elle parlait avec beaucoup de grâce.» Il ne fallait pas moins que son sourire, l'éclat de ses dents et la flamme de son regard, pour faire passer quelques-unes de ses boutades.

A la suite d'une orgie qui s'était faite chez elle, les convives se battirent à coups de poing en se disputant ses faveurs, qu'elle avait, elle-même, mises aux enchères; un des combattants fut renversé par terre et forcé de s'avouer vaincu: «Console-toi, lui dit-elle; tu ne remportes pas de couronne après le combat, mais du moins ton argent te reste.» Ses soupers se terminaient souvent en bataille et elle appartenait au vainqueur. Une fois, cependant, les jeunes gens qu'elle avait hébergés voulurent jeter à bas la maison, parce que Gnathène refusait de leur faire crédit; ils étaient sans argent, mais ils s'écrièrent qu'ils avaient des piques et des haches: «Oui-da! leur dit-elle en haussant les épaules, si vous en aviez eu, vous les auriez mises en gage pour me payer?» Elle n'y regardait pas d'ailleurs de fort près, pourvu qu'on la payât bien. Une fois, elle se trouva dans son lit avec un coquin d'esclave qui portait sur le dos les cicatrices des coups de fouet que son maître lui avait fait donner: «Tu as là de terribles blessures! lui dit-elle.

—Oui, reprit-il, c'est une brûlure que me fit un bouillon en tombant sur mes épaules.—Ce devait être un fameux bouillon de lanières de peau de veau! repartit-elle.—Le bouillon était chaud, dit-il en balbutiant, et je n'étais qu'un enfant—On a bien fait, répliqua-t-elle, de te fouetter comme on l'a fait, pour te corriger.» Ses compagnes avaient raison de craindre les traits acérés qu'elle décochait à tort et à travers, mais elle rencontra quelquefois une langue aussi mordante que la sienne. Elle se querellait souvent avec Mania, qui ne lui cédait pas en malice; elles étaient assez liées pour connaître leurs défauts et leurs infirmités réciproques; or, si Mania était sujette à la gravelle, Gnathène avait des incontinences d'urine et un relâchement chronique du fondement: «Suis-je donc cause de ce que tu as des pierres? dit-elle en colère.—Si j'en avais, malheureuse, riposta Mania, je te les donnerais pour te murer devant et derrière.» L'hétaire Dexithéa l'avait invitée à souper, mais à peine les plats paraissaient-ils sur la table, qu'elle les faisait enlever, en ordonnant qu'on les portât à sa mère: «Si j'avais prévu cela, lui dit Gnathène, je serais allée dîner chez ta mère et non chez toi.» Dans ce même souper, on lui versa, dans une coupe très-exiguë, un vin âgé de seize ans: «Comment le trouves-tu? lui demanda Dexithéa.—Je le trouve bien petit pour son âge!» répondit Gnathène. Il y avait là un insupportable bavard qui ne tarissait pas sur son dernier voyage dans l'Hellespont. «Eh quoi! interrompit Gnathène, tu n'as pas visité la première ville de ce pays-là?—Laquelle? demanda le voyageur.—Sigée, dit-elle, la ville du Silence (de σιγαεῖν, se taire).» Elle avait en même temps deux tenants qui la payaient, un soldat arménien et un affranchi sicilien; l'un d'eux lui dit, devant l'autre: «Tu ressembles à la mer!—Comment l'entends-tu? reprit-elle; serait-ce parce que je reçois deux vilains fleuves, le Lycos d'Arménie et l'Éleuthéros de Sicile?»

On comprend que Gnathœnion n'avait pas eu de peine à se former, à l'école de sa tante, qui d'ailleurs la gardait à vue et l'aidait souvent d'un bon conseil. Elles allaient ensemble, à l'époque des fêtes de Vénus, chercher fortune dans le temple de la déesse. Elles en sortaient, quand elles furent rencontrées par un vieux satrape, si ridé et si cassé qu'il semblait avoir quatre-vingt-dix ans. Le vieillard remarqua la beauté de Gnathœnion, et, s'approchant de Gnathène, il lui demanda ce qu'il en coûterait pour passer une nuit avec cette belle enfant. Gnathène, voyant la robe de pourpre de cet étranger, et jugeant de son opulence d'après le nombre d'esclaves qui l'escortent, répond: «Mille drachmes (1,000 francs).—Quoi! s'écrie le satrape feignant la surprise, parce que tu me vois suivi d'une grosse troupe de gens, tu crois me tenir prisonnier, et tu fais monter si haut ma rançon? Je te donnerai cinq mines (500 francs); c'est une affaire faite, et j'y reviendrai.—A votre âge, repartit Gnathène, c'est déjà beaucoup d'y aller une fois.....—Ma tante, interrompit Gnathœnion, ne faisons pas de prix. Vous me donnerez ce qu'il vous plaira, papa, mais je parie que vous serez si content de moi, que vous payerez double, et que cette nuit-ci pourra compter pour deux.» Gnathœnion avait pour amant un acteur nommé Andronicus, qui ne la payait souvent qu'en belles paroles; mais cet acteur s'était ménagé l'appui de la tante en lui rappelant ses amours avec le poëte comique Dyphile. Gnathœnion préférait donc à Andronicus un riche marchand étranger qui la comblait de présents. L'acteur arrive les mains vides, et Gnathœnion lui tourne le dos: «Vois avec quelle hauteur ta fille me traite? dit-il, en soupirant, à la vieille Gnathène.—Petite folle, dit-elle à sa nièce, embrasse-le, caresse-le, s'il le demande, et laisse l'humeur de côté.—Ma mère, réplique Gnathœnion, dois-je embrasser un homme qui fait si peu pour notre république, et qui cependant regarde tout ce que nous avons comme sa propriété?» Andronicus venait de jouer avec succès le principal rôle dans les *Epigones* de Sophocle, mais il n'en était pas plus riche. Au sortir de la scène, tout en sueur et chargé de couronnes, il appelle un esclave et lui ordonne d'annoncer son triomphe dramatique à sa maîtresse en la priant de faire les frais du souper qu'il partagerait le soir même avec elle. Gnathœnion accueille l'esclave et son message, par ce vers emprunté à la tragédie des *Epigones*: «Malheureux esclave, que viens-tu dire?» Et elle lui ferme la porte au nez, et elle va rejoindre au Pirée son marchand qui l'attendait. Son équipage n'était pas fastueux; montée sur une petite mule, elle avait pour tout cortége trois servantes assises sur des ânes, et un valet qui conduisait les bêtes. Voici que dans un chemin étroit se présente, en magnifique équipage, un de ces lutteurs qui ne perdaient aucune occasion de paraître dans les jeux publics et qui y étaient toujours vaincus: «Coquin de palefrenier! crie de loin d'un air vainqueur l'orgueilleux athlète, débarrasse le chemin, ou bien je vais culbuter le mulet, les ânes et les filles.—Tout beau! riposte Gnathœnion, vous feriez là ce qui ne vous est jamais arrivé, redoutable champion!» La vieille Gnathène, quand on lui conta l'aventure, fit cette remarque sensée: «Que ne payait-il, pour te jeter par terre?» Cette bonne tante avait les yeux ouverts sur les intérêts de sa nièce; car un galant, après un marché conclu et fidèlement exécuté de part et d'autre, croyant pouvoir obtenir gratuitement de Gnathœnion ce qu'il avait payé une mine la veille: «Jeune homme, lui dit sévèrement Gnathœnion, penses-tu qu'il suffise chez nous d'avoir payé une fois, comme à l'école d'équitation d'Hippomachus?» On voit que dans sa vieillesse la pauvre Gnathène en était réduite à faire un métier qui valait le surnom d'*hippopornos* aux femmes ou aux hommes qu'il déshonorait. Diogène, voyant passer à cheval un maquignon de cette espèce, splendidement vêtu et chargé de joyaux, s'écria: «J'ai longtemps cherché le véritable *hippopornos*; je viens enfin de le rencontrer.» Le mot *hippopornos* signifiait littéralement: Prostitution à cheval. Gnathœnion, en avançant en âge, mena une vie plus réglée, et n'éleva pas trop malhonnêtement une fille qu'elle avait eue d'Andronicus, ou que cet acteur s'était attribuée.

Laïs ne dut pas sa célébrité à ses bons mots, quoique ceux qu'on lui prête ne soient pas inférieurs à ceux de Gnathène et de Gnathœnion; ce fut sa beauté, sa beauté incomparable qui la mit au-dessus de toutes les hétaires, et qui en fit presque une divinité corinthienne. Elle était née à Hiccara, en Sicile; quand Nicias, général des Athéniens, prit cette ville et la saccagea, la jeune enfant fut emmenée en Péloponèse et vendue comme esclave. Un jour, le peintre Apelles la rencontra qui revenait de la fontaine, un vase plein d'eau sur la tête; il l'admira, il devina qu'elle serait belle et il la racheta. Le jour même, il la conduisit dans un festin où ses amis s'étonnèrent de le voir venir accompagné d'une petite fille au lieu d'une courtisane: «Ne vous en mettez pas en peine, leur dit-il; n'en soyez pas surpris; je la dresserai si bien, qu'avant que trois ans se passent, elle saura son métier en perfection.» Apelles tint parole, et il ne fut pas sans doute étranger au développement des grâces et des talents de Laïs. Elle était allée s'établir à Corinthe, la ville des courtisanes, et un songe, que lui envoya Vénus-Mélanis, lui annonça qu'elle ferait bientôt fortune. Le songe se réalisa; la renommée de Laïs se répandit jusqu'au fond de l'Asie, et de toutes parts on vit aborder à Corinthe une foule de riches étrangers qui n'y venaient chercher que les faveurs de Laïs; mais ils n'atteignaient pas tous le but de leur voyage. Laïs exigeait non-seulement des sommes exorbitantes, mais encore elle se réservait le droit de choisir la main qui les lui donnait; quelquefois, par caprice, elle ne voulait rien accepter. Démosthène, l'illustre orateur, voulut aussi savoir ce que valait Laïs; il prit avec lui tout l'argent dont il pouvait disposer, et se rendit à Corinthe. Il va trouver la courtisane et lui demande le prix d'une de ses nuits: «Dix mille drachmes, répond Laïs.—Dix mille drachmes! réplique Démosthène, qui ne s'attendait pas à dépenser plus de la dixième partie de cette somme; je n'achète pas si cher la honte et le chagrin d'avoir à me repentir!—C'est pour ne pas avoir à me repentir aussi, répliqua Laïs, que je vous demande dix mille drachmes.» Démosthène s'en retourna comme il était venu. Laïs aimait pourtant les hommes célèbres: aussi, elle eut en même temps, pour amants privilégiés, l'élégant et aimable philosophe Aristippe qui la payait bien, et le grossier et sale cynique Diogène qui eût été fort en peine de la payer. Elle préférait celui-ci à l'autre et ne semblait pas s'apercevoir que Diogène sentait mauvais. Quant au rival de ce dernier, il ne faisait pas mine d'être jaloux, et souvent, pour voir Laïs, il attendait à la porte, qu'elle se fût parfumée en sortant des bras du cynique. «Je possède Laïs, dit-il à ceux qui s'étonnaient de cet arrangement, mais Laïs ne me possède pas.» Comme on lui représentait que Laïs se donnait à lui sans amour et sans goût: «Je ne pense pas, disait-il avec le même flegme, que le vin et les poissons m'aiment, cependant je m'en nourris avec beaucoup de plaisir.» On lui reprochait de souffrir la prostitution journalière de Laïs, et on lui conseillait d'y mettre des bornes: «Je ne suis point assez riche, dit-il, pour acheter à moi seul un si précieux objet. Mais, lui objecta-t-on, vous vous ruinez pour elle?—Je lui donne beaucoup en effet, répondit-il, pour avoir le bonheur de la posséder, mais je ne prétends pas, pour cela, que les autres en soient privés.» Diogène, en revanche, malgré tout son cynisme, voyait avec jalousie la concurrence que lui faisait auprès de Laïs le brillant philosophe Aristippe: «Puisque tu partages avec moi les bonnes grâces de ma maîtresse, lui dit-il un jour, tu devrais aussi partager ma philosophie, et prendre la besace et le manteau des cyniques?—Te paraît-il donc étrange, repartit Aristippe, d'habiter une maison qui a déjà été habitée par d'autres? ou de monter sur un vaisseau qui a servi à quantité de passagers?—Non, vraiment! répondit le cynique honteux de se sentir jaloux.—Eh bien! pourquoi es-tu surpris que je voie une femme qui a vu d'autres hommes avant moi, et qui en verra encore d'autres après?» Aristippe allait tous les ans avec elle passer les fêtes de Neptune à Égine, et, pendant ce temps-là, disait-il, le logis de la courtisane était aussi chaste que celui d'une matrone.

Cette courtisane exerçait un tel empire sur ces deux philosophes, Aristippe et Diogène, qu'elle croyait qu'il n'existait pas un philosophe au monde qui pût lui résister. On la défia de venir à bout de la vertu de Xénocrate: elle accepta la gageure, dans la pensée qu'un disciple de Platon ne serait pas plus difficile à vaincre qu'un disciple de Socrate. Une nuit, elle s'enveloppe dans un voile, à moitié nue, et va frapper à la porte de Xénocrate: il ouvre, et s'étonne de voir une femme pénétrer chez lui. Elle se dit poursuivie par des voleurs; ses bras, son cou, ses oreilles, sont chargés de joyaux qui brillent dans l'ombre: il consent donc à lui donner un asile jusqu'au jour, et il se recouche, en lui conseillant de dormir aussi sur un banc. Mais il n'est pas plutôt dans son lit, que Laïs se montre dans toute la splendeur de sa beauté, et se place aux côtés du philosophe; elle s'approche; elle le touche; elle le presse entre ses bras, elle essaie de l'animer par des caresses qui le laissent froid et indifférent; elle pleure de rage, elle redouble ses embrassements, elle ne recule devant aucune sorte de provocation. Xénocrate ne bouge pas. Enfin, elle s'élance hors de ce lit insultant, et cache sa honte sous son voile. Elle a perdu sa gageure, et on réclame la somme qu'elle a perdue: «J'ai parié, dit-elle, de rendre sensible un homme, mais non une statue.» Elle était d'une beauté merveilleuse; cependant sa gorge l'emportait en perfection sur son visage, et les peintres, ainsi que les statuaires, qui voulaient représenter Vénus d'une façon digne d'elle, priaient Laïs de poser pour la déesse. Le sculpteur Myron fut admis de la sorte à voir sans voile cette adorable courtisane; il était vieux, il avait les cheveux blancs et la barbe grise, mais il se sentit rajeuni à la vue de Laïs; il se jette à ses pieds; il lui offre tout ce qu'il possède, pour la posséder pendant une nuit; elle sourit, hausse les épaules et sort. Le lendemain, Myron a fait teindre ses cheveux et sa barbe; il est fardé et parfumé; il porte une robe éclatante et une ceinture dorée; il a une chaîne d'or au cou et des anneaux à tous les doigts. Il se fait introduire chez Laïs et lui déclare, la tête haute, qu'il est amoureux d'elle: «Mon pauvre ami, réplique Laïs qui l'a reconnu et qui s'amuse de la métamorphose, tu me demandes là ce que j'ai refusé hier à ton père.»

Elle eut à subir un refus à son tour, lorsqu'elle fut éprise d'Eubates qu'elle rencontra aux jeux olympiques, où il venait disputer le prix. C'était un beau et noble jeune homme, qui avait laissé à Cyrène une femme qu'il aimait. Laïs ne l'eut pas plutôt entrevu, qu'elle lui fit une déclaration d'amour en termes si clairs et si pressants qu'Eubates fut très-embarrassé d'y répondre. Elle le suppliait de devenir son hôte et de s'établir chez elle; il s'en excusa, en disant qu'il avait besoin de toutes ses forces pour remporter la victoire dans les jeux. Elle s'enflammait à chaque instant davantage, et elle tremblait que l'objet de sa passion ne lui échappât: «Jurez-moi, lui dit-elle, de m'emmener avec vous à Cyrène, si vous êtes vainqueur!» Pour se soustraire à cette persécution, il le jura, et parvint ainsi à garder sa fidélité à sa bien-aimée; autrement, il eût fini par succomber sous le regard tout-puissant de Laïs. Eubates fut vainqueur; Laïs lui envoya une couronne d'or; mais elle apprit bientôt qu'Eubates était retourné à Cyrène: «Il a trahi son serment, dit-elle à un ami d'Eubates.—Il l'a tenu, répliqua l'ami, car il a emporté votre portrait.» La maîtresse d'Eubates fut tellement émerveillée de tant de fidélité et de tant de continence, quand elle sut ce qui s'était passé, qu'elle érigea en l'honneur de son amant une statue à Minerve. Laïs, pour se venger, en fit élever une autre qui représentait Eubates sous les traits de Narcisse. Cette fière hétaire avait sans cesse autour d'elle une cour empressée de flatteurs et d'adorateurs enthousiastes; plusieurs villes de la Grèce se disputaient la gloire de l'avoir vue naître; les personnages les plus considérables s'honoraient d'avoir eu des relations avec elle, et pourtant quelques farouches moralistes lui rappelaient parfois que son métier était honteux. C'est ce que fit un poëte tragique qui avait fait allusion à ses prostitutions en disant dans une pièce de théâtre: «Retire-toi d'ici, infâme!» Laïs l'aperçut au sortir du théâtre et l'aborda pour lui demander, de la voix la plus caressante, ce qu'il entendait par cette cruelle apostrophe: «Vous êtes vous-même du nombre des gens à qui je m'adresse! lui dit-il brutalement.—En vérité! reprit-elle gaiement, vous savez cependant ce vers d'une tragédie: Cela seul est honteux, que l'on fait en l'estimant tel.» Ce vers était tiré justement d'une pièce de ce poëte, qui ne sut que répondre. Athénée rapporte, d'après Machon, que le poëte dont Laïs châtiait ainsi les dédains était Euripide lui-même, mais il faudrait alors faire remonter cette anecdote à la première jeunesse de Laïs, qui était au service d'Apelles, lorsque Euripide mourut l'an 407 avant Jésus-Christ. Quoi qu'il en soit, la réponse de Laïs devint proverbiale, et comme on en abusait pour justifier bien des turpitudes, le vieux philosophe Antisthène réforma en ces termes l'axiome de la courtisane: «Ce qui est sale est sale, soit qu'il le paraisse, soit qu'il ne le paraisse pas à ceux qui le font.» Laïs, au lieu de combattre le nouvel apophthegme, l'adopta tel qu'Antisthène l'avait formulé: «Ce vieux a raison, dit-elle à Diogène qui était disciple d'Antisthène; il est aussi malpropre qu'il le paraît.—Et moi? reprit Diogène blessé dans son état de cynique.—Toi, dit-elle, je n'en sais rien, puisque je t'aime.»

Laïs avait amassé une fortune immense, mais elle fit construire des temples et des édifices publics; elle paya des statuaires, des peintres, des cuisiniers: elle se ruina. Elle avait, par bonheur, le goût de son métier à un tel degré, qu'elle ne se plaignit pas d'être obligée de le continuer dans un âge où les courtisanes se reposent. Elle était, d'ailleurs, fort belle encore, quoique le prix de ses amours eût singulièrement diminué: elle se consolait de sa dégradation prématurée, en s'enivrant. Épicrate, cité par Athénée, a fait un tableau affligeant de la vieillesse de Laïs, qui ne conservait d'elle-même que son nom: «Laïs est oisive et boit. Elle vient errer autour des tables. Elle me paraît ressembler à ces oiseaux de proie, qui, dans la force de l'âge, s'élancent de la cime des montagnes et enlèvent de jeunes chevreaux, mais qui dans la vieillesse se perchent languissamment sur le faîte des temples, où ils demeurent consumés par la faim: c'est alors un augure sinistre. Laïs dans son printemps fut riche et superbe. Il était plus facile de parvenir auprès du satrape Pharnabaze. Mais la voilà qui touche à son hiver: le temple est tombé en ruines, il s'ouvre aisément; elle arrête le premier venu et boit avec lui. Un statère, une pièce de trois oboles, sont une fortune pour elle. Jeunes, vieux, elle reçoit tout le monde; l'âge a tellement adouci cette humeur farouche, qu'elle tend la main pour quelques pièces de monnaie.» Ce passage de la comédie intitulée l'*Anti-Laïs* n'était peut-être qu'une hyperbole échappée à la rancune d'un poëte que la courtisane avait mal accueilli. Ælien raconte aussi qu'elle ne fut pas d'un accès facile, avant que l'âge eût refroidi les poursuites dont elle était l'objet; on l'avait même surnommée *Axine*, à cause de son avarice intraitable. Athénée dit pourtant, sur la foi d'une tradition bien établie, qu'elle ne faisait aucune différence entre les offres des riches et celles des pauvres. Cette particularité ne doit probablement se rapporter qu'à l'époque de sa vie où la débauche la consolait de la misère.

Ce qui prouverait l'oubli dans lequel elle était tombée à la fin de sa carrière amoureuse, c'est l'obscurité qui enveloppe le temps et les circonstances de sa mort. Elle avait alors 70 ans, selon les uns; 55 ans selon les autres; ceux-ci prétendent qu'elle s'était conservée belle; ceux-là disent, au contraire, qu'elle touchait à la décrépitude. Quoi qu'il en soit de son âge et de son visage, l'*Anthologie* lui fait dédier son miroir à Vénus avec une inscription que Voltaire a imitée dans ces vers charmants:

> Je le donne à Vénus, puisqu'elle est toujours belle:
> Il redouble trop mes ennuis!
> Je ne saurais me voir dans ce miroir fidèle
> Ni telle que j'étais ni telle que je suis.

Quant à son genre de mort, on ne sait lequel il faut croire de Plutarque, d'Athénée ou de Ptolémée. Ce dernier affirme qu'elle s'étrangla en mangeant des olives; Athénée s'appuie de l'autorité de Philétaire, pour démontrer qu'elle mourut dans l'exercice de ses fonctions de courtisane (οὐχὶ Λαΐς μὲν τελευτῶς ἀπέθανε βινουμένη); et Plutarque rapporte que, s'étant amourachée d'un jeune Thessalien, nommé Hippolochus, elle le suivit en Thessalie et pénétra dans un temple de Vénus où il s'était réfugié pour se soustraire aux embrassements de cette bacchante, mais les femmes du pays, indignées de son audace et encore jalouses de sa beauté qui n'était plus qu'un souvenir, entourèrent le temple en poussant de grands cris, et l'assommèrent à coups de pierres devant l'autel de Vénus, qui fut souillé du sang de la courtisane. Depuis ce meurtre, le temple fut consacré à Vénus-Homicide et à Vénus-Profanée. On érigea un tombeau à Laïs sur les bords du Pénée, avec cette épitaphe: «La Grèce, naguère invincible et fertile en héros, a été vaincue et réduite en esclavage par la beauté divine de cette Laïs, fille de l'Amour, formée à l'école de Corinthe, qui repose dans les nobles champs de la Thessalie.» Corinthe dédia aussi un monument à la mémoire de son illustre élève: on avait représenté sur ce monument une lionne terrassant un bélier. Il est possible que les faits de la vie de Laïs ne concernent pas tous la même femme, et que deux ou trois hétaires du même nom, qui vécurent à peu près dans le même temps, aient été confondues à la fois par les historiens et par la tradition populaire. Ainsi, la maîtresse d'Alcibiade, Damasandra, eut une fille qu'on nommait Laïs, et qui se fit connaître par sa beauté plus encore que par ses galanteries. Pline signale aussi une autre Laïs, laquelle était sage-femme et avait inventé des remèdes secrets, des espèces de philtres pour augmenter ou diminuer l'embonpoint des femmes. Cette Laïs se livrait également au métier de courtisane avec ses amies Salpe et Éléphantis, comme elle courtisanes, et comme elle très-habiles dans l'art des cosmétiques, des avortements et des breuvages aphrodisiaques. Elles guérissaient aussi de la rage et de la fièvre quarte, et, dans toutes leurs drogues, elles employaient de différentes façons le sang menstruel mêlé à des substances plus ou moins innocentes. La ville de Corinthe se glorifiait d'avoir été le théâtre des fastueuses prostitutions de Laïs, mais aucune ville de la Grèce ne se vanta d'avoir vu cette reine des courtisanes, vieillie, déchue, oubliée, fabriquer des poudres, des onguents, des élixirs, et vendre de l'amour en bouteille.

Une autre hétaire, contemporaine de Laïs, non moins célèbre qu'elle, Phryné, n'eut pas une décadence si triste ni une fin si tragique. Malgré ses immenses richesses, elle ne cessa jamais de les augmenter par les mêmes moyens, et, comme en vieillissant elle ne perdit presque rien de la magnificence de ses formes, elle eut des amants qui la payaient largement jusqu'à la veille de sa mort. Ce fut là ce qu'elle appelait gaiement: «Vendre cher la lie de son vin.» Elle était de Thespie, mais elle résida constamment à Athènes, où elle menait une existence très-retirée, ne se montrant ni aux Céramiques, ni au théâtre, ni aux stades, ni aux fêtes religieuses ou civiles. Elle ne descendait dans la rue, que voilée et vêtue d'une tunique flottante, comme la plus austère matrone. Elle n'allait pas aux bains publics et ne fréquentait que les ateliers des peintres et des sculpteurs; car elle aimait les arts et elle s'y consacrait, pour ainsi dire, en posant nue devant le pinceau d'Apelles, devant le ciseau de Praxitèle. Sa beauté était celle d'une statue de marbre de Paros; les traits et les lignes de son visage avaient la pureté, l'harmonie et la noblesse que l'imagination du poëte et de l'artiste donne à une image divine; mais sa pâleur mate et même un peu jaune lui avait fait donner le surnom de *Phryné*, par analogie avec la couleur de la grenouille de buisson, *phrya*; car son nom de famille était Mnésarète, et elle ne fut pas connue sous ce nom-là. Les tableaux et les statues, que firent d'après elle son peintre et son sculpteur favoris, excitèrent l'enthousiasme de toute la Grèce, qui vouait un culte à la beauté corporelle, culte dépendant de celui de Vénus. Phryné n'avait en elle rien de plus remarquable que ce qu'elle cachait pudiquement à tous les yeux, même aux regards de ses amants, qui ne la possédaient que dans l'obscurité; mais, aux mystères d'Éleusis, elle apparaissait comme une déesse sous le portique du temple, et laissant tomber ses vêtements en présence de la foule ébahie et haletante d'admiration, elle s'éclipsait derrière un voile de pourpre. Aux fêtes de Neptune et de Vénus, elle quittait aussi ses vêtements sur les degrés du temple, et, n'ayant que ses longs cheveux d'ébène pour couvrir la nudité de son beau corps, qui brillait au soleil, elle s'avançait vers la mer, au milieu du peuple qui s'écartait avec respect pour lui faire place, et qui la saluait d'un cri unanime d'enthousiasme: Phryné entrait dans les flots pour rendre hommage à Neptune, et elle en sortait comme Vénus à sa naissance; on la voyait un moment, sur le sable, secouer l'onde amère qui ruisselait le long de ses flancs charnus, et tordre ses cheveux humides: on eût dit alors que Vénus venait de naître une seconde fois. A la suite de ce triomphe d'un instant, Phryné se dérobait aux acclamations et se cachait dans son obscurité ordinaire. Mais l'effet de cette apparition n'en était que plus prodigieux, et la renommée de la courtisane remplissait les bouches et les oreilles. Chaque année augmentait de la sorte le nombre des curieux, qui allaient aux mystères d'Éleusis et aux fêtes de Neptune et de Vénus, pour n'y voir que Phryné.

Tant de gloire pour une courtisane lui attira l'envie et la haine des femmes vertueuses; celles-ci, afin de se venger, acceptèrent l'entremise d'Euthias, qui avait inutilement obsédé Phryné sans obtenir d'elle ce qu'elle n'accordait qu'à l'argent ou au génie. Cet Euthias était un délateur de la plus vile espèce; il accusa Phryné, devant le tribunal des Héliastes, d'avoir profané la majesté des mystères d'Éleusis en les parodiant, et d'être constamment occupée à corrompre les citoyens les plus illustres de la République en les éloignant du service de la patrie. Non-seulement une pareille accusation devait entraîner la mort de l'accusée, mais encore infliger à toutes les courtisanes, solidairement, la honte d'un blâme, d'une amende, et même de l'exil pour quelques-unes. Phryné avait eu pour amant l'orateur Hypéride, qui se partageait alors entre Myrrhine et Bacchis. Phryné pria ces deux hétaires de s'employer auprès d'Hypéride, pour qu'il vînt la défendre contre Euthias. La position était délicate pour Hypéride, qu'on savait intéressé particulièrement à venir en aide à Phryné, qu'il avait aimée, et à tenir tête à Euthias, qu'il détestait comme le plus lâche des hommes. Phryné pleurait, enveloppée dans ses voiles et couvrant sa figure avec ses deux mains d'ivoire; Hypéride, ému et inquiet, étendit le bras vers elle, pour annoncer qu'il la défendait; et quand Euthias eut formulé ses accusations par l'organe d'Aristogiton, Hypéride prit la parole, avoua qu'il n'était pas étranger à la cause, puisque Phryné avait été sa maîtresse, et supplia les juges d'avoir pitié du trouble qu'il éprouvait. Sa voix s'altérait, son gosier était plein de sanglots, sa paupière pleine de larmes, et pourtant le tribunal, froid et silencieux, semblait disposé à ne pas se laisser fléchir. Hypéride comprend le danger qui menace l'accusée: il éclate en malédictions contre Euthias, il proclame résolument l'innocence de sa victime, il raconte avec complaisance le rôle presque religieux que Phryné a pu seule accepter aux mystères d'Éleusis... Les Héliastes l'interrompent; ils vont prononcer l'arrêt fatal. Hypéride fait approcher Phryné: il lui déchire ses voiles, il lui arrache sa tunique, et il invoque avec une sympathique éloquence les droits sacrés de la beauté, pour sauver cette digne prêtresse de Vénus. Les juges sont émus, transportés, à la vue de tant de charmes; ils croient apercevoir la déesse elle-même: Phryné est sauvée, et Hypéride l'emporte dans ses bras. Il était redevenu plus amoureux que jamais, en revoyant cette admirable beauté qui avait eu plus d'empire que son éloquence sur les juges; Phryné, de son côté, par reconnaissance, redevint la maîtresse de son avocat, qui fut infidèle à Myrrhine. Celle-ci crut se venger en se mettant du parti d'Euthias et en accordant à ce sycophante tout ce que Phryné lui avait refusé. Les courtisanes furent indignées de ce qu'une d'elles osât protester ainsi contre l'arrêt qui avait absous Phryné, et Bacchis leur servit d'interprète en écrivant à l'imprudente Myrrhine: «Tu t'es rendue l'objet de l'aversion de nous toutes qui sommes dévouées au service de Vénus Bienfaisante!»

Elle ne tarda pas, en effet, à se repentir d'avoir cédé à un mouvement de jalousie et de vanité. Hypéride, qui l'avait quittée, ne lui revint pas; il resta longtemps épris de Phryné: «Il a une amie digne de lui et de sa belle âme, écrivait Bacchis à Myrrhine; et toi, tu as un amant tel qu'il te le fallait!» Hypéride, en se déclarant le défenseur d'une courtisane, s'était fait plus d'honneur et plus de profit qu'en défendant les premiers citoyens de la république: on ne parlait que de son talent d'orateur, par toute la Grèce; on ne se lassait pas d'applaudir au beau mouvement d'éloquence qui avait terminé sa péroraison; les éloges, les actions de grâce, les présents lui arrivaient de toutes parts, et, pour comble de biens, Phryné lui appartenait. Si les hétaires grecques ne lui élevèrent pas une statue d'or comme le proposait Bacchis, elles n'épargnèrent rien pour lui témoigner leur gratitude: «Toutes les courtisanes d'Athènes en général, lui écrivit Bacchis, qui tenait la plume pour ses compagnes, et chacune d'elles en particulier, doivent vous rendre autant d'actions de grâces que Phryné.» On peut présumer que son plaidoyer fut publié, puisque celui d'Aristogiton, qui prit la parole pour Euthias, était connu du temps d'Athénée. On sait aussi qu'Euthias, que l'amour seul avait rendu calomniateur, n'eut pas de repos que Phryné ne lui pardonnât, et il souscrivit, pour obtenir ce pardon, aux conditions les plus ruineuses. Bacchis avait prévu ce triste dénoûment, lorsqu'elle écrivait à Phryné: «Euthias est bien plus vivement amoureux de toi qu'Hypéride. Celui-ci, en raison du service important qu'il t'a rendu en t'accordant la protection et le secours de son éloquence dans la circonstance la plus critique, semble exiger de toi les plus grands égards et te favoriser en t'accordant ses caresses, tandis que la passion de l'autre ne peut qu'être irritée au dernier point par le mauvais succès de son entreprise odieuse. Attends-toi donc à de nouvelles instances de sa part, aux sollicitations les plus empressées: il t'offrira de l'or à profusion.» L'or l'emporta sur le ressentiment. L'aréopage, qui n'eut pas d'arrêt à prononcer dans cette circonstance, prévit le cas où une cause du même genre, plaidée devant lui, pourrait donner lieu aux mêmes moyens de défense; il ne voulut pas être exposé aux séductions qui avaient subjugué les Héliastes; il promulgua une loi, qui interdisait aux avocats d'employer aucun artifice pour exciter la pitié des juges, et aux accusés de paraître en personne devant les juges avant que la sentence fût prononcée. Phryné, de son côté, dans la crainte d'une accusation nouvelle, non-seulement se priva désormais de prendre part aux fêtes et aux cérémonies religieuses, mais encore, elle s'occupa de gagner des partisans et de se faire en quelque sorte des créatures jusqu'au sein de l'aréopage. Elle ouvrait son lit et sa table aux gourmands et aux libertins; un sénateur de l'aréopage, nommé Gryllion, se compromit au point de se faire le *parasite de la courtisane*, c'est ainsi que le qualifia Satyrus d'Olinthe dans sa *Pamphile*.

Les richesses que Phryné avait acquises surpassaient alors celles d'un roi: les poëtes comiques, Timoclès dans sa *Nérée*, Amphis dans sa *Kouris* et Posidippe dans son *Éphésienne*, ont parlé du scandale de cette impure opulence. Phryné en fit pourtant un usage honorable: elle fit bâtir à ses frais divers monuments publics, surtout dans la ville de Corinthe, que toutes les hétaires considéraient comme leur patrie à cause de l'argent qu'elles y avaient gagné. Quand Alexandre le Grand eut détruit Thèbes et renversé ses murailles, Phryné se rappela qu'elle était née en Béotie, et elle offrit aux Thébains de rebâtir leur ville de ses propres deniers, à la seule condition de faire graver cette inscription en son honneur: *Thèbes abattue par Alexandre, relevée par Phryné*. Les Thébains refusèrent d'éterniser une honte. Phryné, comme Béotienne, n'avait pas reçu du ciel les dons de l'esprit; mais elle se distinguait de la plupart des femmes par un vif sentiment des arts; elle se regardait comme l'image vivante de la beauté divine; elle se rendait hommage à elle-même dans les ouvrages d'Apelles et de Praxitèle: l'un avait modelé d'après elle la Vénus de Cnide; l'autre l'avait peinte telle qu'il la vit aux fêtes de Neptune et de Vénus sortant de l'onde. Tous deux furent ses amants, mais Praxitèle l'emporta sur son rival. Phryné lui demanda, en souvenir de leurs amours, la plus belle statue qu'il eût jamais exécutée. «Choisissez!» répondit Praxitèle; elle réclama un délai de quelques jours pour faire son choix. Dans l'intervalle, pendant que Praxitèle se trouvait chez elle, un esclave accourut couvert de sueur, en criant que l'atelier du sculpteur était en feu: «Ah! je suis perdu, dit Praxitèle, si mon Satyre et mon Cupidon sont brûlés!—Je choisis le Cupidon,» interrompit Phryné. C'était une ruse qu'elle avait imaginée pour connaître la pensée de l'artiste sur ses œuvres. Depuis, Phryné donna ce chef-d'œuvre à sa ville natale. Caligula le fit enlever de Thespie et transporter à Rome, mais Claude ordonna, dans un de ses jugements de préteur, que le Cupidon serait restitué aux Thespiens, «pour apaiser les mânes de Phryné,» disait la sentence. La statue avait à peine retrouvé son piédestal vide, que Néron la fit revenir à Rome, et elle périt dans l'incendie de cette ville, allumé par Néron lui-même. Phryné, si riche qu'elle fût, avait continué son industrie ordinaire jusqu'à l'âge des rides et des cheveux blancs. Elle se vantait alors de posséder une pommade qui dissimulait entièrement les rides; elle se fardait avec tant de drogues, qu'Aristophane a pu dire dans sa comédie des *Harangueurs*: «Phryné a fait de ses joues la boutique d'un apothicaire.» Et ce vers passa en proverbe chez les Grecs, pour désigner les femmes qui se fardaient.

On ignore l'époque de sa mort et le lieu de sa sépulture; on apprend seulement, de Pausanias, que ses amis, ses amants et ses compatriotes s'étaient cotisés pour lui ériger une statue d'or dans le temple de Diane à Éphèse; on lisait sur la plinthe de cette statue, qui avait pour base une colonne de marbre penthélique: «Cette statue est l'ouvrage de Praxitèle.» Elle était placée entre les statues de deux rois, Archinamus, roi de Lacédémone, et Philippe, roi de Macédoine, avec cette inscription: *A Phryné, illustre Thespienne*. Ce fut cette statue que le philosophe Cratès qualifia sévèrement, en s'écriant: «Voici donc un monument de l'impudicité de la Grèce!» Le nom de Phryné étant devenu, comme celui de Laïs, synonyme de belle courtisane, plusieurs femmes de cette classe se firent nommer *Phryné*. Pour distinguer de ses humbles imitatrices la première Phryné, on l'appelait la *Thespienne*. Hérodice, dans son *Histoire de ceux qui ont été raillés sur le théâtre*, cite une Phryné qu'on surnomma le *Crible*, parce qu'elle ruinait ses amants, de même qu'un crible sert à extraire la farine mêlée au son. Selon Apollodore, dans son *Traité des Courtisanes*, il y avait deux Phrynés, qu'on surnommait *Clauxigelaos* (qui fait pleurer, après avoir fait rire) et *Saperdion* (superbe poisson), mais ni l'une ni l'autre ne semble pouvoir être confondue avec l'illustre Thespienne.

Si Phryné et Laïs sont les deux personnifications les plus célèbres, sinon les plus brillantes de l'hétaïrisme, Pythionice et Glycère en représentent encore mieux la puissance: Pythionice et Glycère furent presque reines de Babylone, après avoir été simples courtisanes à Athènes. Pythionice n'était remarquable que par sa beauté, mais elle possédait quelques-uns de ces secrets de libertinage qui exercent tant d'empire sur les natures vicieuses et sur les tempéraments voluptueux. Glycère, non moins belle, non moins habile peut-être, était aussi plus intelligente et plus spirituelle. Harpalus, l'ami d'Alexandre de Macédoine, le gouverneur de Babylone, les aima l'une et l'autre, et ne se consola d'avoir perdu la première qu'en retrouvant la seconde. Harpalus était grand trésorier d'Alexandre, et, lorsque son maître fut parti pour l'expédition des Indes, il ne se fit aucun scrupule de puiser à pleines mains dans les trésors confiés à sa garde. Il surpassa en magnificence les anciens rois de Babylone, et il voulut jouir de toutes les voluptés que l'or et le pouvoir sont capables de créer. Il avait autour de lui des joueuses de flûte de Milet, des danseuses de Lesbos, des tresseuses de couronnes de Cypre, des esclaves et des concubines de tous les pays: il fit venir une hétaire d'Athènes, celle qui était le plus en vogue et qui s'acquittait le mieux de ses fonctions libidineuses. Pythionice eut l'honneur d'être choisie pour les menus-plaisirs du petit tyran Harpalus. Elle était alors la maîtresse collective de deux frères, fils d'un nommé Chœréphile, qui faisait le commerce de poisson salé, et qui devait à ce commerce son immense fortune. Les deux amants de Pythionice l'entretenaient à grands frais, et le poëte comique Timoclès, dans sa comédie des *Icariens*, avait raillé en ces termes la richesse de cette hétaire, que ses compagnes accusaient, par une allusion analogue, de sentir la marée: «Pythionice te recevra à bras ouverts, pour avoir de toi, à force de caresses, tout ce que je viens de te donner, car elle est insatiable. Cependant demande-lui un tonneau de poisson salé; elle en a toujours en abondance, puisqu'elle se contente de deux saperdes non salés à large bouche.» Le saperde, dont la consommation était considérable parmi le bas peuple, passait pour un mauvais poisson, comme le déclare solennellement le grand sophiste de l'art culinaire, Archestrate. Pythionice, qu'on avait vue esclave de la joueuse de flûte Bacchis, laquelle le fut elle-même de l'hétaire Sinope, devint tout à coup une espèce de reine dans le palais de Babylone, mais elle ne jouit pas longtemps d'une si rare fortune: elle mourut, sans doute empoisonnée, et l'inconsolable Harpalus lui fit faire des funérailles royales. Il en avait eu une fille qui épousa depuis le sculpteur-architecte Chariclès, celui-là même qu'Harpalus chargea de construire à Athènes un monument sépulcral en mémoire de Pythionice. Cette favorite avait, d'ailleurs, son tombeau à Babylone, où elle était morte. Le monument, élevé par Chariclès sur le chemin sacré qui menait d'Athènes à Eleusis, coûta 30 talents (environ 250,000 francs de notre monnaie); sa grandeur, plutôt encore que son architecture, attirait les regards du voyageur: «Quiconque le verra, s'écrie Dicæarque dans son livre sur la Descente dans l'antre de Trophonius, se dira probablement d'abord, avec raison: C'est sans doute le monument d'un Miltiade ou d'un Périclès, ou d'un Cimon, ou l'un autre grand homme? sans doute, il a été érigé aux dépens de la république, ou du moins en vertu d'un décret des magistrats? Mais quand il apprendra que ce monument a été fait en mémoire de l'hétaire Pythionice, que devra-t-il penser de la ville d'Athènes?» Harpalus avait donné une telle activité aux travaux de ces constructions funéraires, qu'elles furent terminées avant la fin de l'expédition d'Alexandre dans les Indes. Théopompe, dans une lettre au roi de Macédoine, affirme que le gouverneur de Babylone employa la somme énorme de 200 talents pour les deux tombeaux de sa maîtresse: «Quoi! s'écrie Théopompe indigné, depuis longtemps on voit deux admirables monuments achevés pour Pythionice: l'un près d'Athènes, l'autre à Babylone, et celui qui se disait ton ami aura impunément consacré un temple, un autel à une femme qui s'abandonnait à tous ceux qui contribuaient à ses dépenses, et il aura dédié ce monument sous le nom de temple et d'autel de Vénus-Pythionice! N'est-ce pas mépriser ouvertement la vengeance des dieux, et manquer au respect qui t'est dû?» Alexandre était alors trop occupé à combattre Porus, pour pouvoir se mêler de ce qui se passait à Babylone et à Athènes, où Harpalus divinisait une courtisane.

Harpalus avait déjà, d'ailleurs, remplacé Pythionice: une simple tresseuse de couronnes de Sicyone, Glycère, fille de Thalassis, s'était fait aimer du gouverneur de Babylone, avec tant de savoir-faire, qu'elle devint presque reine à Tarse, et qu'elle serait devenue déesse, si Harpalus lui eût survécu. Mais Alexandre revenait victorieux des Indes; il devait punir ceux de ses officiers qui, pendant son absence, avaient tenu peu de compte de ses ordres. Harpalus se voyait plus compromis que les autres, et il fut effrayé lui-même de ses monstrueuses dilapidations. Il s'enfuit de Tarse, avec Glycère et tout ce qui restait dans le trésor; il se réfugia en Attique, et implora l'appui des Athéniens contre Alexandre. Il avait levé une armée de six mille mercenaires, et il offrait d'acheter à tout prix la protection d'Athènes; avec l'aide et d'après les conseils de Glycère, il corrompit les orateurs, paya le silence de Démosthène, et intéressa le peuple à sa cause, par des distributions de farine, qu'on appela le *blé de Glycère*, et qui fournit une locution proverbiale pour signifier «le gage de la perte plutôt que de la jouissance.» C'est ainsi que ce blé est désigné dans une comédie satirique dont Harpalus était le héros, et qu'Alexandre fit représenter dans toute l'Asie pour infliger un châtiment à l'orgueil d'Harpalus. On prétend même qu'il était l'auteur de ce drame, où l'on raconte que les mages de Babylone, témoins de l'affliction d'Harpalus à la mort de Pythionice, avaient promis de la rappeler du séjour des ombres à la lumière; mais il est plus probable que ce drame fut composé, à l'instigation d'Alexandre, par Python de Catane ou de Byzance. Quoi qu'il en soit, Harpalus ne réussit pas, avec le concours de Glycère, à s'assurer un asile dans la république d'Athènes; il en fut banni et se retira en Crète, sous l'appréhension des vengeances d'Alexandre qui l'épargna; mais un de ses capitaines l'assassina, pour s'emparer des trésors qu'Harpalus avait volés lui-même au roi de Macédoine. Glycère parvint à s'échapper et retourna, bien déchue de ses grandeurs, à Athènes, où elle reprit son ancien état de courtisane. Ce n'était plus la reine de Tarse, qui avait reçu des honneurs presque divins, qui avait eu sa statue de bronze placée dans les temples vis-à-vis de celle d'Harpalus; c'était une hétaïre, d'un âge assez mûr, d'une beauté quelque peu fatiguée, mais d'un esprit infatigable. Lyncæus de Samos jugea que ses bons mots méritaient d'être recueillis, et il en fit une collection que nous ne possédons plus. Athénée en cite quelques-uns que revendiquaient les contemporaines de Glycère; nous en avons rapporté plusieurs; les deux suivants peuvent encore lui appartenir. «Vous corrompez la jeunesse! lui dit le philosophe Stilpon.—Qu'importe, si je l'amuse! répondit-elle; toi, sophiste, tu la corromps aussi, mais tu l'ennuies.» Un homme qui venait marchander ses faveurs remarqua des œufs dans un panier: «Sont-ils crus ou cuits? lui demanda-t-il distraitement.—Ils sont d'argent?» répliqua-t-elle avec malice, pour le ramener au sujet de leur entretien.

Ses aventures de Babylone et de Tarse l'avaient mise à la mode: c'était à qui se rangerait au nombre des héritiers d'Harpalus. Néanmoins, Glycère s'attacha de préférence à deux hommes de génie, au peintre Pausias, au poëte Ménandre. Le premier peignait les fleurs qu'elle tressait en couronnes et en guirlandes, il s'efforçait d'imiter et d'égaler ses brillants modèles; il fit un portrait de Glycère, représentée assise, faisant une couronne; ce ravissant tableau, qu'on appelait la *Stephanoplocos* (faiseuse de couronnes), fut apporté à Rome, et acheté par Lucullus, qui l'estimait autant que tous les tableaux de sa collection. L'affection de Glycère pour Ménandre dura plus longtemps que sa liaison avec Pausias. Elle supportait la mauvaise humeur et les boutades chagrines du poëte comique, auprès de qui elle remplissait l'office d'une servante dévouée, et non le rôle d'une maîtresse préférée; Ménandre lui reprochait souvent de n'être plus ce qu'elle avait été, et lui demandait compte amèrement de sa folle jeunesse; il était jaloux du passé aussi bien que du présent: «Vous m'aimeriez davantage, lui disait-il, si j'avais volé les trésors d'Alexandre?» Elle souriait et ne répondait à ces duretés que par un surcroît d'attachement et de soins. Il revint du théâtre, un soir, attristé, irrité, désolé du mauvais succès d'une de ses pièces; il était inondé de sueur, il avait le gosier desséché. Glycère lui présenta du lait et l'invita doucement à se rafraîchir: «Ce lait sent le vieux, dit Ménandre en repoussant le vase et la main qui le lui offrait; ce lait me répugne; il est couvert d'une crème rance et dégoûtante.» C'était une cruelle allusion à la céruse et au fard qui cachaient les rides de Glycère: «Bon! dit-elle gaiement, ne vous arrêtez pas à ces misères: laissez ce qui est dessus et prenez ce qui est dessous.» Elle l'aimait véritablement, et elle craignait que de plus jeunes qu'elles lui enlevassent une tendresse qu'elle ne conservait souvent qu'à force d'artifices, car Ménandre était changeant et capricieux en amour: il se laissa fixer néanmoins par le dévouement passionné de Glycère, qu'il immortalisa dans ses comédies. «J'aime mieux être, disait-elle, la reine de Ménandre que la reine de Tarse.» Glycère, après sa mort, n'eut pas un tombeau splendide, tel que le *monument de la Prostituée* (c'est ainsi qu'on désignait le tombeau de Pythionice), mais son nom resta, dans la mémoire des Grecs, étroitement lié à celui de Ménandre, et ne fut pas moins célèbre que ceux de Laïs, de Phryné et d'Aspasie.

14

Sommaire.—Introduction de la Prostitution sacrée en Étrurie.—Conformation physique singulière des habitants de l'Italie primitive.—Rome.—*La Louve* Acca Laurentia.—Origine du *lupanar*.—Construction de la ville de Rome, sur le territoire laissé par Acca Laurentia à ses fils adoptifs Rémus et Romulus.—Fêtes instituées par Rémus et Romulus en l'honneur de leur nourrice, sous le nom de *Lupercales*.—Les luperques, prêtres du dieu Pan.—Les Sabines et l'oracle.—Hercule et Omphale.—La Prostitution sacrée à Rome.—La courtisane Flora.—Son mariage avec Tarutius.—Origine des *Florales*.—Les fêtes de Flore et de Pomone.—Les courtisanes aux Florales.—Caton au Cirque.—Vénus Cloacine.—Les Vénus honnêtes: Vénus Placide, Vénus Chauve, Vénus Generatrix, etc.—Les Vénus malhonnêtes: Vénus Volupia, Vénus *Lascive*, Vénus de *bonne volonté*.—Temple de Vénus Erycine, en Sicile, reconstruit par Tibère.—Les temples de Vénus à Rome.—Dévotion de Jules César à Vénus.—Origine du culte de Vénus Victorieuse.—Épisode mystique des fêtes de Vénus.—Vénus Myrtea ou Murcia.—Offrandes des courtisanes à Vénus.—Les *Veillées de Vénus*.—Sacrifices impudiques offerts à Cupidon, à Priape, à Mutinus, etc., par les dames romaines.—Les *Priapées*.—Culte malhonnête du dieu Mutinus.—Mutina.—La déesse hermaphrodite Pertunda.—Tychon et Orthanès.—Culte infâme introduit en Étrurie par un Grec.—Chefs et grands prêtres de cette religion nouvelle.—Analogie de ce culte avec celui d'Isis.—Les mystères d'Isis à Rome.—Les Isiaques.—Corruption des prêtres d'Isis.—Culte de Bacchus.—Les *bacchants* et les *bacchantes*.—Fêtes honteuses qui déshonoraient les divinités de Rome.—Le *marché des courtisanes*.—Différence de la Prostitution sacrée romaine et de la Prostitution sacrée grecque.

L'Égypte, la Phénicie et la Grèce colonisèrent la Sicile et l'Italie, en y établissant leurs religions, leurs mœurs et leurs coutumes. La Prostitution sacrée ne manqua pas, dès les premiers temps, de suivre la migration des déesses et des dieux, qui changeaient de climat sans changer de caractère. Les monuments écrits, qui témoigneraient de l'origine de cette Prostitution dans l'île des Cyclopes et dans la péninsule de Saturne, n'existent plus depuis bien des siècles, mais on a retrouvé, dans les cimetières étrusques et italo-grecs, une multitude de vases peints, qui représentent différentes scènes de la Prostitution sacrée, antérieurement à la fondation de Rome. Ce sont toujours les mêmes offrandes que celles que les vierges apportaient dans les temples de Babylone et de Tyr, de Bubastis et de Nancratès, de Corinthe et d'Athènes. La consacrée vient s'asseoir dans le sanctuaire près de la statue de la déesse; l'étranger marchande le prix de sa pudeur, et elle dépose ce prix sur l'autel, qui s'enrichit de ce honteux commerce auquel le prêtre est seul intéressé. Telle est, d'après les vases funéraires, la forme presque invariable que devait affecter la Prostitution sacrée dans les colonies égyptiennes, phéniciennes et grecques. Le culte de Vénus fut certainement celui qu'on y vit le premier en honneur, car il était, là comme partout ailleurs, le plus attrayant et le plus naturel; mais on ignore absolument les noms et les attributs que prenait la déesse allégorique de la création des êtres. Ces noms devaient être si peu analogues à ceux qui lui furent donnés dans la théogonie romaine, que le savant Varron s'appuie de l'autorité de Macrobe, pour soutenir que Vénus n'était pas connue à Rome sous les rois. Mais Macrobe et Varron auraient dû dire seulement qu'elle n'avait pas encore de temple dans l'enceinte de la cité de Romulus, car elle était adorée en Étrurie, avant que Rome eût soumis ce pays, qui fut longtemps en guerre avec elle. Vitruve, dans son *Traité d'architecture*, dit positivement que, selon les principes des aruspices étrusques, le temple de Vénus ne pouvait être placé qu'en dehors des murs et auprès des portes de la ville, afin que l'éloignement de ce temple ôtât aux jeunes gens le plus d'occasions possible de débauche, et fût un motif de sécurité pour les mères de famille.

La Prostitution sacrée ne régnait pas seule dans l'Italie primitive : on peut affirmer que la Prostitution hospitalière et la Prostitution légale y régnaient aussi en même temps, la première dans les forêts et les montagnes, la seconde dans les cités. Les peintures des vases étrusques ne nous laissent pas ignorer la corruption déjà raffinée, qui avait pénétré chez ces peuples aborigènes, esclaves aveugles et grossiers de leurs sens et de leurs passions. Il suffirait presque des inductions morales qu'on peut tirer de la richesse et de la variété des joyaux que portaient les femmes, pour juger du développement qu'avait pris la Prostitution, née de la coquetterie féminine et des besoins de la toilette. On voit, à mille preuves empruntées aux vases peints, que la lubricité de ces peuplades indigènes ou exotiques ne connaissait aucun frein social ni religieux. La bestialité et la pédérastie étaient leurs vices ordinaires, et ces abominations, naïvement familières à tous les âges et à tous les rangs de la société, n'avaient pas d'autres remèdes que des cérémonies d'expiation et de purification, qui en suspendaient parfois la libre pratique. Comme chez tous les anciens peuples, la promiscuité des sexes rendait hommage à la loi de nature, et la femme, soumise aux brutales aspirations de l'homme, n'était d'ordinaire que le patient instrument de ses jouissances : elle n'osait presque jamais faire parler son choix, et elle appartenait à quiconque avait la force. La conformation physique de ces sauvages ancêtres des Romains justifie, d'ailleurs, tout ce qu'on devait attendre de leur sensualité impudique : ils avaient les parties viriles analogues à celles du taureau et du chien ; ils ressemblaient à des boucs, et ils portaient au bas des reins une espèce de touffe de poils roux, qu'il est impossible de regarder comme un signe de convention dans les dessins qui représentent cette barbiche postérieure, cette excroissance charnue et poilue à la fois, ce rudiment d'une véritable queue d'animal. On serait fort en peine de dire à quelle époque disparut tout à fait un si étrange symptôme du tempérament bestial, mais on le conserva dans l'iconologie allégorique, comme le caractère distinctif du satyre et du faune. Chez des races aussi naturellement portées à l'amour charnel, la Prostitution s'associait sans doute à tous les actes de la vie civile et religieuse.

C'est la Prostitution qu'on découvre dans le berceau de Rome, où Rémus et Romulus sont allaités par une louve. Si l'on en croit le vieil historien Valérius cité par Aurélius Victor, par Aulu-Gelle et par Macrobe, cette louve n'était autre qu'une courtisane, nommée Acca Laurentia, maîtresse du berger Faustulus, qui recueillit les deux jumeaux abandonnés au bord du Tibre. Acca Laurentia avait été surnommée la *Louve* (*Lupa*), par les bergers de la contrée, qui la connaissaient tous pour l'avoir souvent rencontrée errante dans les bois, et qui l'avaient enrichie de leurs dons. Elle possédait même, du fait de ses prostitutions, les champs situés entre les sept collines, et légués par elle à ses enfants adoptifs, qui y fondèrent la ville éternelle. Macrobe dit sans réticence, que la Louve avait fait fortune en s'abandonnant sans choix à quiconque la payait (*meretricio quæstu locupletatam*). Ainsi le peuple romain eut pour nourrice une courtisane, et son point de départ fut un *lupanar*. On nommait ainsi la cabane d'Acca Laurentia, et ce nom s'appliqua depuis aux impures retraites de ses pareilles, qui furent nommées des *louves* en mémoire d'elle. Nous avons vu, cependant, que chez les Grecs il y avait des *louves* de la même race. Celle qui allaita Rémus et Romulus, et acheta du produit de son libertinage le premier territoire de Rome, dut exercer longtemps son honteux métier : *corpus in vulgus dabat*, dit Aulu-Gelle, *pecuniamque emeruerat ex eo quæstu uberem*. Elle mourut avec la réputation d'une grande prostituée, et pourtant on institua des fêtes en son honneur sous le nom de *Lupercales*; si on ne la déifia pas dans un temple, ce fut sans doute la crainte d'imprimer à ce temple la flétrissure du nom de *Lupanar*, qui avait déshonoré sa demeure; on excusa la fondation des *Lupercales*, en les présentant comme des fêtes funèbres, célébrées au mois de décembre pour l'anniversaire de sa mort, et bientôt, par respect pour la pudeur publique, on fit passer les Lupercales sur le compte du dieu Pan. Il paraîtrait donc que la première fête instituée à Rome par Rémus et Romulus, ou par leur père adoptif le berger Faustulus, l'avait été en mémoire de la louve Acca Laurentia.

Cette fête, qui subsista jusqu'au cinquième siècle de Jésus-Christ, non sans avoir subi de nombreuses vicissitudes, était bien digne d'une courtisane. Les luperques, prêtres du dieu Pan, le corps entièrement nu à l'exception d'une ceinture en peau de brebis, tenant d'une main un couteau ensanglanté et de l'autre un fouet, parcouraient les rues de la ville, en menaçant du couteau les hommes et en frappant les femmes avec le fouet. Celles-ci, loin de se dérober aux coups, les cherchaient avec curiosité et les recevaient avec componction. Voici quelle était l'origine de cette course emblématique, qui devait porter remède à la stérilité des femmes et les rendre grosses si le fouet divin les avait touchées au bon endroit. Lorsque les Romains de Romulus eurent enlevé les Sabines pour se faire des femmes et des enfants, les Sabines se montrèrent d'abord rétives à exécuter ce qu'on attendait d'elles: leur union forcée ne produisait aucun fruit, bien qu'elles n'eussent point à se plaindre de leurs ravisseurs. Elles allèrent invoquer Junon dans un bois consacré à Pan, et l'oracle qu'elles y recueillirent leur inspira d'abord une certaine appréhension: «Il faut qu'un bouc, disait l'oracle, vous fasse devenir mères.» On n'eut pas la peine de trouver ce bouc-là; un prêtre de Pan les tira de peine, en immolant un bouc sur le lieu même et en découpant en lanières la peau de l'animal, avec lesquelles il flagella les Sabines, qui devinrent enceintes à la suite de cette flagellation que les Lupercales eurent le privilège de continuer. La mythologie latine donnait une autre origine à la course des luperques, origine plus poétique, mais moins nationale. Hercule voyageait avec Omphale: un faune les aperçut et se mit à les suivre en cachette, dans l'espoir de profiter d'un moment où Hercule quitterait sa belle pour accomplir un de ses douze travaux. Les deux amants s'arrêtèrent dans une grotte et y soupèrent: Hercule et Omphale avaient changé de vêtements pour se divertir pendant le souper; Omphale s'était affublée de la peau du lion de Némée et avait mis sur son dos le carquois rempli des flèches empoisonnées; Hercule, découvrant sa poitrine velue, avait pris le collier et les bracelets de sa maîtresse. Ils burent et s'enivrèrent, ainsi travestis. Ils dormaient, chacun de son côté, sur une litière de feuilles sèches, lorsque le faune pénètre dans la caverne et cherche à tâtons le lit d'Omphale. Il se glisse dans celui d'Hercule, après avoir évité prudemment la peau de lion, qui ne lui annonce pas ce qu'elle renferme par hasard. Hercule s'éveille et châtie l'audacieux qui s'était un peu trop avancé dans sa méprise. Ce fut depuis cette aventure, que Pan eut en horreur le travestissement qui avait trompé son faune, et il ordonna, comme pour protester contre les erreurs de ce genre, que ses prêtres courraient tout nus aux Lupercales. On sacrifiait ce jour-là des boucs et des chèvres, que les luperques écorchaient eux-mêmes pour se revêtir de ces peaux toutes sanglantes qui avaient la renommée d'échauffer les désirs et de donner une ardeur capricante aux lascifs sacrificateurs du dieu Pan. La Prostitution sacrée était donc l'âme des Lupercales.

Ce ne furent pas les seules fêtes et le seul culte, que la Prostitution avait établis à Rome avant celui de Vénus. Sous le règne d'Ancus Martius, une courtisane, nommée Flora, s'attribua le nom d'Acca Laurentia, en souvenir de la nourrice de Rémus et de Romulus. Elle était d'une beauté singulière, mais elle n'en était pas plus riche. Elle passa une nuit dans le temple d'Hercule pour obtenir la protection de ce puissant dieu. Hercule lui annonça en songe que la première personne qu'elle rencontrerait au sortir du temple lui porterait bonheur; elle rencontra un patricien, appelé Tarutius, qui avait des biens considérables. Il ne l'eut pas plutôt vue, qu'il devint amoureux d'elle et qu'il voulut l'épouser. Il la fit son héritière en mourant, et Flora, que ce mariage avait mise à la mode, reprit son ancien métier de courtisane, et y acquit une fortune énorme qu'elle laissa en héritage au peuple romain. Son legs fut accepté, et le sénat, en reconnaissance, décréta que le nom de Flora serait inscrit dans les fastes de l'État et que des fêtes solennelles perpétueraient la mémoire de la générosité de cette courtisane. Mais, plus tard, ces honneurs solennels rendus à une femme de mauvaise vie affligèrent la conscience des honnêtes gens, et l'on imagina, pour réhabiliter la courtisane, de la diviniser. Flora fut dès lors la déesse des fleurs, et les Florales continuèrent à être célébrées avec beaucoup de splendeur au mois d'avril ou bien au commencement de mai. On employait à la célébration de ces fêtes les revenus de la succession de Flora, et quand ces revenus ne furent plus suffisants, vers l'an 513 avant Jésus-Christ, on y appliqua les amendes provenant des condamnations pour crime de péculat. Les fêtes de Flora, qu'on appelait fêtes de Flore et de Pomone, conservèrent toujours le stigmate de leur fondatrice; les magistrats les suspendirent quelquefois, mais le peuple les faisait renouveler, lorsque la saison semblait annoncer de la sécheresse et une mauvaise récolte. Pendant six jours, on couronnait de fleurs les statues et les autels des dieux et des déesses, les portes des maisons, les coupes des festins; on jonchait d'herbe fraîche les rues et les places: on y faisait des simulacres de chasse, en poursuivant des lièvres et des lapins (*cuniculi*), que les courtisanes avaient seules le droit de prendre vivants, lorsqu'ils se blottissaient sous leur robe. Les édiles, qui avaient la direction suprême des Florales, jetaient dans la foule une pluie de fèves, de pois secs et d'autres graines légumineuses, que le peuple se disputait à coups de poing. Ce n'est pas tout: ces fêtes, que les courtisanes regardaient comme les leurs, donnaient lieu à d'horribles désordres dans le Cirque. Les courtisanes sortaient de leurs maisons, en cortége, précédées de trompettes et enveloppées dans des vêtements très-amples, sous lesquels elles étaient nues et parées de tous leurs bijoux; elles se rassemblaient dans le Cirque, sous les yeux du peuple qui se pressait à l'entour, et là elles se dépouillaient de leurs habits et se montraient dans la nudité la plus indécente, étalant avec complaisance tout ce que les spectateurs voulaient voir et accompagnant de mouvements infâmes cette impudique exhibition: elles couraient, dansaient, luttaient, sautaient, comme des athlètes et des baladins, et chacune de leurs postures lascives arrachait des cris et des applaudissements à ce peuple en délire. Tout à coup, des hommes également nus s'élançaient dans l'arène, aux sons des trompettes, et une effroyable mêlée de prostitution s'accomplissait publiquement, avec de nouveaux transports de la multitude. Un jour, Caton, l'austère Caton, parut dans le Cirque au moment où les édiles allaient donner le signal des jeux; mais la présence de ce grand citoyen empêcha l'orgie d'éclater. Les courtisanes restaient vêtues, les trompettes faisaient silence, le peuple attendait. On fit observer à Caton que lui seul était un obstacle à la célébration des jeux; il se leva, ramenant le pan de sa toge sur son visage et sortit du Cirque. Le peuple battit des mains, les courtisanes se déshabillèrent, les trompettes sonnèrent, et le spectacle commença.

C'était bien là certainement la Prostitution la plus effrontée qui se fût jamais produite sous les auspices d'une déesse, et l'on comprenait, d'ailleurs, que cette déesse avait été originairement une effrontée courtisane. Le culte de la Prostitution était plus voilé dans les temples de Vénus. Le plus ancien de ces temples à Rome paraît avoir été celui de Vénus Cloacina. Dans les premiers temps de la république, lorsqu'on nettoyait le grand Cloaque, construit par le roi Tarquin pour conduire au Tibre les immondices de la ville, on trouva une statue enterrée dans la fange: c'était une statue de Vénus. On ne se demanda pas qui l'avait mise là, mais on lui dédia un temple sous le nom de Vénus Cloacine.

Les prostituées venaient le soir chercher fortune autour de ce temple et près de l'égout qui en était proche; elles réservaient une partie de leur salaire, pour l'offrir à la déesse, dont l'autel appelait un concours perpétuel de vœux et d'offrandes du même genre. Vénus avait des autels plus honnêtes et des temples moins fréquentés dans les douze régions ou quartiers de Rome. Vénus Placide, Vénus Chauve, Vénus Genitrix ou qui engendre, Vénus Verticordia ou qui change les cœurs, Vénus Erycine, Vénus Victorieuse et d'autres Vénus assez décentes n'encourageaient pas la Prostitution: elles la toléraient à peine pour l'usage des prêtres qui s'y livraient secrètement. Il n'en était pas de même des Vénus qui présidaient exclusivement aux plus secrets mystères de l'amour. Le temple de Vénus Volupia, situé dans le dixième quartier, attirait les débauchés des deux sexes, qui venaient y demander des inspirations à la déesse. Le temple de Vénus Salacia ou Lascive, dont on ignore la position dans l'enceinte de Rome, était visité très-dévotement par les courtisanes qui voulaient se perfectionner dans leur métier; le temple de Vénus Lubentia ou Libertine (ou plutôt *de bonne volonté*) se trouvait hors des murs au milieu d'un bois qui prêtait son ombre propice aux rencontres des amants. Vénus, sous ses différents noms, faisait toujours un appel aux instincts du plaisir, sinon de la débauche; mais ses temples n'étaient pas à Rome, ainsi que dans la Grèce et l'Asie Mineure, déshonorés par un marché patent de Prostitution. Il n'y avait guère que les courtisanes qui poussassent la piété envers la déesse jusqu'à se vendre à son profit, et dans tous les cas, le sacrifice ne s'accomplissait jamais à l'intérieur du temple, à moins que le prêtre ne fût le sacrificateur.

On ne voit nulle part, dans les écrivains latins, que les temples de Vénus, à Rome, eussent des consacrées, des colléges de prêtresses, qui se prostituaient au bénéfice de leurs autels, comme cela se passait encore à Corinthe et à Éryx, du temps des empereurs. Strabon rapporte, dans sa Géographie, que le fameux temple de Vénus Erycine, en Sicile, était encore plein de femmes attachées au culte de la déesse et données à ses autels par les suppliants qui voulaient la rendre favorable à leurs vœux: ces esclaves consacrées pouvaient se racheter avec l'argent qu'elles demandaient à la Prostitution et dont une part seulement appartenait au temple qui la protégeait. Ce temple tombait en ruines sous le règne de Tibère, qui, en sa qualité de parent de Vénus, le fit restaurer et y mit des prêtresses nouvelles. Quant aux temples de Rome, ils étaient tous d'une dimension fort exiguë, en sorte que la cella ne pouvait renfermer que l'autel et la statue de la déesse avec les instruments des sacrifices: on ne pénétrait donc pas à l'intérieur, et dans les fêtes de Vénus comme dans celles des autres dieux, les cérémonies se faisaient en plein air sur le portique et sur les degrés du sanctuaire. Cette forme architecturale semble exclure toute idée de Prostitution sacrée, dépendant du moins du temple même. Les Romains, d'ailleurs, en adoptant la religion des Grecs, l'avaient façonnée à leurs mœurs, et l'esprit sceptique de ce peuple allait mal à des actes de foi et d'abnégation, qui devaient, pour n'être pas odieux et ridicules, s'entourer d'un voile de candeur et de naïveté: les Romains ne croyaient guère à la divinité de leurs dieux. Il est donc certain que les fêtes de Vénus, à Rome, étaient à peu près chastes ou plutôt décentes dans tout ce qui tenait au culte, mais qu'elles servaient uniquement de prétexte à des orgies et à des désordres de toute nature qui se renfermaient dans les maisons. Quand Jules César, qui se vantait de descendre de Vénus, donna un nouvel élan au culte de sa divine ancêtre, lui dédia des temples et des statues par tout l'empire romain, fit célébrer des jeux solennels en son honneur et dirigea en personne les fêtes magnifiques qu'il restituait ou qu'il établissait pour elle, il n'eut pas la pensée de mettre en vigueur, sous ses auspices, la Prostitution sacrée; il évita aussi, tout débauché qu'il fût lui-même, de s'occuper des personnifications malhonnêtes de Vénus, qui, comme Lubentia, Volupia, Salacia, etc., n'était plus que la déesse des courtisanes. On doit remarquer pourtant que Vénus Courtisane n'eut jamais de chapelle à Rome.

On y adorait surtout Vénus Victorieuse, qui semblait la grande protectrice de la nation issue d'Énée, mais on ne se rappelait pas seulement à quelle occasion Vénus avait été d'abord adorée comme Vénus Armée. C'était une origine spartiate, et non romaine, car Vénus, avant d'être Victorieuse, avait été Armée. Dans les temps héroïques de Lacédémone, tous les hommes valides étaient sortis de cette ville pour aller assiéger Messène: les Messéniens assiégés sortirent à leur tour secrètement de leurs murailles et marchèrent la nuit pour surprendre Lacédémone laissée sans défenseurs; mais les Lacédémoniennes s'armèrent à la hâte et se présentèrent fièrement à la rencontre de l'ennemi qu'elles mirent en fuite. De leur côté, les Spartiates, avertis du danger que courait leur cité, avaient levé le siége de Messène et revenaient défendre leurs foyers. Ils virent de loin briller des casques, des cuirasses et des lances: ils crurent avoir rejoint les Messéniens; ils s'apprêtèrent à combattre; mais, en s'approchant davantage, les femmes, pour se faire reconnaître, levèrent leurs tuniques et découvrirent leur sexe. Honteux de leur méprise, les Lacédémoniens se précipitèrent, les bras ouverts, sur ces vaillantes femmes et ne leur laissèrent pas même le temps de se désarmer. Il y eut une mêlée amoureuse qui engendra le culte de Vénus Armée. «Vénus, s'écrie un poëte de l'Anthologie grecque, Vénus, toi qui aimes à rire et à fréquenter la chambre nuptiale, où as-tu pris ces armes guerrières? Tu te plaisais aux chants d'allégresse, aux sons harmonieux de la flûte, en compagnie du blond Hyménée: à quoi bon ces armes? Ne te vante pas d'avoir dépouillé le terrible Mars. Oh! que Vénus est puissante!» Ausone, en imitant cette épigramme, fait dire à la déesse: «Si je puis vaincre nue, pourquoi porterais-je des armes?» La Vénus Victrix de Rome était nue, le casque en tête, la haste à la main.

Les fêtes publiques de Vénus furent donc bien moins indécentes que celles de Lupa et de Flora; elles étaient voluptueuses, mais non obscènes, à l'exception d'un épisode mystique qui se passait sous les yeux d'un petit nombre de privilégiés et qui frappait ensuite comme un prodige l'imagination des personnes auxquelles on le racontait avec des détails plus ou moins merveilleux. Le poëte Claudien ne nous dit pas dans quel temple s'exécutait cet ingénieux tour de physique amusante. On plaçait sur un lit de roses une statue en ivoire de la déesse, représentée nue; on apportait sur le même lit, à quelque distance de Vénus, une statue de Mars couvert d'armes d'acier. Le mystère ne manquait pas de s'accomplir au bout de quelques instants: les deux statues s'ébranlaient à la fois et s'élançaient avec tant de force l'une contre l'autre, qu'elles s'entrechoquaient comme si elles se brisaient en éclats; mais elles restaient étroitement embrassées et frémissantes au milieu des feuilles de roses. Tout le secret de cette scène mythologique résidait dans le ventre de la statue d'ivoire contenant une pierre d'aimant, dont la puissance attractive agissait sur l'acier de la statue de Mars. Mais cette invention accusait une époque de perfectionnement et de raffinement très-avancée. Les premiers

Romains agissaient moins artistement avec leurs premières Vénus. Une de celles-ci fut Vénus Myrtea, ainsi nommée à cause d'un bois de myrte qui entourait son temple, situé vraisemblablement auprès du Capitole. Le myrte était consacré à Vénus; il servait aux purifications qui précédaient la cérémonie nuptiale. La tradition voulait que les Romains ravisseurs des Sabines se fussent couronnés de myrte, en signe de victoire amoureuse et de fidélité conjugale. Vénus s'était aussi couronnée de myrte, après avoir vaincu Junon et Pallas dans le combat de la beauté. On offrait donc des couronnes de myrte à toutes les Vénus, et les sages matrones, qui n'adoraient que des Vénus décentes, avaient le myrte en horreur, comme nous l'apprend Plutarque, parce que le myrte était à la fois l'emblème et le provocateur des plaisirs sensuels. Vénus Myrtea prit le nom de Murtia, lorsque son temple fut transféré près du Cirque sur le mont Aventin, qu'on appelait aussi Murtius. Alors les jeunes vierges ne craignirent plus d'aller invoquer Vénus Murtia, en lui offrant des poupées et des statuettes en terre cuite ou en cire, qui rappelaient certainement, à l'insu des suppliantes, l'ancien usage de se consacrer soi-même à la déesse en lui faisant le sacrifice de la virginité. Ce sacrifice, qui avait été si fréquent et si général dans le culte de Vénus, se perpétuait encore sous la forme du symbolisme, et partout le fait brutal était remplacé par des allusions plus ou moins transparentes. Ainsi, quand les Romains occupèrent la Phrygie et s'établirent dans la Troade qu'ils regardaient comme le berceau de leur race, ils y retrouvèrent une coutume qui se rattachait au culte de Vénus, et qui avait remplacé le fait matériel de la Prostitution sacrée: les jeunes filles, peu de jours avant leur mariage, se dédiaient à Vénus en se baignant dans le fleuve Scamandre, où les trois déesses s'étaient baignées pour se mettre en état de comparaître devant leur juge, le berger Pâris: «Scamandre, s'écriait la Troyenne qui se livrait aux ondes caressantes de ce fleuve sacré, Scamandre, reçois ma virginité!»

Le culte de Vénus, à Rome, ne réclamait pas des sacrifices de la même espèce; les courtisanes étaient, d'ailleurs, les plus assidues aux autels de la déesse, qui, par l'étymologie de son nom, faisait un appel à tous et à tout (*quia venit ad omnia*, dit Cicéron, dans son traité de la Nature des Dieux; *quod ad cunctos veniat*, dit Arnobe, dans son livre contre les Gentils). Les courtisanes lui offraient, de préférence, les insignes ou les instruments de leur profession, des perruques blondes,

des peignes, des miroirs, des ceintures, des épingles, des chaussures, des fouets, des grelots et beaucoup d'autres objets qui caractérisaient les arcanes du métier. C'était à qui se dépouillerait de ses joyaux et de ses ornements, pour en faire don à la déesse qui devait rendre le double à ses invocatrices. Quelques-unes, dans leurs offrandes, exprimaient une reconnaissance plus désintéressée, et leurs amants se présentaient avec des offrandes non moins touchantes: l'un offrait une lampe qui avait été témoin de son bonheur; l'autre, une torche et un levier qui lui avaient servi à brûler et à enfoncer la porte de sa maîtresse; le plus grand nombre apportaient des lampes ithyphalliques et des phallus votifs. On sacrifiait, en l'honneur de Vénus, mère de l'amour, des chèvres et des boucs, des colombes et des passereaux, que la déesse avait adoptés à cause de leur zèle pour son culte. Mais si les cérémonies et les fêtes de Vénus n'offensaient pas la pudeur dans les temples, elles autorisaient, elles excitaient bien des débauches dans les maisons, surtout chez les jeunes débauchés et chez les courtisanes. La plus turbulente de ces fêtes vénériennes avait lieu au mois d'avril, mois consacré à la déesse de l'amour, parce que tous les germes de la nature se développent pendant ce mois régénérateur et que la terre semble, en quelque sorte, ouvrir son sein aux baisers du printemps. On passait les nuits d'avril à souper, à boire, à danser, à chanter et à célébrer les louanges de Vénus, sous des berceaux de verdure et dans des abris de branchages entrelacés avec des fleurs. Ces nuits-là s'appelaient *Veillées de Vénus*, et toute la jeunesse romaine y prenait part avec la fougue de son âge, tandis que les vieillards et les femmes mariées se renfermaient au fond de leurs demeures, sous les regards tutélaires de leurs dieux lares, pour ne pas entendre ces cris joyeux, ces chants et ces danses. On exécutait quelquefois, à l'occasion de ces fêtes d'avril, mais seulement dans certaines sociétés dissolues, des danses et des pantomimes licencieuses, qui mettaient en action les principales circonstances de l'histoire de Vénus: on représentait tour à tour le Jugement de Pâris, les Filets de Vulcain, les Amours d'Adonis et d'autres scènes de cette impure mais poétique mythologie; les acteurs, qui figuraient dans ces pantomimes, étaient complètement nus, et ils s'efforçaient de rendre par la pantomime la plus expressive les faits et gestes amoureux des dieux et des déesses, tellement qu'Arnobe, en parlant de ces divertissements plastiques, dit que Vénus, la mère du peuple souverain, devient une bacchante ivre qui s'abandonne à toutes les impudicités, à toutes les infamies des courtisanes (*regnatoris et populi procreatrix amans saltatur Venus, et per affectus omnes meretriciæ vilitatis impudicâ exprimitur imitatione bacchari*). Arnobe dit, en outre, que la déesse devait rougir de voir les horribles indécences que l'on attribuait à son Adonis.

Les femmes romaines, chose étrange! si réservées à l'égard du culte de Vénus, ne se faisaient aucun scrupule d'exposer leur pudeur à la pratique de certains cultes plus malhonnêtes et plus honteux, qui ne regardaient pourtant que des dieux et des déesses subalternes: elles offraient des sacrifices à Cupidon, à Priape, à Priape surtout, à Mutinus, à Tutana, à Tychon, à Pertunda et à d'autres divinités du même ordre. Non-seulement, ces sacrifices et ces offrandes avaient lieu dans l'intérieur des foyers domestiques, mais encore dans des chapelles publiques, devant les statues érigées au coin des rues et sur les places de la ville. Ce n'étaient pas les courtisanes qui s'adressaient à ce mystérieux Olympe de l'amour sensuel: Vénus leur suffisait sous ses noms multiples et sous ses figures variées; c'étaient les matrones, c'étaient même les vierges qui se permettaient l'exercice de ces cultes secrets et impudents; elles ne s'y livraient que voilées, il est vrai, avant le lever du soleil ou après son coucher; mais elles ne tremblaient pas, elles ne rougissaient pas d'être vues adorant Priape et son effronté cortège. On peut donc croire qu'elles conservaient la pureté de leur cœur, en présence de ces images impures, qui étalaient partout leur monstrueuse obscénité, dans les rues, dans les jardins et dans les champs, sous prétexte d'écarter les voleurs et les oiseaux. Il est difficile de préciser à quelle époque le dieu de Lampsaque fut introduit et vulgarisé à Rome. Son culte, qui y était scandaleusement répandu dans les classes des femmes les plus respectables, ne paraît pas avoir été réglé par des lois fixes de cérémonial religieux. Le dieu n'avait pas même de temple desservi par des prêtres ou des prêtresses; mais ses statues phallophores étaient presque aussi multipliées que ses adoratrices, qui trouvaient dans leur dévotion plus ou moins ingénieuse les différentes formes du culte qu'elles rendaient à ce vilain dieu. Priape, qui représente, sous une figure humaine largement pourvue des attributs de la génération, l'âme de l'univers et la force procréatrice de la matière, n'avait été admis que fort tard dans la théogonie grecque; il arriva plus tard encore chez les Romains, qui ne le prirent pas au sérieux, avec ses cornes de bouc, ses oreilles de chèvre et son insolent emblème de virilité. Les Romaines, au contraire, l'honorèrent, pour ainsi dire, de leur protection particulière et ne le traitèrent pas comme un dieu impuissant et ridicule. Ce Priape, dont les mythologues avaient fait un fils naturel de Vénus et de Bacchus, n'était plutôt qu'une incarnation dégénérée du Mendès ou de l'Horus des Égyptiens, lequel personnifiait aussi les principes générateurs du monde. Mais les dames romaines ne cherchaient pas si loin le fond des choses: leur dieu favori présidait aux plaisirs de l'amour, au devoir du mariage et à toute l'économie érotique. C'était là ce qui le distinguait particulièrement de Pan, avec lequel il avait plus d'un rapport d'aspect et d'attributions. On lui donnait ordinairement la forme d'un hermès, et on l'employait au même usage que les termes, dans les jardins, les vergers et les champs, qu'il avait mission de protéger avec sa massue ou son bâton.

Les monuments antiques nous ont fait connaître les divers sacrifices que Priape recevait à Rome et dans tout l'empire romain. On le couronnait de fleurs ou de feuillages; on l'enveloppait de guirlandes; on lui présentait des fruits: ici, des noix par allusion aux mystères du mariage; là, des pommes, en mémoire du jugement de Pâris; on brûlait devant lui, sur un autel portatif, de la fleur de froment, de l'ancolie, des pois chiches et de la bardane; on dansait, aux sons de la lyre ou de la double flûte, autour de son piédestal, et on se laissait aller, avec plus ou moins d'emportement, aux inspirations de son image lubrique. Ce qui distinguait seulement, dans ces sacrifices, les femmes honnêtes des femmes débauchées, c'était le voile derrière lequel leur pudeur se croyait à l'abri. Souvent les couronnes dorées ou fleuries qu'on dédiait au dieu de Lampsaque n'étaient pas placées sur sa tête, mais suspendues à la partie la plus déshonnête de la statue. *Cingemus tibi mentulam coronis!* s'écrie un poëte des Priapées. Un autre poëte du même recueil applaudit une courtisane, nommée Teléthuse, qui, comblée des faveurs et des profits de la Prostitution, offrit de cette façon une couronne d'or à Priape (*cingit inauratâ penem tibi, sancte, coronâ*), qu'elle qualifiait de *saint*. Au reste, l'attribut priapique revenait sans cesse, comme un emblème figuré, dans une foule de circonstances de la vie privée, et les regards les plus modestes, à force de le voir se multiplier, pour ainsi dire, avec mille destinations capricieuses, ne le rencontraient plus qu'avec indifférence et distraction. C'était une sonnette, ou une lampe, ou un flambeau, ou un joyau, ou quelque petit meuble, en bronze, en argile, en ivoire, en corne; c'était principalement une amulette, que femmes et enfants portaient au cou pour se préserver des maladies et des philtres; c'était, de même qu'en Égypte, le gardien tutélaire de l'amour et l'auxiliaire de la génération. Les peintres et les sculpteurs se plaisaient à lui donner des ailes, ou des pattes, ou des griffes, pour exprimer qu'il déchire, qu'il marche et qu'il s'envole dans le domaine de Vénus. Cet objet obscène avait donc perdu de la sorte son caractère d'obscénité, et l'esprit s'était presque déshabitué d'y reconnaître ce que les yeux n'y voyaient plus. Mais le culte de Priape n'en était pas moins l'occasion et l'excuse de bien des impuretés secrètes.

Ce culte comprenait, d'ailleurs, celui du dieu Mutinus, Mutunus ou Tutunus, qui ne différait de Priape que par la position de ses statues. Il était représenté assis, au lieu d'être debout; en outre, ses statues, qui ne furent jamais nombreuses, se cachaient dans des édicules fermés, entourés d'un bocage où les profanes ne pénétraient pas. Ce Mutinus descendait en ligne directe de l'idole ithyphallique des peuples primitifs de l'Asie; il servait aussi au même usage et perpétuait au milieu de Rome la plus ancienne forme de la Prostitution sacrée. Les jeunes épouses étaient conduites à cette idole, avant de l'être à leurs maris, et elles venaient s'asseoir sur ses genoux, comme pour lui offrir leur virginité: *in celebratione nuptiarum*, dit saint Augustin, *super Priapi scapum nova nupta sedere jubebatur*. Lactance semble dire qu'elles ne se bornaient pas à occuper ce siége indécent: *Et Muturnus*, dit-il, *in cujus sinu pudendo nubentes præsident, ut illarum pudicitiam prior deus delibasse videatur*. Cette *libation* de la virginité devenait quelquefois un acte réel et consommé. Puis, une fois mariées, les femmes qui voulaient combattre la stérilité retournaient visiter le dieu, qui les recevait encore sur ses genoux et les rendait fécondes. Arnobe rapporte, en frissonnant, les horribles particularités de ce sacrifice: *Etiam ne Tutunus, cujus immanibus pudendis, horrentique fascino, vestras inequitare matronas et auspicabile ducitis et optatis?* Il faut remonter aux hideuses pratiques des religions de l'Inde et de l'Assyrie, pour trouver un simulacre analogue de Prostitution sacrée; mais, dans l'Orient, aux premiers âges du monde, le dieu générateur et régénérateur avait un culte solennel, qu'on lui rendait au grand jour et qui symbolisait la fécondité de la mère Nature, tandis qu'à Rome, ce culte amoindri et déchu se cachait honteusement dans l'ombre d'une chapelle où le mépris public reléguait l'infâme dieu Mutinus. Cette chapelle avait été d'abord érigée dans le quartier appelé Vélie, à l'extrémité de la ville; elle fut détruite sous le règne d'Auguste, qui voulait abolir ce repaire de Prostitution sacrée; mais le culte de cet affreux Mutinus était si profondément établi dans les mœurs du peuple, qu'il fallut relever son édicule dans la campagne de Rome et donner par là satisfaction aux jeunes mariées et aux femmes stériles, qui s'y rendaient voilées, non-seulement de tous les quartiers de la ville, mais encore des points les plus éloignés de l'Italie.

Quelques savants ont avancé, d'après le témoignage de Festus, que la chapelle de Mutinus renfermait, outre la statue de ce dieu, celle de sa femme Tutuna ou Mutuna, qui n'était là que pour présider au mystère de la déviriginisation et qui ne voyait personne s'asseoir sur ses genoux. La déesse, dont le nom dérivé du grec exprime le sexe féminin et désigne spécialement sa nature, n'avait pas une posture plus honnête que celles des suppliantes qui s'adressaient à son mari. On ne doit pas cependant confondre Mutuna avec Pertunda, déesse hermaphrodite qui n'avait pas d'autre sanctuaire que la chambre des époux pendant la nuit des noces. Cette Pertunda, que saint Augustin proposait d'appeler plutôt le dieu *Pretundus* (qui frappe le premier), était apportée dans le lit nuptial et y prenait quelquefois, selon Arnobe, un rôle aussi délicat que celui du mari: *Pertunda in cubiculis præsto est virginalem scrobem effodientibus maritis*. C'était encore là un reste singulier de la Prostitution sacrée, quoique la déesse ne reçût pas en sacrifice la virginité de l'épouse, mais aidât l'époux à l'immoler. On faisait intervenir aussi, à la première nuit des nouveaux mariés, une autre déesse et un autre dieu, également ennemis de la chasteté conjugale, le dieu *Subigus* et la déesse *Prema*: le dieu chargé d'apprendre à l'époux son devoir; la déesse, à l'épouse le sien: *ut subacta a sponso viro*, lit-on avec surprise dans la *Cité de Dieu* de saint Augustin, *non se commoveat, quum premitur*. Quant aux petits dieux Tychon et Orthanès, ce n'étaient que les humbles caudataires du grand Priape, et ils ne figuraient à la cour de Vénus que comme des instigateurs lascifs de la Prostitution sacrée.

On ignore, néanmoins, quels étaient ces dieux impudiques, dont les noms se trouvent à peine cités par l'obscur Lycophron et par Diodore de Sicile; on ne sait pas à quelle particularité du plaisir ils présidaient, et l'on ne pourrait faire aucune conjecture fondée à l'égard de leur image et de leur culte. Il ne serait pas impossible que ces dieux, que ne nous rappelle aucun monument figuré, fussent ceux-là même qui avaient été introduits en Étrurie, l'an de Rome 566, 186 avant Jésus-Christ, par un misérable grec, de basse extraction, moitié prêtre et moitié devin. Ces dieux inconnus, dont l'histoire n'a pas même conservé les noms, autorisaient un culte si monstrueux et des mystères si abominables, que l'indignation publique se prononça pour les flétrir et les condamner. Les femmes seules étaient d'abord consacrées aux nouveaux dieux, avec des cérémonies infâmes, qui en attirèrent pourtant un grand nombre, par curiosité et par libertinage. Les hommes furent admis, à leur tour, dans la pratique de ce culte odieux qui empoisonna toute l'Étrurie et qui pénétra dans Rome. Il y eut bientôt en cette ville plus de sept mille initiés des deux sexes; leurs principaux chefs et grands prêtres étaient M. C. Attinius, du bas peuple de Rome, L. Opiternius, du pays des Falisques, et Menius Cercinius, de la Campanie. Ils s'intitulaient audacieusement fondateurs d'une religion nouvelle; mais le sénat, instruit des pratiques exécrables de ce culte parasite, le proscrivit par une loi, ordonna que tous les instruments et objets consacrés fussent détruits, et décréta la peine de mort contre quiconque oserait travailler à corrompre ainsi la morale publique. Plusieurs prêtres, qui faisaient des initiations, malgré la défense du sénat, furent arrêtés et condamnés au dernier supplice. Il ne fallut pas moins que cette rigoureuse application de la loi pour arrêter les progrès d'un culte qui s'adressait aux plus grossiers appétits de la nature humaine. On présume que les traces de cette débauche sacrée ne s'effacèrent jamais dans les mœurs et les croyances du bas peuple de Rome.

Il y avait peut-être d'intimes analogie entre ce culte étrange, que le sénat essayait de faire disparaître, et le culte d'Isis, qui fut également, et à plusieurs reprises, en butte aux proscriptions des magistrats. On ne sait pas à quelle époque le culte isiaque fut introduit à Rome pour la première fois; on sait seulement qu'il y arriva travesti sous une forme asiatique, bien différente de son origine égyptienne. En Égypte, les mystères d'Isis, la génératrice de toutes choses, ne furent pas toujours chastes et irréprochables, mais ils représentaient en allégories la création du monde et des êtres, la destinée de l'homme, la recherche de la sagesse et la vie future des âmes. Chez les Romains comme en Asie, ces mystères n'étaient que des prétextes et des occasions de désordre en tous genres: la Prostitution surtout y occupait la première place. Voilà pourquoi le temple de la déesse, à Rome, fut dix fois démoli et dix fois reconstruit; voilà pourquoi le sénat ne toléra enfin les isiaques qu'en faveur de la protection intéressée que leur accordaient quelques citoyens riches et puissants; voilà pourquoi, malgré la prodigieuse extension du culte d'Isis sous les empereurs, les honnêtes gens s'en éloignaient avec horreur et ne méprisaient rien tant qu'un prêtre d'Isis. Apulée, dans son *Ane d'or*, nous donne une description très-adoucie de ces mystères, auxquels il s'était fait initier et dont il ne se permet pas de révéler les cérémonies secrètes; il nous montre la procession solennelle dans laquelle un prêtre porte dans ses bras «l'effigie vénérable de la toute-puissante déesse, effigie qui n'a rien de l'oiseau ni du quadrupède domestique ou sauvage, et ne ressemble pas davantage à l'homme, mais vénérable par son étrangeté même, et qui caractérise ingénieusement le mysticisme profond et le secret inviolable dont s'entoure cette religion auguste.» Devant l'effigie, qui n'était autre qu'un phallus en or accompagné d'emblèmes de l'amour et de la fécondité, se pressait une multitude d'initiés, hommes et femmes de tout âge et de tout rang, vêtus de robes de lin d'une blancheur éblouissante: les femmes entourant de voiles transparents leur chevelure inondée d'essences; les hommes, rasés jusqu'à la racine des cheveux, agitant des sistres de métal. Mais Apulée se tait prudemment sur ce qui se passait dans le sanctuaire du temple, où s'effectuait l'initiation au bruit des sistres et des clochettes. Tous les écrivains de l'antiquité ont gardé le silence au sujet de cette initiation, qui devait être synonyme de Prostitution. Les empereurs eux-mêmes ne rougirent pas de se faire initier et de prendre pour cela le masque à tête de chien, en l'honneur d'Anubis, fils d'Isis.

C'était donc cette déesse, plutôt même que Vénus, qui présidait à la Prostitution sacrée à Rome et dans tout l'empire romain. Elle avait des temples, et des chapelles partout, à l'époque de la plus grande dépravation des mœurs. Le principal temple qu'elle eut à Rome, était dans le Champ-de-Mars; ses dépendances, ses jardins et ses souterrains d'initiation devaient être considérables, car on évalue à plusieurs milliers d'hommes et de femmes l'affluence des initiés qui s'y rendaient processionnellement aux fêtes isiaques. Il y avait, en outre, dans l'enceinte sacrée, un commerce permanent de débauche, auquel les prêtres d'Isis, souillés de tous les vices et capables de tous les crimes, prêtaient leur entremise complaisante. Ces prêtres formaient un collége assez nombreux, qui vivait dans une impure familiarité; ils se livraient à tous les égarements des sens, à tous les débordements des passions; ils étaient toujours ivres et chargés de nourriture; ils se promenaient, dans les rues de la ville, revêtus de leurs robes de lin couvertes de taches et de crasse, le masque à tête de chien sur le visage, le sistre à la main; ils demandaient l'aumône, en faisant sonner leur sistre, et ils frappaient aux portes, en menaçant de la colère d'Isis ceux qui ne leur donnaient pas. Ils exerçaient en même temps le honteux métier de *lénons*: ils se chargeaient, en concurrence avec les vieilles courtisanes, de toutes les négociations amoureuses, des correspondances, des rendez-vous, des trafics et des séductions. Leur temple et leurs jardins servaient d'asile aux amants qu'ils protégeaient et aux adultères qu'ils déguisaient sous des vêtements et des voiles de lin. Les maris et les jaloux ne pénétraient pas impunément dans ces lieux, consacrés au plaisir, où l'on ne voyait que des couples amoureux, où l'on n'entendait que des soupirs étouffés par les sons des sistres. Juvénal, dans ses *Satires*, parle souvent de l'usage habituel des sanctuaires d'Isis: «Tout récemment encore, dit-il dans sa satire IX à Nœvolus, tu souillais bien régulièrement de ta présence adultère le sanctuaire d'Isis, le temple de la Paix où Ganimède a une statue, le mystérieux séjour de la Bonne-Déesse, la chapelle de Cérès (car quel est le temple où les femmes ne se prostituent pas?), et, ce que tu ne dis pas, tu t'attaquais même aux maris.» Cette double Prostitution était donc tolérée, sinon autorisée et encouragée, dans tous les temples de Rome, surtout dans ceux qui avaient pour la cacher un bois de lauriers ou de myrtes.

Le culte d'Isis se rattachait aussi à celui de Bacchus, qui était adoré comme une des divines incarnations d'Osiris. La mythologie de ce dieu vainqueur avait trop de points de contact avec celle de Vénus, pour que le dieu et la déesse ne fussent pas honorés de la même manière, c'est-à-dire par des fêtes de Prostitution. Ces fêtes se célébraient, sous le nom de mystères, avec des excès épouvantables. Les libertins et les courtisanes en étaient les acteurs zélés et fervents: les uns y jouaient le rôle de *bacchants*; les autres, celui de *bacchantes*; ils couraient pendant la nuit, demi-nus, échevelés, ceints de pampres et de lierres, secouant des torches et des thyrses, avec des cymbales, des tambours, des trompettes et des clochettes; quelquefois, ils étaient déguisés en faunes et montés sur des ânes. Tout dans ce culte bachique symbolisait l'acte même de la Prostitution: ici, on buvait dans des coupes de verre ou de terre en forme de phallus; là, on arborait d'énormes phallus à l'extrémité des thyrses; les prêtresses du dieu promenaient autour de son temple le phallus, le van et la ciste, comme aux processions isiaques, où ces trois emblèmes représentaient la nature mâle, la nature femelle et l'union des deux natures; car la ciste ou corbeille mystique renfermait un serpent se mordant la queue, ainsi que des gâteaux ayant la figure du phallus et celle du van. On comprend les incroyables désordres, auxquels poussait un culte tout érotique, si cher à la jeunesse débauchée. La bande joyeuse, barbouillée de vin, avait le droit de disposer des hommes et des femmes qu'elle rencontrait par hasard dans ses courses nocturnes, et qu'elle poursuivait de ses cris furieux, de ses rires railleurs, de ses paroles obscènes, de ses gestes indécents. Les femmes honnêtes se cachaient avec effroi dans leur maison, dès que sonnait l'heure des bacchanales; et quand elles entendaient passer devant leur porte les initiés en délire, elles offraient un sacrifice à leurs dieux lares, en invoquant Junon et la Pudeur. Au reste, Bacchus était adoré comme un dieu hermaphrodite, et dans d'infâmes conciliabules qui se tenaient au fond de ses temples, les hommes devenaient femmes et les femmes hommes, au milieu d'une orgie sans nom que le tambour sacré animait et réglait à la fois.

Et dans toutes ces fêtes honteuses qui déshonoraient les divinités de Rome, les courtisanes, fidèles à une tradition dont elles ne s'expliquaient pas l'origine, tiraient profit de leurs *stupres* (*stupra*) et de leurs prostitutions (*Prostibula*); elles s'attribuaient seulement une part proportionnelle dans le salaire de leur métier, et elles déposaient le reste sur l'autel du dieu et de la déesse, sans que les prêtres mêmes fussent complices de ces marchés honteux qui se contractaient dans l'enceinte du temple: «C'est aujourd'hui le marché des courtisanes dans le temple de Vénus, dit une courtisane du *Pœnulus* de Plaute; là se rassemblent des marchands d'amour; je veux donc m'y montrer.»

Ad ædem Veneris hodie est mercatus meretricius;

Eo conveniunt mercatores, ibi ego me ostendi volo.

Les courtisanes à Rome n'étaient pas, comme en Grèce, tenues à distance des autels; elles fréquentaient, au contraire, tous les temples, pour y trouver sans doute d'heureuses chances de gain; elles témoignaient ensuite leur reconnaissance à la divinité qui leur avait été propice, et elles apportaient dans son sanctuaire une portion du gain qu'elles croyaient lui devoir. La religion fermait les yeux sur cette source impure de revenus et d'offrandes; la législation civile ne s'immisçait point dans ces détails de dévotion malhonnête, qui touchaient au culte, et grâce à cette tolérance ou plutôt à l'abstention systématique du contrôle judiciaire et religieux, la Prostitution sacrée conservait à Rome presque ses allures et sa physionomie primitives, avec cette différence toutefois qu'elle ne sortait pas de la classe des courtisanes, et qu'elle était devenue un accessoire étranger au culte, au lieu de faire partie intégrante du culte lui-même.

15

Sommaire.—A quelle époque la Prostitution légale s'établit à Rome.—Par qui elle y fut introduite.—Les premières prostituées de Rome.—De l'institution du mariage, par Romulus.—Les quatre lois qu'il fit en faveur des Sabines.—Établissement du collége des Vestales par Numa Pompilius.—Mort tragique de Lucrèce.—Horreur et mépris qu'inspirait le crime de l'adultère, chez les peuples primitifs de l'Italie.—Supplice infligé aux femmes adultères à Cumes.—Supplice de l'âne.—Les femmes adultères vouées à la Prostitution publique.—L'honneur de Cybèle sauvé par l'âne de Silène.—Priape et la nymphe Lotis.—Lieux destinés à recevoir les femmes adultères.—Horrible supplice auquel ces malheureuses étaient condamnées.—Le mariage par *confarréation*.—La *mère de famille*.—*L'épouse*.—Le mariage par *coemption*.—Le mariage par *usucapion* ou mariage à l'essai.—Le célibat défendu aux patriciens.—Un cheval ou une femme.—Vibius Casca devant les censeurs.—Les tables censoriennes.—La loi *Julia*.—Définition de la femme publique par Ulpien.—Des différents genres et des divers degrés de la Prostitution romaine.—La Prostitution errante.—La Prostitution stationnaire.—*Stuprum* et *fornicatio*.—Le *lenocinium*.—*Lenæ* et *Lenones*.—La classe *de Meretricibus*.—Les *ingénues*.—La note d'infamie.—*Licentia stupri* ou brevet de débauche.—Lois des empereurs contre la Prostitution.—Comédien, *Meretrix* et *Proxénète*.—Lois et peines contre l'adultère.—Le concubinat légal.—Les *concubins*.—L'impôt sur la Prostitution.—Le *lénon* Vetibius.—Plaidoyer de Cicéron pour Cœlius.—Indifférence de la loi pour les crimes contre nature.—La loi *Scantinia*.

La Prostitution légale ne s'établit à Rome sous une forme régulière, que bien après la fondation de cette ville, qui n'était pas d'abord assez peuplée pour sacrifier à la débauche publique la portion la plus utile de ses habitants. Les femmes avaient manqué aux Romains pour former des unions légitimes, de telle sorte qu'il leur fallut recourir à l'enlèvement des Sabines; les femmes leur manquèrent longtemps encore, pour faire des prostituées. On peut donc avancer avec certitude que la Prostitution légale fut introduite dans la cité de Romulus, par des femmes étrangères, qui y vinrent chercher fortune et qui y exercèrent librement leur honteuse industrie, jusqu'à ce que la police urbaine eût jugé prudent de l'organiser et de lui tracer des lois. Mais il est impossible d'assigner une époque plutôt qu'une autre à cette invasion des courtisanes dans les mœurs romaines, et à leurs débuts impudiques sur le théâtre de la Prostitution légale. Les souvenirs éclatants que la nourrice de Romulus, Acca Laurentia, avait laissés dans la mémoire des Romains, ne tardèrent pas à se cacher et à s'effacer sous le manteau des Lupercales; et lorsque la belle Flora les eut ravivés un moment, en essayant de les remettre en honneur, ils furent encore une fois absorbés et déguisés dans une fête populaire, dont les indécences mêmes n'avaient plus de sens allégorique pour le peuple, qui s'y livrait avec frénésie. Les magistrats et les prêtres s'étaient entendus, d'ailleurs, pour attribuer les Lupercales au dieu Pan, et les Florales à la déesse des fleurs et du printemps, comme s'ils avaient eu honte de l'origine de ces fêtes solennelles de la Prostitution. Acca Laurentia et Flora furent donc les premières prostituées de Rome; mais on ne doit considérer leur présence dans la ville naissante que comme une exception, et c'est peut-être par cette circonstance qu'il faut expliquer les richesses considérables qu'elles acquirent l'une et l'autre dans un temps où la concurrence n'existait pas pour elles. Un docte juriste du seizième siècle, frappé de cette particularité bizarre, a voulu voir, dans Acca Laurentia et surtout dans Flora, la prostituée unique et officielle du peuple romain, à l'instar d'une reine d'abeilles, qui suffit seule à son essaim; et il tira de là cette conclusion incroyable, qu'une femme, pour être dûment et notoirement reconnue prostituée publique, devait au préalable s'abandonner à 23,000 hommes.

Dès le règne de Romulus, si nous nous contentons de l'étudier dans Tite-Live, le mariage fut institué de manière à éloigner tout prétexte au divorce et à l'adultère; car le mariage, considéré au point de vue politique dans la nouvelle colonie, avait principalement pour objet d'attacher les citoyens au foyer domestique et de créer la famille autour des époux. Il y eut d'abord disette presque absolue de femmes, puisque, pour s'en procurer, le chef de cette colonisation eut recours à la ruse et à la violence. Lorsque ce stratagème eut réussi et que les Sabines se furent soumises, bon gré mal gré, aux maris que le hasard leur avait donnés, tous les hommes valides de Rome ne se trouvèrent pas encore pourvus de femmes, et l'on a lieu de supposer que, pendant les deux ou trois premiers siècles, le sexe féminin fut en minorité dans cette réunion d'hommes, venus de tous les points de l'Italie, et divisés arbitrairement en patriciens et en plébéiens, qui vivaient séparés les uns des autres. Le mariage était donc nécessaire, pour rallier et retenir dans un centre commun ces passions, ces mœurs, ces intérêts, essentiellement différents et disparates; le mariage devait être fixe et durable, afin de former la base sociale de l'État; le mariage, enfin, repoussait et condamnait toute espèce de Prostitution, laquelle ne se fût élevée auprès de lui qu'à son préjudice. Les faits eux-mêmes sont là pour faire comprendre qu'il y avait eu nécessité d'entourer des garanties les plus solides l'institution du mariage, tel que Romulus l'avait prescrit à son peuple. Les quatre lois qu'il fit à la fois en faveur des Sabines, et qui furent gravées sur une table d'airain dans le Capitole, prouvent amplement qu'on n'avait pas encore à craindre le fléau de la Prostitution. La première de ces lois déclarait que les femmes seraient les compagnes de leurs maris, et qu'elles entreraient en participation de leurs biens, de leurs honneurs et de toutes leurs prérogatives; la seconde loi ordonnait aux hommes de céder le pas aux femmes, en public, pour leur rendre hommage; la troisième loi prescrivait aux hommes de respecter la pudeur dans leurs discours et dans leurs actions en présence des femmes, à ce point qu'ils étaient tenus de ne paraître dans les rues de la ville qu'avec une robe longue, tombant jusqu'aux talons et couvrant tout le corps: quiconque se montrait nu aux yeux d'une femme (sans doute patricienne), pouvait être condamné à mort; enfin, la quatrième loi spécifiait trois cas de répudiation pour la femme mariée: l'adultère, l'empoisonnement de ses enfants, la soustraction des clefs de la maison; hors de ces trois cas, l'époux ne pouvait répudier sa femme légitime, sous peine de perdre tous ses biens, dont moitié appartiendrait alors à la femme et moitié au temple de Cérès. Plutarque cite, en outre, deux autres lois qui complétaient celles-ci, et qui témoignent des précautions que Romulus avait prises pour protéger les mœurs publiques et rendre plus inviolable le lien conjugal. Une de ces lois mettait à la discrétion du mari sa femme adultère, qu'il avait le droit de punir comme bon lui semblerait, après avoir assemblé les parents de la coupable, qui comparaissait devant eux; l'autre loi défendait aux femmes de boire du vin, sous peine d'être traitées comme adultères. Ces rigueurs ne se fussent guères accordées avec la tolérance de la Prostitution légale; on doit donc reconnaître, à cet austère respect de la bienséance, que la Prostitution n'existait pas encore ouvertement, si tant est qu'elle s'exerçât en secret hors de l'enceinte de la ville, dans les bois qui l'environnaient. Romulus n'eut pas besoin de fermer les portes de sa cité à des désordres qui se cachaient d'eux-mêmes à l'ombre des forêts et dans les profondeurs des grottes agrestes. Ses successeurs, animés de sa pensée législative, se préoccupèrent aussi de purifier les mœurs et de sanctifier le mariage. Numa Pompilius établit le collége des vestales, et fit bâtir le temple de Vesta, où elles entretenaient le feu éternel comme un emblème de la chasteté. Les vestales faisaient vœu de garder leur virginité pendant trente ans, et celles qui se laissaient aller à rompre ce vœu couraient risque d'être enterrées vives; mais il n'était pas facile, à moins de flagrant délit, de les convaincre de sacrilége; quant à leur complice, quel qu'il fût, il périssait sous les coups de fouet que lui administraient les autres vestales, pour venger l'honneur de la compagnie. Dans l'espace de mille ans, la virginité des vestales ne reçut que dix-huit échecs manifestes, ou plutôt on n'enterra vivantes que dix-huit victimes, convaincues d'avoir éteint le feu sacré de la pudeur. Numa eût voulu changer en vestales toutes les Romaines, car il leur ordonna, par une loi, de ne porter que des habits longs et modestes, c'est-à-dire amples et flottants, avec des voiles qui leur cachaient non-seulement le sein et le cou, mais encore le visage. Une dame romaine ainsi voilée, enveloppée de sa tunique et de son manteau de lin, ressemblait à la statue de Vesta, descendue de son piédestal; sa démarche grave et imposante n'inspirait que des sentiments de vénération, comme si ce fût la déesse en personne; et si les hommes s'écartaient avec déférence pour lui faire place, ils ne la suivaient des yeux qu'avec des idées de chaste admiration. La mort tragique de Lucrèce, qui ne se résigna pas à survivre à son affront, est la preuve la plus éclatante de la pureté des mœurs à cette époque: le peuple entier se soulevant contre l'auteur d'un viol commis sur le lit conjugal, protestait au nom de la moralité publique. On a, d'ailleurs, de nombreux témoignages de l'horreur et du mépris qu'excitait le crime de l'adultère chez les peuples primitifs de l'Italie, que la corruption grecque et phénicienne avait pourtant atteints. A Cumes, en Campanie, par exemple, quand une femme était surprise en adultère, on la dépouillait de ses vêtements, on la menait ensuite dans le forum et on l'exposait nue sur une pierre où elle recevait pendant plusieurs heures les injures, les railleries, les crachats de la foule; puis on la mettait sur un âne, que l'on promenait par toute la ville au milieu des huées. On ne lui infligeait pas d'autre châtiment, mais elle restait vouée à l'infamie; on la montrait du doigt, en l'appelant ὀνοβάτις (qui a monté l'âne), et ce surnom la poursuivait pendant le reste de sa vie abjecte et misérable.

Selon certains commentateurs, la peine de l'adultère, dans le Latium et dans les contrées voisines, avait été originairement plus déhontée et plus scandaleuse que l'adultère lui-même. L'âne de Cumes figurait aussi en cette étrange jurisprudence, mais le rôle qu'on lui faisait jouer ne se bornait pas à servir de monture à la patiente, qui devenait publiquement victime de l'impudicité du quadrupède.

On devine tout ce qu'une scène aussi monstrueuse pouvait prêter de sarcasmes et de risées à la grossièreté des spectateurs. C'était là un divertissement digne de la barbarie des Faunes et des Aborigènes qui avaient peuplé d'abord ces sauvages solitudes. Les malheureuses qui subissaient l'approche de l'âne, meurtries, contusionnées, maltraitées, ne faisaient plus partie de la société, en quelque sorte que pour en être esclave et le jouet, si bien qu'elles appartenaient à quiconque se présentait pour succéder à l'âne. Ce furent là vraisemblablement les premières prostituées qui se trouvèrent employées à l'usage général des habitants du pays. Ici, par décence, on fit disparaître l'intervention obscène de l'âne; là, au contraire, on conserva comme un emblème la présence de cet animal, à qui n'étaient plus réservées les fonctions de bourreau; mais il ne faut pas moins faire remonter à cette antique origine la promenade sur un âne, que l'on retrouve au moyen âge, non-seulement en Italie, mais dans tous les endroits de l'Europe où la loi romaine avait pénétré. L'âne représentait évidemment la luxure, dans sa plus brutale acception, et on lui livrait, pour ainsi dire, les femmes qui avaient perdu toute retenue en commettant un adultère ou en se vouant à la débauche publique. On ne saurait dire, dans tous les cas, si l'âne montrait ou non de l'intelligence dans les supplices qu'il était chargé d'exécuter. On croit seulement que, dans ces circonstances assez rares chez les ancêtres des Romains, il portait une grosse sonnette attachée à ses longues oreilles, afin que chacun de ses mouvements publiât la honte de la condamnée. Cette sonnette fut, d'ailleurs, un des attributs héroïques de l'âne de Silène, qui, malgré la fougue de ses passions, avait mérité la bienveillance de Cybèle pour avoir sauvé l'honneur de cette déesse: elle dormait dans une grotte écartée, et l'indiscret Zéphyr s'amusait à relever les pans de son voile; Priape passa par là, et il ne l'eut pas plutôt vue, qu'il se mit en mesure de profiter de l'occasion; mais l'âne de Silène troubla cette fête, en se mettant à braire. Cybèle s'éveilla et eut encore le temps d'échapper aux téméraires entreprises de Priape. Par reconnaissance, elle voulut consacrer au service de son temple l'âne qui l'avait avertie fort à propos, et, elle lui pendit une clochette aux oreilles, en mémoire du péril qu'elle avait couru: chaque fois qu'elle entendait tinter la clochette, elle regardait autour d'elle pour s'assurer que Priape n'y était pas. Celui-ci, en revanche, avait un tel ressentiment contre l'âne, que rien ne lui pouvait être plus agréable que le sacrifice de cet animal. Priape même, selon plusieurs poëtes, aurait puni l'âne, en l'écorchant, pour lui apprendre à se taire. Il est vrai que cette malicieuse bête avait renouvelé son braiment ou sa sonnerie dans une situation analogue: Priape rencontra dans les bois la nymphe Lotis, qui dormait comme Cybèle, et qui ne se défiait de rien; il s'apprêtait à s'emparer de cette belle proie, lorsque l'âne se mit à braire et le paralysa dans sa méchante intention. La nymphe garda rancune à l'âne plus encore qu'à Priape. Les Romains s'étaient laissés sans doute influencer par la nymphe Lotis, car ils avaient de la haine et presque de l'horreur pour l'âne, puisque sa rencontre seule leur semblait de mauvais augure.

Lorsque l'âne eut été successivement privé de ses vieilles prérogatives dans la punition des adultères, on ne fit que lui donner un suppléant bipède et quelquefois plus d'un en même temps; on respecta aussi l'usage de la sonnette comme un monument de l'ancienne pénalité. Ce fut sans doute la coutume, plutôt que la loi, qui avait établi ce mode singulier de châtiment pour les coupables de basse condition; car il est difficile de supposer que les patriciens, même pour venger leurs injures personnelles, se soient mis à la merci de l'insolence plébéienne. Il y avait, dans divers quartiers de Rome les plus éloignés du centre de la ville et probablement auprès des édicules de Priape, certains lieux destinés à recevoir les femmes adultères, et à les exposer à l'outrage du premier venu. C'étaient des espèces de prisons, éclairées par d'étroites fenêtres et fermées par une porte solide; sous une voûte basse, un lit de pierre, garni de paille, attendait les victimes, qu'on faisait entrer à reculons dans ce bouge d'ignominie; à l'extérieur, des têtes d'âne, sculptées en relief sur les murs, annonçaient que l'âne présidait encore aux mystères impurs, dont cette voûte était témoin. Une campanille surmontait le dôme de cet édifice qui fut peut-être l'origine du pilori des temps modernes. Quand une femme avait été trouvée en flagrant délit d'adultère, elle appartenait au peuple, soit que le mari la lui abandonnât, soit que le juge la condamnât à la Prostitution publique. Elle était entraînée au milieu des rires, des injures et des provocations les plus obscènes; aucune rançon ne pouvait la racheter; aucune prière, aucun effort, la soustraire à cet horrible traitement. Dès qu'elle était arrivée, à moitié nue, sur le théâtre de son supplice, la porte se fermait derrière elle, et l'on établissait une loterie, avec des dés ou des osselets numérotés, qui assignaient à chaque exécuteur de la loi le rang qu'il aurait dans cette abominable exécution. Chacun pénétrait à son tour dans la cellule, et aussitôt une foule de curieux se précipitait aux barreaux des fenêtres pour jouir du hideux spectacle, que le son de la cloche proclamait au milieu des applaudissements ou des huées de la populace. Toutes les fois qu'un nouvel athlète paraissait dans l'arène, les rires et les cris éclataient de toutes parts, et la sonnerie recommençait. Si l'on s'en rapporte à Socrate le Scolastique, cette odieuse Prostitution fut en vigueur, par tout l'empire romain, jusqu'au cinquième siècle de l'ère chrétienne. L'âne primitif n'existait plus qu'au figuré dans les désordres d'une pareille pénalité, mais le peuple en avait gardé le souvenir, car il s'étudiait à braire comme lui pendant cette infâme débauche, qui se terminait souvent par la mort de la patiente, et par le sacrifice d'un âne sur l'autel voisin de Priape. Néanmoins, il est probable que les Romains ne méprisaient pas, autant qu'ils en avaient l'air, cet animal dont le nom ονος désignait le plus mauvais coup de dés: souvent un amant, un jeune époux suspendait aux colonnes de son lit une tête d'âne et un cep de vigne, pour célébrer les exploits d'une nuit amoureuse, ou pour se préparer à ceux qu'il projetait; l'âne transportait les offrandes au temple de la chaste Vesta; l'âne marchait fièrement dans les fêtes de Bacchus, et, comme le disait une épigramme célèbre, si Priape avait pris l'âne en aversion, c'est qu'il en était jaloux.

Si la punition de l'adultère était différente chez les patriciens et chez les plébéiens, c'était que le mariage différait aussi chez les uns et chez les autres. Romulus, qui fut un législateur aussi sage qu'austère, en dépit du rapt des Sabines, avait voulu faire du mariage une institution, pour ainsi dire, patricienne; car il le regardait comme indispensable à la conservation des familles de l'aristocratie héréditaire. Ce mariage, le seul dont le législateur se fut occupé d'abord, se nommait *confarreatio*, parce que les deux époux, pendant les cérémonies religieuses, se partageaient un pain de froment (*panis farreus*), et le mangeaient simultanément en signe d'union. Il fallait, pour être admis à célébrer ainsi une alliance qui donnait droit à divers priviléges, que les deux époux fussent d'abord reconnus appartenir à la classe des patriciens, et admis, en conséquence, à interroger les auspices qui ne concernaient que la noblesse. Romulus avait certainement établi cette loi que les décemvirs incorporèrent trois siècles plus tard dans les lois des Douze-Tables: «Il ne sera point permis aux patriciens de contracter des mariages avec des plébéiens.» Ces derniers, blessés de cette exclusion, protestèrent longtemps, avant qu'elle fût rayée dans le code des citoyens. Ce mariage par confarréation semblait seul légitime ou du moins seul respectable, puisqu'il mettait la femme, en quelque sorte, sur un pied d'égalité avec son mari, en la faisant participer à tous les droits civils que celui-ci s'était attribués, de façon que cette femme, honorée du titre de *mère de famille* (*mater familias*), était apte à hériter de son mari et de ses enfants. La condition de la mère de famille ne présentait donc aucune analogie avec la servitude qui attendait l'épouse (*uxor*) plébéienne dans l'état de mariage par *coemption* et par *usucapion*.

C'étaient les deux formes distinctes que revêtait le mariage légal des plébéiens. Le nom de *coemption* indique assez qu'on faisait allusion à une vente et à un achat. La femme, pour se marier ainsi, arrivait à l'autel, avec trois as (monnaie d'airain équivalant à un sou de notre numéraire) dans la main; elle donnait un as à l'époux qu'elle prenait vis-à-vis des dieux et des hommes, mais elle gardait les deux autres as, comme pour faire entendre qu'elle ne rachetait qu'un tiers de son esclavage, et que le mariage ne l'affranchissait qu'en partie. D'autres juristes ont prétendu que, par ce symbole d'un marché conclu entre les époux, la femme achetait les soins et la protection de son mari. Ce mariage était réputé aussi légitime pour les plébéiens, que celui de la confarréation pour les patriciens, quoique l'*uxor* n'eût pas les mêmes prérogatives et les mêmes droits que la *mater familias*. Quant à la troisième forme du mariage, appelée *usucapio*, ce n'était réellement que le concubinage légalisé; il fallait, pour que ce mariage fût contracté, que la femme, du consentement de ses tuteurs naturels, demeurât maritalement, pendant une année entière, sans découcher trois nuits de suite, avec l'homme qu'elle épousait ainsi à l'essai. Ce mariage concubinaire, qui ne s'établit à Rome que par force d'usage, fut consacré par la loi des Douze-Tables, et devint une institution civile comme les deux autres espèces de mariage.

La population de Rome, composée d'habitants si différents d'origine, de pays, de langage et de mœurs, n'eût été que trop portée sans doute à vivre sans frein et sans loi, dans le désordre le plus honteux, si Romulus, Numa et Servius Tullius n'avaient pas créé une législation dans laquelle le mariage servait de lien et de fondement à la société romaine. Mais comme ces rois ne se préoccupèrent que des patriciens, la plèbe suppléa au silence des législateurs à son égard, et se fit des coutumes qui lui tinrent lieu de lois, jusqu'à ce qu'elles devinssent des lois acceptées par les consuls et le sénat. On peut donc supposer que le mariage des plébéiens fut précédé du concubinage et de la Prostitution, lorsque des femmes étrangères vinrent chercher fortune dans une ville où les hommes étaient en majorité, et lorsque les guerres continuelles de Rome avec ses voisins eurent amené dans ses murs beaucoup de prisonnières qui restaient esclaves ou qui devenaient épouses. En tous cas, la loi et la coutume donnaient également la toute-puissance au mari vis-à-vis de sa femme: celle-ci le trouvât-elle en plein adultère, comme le disait Caton, n'osait pas même le toucher du bout du doigt (*illa te, si adulterares, digito non contingere auderet*), tandis qu'elle pouvait être tuée impunément, si son mari la trouvait dans une position analogue. Les plébéiens n'usaient jamais, à cet égard, du bénéfice que leur accordait la loi; mais les patriciens, pour qui le mariage était chose plus sérieuse, se faisaient souvent justice eux-mêmes: ils avaient donc d'autres idées que le peuple sur la Prostitution, et l'on doit en conclure que, dans les premiers siècles de Rome, ils avaient vécu plus chastement, plus conjugalement que les plébéiens qui ne se marièrent peut-être que pour imiter les patriciens et s'égaler à eux. La femme mariée, mère de famille ou épouse, n'avait pas le droit de demander le divorce, même pour cause d'adultère; mais le mari, au contraire, pouvait divorcer dans les trois circonstances que Romulus avait eu le soin de préciser: l'adultère, l'empoisonnement des enfants, et la soustraction des clefs du coffre-fort, comme indice du vol domestique. La femme n'avait pas, d'ailleurs, plus de pouvoir sur ses enfants que sur son mari; celui-ci, au contraire, avait sur eux droit de vie et de mort, et pouvait les vendre jusqu'à trois fois. Cet empire de la paternité n'existait qu'à l'égard des enfants légitimes, ce qui démontre suffisamment que les enfants, issus de la Prostitution, n'avaient ni tutelle ni assistance dans l'État, et se voyaient relégués dans la vile multitude, avec les esclaves et les histrions.

Ce n'était pas d'enfants naturels que Rome avait besoin; elle ne faisait rien de ces pauvres victimes qui ne pouvaient nommer leur père, et qui rougissaient du nom de leur mère: elle voulait avoir des citoyens, et elle les demandait au mariage régulièrement contracté. Une vieille loi, dont parle Cicéron, défendait à un citoyen romain de garder le célibat au delà d'un certain âge qui ne dépassait pas trente ans, suivant toute probabilité. Quand un patricien comparaissait devant le tribunal des censeurs, ceux-ci lui adressaient cette question avant toute autre: «En votre âme et conscience, avez-vous un cheval, avez-vous une femme?» Ceux qui ne répondaient pas d'une manière satisfaisante étaient mis à l'amende et renvoyés hors de cause, jusqu'à ce qu'ils eussent fait emplette d'un cheval et d'une femme. Les censeurs, qui exigeaient cette double condition civique chez un patricien, lui permettaient parfois de se contenter de l'une ou de l'autre; car le cheval indiquait des habitudes guerrières; la femme, des habitudes pacifiques. «Je sais conduire un cheval, disait Vibius Casca interrogé par un censeur qui avait souvent gourmandé son célibat obstiné; mais comment apprendre à conduire une femme?—J'avoue que c'est un animal plus rétif, reprit le censeur, qui entendait pourtant la plaisanterie. C'est le mariage qui vous apprendra ce genre d'équitation.—Je me marierai donc, reprit Casca, quand le peuple romain se chargera de me fournir le mors et la bride.» Ce censeur, qui se nommait Métellus Numiadicus, n'était pas lui-même bien convaincu des mérites du mariage qu'il recommandait à autrui; un jour, il commença en ces termes une harangue au sénat: «Chevaliers romains, s'il nous était possible de vivre sans femmes, nous nous épargnerions tous, et très-volontiers, ce fâcheux embarras; mais puisque la nature a disposé les choses de façon que nous ne pouvons nous survivre sans elles, ni vivre agréablement avec elles, la raison veut que nous préférions l'intérêt public à notre bonheur.» Les censeurs, qui avaient dans leurs attributions les fiançailles et les mariages, furent certainement chargés, avant les édiles, de surveiller la Prostitution publique.

Servius Tullius avait ordonné à tout habitant de Rome de faire inscrire sur les registres des censeurs son nom, son âge, la qualité de ses père et mère, les noms de sa femme, de ses enfants, et le dénombrement de tous ses biens; quiconque osait se soustraire à cette inscription devait être battu de verges et vendu comme esclave. Les tables censoriennes étaient conservées dans les archives de la république, auprès du temple de la Liberté, sur le mont Aventin. Ce fut d'après ces tables, renouvelées tous les cinq ans, que les censeurs devaient se rendre compte du mouvement et des progrès de la population; ils pouvaient juger du nombre des naissances et des mariages, mais ils n'avaient aucun moyen de constater, d'ailleurs, les éléments de la Prostitution, puisque les femmes ne paraissaient pas devant eux, et qu'elles n'y étaient représentées que par leurs pères, leurs maris ou leurs enfants. Il y a donc grande apparence que les prostituées exercèrent d'abord librement, hors de l'atteinte même des lois de police; car elles échappaient au recensement, du moins la plupart, et elles n'avaient pas besoin de se faire reconnaître par une constatation d'état. Il est impossible de dire à quelle époque la loi romaine distingua pour la première fois la femme libre (*ingenua*) de la prostituée, et précisa d'une manière fixe la condition des courtisanes. On a lieu de croire que ces créatures dégradées furent en quelque sorte hors de la loi pendant plusieurs siècles, comme si le législateur n'avait pas daigné leur faire l'honneur de les nommer; car, si elles figurent çà et là dans l'histoire de la république, elles ne sont pas nommées dans les lois avant le règne d'Auguste, où la loi Julia s'occupe d'elles pour les flétrir, et ce n'est que plus d'un siècle après cette loi mémorable, que le jurisconsulte par excellence, Ulpien, définit la Prostitution et ses infâmes auxiliaires. Cette définition, quoique datée du deuxième siècle, peut être considérée cependant comme le résumé des opinions de tous les légistes qui avaient précédé Ulpien. La voici telle qu'il la donne, sous le titre *De ritu nuptiarum*, dans le livre XXIII de son recueil: «Une femme fait un commerce public de Prostitution, quand non-seulement elle se prostitue dans un lieu de débauche, mais encore lorsqu'elle fréquente les cabarets ou d'autres endroits dans lesquels elle ne ménage pas son honneur. §1. On entend par *un commerce public* le métier de ces femmes qui se prostituent à tous venants et sans choix (*sine delectu*). Ainsi, ce terme ne s'étend pas aux femmes mariées qui se rendent coupables d'adultère, ni aux filles qui se laissent séduire: on doit l'entendre des femmes prostituées. §2. Une femme qui s'est abandonnée pour de l'argent à une ou deux personnes n'est point censée faire un commerce public de Prostitution. §3. Octavenus pense avec raison que celle qui se prostitue publiquement, même sans prendre d'argent, doit être mise au nombre des femmes qui font commerce public de Prostitution.»

Cette définition résume certainement avec beaucoup de netteté les motifs des plus anciennes lois romaines relatives à la Prostitution; et, quoique nous ne possédions pas ces lois, il est facile de se rendre compte de l'esprit qui les avait dictées. La Prostitution comprenait, d'ailleurs, différents genres, et, pour ainsi dire, des degrés différents, qui avaient été sans doute distingués et classés dans la jurisprudence. Ainsi, *quæstus* représentait la Prostitution errante et solliciteuse; *scortatio*, la Prostitution stationnaire, qui attend sa clientèle et qui la reçoit à poste fixe. Quant à l'acte même de la Prostitution, c'était l'adultère avec une femme mariée; *stuprum*, avec une femme honnête qui en restait souillée; *fornicatio*, avec une femme impudique qui n'en souffrait aucun préjudice. Il y avait, en outre, le *lenocinium*, c'est-à-dire le trafic plus ou moins direct de la Prostitution, l'entremise plus ou moins complaisante que d'effrontés spéculateurs ne rougissaient pas de lui prêter; en un mot, l'aide et la provocation à toute sorte de débauches. C'était là une des formes les plus méprisables de la Prostitution, et le légiste n'hésitait pas à qualifier de *prostituées* ces viles et abjectes créatures qui faisaient métier d'exciter et de pousser à la Prostitution, par de mauvais conseils ou par des séductions perfides, les imprudentes et aveugles victimes, dont elles exploitaient, de compte à demi, le déshonneur et la honte. La loi confondait dans le même mépris les hommes et les femmes, *lenæ*, *lenones*, adonnés à ces scandaleuses négociations; mais la loi ne les troublait pas dans leur industrie, en les assimilant aux femmes et aux hommes qui trafiquaient de leur corps. On comprenait donc dans la classe *de meretricibus*, non-seulement les entremetteurs et entremetteuses qui tenaient maison ouverte de débauche et qui prélevaient un droit sur la Prostitution, qu'ils favorisaient, soit en y livrant leurs esclaves, soit en y conviant des personnes de condition libre (*ingenuæ*); mais encore les hôteliers, les cabaretiers, les baigneurs, qui avaient des domestiques du sexe féminin ou masculin à leur service, et qui mettaient ces domestiques à la solde du libertinage public, en sorte que le maître du lieu où la Prostitution s'opérait à son profit, en devenait complice, quelle que fût d'ailleurs sa profession ostensible, et encourait de plein droit la note d'infamie, de même que les misérables objets de son *lenocinium*.

La note d'infamie, qui était commune à tous les agents et intermédiaires de la Prostitution, aussi bien qu'aux condamnés en justice, aux esclaves, aux gladiateurs, aux histrions, frappait de mort civile ceux qu'elle atteignait par le seul fait de leur profession: ils n'avaient pas la libre jouissance de leurs biens; ils ne pouvaient ni tester ni hériter; ils étaient privés de la tutelle de leurs enfants; ils ne pouvaient occuper aucune charge publique; ils n'étaient point admis à former une accusation en justice, à porter témoignage et à prêter serment devant un tribunal quelconque; ils ne se montraient que par tolérance dans les fêtes solennelles des grands dieux; ils se voyaient exposés à toutes les insultes, à tous les mauvais traitements, sans être autorisés à se défendre ni même à se plaindre; enfin, les magistrats avaient presque droit de vie et de mort sur ces pauvres infâmes. Quiconque était une fois noté d'infamie ne se lavait jamais de cette tache indélébile; «car, disait la loi, la turpitude n'est point abolie par l'intermission.» La loi n'acceptait aucune excuse qui pût relever de cette dégradation sociale celui ou celle qui l'avait méritée. La Prostitution clandestine n'était, pas plus que la Prostitution publique, à l'abri de l'ignominie; la pauvreté, la nécessité, n'offraient pas même une excuse aux yeux de la loi, qui se contentait du fait, sans en apprécier les motifs et les circonstances. Le fait seul constatant l'infamie, on avait donc toujours une raison suffisante pour rechercher la preuve et la constatation de ce fait, même dans un passé assez éloigné. Ainsi, n'y avait-il pas de prescription qu'on pût invoquer contre le fait qui impliquait l'infamie. Dès que l'infamie avait existé, n'importe en quel temps, n'importe en quel lieu, elle existait encore, elle existait toujours; rien ne l'avait pu effacer, rien ne l'atténuait. Un esclave qui avait eu des filles dans son pécule, et qui s'était enrichi des fruits de leur prostitution, conservait, même après son affranchissement, la note d'infamie. Ulpien et Pomponius citent cet exemple remarquable de l'indélébilité de l'infamie vis-à-vis de la jurisprudence romaine. Mais, en revanche, les filles qui avaient été prostituées par cet esclave, et à son profit, pendant leur servitude, n'étaient pas notées d'infamie, malgré le métier qu'elles auraient fait comme contraintes et forcées. C'est l'empereur Septime-Sévère qui formula cet avis rapporté par Ulpien. Cependant, sous les empereurs surtout, la note d'infamie n'avait pas empêché des femmes de condition libre et même d'extraction noble, de se vouer à la Prostitution, avec l'autorisation des édiles, qu'on appelait *licentia stupri* ou brevet de débauche.

Les lois des empereurs eurent donc pour objet d'empêcher la Prostitution de s'étendre dans les rangs des familles patriciennes et de s'y enraciner. Auguste, Tibère, Domitien lui-même, se montrèrent également jaloux de conserver intact l'honneur du sang romain, en protégeant par de rigides prescriptions l'intégrité, la sainteté du mariage, qu'ils regardaient comme la loi fondamentale de la république. Ils ne se piquèrent pas, d'ailleurs, de se conformer eux-mêmes aux règles légales qu'ils imposaient à leurs sujets. Dans toute cette jurisprudence si complexe et si minutieuse contre les adultères, la Prostitution est sans cesse remise en cause, et constamment avec un surcroît de rigueur qui prouve les efforts du législateur pour la réprimer, alors même que l'empereur donnait lui-même l'exemple de tous les vices et de toutes les infamies. La loi Julia porte qu'un sénateur, son fils ou son petit-fils ne pourra pas fiancer ni épouser sciemment ou frauduleusement une femme, dont le père ou la mère fera ou aura fait le métier de comédien, de *meretrix* ou de *proxénète*; pareillement, celui dont le père ou la mère fait ou aura fait les mêmes métiers infâmes ne peut fiancer ou épouser la fille ou la petite-fille, ou l'arrière petite-fille d'un sénateur. Mais, comme les personnes que la loi déclarait infâmes auraient pu souvent vouloir se réhabiliter en invoquant le nom et la naissance de leurs parents nobles, un décret du sénat interdit absolument la prostitution aux femmes dont le père, l'aïeul ou le mari faisait ou avait fait partie de l'ordre des chevaliers romains. Tibère sanctionna ce décret, en exilant plusieurs dames romaines, entre autres Vestilia, fille d'un sénateur, qui s'étaient consacrées, par libertinage plutôt que par avarice, au service de la Prostitution populaire. Beaucoup de patriciennes et de plébéiennes, pour se soustraire aux terribles conséquences de la loi contre l'adultère, avaient cherché un refuge, qu'elles croyaient inviolable, dans la honte de cette Prostitution; car, dans les temps de la république, il suffisait à une matrone de se déclarer courtisane (*meretrix*), et de se faire inscrire comme telle sur les registres de l'édilité, pour se mettre elle-même en dehors de la loi des adultères. Mais de nouvelles mesures furent prises pour arrêter ce scandale et en annuler les effets pernicieux: le sénat décréta que toute matrone qui aurait fait un métier infâme, en qualité de comédienne, de courtisane ou d'entremetteuse, pour éviter le châtiment encouru par l'adultère, pourrait être néanmoins poursuivie et condamnée en vertu d'un sénatus-consulte. Le mari était invité à poursuivre sa femme adultère jusque dans le sein de la Prostitution et de l'infamie; tous ceux qui auraient prêté la main sciemment à cette Prostitution, le propriétaire de la maison où elle aurait eu lieu, le *lénon* qui en aurait profité, le mari lui-même qui se serait attribué le prix de son déshonneur, devaient être poursuivis et punis également comme adultères. Bien plus, le maître ou le locataire d'un bain, d'un cabaret ou même d'un champ où le crime aurait été commis, se trouvait accusé de complicité; le crime n'eût-il pas été commis dans ces lieux-là, on pouvait encore rechercher avec la même rigueur les personnes qui étaient censées avoir complaisamment préparé et facilité l'adultère, en fournissant aux coupables, non-seulement un local, mais encore le moyen de se rencontrer dans des entrevues illicites. Les magistrats poussèrent aussi loin que possible l'application de la loi, comme pour faire contraste avec le débordement d'adultères et de crimes qui entraînaient l'empire romain vers sa ruine.

On vit des femmes, adultères dans l'intervalle d'un premier mariage, se remarier en secondes noces et susciter tout à coup un accusateur, qui venait, au nom d'un premier mari mort, les déshonorer et les punir dans les bras de leur nouvel époux. Il n'y avait que la femme veuve, fût-elle mère de famille, qui pût se livrer impunément à la Prostitution, sans craindre aucune poursuite, même de la part de ses enfants.

La jurisprudence, on le voit, ne s'occupait de la Prostitution qu'au point de vue de l'adultère et dans l'intérêt du mariage; elle laissait, d'ailleurs, aux lois de police, émanées de la juridiction des censeurs et des édiles, le gouvernement des courtisanes et des êtres dépravés, qui vivaient à leurs dépens. C'était particulièrement la Prostitution des femmes mariées et l'odieux *lenonicium* des maris, que le sénat et les empereurs essayaient de combattre et de réprimer. La loi, d'abord, imposait un frein égal aux femmes de toutes conditions, pourvu qu'elles ne fussent pas infâmes; mais on le restreignit plus tard aux matrones et aux mères de famille, lorsque, dans la plupart des maisons patriciennes, l'adultère fut paisiblement établi sous les auspices du mari, qui exploitait indignement l'impudicité de sa femme. L'institution du mariage, que la législation voulait sauvegarder, fut plus que jamais compromise par suite des turpitudes qui venaient se dévoiler en justice. Ici, la femme partageait avec son mari le prix de l'adultère; là, le mari se faisait payer pour fermer les yeux sur l'adultère de sa femme; presque toujours, le péril de l'adultère ajoutait un attrait de plus à la Prostitution. Mais si l'homme qui avait fait acte d'adultère prouvait qu'il ne savait pas auparavant avoir affaire à une femme mariée, il était mis hors de cause, comme s'il se fût adressé à une simple *meretrix*. On avait soin, de part et d'autre, de se ménager des faux-fuyants et de se mettre en garde contre les rigueurs de la loi. En conséquence, les matrones, pour courir les aventures, s'habillaient comme des esclaves et même comme des prostituées; elles provoquaient ainsi dans les rues des passants qu'elles ne connaissaient pas, ou bien elles se plaçaient sur le chemin de leurs amants, qu'elles étaient censées rencontrer par hasard. Grâce à ce déguisement, qui les exposait aux paroles libres, aux regards impudente et parfois aux attouchements hardis du premier venu, elles pouvaient chercher fortune dans les promenades, dans les faubourgs et le long du Tibre, sans compromettre personne, ni leurs maris, ni leurs amants. Mais en se montrant sous d'autres habits que ceux de matrone, elles s'interdisaient toute plainte à l'égard des injures qu'elles pouvaient devoir à leur costume d'esclave ou de prostituée; car il y avait une pénalité très-sévère contre ceux qui provoquaient une femme ou une fille, vêtue matronalement ou virginalement, soit par des gestes indécents, soit par des propos obscènes, soit par une poursuite silencieuse. La loi n'accordait protection qu'aux femmes honnêtes, et ne supposait pas que la pudeur des prostituées eût besoin d'être défendue contre les attentats qu'elles appelaient ordinairement au lieu de les repousser.

Ce luxe de lois et de peines qui menaçaient les adultères ne les rendit pas moins fréquents ni plus secrets; mais le mariage, ainsi hérissé de périls et entouré de soupçons, n'en parut que plus redoutable et moins attrayant. On vit diminuer considérablement le nombre des unions légitimes, approuvées et reconnues légalement, d'autant plus que la parenté, même à des degrés éloignés, créait des obstacles qui pouvaient, le mariage accompli, se transformer en causes permanentes de divorce. Ce fut alors que les patriciens, qui ne voulaient pas s'exposer à ces ennuis et à ces dangers, appliquèrent à leur convenance le mariage *usucapio*, qui n'avait eu cours jusque-là que dans le petit peuple; les patriciens y changèrent quelque chose pour en faire le *concubinat*, qu'une loi, aussi vague que l'était le concubinat lui-même, admit et reconnut comme institution. Il n'était plus nécessaire, comme dans l'*usucapio*, de la cohabitation de la femme sous le même toit durant une année pour faire prononcer le mariage définitif: le concubinat ne pouvait en arriver là dans aucun cas, car il ne se formait, il n'existait que par la volonté des deux parties; il n'avait, d'ailleurs, aucune forme particulière, aucun caractère général, si ce n'est qu'une femme *ingenua* et *honesta*, ou de sang patricien, ne pouvait devenir concubine, et que la parenté était un obstacle au concubinat comme au mariage. Un homme marié légitimement, séparé ou non de sa femme, se trouvait, par cela seul, inapte à contracter une liaison concubinaire, et, dans aucun cas, l'homme célibataire ou veuf ne fut autorisé à prendre deux concubines à la fois. Quant à en changer, il était toujours libre de le faire, mais en avertissant le magistrat devant lequel il avait déclaré vouloir vivre en concubinage. C'était donc, en quelque sorte, un demi-mariage, un contrat temporaire résiliable à la fantaisie d'un des contractants. Dans l'origine du concubinat, la concubine avait droit presque aux mêmes égards que l'épouse légitime; on lui accordait même le titre de matrone, du moins en certaines circonstances, et la loi Julia punissait un outrage fait à une concubine, aussi gravement que s'il eût atteint une *ingénue* ou fille de condition libre, cette concubine fût-elle esclave de naissance; mais, par suite de la corruption des mœurs, le concubinat se multiplia d'une manière inquiétante, et il fallut que les lois lui imposassent des règles et des limites; les concubines furent alors déchues de la protection légale qu'elles avaient obtenue d'abord, et l'empereur Aurélien ordonna qu'elles ne seraient prises que parmi les esclaves ou les affranchies. De ce moment, le concubinat ne fut plus qu'une Prostitution domestique, qui ne dépendait que du caprice de l'homme, et qui n'offrait pas la moindre garantie à la femme. Toutefois, les enfants nés d'une concubine n'en restèrent pas moins aptes à être légitimés, tandis que ceux qui naissaient de la Prostitution proprement dite, ou d'un commerce passager nommés *spurci* ou *quæsiti*, ainsi que ceux nés d'une union prohibée, ne pouvaient jamais se voir admis à la faveur d'une légitimation qui effaçât la tache de leur origine.

La Prostitution légale, sous toutes ses formes et sous tous ses noms (il y avait même des *concubins*), était donc tolérée à Rome et dans l'empire romain, pourvu qu'elle se soumît à divers règlements de police urbaine, et surtout au payement de l'impôt (*vectigal*) proportionnel qu'elle rapportait à l'État. Mais il est probable qu'à part ces règlements et cet impôt, la vieille législation romaine n'avait pas daigné s'intéresser à l'infâme population qui vivait de la débauche publique, et qui en contentait les honteux besoins. Un fait curieux prouve l'indifférence et le dédain du législateur, du magistrat, pour tous les misérables agents de la Prostitution. Quintus Cœcilius Metellus Celer, qui fut consul soixante ans avant Jésus-Christ, refusa, pendant sa préture, de reconnaître les droits de succession que faisait valoir un nommé Vétibius, noté d'infamie comme *lénon*; le préteur motiva son refus, en disant que le lupanar n'avait rien de commun avec le foyer civique, et que les malheureux que le *lenocinium* avait stigmatisés, étaient indignes de la protection des lois (*legum auxilio indignos*). On peut aussi, dans ce passage très-explicite du plaidoyer de Cicéron pour Cœlius, trouver la preuve de la tolérance absolue qui entourait à Rome l'exercice de la Prostitution: «Interdire à la jeunesse tout amour des courtisanes, ce sont les principes d'une vertu sévère, je ne puis le nier; mais ces principes s'accordent trop peu avec le relâchement de ce siècle ou même avec les usages de la tolérance de nos ancêtres; car enfin, quand de pareilles passions n'ont-elles pas eu cours? quand les a-t-on défendues? quand ne les a-t-on pas tolérées? dans quel temps est-il arrivé que ce qui est permis ne le fût pas?» On le voit, la Prostitution était permise; le droit civil ne la prohibait que dans certains cas exceptionnels, et se bornait ainsi à en modérer l'abus; c'était seulement à la morale publique, à la philosophie, qu'appartenait le soin de corriger les mœurs et d'arrêter la débauche; mais comme Cicéron nous le fait entendre, la philosophie et la morale publique étaient également indulgentes pour de mauvaises habitudes que leur ancienneté même rendait presque respectables. Les Romains, de tous temps, furent trop jaloux de leur liberté, pour subir des entraves ou des contradictions dans l'usage individuel de cette liberté; ils justifiaient de la sorte à leurs propres yeux la Prostitution, dont ils usaient largement; ils exigeaient seulement que les prostituées fussent des esclaves ou des affranchies, parce qu'ils considéraient la Prostitution comme une forme dégradante de l'esclavage; voilà pourquoi les hommes et les femmes, ingénus ou libres de naissance, perdaient ce caractère sacré vis-à-vis de la loi, dès qu'ils s'étaient mis d'une manière quelconque au service de la Prostitution.

Si les Romains toléraient si complaisamment le commerce naturel des deux sexes entre eux, ils ne gênaient pas davantage le commerce contre nature que les Faunes du Latium auraient inventés, s'il n'eût pas été, dès les premiers siècles du monde, répandu, autorisé dans tout l'univers. Cette honteuse dépravation, que les lois civiles et religieuses de l'antiquité, à l'exception de celles de Moïse, n'avaient pas même songé à combattre, ne fut jamais plus générale que dans les meilleurs temps de la civilisation romaine. C'était encore là, aux yeux du législateur, une forme tolérée de la Prostitution ou de l'esclavage: les hommes *ingénus* ou libres ne devaient donc pas s'y soumettre; quant aux esclaves, aux affranchis, aux étrangers, ils pouvaient disposer d'eux, se louer ou se vendre, sans que la loi eût à se mêler des conditions de la vente ou du louage; quant aux citoyens ou *ingénus*, ils achetaient ou louaient à volonté ce que bon leur semblait, sans que la nature du marché fût passible d'une enquête légale: les uns agissaient en hommes libres, les autres en esclaves; ceux-ci subissaient la Prostitution; ceux-là l'imposaient. Mais, entre hommes libres, les choses se passaient autrement, et la loi, gardienne des libertés de tous, intervenait quelquefois pour punir un attentat fait à la liberté d'un citoyen. Telle était du moins la fiction légale; en cette circonstance seule, un citoyen n'avait pas le droit d'aliéner sa liberté jusqu'à se soumettre à un acte outrageux pour elle. Ainsi, dans le cinquième siècle de la fondation de Rome, L. Papyrius, surpris en flagrant délit avec le jeune Publius, fut condamné à la prison et à l'amende, pour n'avoir pas respecté le caractère et la personne d'un *ingénu*; peu de temps après, ce même C. Publius fut puni à son tour pour un fait analogue. Le peuple ne souffrait pas que des citoyens se conduisissent comme des esclaves. Lœtorius Mergus, tribun militaire, conduit devant l'assemblée du peuple pour avoir été surpris avec un des *corniculaires* ou brigadiers de sa légion, fut unanimement condamné à la prison. Le viol d'un homme passait pour plus coupable encore que celui d'une femme, parce qu'il était censé accuser plus de violence et de perversité; mais cette espèce de viol n'entraînait la mort, que s'il avait été commis sur un homme libre: un centurion, nommé Cornélius, auteur d'un viol semblable, fut exécuté en présence de l'armée. Cette pénalité n'était pourtant appliquée en vertu d'une loi spéciale, que vers la seconde guerre punique, lorsqu'un certain Caius Scantinius fut accusé par C. Métellus d'avoir commis une tentative de viol sur le fils de ce patricien. Le sénat promulgua une loi contre les pédérastes, sous le nom de *lex scantinia*; mais il ne fut question, dans cette loi, que des attentats exercés sur des hommes libres, et l'on ne mit pas d'autres entraves à ce genre de Prostitution, qui resta l'apanage des esclaves et des affranchis.

Telle fut chez les Romains la seule jurisprudence à laquelle ait donné lieu la Prostitution, jusqu'à ce que la morale chrétienne eut introduit une législation nouvelle dans le paganisme en l'éclairant et en le purifiant. Sous l'empire des idées païennes, la Prostitution avait existé à l'état de tolérance, et la loi ne daignait pas même soulever le voile qui la couvrait aux yeux de la conscience publique; mais dès que l'Évangile eut commencé la réforme des mœurs, le législateur chrétien se reconnut le droit de réprimer la Prostitution légale.

16

Sommaire.—Prodigieuse quantité des filles publiques à Rome.—Leur classification en catégories distinctes.—Les *meretrices* et les *prostibulæ*.—Les *alicariæ* ou boulangères.—Les *bliteæ*.—Les *bustuariæ* ou filles de cimetière.—Les *casalides*.—Les *copæ* ou cabaretières.—Les *diobolares*.—Les *forariæ* ou *foraines*.—Les *gallinæ* ou poulettes.—Les *delicatæ* ou mignonnes.—La *délicate* Flavia Domitilla, épouse de l'empereur Vespasien et mère de Titus.—Les *famosæ* ou fameuses.—Les *junices* ou génisses.—Les *juvencæ* ou vaches.—Les *lupæ* ou louves.—Les *noctilucæ* et les *noctuvigilæ* ou veilleuses de nuit.—Les *nonariæ*.—Les *pedaneæ* ou marcheuses.—Les *doris* ou *dorides*.—Des divers noms donnés indifféremment à toutes les classes de prostituées.—Étymologie du mot *putæ*.—Les *quadrantariæ*.—Les *quæstuaires*.—Les *quasillariæ* ou servantes.—Les *ambulatrices* ou promeneuses.—Les *scorta* ou peaux.—Les *scorta devia*.—Les *scrantiæ* ou pots de chambre.—Les *suburranæ* ou filles du faubourg de la Suburre.—Les *summœnianæ* ou filles du Summœnium.—Les *schœniculæ*.—Les *limaces*.—Les *circulatrices* ou filles vagabondes.—Les *charybdes* ou gouffres.—Les *pretiosæ*.—Le sénat des femmes.—Les *enfants de louage*.—Les *pathici* ou patients.—Les *ephebi* ou adolescents.—Les *gemelli* ou jumeaux.—Les *catamiti* ou chattemites.—Les *amasii* ou amants.—Les eunuques.—Les *pædicones*.—Les *cinèdes*.—Les gaditaines.—Les danseuses, flûteuses, joueuses de lyre.—Les *ambubaiæ*.—Le mere-

tricium ou taxe des filles.—Courtiers et entremetteurs de Prostitution.—Le *leno*.—La *lena*.—Les cabaretiers et les baigneurs.—Les boulangeries.—Les barbiers et les parfumeurs.—L'*unguentarius*.—Les *admonitrices*, les *stimulatrices*, les *conciliatrices*.—Les *ancillulæ* ou petites servantes.—Les *perductores*.—Les *adductores*.—Les *tractatores*.—Les *lupanaires* ou maîtres de mauvais lieux.—Les *belluarii*.—Les *caprarii*.—Les *anserarii*.

Les filles publiques à Rome, du moins dans la Rome corrompue et amollie par l'importation des mœurs de la Grèce et de l'Asie, étaient plus nombreuses qu'elles ne le furent jamais à Athènes ni même à Corinthe; elles se divisaient aussi en plusieurs classes qui n'avaient pas entre elles d'autre rapport que l'objet unique de leur honteux commerce; mais, parmi ces différentes catégories de courtisanes venues de tous les pays du monde, on eût cherché inutilement ces reines de la Prostitution, ces hétaires aussi remarquables par leur instruction et leur esprit que par leurs grâces et leur beauté, ces philosophes formées à l'école de Socrate et d'Épicure, ces Aspasie, ces Léontium, qui avaient en quelque sorte réhabilité et illustré l'hétaïrisme grec. Les Romains étaient plus matériels, sinon plus sensuels que les Grecs; ils ne se contentaient pas des raffinements, des délicatesses de la volupté élégante; ils ne se nourrissaient pas le cœur avec des illusions d'amour platonique; ils auraient rougi de s'atteler au char littéraire d'une philosophe ou d'une muse; ils n'eussent pas daigné chercher auprès d'une femme de plaisir les chastes distractions d'un entretien spirituel. Pour eux, le plaisir consistait dans les actes les plus grossiers, et comme ils étaient naturellement d'une nature ardente, d'une imagination lubrique et d'une force herculéenne, ils ne demandaient que des jouissances réelles, souvent répétées, largement assouvies et monstrueusement variées. Ce tempérament, qu'annonçait la grosseur de leur encolure nerveuse semblable à celle d'un taureau, se trouvait servi à souhait par une foule de mercenaires des deux sexes, qui devaient des noms particuliers à leurs habitudes, à leurs costumes, à leurs retraites et aux menus détails de leur profession.

Toutes les femmes, qui faisaient trafic de leur corps à Rome, pouvaient être rangées dans deux catégories essentiellement distinctes, les mérétrices (*meretrices*) et les prostituées (*prostibulæ*). On entendait par *meretrices*, celles qui ne travaillaient que la nuit; *prostibulæ*, celles qui se livraient nuit et jour à leur infâme travail. Nonius Marcellus, grammairien du troisième siècle, dans son livre des *Différences de signification des mots*, établit celle qui était tout à l'avantage des mérétrices: «Il faut remarquer entre la mérétrice et la prostituée, que la première exerce d'une manière plus décente sa profession, car les mérétrices sont nommées ainsi à cause du *merenda* (repas du soir), parce qu'elles ne disposent d'elles que la nuit; la *prostibula* tire son nom de ce qu'elle se tient devant son *stabulum* (repaire), pour y faire son commerce la nuit comme le jour.» Plaute, dans sa comédie de la *Cistellaria*, établit très-clairement cette distinction: «J'entre chez une bonne mérétrice; car se tenir dans la rue, c'est le fait proprement d'une prostituée.» Nous pensons que ces deux sortes de filles publiques, celles qui ne l'étaient que la nuit, et celles qui l'étaient à toute heure de la nuit et du jour, devaient avoir encore d'autres différences notables dans leur genre de vie, dans leur habillement et même dans leur condition sociale; ainsi, les écrivains latins, qui font mention des registres où les édiles inscrivaient les noms des courtisanes, ne parlent que des *meretrices*, et semblent à dessein avoir laissé de côté les *prostibulæ*. Celles-ci, en effet, occupaient un domicile fixe, et n'avaient que faire de changer de nom et de costume, puisqu'elles appartenaient à la plus basse classe de la plèbe. Les mérétrices, au contraire, exerçaient aussi honorablement que possible leur commerce déshonnête, et ne se mettaient pas en contravention avec les règlements de police; elles pouvaient, d'ailleurs, vivre en femmes de bien, *sub sole*, jusqu'à l'heure où, couvertes de l'ombre protectrice de la nuit, elles se rendaient aux lupanars, qu'elles ne quittaient qu'aux premières lueurs du matin. Il est probable aussi que la *bonne* mérétrice, comme l'appelle Plaute avec une naïveté que le savant M. Naudet s'est bien gardé de traduire, payait très-exactement l'impôt à la république, et n'essayait pas, en déguisant sa profession, de faire tort d'un denier à l'État. Mais toutes les ouvrières de la Prostitution n'étaient pas aussi consciencieuses, et l'on peut supposer hardiment que le plus grand nombre, les plus pauvres, les plus abjectes, ne se faisaient pas scrupule d'échapper à l'inscription de l'édile, et, par conséquent, au payement du vectigal impudique. Ces malheureuses, en effet, de même que les Prostituées du dernier ordre, ne gagnaient point assez elles-mêmes pour réserver la moindre part de leur gain au trésor public.

Les *alicariæ* ou *boulangères* étaient des filles de carrefour, qui attendaient fortune à la porte des boulangers, surtout ceux qui vendaient certains gâteaux de fine fleur de farine, sans sel et sans levain, destinés aux offrandes, pour Vénus, Isis, Priape et autres dieux ou déesses. Ces pains, appelés *coliphia* et *siligones*, représentaient sous les formes les plus capricieuses la nature de la femme et celle de l'homme. Comme on faisait une énorme consommation de ces pains priapiques et vénéréiques, principalement à l'occasion de certaines fêtes, les maîtres boulangers plantaient des tentes et ouvraient boutique sur les places et dans les carrefours; ils ne vendaient pas autre chose que des pains de sacrifice, mais en même temps ils avaient des esclaves ou des servantes qui se prostituaient jour et nuit dans la boulangerie. Plaute, dans son *Pœnulus*, n'a pas oublié ces bonnes amies des mitrons: *Prosedas, pistorum amicas, reliquas alicarias*. Les *bliteæ* ou *blitidæ* étaient des filles de la plus vile espèce, que le vin et la débauche avaient abruties, tellement qu'elles ne valaient plus rien pour le métier qu'elles faisaient encore à travers champs: leur nom dérivait de *blitum*, blette, espèce de poirée fade et nauséabonde. Suidas ne s'écarte pas de cette étymologie, en disant: «Ils appelaient *blitidæ* ces femmes viles, abjectes et idiotes.» (*Viles, abjectas, fatuasque mulieres, vocabant blitidas.*) Selon d'autres philologues, ce surnom s'appliquait aux courtisanes en général, parce qu'elles portaient souvent des chaussures vertes ou couleur d'ache. C'était, du reste, une grave injure, que de qualifier de *blitum* une femme honnête. Les *bustuariæ* étaient les filles de cimetière; elles vaguaient jour et nuit autour des tombeaux (*busta*) et des bûchers; elles remplissaient parfois l'office de pleureuses des morts, et elles servaient spécialement aux récréations des *bustuaires*, qui préparaient les bûchers et y brûlaient les corps; des fossoyeurs, qui creusaient les fosses, et des *colombaires*, qui gardaient les sépultures: elles n'avaient pas d'autre lit que le gazon qui entourait les monuments funèbres, pas d'autre rideau que l'ombre de ces monuments, pas d'autre Vénus que Proserpine. Les *casalides*, ou *casorides*, ou *casoritæ*, étaient des prostituées qui logeaient dans de petites maisons (*casæ*), dont elles avaient pris leur surnom; ce surnom signifiait aussi en grec la même chose, κασαυρα ou κασωρις. Les *copæ* ou *cabaretières* étaient les filles des tavernes et des hôtelleries:

elles n'étaient pas toujours assises à l'entrée de leur séjour ordinaire; tantôt elles versaient à boire aux passants qui s'arrêtaient pour se rafraîchir; tantôt elles se montraient aux fenêtres pour attirer des clients; tantôt elles leur faisaient signe d'entrer; tantôt elles restaient retirées dans une salle basse et retirée. Les *diobolares* ou *diobolæ* étaient de misérables filles, la plupart vieilles, maigres, éreintées, qui ne demandaient jamais plus de deux oboles, comme leur nom l'indiquait. Plaute, dans son *Pœnulus*, dit que la Prostitution des diobolaires n'appartenait qu'aux derniers des esclaves et aux plus vils des hommes (*servulorum sordidulorum scorta diobolaria*). Pacuvius taxe même cette Prostitution, en disant que les dioboles n'avaient rien à refuser pour qui leur offrait la plus petite pièce de monnaie (*nummi caussa parvi*). Les *forariæ* ou *foraines* étaient des filles qui venaient de la campagne pour se prostituer en ville, et qui, les pieds poudreux, la tunique crottée, erraient dans les rues sombres et tortueuses, pour y gagner leur pauvre vie. Les *gallinæ* ou *poulettes* étaient celles qui s'en allaient percher partout, et qui emportaient tout ce qu'elles trouvaient sous leur main, les draps du lit, la lampe, les vases et même les dieux pénates.

Dans un ordre de courtisanes plus distingué, les *delicatæ* ou *mignonnes* étaient celles que fréquentaient les chevaliers romains, les petits-maîtres parfumés et les riches de toute condition; elles ne se piquaient pas, d'ailleurs, de délicatesse en fait d'argent, et elles ne trouvaient jamais qu'il sentît l'esclave affranchi, l'adultère ou le délateur: elles n'étaient difficiles que pour les gens qui les approchaient sans avoir la bourse bien garnie. Flavia Domitilla, que l'empereur Vespasien épousa, et qui fut mère de Titus, avait été *délicate*, avant d'être impératrice. Les *famosæ* ou *fameuses* étaient des courtisanes de bonne volonté, qui, quoique patriciennes, mères de famille et matrones, n'avaient pas honte de se prostituer dans les lupanars: les unes, pour contenter une horrible ardeur de débauche; les autres, pour se faire un ignoble pécule, qu'elles dépensaient en sacrifices aux divinités de leur affection. Les *junices* ou *génisses* et les *juvencæ* ou *vaches* étaient des mérétrices qui devaient ce surnom à leur embonpoint, à leur facilité et à l'ampleur de leur gorge. Les *lupæ* ou *louves*, *lupanæ* ou *coureuses de bois*, avaient été nommées ainsi en mémoire de la nourrice de Rémus et Romulus, Acca Laurentia; comme cette femme du berger Faustulus, elles se promenaient la nuit dans les champs et les bois, en imitant le cri de la louve affamée, pour appeler à elles la proie qu'elles attendaient. Ce surnom avait été porté dans le même sens par les dictériades du Céramique d'Athènes. Il se naturalisa depuis à Rome, et il devint la désignation générique de toutes les courtisanes. «Je crois, dit Ausone dans une de ses épigrammes, je crois que son père est incertain, mais sa mère est vraiment une louve.» Les *noctilucæ* étaient aussi des coureuses de nuit: de même que les *noctuvigilæ* ou veilleuses de nuit, l'un et l'autre surnom avait été donné à Vénus par des poëtes, qui pensaient par là honorer la déesse. On appelait encore généralement *nonariæ* les filles nocturnes, parce que les lupanars ne s'ouvraient qu'à la neuvième heure, et que les louves ne commençaient pas leur course avant cette heure-là. Ces dernières se nommaient *pedaneæ*, parce qu'elles n'épargnaient pas leurs souliers, quand elles en avaient. Les *marcheuses* n'avaient pas de ces petits pieds dont les Romains étaient si friands, et qu'Ovide ne manque jamais, dans ses descriptions mythologiques, d'attribuer aux déesses.

Les *doris* devaient ce surnom à leur costume ou plutôt à leur nudité; car elles se montraient absolument nues, à l'instar des nymphes de la mer, entre lesquelles la mythologie a caractérisé Doris, leur mère, en lui donnant les formes les plus voluptueuses et les mieux arrondies. Juvénal se récrie contre ces doris ou dorides, qui, dit-il, de même qu'un vil histrion représente une sage matrone, se dépouillaient de tout vêtement pour représenter des déesses. Les filles publiques étaient encore désignées sous plusieurs noms, qui les embrassaient toutes indifféremment: *mulieres* ou femmes; *pallacæ*, du grec παλλακή; *pellices*, en souvenir des bacchantes, qui avaient des tuniques de peaux de tigre; *prosedæ*, parce qu'elles attendaient, assises, le moment où quelqu'un leur ferait appel. On les nommait *peregrinæ* ou *étrangères*, comme elles sont nommées sans cesse dans les livres hébreux, parce que la plupart étaient venues de tous les points de l'univers pour se vendre à Rome; beaucoup y avaient été amenées comme prisonnières de guerre, après chaque conquête des aigles romaines; beaucoup appartenaient à des entremetteuses et à des lénons, qui les avaient achetées et qui les faisaient travailler pour eux. Les Romains, avant d'être tout à fait corrompus, se flattaient donc de ne voir que des étrangères parmi les tristes victimes de leur débauche. Ces créatures portaient encore un nom qui s'est conservé presque dans notre langue populaire: *putæ* ou *puti*, ou *putilli*, soit que ce nom rappelle celui de la déesse Potua, qui présidait à ce qui se peut; soit qu'il dérivât de *potus*, par allusion au philtre amoureux qu'on buvait dans leur coupe; soit qu'on les qualifiât de *pures* (*putæ* pour *puræ*), par antiphrase; soit enfin que, pour déguiser une image obscène, on eût contracté *putei* en *puti*, en conservant au mot le sens de *puits* ou *citernes*. Quelle que fût l'origine du mot, les amants s'en étaient servis d'abord pour adresser un compliment à leur maîtresse. Plaute, dans son *Asinaria*, met en scène un amant qui emploie cette épithète en compagnie d'autres empruntées à l'histoire naturelle: «Dis-moi donc, ma petite cane, ma colombe, ma chatte, mon hirondelle, ma corneille, mon passereau, mon puits d'amour!» On n'usait de l'expression de *quadrantariæ* qu'en signe de mépris, à l'égard des plus basses prostituées; on entendait par là constater le misérable salaire dont elles se contentaient; le *quadrans* était la quatrième partie de l'as romain, et cette petite pièce d'airain, équivalant à vingt centimes de notre monnaie, faisait ordinairement la rétribution du baigneur dans les bains publics. Cicéron, dans son plaidoyer pour Cœlius, dit que la quadrantaire, à moins que ce ne fût une maîtresse femme, revenait de droit au baigneur. Cicéron faisait peut-être une maligne allusion à la sœur de Claudius, son ennemi, qu'il avait fait surnommer *quadrans*, parce qu'en jouant avec elle, quand ils étaient jeunes l'un et l'autre, il s'amusait à lui lancer des quadrans, qu'elle recevait dans sa robe et qui l'atteignaient souvent au but où Cicéron avait visé. Toutes les filles publiques étaient *quæstuariæ* et *quæstuosæ*, parce qu'elles faisaient trafic ou argent (*quæstus*) de leur corps. Sous le règne de Trajan, on fit le recensement des *quæstuaires* qui servaient aux plaisirs de Rome, et l'on en compta trente-deux mille. Plaute, dans son *Miles*, définit la *quæstuosa*: «Une femme qui donne son corps en pâture à un autre corps (*quæ alat corpus corpore*).» Les *quasillariæ* étaient de pauvres servantes qui s'échappaient pendant quelques instants, avec la corbeille contenant leur tâche de la journée, et qui s'en allaient se prostituer pour quelques deniers, après quoi, elles rentraient à la maison et se remettaient à filer de la laine. *Vagæ*, c'étaient les filles errantes; *ambulatrices*, les promeneuses; *scorta*, les prostituées de la plus vile espèce, les *peaux*, comme il faut traduire ce mot injurieux; quant aux *scorta devia*, elles attendaient chez elles les amateurs et se mettaient seulement à la fenêtre pour les appeler. On les injuriait toutes également, quand on les traitait de *scrantiæ*, *scraptæ* ou *scratiæ*, que nous sommes forcés de traduire par *pots de chambre* ou *chaises percées*.

Ce n'étaient pas encore les seules dénominations que les courtisanes de Rome subissaient en bonne ou en mauvaise part, outre les deux principales qui les divisaient en mérétrices et en prostituées; on les appelait aussi *suburranæ* ou filles de faubourg, parce que la Suburre, faubourg de Rome près de la Voie sacrée, n'était habitée que par des voleurs et des femmes perdues. Une pièce des *Priapées* cite, parmi ces jeunes suburranes qui se sont affranchies avec le produit de leur métier (*de quæstu libera facta suo est*), la belle Telethuse, que la Prostitution avait enrichie en l'enlaidissant. Les *summœnianæ* étaient pareillement des filles de faubourg, qui peuplaient le Summœnium, rues désertes, voisines des murs de la ville, dans lesquelles se trouvaient des lupanars ou des caves qui en tenaient lieu. «Quiconque peut être le convive de Zoïle, dit une épigramme de Martial, soupe entre des matrones summœnianes!» Martial, dans une autre épigramme, semble vouloir pourtant rendre justice à la décence de ces filles: «La courtisane, dit-il, écarte les curieux, en tirant verrou et rideau; rarement, le Summœnium offre une porte ouverte.» Enfin, les *schœniculæ*, qui hantaient les mêmes quartiers écartés et qui vendaient leurs caresses aux soldats et aux esclaves, portaient des ceintures en jonc ou en paille σχοῖνος pour annoncer qu'elles étaient toujours à vendre. Un commentateur a fait de savantes recherches, qui tendent à prouver que ces filles d'esclaves et de soldats attachaient leur ceinture aussi haut que possible (*alticinctæ*), afin d'être moins gênées dans l'exercice de leur profession. Un autre commentateur, docte hébraïsant, veut retrouver dans les *schœniculæ* des Romains ces prostituées babyloniennes, que nous voyons, dans Baruch et les prophètes juifs, ceintes de cordes et assises au bord des chemins et faisant brûler des baies d'encens. Un autre commentateur, qui s'appuie d'une citation de Festus, soutient que ces filles de bas étage devaient leur surnom au parfum grossier dont elles se frottaient le corps, «*schœno delibutas*,» dit Plaute. Les *naniæ* étaient des naines ou des enfants qu'on formait dès l'âge de six ans à leur infâme métier. Les *limaces* (ce surnom s'est conservé dans presque toutes les langues) avaient plus d'une analogie avec ce mollusque visqueux et baveux qui se traîne dans les lieux humides, qui laisse sa trace gluante partout où il passe, et qui ronge les fruits et les herbes. Les *circulatrices* comprenaient toutes les filles vagabondes. On traitait naturellement de *charybdes* ou *gouffres* celles qui engloutissaient la santé, l'argent et l'honneur de la jeunesse. Les *pretiosæ*, du moins, qui vendaient chèrement leurs faveurs, ne portaient atteinte qu'à la bourse de leurs sectateurs. Courtisanes du peuple ou de la noblesse, mérétrices ou prostituées, toutes portaient l'habit de leur état, c'est-à-dire la toge ou tunique courte, et toutes avaient droit au nom de *togatæ*, qualification honteuse pour elles, tandis que les Romains s'honoraient du nom de *togati* (citoyens en toge). Enfin, pour terminer cette nomenclature de la Prostitution romaine, il ne faut pas oublier de dire que, les filles publiques étant souvent réunies aux mêmes endroits, leurs assemblées se nommaient *conciones meretricum* et *senacula*, quelquefois même *senatus mulierum* ou sénat de femmes, que ces réunions se tinssent dans la rue ou dans les tavernes, ou chez les boulangers. Les courtisanes du grand ton avaient aussi leurs lieux d'asile à Baia, à Clusium, à Capoue et dans les différentes villes où elles allaient prendre les eaux pour se remettre de leurs fatigues; elles se rendaient en si grand nombre aux bains de Clusium, qu'on disait: «Voici un troupeau de bêtes de Clusium! (*Clusinum pecus*),» dès qu'elles étaient quatre ou cinq à rire ensemble et à provoquer les galants.

Il est pénible de savoir que la plupart de ces appellations distinctives appliquées aux filles publiques avaient également leur application à des hommes, à des esclaves, à des enfants surtout, qui rendaient d'infâmes services à la débauche effrénée des Romains. La Prostitution masculine était certainement plus ardente et plus générale à Rome que la Prostitution féminine; mais nous n'avons pas le courage de descendre dans ces mystères infects de dépravation, et le cœur nous manque, en abordant un sujet qui s'étale effrontément dans les poésies d'Horace, de Catulle, de Martial, et même de Virgile; c'est à peine si nous oserons énumérer l'odieuse cohorte des agents et des auxiliaires de ces mœurs abominables. A chaque classe de prostituées correspondait une classe de prostitués, entre lesquels il n'y avait pas d'autre différence que le sexe. La langue latine avait, pour ainsi dire, augmenté sa richesse, pour caractériser, dans le nom qu'elle créait, la spécialité du vice de chacun. Ces infâmes n'étaient pas même flétris par la loi, puisque les règlements de police ne leur assignaient aucun vêtement particulier, puisque l'édile ne les inscrivait pas sur les tables de la Prostitution. On leur laissait dans leurs turpitudes une liberté qui témoignait de l'indulgence et même de la faveur que la législation leur avait accordée, pourvu qu'ils ne fussent pas nés libres et citoyens romains. C'étaient ordinairement des enfants d'esclaves, qu'on instruisait de bonne heure à subir la souillure d'un commerce obscène. «On appelait *enfants de louage* (*pueri meritorii*) ceux qui, de gré ou de force, se prêtaient à la honteuse passion de leur maître.» Telle est la définition que nous fournit un ancien commentateur de Juvénal. Dans ses satires, ce grand poëte, qui a marqué d'un fer rouge les ignominies de son temps, revient à chaque page sur l'usage dégoûtant auquel ces malheureux enfants étaient condamnés en naissant, ignoble joug qu'ils acceptaient sans se plaindre. On les nommait *pathici* (patients), *ephebi* (adolescents), *gemelli* (jumeaux), *catamiti* (chattemites), *amasii* (amants), etc. Il serait trop long et trop fastidieux de passer en revue cette vilaine litanie de noms figurés ou significatifs, que la corruption des mœurs romaines avait créés pour peindre les incroyables variétés de ces tristes instruments de Prostitution. Il suffira de dire que les adolescents, formés à cet art abominable dès leur septième année, devaient réunir certaines exigences de beauté physique qui les rapprochaient du sexe féminin; ils étaient sans barbe et sans poil, oints d'huiles parfumées, avec de longs cheveux bouclés, l'air effronté, le regard oblique, le geste lascif, la démarche nonchalante, les mouvements obscènes. Tous ces vils serviteurs de plaisir se trouvaient rangés en deux catégories qui n'empiétaient pas, en général, sur leurs attributions spéciales: il y avait ceux qui n'étaient jamais que des victimes passives et dociles; il y avait ceux qui devenaient actifs à leur tour, et qui pouvaient au besoin rendre impudicité pour impudicité à leurs Mécènes débauchés. Ces derniers, dont les dames romaines ne dédaignaient pas les bons offices, étaient ordinairement des eunuques (*spadones*), dont la castration avait épargné le signe de virilité. Les autres, quelquefois aussi, avaient été soumis à une castration complète, qui faisait d'eux une race bâtarde tenant à la fois de l'homme et de la femme. C'était là un raffinement dont les *pædicones* (pédérastes) se montraient friands et jaloux. Au reste, pour bien comprendre l'incroyable habitude de ces horreurs chez les Romains, il faut se représenter qu'ils demandaient au sexe masculin toutes les jouissances que pouvait leur donner le sexe féminin, et quelques autres, plus extraordinaires encore, que ce sexe, destiné à l'amour par la loi de nature, eût été fort en peine de leur procurer. Chaque citoyen, fût-ce le plus recommandable par son caractère et le plus élevé par sa position sociale, avait donc dans sa maison un sérail de jeunes esclaves, sous les yeux de ses parents, de sa femme et de ses enfants. Rome, d'ailleurs, était remplie de gitons qui se louaient de même que les filles publiques; de maisons consacrées à ce genre de Prostitution, et de proxénètes, qui ne faisaient pas d'autre métier que d'affermer à leur profit les hideuses complaisances d'une foule d'esclaves et d'affranchis.

Si le libertinage de cette espèce n'avait pas de plus habiles interprètes que certains danseurs et mimes, appelés *cinèdes* (*cinædi*, du verbe grec κινεῖν, mouvoir), qui étaient presque tous châtrés, c'était aussi dans la classe des danseuses et des baladines, que l'on pouvait recruter les meilleurs sujets pour la pantomime des jeux de l'amour. Les joueuses de flûte et les danseuses furent aussi recherchées à Rome qu'elles l'étaient en Grèce et en Asie; on les faisait venir de ces pays-là, où elles avaient une école perpétuelle qui les formait d'après les leçons de l'art et de la volupté. Elles n'étaient pas par état vouées à la Prostitution; on ne lisait pas leurs noms inscrits sur les registres de l'édile, du moins dans le vaste répertoire des courtisanes; elles se recommandaient seulement du métier qui leur appartenait, et qu'elles exerçaient d'ailleurs avec une sorte d'émulation; mais elles ne se privaient pas des autres ressources que ce métier-là leur permettait d'utiliser en même temps. Elles ne différaient donc des filles publiques proprement dites que par la liberté qu'on leur laissait de ne pas faire de la Prostitution leur principale industrie. Elles n'avaient affaire, d'ailleurs, qu'aux gens riches, et elles se louaient à l'heure ou à la nuit, pour flûter, danser ou mimer dans les festins, dans les assemblées et dans les orgies. Ces femmes de joie différaient les unes des autres, non-seulement par leur taille, leur figure, leur teint, leur langage, mais encore par le genre de leur danse et de leur musique. On distinguait parmi elles les Espagnoles (*gaditanæ*), qui savaient merveilleusement exciter, par leur chant et leur danse, la convoitise et les désirs des spectateurs les plus froids: «De jeunes et lubriques filles de Cadix agiteront sans fin leurs reins lascifs aux vibrations savantes.» C'est Martial qui dépeint ainsi leurs danses nationales, et Juvénal y ajoute un trait de plus en disant que ces gaditaines s'accroupissaient jusqu'à terre en faisant tressaillir leurs hanches (*ad terram tremulo descendant clune puellæ*); puissant aphrodisiaque, selon lui, ardent aiguillon des sens les plus languissants. Toutes les danseuses n'arrivaient pas d'Espagne: l'Ionie, l'île de Lesbos et la Syrie n'avaient rien perdu de leurs anciens priviléges pour fournir à la débauche les plus expérimentées dans l'art de la flûte et dans l'art de la danse. Celles qu'on appelait sans distinction *danseuses, flûteuses, joueuses de lyre* (*saltatrices, fidicinæ, tibicinæ*), étaient des Lesbiennes, des Syriennes, des Ioniennes; il y avait aussi des Égyptiennes, des Indiennes et des Nubiennes: une peau noire, jaune ou bistrée convenait, aussi bien que la plus blanche, aux plus voluptueuses apparitions de la danse ionique ou bactrianique. L'une se nommait *bactriasmus*, remarquable par les tremblements spasmodiques des reins; l'autre, *ionici motus*, imitant avec une obscène vérité la pantomime et les péripéties de l'amour. Horace nous assure que les vierges de son temps, plus avancées qu'elles ne devaient l'être pour leur âge et leur condition, apprenaient les poses et les mouvement de l'ionique (*motus doceri gaudet ionicos matura virgo*). Le latin dit même qu'elles y prenaient plaisir. Entre toutes ces étrangères, on donnait la palme aux Syriennes (*ambubaiæ*), qui se prêtaient à tout, comme leur nom semble l'indiquer. Il n'y avait pas de bons soupers sans elles; mais, comme elles ne payaient pas le *meretricium*, ou la taxe des filles, l'édile ne leur faisait pas grâce quand elles étaient prises en fraude, et il les condamnait d'abord à l'amende, ensuite au fouet, puis enfin à l'exil. Dans ce cas-là, elles sortaient par une porte de Rome et y rentraient par une autre. La plupart de ces baladines ne travaillaient que pour les riches et dans l'intérieur des maisons; quelques-unes pourtant se donnaient en spectacle sur les places et dans les carrefours, où il ne fallait que le son d'une flûte ou le cliquetis d'un grelot pour attirer une foule compacte de peuple qui faisait cercle autour des danseuses et des musiciennes. Quant aux danseurs et musiciens, ils remplissaient exactement le même rôle que leurs compagnes.

Cette Prostitution effrénée, revêtant mille déguisements, et se glissant partout sous mille formes variées, nourrissait et enrichissait une immense famille de courtiers et d'entremetteurs des deux sexes, qui tenaient boutiques de débauche ou qui exerçaient de maintes façons leur métier avilissant, sans avoir rien à craindre de la police de l'édile; car la loi fermait les yeux sur le *lenocinium*, pourvu que ce ne fût pas un citoyen romain ou une Romaine *ingénue*, qui s'imposât cette note d'infamie. Mais comme le métier était lucratif, bien des Romaines et des Romains, de naissance et de condition libres, s'adonnaient secrètement à l'art des proxénètes, car c'était un art véritable, plein d'intrigues, de ruses et d'inventions. Le nom générique de ces êtres dépravés, que punissait seul le mépris public, était *leno* pour les hommes, *lena* pour les femmes. Priscien dérive ces mots du verbe *lenire*, parce que, dit-il, ce vil agent de Prostitution séduit et corrompt les âmes par des paroles douces et caressantes (*deliniendo*). Dans l'origine du mot, *leno* s'appliquait indifféremment aux deux sexes, comme si le lénon n'était ni mâle ni femelle; mais plus tard on employa le féminin *lena*, pour mieux préciser l'intervention féminine dans cette odieuse industrie. «Je suis lénon, dit un personnage des *Adelphes* de Térence, je suis le fléau commun des adolescents.» Parmi les *lénons* et les *lènes*, on comptait une quantité d'espèces différentes qui avaient des relations d'affaires et d'intérêt avec les différentes espèces de filles publiques. Nous avons déjà dit que les boulangers, les hôteliers, les cabaretiers et les baigneurs, aussi bien que les femmes qui tenaient des bains, des cabarets, des auberges et des boulangeries, se mêlaient tous plus ou moins du *lenocinium*. Le lénon existait dans toutes les conditions et se cachait sous tous les masques; il n'avait donc pas de costume particulier ni de caractère distinctif. Le théâtre latin, qui le mettait continuellement en scène, lui avait pourtant donné un habit bariolé et le représentait sans barbe, la tête rasée. Il faut citer encore, entre les professions qui étaient le plus favorables au trafic des lénons, celles de barbier et de parfumeur: aussi, dans certaines circonstances, *tonsor* et *unguentarius* sont-ils synonymes de *leno*. Un des anciens commentateurs de Pétrone, un simple et candide Hollandais, Douza, est entré dans de singuliers détails au sujet des boutiques de barbier à Rome, dans lesquelles le maître avait une troupe de beaux jeunes garçons, qui ne s'amusaient pas à couper les cheveux, à épiler des poils et à faire des barbes, mais qui, de bonne heure, exercés à tous les mystères de la plus sale débauche, se louaient fort cher pour les soupers et les fêtes nocturnes. (*Quorum frequenti opera non in tondenda barba, pilisque vellendis modo, aut barba rasitanda, sed vero et pygiacis sacris cinædice, ne nefarie dicam, de nocte administrandis utebantur.*) Quant aux parfumeurs, leur négoce les mettait en rapport direct avec la milice de la Prostitution, à l'usage de laquelle les essences, les huiles parfumées, les poudres odoriférantes, les pommades érotiques et tous les onguents les plus délicats avaient été inventés et perfectionnés; car homme ou femme, jeune ou vieux, on se parfumait toujours avant d'entrer dans la lice de Vénus, tellement qu'on désignait un ganymède par le mot *unguentatus*, frotté d'huile parfumée. «Chaque jour, dit Lucius Afranius, l'*unguentarius* le pare devant le miroir; lui, qui se promène les sourcils rasés, la barbe arrachée, les cuisses épilées; lui, qui, dans les festins, jeune homme accompagné de son amant, se couche, vêtu d'une tunique à longues manches, sur le lit le plus bas; lui, qui ne cherche pas seulement du vin, mais des caresses d'homme (*qui non modo vinosus, sed virosus quoque sit*), est-ce qu'on peut douter qu'il ne fasse ce que les cinædes ont coutume de faire?»

D'ordinaire, tous les esclaves étaient dressés au *lenocinium*; ils n'avaient, pour cela, qu'à se souvenir, en vieillissant, de l'expérience de leur jeunesse. Les vieilles surtout n'avaient pas d'autre manière de se consacrer encore à la Prostitution. Les servantes, *ancillæ*, méritaient donc de leur mieux les surnoms d'*admonitrices*, de *stimulatrices*, de *conciliatrices*; elles portaient les lettres, marchandaient l'heure, la nuit, le rendez-vous, arrêtaient les conditions du traité, préparaient le lieu et les armes du combat, aidaient, excitaient, poussaient, entraînaient. Rien n'égalait leur adresse, sinon leur friponnerie. Il n'y avait pas de vertu invincible, quand elles voulaient s'acharner à sa défaite. Mais il fallait leur donner beaucoup et leur promettre davantage. Il y avait de petites servantes, *ancillulæ*, qui ne le cédaient pas aux plus fourbes et aux plus habiles. Néanmoins, ces officieux domestiques étaient moins pervers et moins méprisables que les courtiers de débauche, que l'argent seul mettait en campagne, et qui n'avaient pas un maître ou une maîtresse à contenter. C'est de ces lénons qu'Asconius Pedianus disait dans son commentaire sur Cicéron: «Ces corrupteurs des prostituées le sont aussi des personnes qu'ils conduisent malgré elles à commettre des adultères que les lois punissent.» *Perductores*, c'étaient ceux qui conduisaient leurs victimes au vice et à l'infamie; *adductores*, ceux qui se chargeaient de procurer des sujets à la débauche, et qui se mettaient, pour ainsi dire, à sa solde; *tractatores*, ceux qui négociaient un marché de ce genre. On ne peut imaginer le nombre et l'importance de marchés semblables, qui se débattaient tous les jours, par intermédiaire, entre les parties intéressées. De même que les vieilles entremetteuses, les lénons étaient presque invariablement de vieux débris de la Prostitution, lesquels n'avaient plus d'ardeur que pour servir les plaisirs d'autrui; quelques-uns même cumulaient les profits et les fatigues des deux professions, en les combinant l'une par l'autre.

Enfin, il faut ranger aussi dans le dernier groupe des lénons mâles et femelles, les maîtres et maîtresses de mauvais lieux, les lupanaires (*lupanarii*), qui avaient la haute main dans ces lieux-là. Ces entrepreneurs de Prostitution se cramponnaient au dernier échelon de la honte, quoique le jurisconsulte Ulpien ait reconnu qu'il existait des lupanars en activité dans les maisons de plusieurs honnêtes gens. (*Nam et in multorum honestorum virorum prædiis lupanaria exercentur.*) Les propriétaires des maisons ne participaient nullement à l'infamie de leurs locataires. Mais, au-dessous des lupanaires, il y avait encore des degrés de turpitude et d'exécration qui appartenaient de droit aux *belluarii*, aux *caprarii* et aux *anserarii*; les premiers entretenaient des bêtes de diverses sortes, surtout des chiens et des singes; les deuxièmes, des chèvres; les troisièmes enfin, des oies, «les délices de Priape,» comme les appelle Pétrone, et ces animaux impurs, dressés au métier de leurs gardiens, offraient de dociles complices au crime de la bestialité! «Si les hommes manquent, dit Juvénal en décrivant les mystères de la Bonne Déesse dans la satire des Femmes, la ménade de Priape est prête à se soumettre elle-même à un âne vigoureux.»

...... Hic si
Quæritur et desunt homines, mora nulla peripsam
Quominùs imposito clunem submittat asello.

FIN DU TOME PREMIER.

TOME II : ANTIQUITÉ. GRÈCE - ROME (SUITE ET FIN)

1

Sommaire.—Les lieux de Prostitution à Rome.—Leurs différentes catégories.—Les quarante-six lupanars d'utilité publique.—Les quatre-vingts bains de la première région.—Le *petit sénat des femmes*, fondé par Héliogabale.—Les lupanars de la région Esquiline, de la région du grand Cirque, et de la région du temple de la Paix.—La Suburre.—Les *cellules* voûtées du grand Cirque.—Les *Cent Chambres* du port de Misène.—Description d'un lupanar.—Les cellules des prostituées.—L'écriteau.—Ameublement des chambres.—Peintures obscènes.—Décoration intérieure des cellules.—Lupanars des riches.—Origine du mot *fornication*.—Les *stabula* ou lupanars du dernier ordre.—Les *pergulæ* ou balcons.—Les *turturillæ* ou colombiers.—Le *casaurium* ou lupanar extra-muros.—Origine du mot *casaurium*.—Les *scrupedæ* ou pierreuses.—*Meritoria* et *Meritorii*.—Les *ganeæ* ou tavernes souterraines.—Origine du mot *lustrum*.—Personnel d'un lupanar.—Le *leno* et la *lena*.—Les *ancillæ ornatrices*.—Les *aquarii* ou *aquarioli*.—Le *bacario*.—Le *villicus*.—*Adductores, conductores* et *admissarii*.—Costume des *meretrices* dans les lupanars.—Fêtes qui avaient lieu dans les lupanars à l'occasion des filles qui se prostituaient pour la première fois, et lors de l'ouverture d'un nouveau lupanar.—Loi Domitienne relative à la castration.—Les *castrati*, les *spadones* et les *thlibiæ*.—Messaline au lupanar.—Le prix de la virginité de Tarsia, et le prix courant de ses faveurs.—Tableau d'un lupanar romain, par Pétrone.—Salaire des lupanars.—Dissertation sur l'écriteau de Tarsia.—Prix de la location d'une cellule.—Les *quadrantariæ* et les *diobolares*.

Les lieux de Prostitution à Rome étaient, devaient être aussi nombreux que les prostituées; ils présentaient aussi bien des variétés, que leur nom se chargeait de signaler ordinairement, de même que les noms des filles publiques caractérisaient également les différents genres de leur métier. Il y avait, comme nous l'avons dit, deux grandes catégories de filles, les sédentaires et les vagantes, les diurnes et les nocturnes; il y avait aussi deux principales espèces de maisons publiques, celles qui n'étaient destinées qu'à l'exercice de la Prostitution légale, les lupanars proprement dits, et celles qui, sous divers prétextes, donnaient asile à la débauche et lui offraient, pour ainsi dire, les moyens de se cacher, comme les cabarets, les tavernes, les bains, etc. On comprend que ces établissements, toujours suspects et mal famés, n'étaient point entretenus sur le même pied, et recevaient, de la Prostitution qui s'y glissait sournoisement ou qui s'y installait avec effronterie, un aspect particulier, une physionomie locale, une vie plus ou moins animée, plus ou moins indécente.

Publius Victor, dans son livre des *Lieux et des Régions de Rome*, constate l'existence de quarante-six lupanars; mais il n'entend parler que des plus importants, qui pouvaient être regardés comme des fondations d'utilité publique et qui étaient placés sous la surveillance directe des édiles. Il serait difficile d'expliquer autrement ce petit nombre de lupanars, en comparaison du grand nombre des mérétrices. Sextus Rufus, dans sa nomenclature des Régions de Rome, n'énumère pas les lupanars qui s'y trouvaient, mais il le laisse assez entendre, en comptant quatre-vingts bains dans la première région, dite de la porte Capène, outre les Thermes de Commode, ceux de Sévère, et plusieurs bains qu'il désigne par les noms de leurs fondateurs ou de leurs propriétaires. Il ne cite, d'ailleurs, nominativement qu'un seul lupanar; créé par Héliogabale dans la sixième région, sous l'insolente dénomination de *petit sénat des femmes* (*senatulum mulierum*). Il n'y a pas dans les auteurs latins une seule description complète de lupanar; mais on peut la faire aisément, avec la plus scrupuleuse exactitude, d'après cinq ou six cents passages des poëtes, qui conduisent sans façon leurs lecteurs dans ces endroits, qu'ils supposaient sans doute leur être familiers. On doit penser que si l'organisation intérieure des lupanars était à peu près la même dans tous, ils différaient d'ameublement, en raison du quartier où ils étaient situés. Ainsi, les plus sales et les plus populaciers furent certainement ceux de la cinquième région, dite Esquiline, et ceux de la onzième région, dite du grand Cirque; les plus élégants et les plus convenables, ceux de la quatrième région, dite du temple de la Paix, laquelle renfermait le quartier de l'Amour et celui de Vénus. Quant à la Suburre, située dans la deuxième région, dite du mont Cœlius, elle réunissait autour du grand marché (*macellum magnum*) et des casernes de troupes étrangères (*castra peregrina*) une foule de maisons de Prostitution (*lupariæ*), comme les qualifie Sextus Rufus dans sa nomenclature, et un nombre plus considérable encore de cabarets, d'hôtelleries, de boutiques de barbiers (*tabernæ*) et de boulangeries. Les autres régions de la ville n'étaient point exemptes du fléau des *lupariæ*, puisqu'elles possédaient aussi des boulangers, des barbiers et des hôteliers; mais ces mauvais lieux y furent toujours rares et peu fréquentés: les édiles avaient soin, d'ailleurs, de les repousser autant que possible dans les régions éloignées du centre de la ville, d'autant plus que la clientèle ordinaire de ces lieux-là habitait les faubourgs et les quartiers plébéiens. Ce fut, de tout temps, autour des théâtres, des cirques, des marchés et des camps, que les lupanars se groupaient à l'envi, pour lever un plus large tribut sur les passions et la bourse du peuple.

Le grand Cirque paraît avoir été entouré de cellules voûtées (*cellæ* et *fornices*), qui ne servaient qu'à la Prostitution pour l'usage du bas peuple, avant, pendant et après les jeux; mais il ne faudrait pas faire entrer ces asiles de débauche, accrédités par l'usage, dans la catégorie des lupanars réglementés par la police édilienne. Prudentius, en racontant le martyre de sainte Agnès, dit positivement que les grandes voûtes et les portiques qui subsistaient encore de son temps auprès du grand Cirque, avaient été abandonnés à l'exercice public de la débauche; et Panvinius, dans son traité *des Jeux* du Cirque, conclut, de ce passage, que tous les cirques avaient également des lupanars, comme annexes indispensables. On sait, en effet, que les mérétrices qui assistaient aux solennités du cirque et aux représentations du théâtre, quittaient leur siége aussi souvent qu'elles étaient appelées, pour contenter des désirs qui se multipliaient et s'échauffaient autour d'elles. Le savant jésuite Boulenger, dans son traité *du Cirque*, n'hésite pas à déclarer que la Prostitution avait lieu dans le Cirque, dans le théâtre même, et il cite ce vers d'un vieux poëte latin, en l'honneur d'une courtisane bien connue au grand Cirque: *Deliciæ populi, magno notissima Circo Quintilia*. En effet, sous les gradins que le peuple occupait, se croisaient des voûtes formant de sombres retraites, favorables à la Prostitution populaire, qui ne demandait pas tant de raffinements. On serait presque autorisé à donner la même destination aux ruines d'une immense construction souterraine, qu'on voit encore près de l'ancien port de Misène, et qu'on appelle toujours les *Cent Chambres* (*centum cameræ*). Il est probable que ce singulier édifice, dont l'usage est resté ignoré et incompréhensible, n'était qu'un vaste lupanar approprié aux besoins des équipages de la flotte romaine.

Mais habituellement les lupanars, loin d'être établis sur d'aussi gigantesques proportions, ne contenaient qu'un nombre assez borné de cellules très-étroites, sans fenêtres, n'ayant pas d'autre issue qu'une porte, qui n'était fermée souvent que par un rideau. Le plan d'une des maisons de Pompéï peut donner une idée fort juste de ce qu'était un lupanar, quant à l'ordonnance des cellules, qui s'ouvraient sans doute sous un portique et sur une cour intérieure, comme dans ces maisons où les chambres à coucher (*cubiculi*), généralement fort exiguës et contenant à peine la place d'un lit, ne sont éclairées que par une porte, où deux personnes ne passeraient pas de front. Les chambres étaient seulement plus nombreuses et plus rapprochées les unes des autres dans les lupanars. Pendant le jour, l'établissement étant fermé n'avait pas besoin d'enseigne, et ce n'était qu'un luxe inutile lorsque le maître du lieu faisait peindre sur la muraille l'attribut obscène de Priape: on en suspendait la figure à l'entrée du repaire qui lui était dédié. Le soir, dès la neuvième heure, un pot à feu ou une grosse lampe en forme de phallus servait de phare à la débauche, qui s'y rendait d'un pas hardi ou qui y était quelquefois attirée par hasard. Les filles se rendaient chacune à son poste avant l'ouverture de la maison; chacune avait sa cellule accoutumée, et devant la porte de cette cellule, un écriteau sur lequel était inscrit le nom d'emprunt (*meretricium nomen*) que portait la courtisane dans l'habitude de son métier. Souvent, au-dessous du nom, se trouvait marqué le taux de l'admission dans la cellule, pour éviter des réclamations de part et d'autre. La cellule était-elle occupée, on retournait l'écriteau, derrière lequel on lisait: OCCUPATA. Quand la cellule n'avait pas d'occupant, on disait, dans le langage de l'endroit, qu'elle était *nue* (*nuda*). Plaute, dans son *Asinaria*, et Martial, dans ses épigrammes, nous ont conservé ces détails de mœurs. «Qu'elle écrive sur sa porte, dit Plaute: *Je suis occupée.*» Ce qui prouve qu'en certaines circonstances, l'inscription était tracée à la craie ou au charbon par la courtisane elle-même. «L'impudique *lena*, dit Martial, ferme la cellule dégarnie d'amateur» (*obscena nudam lena fornicem clausit*). Un passage de Sénèque, mal interprété, avait fait croire que dans certains lupanars, les mérétrices, qui se tenaient en dehors de la porte, portaient l'écriteau pendu au cou et même attaché au front; mais on a mieux compris cette phrase: *Nomen tuum pependit in fronte; stetisti cum meretricibus*, en voyant cet écriteau suspendu devant la porte (*in fronte*), tandis que les filles restaient assises à côté.

Les chambres étaient meublées à peu près toutes de la même manière; la différence ne consistait que dans le plus ou moins de propreté du mobilier et dans les peintures qui ornaient les cloisons. Ces peintures à la détrempe et à l'eau d'œuf représentaient, soit en tableaux, soit en ornements, les sujets les plus conformes à l'usage habituel du local: c'étaient, dans les lupanars du peuple, des scènes grossières de la Prostitution; dans les lupanars d'un ordre plus relevé, c'étaient des images érotiques tirées de la mythologie; c'étaient des allégories aux cultes de Vénus, de Cupidon, de Priape et des dieux lares de la débauche. Le phallus reparaissait sans cesse sous les formes les plus bouffonnes; il devenait tour à tour oiseau, poisson, insecte; il se blottissait dans des corbeilles de fruits; il poursuivait les nymphes sous les eaux et les colombes dans les airs; il s'enroulait en guirlandes, il se tressait en couronnes: l'imagination du peintre semblait se jouer avec le signe indécent de la Prostitution, comme pour en exagérer l'indécence; mais ce qui est remarquable, dans ces peintures si bien appropriées à la place qu'elles occupaient, on ne voyait jamais figurer isolément l'organe de la femme, comme si ce fût une convention tacite de le respecter dans le lieu même où il était le plus méprisable. Au reste, les mêmes scènes, les mêmes images, se rencontraient souvent dans l'ornementation peinte des chambres à coucher conjugales: la pudeur des yeux n'existait plus chez les Romains, qui avaient presque déifié la nudité. La décoration intérieure des cellules du lupanar ne se recommandait pas, d'ailleurs, par sa fraîcheur et par son éclat: la fumée des lampes et mille souillures sans nom déshonoraient les murailles qui portaient çà et là les stigmates de leurs hôtes inconnus. Quant à l'ameublement, il se composait d'une natte, d'une couverture et d'une lampe. La natte, d'ordinaire grossièrement tressée en jonc ou en roseau, était souvent déchiquetée et toujours usée, aplatie; on la remplaçait, dans quelques maisons, par des coussins et même par un petit lit en bois (*pulvinar, cubiculum, pavimentum*); la couverture, hideusement tachée, n'était qu'un misérable assemblage de pièces, en étoffes différentes, qu'on appelait, à cause de cela, *cento* ou rapiéçage. La lampe, en cuivre ou en bronze, répandait une clarté indécise à travers une atmosphère chargée de miasmes délétères qui empêchaient l'huile de brûler et la flamme de s'élever au-dessus de son auréole fumeuse. Ce misérable mobilier était choisi exprès, pour que personne n'eût l'idée de se l'approprier: il n'y avait rien à voler dans ces lieux-là.

Cependant il est certain, d'après les désignations mêmes des maisons de débauche, qu'elles n'étaient pas toutes fréquentées par la vile populace, et qu'elles offraient par conséquent de notables différences en leur régime intérieur. Dans les lupanars les mieux ordonnés, une fontaine et un bassin ornaient la cour carrée, *impluvium*, autour de laquelle on avait ménagé les cellules ou chambres, *cellæ*; ailleurs, ces chambres se nommaient *sellæ*, siéges à s'asseoir, parce qu'elles étaient trop petites pour y mettre un lit. Mais dans les lupanars réservés exclusivement à la plèbe, et qui n'étaient autres que des caves ou des souterrains, chaque cellule, étant voûtée, se nommait *fornix*; c'est de ce mot-là, devenu bientôt synonyme de *lupanar*, qu'on a fait *fornication*, pour exprimer ce qui se passait dans les ténèbres des *fornices*. L'odeur infecte de ces voûtes était proverbiale, et ceux qui y avaient pénétré portaient longtemps avec eux cette odeur nauséabonde dans laquelle on ne sentait pas seulement la fumée et l'huile: *Olenti in fornice*, dit Horace, *redolet adhuc fuliginum fornicis*, dit Sénèque. Il y avait des lupanars du dernier ordre, qu'on appelait *stabula*, parce que les visiteurs y étaient reçus pêle-mêle sur la paille, comme dans une écurie. Les *pergulæ* ou balcons devaient ce surnom à leur genre de construction: ici, une galerie ouverte régnait le long du premier étage et surplombait la voie publique; les filles étaient mises en montre sur cette espèce d'échafaud, et le lénon ou la léna se tenait, en bas, à la porte; là, au contraire, lénon ou léna occupait une fenêtre haute et dominait du regard son troupeau de garçons ou de filles. Quelquefois la *pergula* n'était qu'une petite maison basse à auvent, sous lequel étaient assises les victimes de l'un et de l'autre sexe. Quand le *lupanar* était surmonté d'une sorte de tour ou de pyramide, en haut de laquelle on allumait le soir un fanal, on l'appelait *turturilla* ou colombier, parce que les tourterelles ou les colombes y avaient leur nid; saint Isidore de Séville, en parlant de ces nids-là, se permet un jeu de mots assez peu orthodoxe: *Ita dictus locus, quo corruptelæ fiebant, quod ibi turturi opera daretur, id est peni.* Le *casaurium* était le lupanar extra-muros, simple cabane couverte de chaume ou de roseaux, qui servait de retraite à la troupe errante des filles en contravention avec la police de l'édile. Le mot *casaurium*, dans la bouche du peuple, ne semblait pas venir de plus loin que *casa*, chaumière, hutte, ou baraque; mais les savants retrouvaient dans ce mot-là l'étymologie grecque de κασσα ou de κασαυρα, qui signifiait *meretrix*: κασαυρα avait fait tout naturellement *casaurium*. C'était dans ces bouges que se réfugiaient quelquefois les *scrupedæ* (*pierreuses*), que la Prostitution cachait ordinairement au milieu des pierres et des décombres.

Les lupanars avaient, en outre, des noms généraux qui s'appliquaient à tous sans distinction: «*Meritoria*, dit saint Isidore de Séville, ce sont les lieux secrets où se commettent les adultères.» C'étaient surtout ceux consacrés à la Prostitution des hommes, des enfants, des *meritorii*. «*Ganeæ*, dit Donatius, ce sont des tavernes souterraines, où l'on fait la débauche, et dont le nom dérive du grec, γας, terre;» «*Ganei*, dit le jésuite Boulenger, ce sont des boutiques de Prostitution, ainsi nommées par analogie avec γανος, volupté, et γυνη, femme.» On employait fréquemment l'expression de *lustrum* dans le sens de lupanar, et ce qui n'avait été d'abord qu'un jeu de mots était devenu une locution usuelle où l'on ne cherchait plus malice. *Lustrum* signifiait à la fois *expiation* et *bois sauvage*. Les premiers errements de la Prostitution s'enfonçaient dans l'ombre épaisse des forêts, et depuis, comme pour expier ces mœurs de bête fauve, les prostituées payaient un impôt *lustral* expiatoire: de là l'origine du mot *lustrum* pour *lupanar*. «Ceux qui, dans les lieux retirés et honteux, s'abandonnent aux vices de la gourmandise et de l'oisiveté, dit Festus, méritent qu'on les accuse de vivre en bêtes (*in lustris vitam agere*).» Le poëte Lucilius nous fait encore mieux comprendre la véritable portée de cette expression dans ce vers: «Quel commerce fais-tu donc en quêtant autour des murs dans les endroits écartés? (*in lustris circum oppida lustrans*).» On appliquait avec raison le nom de *desidiabula* aux lupanars, pour représenter l'oisiveté de ses malheureux habitants. S'il n'y avait que des femmes dans un établissement de Prostitution, il prenait les noms de *sénat des femmes*, de *conciliabule*, de *cour des mérétrices* (*senatus mulierum, conciliabulum, meretricia curia*, etc.); et selon que ces noms étaient pris en bonne ou en mauvaise part, les épithètes qu'on y ajoutait en complétaient le sens; Plaute traite aussi de *conciliabule de malheur* un de ces lieux infâmes. Quand l'une et l'autre Vénus, suivant le terme latin le plus décent, trouvait à se satisfaire dans ces repaires, on les qualifiait pompeusement de *réunion de tous les plaisirs* (*libidinum consistorium*).

Le personnel d'un lupanar variait autant que sa clientèle. Tantôt le *leno* ou la *lena* n'avait dans son établissement que des esclaves achetés de ses deniers et formés par ses leçons; tantôt ce personnage n'était que le propriétaire du local et servait seulement d'intermédiaire à ses clientes, qui lui laissaient une part dans les bénéfices de chaque nuit; ici, le maître ou la maîtresse du logis suffisait à tout, préparait les écriteaux, discutait les marchés, apportait de l'eau ou des rafraîchissements, faisait sentinelle et gardait les cellules *occupées*; là, ces spéculateurs dédaignaient de se mêler de ces menus détails: ils avaient des servantes et des esclaves qui vaquaient chacun à son emploi spécial; les *ancillæ ornatrices* veillaient à la toilette des sujets, réparaient les désordres de la toilette et refardaient le visage; les *aquarii* ou *aquarioli* distribuaient des boissons rafraîchissantes, de l'eau glacée, du vin et du vinaigre aux débauchés qui se plaignaient de la chaleur ou de la fatigue; le *bacario* était un petit esclave qui donnait à laver et présentait l'eau dans un vase (*bacar*) à long manche et à long goulot; enfin, le *villicus* ou fermier avait pour mission de débattre les prix avec les clients et de se faire payer, avant de retourner l'écriteau d'une cellule. Il y avait, en outre, des hommes et des femmes attachés à l'établissement, pour pratiquer en sous-ordre le *lenocinium*; pour aller aux alentours du lupanar recruter des chalands; pour appeler, pour attirer, pour entraîner les jeunes et les vieux libertins: de là leurs dénominations d'*adductores*, de *conductores*, et surtout d'*admissarii*. Ces émissaires de

Prostitution tiraient ce nom de ce qu'ils étaient toujours prêts, au besoin, à changer de rôle et à se prostituer eux-mêmes, si l'occasion s'offrait d'exciter à la débauche pour leur propre compte. Au reste, dans la langue des éleveurs et des paysans romains, *admissarius* était tout simplement, tout naïvement, l'étalon, le taureau, qu'on amène à la vache ou à la jument. Cicéron, dans son discours contre Pison, nous donne une preuve de la monomanie de ces chasseurs d'hommes et de ces chercheurs de plaisir: «Or, cet admissaire, dès qu'il sut que ce philosophe avait fait un grand éloge de la volupté, se sentit piqué au vif, et il stimula tous ses instincts voluptueux, à cette pensée qu'il avait trouvé non pas un maître de vertu, mais un prodige de libertinage.»

Le costume des *meretrices* dans les lupanars n'était caractérisé que par la coiffure, qui consistait en une perruque blonde; car la courtisane prouvait par là qu'elle n'avait aucune prétention au titre de matrone, toutes les Romaines ayant des cheveux noirs qui témoignaient pour elles de leur naissance *ingénue*. Cette perruque blonde, faite avec des cheveux ou des crins dorés et teints, semble avoir été la partie essentielle du déguisement complet que la courtisane affectait en se rendant au lupanar; où elle n'entrait même qu'avec un nom de guerre ou d'emprunt. Elle devait, d'ailleurs, sur d'autres points, éviter toute ressemblance avec les femmes honnêtes; ainsi, elle ne pouvait porter la bandelette (*vitta*), large ruban avec lequel les matrones tenaient leurs cheveux retroussés; elle ne pouvait revêtir une stole, longue tunique tombant sur les talons, réservée exclusivement aux matrones: «Ils appelaient *matrones*, dit Festus, celles qui avaient le droit d'avoir des stoles.» Mais les règlements de l'édile relatifs à l'habillement des courtisanes ne concernaient pas celui qu'elles adoptaient pour le service des lupanars. Ainsi, dans la plupart, étaient-elles nues, absolument nues ou couvertes d'un voile de soie transparent, sous lequel on ne perdait aucun secret de leur nudité, mais toujours coiffées de la perruque blonde, ornée d'épingles d'or, ou couronnée de fleurs. Non-seulement elles attendaient nues dans leurs cellules, ou bien se promenant sous le portique (*nudasque meretrices furtim conspatiantes*, dit Pétrone), mais encore, à l'entrée du lupanar, dans la rue, sous le regard des passants: Juvénal, dans sa XIe satire, nous montre un infâme giton sur le seuil de son antre puant (*nudum olido stans fornice*). Souvent, à l'instar des prostituées de Jérusalem et de Babylone, elles se voilaient la face, en laissant le reste du corps sans voile, ou bien elles ne couvraient que leur sein avec une étoffe d'or (*tunc nuda papillis prostitit auratis*, dit Juvénal). Les amateurs (*amatores*) n'avaient donc qu'à choisir d'après leurs goûts. Le lieu n'était, d'ailleurs, que faiblement éclairé par un pot à feu ou par une lampe qui brûlait à la porte, et l'œil le plus perçant ne découvrait dans le rayon lumineux que des formes immobiles et des poses voluptueuses. Dans l'intérieur des cellules, on n'en voyait pas beaucoup davantage, quoique les objets fussent rapprochés de la vue, «et parfois même, la lampe s'éteignant faute d'air ou d'huile, on ne savait pas même, dit un poëte, si l'on avait affaire à Canidie ou à son aïeule.»

Lorsqu'une malheureuse, lorsqu'une pauvre enfant se sacrifiait pour la première fois, c'était fête au lupanar; on appendait à la porte une lanterne qui jetait une lumière inaccoutumée sur les abords de ce mauvais lieu; on entourait de branches de laurier le frontispice de l'horrible sanctuaire: ces lauriers outrageaient la pudeur publique pendant plusieurs jours; et quelquefois, le sacrifice consommé, l'auteur de cette vilaine action, qu'il payait plus cher, sortait du bouge, couronné lui-même de lauriers. Cet impur ennemi de la virginité s'imaginait avoir remporté là une belle victoire, et la faisait célébrer par des joueurs d'instruments qui appartenaient aussi au personnel de la débauche. Un tel usage, toléré par l'édile, était un outrage d'autant plus sanglant pour les mœurs, que les nouveaux mariés conservaient, surtout dans le peuple, une coutume analogue, et ornaient aussi de branches de laurier les portes de leur demeure le lendemain des noces. «*Ornentur*, dit Juvénal, *postes et grandi janua lauro.*» Tertullien dit aussi en parlant de la nouvelle épouse: «Qu'elle ose sortir de cette porte décorée de guirlandes et de lanternes, comme d'un nouveau consistoire des débauches publiques.» On pourrait aussi entendre que l'établissement et l'ouverture d'un nouveau lupanar donnaient lieu à ce déploiement de lauriers et d'illuminations. En lisant Martial, Catulle et Pétrone, on est forcé, avec tristesse, avec horreur, d'avouer que la Prostitution des enfants mâles, dans les lupanars de Rome, était plus fréquente que celle des femmes. Ce fut Domitien qui eut l'honneur de défendre cette exécrable Prostitution, et si la loi qu'il décréta pour l'empêcher ne fut pas rigoureusement observée, on doit croire qu'elle arrêta les progrès effrayants de ces monstruosités. Martial adresse à l'empereur cet éloge, qui nous permet de suppléer au silence des historiens sur la loi domitienne relative aux lupanars: «Le jeune garçon, mutilé autrefois par l'art infâme d'un avide trafiquant d'esclaves, le jeune garçon ne pleure plus la perte de sa virilité, et la mère indigente ne vend plus au riche entremetteur son fils, destiné à la Prostitution. La pudeur qui, avant vous, avait déserté le lit conjugal, a commencé à pénétrer jusque dans les réduits de la débauche.» Ainsi donc, sous Domitien, on ne châtra plus les enfants, que l'on changeait ainsi en femmes pour l'usage de la Prostitution, et Nerva confirma l'édit de son prédécesseur; mais cette castration continua de se faire, hors de l'empire romain, ou du moins hors de Rome, et des marchands d'esclaves y amenaient sans cesse, sur le marché public, de jeunes garçons mutilés de différentes manières, que proscrivait la jurisprudence romaine, tout en autorisant les prêtres de Cybèle à faire des eunuques, et les maîtres, à retrancher, en partie du moins, la virilité de leurs esclaves. On connaissait donc trois espèces d'eunuques, toutes trois utilisées par la débauche: *castrati*, ceux qui n'avaient rien gardé de leur sexe; *spadones*, ceux qui n'en avaient que le signe impuissant; et *thlibiæ*, ceux qui avaient subi, au lieu du tranchant de l'acier, la compression d'une main cruelle.

Nous ne trouvons dans les écrivains latins que trois descriptions de l'intérieur d'un lupanar et de ce qui s'y passait. Une de ces descriptions, la plus célèbre, nous introduit avec Messaline dans le bouge obscène où elle se prostitue aux muletiers de Rome: «Dès qu'elle croyait l'empereur endormi, raconte Juvénal dans son admirable poésie, que la prose est incapable de rendre, l'auguste courtisane, qui osait préférer au lit des Césars le grabat des prostituées, et revêtir la cuculle de nuit destinée à s'y rendre, se levait, accompagnée d'une seule servante. Cachant ses cheveux noirs sous une perruque blonde, elle entre dans un lupanar très-fréquenté, dont elle écarte le rideau rapiécé; elle occupe une cellule qui est la sienne; nue, la gorge couverte d'un voile doré, sous le faux nom de Lysisca inscrit à sa porte, elle étale le ventre qui t'a porté, noble Britannicus! Elle accueille d'un air caressant tous ceux qui entrent et leur demande le salaire; puis, couchée sur le dos, elle soutient les efforts de nombreux assaillants. Enfin, quand le lénon congédie ses filles, elle sort triste, et pourtant elle n'a fermé sa cellule que la dernière; elle brûle encore de désirs qu'elle n'a fait qu'irriter, et, fatiguée d'hommes, mais non pas rassasiée, elle se retire le visage souillé, les yeux éteints, noircie par la fumée de la lampe; elle porte au lit impérial l'odeur du lupanar.» La fière indignation du poëte éclate dans ce tableau et en fait presque disparaître l'obscénité. Après Juvénal, c'est tomber bien bas que de citer un simple commentateur, Symphosianus, qui a écrit sur l'*Histoire d'Apollonius de Tyr* ce roman grec rempli de fables, que toutes les littératures du moyen âge avaient adopté et popularisé: «La jeune fille se prosterne aux pieds du lénon, dit Symphosianus; elle s'écrie: Aie pitié de ma virginité et ne prostitue pas mon corps en me déshonorant par un honteux écriteau! Le lénon appelle le fermier des filles, et lui dit: «Qu'une servante vienne la parer et qu'on mette sur l'écriteau: Celui qui déflorera Tarsia donnera une demi-livre d'argent (environ 150 fr. de notre monnaie); ensuite, elle sera livrée à tout venant, moyennant une pièce d'or (20 fr.)» Ce passage serait encore plus précieux pour l'histoire des mœurs romaines, si l'on était plus sûr du sens exact des mots *mediam libram* et *singulos solidos*, qui établissent, les uns, le prix particulier de la virginité, les autres, le salaire commun de la Prostitution.

Pétrone, dans son *Satyricon*, nous a laissé un morceau trop curieux, trop important, pour que nous ne le citions pas textuellement: c'est la peinture d'un lupanar romain: «Las enfin de courir et baigné de sueur, j'aborde une petite vieille qui vendait de grossiers légumes: «Dites-moi, la mère, dis-je, est-ce que vous ne savez pas où j'habite?» Charmée d'une politesse si naïve: «Pourquoi ne le saurais-je?» reprit-elle. Elle se lève et se met à marcher devant moi. Je pensais que ce fût une devineresse; mais bientôt, quand nous fûmes arrivés dans un lieu très-écarté, cette aimable vieille tira un mauvais rideau: «C'est ici, dit-elle, où vous devez habiter (*hic, inquit, debes habitare*).» Comme j'affirmais ne pas connaître la maison, je vis des gens qui se promenaient entre des mérétrices nues et leurs écriteaux. Je compris tard, et même trop tard, que j'avais été amené dans un lieu de Prostitution. Détestant les piéges de cette maudite vieille, je me couvris la tête avec ma robe, et je me mis à fuir, au milieu du lupanar, jusqu'à l'issue opposée (*ad alteram partem*).» Ce dernier trait du récit sert à prouver qu'un lupanar avait d'ordinaire deux issues: l'une par où l'on entrait, l'autre par où l'on sortait, sans doute sur deux rues différentes, afin de mieux cacher les habitudes de ceux qui s'y rendaient. On peut en conclure qu'il y avait pour un homme estimé une sorte de honte à fréquenter ces lieux-là, malgré la tolérance des mœurs romaines à cet égard. Il est certain, d'ailleurs, d'après diverses autorités qui confirment le témoignage de Pétrone, qu'on n'entrait pas au lupanar et qu'on n'en sortait pas sans avoir la tête couverte ou le visage caché; les uns portaient, à cet effet, un cuculle ou capuchon rabattu sur les yeux; les autres s'enveloppaient la tête avec leur robe ou leur manteau. Sénèque, dans la *Vie heureuse*, parle d'un libertin qui fréquentait les mauvais lieux non pas timidement, non pas en cachette, mais même à visage découvert (*inoperto capite*). Capitolinus, dans l'*Histoire Auguste*, nous montre aussi un empereur débauché, visitant la nuit tavernes et lupanars, la tête couverte d'un cuculle vulgaire (*obtecto capite cucullo vulgari*).

Quant au salaire des lupanars, il ne devait pas être fixe, puisque chaque fille avait un écriteau indiquant son nom et son prix. Le passage de Symphosianus, cité plus haut, a égaré les commentateurs qui ont cherché à évaluer, chacun à sa manière, le tarif que le lénon avait fixé pour la défloration de Tarsia et pour le prix courant de ses faveurs; car les savants ne sont pas d'accord sur la valeur de la livre et du sou dans l'antiquité. Symphosianus ne dit pas, d'ailleurs, s'il s'agissait de la livre d'or ou de la livre d'argent. Dans le premier cas, on a estimé que la demi-livre demandée sur l'écriteau de Tarsia, à titre de vierge, représentait 433 fr. de notre monnaie actuelle; ce ne serait que 37 fr. 64 c., si le lénon voulait parler d'une demi-livre d'argent. Nous avons fait d'autres calculs et nous sommes arrivé à un autre résultat. Selon nous, le prix de la prélibation (*primæ aggressionis pretium*, disent les savants) aurait été de 150 fr.; quant au taux des *stuprations* suivantes, le docte Pierrugues le porte à 11 fr. 42 c. pour le sou d'or, et à 78 c. pour le sou d'argent. Nous avons trouvé, dans nos chiffres, que c'étaient 20 fr. Au reste, ce salaire n'avait rien d'uniforme, et comme il ne fut jamais soumis à aucun contrôle administratif, il variait suivant les mérites et la réputation de la personne que faisait connaître son écriteau nominatif. Cependant, il y a dans Pétrone un détail précis qui nous permet de savoir à quel prix on louait une cellule dans un lupanar: «Tandis que j'errais, dit Ascylte, par toute la ville, sans découvrir en quel endroit j'avais laissé mon gîte, je fus abordé par un citoyen à l'air respectable, qui me promit très-obligeamment de me servir de guide. Entrant donc dans des ruelles tortueuses, il me conduisit en ce mauvais lieu où il me fit ses propositions malhonnêtes en tirant sa bourse. Déjà la dame du lieu avait touché un as pour la cellule (*jam pro cellâ meretrix assem exegerat*).» Si le louage d'une cellule coûtait un as (un peu plus d'un sou), on doit supposer que le reste ne se payait pas fort cher. En effet, quand Messaline demande le salaire (*æra proposcit*), Juvénal nous fait entendre clairement qu'elle se contente de quelque monnaie de cuivre. Nous avons déjà parlé ailleurs des prostituées qui ne se taxaient qu'à deux oboles et à un quadrans, ce qui les avait fait surnommer *quadrantariæ* et *diobolares*. Festus explique ainsi le nom de celles-ci: *Diobolares meretrices dicuntur, quæ duobus obolis ducuntur.* C'était la concurrence qui avait fait tomber si bas le salaire de la Prostitution.

2

Sommaire.—A quelle époque remonte l'établissement de la Prostitution légale à Rome.—De l'inscription des prostituées.—Ce que dit Tacite du motif de cette inscription.—Femmes et filles de sénateurs réclamant la *licencia stupri*.—Avantages que l'état et la société retiraient de l'inscription des courtisanes.—Le taux de chaque prostituée fixé sur les registres de l'édile.—Serment des courtisanes entre les mains de l'édile. —Pourquoi l'inscription matriculaire des *meretrices* se faisait chez l'édile.—De la compétence de l'édile, en matière de Prostitution.— Police de la rue.—Les Prostitutions vagabondes.—Julie, fille d'Auguste. —Police de l'édile dans les maisons publiques.—Les édiles plébéiens et les grands édiles patriciens.—Ce qui arriva à un édile qui voulut forcer la porte de la maison de la *meretrix* Mamilia.—Des divers endroits où se pratiquait la Prostitution frauduleuse.—Les bains publics.—La femme du consul, aux bains de Teanum.—Luxe et corruption des bains de Rome.—Mélange des sexes dans les bains publics.—Le bain de Scipion. —Les *balneatores* et les *aliptes*.—Les débauchés de la cour de Domitien, aux bains publics.—Bains gratuits pour le bas peuple.—Bains de l'aristocratie et des gens riches.—Tolérance de la Prostitution des bains.— Les serviteurs et servantes des bains.—Les *fellatrices* et les *fellatores*.—Le fellateur Blattara et la fellatrice Thaïs.—Zoïle.—La pantomime des *Attélanes*.—Les cabarets.—Infamie attachée à leur fréquentation.—Description d'une *popina* romaine.—Le *stabulum*.—Les *cauponæ* et les *diversoria*. —Visites domiciliaires nocturnes de l'édile.—Les caves des boulangeries.—Police édilitaire pour les lupanars.—Contraventions, amendes et peines afflictives.—A quoi s'exposait Messaline, en exerçant le *meretricium* dans un lupanar.—De l'installation d'une femme dans un mauvais lieu.—Les délégués de l'édile.—Heures d'ouverture et de fermeture des lupanars et autres mauvais lieux publics.—Les *meretrices* au Cirque.—La Prostitution des théâtres.—Les crieurs du théâtre.—La Prostitution errante.—Les murs extérieurs des maisons et des monuments, mis, par l'édilité, sous la protection d'Esculape pour les préserver des souillures des passants.—Impudicité publique des prostituées des carrefours et ruelles de Rome.—Catulle retrouve sa Lesbia parmi ces femmes.—Le tribunal de l'édile.—Distinction établie par Ulpien, entre *appeler* et *poursuivre*.—Pouvoirs donnés par la loi aux pères et aux tuteurs sur leurs fils et pupilles qui se livraient à la débauche.—Les *adventores*.—Les *venatores*.—La jeunesse d'Alcinoüs.— Les *salaputii*.—Le poëte Horace *putissimum penem*.—Les *semitarii*. —*Adulter, scortator* et *mœchus*.—*Mœchocinædus* et *mœchisso*.—Héliogabale aux lupanars.—Ordonnances somptuaires relatives aux mérétrices. —Costume des courtisanes.—Leur chaussure.—Leur coiffure.— Défense faite aux prostituées de mettre de la poudre d'or dans leurs cheveux.—Les cheveux bleus et les cheveux jaunes.—Costume national des prostituées de Tyr et de Babylone.—L'*amiculum* ou petit ami. —*Galbanati, galbani* et *galbana*.—La mitre, la tiare et le nimbe.—Origine de ces trois coiffures.—Défense faite aux mérétrices d'avoir des litières et des voitures.—Carmenta, inventrice des voitures romaines.—La basterne et la litière.—La *cella* et l'octophore.—Les lupanars ambulants. —La loi Oppia.

On ne saurait dire à quelle époque s'établit régulièrement à Rome la Prostitution légale, ni quand elle fut soumise à des lois de police, sous la juridiction spéciale des édiles. Mais il est probable que ces magistrats, dès le commencement de l'édilité, qui remontait à l'an de Rome 260, s'occupèrent d'imposer certaines limites à la Prostitution des rues, et de lui tracer une sorte de jurisprudence dans l'intérêt du peuple. Malheureusement, il n'est resté de cette jurisprudence que des traits épars, douteux ou presque effacés, qui permettent toutefois d'en apprécier la sagesse et l'équité. On pourrait presque assurer qu'aucune des dispositions prévoyantes de la police moderne à l'égard des femmes de mauvaise vie n'avait été négligée par l'édilité romaine. Cette magistrature populaire avait reconnu qu'elle devait, en laissant à ces femmes dégradées la plus grande liberté possible, les empêcher d'exercer une sorte d'usurpation effrontée sur les femmes de bien; voilà pourquoi elle s'était attachée surtout à donner en quelque sorte à la Prostitution un caractère public, à lui infliger des marques distinctives, à la noter d'infamie aux yeux de tous, afin de lui ôter l'envie et les moyens de s'approprier indûment les priviléges de la vertu et de la pudeur. En ne tolérant pas qu'une courtisane pût être prise pour une matrone, on épargnait à la matrone l'injure de pouvoir être prise pour une courtisane. Le premier soin des édiles fut donc de forcer la courtisane à venir elle-même devant eux avouer sa profession infâme, en leur demandant le droit de s'y livrer ouvertement avec cette autorisation légale qu'on appelait *licentia stupri*. Telle est l'origine de l'inscription des filles publiques sur les registres de l'édile.

On ne possède, du reste, aucun renseignement sur le mode de cette inscription: il paraît que toute femme qui voulait faire métier de son corps (*sui quæstum facere*), était tenue de se présenter devant l'édile et de lui déclarer ce honteux dessein, que l'édile essayait parfois de combattre par quelques bons conseils. Si cette femme persistait, elle se faisait enregistrer comme vouée désormais à la Prostitution; elle indiquait son nom, son âge, le lieu de sa naissance, le nom d'emprunt qu'elle choisissait dans son nouvel état, et même, s'il faut en croire un commentateur, le prix qu'elle adoptait une fois pour toutes comme tarif de son odieux commerce. Tacite dit, au livre II de ses *Annales*, que cette inscription chez l'édile était fort anciennement exigée des femmes qui voulaient se prostituer, et que le législateur avait pensé ne pouvoir mieux punir ces impudiques, que de les contraindre ainsi à prendre acte de leur déshonneur (*more inter veteres recepto, qui satis pœnarum adversus impudicas in ipsâ professione flagitii credebant*). Mais ce qui fut un frein dans les temps austères de la république, devint sous les empereurs un jeu et une dérision, puisqu'on vit alors des filles et des femmes de sénateurs réclamer de l'édile la *licentia stupri*. On comprend, d'ailleurs, quelle était l'utilité judiciaire de l'inscription.

D'une part, on avait obtenu de la sorte une liste authentique de toutes les femmes qui devaient payer à l'État l'impôt de la Prostitution, le vectigal attaché comme une servitude à ce honteux trafic; d'une autre part, dans tous les cas où une courtisane manquait au devoir de sa profession, dans les rixes, les querelles, les différends, les scandales, les contraventions, les délits de toute nature, auxquels cette honteuse profession donnait souvent lieu, on n'avait qu'à consulter les registres de l'édile, pour trouver l'état civil de la personne mise en cause. On savait de la sorte, non-seulement le véritable nom de la coupable ou de la victime, mais encore son nom de guerre, *luparium nomen*, sous lequel on la connaissait dans le monde de la débauche. Plaute, dans son *Pœnulus*, parle de ces créatures aviliés qui changeaient de nom pour faire un indigne commerce de leur corps (*namque hodie earum mutarentur nomina, facerentque indignum genere quæstum corpore*). Il n'était pas moins nécessaire de consigner sur les registres le taux que chacune fixait pour sa marchandise, car le savant Pierrugues a recueilli ce fait, si étrange qu'il soit, dans son *Glossarium eroticum*: qu'on allait devant l'édile débattre la valeur et le payement d'une Prostitution, comme s'il se fût agi d'un pain ou d'un fromage (*tanquam mercedis annonariæ, de pretio concubitûs jus dicebat ædilis*). La tâche de l'édile était donc multiple et souvent bien délicate, mais l'édile suffisait à tout.

L'inscription d'une courtisane sur les registres de la *licentia stupri* était indélébile, et jamais une femme qui avait reçu cette tache ne pouvait s'en laver ni la faire disparaître. Elle avait beau renoncer à sa scandaleuse profession et se faire à elle-même une espèce d'amende honorable, en vivant chastement, en se mariant, en mettant au jour des enfants semi-légitimes, il n'y avait pas de pouvoir social ou religieux qui eût le droit de la réhabiliter entièrement et de rayer son nom dans les archives de la Prostitution légale. Elle restait, d'ailleurs, comme nous l'avons déjà dit, stigmatisée par la note d'infamie, qu'elle avait méritée à une époque quelconque de sa vie, sous l'empire de la nécessité, de la misère ou même de l'ignorance. Et pourtant, suivant l'observation du savant Douza, aussitôt que les *meretrices* quittaient le métier, elles s'empressaient de reprendre leur vrai nom et de laisser dans le lupanar le faux nom qu'elles avaient affiché sur leur écriteau. Un jurisconsulte, qui ne cite pas ses autorités, a prétendu que toute courtisane, au moment de son inscription, prêtait serment dans les mains de l'édile et jurait de n'abandonner jamais l'ignoble profession qu'elle acceptait librement, sans contrainte et sans répugnance; mais les malheureuses, liées par ce serment monstrueux, en auraient été relevées, lorsqu'une loi de Justinien (*Novella LI*) eut déclaré qu'un pareil serment contre les bonnes mœurs n'engageait pas l'imprudente qui l'aurait prêté. Ce vœu de Prostitution, que l'histoire offre plus d'une fois au point de vue religieux, entre autres chez les Locriens, dont les filles jurèrent de se prostituer à la prochaine fête de Vénus, si leurs pères remportaient la victoire sur l'ennemi, ce vœu de Prostitution légale n'a rien d'invraisemblable et correspond même avec la note d'infamie qui en était la conséquence immédiate.

On s'est demandé pourquoi l'inscription matriculaire des *meretrices* se faisait chez l'édile plutôt que chez le censeur, qui avait dans ses attributions la surveillance des mœurs. Juste-Lipse, dans ses Commentaires sur Tacite, répond à cette question purement spéculative, en faisant remarquer que l'édile était chargé de la police intérieure des lupanars, des cabarets et de tous les lieux suspects qui servaient d'asile à la Prostitution. C'est au sujet de la juridiction édilitaire sur ces lieux-là, que Sénèque a pu dire: «Tu trouveras la vertu dans le temple, au forum, dans la curie, sur les murailles de la ville; la volupté, tu la trouveras, se cachant le plus souvent et cherchant les ténèbres, à l'entour des bains et des étuves, dans des endroits où l'on redoute l'édile (*ad loca ædilem metuentia*).» Juste-Lipse aurait dû ajouter, pour mieux expliquer la compétence de l'édile en matière de Prostitution, que l'édile devait surtout comprendre, dans les attributions de sa charge, la voie publique, *via publica*, qui appartenait essentiellement à la Prostitution et qui en était presque synonyme. «Personne ne défend d'aller et de venir sur la voie publique,» dit Plaute, faisant allusion à l'usage que chacun peut faire d'une femme publique, en la payant bien entendu. (*Quin quod, palam est venale, si argentum est, emas. Nemo ire quemquam publicâ prohibet viâ*). L'édile avait donc la police de la rue et de tout ce qui pouvait être considéré comme étant de ses dépendances: ainsi, les lieux publics tombaient naturellement sous la juridiction absolue de l'édile.

D'abord, et Justin le dit expressément, les femmes qui s'adonnaient à la Prostitution sans s'être fait inscrire chez l'édile et sans avoir acheté ainsi le libre exercice de la profession impudique, étaient exposées à payer une amende et même à être chassées de la ville, quand on les avait surprises en flagrant délit; mais ordinairement, celles qui se trouvaient en faute, pourvu qu'elles fussent encore jeunes et capables de gagner quelque chose, attiraient à elles une âme charitable de lénon, qui se chargeait des frais de leur amende et de leur inscription, et qui, pour se rembourser de ses avances, les faisait travailler à son profit, en les enfermant dans un mauvais lieu. Les Prostitutions vagabondes, *erratica scorta*, n'étaient donc pas permises à Rome, mais il fallait bien fermer les yeux sur leur nombre et sur leurs habitudes variées, qui auraient exigé une armée de custodes pour garder les rues et les édifices, un sénat d'édiles pour juger les délits, et une foule de licteurs pour battre de verges les coupables et pour faire exécuter les condamnations. La ville de Rome offrait une multitude de temples, de colonnes, de statues, de monuments publics, tels que des aqueducs, des thermes, des tombeaux, des marchés, etc., dont la disposition architecturale n'était que trop favorable aux actes de la Prostitution; il y avait, à chaque pas, une voûte sombre, sous laquelle se tapissait la nuit une prostituée ou un mendiant; tout endroit voûté (*arcuarius* ou *arquatus*) servait d'asile à la débauche errante, que personne n'avait droit de venir troubler, parce que tout le monde avait le droit de dormir en plein air, *sub dio*. On pourrait même inférer de plusieurs faits consignés dans l'histoire, que certains lieux écartés, dans le voisinage de certaines chapelles et de certaines statues, étaient le théâtre ordinaire de la Prostitution nocturne. C'est ainsi que Julie, fille d'Auguste, allait se prostituer dans un carrefour, devant une statue du satyre Marsyas, et la place où s'accomplissait cette espèce de sacrifice obscène était toujours occupée, dès que la nuit couvrait d'un dais étoilé la couche de pierre qui servait d'autel au hideux sacrifice. Il suffisait d'une statue de Priape ou de quelque dieu gardien, armé du fouet, du bâton ou de la massue, pour protéger toutes les turpitudes nocturnes qui venaient se réfugier sous ses auspices et s'abriter sous son ombre.

Ce n'était donc que rarement que l'édile usait de rigueur à l'égard des contraventions de cette nature; mais, en revanche, il exerçait quelquefois une police assez tracassière sur les maisons publiques qui dépendaient de sa juridiction. Non-seulement il faisait des enquêtes continuelles pour rechercher les crimes qui pouvaient se commettre dans ces maisons soumises particulièrement à sa surveillance, mais il s'assurait souvent par lui-même que tout s'y passait d'une manière conforme aux règlements de l'édilité. Nous avons cité plus d'une fois les lieux suspects ou infâmes qui ressortissaient à la juridiction édilitaire: c'était dans ces lieux-là, que la Prostitution se cachait pour échapper à l'impôt, et que le lenocinium se livrait à ses plus basses négociations. L'édile, précédé de ses licteurs, parcourait les rues, à toute heure de jour et de nuit, pénétrait partout où sa présence pouvait être utile, et se rendait compte, par ses propres yeux, du régime intérieur de ces officines de débauche. Aussi, quand on annonçait de loin l'approche d'un édile, les femmes de mauvaise vie, les vagabondes, les joueurs, les esclaves en rupture de ban, les malfaiteurs de tout genre s'empressaient de lever le pied, et aussitôt les cabarets, les hôtelleries, les boutiques mal famées étaient vides. Cette police urbaine appartenait aux édiles plébéiens, sur qui reposait tout le poids de l'édilité active; les grands édiles patriciens, assis sur leur chaise curule, ne faisaient pas autre chose que de juger les causes qui leur étaient renvoyées par les tribuns, et qui rentraient dans leurs attributions purement administratives. Cette division de pouvoirs et de rôles s'établit naturellement vers l'an de Rome 388, quand aux deux édiles plébéiens, le sénat ajouta deux édiles *curules* ou patriciens. Ceux-ci portaient seuls un habit distinctif, la robe *prétexte*, en laine blanche, bordée de pourpre, tandis que les autres n'étaient reconnaissables qu'à leurs licteurs ou plutôt à leurs appariteurs, sorte d'huissiers qui marchaient devant eux et qui leur faisaient ouvrir les portes, en énonçant les noms et qualités de l'édile; car un édile ne pouvait pénétrer dans une maison particulière, qu'en vertu de sa charge et pour en accomplir les devoirs. On parla beaucoup à Rome de la déconvenue d'un édile curule, à qui une courtisane eut l'audace de tenir tête, et qui n'eut pas l'avantage devant les tribuns du peuple. Aulu-Gelle rapporte cet arrêt mémorable tel qu'il l'avait trouvé dans un livre d'Atteius Capito, intitulé *Conjectures*. A. Hostilius Mancinus, édile curule, voulut s'introduire, pendant la nuit, chez une *meretrix*, nommée Mamilia; celle-ci refusa de le recevoir, quoiqu'il déclinât son nom et fît valoir ses prérogatives; mais il était seul, sans licteurs; il ne portait pas la robe prétexte, et, de plus, il n'avait rien à faire comme édile dans cette maison. Il s'irrita de rencontrer tant d'obstacles de la part d'une fille publique; il menaça de briser les portes et il essaya de le faire. Alors

Mamilia, que ces violences ne déconcertaient pas, fit semblant de ne pas reconnaître l'édile, et lui jeta des pierres du haut d'un balcon (*de tabulato*). L'édile fut blessé à la tête. Le lendemain, il cita devant le peuple l'insolente Mamilia, et l'accusa d'avoir attenté à sa personne. Mamilia raconta comment les choses s'étaient passées; comment l'édile, en effet, avait essayé d'enfoncer la porte, et comment elle l'en avait empêché à coups de pierres. Elle ajouta que Mancinus, sortant d'un souper, s'était offert à elle, pris de vin et une couronne de fleurs au front. Les tribuns approuvèrent la conduite de Mamilia, en déclarant que Mancinus, en se présentant, la nuit, à moitié ivre et couronné de fleurs, à la porte d'une courtisane, avait mérité d'être chassé honteusement. Ils lui défendirent donc de porter plainte devant le peuple, et la courtisane eut ainsi raison de l'édile.

Ce fait curieux prouverait que Mamilia demeurait dans une maison particulière qui échappait à la police des édiles; car, dans les lieux de libre pratique dépendant de leur autorité immédiate, on n'eût pas osé résister à ce point. Ainsi, ces magistrats renouvelaient-ils sans cesse leurs visites dans les bains et les étuves, dans les cabarets et les hôtelleries, dans les boutiques de boulanger, de boucher (*lanii*), de rôtisseur (*macellarii*), de barbier et de parfumeur. Ils auraient été certainement embarrassés de constater, de poursuivre et de punir tous les cas de Prostitution frauduleuse et prohibée, qu'ils rencontraient sur leur passage. C'était surtout dans les bains publics, que se cachaient les débauches les plus monstrueuses; et l'on peut dire que la Prostitution s'augmenta toujours à Rome, en proportion des bains qu'on y créait. Publius Victor compte huit cents bains, tant grands que petits, dans l'enceinte de la ville. Et, comme on sait que les citoyens riches se faisaient un point d'honneur de fonder par testament une piscine ou une étuve destinée à l'usage du peuple, on n'est pas étonné de cette multitude de bains, parmi lesquels les plus considérables ne contenaient pas moins de mille personnes à la fois. Dans les temps austères de la République, le bain était entouré de toutes les précautions de pudeur et de mystère; non-seulement les sexes, mais encore les âges étaient séparés; un père ne se baignait pas avec son fils pubère, un gendre avec son beau-père; le service était fait par des hommes ou par des femmes, selon que le bain recevait exclusivement des femmes ou des hommes. Ces établissements n'étaient pas encore très-nombreux, et il y avait des heures réservées pour les hommes et pour les femmes, qui se succédaient dans les mêmes bassins, sans pouvoir jamais s'y rencontrer. Cicéron raconte que le consul étant allé à Teanum en Campanie, sa femme dit qu'elle voulait se baigner dans les bains destinés aux hommes. En effet, le questeur fit sortir des bains tous ceux qui s'y trouvaient, et, après quelques moments d'attente, la femme du consul put se baigner; mais elle se plaignit à son mari des retards qu'elle avait éprouvés, et aussi de la malpropreté de ces bains. Là-dessus, le consul ordonna de saisir M. Marius, l'homme le plus distingué de la ville, et de le battre de verges sur la place publique, comme s'il fût responsable de la malpropreté des bains. Il est probable que la femme du consul avait signalé à son mari quelque fait plus grave, et ce qui le donne à penser, c'est que le même consul, passant à Ferentinum, s'informa aussi de la situation des bains publics, et en fut si mécontent, qu'il fit fouetter les questeurs de cette petite ville, où les hommes se déshonoraient, sous prétexte de se baigner.

Les bains de Rome ne tardèrent pas à ressembler à ceux que les Romains avaient trouvés en Asie: on y admit tous les genres de luxe et de corruption, presque sous les yeux de l'édile, qui était chargé d'y faire respecter les mœurs, et qui ne s'occupait que d'améliorations matérielles, imaginées pour les amollir et les corrompre davantage. D'abord, le bain devint commun pour les deux sexes, et quoiqu'ils eussent chacun leur bassin ou leur étuve à part, ils pouvaient se voir, se rencontrer, se parler, lier des intrigues, arranger des rendez-vous et multiplier les adultères. Chacun menait là ses esclaves, mâles ou femelles, eunuques ou spadones, pour garder les vêtements et pour se faire épiler, racler, parfumer, frotter, raser et coiffer. Ce mélange des sexes eut d'inévitables conséquences de Prostitution et de débauche. Les maîtres des bains avaient aussi des esclaves dressés à toute sorte de services, misérables agents d'impudicité, qui se louaient au public pour différents usages. Dans l'origine, les bains étaient si sombres, que les hommes et les femmes pouvaient se laver côte à côte sans se reconnaître autrement que par la voix; mais bientôt on laissa la lumière du jour y pénétrer de toutes parts et se jouer sur les colonnes de marbre et les parois de stuc. «Dans ce bain de Scipion, dit Sénèque, il y avait d'étroits soupiraux plutôt que des fenêtres, qui souffraient à peine assez de clarté pour ne point outrager la pudeur; mais maintenant on dit que les bains sont des caves, s'ils ne sont pas ouverts de manière à recevoir par de grandes fenêtres les rayons du soleil.» Cette indécente clarté livrait la nudité aux yeux de tous, et faisait resplendir les mille faces de la beauté corporelle. Outre la grande étuve (*sudatorium*), outre les grandes piscines d'eau froide, d'eau tiède et d'eau chaude dans lesquelles on prenait le bain pêle-mêle, et autour desquelles on se mettait entre les mains des esclaves, *balneatores* et *aliptes*, l'établissement renfermait un grand nombre de salles où l'on se faisait servir à boire et à manger, un grand nombre de cellules où l'on trouvait des lits de repos, des filles et des garçons. Ammien Marcellin nous montre, dans un énergique tableau, les débauchés de la cour de Domitien, envahissant les bains publics et criant d'une voix terrible: «Où sont-ils? où sont-ils?» Puis, s'ils apercevaient quelque *meretrix* inconnue, quelque vieille prostituée, rebut de la plèbe des faubourgs, quelque ancienne louve au corps usé par la fornication, ils se jetaient dessus tous ensemble, et ils la traitaient, cette malheureuse, comme une Sémiramis: *Si apparuisse subito compererint meretricem, aut oppidanæ quondam prostibulum plebis, vel meritorii corporis veterem lupam, certatim concurrunt*, etc. Les édiles veillaient à ce que ces scandales n'eussent pas lieu dans les bains qui avaient un poste de soldats au dehors, et qui permettaient à tous les désordres de s'y produire sans bruit, sans éclat, sans trouble. La Prostitution y avait donc un air décent et mystérieux.

Il en était des bains publics comme des lupanars: leur organisation intérieure variait suivant l'espèce de public qui les fréquentait. Ici, c'étaient des bains gratuits pour le bas peuple; là, c'étaient des bains à bon marché, puisque l'entrée ne coûtait qu'un quadrans, deux liards de notre monnaie; ailleurs, c'étaient des bains magnifiques, où l'aristocratie et les gens riches, fût-ce des affranchis, se rencontraient sur un pied d'égalité. Tous ces bains s'ouvraient à la même heure, à la neuvième, c'est-à-dire vers trois heures après midi; à cette heure-là, s'ouvraient aussi les lieux publics, les cabarets, les auberges, les lupanars. Tous ces bains se fermaient à la même heure aussi, au coucher du soleil: *tempus lavandi*, lit-on dans Vitruve, *a meridiano ad vesperam est constitutum*. Mais les lupanars seuls restaient ouverts toute la nuit. Le règne de la Prostitution légale, commencé en plein soleil, se prolongeait jusqu'au lendemain matin. Quant à la Prostitution des bains, elle n'était que tolérée, et l'édile faisait semblant, autant que possible, de l'ignorer, pourvu qu'elle n'affectât point un caractère public. Les empereurs vinrent en aide à l'édilité, pour obvier aux horribles excès qui se commettaient dans tous les bains de Rome, où les deux sexes étaient admis. Adrien défendit rigoureusement ce honteux mélange d'hommes et de femmes; il ordonna que leurs bains fussent tout à fait séparés: *Lavacra pro sexibus separavit,* dit Spartien. Marc-Aurèle et Alexandre-Sévère renouvelèrent ces édits en faveur de la morale publique; mais, dans l'intervalle de ces deux règnes, l'exécrable Héliogabale avait autorisé les deux sexes à se réunir aux bains. Les serviteurs et les servantes de bains étaient, au besoin, les lâches instruments des récréations que les deux sexes y venaient chercher. Les matrones ne rougissaient pas de se faire masser, oindre et frotter, par ces baigneurs impudiques. Juvénal, dans sa fameuse satire des Femmes, nous représente une mère de famille qui attend la nuit pour se rendre aux bains, avec son attirail de pommades et de parfums: «Elle met sa jouissance à suer avec de grandes émotions, quand ses bras retombent lassés sous la main vigoureuse qui les masse, quand le baigneur, animé par cet exercice, fait tressaillir sous ses doigts l'organe du plaisir (*callidus et cristæ digitos impressit aliptes*) et craquer les reins de la matrone.» Un des commentateurs de Juvénal, Rigatius, nous explique les procédés malhonnêtes de ces *aliptes,* avec une intelligence de la chose, qui se sert heureusement du latin: *Unctor sciebat dominam suam hujusmodi titillatione et contrectatione gaudere.* Il se demande ensuite à lui-même, le plus candidement du monde, si ce baigneur-là n'était pas un infâme sournois.

L'édile n'avait rien à voir là-dedans, si personne ne se plaignait. Les bains étaient des lieux d'asile pour les amours, comme pour les plus sales voluptés: «Tandis qu'au dehors, dit l'*Art d'aimer* d'Ovide, le gardien de la jeune fille veille sur ses habits, les bains cachent sûrement ses amours furtifs (*celent furtivos balnea tuta jocos*).» Les femmes devaient être plus intéressées que les hommes à conserver ces priviléges attachés aux bains publics: pour les unes, c'était un terrain neutre, un centre, un abri tutélaire, où elles pouvaient sans danger satisfaire leurs sens; pour les autres, c'était un marché perpétuel où la Prostitution trouvait toujours à vendre ou à acheter. Quoique les bains dussent être fermés la nuit, ils restaient ouverts en cachette pour les privilégiés de la débauche; tout était sombre au dehors, tout éclairé à l'intérieur, et les bains, les soupers, les orgies duraient toujours, presque sans interruption. Le lenocinium se pratiquait sur une vaste échelle dans ces endroits-là, et beaucoup venaient, sous prétexte de se baigner, spéculer sur la virginité d'une jeune fille ou d'un enfant, sinon chercher pour eux-mêmes le bénéfice de quelque atroce Prostitution. L'habitude des bains développait chez les personnes des deux sexes, qui l'avaient prise avec une sorte de passion, les instincts et les goûts les plus avilissants; en se voyant nus, en voyant toutes ces nudités qui s'étalaient dans les postures les plus obscènes, en se sentant pressés et touchés par les mains frémissantes des baigneurs, ils contractaient insensiblement une rage de plaisirs nouveaux et inconnus, à la poursuite desquels ils consacraient leur vie entière; ils s'usaient et se consumaient lentement au milieu de cette impure Capoue des bains publics. C'était là que l'amour lesbien avait établi son sanctuaire, et la sensualité romaine renchérissait encore sur le libertinage des élèves de Sapho. Celles-ci se nommaient toujours Lesbiennes, quand elles n'ajoutaient rien aux préceptes de la philosophie féminine de Lesbos; mais elles prenaient le nom de *fellatrices*, quand elles réservaient à des hommes ces ignobles caresses dont leur bouche ne craignait pas de se souiller. Ce n'est pas tout: ces misérables femmes apprenaient leur art exécrable à des enfants, à des esclaves, qu'on appelait *fellatores*. Cette impureté se répandit tellement à Rome, qu'un satirique s'écriait avec horreur: «O nobles descendants de la déesse Vénus, vous ne trouverez bientôt plus de lèvres assez chastes pour lui adresser vos prières!» Martial, dans ses épigrammes, revient sans cesse sur cette abomination, qui faisait vivre une foule d'infâmes et qui n'empêchait pas l'édile de dormir: nous n'oserions traduire l'épigramme flétrissante qu'il adresse à un de ces êtres vils, nommé Blattara; mais il nous est plus aisé de donner un à peu près honnête de celle qui regarde Thaïs, fellatrice à la mode en ce temps-là: «Il n'est personne dans le peuple, ni dans toute la ville, qui se puisse vanter d'avoir eu les faveurs de Thaïs, quoique beaucoup la désirent, quoique beaucoup la pourchassent. Pourquoi donc Thaïs est-elle si chaste? C'est que sa bouche ne l'est pas.» (*Tam casta est, rogo, Thaïs? immò fellat.*) Martial ne pardonne pas aux exécrables fellateurs qu'il trouve sur son chemin; il les déteste et les maudit tous dans la personne de Zoïle: «Tu dis que les poëtes et les avocats sentent mauvais de la bouche; mais le fellateur, Zoïle, pue bien davantage!»

Cette infâme imagination de luxure s'était, sous les empereurs, tellement répandue à Rome, que Plaute et Térence, qui avaient fait pourtant allusion au vice des fellateurs, semblaient n'en avoir rien dit, et que dans les *Attélanes*, où la pantomime surpassa les plus grandes témérités du dialogue, les auteurs exprimaient sans cesse par un jeu muet les honteux mystères de l'art fellatoire.

Et cependant les édiles devaient rester aveugles en face de ces horribles débauches qui se produisaient presque sous leurs yeux! Ce n'était pas même la Prostitution proprement dite; ce n'en étaient que les préludes ou les accessoires; c'était surtout l'acte le plus caractéristique de l'esclavage, que de *præbere os*, suivant l'expression usuelle qui se rencontre jusque dans les *Adelphes* de Térence; les édiles n'avaient donc pas à se mêler de la conduite individuelle des esclaves, excepté en ce qui concernait les *meretrices*. Il est remarquable que les ignobles artisans de ces débauches ne faisaient presque jamais partie du *collége* des courtisanes enregistrées. On ne les rencontrait donc pas dans les lupanars, mais dans les cabarets et dans tous les lieux suspects où l'on allait boire, manger, jouer ou dormir. Quiconque entrait en ces lieux-là, fréquentés par des gens perdus d'honneur, se voyait confondu avec eux ou dégradé à leur niveau, lors même qu'il ne se fût point abandonné à leurs vices ordinaires. Il suffisait de la présence d'un homme ou d'une femme dans une taverne (*popina*), pour que cette femme ou cet homme se soumît par là, en quelque sorte, à toute espèce d'outrages. Ainsi, le jurisconsulte Julius Paulus dit en propres termes dans le Digeste: «Quiconque se sera fait un jouet de mon esclave ou de mon fils, même du consentement de celui-ci, je serai censé avoir reçu une injure personnelle, comme si mon fils ou mon esclave eût été conduit dans un cabaret, comme si on l'eût fait jouer à un jeu de hasard.» L'injure et le dommage existaient, du moment où le jeune homme avait mis le pied dans le cabaret, car il n'était jamais sûr d'en sortir aussi pur, aussi chaste, qu'il y était entré. La police éditaire surveillait soigneusement les cabarets, qui devaient être fermés pendant la nuit et ne s'ouvrir qu'au point du jour: ils pouvaient recevoir toute sorte de gens, sans s'inquiéter de leurs hôtes, mais ils n'étaient point autorisés à leur donner un gîte, et ils renvoyaient leur monde, quand la cloche avait sonné dans les rues pour la fermeture des bains et de tous les lieux publics. Ce seul fait indique la disposition intérieure d'une *popina* romaine, qui se composait, en général, d'une petite salle basse au rez-de-chaussée, toute garnie d'amphores et de grandes jarres pleines de vin, sur le ventre desquelles on lisait l'année de la récolte et le nom du cru: au fond de cette salle, humide et obscure, qui ne recevait de jour que par la porte surmontée d'une couronne de laurier, une ou deux chambres très-resserrées servaient à la réception des hôtes qui s'y attablaient pour jouer et pour faire la débauche. Aucune apparence de lit, d'ailleurs, dans ces bouges infectés de l'odeur du vin et de celle des lampes: «Les auberges, dit Cicéron dans un passage qui établit clairement la différence de la *popina* et du *stabulum*, les auberges sont ses chambres à coucher; les tavernes, ses salles à manger.» On ne trouvait dans ces endroits-là, que des bancs, des escabeaux et des tables, qui favorisaient peu la Prostitution ordinaire.

Il fallait aller dans les *cauponæ* et les *diversoria*, pour y louer une chambre et un lit. Le *diversorium* n'était destiné qu'à recevoir des voyageurs, des étrangers, qui y passaient la nuit, sans y souper; la *caupona* tenait, au contraire, de l'auberge et du cabaret: on y logeait et l'on y soupait. On ne manquait pas de compagnes et de compagnons, que le maître du lieu avait toujours en réserve pour l'usage de ses locataires. La Prostitution, dans ces maisons de passage, avait des allures plus décentes, des habitudes moins excentriques, et pourtant l'édile y venait souvent faire des visites nocturnes, pour rechercher les femmes de mauvaise vie qui auraient pu se soustraire à l'inscription sur les registres et celles qui se livraient hors des lupanars à l'exercice de leur métier. Elles s'enfuyaient à moitié nues; elles se cachaient dans le cellier derrière les amphores d'huile et de vin; elles se blottissaient sous les lits, lorsque l'appariteur de l'édile frappait à la porte de la rue, lorsque les licteurs déposaient leurs faisceaux devant la maison. L'objet de ces visites domiciliaires était surtout de punir les contraventions aux règlements, par de fortes amendes; aussi, comme le dit Sénèque, tous les lieux suspects craignaient-ils la justice de l'édile, et tous ces lieux-là étaient plus ou moins consacrés à la Prostitution. Sénèque, dans sa *Vie heureuse*, parle, avec dégoût, de ce plaisir honteux, bas, trivial, misérable, qui a pour siége et pour asile les voûtes sombres et les cabarets (*cui statio ac domicilium fornices et popinæ sunt*). L'édile visitait aussi les boulangeries et les caves qui en dépendaient. Dans ces caves, quelquefois profondes et séparées de la voie publique, on ne se bornait pas à mettre des provisions de blé dans d'énormes vases de terre cuite, on ne se bornait pas à y faire tourner la meule par des esclaves: il y avait souvent des cellules souterraines où se réfugiait la Prostitution pendant le jour, aux heures où les lupanars étaient fermés et inactifs. Les *meretrices*, dit Paul Diacre, demeuraient d'ordinaire dans les moulins (*in molis meretrices versabantur*). Pitiscus, qui cite ce passage, ajoute que les meules et les filles se trouvaient dans des caves communiquant avec la boulangerie, de telle sorte que tous ceux qui entraient là n'y venaient pas pour acheter du pain; la plupart ne s'y rendaient que dans un but de débauche (*alios qui pro pane veniebant, alios qui pro luxuriæ turpitudine ibi festinabant*). C'était une Prostitution déréglée, que l'édile ne se lassait pas de poursuivre: il descendait souvent dans les souterrains où l'on écrasait le blé en le pilant ou en le moulant, et il y découvrait toujours une foule de femmes, non inscrites, les unes attachées au service des meules, les autres simples locataires de ces bouges ténébreux, au fond desquels la débauche semblait se dérober dans l'ombre à sa propre ignominie.

Les lupanars étaient également sous la surveillance immédiate des édiles; mais ceux-ci n'avaient point à s'occuper de ce qui s'y passait, pourvu qu'il n'y eût ni tumulte, ni rixe, ni scandale au dedans comme au dehors, pourvu que les portes en fussent ouvertes à la neuvième heure, c'est-à-dire à trois heures après midi, et fermées le lendemain matin à la première heure. Le lénon ou la léna avait, pour ainsi dire, la délégation d'une partie des devoirs de l'édile, dans le régime de l'établissement. Comme ce lupanaire de l'un ou de l'autre sexe se chargeait de faire l'écriteau de chacune de ses femmes, c'était à lui que revenait naturellement le soin de vérifier l'inscription régulière de chacune sur les registres de l'édilité; il devait être responsable du délit, quand une *ingénue* ou citoyenne libre, quand une femme mariée et adultère, quand une fille au pouvoir de père ou de tuteur, quand une malheureuse enfant se prostituait de gré ou de force; car la loi Julia enveloppait dans la pénalité de l'adultère tous les complices qui l'auraient favorisé, même indirectement. Les maîtres et entrepreneurs de mauvais lieux avaient donc souvent à compter avec l'édile, d'autant plus que le lénocinium ne respectait rien, ni naissance, ni rang, ni âge, ni vertu. Toute infraction aux règlements donnait lieu à une amende, et les amendes de cette nature, que l'édile appliquait à sa volonté, étaient exigibles à l'instant même. Un retard de payement amenait sur les épaules du condamné une libérale provision de coups de verges. Cette fustigation s'exécutait en pleine rue, devant le lupanar, et ensuite le patient, après avoir payé l'amende, sortait tout meurtri des mains du licteur, pour aviser aux moyens de se rembourser à l'aide d'un nouveau trafic de Prostitution. Tout, au reste, pouvait être matière à réprimande et à punition. Les maîtres de lupanar se sentaient trop à la discrétion de l'édile pour ne pas se ménager, en cas de malheur, quelque appui, quelque influence favorable; ils en trouvaient chez des sénateurs débauchés, auxquels ils réservaient les prémices de certains sujets de choix. L'édile lui-même n'était pas incorruptible, et le lénon savait par quel genre de présent on pouvait quelquefois le gagner et le rendre favorable.

Il serait difficile d'établir l'état des contraventions et des délits qui avaient lieu dans les lupanars de Rome; ce n'était pas sans doute l'édile qui se chargeait de les constater par lui-même; il se faisait représenter par des officiers subalternes. Ceux-ci allaient vérifier la gestion des lupanaires, écouter et recueillir les plaintes qui pouvaient s'élever contre eux, examiner les lieux, et relever surtout les listes des mérétrices en cellule. La préoccupation du législateur à l'égard de la débauche publique semble avoir été seulement d'empêcher la Prostitution des femmes patriciennes et des filles *ingénues*, et de poursuivre l'adultère jusque sous ce masque infâme. On ne devait admettre dans les lupanars ouverts sous la garantie de la loi, que des femmes à qui la loi ne défendait pas de se vendre et de se prostituer. Messaline, en exerçant le *meretricium* dans un lupanar, se donnait pour Lysisca, courtisane, dont elle avait pris le nom de débauche et qui probablement vaquait ailleurs à son métier. Messaline s'exposait donc, sinon à être reconnue, du moins à se voir accusée d'usurpation de nom et de qualité; les filles inscrites chez l'édile ayant seules le droit d'exercer dans les lupanars. Sénèque, dans deux passages différents de ses *Controverses*, parle de l'installation d'une femme dans un mauvais lieu, sans indiquer les diverses formalités qu'elle était forcée de subir auparavant: «Tu t'es nommée *meretrix*, dit Sénèque; tu t'es assise dans une maison publique; un écriteau a été mis sur ta cellule; tu t'es livrée à tout venant.» Et ailleurs: «Tu t'es assise avec les courtisanes; tu t'es aussi parée pour plaire aux passants, parée des habits que le lénon t'a

fournis; ton nom a été affiché à la porte; tu as reçu le prix de ta honte.»
Il est certain que le lénon ne louait pas des habits et une cellule à toutes les femmes qui se présentaient pour le service public: elles étaient obligées, avant tout, de justifier de leur qualité et de produire même un certificat de *meretrix*, appelé *licentia stupri*. Un autre passage des *Controverses* de Sénèque laisserait entendre que ce certificat se délivrait dans le lupanar même, et que le lénon avait un registre où il inscrivait les noms de ses clientes: «Tu as été amenée dans un lupanar, dit Sénèque, tu y as pris ta place; tu as fait ton prix: l'écriteau a été dressé en conséquence. C'est là tout ce qu'on peut savoir de toi. D'ailleurs, je veux ignorer ce que tu nommes une cellule et un obscène lit de repos.» Les délégués de l'édile ne se faisaient pas scrupule, au besoin, d'exiger de plus grands détails et d'interroger les mérétrices elles-mêmes.

L'édile se montrait surtout très-sévère pour les infractions aux heures d'ouverture et de fermeture des lupanars; car ces heures avaient été fixées pour que les jeunes gens n'allassent pas dès le matin se fatiguer et s'énerver dans des lieux de débauche, au lieu de suivre les exercices gymnastiques, les études scolaires et les leçons civiques qui composaient l'éducation romaine. Le législateur avait voulu aussi que la chaleur du jour fût un obstacle à la Prostitution et que ceux qu'elle accablerait ne fussent pas tentés de chercher un surcroît de sueurs et de lassitude. Il n'y avait d'exception, pour les heures assignées à la libre pratique des lieux et des plaisirs publics, que les jours de fête solennelle, quand le peuple était invité aux jeux du Cirque. Ces jours-là, la Prostitution se transportait là où était le peuple, et tandis que les lupanars restaient fermés et déserts dans la ville, ceux du Cirque s'ouvraient en même temps que les jeux; et sous les gradins où se pressait la foule des spectateurs, les lénons organisaient des cellules et des tentes, où affluait de toutes parts une procession continuelle de courtisanes et de libertins qu'elles avaient attirés à leur suite. Pendant que les tigres, les lions et les bêtes féroces mordaient les barreaux de leurs cages de fer; pendant que les gladiateurs combattaient et mouraient; pendant que l'assemblée ébranlait l'immense édifice par un tonnerre de cris et de battements de mains, les *meretrices*, rangées sur des sièges particuliers, remarquables par leur haute coiffure et par leur vêtement court, léger et découvert, faisaient un appel permanent aux désirs du public et n'attendaient pas, pour les satisfaire, que les jeux fussent achevés. Ces courtisanes quittaient sans cesse leur place et se succédaient l'une à l'autre pendant toute la durée du spectacle. Les portiques extérieurs du Cirque ne suffisant plus à cet incroyable marché de Prostitution, tous les cabarets, toutes les hôtelleries du voisinage regorgeaient de monde. On comprend que ces jours-là la Prostitution était absolument libre, et que les appariteurs de l'édile n'osaient pas s'enquérir de la qualité des femmes qui faisaient acte de *meretrix*. Voilà pourquoi Salvien disait de ces grandes orgies populaires: «On rend un culte à Minerve dans les gymnases; à Vénus, dans les théâtres;» et ailleurs: «Tout ce qu'il y a d'impudicités se pratique dans les théâtres; tout ce qu'il y a de désordres, dans les palestres.» Isidore de Séville, dans ses *Étymologies*, va plus loin, en disant que théâtre est synonyme de Prostitution, parce que dans le même lieu, après la fin des jeux, les *meretrices* se prostituent publiquement. (*Idem vero theatrum, idem et prostibulum, eo quod post ludos exactos meretrices ibi prosternerentur*). Les édiles n'avaient donc pas à s'occuper de la Prostitution des théâtres, comme si cette Prostitution faisait partie nécessaire des jeux qu'on donnait au peuple. Généralement, d'ailleurs (on peut du moins le supposer d'après plusieurs endroits de l'*Histoire Auguste*), les théâtres étaient exploités par une espèce de femmes qui logeaient sous les portiques et dans les galeries voûtées de ces édifices; elles avaient pour lénons ou pour amants les crieurs du théâtre, qu'on voyait circuler sans cesse de gradin en gradin pendant la représentation; ces crieurs ne se bornaient pas à vendre au peuple ou à lui distribuer gratis, aux frais du grand personnage qui donnait les jeux, de l'eau et des pois chiches: ils servaient principalement de messagers et d'interprètes pour lier les parties de débauche. C'est donc avec raison que Tertullien appelait le cirque et le théâtre les consistoires des débordements publics, *consistoria libidinum publicarum*.

Il est probable que l'édile, malgré son autorité presque absolue sur la voie publique, ne troublait pas trop la Prostitution errante; on ne voit nulle part, dans les poëtes et les moralistes qui parlent de ce genre abject de Prostitution, l'apparence d'une mesure répressive ou préventive. L'édile se bornait sans doute à faire observer les règlements relatifs au costume, et il punissait sévèrement les mérétrices inscrites qui s'aventuraient dans les rues avec la robe longue et les bandelettes des matrones; mais il ne devait pas surveiller de fort près les mœurs de la voie publique, quand la nuit les couvrait d'un voile indulgent. La voie publique appartenait à tous les citoyens; chacun en avait la libre disposition, et chacun y trouvait protection en se plaçant sous la sauvegarde du peuple. Il eût donc été difficile d'empêcher un citoyen d'user de sa liberté individuelle en pleine rue. Ainsi, l'édilité, à l'époque de sa plus grande puissance, n'avait aucune action coercitive contre les passants qui souillaient de leur urine les murs extérieurs des maisons et des monuments; elle recourut alors, dans l'intérêt de la salubrité de Rome, à l'intervention du dieu Esculape, et elle fit peindre deux serpents, aux endroits que l'habitude avait plus particulièrement consacrés à recevoir le dépôt des immondices et des urines. Ces serpents sacrés écartaient la malpropreté, qui ne se fût pas abstenue devant l'édile en personne, et qui n'avait garde de commettre une profanation, puisque le serpent était l'emblème du dieu de la médecine. Il n'y avait malheureusement pas de serpent que la Prostitution vagabonde eût à redouter sous les voûtes et dans les coins obscurs où elle se réfugiait, dès que la rue devenait sombre et moins fréquentée. Pitiscus, qui n'avance pas un fait sans l'entourer de preuves tirées des écrits ou des monuments de l'antiquité, nous représente les prostituées de Rome, celles de la plus vile espèce, occupant la nuit les carrefours et les ruelles étroites de la ville, appelant et attirant les passants et ne se conduisant pas avec plus de pudeur que les chiens qui le jour tenaient la place: *Quos in triviis venereis nodis cohærere scribit Lucretius*. L'édile ne pouvait que reléguer ces turpitudes dans des quartiers mal famés, où les honnêtes gens ne pénétraient jamais et qui n'avaient pour habitants que des voleurs, des mendiants, des esclaves fugitifs et des femmes de mauvaise vie. La police évitait de remuer cette fange de la population, et il fallait un vol, un meurtre, un incendie, pour que les officiers de l'édile descendissent au fond de ces repaires. La voie publique, dans les faubourgs et aux abords des murailles de la ville, était donc le théâtre nocturne des plus hideuses impuretés. C'est là que Catulle rencontra un soir cette Lesbie, qu'il avait aimée plus que lui-même, plus que tous les siens; mais s'il la reconnut, combien elle était changée, et quel horrible métier elle pratiquait impunément dans l'ombre! Il se détourna, indigné, les yeux obscurcis par les larmes et souhaitant n'avoir rien vu; puis, cette plainte s'exhala de son cœur de poëte:

> Illa Lesbia quam Catullus unam
> Plus quam se atque suos amavit omnes,
> Nunc in quadriviis et angiportis
> Glubit magnanimos Remi nepotes!

Si l'édile laissait en paix les malheureuses instigatrices de l'immoralité publique, il se mêlait encore moins de la conduite de leurs complices ordinaires; il n'avait pas, d'ailleurs, de censure à exercer sur les mœurs, et il se gardait bien de porter atteinte aux priviléges des citoyens romains, sous prétexte de faire respecter la pudeur de la rue. Il recevait seulement, à cet égard, les réclamations qui lui étaient adressées, et il citait directement devant sa chaise curule ceux qui avaient donné lieu à ces réclamations. Elles étaient quelquefois fort graves; par exemple, lorsqu'une mère de famille se plaignait d'avoir été insultée et traitée comme une courtisane, c'est-à-dire suivie et appelée dans la rue. L'édile avait alors à examiner si, par son costume, sa démarche ou ses gestes, la matrone pouvait avoir motivé une méprise injurieuse, et si l'auteur de l'insulte pouvait arguer de son ignorance et de sa bonne foi. En général, les femmes qui eussent été en droit de porter plainte au tribunal de l'édile préféraient s'épargner le scandale d'un débat semblable, et ne pas avoir à comparaître en public pour faire condamner l'insulteur, surtout si elles se sentaient répréhensibles au point de vue de leur toilette; car il suffisait d'une tunique un peu trop courte, d'une coiffure trop haute, et de la nudité du cou, des épaules ou de la gorge, pour justifier un appel ou une provocation. «Appeler et poursuivre sont deux choses bien différentes, dit Ulpien, au titre XV, *De injuriis et famosis libellis*; appeler, c'est attenter à la pudeur d'autrui par des paroles insinuantes; poursuivre, c'est suivre avec insistance, mais silencieusement.» Quand les libertins doutaient de la condition d'une femme qu'ils trouvaient sur leur chemin, et dont ils convoitaient la possession, ils ne lui parlaient pas d'abord, mais ils la suivaient par derrière, jusqu'à ce qu'elle eût témoigné par un signe ou par un coup d'œil que la poursuite ne lui était pas injurieuse ni désagréable; ils se croyaient alors autorisés à lui adresser des propositions verbales. On n'accostait pas en pleine rue une femme étrangère, si elle n'avait pas répondu, de la voix, du geste ou du regard, à la première tentative d'appel, et cet usage resta dans les mœurs des villes romaines longtemps après que la corruption publique eut fait fléchir les rigueurs de la loi. «Cette fille qui lui parle publiquement, dit Prudentius dans ses quatrains moraux, il lui ordonne de s'arrêter au détour de la rue.» Les mérétrices seules étaient, pour ainsi dire, à la discrétion du premier venu; chaque passant avait le droit de les arrêter dans la rue et de leur demander une honteuse complaisance, comme si c'était une marchandise offerte à quiconque voulait la payer au taux fixé.

Hormis les cas où le *sectateur* (*sectator*), par libertinage ou par erreur, se permettait de poursuivre ou d'appeler une *ingénue* dont la démarche et l'habillement ne justifiaient pas ces attentats, la recherche des plaisirs de la débauche était absolument libre pour les hommes, sinon pour les jeunes gens. Ceux-ci seulement pouvaient être punis par leur père ou leur tuteur; car la loi admettait le renoncement à la paternité dans trois cas, où le père avait le droit, non-seulement de déshériter son fils, mais encore de le chasser de la famille et de lui ôter son nom: premièrement, si ce fils couchait souvent hors de la maison paternelle; secondement, s'il s'adonnait à des orgies infâmes, et, en dernier lieu, s'il se plongeait dans de sales plaisirs. C'était donc le père qui, en certaines circonstances, réunissait dans sa main les pouvoirs de l'édile et du censeur contre son fils débauché. Le tuteur avait également une partie de la même autorité, à l'égard de son pupille. Mais les jeunes gens n'étaient pas les seuls provocateurs et sectateurs de la Prostitution; les hommes d'un âge mûr, les plus graves, les plus barbus, se trouvaient souvent compris dans cette foule impure, qui n'attendait pas la nuit pour se ruer à la débauche. L'édile eût souvent rougi des grands noms et des nobles caractères, qu'il aurait pu découvrir sous les capes de ces coureurs de mauvais lieux! Il y avait aussi bien des catégories diverses parmi ces impudiques qui formaient l'armée active de la Prostitution: les uns se nommaient *adventores*, parce qu'ils allaient au-devant des femmes et des filles qui leur semblaient d'un commerce facile; les autres se nommaient *venatores*, parce qu'ils pourchassaient, sans avoir l'argent à la main comme les précédents, tout ce qui leur promettait une proie nouvelle; on appelait *Alcinoi juventus* (jeunesse d'Alcinoüs) ces beaux efféminés, qui se promenaient nonchalamment par la ville, en habit de fête, frisés, parfumés, parés, en cherchant des yeux çà et là ce qui pouvait réveiller leurs désirs, épuisés par une nuit d'excès. Les *salaputii* étaient de petits hommes très-ardents, trèslubriques, qui ne payaient pas d'apparence, mais qui avaient quelque motif de se dire les héritiers d'Hercule. Le poëte Horace se vantait d'être un des mieux partagés dans la succession, et l'empereur Auguste l'avait surnommé, à cause de cela, *putissimum penem*, qu'il traduisait lui-même par *homuncionem lepidissimum* (le plus drôle de petit bout d'homme)! Les *semitarii* étaient des espèces de satyres, aux larges épaules, au cou épais et nerveux, aux bras robustes, au regard timide, à l'air sournois: ils allaient se poster en embuscade dans les chemins creux, sur la lisière des bois, au milieu des champs, et là ils guettaient le passage de quelque misérable prostituée; ils s'emparaient d'elle, de vive force, et malgré ses cris, malgré ses efforts, ils en avaient toujours bon marché. Comme ils ne s'adressaient qu'à des femmes réputées communes, la loi des Injures ne pouvait leur être appliquée, et la malheureuse, en se relevant toute meurtrie et toute poudreuse, ne trouvait que des rires et des quolibets pour se consoler de sa mésaventure. Enfin, tout homme marié qui entrait dans un lupanar devenait un adultère (*adulter*); celui qui fréquentait les lieux de débauches était un *scortator*; celui qui vivait familièrement avec des courtisanes, qui mangeait avec elles et qui se déshonorait dans leur compagnie, s'appelait *mœchus*. Cicéron accuse Catilina de s'être fait une cohorte prétorienne de *scortateurs*; le poëte Lucilius dit qu'un homme marié qui commet une infidélité à l'égard de sa femme porte aussi la peine de l'adultère, puisqu'il est *adultère* de nom; et un vieux scoliaste de Martial donne à entendre que le mot *adulter* s'appliquait à un adultère par accident ou par occasion, tandis que le mot *mœchus* exprimait surtout l'habitude, l'état normal de l'adultère. La langue latine aimait les diminutifs autant que les augmentatifs; elle avait donc augmenté le substantif *mœchus* en créant *mœchocinædus*, qui comprenait dans un seul mot plusieurs sortes de débauches; elle avait en même temps cherché le diminutif du verbe *mœchor*, en disant *mœchisso*, qui signifiait à peu près la même chose, avec un peu plus de délicatesse. Mais la langue grecque, d'où *mœchus* avait été tiré, possédait dix ou douze mots différents, formés de la même souche, pour exprimer les nuances et les variétés de μοιχεύω et de μοιχός.

Tout homme qui se respectait encore ne se rendait aux lieux de Prostitution, que le visage caché et la tête enveloppée dans son manteau. Personne n'avait, d'ailleurs, à lui demander compte du déguisement qu'il jugeait à propos de prendre. Ainsi, quand Héliogabale allait la nuit visiter les mauvais lieux de Rome, il n'y entrait que couvert d'une cape de muletier, pour n'être pas reconnu: *Tectus cucullione mulionico, ne agnosceretur, ingressus*, dit Lampridius. L'édile lui-même ne se fût pas permis de lever ce capuchon, qui lui eût montré l'empereur; mais il faisait observer très-rigoureusement, surtout pendant le jour et sur la voie publique, les ordonnances somptuaires qui défendaient, aux mérétrices inscrites ou brevetées, l'usage de la stole ou robe longue, des bandelettes de tête, des tuniques de pourpre, et même, en divers temps, des broderies et des joyaux d'or. Ces ordonnances du sénat furent renouvelées par les empereurs, à plusieurs époques, et leur application trouva parfois de la mollesse ou du relâchement dans le pouvoir des édiles, qui ne punissaient pas également toutes les contraventions. Ainsi, voyait-on souvent au théâtre et au cirque les grandes courtisanes, vêtues comme des reines, étincelantes d'or et de pierreries; elles ne se soumettaient pas aisément à porter des toges ou tuniques jaunes et des dalmatiques à fleurs: «Qui porte des vêtements fleuris, dit Martial, et qui permet aux mérétrices d'affecter la pudeur d'une matrone vêtue de la stole?» Une femme qui se vouait à la Prostitution était déchue de la qualité de matrone, et elle renonçait elle-même à paraître en public avec la toge et les insignes des honnêtes femmes: son inscription sur les registres de l'édile la rendait indigne de la robe longue et ample, dite matronale. Aussi, Martial raille-t-il, à l'occasion de cadeaux envoyés à une prostituée (*mœcham*): «Vous donnez des robes d'écarlate et de pourpre violette à une fameuse courtisane! Voulez-vous lui donner le présent qu'elle a mérité? Envoyez-lui une toge.» La toge, dans l'origine des institutions romaines, avait été commune aux deux sexes; mais, lorsque l'invasion des femmes étrangères dans la République eut nécessité l'adoption d'un vêtement particulier aux matrones, celles-ci prirent la stole, qui tombait à longs plis jusqu'aux talons et qui cachait si pudiquement la gorge, que les formes en étaient à peine accusées sous la laine ou sous le lin. La toge ou tunique sans manches resta le vêtement des hommes et en même temps des femmes qui avaient perdu les priviléges de leur sexe avec les droits et les honneurs réservés aux matrones. Telle était probablement la principale règle de costume, à laquelle les édiles tenaient la main.

Il y avait, en outre, bien des défenses et bien des prescriptions moins importantes concernant l'habillement des mérétrices, mais elles se modifièrent tant de fois, qu'il serait difficile de les fixer d'une manière générale et de leur assigner une époque certaine. La chaussure et la coiffure des courtisanes avaient été réglées comme leur vêtement; néanmoins, l'édilité se montrait moins rigoureuse au sujet de ces parties de leur toilette. Les matrones s'étant attribué l'usage du brodequin (*soccus*), les courtisanes n'eurent plus la permission d'en mettre, et elles furent obligées d'avoir toujours les pieds nus dans des sandales ou des pantoufles (*crepida* et *solea*), qu'elles attachaient sur le cou-de-pied avec des courroies dorées. Tibulle se plaît à peindre le petit pied de sa maîtresse, comprimé par le lien qui l'emprisonne: *Ansaque compressos colligat arcta pedes*. La nudité des pieds, chez les femmes, était un indice de Prostitution, et leur éclatante blancheur faisait de loin l'office du lénon, puisqu'elle attirait les regards et les désirs. Parfois, leurs sandales ou leurs pantoufles étaient entièrement dorées: *Auro pedibus induto*, a dit Pline, en parlant de cette splendide marque de déshonneur. Parfois, pour imiter la couleur de l'or, elles se contentaient de chaussure jaune, quoique cette chaussure eût été primitivement celle des nouveaux mariés: «Portant un brodequin jaune à son pied blanc comme la neige,» a dit Catulle. Mais les nouveaux mariés se fussent bien gardés de mettre des sandales ou des pantoufles, et les courtisanes n'eussent point osé porter la couleur jaune en brodequins.

Les matrones avaient aussi adopté une coiffure qu'elles ne laissèrent point usurper par les courtisanes: c'était une large bandelette blanche, qui servait à la fois de lien et d'ornement à la chevelure. Cette bandelette fut probablement, dans les temps héroïques de Rome, une réminiscence de celle qui ornait la tête des génisses et des brebis offertes en sacrifice aux divinités. La matrone se présentait elle-même, en guise de victime, aux autels de la Pudeur, comme pour rappeler que le culte des dieux générateurs, à une époque reculée, avait reçu en offrande le tribut de la virginité. Ce ne furent pas les courtisanes, mais les femmes chastes qui s'arrogèrent le droit de ceindre de bandelettes leurs cheveux lissés et brillants; on permit aux vierges la bandelette simple, qui les faisait reconnaître, et la bandelette double resta exclusivement l'apanage des matrones: «Loin d'ici! s'écrie Ovide dans l'*Art d'aimer*, loin, bandelettes minces (*vittæ tenues*), insigne de la pudeur!

Loin, tunique longue, qui couvre la moitié des pieds!» Cette stole ou longue robe (*insista*), ordinairement bordée de pourpre dans le bas, ne caractérisait pas moins la matrone romaine que ces bandelettes qui encadraient si gracieusement une chevelure noire et qui en retenaient derrière la tête les anneaux tressés. Hormis ces bandelettes simples ou doubles, les courtisanes étaient libres de prendre la coiffure qui leur plaisait le mieux. Nous avons dit qu'elles s'enveloppaient la tête avec leur *palliolum*, demi-mantelet d'étoffe; qu'elles abaissaient un capuce sur leur visage, tandis que les matrones se montraient partout à visage découvert et la tête nue, pour faire entendre qu'elles n'avaient rien à se reprocher, et qu'elles ne rougissaient pas sous les regards du public, leur juge perpétuel. Ces fières Romaines, pendant plusieurs siècles, auraient cru se déshonorer en cachant leur chevelure, en la teignant, en la poudrant, en dénaturant sa couleur noire; elles ne se résignaient même à la diviser en tresses qui venaient s'enrouler sur le sommet de la tête ou sur les tempes, que pour se distinguer des jeunes filles non mariées (*innuptæ*), que leur chevelure frisée ou bouclée avait fait surnommer *cirratæ*. Les courtisanes ne se privèrent pas de copier les différents genres de coiffures adoptées par les matrones et les *cirratæ*, mais elles en changèrent l'aspect par les nuances variées qu'elles donnaient à leurs cheveux: tantôt elles les teignaient en jaune avec du safran, tantôt en rouge avec du jus de betterave, tantôt en bleu avec du pastel; quelquefois elles affaiblissaient seulement l'éclat de leurs cheveux d'ébène, en les frottant avec de la cendre parfumée; puis, lorsque les empereurs se firent une espèce d'auréole divine en semant de la poudre d'or dans leurs cheveux, les courtisanes furent les premières à s'approprier une mode qu'elles regardaient comme leur appartenant, et elles trônèrent vis-à-vis des Césars, dans les fêtes publiques et les jeux solennels, le front ceint d'une chevelure dorée, comme les déesses dans les temples. Mais leur divinité ne dura pas longtemps, et la poudre d'or leur fut interdite; elles remplacèrent cette poudre par une autre, faite avec de la gaude, qui brillait moins au soleil, mais qui était plus douce à l'œil. Celles que la couleur bleue avait séduites se poudrèrent à leur tour avec du lapis pulvérisé: «Que tous les supplices du Ténare punissent l'insensé qui fit perdre à tes cheveux leur nuance naturelle! s'écrie Properce aux genoux de sa maîtresse. Rends-moi souvent heureux, ma Cynthie; à ce prix, tu seras belle et toujours assez belle à mes yeux. De ce qu'une folle se peint en bleu le visage et la chevelure, s'ensuit-il que ce fard embellisse?» L'édile faisait la guerre aux chevelures dorées chez les courtisanes; mais il ne les empêchait pas de faire teindre leurs cheveux en bleu ou en jaune, il les y encourageait même, car c'étaient là leurs couleurs distinctives (*cærulea* et *lutea*): le bleu, par allusion à l'écume marine, qui avait engendré Vénus, et à certains poissons qui étaient nés en même temps qu'elle; le jaune, par allusion à l'or, qui était le véritable dieu de leur industrie malhonnête.

Les édiles auraient eu trop à faire, s'il leur eût fallu constater, juger et punir toutes les contraventions somptuaires que se permettaient les mérétrices; ils fermaient les yeux sur une foule de petits délits de ce genre, qu'on pardonnait à la coquetterie féminine. Mais, en général, les femmes inscrites n'avaient aucun intérêt à se faire passer pour des matrones, et elles préféraient suivre des modes étrangères qui leur étaient propres et qui les signalaient de loin à l'attention de leur clientèle. C'est ainsi qu'elles portaient plus volontiers des vêtements qui n'avaient pas même de nom dans la langue romaine: *babylonici vestes* et *sericæ vestes*. On appelait *babylonici vestes* des espèces de dalmatiques traînant sur les talons et agrafées par devant, faites en étoffes peintes, bariolées, à fleurs, à broderies et de mille couleurs. Les courtisanes de Tyr et de Babylone avaient apporté à Rome ce costume national, cette antique livrée de la Prostitution. On appelait *sericæ vestes* d'amples robes en tissu de soie, si léger et si transparent, que, selon l'expression d'un témoin oculaire, elles semblaient inventées pour faire mieux voir ce qu'elles avaient l'air de cacher. Les courtisanes de l'Inde ne s'habillaient pas autrement, et au milieu de la gaze, on les voyait absolument nues. «Vêtements de soie, dit avec indignation le chaste auteur du *Traité des bienfaits*, vêtements de soie, si tant est qu'on puisse les nommer des vêtements, avec lesquels il n'est aucune partie du corps que la pudeur puisse défendre, avec lesquels une femme serait fort embarrassée de jurer qu'elle n'est pas nue; vêtements qu'on dirait inventés pour que nos matrones ne puissent en montrer plus à leurs adultères dans la chambre à coucher, qu'elles ne font en public!» Sénèque en voulait particulièrement à cette mode asiatique, car il y revient encore dans ses *Controverses*: «Un misérable troupeau de servantes se donne bien du mal pour que cette adultère étale sa nudité sous une gaze diaphane, et pour qu'un mari ne connaisse pas mieux que le premier étranger venu les charmes secrets de sa femme.» Les robes babyloniennes, quoique plus décentes que les tissus de Tyr, qu'un poëte latin compare à une vapeur (*ventus textilis*), étaient plus généralement adoptées par les mérétrices; car il fallait être bien sûr de ses perfections cachées, pour en faire une montre aussi complète. Cette impudique exhibition, dans tous les cas, n'avait rien à craindre des réprimandes de l'édile, et les femmes inscrites ou non, qui se permettaient ce costume aérien, ne se piquaient pas de singer les matrones. Il en était de même de celles qui s'habillaient à la babylonienne, avec des dalmatiques orientales qu'une personne honnête eût rougi de porter en public, et qui resplendissaient des plus vives couleurs: «Étoffes peintes, tissues à Babylone, dit Martial, et brodées par l'aiguille de Sémiramis.»

Les courtisanes qui se soumettaient docilement à la toge professionnelle y ajoutaient l'*amiculum*, manteau court, fait de deux morceaux, cousus par le bas et attachés sur l'épaule gauche avec un bouton ou une agrafe, de sorte qu'il y avait deux ouvertures ménagées pour passer les bras. Cet amiculum, dont le nom galant équivalut à *petit ami*, ne descendait pas au-dessous de la taille; il avait à peu près la même apparence que la chlamyde des hommes; il servait exclusivement aux femmes de mauvaise vie. Isidore de Séville, dans ses *Étymologies*, assure que ce vêtement était si connu par sa destination, qu'on faisait prendre l'amiculum à une matrone surprise en adultère, afin que cet amiculum attirât à lui une partie de l'opprobre qui rejaillissait sur la stole romaine. Ce mantelet, qui se nommait κυκλας (*cyclas*) en grec, et qui n'avait jamais paru malhonnête aux femmes grecques, fut sans doute apporté à Rome par des hétaires, qui lui léguèrent leur infamie. La couleur de l'amiculum paraît avoir été blanche, puisque ce vêtement était de lin. Quant à la toge qu'on portait par-dessous, elle était presque toujours verte: cette couleur étant celle de Priape, dieu des jardins. Les commentateurs ont beaucoup écrit sur la nuance de ce vert: les uns l'ont fait pâle, les autres foncé; ceux-ci lui ont donné un reflet doré, ceux-là une nuance jaunâtre. Quoiqu'il en fût, ce vert-là (*galbanus*) avait été accaparé par les libertins des deux sexes, à tel point qu'on les désignait par le surnom de *galbanati*, habillés de vert; on appliquait l'épithète de *galbani* aux mœurs dissolues; on appelait *galbana* une étoffe fine et rase d'un vert pâle. Vopiscus nous représente un débauché, vêtu d'une chlamyde écarlate et d'une tunique verte à longues manches. Juvénal nous en montre un autre, habillé de bleu et de vert (*cærulea indutus scutulata aut galbana rasa*). Enfin, il s'était fait une telle affinité entre la couleur verte et celui qui la portait, que *galbanatus* était devenu synonyme de giton ou mignon.

Toutes les modes étrangères appartenaient de droit aux courtisanes qui avaient perdu le titre de citoyenne, et qui, d'ailleurs, venaient la plupart des pays étrangers. Leur coiffure d'apparat, car le capuce ou cuculle (*cucullus*) ne leur servait que le soir ou le matin, pour aller au lupanar et pour en sortir; la coiffure qu'elles portaient de préférence au théâtre et dans les cérémonies publiques, où leur présence était tolérée; cette coiffure, qui leur fut longtemps particulière, témoignait assez que la Prostitution avait commencé en Orient, et que Rome lui laissait son costume national. On distinguait trois sortes de coiffure ou d'habillements de tête spécialement réservés aux mérétrices de Rome: la mitre, la tiare et le nimbe. Le nimbe paraît égyptien; c'était une bande d'étoffe plus ou moins large, qu'on ceignait autour du front pour en diminuer la hauteur. Les Romains, à l'exemple des Grecs, n'admiraient pas les grands fronts chez les femmes, et celles-ci cherchaient à dissimuler le leur, qui était plus élevé et plus proéminent que le front des femmes grecques. Le nimbe ou bandeau frontal était quelquefois chargé d'ornements en or, et ses deux bouts pendaient de chaque côté de la tête, comme les bandelettes qui descendent sur les mamelles d'un sphinx. La mitre venait évidemment de l'Asie-Mineure, de la Chaldée ou de la Phrygie, selon qu'elle était plus ou moins conique. La tiare venait de la Judée et de la Perse. Cette tiare, en étoffe de couleur éclatante, avait la forme d'un cylindre, et ressemblait aux dômes pointus des temples de l'Inde; la mitre, au contraire, affectait la forme d'un cône, et tantôt celle d'un casque ou d'une coquille. Telle était la mitre phrygienne, que les peintres ont attribuée par tradition au berger troyen Pâris jugeant les trois déesses et donnant la pomme à Vénus. Ces souvenirs mythologiques justifiaient assez l'adoption de ce bonnet recourbé, comme emblème de la liberté du choix et du plaisir. Quant à la mitre pyramidale, elle avait deux pendants comme le nimbe, avec une bordure autour du front; après avoir été l'insigne des anciens rois de Perse et d'Assyrie, elle couronnait encore d'une royauté impudique les courtisanes de Rome, qui régnaient mitrées ou nimbées (*nimbatæ* et *mitratæ*) aux représentations du théâtre et aux jeux du cirque, sans payer d'amende au censeur ni à l'édile. Plus tard, le nom de cette coiffure orgueilleuse devint pour elles un sobriquet méprisant.

Mais les édiles, qui souffraient que les mérétrices fussent vêtues, coiffées et chaussées comme les reines de Tyr et de Ninive, tenaient la main pourtant à ce qu'elles n'eussent pas de litière ni aucune espèce de voiture. Les matrones avaient seules le droit de se faire porter par des véhicules, des chevaux ou des esclaves, et elles se montraient fort jalouses de ce privilége. Dans les premiers siècles de Rome, elles se servaient déjà d'une voiture grossière dont l'invention était attribuée à Carmenta, mère d'Evandre; et comme cette voiture, sorte de charrette fermée, montée sur roues, rendait de grands services aux femmes grosses incapables de marcher, son inventrice fut déifiée et chargée de présider aux accouchements. Les Romains, en ce temps-là, ne toléraient pas même chez les femmes la mollesse et le luxe: le sénat interdit l'usage des voitures de Carmenta. Les femmes, surtout celles qui se voyaient enceintes, protestèrent contre l'arrêt trop rigoureux du sénat et formèrent un pacte entre elles, en jurant de se refuser au devoir conjugal et de ne pas donner d'enfants à la patrie jusqu'à ce que cet arrêt fût annulé. Elles repoussèrent si impitoyablement leurs maris, que ceux-ci supplièrent le sénat de rapporter la malheureuse loi qui les privait de leurs femmes. Celles-ci, satisfaites de leur triomphe, en firent honneur à la déesse Carmenta, et lui érigèrent un temple sur le penchant du mont Capitolin. Depuis cet événement mémorable, dont Grævius a recueilli plusieurs versions dans ses Antiquités Romaines, les matrones restèrent en possession de leurs voitures, qui avaient perdu leurs roues et qui, au lieu de rouler sur le pavé inégal, étaient doucement portées par des hommes ou par des chevaux. Ces voitures étaient de deux espèces, la basterne (*basterna*) et la litière (*lectica*); la première, soutenue sur un brancard que deux mules transportaient à petits pas, formait une sorte de cabinet suspendu, fermé et vitré: «Précaution excellente, dit le poëte qui nous fournit cette description, pour que la chaste matrone, allant à travers les rues, ne soit pas profanée par le regard des passants.» La litière, également couverte et fermée, était portée à bras d'hommes. Il y en eut de toutes formes et de toutes grandeurs, depuis la chaise, *cella*, qui ne pouvait servir qu'à une personne, jusqu'à l'octophore qui se balançait sur les épaules de huit porteurs.

Dans l'une, la femme était assise; dans l'autre, elle était couchée sur des coussins, et elle avait souvent à ses côtés deux ou trois compagnes de route. Le luxe envahit les litières ainsi que tout ce qui contribuait à rendre la vie molle et voluptueuse: ces litières furent peintes, dorées en dehors, tapissées en dedans de fourrures et d'étoffes de soie. C'est alors que les courtisanes voulurent s'en emparer pour leur propre usage.

Elles y réussirent un moment, mais l'édile ne fit que se relâcher de sa sévérité, en admettant quelques exceptions accordées à la faveur et à la richesse. Sous plusieurs empereurs, on vit les *fameuses* mérétrices en litière. Ces privilégiées ne se contentèrent pas de la litière fermée, qui passait silencieusement dans les rues sans laisser voir ce qu'elle contenait. On perfectionna ce mode de transport: l'intérieur devint une véritable chambre à coucher, et, suivant l'expression d'un commentateur, ce furent des lupanars ambulants. Il y avait, en outre, des litières ouvertes, à rideaux, dans lesquelles l'œil du passant plongeait avec convoitise. Parfois, les rideaux de cuir ou d'étoffe étaient tirés, mais la femme en soulevait le coin pour voir et pour être vue. Le relâchement des mœurs avait multiplié les litières à Rome et en même temps les avantages qu'en retirait la Prostitution élégante. Les matrones elles-mêmes ne s'étonnaient plus qu'on les confondit avec les courtisanes: «Alors nos femmes, les matrones romaines, dit tristement Sénèque, s'étalaient dans leurs voitures comme pour se mettre à l'encan!» Les unes cherchaient ainsi les aventures; les autres allaient au rendez-vous. La litière s'arrêtait à l'angle d'une place ou dans une rue écartée; les porteurs la déposaient à terre et faisaient le guet à l'entour; cependant la portière s'était entr'ouverte, et un bel adolescent avait pénétré dans ce sanctuaire inviolable. On ignorait toujours si la litière était vide ou occupée. Les courtisanes, d'ailleurs, donnaient l'exemple aux matrones; on ne les rencontrait pas seulement en voiture fermée, on les voyait partout en chaise découverte, *in patente sella*, dit Sénèque. Un scoliaste de Juvénal fait preuve d'imagination plutôt que de critique, en avançant que les filles qui se prostituaient en voiture s'appelaient *sellariæ*, par opposition aux *cellariæ*, qui étaient les habituées cellulaires des lupanars. Juvénal ne dit pas même qu'on entrait dans la chaise de Chione, quand on avait un caprice de passage; il dit au contraire: «Tu hésites à faire descendre de sa chaise à porteur la belle Chione!» Mais

Pierre Schœffer, dans son traité *De re vehiculari*, est d'avis qu'en certaines circonstances la voiture se changeait en lieu mobile de Prostitution. Ce fut sans doute pour cette raison que Domitien défendit l'usage de la litière non-seulement aux mérétrices inscrites, mais même à toutes les femmes notées d'infamie (*probrosis feminis*).

Les édiles eurent encore d'autres prohibitions à faire exécuter à l'égard de ces femmes-là; car il est certain qu'à différentes époques la pourpre et l'or leur furent interdits. Mais le règlement de police s'usait bientôt contre la ténacité d'un sexe qui aime la toilette et qui supporte difficilement des privations de coquetterie. Plusieurs antiquaires veulent qu'il y ait eu une loi à Rome, par laquelle l'usage des ornements d'or et d'étoffes précieuses était absolument défendu aux femmes de mauvaise vie, excepté dans l'intérieur des lieux de débauche et pour l'exercice de leur métier à huis clos. Si cette loi exista, elle ne fut pas longtemps en vigueur ou du moins elle reçut de fréquentes atteintes, car les poëtes nous représentent souvent les courtisanes vêtues de pourpre et ornées de joyaux. Ovide, dans le *Remède d'amour*, n'a pas l'air de se souvenir des lois somptuaires, en décrivant la toilette d'une courtisane ou du moins d'une femme de plaisir: «Les pierreries et l'or la couvrent tout entière, tellement que sa beauté est la moindre partie de sa valeur.» Plaute, dans une de ses comédies, met en scène une mérétrice *dorée*, mais il semble dire que c'est chose nouvelle à Rome: *Sed vestita, aurata, ornata, ut lepide! ut concinne! ut nove!* Juvénal nous dépeint une courtisane d'hôtellerie, la tête nue environnée d'un nimbe d'or (*quæ nudis longum ostendit cervicibus aurum*); et pourtant, il fait évidemment allusion au privilége qu'avaient les matrones de porter seules des pierreries et des boucles d'oreilles, dans ces vers où il dit qu'une femme qui a des émeraudes au cou et des perles aux oreilles se permet tout et ne rougit de rien:

Nil non permittit mulier, sibi turpe putat nil,
Cum virides gemmas collo circumdedit et cum
Auribus externis magnos commisit elenchos.

Apulée confirme le témoignage de Juvénal: «L'or de ses bijoux, l'or de ses vêtements, ici filé, là travaillé, annonçait tout d'abord que c'était une matrone.» On sait néanmoins que la loi Oppia avait interdit la pourpre à toutes les femmes, pour la réserver aux hommes. Néron renouvela cette interdiction, qui ne fut levée définitivement que sous le règne d'Aurélien; mais elle aurait toujours subsisté pour les courtisanes et pour les femmes réputées infâmes, dans l'opinion d'un savant italien, Santinelli, qui n'a pas pris garde que les anciens avaient plusieurs sortes de pourpre, et qu'une seule, la plus éclatante, était l'insigne du pouvoir. La pourpre plébéienne ou violette ne fut certainement pas comprise dans les lois d'interdiction, que les empereurs d'Orient restreignirent, en les exagérant, à la pourpre impériale (*purpura*). Ferrarius, dans son traité *De re vestiaria*, prétend, pour accorder ces autorités contradictoires, que les courtisanes avaient la permission de porter de l'or et de la pourpre sur elles, même en public, pourvu que la pourpre ne fût point appliquée par bandes à leurs vêtements, pourvu que l'or ne s'enroulât pas en bandelettes dans leurs cheveux. Il vaut mieux croire que les règlements somptuaires relatifs aux courtisanes subirent de fréquentes variations, dépendant tantôt du sénat, tantôt de l'empereur, tantôt de l'édile, et qu'il suffisait de l'influence d'une de ces souveraines d'un jour ou plutôt du crédit d'un de leurs amants pour faire abandonner d'anciens usages qui reprenaient force de loi sous une autre influence plus honorable. A Rome, comme dans toutes les villes où la Prostitution fut soumise à des ordonnances de police, les femmes de mauvaise vie, quoique tolérées et autorisées, furent en butte à des mesures de rigueur qui ressemblaient souvent à des persécutions, mais qui avaient toujours pour objet de réprimer des excès et de corriger des abus dans les mœurs publiques.

3

SOMMAIRE.—La Prostitution élégante.—Les *bonnes* mérétrices.—Leurs amants.—Différence des grandes courtisanes de Rome et des hétaires grecques.—Cicéron chez Cythéris.—Les *preciosæ* et les *famosæ*.—Leurs *amateurs*.—La voie Sacrée.—Promenades des courtisanes.—Promenades des matrones.—Cortége des matrones.—Ce que dit Juvénal des femmes romaines.—Ogulnie.—Portrait de Sergius, le favori d'Hippia, par Juvénal.—Le *gladiateur obscène* de Pétrone.—Les suppôts de Vénus Averse.—Ce qu'à Rome on appelait *plaisirs permis*.—Langue muette du *meretricium*.—Le *doigt du milieu*.—Le *signum infame*.—Pourquoi le médius était voué à l'infamie chez les Grecs.—La *chasse à l'œil* et le *vol aux oreilles*.—Les *gesticulariæ*.—Pantomime amoureuse.—Réserve habituelle du langage parlé de Rome.—De la langue érotique latine.—*Frère* et *sœur*.—La *sœur du côté gauche* et le *petit frère*.—Des écrits érotiques et sotadiques ou *molles libri*.—Bibliothèque secrète des courtisanes et des débauchés.—Les livres lubriques de la Grèce et de Rome détruits par les Pères de l'Église.

Il y avait à Rome une Prostitution qui ne relevait certainement des édiles en aucune manière, pourvu qu'elle n'usurpât point les prérogatives *vestiaires* des matrones. C'était la Prostitution que l'on pourrait nommer voluptueuse et opulente, celle que la langue latine qualifiait de *bonne* (*bonum meretricium*). Les femmes qui la desservaient se nommaient aussi *bonnes mérétrices* (*bonæ mulieres*), pour désigner la perfection du genre; ces courtisanes, en effet, pouvaient bien être inscrites sur les registres de l'édilité, comme étrangères, comme affranchies, comme musiciennes, mais elles n'avaient pas d'analogie avec les malheureuses esclaves de l'incontinence publique; on ne les rencontrait jamais, à la neuvième heure du jour, la tête enveloppée d'un palliolum ou cachée sous un capuchon, courant au lupanar ou cherchant aventure; jamais on ne les surprenait, dans les rues et les carrefours, en flagrant délit de débauche nocturne; jamais on ne les trouvait dans les hôtelleries, les tavernes, les bains publics, les boulangeries et autres lieux suspects; jamais enfin, quoiqu'elles fussent notées d'infamie comme les autres, on ne rougissait pas de se montrer en public avec elles et de se déclarer leur amant, car elles avaient la plupart des amants privilégiés, *amasii* ou *amici*, et ces amants étaient, en quelque sorte, des manteaux plus ou moins brillants qui cachaient leurs amours mercenaires. Elles formaient l'aristocratie de la Prostitution; et, de même que dans la Grèce, elles exerçaient à Rome une immense action sur les modes, sur les mœurs, sur les arts, sur les lettres et sur toutes les circonstances de la vie patricienne. Mais, dans aucun cas, elles n'avaient d'empire sur la politique et sur les affaires de l'État; elles ne se mêlaient pas, ainsi que les hétaires grecques, des choses publiques et du gouvernement; elles vivaient toujours en dehors du forum et du sénat; elles se contentaient de l'influence que leur donnaient leur beauté et leur esprit dans le petit monde de la galanterie, monde parfumé, élégant et corrompu, dont Ovide rédigea le code sous le titre de l'*Art d'aimer*, et qui eut pour poëtes historiographes Properce, Catulle et une foule d'écrivains érotiques, que l'antiquité semble avoir par pudeur condamnés à l'oubli.

Ces courtisanes en renom ressemblaient aux hétaires d'Athènes, autant que Rome pouvait ressembler à la ville de Minerve; autant que le caractère romain pouvait se rapprocher du caractère athénien. Mais les descendants d'Évandre étaient trop fiers de leur origine et trop pénétrés de la majesté du titre de citoyen romain, pour accorder à des femmes, à des étrangères, à des infâmes, si aimables qu'elles fussent d'ailleurs, un culte d'admiration et de respect. Une courtisane qui aurait voulu prendre et qui aurait pris de l'autorité sur un sénateur consulaire, sur un magistrat, sur un chef militaire, eût déshonoré celui qui se serait soumis à cette honteuse dépendance, à cette ridicule sujétion. Les hommes d'Etat les plus graves, les plus austères, ne se privaient pas du plaisir de fréquenter les courtisanes et de se mêler aux mystères de leur intimité; Cicéron lui-même soupait chez Cythéris, qui avait été esclave avant d'être affranchie par Eutrapelus, et qui devint la maîtresse favorite du triumvir Antoine. Mais ces rapports continuels qui avaient lieu entre les courtisanes et les personnages les plus considérables de la république restaient ordinairement circonscrits dans l'intérieur d'une maison de plaisance, d'une villa, où ne pénétrait pas l'œil curieux du peuple. Dans les rues, à la promenade, au cirque, au théâtre, si les courtisanes à la mode, les *précieuses* et les *fameuses* (*famosæ* et *preciosæ*) paraissaient entourées d'une troupe d'amateurs (*amatores*) empressés, c'étaient de jeunes débauchés, qui faisaient honte à leur famille, c'étaient des affranchis, que leur richesse mal acquise n'avait pas lavés de la tache d'esclavage; c'étaient des artistes, des poëtes, des comédiens, qui se mettaient volontiers au-dessus de l'opinion; c'étaient des lénons déguisés, qui recherchaient naturellement les meilleures occasions de trafic et de lucre. Ainsi, chez les Romains, la courtisane la plus triomphante ne voyait autour d'elle que des gens mal famés, excepté dans les soupers et les *comessations*, où elle réunissait parfois les premiers citoyens de Rome, qui abusaient, à huis clos, des licences de la vie privée.

Il fallait aller, le soir, sur la voie Sacrée, ce rendez-vous quotidien du luxe, de la débauche et de l'orgueil, pour voir combien était nombreuse, et combien était brillante cette armée de courtisanes à la mode, qui occupaient Rome en ville conquise, et qui y faisaient plus de captifs et de victimes que n'en avaient fait les Gaulois de Brennus. Elles venaient là tous les jours faire assaut de coquetterie, de toilette et d'insolence, au milieu des matrones, qu'elles éclipsaient de leurs charmes et de leurs atours. Tantôt, elles se faisaient porter par de robustes Abyssins dans des litières découvertes, où elles étaient couchées indolemment, à demi nues, un miroir d'argent poli à la main, les bras chargés de bracelets, les doigts de bagues, la tête inclinée sous le poids des boucles d'oreilles, du nimbe et des aiguilles d'or; à leurs côtés, de jolies esclaves rafraîchissaient l'air avec de grands éventails en plumes de paon; devant et derrière les litières, marchaient des eunuques et des enfants, des joueurs de flûte et des nains bouffons, qui formaient cortége. Tantôt, assises ou debout dans des chars légers, elles dirigeaient elles-mêmes les chevaux avec rapidité, et cherchaient à se dépasser l'une l'autre, comme si elles luttaient de vitesse dans la carrière. Souvent, elles montaient de fins coursiers, qu'elles conduisaient avec autant d'adresse que d'audace; ou de belles mules d'Espagne, qu'un nègre menait par la bride. Les moins riches, les moins ambitieuses, les moins turbulentes allaient à pied, toutes élégamment vêtues d'étoffes bariolées en laine ou en soie, toutes coiffées avec art, leurs cheveux nattés formant des diadèmes blonds ou dorés, entrelacés de perles et de joyaux; les unes jouaient avec des boules de cristal ou d'ambre pour se tenir les mains fraîches et blanches; les autres portaient des parasols, des miroirs, des éventails, quand elles n'avaient pas des esclaves qui les leur portassent, mais chacune avait au moins une servante qui la suivait ou qui l'accompagnait comme un émissaire indispensable. Ces courtisanes, on le voit, n'étaient pas toutes sur le même pied de fortune et de distinction, mais elles se ressemblaient par ce seul point, qu'elles ne figuraient pas sur les registres de l'édile, et qu'elles se trouvaient ainsi exemptes des règlements de police relatifs à la Prostitution, car elles n'avaient pas un prix taxé, un nom de guerre inscrit et reconnu, en un mot, le droit d'exercer leur métier dans les lupanars publics. Elles se gardaient bien de demander à l'édile la dégradante *licentia stupri*, mais elles ne se faisaient pas faute de se vouer à la Prostitution, comme si elles en avaient obtenu licence. On ne les inquiétait pas toutefois à cet égard, à moins qu'elles n'insultassent trop ouvertement à la juridiction édilitaire, en se livrant sans choix (*sine delectu*), dans les lieux publics, à des œuvres de débauche vénale.

Ces mérétrices faciles abondaient sur la voie Sacrée, et, si l'on en croit Properce, elles ne s'en éloignaient pas beaucoup, pour donner satisfaction au passant qui leur faisait signe: «Oh! que j'aime bien mieux, dit-il dans ses élégies, cette affranchie qui passe la robe entr'ouverte, sans crainte des argus et des jaloux; qui use incessamment avec ses cothurnes crottés le pavé de la voie Sacrée, et qui ne se fait pas attendre si quelqu'un veut aller à elle! Jamais elle ne différera, jamais elle ne te demandera indiscrètement tout l'argent qu'un père avare regrette souvent d'avoir donné à son fils; elle ne te dira pas: J'ai peur, hâte-toi de te lever, je t'en prie!» (*Nec dicet: Timeo! propera jam surgere, quæso!*) Cette coureuse de la voie Sacrée, on le voit, gagnait sa vie en plein jour, sans trop se soucier de l'édile et des lois de police. Properce semble même indiquer qu'elle prenait à peine la précaution de s'écarter de la voie Sacrée, qui commençait à l'Amphithéâtre et conduisait au Colisée, en longeant le temple de la Paix et la place de César. Il y avait aux alentours du Colisée assez de bocages et de bois, sacrés ou non, dans lesquels l'amour errant ne rencontrait qu'un peuple de statues et de termes qui ne le troublaient pas. D'ailleurs, les bains, les auberges, les cabarets, les boulangeries, les boutiques de barbier, offraient des asiles toujours ouverts à la Prostitution anonyme, dont la voie Sacrée était le rendez-vous général. Les matrones y venaient aussi, la plupart en litière ou en voiture, surtout à certaines époques où elles avaient obtenu le privilége exclusif des chaises et des litières (*sellæ* et *lecticæ*); elles n'affectaient pas, dans ces temps de corruption inouïe, une tenue beaucoup plus décente que celle des courtisanes de profession; elles étaient, comme celles-ci, étendues sur des coussins de soie, dans un costume, que ne rendaient pas moins immodeste les bandelettes de leur coiffure et la pourpre de leur stole à longs plis flottants, entourées d'esclaves et d'eunuques portant des éventails pour chasser les mouches, et des bâtons pour éloigner la foule. Ces matrones, ces héritières des plus grands noms de Rome, ces épouses, ces mères de famille, devant lesquelles la loi s'inclinait avec vénération, s'étaient bien relâchées, sous les empereurs, des vertus chastes et austères de leurs ancêtres. Celles qui paraissaient dans la voie Sacrée, pour y étaler la pompe de leur toilette et l'attirail de leur cortége, avaient souvent pour objet de choisir un amant ou plutôt un vil et honteux auxiliaire de leur lubricité. «Leurs servantes laides et vieilles, dit M. Walkenaer dans sa belle *Histoire de la vie d'Horace*, s'écartaient complaisamment à l'approche de jeunes gens efféminés (*effeminati*), dont les doigts étaient chargés de bagues, la toge toujours élégamment drapée, la chevelure peignée et parfumée, le visage bigarré par ces petites mouches, au moyen desquelles nos dames, dans le siècle dernier, cherchaient à rendre leur physionomie plus piquante. On remarquait aussi, dans ces mêmes lieux, des hommes, dont la mise faisait ressortir les formes athlétiques et qui semblaient montrer avec orgueil leurs forces musculaires. Leur marche rapide et martiale offrait un contraste complet avec l'air composé, les pas lents et mesurés de ces jeunes jouvenceaux, aux cheveux soigneusement bouclés, aux joues fardées, jetant de côté et d'autre des regards lascifs. Ces deux espèces de promeneurs n'étaient le plus souvent que des gladiateurs et des esclaves; mais certaines femmes d'un haut rang choisissaient leurs amants dans les classes infimes, tandis que leurs jeunes et jolies suivantes se conservaient pures contre les attaques des hommes de leur condition, et ne cédaient qu'aux séductions des chevaliers et des sénateurs.»

Nous avons rapporté en entier ce morceau pittoresque, dont le savant académicien a pris les traits dans Martial, Aulu-Gelle, Cicéron, Sénèque et Horace; mais nous regrettons l'absence de beaucoup de détails de mœurs, que Juvénal, l'implacable Juvénal, aurait pu ajouter à cette peinture des promenades de Rome: «Nobles ou plébéiennes, s'écrie Juvénal dans sa terrible satire contre les Femmes, toutes sont également dépravées. Celle qui foule la boue du pavé ne vaut pas mieux que la matrone portée sur la tête de ses grands Syriens. Pour se montrer aux jeux, Ogulnie loue une toilette, un cortége, une litière, un coussin, des suivantes, une nourrice, et une jeune fille à cheveux blonds, chargée de prendre ses ordres. Pauvre, elle prodigue à d'imberbes athlètes ce qui lui reste de l'argenterie de ses pères: elle donne jusqu'aux derniers morceaux... Il en est que charment seuls les eunuques impuissants et leurs molles caresses, et leur menton sans barbe; car elles n'ont pas d'avortement à préparer.» Les satires de Juvénal et de Perse sont remplies des prostitutions horribles que les dames romaines se permettaient presque publiquement, et dont les héros étaient d'infâmes histrions, de vils esclaves, de honteux eunuques, d'atroces gladiateurs. Juvénal fait un affreux portrait de Sergius, le favori d'Hippia, épouse d'un sénateur: «Ce pauvre Sergius avait déjà commencé à se raser le menton (c'est-à-dire atteignait quarante-cinq ans), et ayant perdu un bras, il était bien en droit de prendre sa retraite. En outre, sa figure était couverte de difformités; c'était une loupe énorme, qui, affaissée sous le casque, lui retombait sur le milieu du nez; c'étaient de petits yeux éraillés qui distillaient sans cesse une humeur corrosive. Mais il était gladiateur: à ce titre, ces gens-là deviennent des Hyacinthe, et Hippia le préfère à ses enfants, à sa patrie, à sa sœur et à son époux. C'est donc une épée que les femmes aiment.» Il faut voir dans Pétrone le rôle abominable que joue le *gladiateur obscène*; mais le latin seul est assez osé pour exprimer tous les mystères de la débauche romaine. «Il y a des femmes, dit ailleurs Pétrone, qui prennent leurs amours dans la fange, et dont les sens ne s'éveillent qu'à la vue d'un esclave, d'un valet de pied à robe retroussée. D'autres raffolent d'un gladiateur, d'un muletier poudreux, d'un histrion qui étale ses grâces sur la scène. Ma maîtresse est de ce nombre: elle franchit les gradins du sénat, les quatorze bancs de chevaliers, et va chercher au plus haut de l'amphithéâtre l'objet de ses feux plébéiens.»

La voie Sacrée, les portiques, la voie Appienne, et tous les lieux de promenade à Rome étaient donc fréquentés par les misérables agents de la Prostitution matronale, autant que par les courtisanes et les femmes de mœurs faciles, par les odieux suppôts de Vénus *Averse* (*Aversa*), autant que par les libertins de toutes les écoles et de tous les rangs. Mais, il faut bien le reconnaître, en présence de cette variété d'enfants et d'hommes dépravés qui faisaient montre de leur turpitude, les courtisanes semblaient presque honnêtes et respectables; elles n'étaient pas, d'ailleurs, aussi nombreuses ni aussi effrontées que ces impurs *chattemites*, que ces sales *gitons*, que ces impudiques *spadones*, que ces efféminés de tout âge, qui, frisés, parés, huilés, fardés comme des femmes, n'attendaient qu'un signe ou un appel pour se prêter à tous les plus exécrables trafics. Les lénons et les lènes ne manquaient pas de se trouver là sur pied, aux aguets, prompts et dociles aux démarches, aux négociations. Ils ne se bornaient pas à porter des tablettes et des lettres d'amour: ils servaient d'intermédiaires directs pour fixer un prix, pour désigner un lieu de rendez-vous, pour lever les obstacles qui s'opposaient à une entrevue, pour fournir un déguisement, une cape de nuit, une chambre, une litière, tout ce qu'il fallait aux amants. A chaque instant, une vieille s'approchait d'un beau patricien et lui remettait en cachette des tablettes d'ivoire, sur la cire desquelles le style avait gravé un nom, un mot, un vœu: c'était une courtisane qui en voulait à ce noble et fier descendant des Caton et des Scipion. Tout à coup, un Nubien allait toucher l'épaule d'un mignon, remarquable par ses grandes boucles d'oreilles et par ses longs cheveux: c'était un vieux sénateur débauché qui appelait à lui cet homme métamorphosé en femme. Ailleurs, un robuste porteur d'eau, qui passait là par hasard, était convoité par deux grandes dames qui l'avaient remarqué simultanément, et qui se disputaient à qui ferait la première le sacrifice de son honneur à ce manant: «Si le galant fait défaut, dit Juvénal, qu'on appelle des esclaves; si les esclaves ne suffisent point, on mandera le porteur d'eau (*veniet conductus aquarius*).» Un geste, un regard, un mot: gladiateur, eunuque, enfant, se présentait et ne reculait devant aucune espèce de service. Et l'édile, que faisait l'édile, pendant que Rome se déshonorait ainsi à la face du ciel par les vices de ses habitants les plus considérables? Et le censeur, que faisait le censeur, pendant que les mœurs publiques perdaient jusqu'aux apparences de la pudeur? Le censeur et l'édile ne pouvaient rien là où la loi se taisait, comme si elle eût craint d'en avoir trop à dire. On appelait *plaisirs permis* ou *licites*, à Rome païenne, tout ce que le christianisme rejeta dans le bourbier des plaisirs défendus. C'est donc en plaisantant que Plaute fait dire à un personnage de son *Charençon* (*Curculio*): «Pourvu que tu t'abstiennes de la femme mariée, de la veuve, de la vierge, de la jeunesse et des enfants ingénus, aime tout ce qu'il te plaît!» Catulle, dans le chant nuptial de Julie et de Manlius, nous montre le mariage comme un frein moral à de honteuses habitudes: «On prétend, dit le poëte de l'amour physique, que tu renonces à regret, époux parfumé, à tes mignons (*glabris*); nous savons que tu n'as jamais connu que des plaisirs permis; mais ces plaisirs-là, un mari ne saurait plus se les permettre (*scimus hæc tibi, quæ licent sola cognita, sed marito ista non eadem licent*).» Il n'y avait donc que la philosophie qui pouvait combattre les débordements de cette ignoble licence, qui ne rencontrait pas de digue dans la législation romaine.

Une partie des intrigues et des intelligences qui se nouaient sur la voie publique avait lieu par signes. On sait que la pantomime était un art très-raffiné et très-compliqué qui s'apprenait surtout au théâtre, et qui se perfectionnait selon l'usage qu'on en faisait. De là le talent merveilleux des courtisanes, dans ce qui constituait la langue muette du *meretricium*. Il y avait aussi les différents dialectes de la pantomime amoureuse. Souvent l'expression la plus éloquente de cette langue lascive brillait ou éclatait dans un regard. Les yeux se parlaient d'autant mieux, qu'une excellente vue et une prodigieuse spontanéité d'esprit suivaient, devançaient même les éclairs de la prunelle. Si l'œil n'était pas compris par l'œil, les mouvements des lèvres et des doigts servaient de truchement plus intelligible, mais moins décent, entre des personnes qui eussent parfois rougi de faire usage de la parole. Ainsi, le signe adopté généralement par les sectateurs de la plus infâme débauche masculine consistait dans l'érection du doigt du milieu, à la base duquel les autres doigts de la main se groupaient en faisceau, pour figurer le honteux attribut de Priape. Suétone, dans la *Vie de Caligula*, nous représente cet empereur qui offre sa main à baiser, en lui donnant une forme et un mouvement obscènes (*formatam commotamque in obscenum modum*). Lampridius, dans la *Vie d'Héliogabale*, nous dit que ce monstrueux débauché ne se permettait jamais une parole indécente, lors même que le jeu de ses doigts indiquait une infamie (*nec unquam verbis pepercit infamiam, quum digitis infamiam ostentaret*). Ces gestes obscènes s'exécutaient avec une étonnante rapidité qui échappait d'ordinaire au regard des indifférents. On pourrait supposer, d'après plusieurs passages de l'*Histoire d'Auguste*, que le *signum infame* n'était pas toléré sous tous les empereurs, et que les plus célèbres par leurs désordres avaient appliqué une pénalité sévère à ce signe de débauche, qui laissa au doigt du milieu le surnom de *doigt infâme*. Au reste, les Athéniens ne se montraient pas plus indulgents à l'égard de ce doigt, qu'ils nommaient *catapygon*, et qu'ils auraient eu honte de réhabiliter en lui confiant un anneau. Le médius avait été voué à l'infamie, en Grèce, parce que les villageois s'en servaient pour savoir si leurs poules avaient des œufs dans le ventre, ce qui donna naissance au verbe grec σκιμαλίζειν, inventé tout exprès pour qualifier le fait de ces villageois. «Moque-toi bien, Sextillus, dit Martial, moque-toi de celui qui t'appelle *cinæde*, et présente-lui le doigt du milieu.» La présentation de ce doigt indiquait à la fois la demande et la réponse, dans le langage tacite de ces honteux débauchés. Ils avaient encore un autre signe d'intelligence où le doigt du milieu changeait de rôle: ils portaient ce doigt à leur tête, soit au front, soit au crâne, et faisaient mine de se gratter: «Ce qui dénote l'impudique, dit Sénèque dans sa cinquante-deuxième lettre, c'est sa démarche, c'est sa main qu'il remue, c'est son doigt qu'il porte à sa tête, c'est son clignement d'yeux.» Juvénal nous autorise à supposer que ce grattement de la tête avec un doigt, avait remplacé, dans la langue du geste, l'élévation du médius hors de la main fermée: «Vois, dit-il, vois affluer de toutes parts à Rome, sur des chars, sur des vaisseaux, tous ces efféminés qui se grattent la tête d'un seul doigt (*qui digito scalpunt uno caput*).» Mais les courtisanes parlaient plus volontiers de l'œil que du doigt, et rien n'égalait l'éloquence, la persuasion, l'attraction de leur regard oblique (*oculus limus*). Le grave rhéteur Quintilien veut que l'orateur, en certaines occasions, ait les regards baignés d'une douce volupté, obliques, et, pour ainsi dire, amoureux (*venerei*). Apulée, dans son roman érotique, peint une courtisane qui lance des coups d'œil obliques et mordants (*limis atque morsicantibus oculis*). C'était là ce que les courtisanes nommaient *chasser à l'œil* (*oculis venari*): «La vois-tu, dit le *Soldat* de Plaute, faire la chasse au courre avec les yeux, et la chasse au vol avec les oreilles? (*Viden' tu illam oculis venaturam facere atque aucupium auribus?*)»

Ce langage muet, que les courtisanes excellaient partout à parler et à comprendre, était devenu si familier à toutes les femmes de Rome, que ces dernières n'en avaient pas d'autres pour les affaires de plaisir. Un vieux poëte latin compare cet échange rapide de regards, de gestes, de signes, entre une *précieuse* et ses amants, à un jeu de balle, dans lequel un bon joueur renvoie de l'un à l'autre la pelote qu'il reçoit de toutes mains: «Elle tient l'un, dit-il, et fait signe à l'autre; sa main est occupée avec celui-ci, et elle repousse le pied de celui-là; elle met son anneau entre ses lèvres et le montre à l'un, pour appeler l'autre; quand elle chante avec l'un, elle s'adresse aux autres en remuant le doigt.» Le grand maître de l'art d'aimer, Ovide, dans son poëme écrit sur les genoux des courtisanes, et souvent sous leur dictée, a mis dans la bouche d'une de ses muses ces leçons de la pantomime amoureuse: «Regarde-moi, dit cette habile *gesticularia*, regarde mes mouvements de tête, l'expression de mon visage, remarque et répète après moi ces signes furtifs (*furtivas notas*). Je te dirai, par un froncement de sourcils, des paroles éloquentes qui n'ont que faire de la voix; tu liras ces paroles sur mes doigts, comme si elles y étaient notées. Quand les plaisirs de notre amour te viendront à l'esprit, touche doucement avec le pouce tes joues roses; s'il y a dans ton cœur quelque écho qui te parle de moi, porte la main à l'extrémité d'une oreille. O lumière de mon âme, quand tu trouveras bien ce que je dirai ou ferai, promène ton anneau dans tes doigts. Touche la table avec la main, à la manière de ceux qui font un vœu, lorsque tu souhaiteras tous les maux du monde à mon maudit jaloux.» Les poëtes sont pleins de ces dialogues tacites des amants, et Tibulle surtout vante l'habileté de sa maîtresse à parler par signes en présence d'un témoin importun, et à cacher de tendres paroles sous une ingénieuse pantomime (*blandaque compositis abdere verba notis*). Cette langue universelle était d'autant plus nécessaire à Rome, que souvent on n'aurait pu s'entendre autrement, car la plupart des courtisanes étaient étrangères et beaucoup ne trouvaient pas à parler leur langue natale au milieu de cette population rassemblée de tous les pays de l'univers connu. Un grand nombre de ces femmes de plaisir n'avaient d'ailleurs reçu aucune éducation, et n'eussent pas su plaire en défigurant le latin de Cicéron et de Virgile, quoique, selon un poëte romain, l'amour ou le plaisir ne fasse pas de solécismes. Il y avait aussi, dans l'habitude du langage de Rome, une réserve singulière qui ne permettait jamais l'emploi d'un mot ou d'une image obscène. Les écrivains, poëtes ou prosateurs, même les plus graves, n'avaient garde de s'astreindre à cette chasteté d'expression, comme si l'oreille seule était blessée de ce qui n'offensait jamais les yeux. On évitait, dans la conversation la plus libre, non-seulement les mots graveleux, mais encore les alliances de mots qui pouvaient amener la pensée sur des analogies malhonnêtes. Cicéron dit que si les mots ne sentent pas mauvais, ils affectent désagréablement l'ouïe et la vue: «Tout ce qui est bon à faire, suivant le proverbe latin, n'est pas bon à dire (*tam bonum facere quam malum dicere*).»

La langue érotique latine était pourtant très-riche et très-perfectionnée; elle avait pris dans le grec tout ce qu'elle put s'approprier sans nuire à son génie particulier; elle se développait et s'animait sans cesse, en se prêtant à toutes les fantaisies libidineuses de ses poëtes amoureux; elle repoussait les néologismes barbares, et elle procédait plutôt par figures, par allusions, par double sens, de sorte qu'elle faisait passer dans son vocabulaire celui de la guerre, de la marine et de l'agriculture. Elle n'avait, d'ailleurs, qu'un petit nombre de mots techniques, la plupart de racine étrangère, qui lui fussent propres, et elle préférait détourner de leur acception les mots les plus honnêtes, les plus usuels, pour les marquer à son cachet, au moyen d'un trope souvent ingénieux et poétique. Mais cette langue-là, qui ne connaissait pas de réticences dans les élégies de Catulle, dans les épigrammes de Martial, dans les histoires de Suétone, dans les romans d'Apulée, n'était réellement parlée que dans les réunions de débauche et dans les mystères du tête à tête. Il est remarquable que les courtisanes, les moins décentes dans leur toilette et dans leurs mœurs, auraient rougi de proférer en public un mot indécent. Cette pudeur de langage les empêchait de paraître souvent ce qu'elles étaient, et les poëtes, qui faisaient leur cour ordinaire, pouvaient s'imaginer qu'ils avaient affaire à des vierges. Les petits noms de tendresse que se donnaient entre eux amants et maîtresses n'étaient pas moins convenables, moins chastes, moins innocente, quand la maîtresse était une courtisane, quand l'amant était un poëte érotique. Celui-ci la nommait sa rose, sa reine, sa déesse, sa colombe, sa lumière, son astre; celle-ci répondait à ces douceurs, en l'appelant son bijou (*bacciballum*), son miel, son moineau (*passer*), son ambroisie, la prunelle de ses yeux (*oculissimus*), son aménité (*amœnitas*), et jamais avec interjections licencieuses, mais seulement *j'aimerai!* (*amabo*), exclamation fréquente qui résumait toute une vie, toute une vocation. Dès que des rapports intimes avaient existé entre deux personnes de l'un et de l'autre sexe, dès que ces rapports commençaient à s'établir, on se traitait réciproquement de *frère* et *sœur*. Cette qualification était générale chez toutes les courtisanes, chez les plus humbles comme chez les plus fières. «Qui te défend de choisir une sœur?» dit une des héroïnes de Pétrone; et ailleurs, c'est un homme qui dit à un autre: «Je te donne mon *frère*.» Quelquefois, en désignant une maîtresse qu'on avait eue, on la nommait *sœur du côté gauche* (*læva soror*, dit Plaute), et une mérétrice donnait le nom badin de *petit frère* à quiconque faisait marché avec elle.

On ne saurait trop s'étonner de la décence, même de la pudibonderie du langage parlé, contraste perpétuel avec l'immodestie des gestes et l'audace des actes. De là cette locution qui revenait à tout propos dans le discours, en forme de conseil: *Respectez les oreilles* (*parcite auribus*). Quant aux yeux, on ne leur épargnait rien et ils ne se scandalisaient pas de tout ce qu'on leur montrait. Ils n'avaient donc pas de répugnance à s'arrêter sur les pages d'un de ces livres obscènes, de ces écrits érotiques ou sotadiques, en vers ou en prose, que les libertins de Rome aimaient à lire pendant la nuit (*pagina nocturna*, dit Martial). C'était un genre de littérature très-cultivé chez les Romains, quoique peu goûté des honnêtes gens. Les auteurs de cette littérature, chère aux courtisanes, semblaient vouloir, par leurs ouvrages, se faire un nom dans les fastes de la débauche et honorer par là les dieux impudiques auxquels ils se consacraient. Mais ce n'étaient pas seulement des libertins de profession qui composaient ces livres lubriques (*molles libri*); c'étaient parfois les poëtes, les écrivains les plus estimés, qui se laissaient entraîner à ce dévergondage d'imagination et de talent; c'était ordinairement de leur part une sorte d'offrande faite à Vénus; c'était, en certains cas, un simple jeu littéraire, un sacrifice au goût du jour. «Pline, qui est généralement estimé, dit Ausone (dans le *Centon Nuptial*), a fait des poésies lascives, et jamais ses mœurs n'ont fourni matière à la censure. Le recueil de Sulpitia respire la volupté, et cette digne matrone ne se déridait pourtant pas souvent. Apulée, dont la vie était celle d'un sage, se montre trop amoureux dans ses épigrammes: la sévérité règne dans tous ses préceptes, la licence dans ses lettres à Cœrellia. Le Symphosion de Platon contient des poëmes qu'on dirait composés dans les mauvais lieux (*in ephebos*). Que dirai-je de l'Erotopægnion du vieux poëte Lævius, des vers satiriques (*fescenninos*) d'Ænnius? Faut-il citer Evenus, que Ménandre a surnommé *le sage*? Faut-il citer Ménandre lui-même et tous les auteurs comiques? Leur manière de vivre est austère, leurs œuvres sont badines. Et Virgile, qui fut appelé *Parthénie*, à cause de sa chasteté, n'a-t-il pas décrit dans le huitième livre de son Énéide les amours de Vénus et de Vulcain, avec une indécente pudeur? N'a-t-il pas, dans le troisième livre de ses Géorgiques, accouplé aussi décemment que possible des hommes changés en bêtes?» Pline, pour s'excuser d'une débauche d'esprit qu'il n'avait pas l'air de se reprocher, disait: «Mon livre est obscène, ma vie est pure (*lasciva est nobis pagina, vita proba*).»

La bibliothèque secrète des courtisanes et de leurs amis devait être considérable, mais à peine est-il resté le nom des principaux auteurs qui la composaient. Chez les Romains de même que chez les Grecs, ce sont les érotiques qui ont eu le plus à souffrir des proscriptions de la morale chrétienne. Vainement la poésie demandait grâce pour eux; vainement ils se réfugiaient sous la protection éclairée et libérale des doctes amateurs de l'antiquité; vainement ils se perpétuaient de bouche en bouche dans la mémoire des voluptueux et des femmes galantes: le christianisme les poursuivait impitoyablement jusque dans les souvenirs de la tradition. Ils disparurent, ils s'effacèrent tous, à l'exception de ceux que protégeait, comme Martial et Catulle, l'heureux privilége de leur réputation poétique. Le scrupule religieux alla même jusqu'à déchirer bien des pages dans les œuvres des meilleurs écrivains. Les lettres latines ont perdu ainsi la plupart des poëtes de l'amour païen, et cette destruction systématique fut l'œuvre des Pères de l'Église. Nous ne possédons plus rien de Proculus, qui, suivant Ovide, avait marché sur les traces de Callimaque; rien des orateurs Hortensius et Servius Sulpitius, qui avaient fait de si beaux vers licencieux; rien de Sisenna, qui avait traduit du grec les Milésiennes (*Milesii libri*) d'Aristide; rien de Mémonius et de Ticida, qui, au dire d'Ovide, ne s'étaient pas plus souciés de la pudeur dans les mots que dans les choses; rien de Sabellus, qui avait chanté les arcanes du plaisir, à l'instar de la poëtesse grecque Eléphantis; rien de Cornificius, ni d'Eubius, ni de l'impudent Anser, ni de Porcius, ni d'Ædituus, ni de tous ces érotiques qui faisaient les délices des courtisanes et des bonnes mérétrices de Rome. Les nouveaux chrétiens ne pardonnèrent pas davantage aux Grecs qu'ils comprenaient moins encore, ni à l'ignoble Sotadès, qui donna son nom aux poésies inspirées par l'amour contre la nature; ni à Minnerme de Smyrne, dont les vers, dit Properce, valaient mieux en amour que ceux d'Homère; ni à l'impure Hemiteon de Sybaris, qui avait résumé l'expérience de ses débauches dans un poëme nommé *Sybaritis*; ni à l'effrontée Nico, qui avait mis en vers ses actes de courtisane; ni au célèbre Musée, dont la lyre, égale de celle d'Orphée, avait évoqué toutes les passions vénéréiques. Ainsi fut anéanti presque complétement le panthéon de la Prostitution grecque et romaine, après deux ou trois siècles de censure persévérante et d'implacable proscription. Les courtisanes et les libertins furent moins acharnés que les savants pour défendre leurs auteurs favoris; car libertins et courtisanes, en devenant vieux, devenaient dévots et brûlaient leurs livres. Ce sont les savants qui nous ont conservé Horace, Catulle, Martial et Pétrone.

4

SOMMAIRE.—Maladies secrètes et honteuses des anciens.—*Impura Venus*.—Les auteurs anciens ont évité de parler de ces maladies.—Invasion de la *luxure asiatique* à Rome.—A quelles causes on doit attribuer la propagation des vices contre nature chez les anciens.—Maladies sexuelles des femmes.—Les médecins de l'antiquité se refusaient à traiter les maladies vénériennes.—Pourquoi.—Les enchanteurs et les charlatans.—La grande lèpre.—La petite lèpre ou *mal de Vénus*.—Importation de ce mal à Rome par Cneius Manlius.—Le *morbus indecens*.—La plupart des médecins étaient des esclaves et des affranchis.—Pourquoi, dans l'antiquité, les maladies vénériennes sont entourées de mystère.—L'existence de ces maladies constatée dans le *Traité médical* de Celse.—Leur description.—Leurs curations.—Manuscrit du treizième siècle décrivant les affections de la syphilis.—Apparition de l'*éléphantiasis* à Rome.—Asclépiade de Bithynie.—T. Aufidius.—Musa, médecin d'Auguste.—Mégès de Sidon.—Description effrayante de l'éléphantiasis, d'après Arétée de Cappadoce.—Son analogie avec la syphilis du quinzième siècle.—Le *campanus morbus* ou mal de Campanie.—*Spinturnicium*.—Les *fics*, les *marisques* et les *chies*.—La *Familia ficosa*.—La *rubigo*.—Le *satyriasis*.—Junon-*Fluonia*.—Dissertation sur l'origine des mots *ancunnuentæ, bubonium, imbubinat* et *imbulbitat*.—Les *clazomènes.*—Des maladies nationales apportées à Rome par les étrangers.—Les médecins grecs.—Vettius Vales.—Themison.—Thessalus de Tralles.—Soranus d'Ephèse.—Les empiriques, les antidotaires et les pharmacopoles.—Ménécrate.—Servilius Damocrate.—Asclépiade Pharmacion.—Apollonius de Pergame.—Criton.—Andromachus et Dioscoride.—Les médecins pneumatistes.—Galien et Oribase.—Archigène.—Hérodote.—Léonidas d'Alexandrie.—Les *archiatres.*—*Archiatri pallatini* et *archiatri populares.*—L'institution des archiatres régularisée et complétée par Antonin-le-Pieux.—Eutychus, médecin des *jeux du matin.*—Les sages-femmes et les *medicæ.*—Épigramme de Martial contre Lesbie.—Le *solium* ou bidet, et de son usage à Rome.—Pourquoi les malades atteints de maladies honteuses ne se faisaient pas soigner par les médecins romains.—Mort de Festus, ami de Domitien.—Des drogues que vendaient les charlatans pour la guérison des maladies vénériennes.—Superstitions religieuses.—Offrandes aux dieux et aux déesses.—Les prêtres médecins.—La *Quartilla* de Pétrone.—Abominable apophthegme des *pædicones.*

Cet épouvantable amas de Prostitutions de tous genres, dans la fange desquelles se vautrait la société romaine, ne pouvait manquer de corrompre la santé publique. Quoique les poëtes, les historiens et même les médecins de l'antiquité se taisent sur ce sujet, qu'ils auraient craint de présenter sous un jour déshonorant, quoique les fâcheuses conséquences de ce qu'un écrivain du treizième siècle appelle l'amour impur (*impura Venus*) aient laissé fort peu de traces dans les écrits satiriques, comme dans les traités de matière médicale, il est impossible de méconnaître que la dépravation des mœurs avait multiplié chez les Romains le germe et les ravages des maladies de Vénus. Ces maladies étaient certainement très-nombreuses, toujours fort tenaces et souvent terribles; mais elles ont été à peu près négligées ou du moins rejetées dans l'ombre par les médecins et les naturalistes grecs et romains. Nous ne pouvons hasarder que des conjectures philosophiques sur les causes de cet oubli et de ce silence général. En l'absence de toute indication claire et formelle à cet égard, nous sommes réduits à supposer que des motifs religieux empêchaient d'admettre parmi les maladies ostensibles celles qui affectaient les organes de la génération et qui avaient pour origine une débauche quelconque. Les anciens ne voulaient pas faire injure aux dieux, qui avaient accordé aux hommes le bienfait de l'amour, en accusant ces mêmes dieux d'avoir mêlé un poison éternel à cette éternelle ambroisie; les anciens ne voulaient pas qu'Esculape, l'inventeur et le dieu de la médecine, entrât en lutte ouverte avec Vénus, en essayant de porter remède aux vengeances et aux châtiments de la déesse. En un mot, les maladies des organes sexuels, peu connues, peu étudiées en Grèce comme à Rome, se cachaient, se déguisaient, comme si elles frappaient d'infamie ceux qui en étaient atteints et qui se soignaient en cachette avec le secours des magiciennes et des vendeuses de philtres.

Les maladies vénériennes furent sans doute moins fréquentes et moins compliquées chez les Grecs que chez les Romains, parce que la Prostitution était loin de faire les mêmes ravages à Athènes qu'à Rome. Il n'y avait pas en Grèce, comme dans la capitale du monde romain, une effroyable promiscuité de tous les sexes, de tous les âges, de toutes les nations. Le libertinage grec, que relevait un certain prestige de sentiment et d'amour idéal, n'avait pas ouvert les bras, comme le libertinage romain, à toutes les débauches étrangères: le premier avait toujours, même dans ses plus grands excès, conservé ses instincts de délicatesse, tandis que le second s'était abandonné à ses plus grossiers appétits, et avait poussé aux dernières limites la brutalité matérielle. On ne peut douter que de graves accidents de contagion secrète n'aient accompagné l'invasion de la *luxure asiatique* dans Rome. Ce fut vers l'an de Rome 568, 187 ans avant Jésus-Christ, que cette luxure asiatique, comme l'appelle saint Augustin dans son livre de la *Cité de Dieu*, fut apportée en Italie par le proconsul Cneius Manlius, qui avait soumis la Gallo-Grèce et vaincu Antiochus-le-Grand, roi de Syrie. Cneius Manlius, jaloux d'obtenir les honneurs du triomphe, qui ne lui fut pourtant pas décerné, avait amené avec lui des danseuses, des joueuses de flûte, des courtisanes, des eunuques, des efféminés et tous les honteux auxiliaires d'une débauche inconnue jusqu'alors dans la République romaine. Les premiers fruits de cette débauche furent évidemment des maladies sans nom qui attaquèrent les organes de la génération, et qui se répandirent dans le peuple, en s'aggravant, en se compliquant l'une par l'autre: «Alors, dit saint Augustin, alors seulement, des lits incrustés d'or, des tapis précieux apparaissent; alors, des joueuses d'instruments sont introduites dans les festins, et avec elles beaucoup de perversités licencieuses (*tunc, inductæ in convivia psalteriæ et aliæ licentiosæ nequitiæ*).» Ces joueuses d'instruments venaient de Tyr, de Babylone et des villes de la Syrie, où, depuis une époque immémoriale, les sources de la vie étaient gâtées par d'horribles maladies nées de l'impudicité. Les livres de Moïse témoignent de l'existence de ces maladies chez les Juifs, qui les avaient prises en Égypte et qui les avaient retrouvées plus redoutables parmi les populations de la Terre promise. Les Hébreux détruisirent presque complétement ces populations ammonites, madianites, chananéennes; mais celles-ci, en disparaissant devant eux, leur avaient légué, comme pour se venger, une foule d'impuretés qui altérèrent à la fois leurs mœurs et leur sang. Il n'y eut bientôt pas au monde une race d'hommes plus vicieuse et plus malsaine que la race juive. Les peuples voisins de la Judée, ces antiques desservants de la Prostitution sacrée, mettaient du moins plus de raffinements et de délicatesse dans leurs débordements, et, par conséquent, chacun était meilleur gardien de son corps et de sa santé. La Syrie tout entière, néanmoins, il faut le constater, renfermait un foyer permanent de peste, de lèpre et de mal vénérien (*lues venerea*). Ce fut à ce dangereux foyer que Rome alla chercher des plaisirs nouveaux et des maladies nouvelles.

Nous avons déjà soutenu cette thèse, qui n'est point un paradoxe et que la science appuierait au besoin sur des bases solides, le vice contre nature, que Moïse, seul entre tous les législateurs avant Jésus-Christ, avait frappé de réprobation, n'existait, ne pouvait exister à l'état de tolérance dans toute l'antiquité, que par suite des périls fréquents, continus, qui troublaient l'ordre régulier des plaisirs naturels. Les femmes étaient souvent malsaines, et leur approche, en certaines circonstances, sous des influences diverses de tempérament, de saison, de localité, de genre de vie, entraînait de fâcheuses conséquences pour la santé de leurs maris ou de leurs amants. Les femmes les plus saines, les plus pures, cessaient de l'être tout à coup par des causes presque inappréciables, qui échappaient aux précautions de l'hygiène comme aux remèdes de la médecine. La chaleur du climat, la malpropreté corporelle, l'indisposition mensuelle du sexe féminin, les dégénérescences de cette indisposition ordinaire, les flueurs blanches, les suites de couches et d'autres raisons accidentelles produisaient des maladies locales qui variaient de symptômes et de caractères, selon l'âge, l'organisation, le tempérament et le régime du sujet. Ces maladies étranges, dont l'origine restait à peu près inconnue, et dont la guérison radicale était fort longue, fort difficile et même impossible en différents cas, entouraient d'une sorte de défiance les rapports les plus légitimes entre les deux sexes. On regardait, d'ailleurs, comme une souillure presque indélébile toute inflammation, toute infirmité, tout affaiblissement des forces génératrices. On mettait sur le compte des mauvais sorts, des mauvais esprits et des mauvaises influences, ces germes empoisonnés, qui se cachaient dans les plus tendres caresses d'une femme aimée, et l'on en venait bientôt à redouter ces caresses qu'on avait tant désirées avant de connaître ce qu'elles renfermaient de perfide et d'hostile. Voilà comment la crainte et quelquefois le dégoût éloignèrent du commerce des femmes les hommes que l'expérience avait éclairés sur les phénomènes morbides qui semblaient attachés à ce commerce; voilà comment un honteux désordre d'imagination avait essayé de changer les lois physiques de l'humanité et d'enlever aux femmes le privilége de leur sexe, pour le transporter à des êtres bâtards et avilis, qui consentaient à n'être plus d'aucun sexe, en devenant les instruments dociles d'une hideuse débauche. Il est vrai que d'autres maladies d'un genre plus répugnant et non moins contagieux s'enracinèrent parmi la population, avec le goût dépravé qui les avait fait naître et qui les métamorphosait sans cesse; mais ces maladies étaient moins répandues que celles des femmes, et sans doute on pouvait mieux s'en garantir. On comprend aussi que dans toutes ces maladies mystérieuses, la lèpre, endémique dans tout l'Orient, prenait figure et se montrait sous les formes les plus capricieuses, les plus inexplicables.

Les médecins de l'antiquité, on a tout lieu de le croire, se refusaient au traitement des maux de l'une et l'autre Vénus (*utraque Venus*), puisque ces maux avaient, à leurs yeux, comme aux yeux de la foule, un air de malédiction divine, un sceau d'infamie. Les malheureux qui en étaient atteints recouraient donc, pour s'en débarrasser, à des pratiques religieuses, à des recettes d'empirisme vulgaire, à des œuvres ténébreuses de magie. Ce fut là surtout ce qui fit la puissance des sciences occultes et de l'art des philtres; ce fut là, pour les prêtres ainsi que pour les magiciens, un moyen de richesse et de crédit. Cette contagion vénérienne, qui résultait inévitablement d'un commerce impur, était toujours considérée comme un châtiment céleste, ou comme une vengeance infernale; la victime de la contagion, loin de se plaindre et d'accuser l'auteur de son infortune, s'accusait elle-même et ne cherchait qu'en soi les motifs de cette douloureuse épreuve. De là, bien des offrandes, bien des sacrifices dans les temples; de là, bien des invocations magiques au fond des bois; de là, l'intervention officieuse des vieilles femmes, des enchanteurs et de tous les charlatans subalternes qui vivaient aux dépens de la Prostitution. Il est impossible de comprendre autrement le silence des écrivains grecs et romains au sujet des maladies honteuses, qui étaient autrefois plus fréquentes et plus hideuses qu'elles ne le sont aujourd'hui. Ces maladies, les médecins proprement dits ne les soignaient pas, excepté en cachette, et ceux qui en étaient infectés, hommes et femmes, ne les avouaient jamais, alors même qu'ils devaient en mourir. La lèpre, d'ailleurs, cette affection presque incurable qui se transformait à l'infini et qui à ses différents degrés offrait les symptômes les plus multiples, la lèpre servait de prétexte unique à toutes les maladies vénériennes; la lèpre, aussi, les engendrait, les modifiait, les augmentait, les dénaturait et leur donnait essentiellement l'apparence d'une affection cutanée. Il est bien clair que la lèpre et les maladies vénériennes, en se confondant, en se combinant, en s'avivant réciproquement, avaient fini par s'emparer de l'économie et par laisser un virus héréditaire dans tout le corps d'une nation; ainsi, la grande lèpre appartenait traditionnellement au peuple juif; la petite lèpre ou le mal de Vénus (*lues venerea*), au peuple syrien.

Quand ce mal vint à Rome avec les Syriennes que Cneius Manlius y avait transplantées, comme pour fonder dans sa patrie une école de plaisir, Rome, déjà victorieuse et maîtresse d'une partie du monde, Rome n'avait pas de médecins. On ne les avait tolérés dans l'intérieur de la ville, que par des circonstances exceptionnelles, en temps de peste et d'épidémie. Mais, une fois la santé publique hors de péril, les médecins grecs qu'on avait appelés étaient éconduits avec ce dédain que le peuple de Romulus, aux époques de sa grossière et sauvage indépendance, témoignait pour les arts qui fleurissent à la faveur de la paix. Les Romains, il est vrai, avaient mené jusque-là une vie rude, laborieuse, austère, frugale; ils ne connaissaient guère d'autre maladie que la mort, suivant l'expression d'un vieux poëte, et leur robuste nature, exercée de bonne heure aux fatigues et aux privations, ne craignait d'infirmités que celles qui étaient causées par des blessures reçues à la guerre. Toute la médecine dont ils avaient besoin se bornait donc à la connaissance des plantes vulnéraires et à la pratique de quelques opérations chirurgicales. Leur sobriété et leur continence les mettaient alors à l'abri des maux qui sont produits par les excès de table et par la débauche. Ceux qu'un vice odieux, familier aux Faunes et aux Aborigènes leurs ancêtres, avait souillés de quelque hideuse maladie, se gardaient bien de la répandre et en mouraient, plutôt que d'en chercher le remède et de révéler leur turpitude. Au reste, dans ces temps d'innocence ou plutôt de pudeur, toutes les maladies qui s'attachaient aux parties honteuses, quels que fussent d'ailleurs leurs diagnostics, étaient confondues dans une seule dénomination, qui témoigne de l'horreur qu'elles inspiraient: *morbus indecens*. La pensée et l'imagination évitaient de s'arrêter sur les particularités distinctives de différentes affections qu'on désignait de la sorte. Il est permis cependant d'indiquer, sinon de décrire et d'apprécier, celles qui se montraient le plus fréquemment. C'était la *marisca*, tumeur cancéreuse ayant la grosseur d'une grande figue dont elle portait le nom et obstruant le fondement ou même quelquefois débordant au dehors et se propageant autour de l'anus. Quand cette tumeur était moins grosse, on l'appelait *ficus* ou figue ordinaire; quand elle se composait de plusieurs petites excroissances purulentes, on la nommait *chia*, qui était aussi le nom grec de la petite figue sauvage. Chez les femmes, ce mal prenait souvent le caractère d'un écoulement plus ou moins âcre, parfois sanguinolent, toujours fétide, dont le nom générique *fluor* demandait une épithète que la nature du mal se chargeait de prescrire. Mais le *morbus indecens* présentait encore peu de variétés, et lorsqu'il avait atteint une victime ou plutôt un coupable, de l'un ou de l'autre sexe, il n'allait pas se greffer ailleurs et engendrer d'autres espèces de fruits impurs: le mal, livré à lui-même, faisait des ravages incurables et dévorait secrètement le malade, dont les bains et les frictions ne faisaient que prolonger le déplorable état. Il arrivait pourtant quelquefois que, chez un tempérament énergique, le mal avait l'air de céder et de disparaître pour un temps; il revenait ensuite à la charge avec plus de ténacité et sous des formes plus malignes. Il n'y avait, au reste, que la magie et l'empirisme qui osassent lutter contre les tristes effets du *morbus indecens*. Les seuls médecins, qui fussent alors à Rome, étaient de misérables esclaves, juifs ou grecs, dont toute la pharmacopée se composait de philtres, de philatères, de talismans et de pratiques superstitieuses: cette médecine-là semblait faite exprès pour des maladies que les malades attribuaient volontiers, pour s'épargner la honte d'en avouer la cause, à la fatalité, à l'influence malfaisante des astres et des démons, à la vengeance des dieux, à la volonté du destin.

Il ne faut pas négliger de remarquer que la médecine grecque s'établit à Rome presque en même temps que la luxure asiatique; celle-ci date de l'an de la fondation 588; celle-là, de l'an 600 environ. Soixante-dix ans auparavant, vers 535, quelques médecins grecs avaient essayé de se fixer dans la ville où les appelaient différentes maladies contre lesquelles l'austérité romaine ne pouvait rien (on doit présumer que le *morbus indecens* était une de ces maladies chroniques et invétérées); mais ils éprouvèrent tant d'avanies, tant de difficultés, tant de répugnances, qu'ils renoncèrent à ce premier établissement; ils ne revinrent que quand Rome fut un peu moins fière de la santé de ses habitants. La bonne chère et la débauche avaient, dans l'espace de quelques années, créé, développé, multiplié un plus grand nombre de maladies qu'on n'en avait vu depuis la fondation de la ville. Parmi ces maladies, les plus communes et les plus variées furent certainement celles que la débauche avait produites; on les rapportait toujours à des causes avouables, ou plutôt on évitait d'en déclarer les causes, et le médecin avait soin de les couvrir d'un manteau décent, en les rangeant dans la catégorie des maladies honnêtes. Voilà pourquoi les maladies honteuses, dans les ouvrages de médecine de l'antiquité, ne se montrent nulle part ou bien se déguisent sous des noms qui en sauvaient l'infamie. C'est dans l'immense et dégoûtante famille de la lèpre que nous devons rechercher presque tous les genres de maux vénériens, qui ne faisaient pas faute à l'ancienne Prostitution plus qu'à la moderne. La plupart des médecins étaient des esclaves ou des affranchis: «Je t'envoie un médecin choisi parmi mes esclaves,» lit-on dans Suétone (*mitto tibi præterea cum eo ex servis meis medicum*), et ce passage, quoique diversement interprété par les commentateurs, prouve que le médecin n'était souvent qu'un simple esclave dans la maison d'un riche patricien. Chacun pouvait donc avoir un médecin particulier, dès qu'il l'achetait, sans doute fort cher; car la valeur vénale d'un esclave dépendait de son genre de mérite, et un médecin habile, qui devait être à la fois chirurgien adroit et savant apothicaire, ne se payait pas moins cher qu'un musicien ou un philosophe grec. On comprend que le médecin, n'ayant pas d'autre rôle que de soigner son maître et les gens de la maison, exerçait servilement son art, et, de peur des verges ou de plus rudes châtiments, environnait d'une prudente discrétion les maladies domestiques qu'il avait charge de guérir, sous peine des plus cruelles représailles. Les médecins affranchis n'étaient pas dans une position beaucoup plus libre à l'égard de leurs malades; ils ne craignaient pas d'être battus et mis aux fers, dans le cas où leur traitement réussirait mal, mais on pouvait les attaquer en justice et leur faire payer une amende considérable, si le succès n'avait pas répondu à leurs efforts et si l'art s'était reconnu impuissant contre la maladie. Il est évident que dans cette situation délicate le médecin ne s'adressait qu'à des maladies dont il était presque sûr de triompher. Cet état de choses nous indique assez que, pour être certain d'avoir des soins en cas de maladie, il fallait avoir au moins un médecin au nombre des esclaves qui composaient le personnel de la maison, et ce médecin, dépositaire des secrets de la santé de son maître, était surtout nécessaire à celui-ci, lorsque Vénus ou Priape lui devenait tout à coup défavorable ou hostile.

Ce seul fait explique suffisamment, à notre avis, le mystère qui entourait les maladies vénériennes dans l'antiquité, mystère que recommandaient également la religion et la pudeur publique. Les Romains élevèrent un temple à la Fièvre, un temple à la Toux; mais ils auraient craint de faire honte à Vénus, leur divine ancêtre, en décernant un culte aux maladies qui déshonoraient cette déesse. Ils niaient peut-être ces maladies, comme injurieuses pour l'humanité, et ils ne voulaient pas même que le *morbus indecens* eût un nom dans les annales de la médecine et de la république romaine. L'existence de ce mal, de la véritable syphilis, ou du moins d'une affection analogue, n'est pourtant que trop bien constatée dans le Traité médical de Celse, qui seulement n'ose pas l'attribuer à un commerce impur, et qui évite de remonter à son origine suspecte. Celse, élève ou plutôt contemporain d'Asclépiade de Bithynie, le premier médecin célèbre qui soit venu de Grèce à Rome, Celse ne nous laisse aucun doute sur la présence très-caractéristique du mal vénérien chez les Romains, car il décrit dans son livre, dans cet admirable résumé des connaissances médicales du siècle d'Auguste, plusieurs affections des parties sexuelles, affections évidemment vénériennes, que la science moderne s'est obstinée longtemps à ne pas rapprocher des phénomènes identiques de la syphilis du quinzième siècle. Ces affections sont peintes avec trop de vérité dans l'ouvrage latin pour qu'on puisse se méprendre sur leur nature contagieuse et sur leur transmission vénéréique. C'est bien là le *morbus indecens*, la *lues venerea*, quoique Celse ne leur donne pas ces noms génériques, quoiqu'il attribue des noms distinctifs, dont la création semble lui appartenir, aux variétés du mal obscène. Les réflexions dont Celse fait précéder le long paragraphe qu'il consacre aux maladies des parties honteuses, dans le sixième livre de son traité de médecine, ces réflexions confirment notre sentiment au sujet des motifs de réserve et de convenance qui s'opposaient au traitement public de ces maladies à Rome. «Les Grecs, dit Celse, ont, pour traiter un pareil sujet, des expressions plus convenables, et qui d'ailleurs sont acceptées par l'usage, puisqu'elles reviennent sans cesse dans les écrits et le langage ordinaire des médecins. Les mots latins nous blessent davantage (*apud nos fœdiora verba*), et ils n'ont pas même en leur faveur de se trouver parfois dans la bouche de ceux qui parlent avec décence. C'est donc une difficile entreprise de respecter la bienséance, tout en maintenant les préceptes de l'art. Cette considération n'a pas dû cependant retenir ma plume, parce que d'abord je ne veux pas laisser incomplets les utiles renseignements que j'ai reçus, et qu'ensuite il importe précisément de répandre dans le vulgaire les notions médicales relatives au traitement de ces maladies, qu'on ne révèle jamais à d'autres que malgré soi. (*Dein, quia in vulgus eorum curatio etiam præcipue cognoscenda, quæ invitissimus quisque alteri ostendit.*)» Celse s'excuse ainsi de publier un traitement qui était tenu secret, et il semble vouloir le mettre à la portée de tout le monde (*in vulgus*) pour obvier aux terribles accidents qui résultaient de l'ignorance des médecins et de la négligence des malades.

Il passe en revue ces maladies, qu'on retrouverait avec tous leurs signes spéciaux dans les monographies de la syphilis. Il parle d'abord de l'inflammation de la verge (*inflammatio colis*), qui produit un tel gonflement que le prépuce ne peut plus être ramené en avant ou en arrière; il ordonne d'abondantes fomentations d'eau chaude pour détacher le prépuce, et des injections adoucissantes dans le canal de l'urètre; il recommande de fixer la verge sur l'abdomen, afin d'obvier à la souffrance que cause la tension du prépuce, qui quelquefois, en se découvrant, met à nu des ulcères secs ou humides. «Ces sortes d'ulcères, dit-il, ont surtout besoin de fréquentes lotions d'eau chaude; on doit aussi les couvrir et les soustraire à l'influence du froid. La verge, en certains cas, est tellement rongée sous la peau, qu'il en résulte la chute du gland. Il devient alors nécessaire d'exciser en même temps le prépuce.» Il indique pour la guérison de ces ulcères une préparation, composée de poivre, de safran, de myrrhe, de cuivre brûlé et de minéral vitriolique broyés ensemble dans du vin astringent. N'est-ce pas là une gonorrhée syphilitique accompagnée de chancres et d'ulcérations? Celse mentionne ensuite des tubercules (*tubercula*), que les Grecs nomment φύματα, excroissances fongueuses qui se forment autour du gland et qu'il faut cautériser avec le fer rouge ou des caustiques, en saupoudrant avec de la limaille de cuivre la place des escarres, pour empêcher le retour de cette végétation parasite. Celse, après avoir clairement présenté ces phénomènes du virus vénérien, s'arrête à certains cas exceptionnels, où les ulcères, résultant d'un sang vicié, sinon d'une disposition particulière du malade, produisent la gangrène, qui attaque même le corps de la verge. Il faut alors pratiquer des incisions, trancher dans le vif, enlever les chairs gangrenées et cautériser avec des caustiques en poudre, notamment avec un composé de chaux, de chalcitis et de piment. Le malade, qui a subi cette opération souvent dangereuse, se voit condamné au repos et à l'immobilité jusqu'à ce que les escarres de la cautérisation soient tombées d'elles-mêmes. L'hémorrhagie est à craindre, quand il a été nécessaire d'abattre une partie de la verge. Celse signale ensuite un chancre (*cancri genus*), que les Grecs nomment φαγέδαινα, chancre très-malfaisant, dont le traitement ne souffre aucun retard, et qui doit être brûlé avec le fer rouge, dès son apparition; autrement, ce *phagédénique* s'empare de la verge, contourne le gland, envahit le canal et plonge jusqu'à la vessie; il est accompagné, dans ce cas, d'une gangrène latente, sans douleur, qui détermine la mort malgré tous les secours de l'art. Est-il possible de prétendre que cette espèce de chancre n'était pas l'indice local de la syphilis la plus maligne? Celse ne fait que citer en passant une sorte de tumeur calleuse, insensible au toucher, qui s'étend sur toute la verge, et qui demande à être excisée avec précaution. Quant au charbon (*carbunculus*) qui se montre au même endroit, il a besoin d'être détergé par des injections, avant d'être cautérisé. On peut avoir recours, après la chute de l'excroissance, aux médicaments liquides qu'on prépare pour les ulcères de la bouche.

Dans les inflammations lentes ou spontanées du testicule, qui ne sont pas la suite d'un coup (*sine ictu orta*), et qui proviennent, par conséquent, d'un accident vénérien, Celse conseille la saignée du pied, la diète et l'application de topiques émollients. Il donne la recette de plusieurs de ces topiques, pour le cas où le testicule devient dur et passe à l'état d'induration chronique. Celse a grand soin de distinguer le gonflement des testicules, produit par une cause interne, de celui qui résulte d'une violence extérieure, d'une pression ou d'un coup. Il n'aborde qu'avec répugnance les maladies de l'anus, qui sont, dit-il, très-nombreuses et très-importunes (*multa tædiique plena mala*)! Il n'en décrit que trois: les fissures ou rhagades, le condylome et les hémorrhoïdes, qui pouvaient être souvent vénériennes. Les fissures de l'anus, que les Grecs nomment ῥαγάδια, et dont Celse n'explique pas la honteuse origine, se traitaient avec des emplâtres, dans la préparation desquelles entraient du plomb, de la litharge d'argent et de la térébenthine. Quelquefois les rhagades s'étendaient jusqu'à l'intestin, et on les remplissait de charpie trempée dans la même solution antisyphilitique. Les affections de ce genre réclamaient une alimentation douce, simple et gélatineuse, avec un repos complet et l'usage fréquent des demi-bains d'eau tiède. Quant au condylome, cette excroissance qui naît ordinairement de certaines inflammations de l'anus (*tuberculum, quod ex quâdam inflammatione nasci solet*), il faut le traiter, dès son début, de la même manière que les rhagades: après les demi-bains et les emplâtres fondants, on a recours, en certains cas, à la cautérisation et aux caustiques les plus énergiques: l'antimoine, la céruse, l'alun, la litharge sont les ingrédients ordinaires des topiques destinés à détruire le condylome, après la disparition duquel il est utile de prolonger le régime adoucissant et rafraîchissant. Celse, en conseillant des remèdes analogues contre les hémorrhoïdes ulcérées et tuberculeuses, laisse entendre qu'il les attribuait souvent à une cause semblable. Il ne parle qu'avec beaucoup de réserve d'un accident que la débauche rendait plus fréquent et plus dangereux, la chute du fondement et de la matrice (*si anus ipse vel os vulvæ procidit*). Il évite aussi de s'occuper des maladies honteuses qui se rencontraient également chez les femmes, et c'est à peine si, en terminant, il indique sommairement un ulcère pareil à un champignon (*fungo quoque simile*), qui affectait l'anus et la matrice. Il prescrit de fomenter cet ulcère avec de l'eau tiède en hiver et de l'eau froide en été, de le saupoudrer avec de la limaille de cuivre, de la cire et de la chaux, et d'employer ensuite la cautérisation, si le mal persiste malgré le premier traitement. Mais on voit que Celse n'ose pas, par déférence pour le sexe féminin, le présenter comme intéressé au même titre que l'autre sexe dans les maladies obscènes: il croirait lui faire injure que de le montrer exposé aux inflammations, aux ulcères, aux tubercules et aux hideux ravages du mal vénérien.

Et maintenant, que le savant auteur du *Manuel des maladies vénériennes* vienne nier ce qui est dans l'ouvrage de Celse, et fasse preuve d'une obstination bien aveugle, en déclarant que: «dans tout Celse on ne trouve rien qui puisse faire soupçonner l'existence du virus syphilitique, mais bien des maladies locales, et dues aussi le plus souvent à des causes locales non virulentes;» qu'il ajoute, après avoir résumé le programme de Celse sur les maladies des parties génitales: «Il est donc naturel de conclure, avec Astruc et de Lamettrie, que tous ces maux prétendus vénériens, dont les anciens ont fait mention, étaient des maladies non syphilitiques.» Notre conclusion sera entièrement contradictoire; et, après avoir comparé les descriptions des médecins romains avec celles que l'observation moderne nous offre comme plus exactes et plus complètes dans l'histoire de la syphilis; après nous être rendu compte des motifs de chacun des traitements prescrits par la médecine ancienne et moderne, nous n'avons pas eu de doute sur l'origine et la nature du mal. La syphilis, la véritable syphilis, engendrée par la lèpre et la débauche, existait à Rome ainsi que dans la plupart des pays où les mœurs étaient corrompues par le mélange des populations étrangères. Le dernier traducteur de Celse, plus éclairé ou du moins plus impartial que ses devanciers, nous apprend que le docte M. Littré a découvert des manuscrits du treizième siècle «où toutes les affections des parties génitales signalées par les anciens, et même les accidents que nous regardons comme secondaires, sont formellement rapportés au coït impur; et cela, deux siècles avant l'époque qu'on veut assigner à l'invasion de la maladie vénérienne.»

Cette maladie avait fait son apparition à Rome sous le nom redoutable d'*elephantiasis*, vers l'an 650 de Rome (105 ans avant notre ère); et l'éléphantiasis, qui eut bientôt infecté l'Italie, donna des formes étranges à toutes les maladies avec lesquelles il se compliquait. Asclépiade de Bithynie dut en partie sa célébrité à cette terrible affection, qu'il nommait le Protée du mal, et qu'il excellait à guérir, pour l'avoir longtemps observée dans l'Asie-Mineure. Aussi, selon le témoignage de Pline, les Romains crurent-ils bénir en lui un génie bienfaisant envoyé par les dieux. Asclépiade, qui avait appliqué à la médecine le système philosophique d'Épicure, voulait voir dans toutes les maladies un défaut d'harmonie entre les atomes dont le corps humain lui semblait composé. Le premier, il divisa les maladies en affections aiguës et en affections chroniques; le premier, il chercha les causes de l'inflammation dans un engorgement quelconque: on devine qu'il avait étudié spécialement les maladies vénériennes. Grand partisan des moyens diététiques, il ordonnait souvent les frictions et les fomentations d'eau; il avait imaginé les douches (*balneæ pensiles*), et, à l'exemple de son maître Épicure, il n'était pas ennemi des plaisirs sensuels, pourvu qu'on s'y adonnât avec modération. Ce médecin grec devait réussir auprès des Romains, parce qu'il ne gênait pas trop leurs penchants, et qu'il permettait même à ses malades un sage emploi de leurs facultés physiques; c'était, suivant lui, empêcher l'âme de s'endormir, puisqu'il la faisait résider dans les organes des cinq sens. A l'instar d'Asclépiade, son disciple favori, T. Aufidius, recommanda l'usage des frictions dans toutes les maladies, traita victorieusement la lèpre et toutes ses dégénérescences vénériennes, et mit au nombre de ses remèdes la flagellation et les plaisirs de l'amour, qu'il jugeait souverains contre la mélancolie.

La lèpre était devenue, à Rome, de même que chez les Juifs, la maladie chronique, permanente, héréditaire; elle puisait de nouvelles forces et de prodigieux éléments dans l'abus et le déréglement des jouissances amoureuses; elle se transformait et se reproduisait sans cesse sous les aspects les plus affligeants; elle était environnée d'un affreux cortége d'ulcères et de bosses chancreuses; elle ne disparaissait sous l'action énergique des remèdes et des opérations chirurgicales, que pour reparaître bientôt avec des caractères plus sinistres, avec un principe plus vivace. Musa, le médecin d'Auguste, qu'il guérit d'une maladie que les historiens n'ont pas nommée ni décrite, maladie inflammatoire et locale, puisque des bains tièdes en éteignirent les ardeurs; Musa paraît s'être voué plus particulièrement à l'étude et au traitement des maladies lépreuses, scrofuleuses et vénériennes. Il avait été esclave avant d'être affranchi par Auguste, et il devait connaître les affections secrètes, qu'on traitait d'ordinaire à la dérobée dans l'intérieur des familles, affections graves et tenaces qui s'attaquaient à toutes les parties de l'organisme, après avoir pris naissance dans un coït impur. Musa inventa plusieurs préparations contre les ulcères de mauvais caractère; et ces préparations, qui gardèrent son nom en tombant dans l'empirisme, étaient réputées infaillibles dans la plupart des cas vénériens que Celse a décrits. Musa ne se bornait pas à des topiques extérieurs: il soumettait le malade à un traitement dépuratif interne, en lui ordonnant de boire des sucs de laitue et de chicorée. Ce traitement, inusité avant lui, démontre assez qu'il regardait le mal vénérien comme un virus qui se mêlait au sang et aux humeurs en les enflammant et en les corrompant. Il traitait avec le même système tous les maux qu'il croyait, de près ou de loin, dérivés de ce virus: les ulcérations de la bouche, les écoulements de l'oreille, les affections des yeux; infirmités si communes à Rome, qu'elles y étaient devenues endémiques, sous les empereurs. Mégès de Sidon, qui exerçait dans le même temps que Musa, se distingua aussi en traitant les maladies lépreuses, qui devaient être souvent vénériennes. Mégès était élève de Themison, qui fonda l'École méthodique, et qui, pour parvenir à la guérison de la lèpre, en avait d'abord recherché les causes, étudié les caractères et défini le principe.

Ce principe était ou avait été vénérien dans l'origine. La lèpre, de quelque pays qu'on la fasse venir, de l'Égypte ou de la Judée, de la Syrie ou de la Phénicie, fut d'abord une affection locale, née d'un commerce impur, développée, aggravée par le manque de soins médicinaux, favorisée par des circonstances accidentelles, et transformée sans cesse, graduellement ou spontanément, selon l'âge, le tempérament, le régime et la constitution physique du malade. De là ces variétés de lèpre que les médecins grecs et romains semblent avoir évité de décrire dans leurs ouvrages, comme si la théorie au sujet de cette maladie honteuse leur inspirait autant de répugnance que la pratique. La lèpre-mère était donc, suivant toute probabilité, la véritable syphilis du quinzième siècle, et c'est dans l'éléphantiasis que nous croyons reconnaître à la fois la syphilis et la lèpre-mère. Celse parle à peine de l'éléphantiasis, «presque ignorée en Italie, dit-il, mais très-répandue dans certains pays.» Il ne l'avait pas observée sans doute, ou du moins il ne voulait pas s'étendre sur une hideuse maladie qu'il regardait comme une rare exception. «Ce mal, se borne-t-il à dire, affecte la constitution tout entière, au point que les os mêmes sont altérés. La surface du corps est parsemée de taches et de tumeurs nombreuses, dont la couleur rouge prend par degrés une teinte noirâtre. La peau devient inégale, épaisse, mince, dure, molle et comme écailleuse; il y a amaigrissement du corps et gonflement du visage, des jambes et des pieds. Quand la maladie a acquis une certaine durée (*ubi vetus morbus est*), les doigts des pieds et des mains disparaissent, en quelque sorte, sous ce gonflement; puis, une petite fièvre se déclare, qui suffit pour emporter le malade, accablé déjà par tant de maux.» Cette description est bien pâle, bien incomplète auprès de celle que nous a laissée un contemporain de Celse, un illustre médecin grec, Arétée de Cappadoce, qui avait probablement étudié la maladie dans l'Asie-Mineure, où elle était si fréquente et si terrible.

Voici cette description effrayante, que nous réduisons des deux tiers en supprimant beaucoup de traits métaphoriques et poétiques qui n'ajoutent rien à la vérité et à l'horreur du tableau. Nous remarquerons, à l'appui de notre opinion, qu'Arétée confond dans l'éléphantiasis plusieurs maladies, telles que le satyriasis et la mentagre (*mentagra*), qui n'auraient été, selon lui, que des symptômes ou des formes particulières de l'éléphantiasis. «Il y a, dit-il, bien des rapports entre l'éléphant maladie et l'éléphant bête fauve, et par l'apparence, et par la couleur, et par la durée; mais ils sont l'un et l'autre uniques en leur espèce: l'animal ne ressemble à aucun autre animal, la maladie à aucune autre maladie. Cette maladie a été aussi appelée *lion*, parce qu'elle ride la face du malade comme celle d'un lion; *satyriasis*, à cause de la rougeur qui éclate sur les pommettes des joues du malade, et en même temps à cause de l'impudence des désirs amoureux qui le tourmentent; enfin, *mal d'Hercule*, parce qu'il n'y en a pas de plus grand ni de plus fort. Cette maladie est, en effet, la plus énergique pour abattre la vigueur de l'homme, et la plus puissante pour donner la mort; elle est également hideuse à voir, redoutable comme l'animal dont elle porte le nom, et invincible comme la mort; car elle naît de la cause même de la mort: le refroidissement de la chaleur naturelle. Cependant, son principe se forme sans signes apparents: aucune altération, aucune souillure, n'attaquent d'abord l'organisme, ne se montrent sur l'habitude du corps, ne révèlent l'existence d'un mal naissant; mais ce feu caché, après avoir demeuré longtemps enseveli dans les viscères, comme dans le sombre Tartare, éclate enfin, et ne se répand au dehors qu'après avoir envahi toutes les parties intérieures du corps.

»Ce feu délétère commence, chez la plupart des malades, par la face, qui devient luisante comme un miroir; chez les autres, par les coudes, par les genoux, par les articulations des mains et des pieds. Dès lors, ces malheureux sont destinés à périr, le médecin, par négligence ou par ignorance, n'ayant pas essayé de combattre le mal lorsqu'il était encore faible et mystérieux. Ce mal augmente; l'haleine du malade est infecte; les urines sont épaisses, blanchâtres, troubles comme celles des juments; les aliments ne se digèrent pas, et le chyle, formé par leur mauvaise coction, sert moins à nourrir le malade que la maladie elle-même dont le bas-ventre est le centre. Des tubérosités y bourgeonnent les unes auprès des autres; elles sont épaisses et raboteuses; l'espace intermédiaire de ces tumeurs inégales se gerce comme le cuir de l'éléphant; les veines grossissent, non par la surabondance du sang, mais par l'épaisseur de la peau. La maladie ne tarde pas à se manifester: de semblables tubérosités apparaissent sur tout le corps. Déjà les poils dépérissent et tombent; la tête se dégarnit et le peu de cheveux, qui résistent encore, blanchit; le menton et le pubis sont bientôt dépilés. La peau de la tête est ensuite découpée par des fentes ou gerçures profondes, rigides et multipliées. La face se hérisse de poireaux durs et pointus, quelquefois blancs à leur sommet, verdâtres à la base; la langue se couvre de tubercules en forme de grains d'orge. Quand la maladie se déclare par une violente éruption, des dartres envahissent les doigts, les genoux et le menton. Les pommettes des joues enflent et rougissent; les yeux sont obscurcis et de couleur cuivreuse; les sourcils chauves se rapprochent et se contractent, en se chargeant de larges poireaux noirs ou livides, de sorte que les yeux sont comme voilés sous les rides profondes qui s'entre-croisent au-dessus des paupières. Ce froncement de sourcils, cette difformité, impriment sur la face humaine le caractère du lion et de l'éléphant. Les joues et le nez offrent aussi des excroissances noirâtres; les lèvres se tuméfient: la lèvre inférieure est pendante et baveuse; les dents sont déjà noircies; les oreilles s'allongent, mollasses et flasques comme celles de l'éléphant; des ulcères rayonnent autour et il en sort une humeur purulente. Toute la superficie du corps est sillonnée de rides calleuses et même de fissures noires qui la découpent comme un cuir: de là dérive le nom de la maladie. Des crevasses divisent aussi les talons et les plantes des pieds jusqu'au milieu des orteils. Si le mal prend des accroissements, les tubérosités des joues, du menton, des doigts, des genoux, se terminent en ulcères fétides et incurables; ils s'élèvent même les uns au-dessus des autres, de façon que les derniers semblent dominer et ronger les premiers. Il arrive même que les membres meurent avant le sujet, jusqu'à se séparer du reste du corps, qui perd ainsi successivement le nez, les doigts, les pieds, les mains entières, les parties génitales; car le mal ne tue le malade, pour le délivrer d'une vie horrible et de cruels tourments, qu'après l'avoir démembré.»

Quand on rapprochera cet affreux tableau de celui que les médecins du quinzième siècle ont tracé, à l'apparition de la syphilis en Europe, on ne doutera pas que cette même syphilis n'ait déjà sévi quinze siècles auparavant sous le nom d'éléphantiasis; on ne doutera pas non plus que la lèpre, de quelque espèce qu'elle fût, n'ait puisé sa source dans une cohabitation impure. Tel paraît être le sentiment de Raimond, le savant historien de l'Eléphantiasis: «Les lois économiques établies dans l'Orient, dit-il au sujet des gonorrhées qui étaient fort communes et au sujet du commerce des femmes, prouvent que les maladies des organes génitaux et des aines, qui ont une si étroite correspondance avec eux, étaient réellement vénériennes.» C'est à la lèpre, c'est aux maladies syphilitiques, qu'il faut attribuer la haine et le mépris que les Juifs qui en étaient affligés inspiraient partout, et davantage chez les Romains.

La lèpre et le mal vénérien ne faisaient plus qu'un, à force de se combiner ensemble; rien n'était plus fréquent que leur invasion; mais aussi rien ne semblait plus déshonorant, et personne ne voulait s'avouer malade, quand tout le monde l'était ou l'avait été. La position des médecins entre ces mystères et ces répugnances de l'opinion devait être toujours délicate et difficile; ils ne traitaient que la lèpre; ils inventaient sans cesse des onguents, des panacées, des antidotes contre la lèpre, et les lépreux ne se montraient nulle part, à moins que le mal fît irruption sur le visage ou sur les mains. De là ces ulcères des doigts, que Celse prétendait guérir avec des lotions de lycium ou marc d'huile bouillie; de là ces excroissances charnues, nommées en grec πτερυγιον, qui végétaient à la base des ongles, et qui ne cédaient pas toujours à l'emploi des caustiques minéraux; de là cet *oscedo* ou abcès malin de la bouche, que Marcellus Empyricus, au quatrième siècle, décrivait naïvement sans en approfondir la source, mais en l'entourant de ses indices syphilitiques; de là une autre maladie de la bouche, mieux caractérisée encore et plus répandue dans le bas peuple, dans la classe où se recrutaient les mérétrices errantes et les lâches complaisants de la débauche fellatoire. Cette maladie repoussante se nommait *campanus morbus*, parce qu'on accusait Capoue, cette reine de la luxure et de l'infamie, comme l'appelle Cicéron (*domicilium superbiæ, luxuriæ et infamiæ*), de l'avoir enfantée. Il est certain que la plupart des habitants de Capoue portaient sur la face les stigmates honteux de ce mal infâme. Horace, dans le récit de son voyage à Brindes, met en scène Sarmentus, affranchi d'Octave et un de ses mignons; il le représente riant et plaisantant sur le mal campanien, et sur sa propre figure que ce mal avait déshonorée (*campanum in morbum, in faciem per multa jocatus*). Sarmentus avait à la joue gauche une horrible cicatrice qui grimaçait sous les poils de sa barbe (*at illi fœda cicatrix setosam lævi frontem turpaverat oris*). Un des commentateurs d'Horace, Cruquius, a commenté aussi le mal de Campanie, et il l'a dépeint comme une excroissance livide qui hérissait les lèvres et qui finissait par obstruer l'orifice de la bouche. Plaute ne nous laisse pas douter de la nature de cette excroissance, lorsque dans son *Trinummus*, il proclame l'infamie de la race campanienne, qui, dit-il, surpasse en patience les Syriens eux-mêmes (*Campas genus multo Syrorum jam antidit patientia*). Plaute avait appris de bien odieux mystères d'impudicité, en tournant la meule chez un boulanger d'Ombrie.

Dans la plupart des maladies de Vénus, les tumeurs et les excroissances, que les médecins considéraient comme le mal lui-même au lieu de n'y voir que les effets locaux d'un mal occulte, ces fâcheux symptômes passaient ordinairement à l'état chronique, excepté dans les cas assez rares où les frictions, les bains de vapeur et les boissons rafraîchissantes affaiblissaient le virus vénérien et le détruisaient graduellement. On ne sortait jamais d'un traitement long et douloureux, sans en porter les marques, non-seulement sur le corps, mais souvent au visage. Ainsi, par suite des ulcères de la bouche, les lèvres se tuméfiaient et devenaient lippeuses, livides ou sanguinolentes; ce qui déformait tellement les traits du visage, qu'on appelait *spinturnicium* une femme que le mal avait ainsi défigurée, et dont la lippe dégoûtante ressemblait à la grimace d'une harpie (*spinturnix*). Les *fics*, les *marisques* et les *chies*, qui se produisaient sans cesse dans les affections de l'anus, résistaient au fer et au feu d'un traitement périodique; le malade retombait bientôt entre les mains de l'opérateur: «De ton podex épilé, dit Juvénal, le médecin détache, en riant, des tubercules chancreux (*podice levi cæduntur humidæ, medico ridente, mariscæ*).» Cette honteuse production de la débauche était si multipliée, surtout parmi le peuple, qui négligeait de se soigner et qui voyait le mal se perpétuer de père en fils, qu'on avait fait une épithète et même un superlatif, *ficosus, ficosissimus*, pour qualifier les personnes qu'on savait affligées de ces ulcères et de ces tubercules. On voit, dans une ode des *Priapées*, se promener fièrement le libertin le plus chargé de fics qui soit entre les poëtes (*inter eruditos ficosissimus ambulet poetas*). Martial, dans une de ses épigrammes intitulée *De familia ficosa*, nous fait une effrayante peinture de cette famille, et en même temps de tous ses contemporains: «La femme a des figues, le mari a des figues, la fille a des figues, ainsi que le gendre et le petit-fils. Ni l'intendant, ni le métayer, ni le journalier, ni le laboureur, ne sont exempts de ce honteux ulcère. Jeunes et vieux, tous ont des figues, et, chose étonnante, pas un de leurs champs n'a de figuiers.» Les écoulements purulents et les gonorrhées n'étaient pas moins fréquents que ces tumeurs, qu'ils précédaient ou accompagnaient; mais les médecins, du moins dans la théorie et dans la science écrite, n'avaient pas distingué, parmi ces affections inflammatoires de l'urètre et du vagin, celles qui résultaient d'un commerce impur. On peut supposer que ces dernières se trahissaient par des accidents particuliers, notamment par un ulcère qu'on appelait *rouille* (*rubigo*). «La rubigo, dit un ancien commentateur des *Géorgiques* de Virgile, est proprement, comme l'atteste Varron, un mal du plaisir honteux, qu'on appelle aussi ulcère. Ce mal naît ordinairement d'une abondance et d'une superfluité d'humeur, qui se nomme en grec σατυρίασις.» C'est le nom de cet ulcère, qu'on avait appliqué à la rouille des blés altérés par l'humidité et la moisissure. Le passage que nous avons cité de

Servius, qui s'appuie sur l'autorité de Varron, établit suffisamment une opinion que nous avait inspirée l'examen du satyriasis des anciens. Cette maladie, si commune chez eux, n'était autre que la blennorrhagie aiguë de nos jours. Il y avait, d'ailleurs, une espèce de satyriasis causé d'ordinaire par les excès vénériens, et surtout par les stimulants dangereux qu'on employait pour aider à ces excès. «Ce satyriasis, dit Cœlius Aurelianus, est une violente ardeur des sens (*vehemens Veneris appetentia*); elle tire son nom des propriétés d'une herbe que les Grecs appellent σατυριον. Ceux qui usent de cette herbe sont provoqués aux actes de Vénus par l'érection des parties génitales. Mais il existe des préparations destinées à exciter les sens à l'acte vénérien. Ces préparations, qu'on nomme satyriques, sont âcres, excitantes et funestes aux nerfs.» Cœlius Aurelianus caractérisait ainsi le satyriasis, d'après les leçons de son maître Themison, qui avait observé le premier cette maladie et qui la traitait par des applications de sangsues, qu'on ne paraît pas avoir employées avant lui.

Les écoulements sanguins, rouillés et blanchâtres, les pertes et les flueurs de leucorrhée affligeaient si généralement les femmes de Rome, qu'elles invoquaient Junon sous le nom de *Fluonia*, pour que la déesse les débarrassât de ces désagréables incommodités, qui n'étaient pas toujours des suites de couches, et qui accusaient souvent un germe impur. Les femmes affectées de ces écoulements malsains se disaient *ancunnuentæ*, mot bizarre qui paraît formé du substantif obscène, *cunnus*, plutôt que dérivé du verbe *cunire*, salir ses langes, comme le prétend Festus. Ces diverses maladies amenaient presque toujours l'engorgement des glandes inguinales, et, faute de soins ou de régime, la suppuration de ces glandes. On regardait l'aster comme un remède efficace contre les affections des aines, et on appelait cette plante *bubonium*, du grec βουβώνιον. On appliqua bientôt à la maladie, ou du moins à un de ses symptômes, le nom du remède, et l'on confondit sous ce nom de *bubon* tous les genres de pustules, d'abcès et d'ulcères qui avaient pour siége les aines. Nous croyons pouvoir faire un rapprochement de mots, qui peut-être jettera du jour sur les causes ordinaires de cette maladie inguinale. Les Romains avaient fait le verbe *imbubinare* pour dire *souiller de sang impur*; ce verbe se rapportait spécialement à l'état des femmes pendant leur indisposition menstruelle. On employait aussi la même expression pour tout écoulement âcre, et un vers célèbre, dans les fragments du vieux Lucilius, compare l'une à l'autre deux souillures différentes que subissait un débauché à double fin: *Hæc te imbubinat et contra te imbulbitat ille*. Cependant, Jules César Scaliger proposait de lire *imbulbinat* au lieu d'*imbulbitat*, et par conséquent de traduire ainsi, sans pouvoir rendre toutefois le jeu de mots latin: «Elle te donne des bubons, et lui, au contraire, te rend des tubercules.»

Nous sommes étonné de ne pas trouver dans les poëtes plus d'allusions à une maladie qui devait être pourtant bien répandue chez les Romains, aux écoulements du rectum, à cette infâme souillure de la débauche antique. Il faut, à notre avis, chercher la description, ou du moins le traitement de cette maladie honteuse, dans le paragraphe que Celse a consacré aux hémorrhoïdes. Par pudeur, plutôt que par ignorance, on avait compris dans la classe des hémorrhoïdes tous les écoulements analogues, quelle que fût leur cause, quelle que fût leur nature. On ne saurait en douter, quand on voit Celse prescrire dans certains cas contre le flux hémorrhoïdal et contre les tumeurs qui l'accompagnaient l'emploi des caustiques et des emplâtres astringents. Nous ne pensons pas qu'on doive reconnaître la cristalline dans les *clazomènes* (*clazomenæ*), que les savants ont rangés parmi les maladies de l'anus. Selon Pierrugues, ce seraient les fissures ou déchirures du fondement indiquées par Celse, et leur surnom dériverait du nom de la ville de Clazomène en Ionie, où d'abominables mœurs avaient rendu presque générale cette affection qui ne se concentra pas dans cette ville dissolue. Nous voyons plutôt dans les clazomènes certains tubercules fongueux qui poussaient autour du pubis, et nous adopterons l'étymologie proposée par Facciolati, κλαζόμενος, brisé ou rompu. Voici d'ailleurs la fameuse épigramme d'Ausone, où l'on découvre le véritable caractère des clazomènes: «Quand tu arraches les végétations qui hérissent ton podex baigné dans l'eau chaude, quand tu frottes à la pierre ponce les clazomènes qui sortent de tes reins, je ne vois pas la véritable cause de ton mal, si ce n'est que tu as eu le courage de prendre une double maladie, et que, femme par derrière, tu es resté homme par-devant.» Telle est l'horrible épigramme que l'abbé Jaubert, traducteur de Martial, n'a pas osé traduire, et que les commentateurs ne paraissent pas avoir comprise:

Sed quod et elixo plantaria podice velles
Et teris incusas pumice clazomenas;
Causa latet; bimarem nisi quod patientia morbum
Appetit, et tergo fœmina, pube vir es.

Au reste, la présence du mal de Clazomène à Rome n'avait rien de surprenant; car Rome, sous les empereurs, fut envahie par les étrangers, qui y apportèrent sans doute leurs maladies comme leurs mœurs. «Je ne puis souffrir, Romains, s'écrie Juvénal, je ne puis souffrir Rome devenue grecque; et pourtant, cette lie achéenne ne fait qu'une faible portion des habitants de Rome. Depuis longtemps l'Oronte de Syrie s'est déversé dans le Tibre, et il nous a amené sa langue, ses mœurs, ses harpes, ses flûtes, ses tambours et ses courtisanes qui se prostituent dans le Cirque. Allez à elles, vous qu'enflamme la vue d'une louve barbare coiffée de sa mitre peinte!» Les poëtes et les écrivains latins n'ont pas oublié de flétrir les hôtes étrangers de Rome, qu'ils accusaient surtout d'avoir corrompu ses mœurs en lui apportant leurs vices et leurs débauches nationales. C'était la Phrygie, c'était la Sicile, c'était Lesbos, c'était la Grèce entière, qui avaient pollué la vieille austérité romaine. Lesbos apprit aux Romains toutes les turpitudes de l'amour lesbien; la Phrygie leur livra ses efféminés (*Fœmineus Phryx*, dit Ausone), ces jeunes esclaves aux longs cheveux flottants, aux grandes boucles d'oreilles, aux tuniques à larges manches, aux brodequins rouges et verts. Lacédémone, la fière Sparte, envoya aussi une colonie de gitons et de tribades: Juvénal représente de la sorte une infamie lacédémonienne, qui a tourmenté, sans résultat plausible, l'imagination des scoliastes et des traducteurs: *Qui Lacedæmonium pytismate lubricat orbem*; Martial cite les luttes féminines inventées par Léda et mises en honneur par la licencieuse Lacédémone (*libidinosæ Lacedæmonis palæstras*). Et Sybaris, et Tarente, et Marseille! «Sybaris s'est emparée des sept collines!» murmure Juvénal, qui regrette toujours la simplicité romaine des premiers siècles; Sybaris, la reine des voluptés et des maladies vénériennes. Tarente (*molle Tarentum*, dit Horace) était là, en même temps, avec ses beaux garçons à la peau parfumée, aux membres épilés, au corps nu sous des vêtements d'étoffe transparente, comme si ce fussent des nymphes. Marseille se présentait également avec ses enfants, exercés à la débauche, mais qui souvent ne vouaient que leur coupable main à la Prostitution, témoin ce passage d'une comédie de Plaute: «Où es-tu, toi qui demandes à pratiquer les mœurs marseillaises? si tu veux me prêter ta main (*si vis subigitare me*), l'occasion est bonne.» On ne finirait pas d'énumérer les villes et les pays étrangers, qui avaient le plus servi à la dépravation de Rome. Il ne faut pas oublier Capoue et les Opiciens: ces derniers, qui peuplaient une partie de la Campanie, s'étaient dégradés à tel point que leur nom était synonyme de la Prostitution la plus humiliante. Ausone a fait une épigramme contre Eunus Syriscus, *inguinum liguritor*, maître passé en l'art des Opiciens (*Opicus magister*). On est effrayé de la quantité de maladies invétérées et mystérieuses qui devaient exister dans les basses régions des plaisirs honteux.

Il venait de la Grèce autant de médecins que de courtisanes; mais ces médecins, que le préjugé romain poursuivait partout d'un mépris qui allait jusqu'à la haine, se préoccupaient moins de faire des cures radicales que de gagner de l'argent. Ils devenaient riches rapidement, dès que leur réputation les désignait au traitement d'une affection particulière; mais la santé publique, en dépit des progrès de la médecine méthodique, ne s'améliorait pas. Il est permis d'en juger par la nature des maladies qui s'offraient de préférence aux études de la science. C'était toujours la lèpre avec ses nombreuses variétés. Chaque praticien en renom inventait un nouveau remède contre quelque manifestation locale de cette peste chronique, qui se mêlait à toutes les maladies. Il y eut une multitude de collyres pour les maux d'yeux, de topiques pour les ulcères, de gargarismes pour les aphtes, d'emplâtres pour les tumeurs, ce qui prouve que ces affections plus ou moins lépreuses et vénériennes se reproduisaient à l'infini. Après Musa, le médecin en vogue fut Vettius Valens, moins connu encore par son talent iatrique et chirurgical que par son commerce clandestin avec Messaline. Il eut sans doute plus d'une occasion, grâce à sa maîtresse, de connaître les maladies de l'amour. En même temps que lui, un autre élève de Themison exerçait à Rome: Mégès de Sidon guérissait surtout les dartres lépreuses, et traitait avec succès le gonflement scrofuleux des seins. Il fut éclipsé par son condisciple Thessalus de Tralles, qui n'avait ni son savoir ni son expérience, mais qui se vantait d'être le vainqueur des médecins (ιατρονικης) anciens. Ce Thessalus, que Galien qualifie de *fou* et d'*âne*, avait l'audace de prétendre qu'il opérait des guérisons subites, en usant des médicaments les plus violents à fortes doses. Il obtint, en effet, quelques brillants succès dans le traitement de la lèpre, des ulcères et des scrofules. Ce traitement semblait alors constituer toute la médecine; car la lèpre, qui s'était incorporée partout, semblait être la seule maladie. Le nombre des malades augmentant, Thessalus trouva bon d'augmenter aussi le nombre des médecins, et comme il ne demandait que six mois pour faire des élèves aussi habiles que lui, ce fut à qui viendrait écouter ses leçons: cuisiniers, bouchers, tanneurs et d'autres artisans renoncèrent à leur métier pour se mettre à la suite de Thessalus, qui marchait environné d'un cortège de disciples fanatiques. Les médecins ne firent que déchoir davantage en considération et en savoir. La grande affaire était toujours la guérison de la lèpre. Soranus d'Éphèse vint à Rome, sous Trajan, et apporta diverses préparations qui réussirent dans l'alopécie et la mentagre. Moschion, un des rivaux de Soranus, s'occupa particulièrement des maladies de la femme et de l'étude de ses parties sexuelles; il traitait les fleurs blanches par des moyens énergiques qui les arrêtaient sur-le-champ.

A côté de ces médecins méthodistes, on voit en foule les empiriques, les antidotaires et les pharmacopoles. Ils étaient encore plus méprisés, plus abhorrés que les médecins. Horace ne croit pas leur faire injure, en les plaçant sur la même ligne que les bateleurs, les mendiants, les parasites et les prostituées (*ambubajarum collegia, pharmacopolæ*). Ces charlatans avaient dans leur domaine les maladies honteuses qui offraient un vaste champ à la pharmacopée. Parmi ces empiriques, on distingua pourtant plusieurs savants botanistes, plusieurs manipulateurs ingénieux. Sous Tibère, Ménécrate, l'inventeur du diachylon, composait des emplâtres, souvent efficaces contre les dartres, les tumeurs et les scrofules; Servilius Damocrate fabriquait d'excellents emplâtres émollients; Asclépiade Pharmacion guérissait les ulcères de mauvais caractère, Apollonius de Pergame, les aphthes; Criton, la lèpre; Andromachus, l'inventeur de la thériaque, et Dioscoride, l'auteur d'un grand et célèbre ouvrage sur la matière médicale, paraissent avoir attaché plus d'importance à la morsure des serpents qu'au venin vénérien, qui faisait cependant plus de victimes.

La recherche et le traitement de ce venin intéressèrent davantage l'école des médecins pneumatistes qui florirent à Rome pendant le second siècle de l'ère moderne et qui comptèrent dans leurs rangs Galien et Oribase. Un de ces médecins, Archigène, parvint à combattre les affections lépreuses et eut recours quelquefois à la castration pour diminuer les accidents de la maladie, qui était certainement vénérienne dans les cas où il sacrifiait la virilité de son malade. Il avait éclairci avec bonheur la doctrine des ulcérations de la matrice. Un autre pneumatiste, non moins habile, Hérodote, se montra partisan zélé des sudorifiques, qui, selon lui, dégageaient le pneuma de tout ce qu'il pouvait contenir d'hétérogène: l'emploi des sudorifiques était sans doute tout-puissant contre les maladies qui avaient un principe syphilitique. Ces maladies commençaient à être mieux observées et la médication devenait plus rationnelle. Un contemporain de Galien, Léonidas d'Alexandrie, qui semble avoir été un praticien aussi heureux qu'habile, s'était fait distinguer dans le traitement des parties génitales; ses remarques sur les ulcères et les verrues de ces parties sont encore du plus haut intérêt, de même que celles qui ont pour objet le gonflement et l'inflammation des testicules. «A la vérité, dit Kurt Sprengel dans son *Histoire de la médecine*, il ne fait pas mention du commerce avec une femme impure; mais les bords calleux, qu'il indique comme le caractère distinctif de ces sortes d'ulcères, tiennent évidemment à la présence d'un virus interne.» Ce virus, qu'on le nomme *lèpre* ou *syphilis*, existait dans un grand nombre de maladies locales que Galien et Oribase n'ont pas décrites avec des symptômes vénériens, mais qu'ils traitaient empiriquement, sur la foi des anciens topiques qui venaient la plupart de l'Orient aussi bien que les maladies elles-mêmes, plus simples et moins méconnaissables à leur berceau.

Nous attribuons au développement des maladies lépreuses ou vénériennes à Rome, l'établissement des archiatres ou médecins publics. Le premier qui ait porté le titre d'*archiatre* et qui en ait rempli les fonctions dans l'intérieur du palais impérial, fut Andromachus l'ancien, qui vivait sous Néron. Cet archiatre surveillait la santé, non-seulement de l'empereur, mais encore de tous les officiers du palais. Cette charge était si compliquée, qu'un seul médecin ne pouvait y suffire, et le nombre des archiatres palatins (*archiatri palatini*) alla toujours s'accroissant jusqu'à Constantin. Ils étaient parfois décorés de hautes dignités, et l'empereur les qualifiait de *præsul spectabilis*, honorable maître. On avait institué aussi, dans Rome et dans toutes les villes de l'empire, des archiatres populaires (*archiatri populares*), qui exerçaient gratuitement leur art dans l'intérêt du peuple et qui présidaient, pour ainsi dire, à une police de santé. Il y eut d'abord un de ces archiatres dans chacune des régions de Rome, c'étaient donc quatorze médecins pour toute la ville; mais on doubla, on tripla ce nombre, et bientôt ils furent aussi nombreux que les prêtresses de Vénus. Antonin le Pieux régularisa et compléta cette noble institution; il décréta que l'on nommerait dix archiatres populaires dans les grandes villes, sept dans les villes de second ordre et cinq dans les plus petites. Les archiatres formaient dans chaque ville un collége médical qui avait des élèves. Ce collége se recrutait lui-même, en votant sur le choix du candidat que lui présentait la municipalité, en cas de vacance d'un office d'archiatre. La municipalité s'assurait ainsi que la santé et la vie des citoyens ne seraient confiées qu'à des hommes probes et instruits. Ces archiatres jouissaient de divers priviléges qui témoignent de la déférence et de la protection que l'autorité leur accordait. Ils étaient payés aux frais de l'État, par les soins du décurion, qui leur faisait délivrer leur salaire sans aucune retenue. L'État leur donnait ce traitement, dit le Code Justinien, afin qu'ils pussent fournir gratuitement des remèdes aux pauvres et qu'ils ne fussent pas obligés, pour vivre, d'exiger la rémunération de leurs soins. Ils pouvaient cependant accepter la récompense qu'un malade leur offrait à titre de gratitude; mais ils devaient attendre pour cela que le malade fût guéri. Les archiatres étaient exempts de loger des troupes, de comparaître en justice dans la forme ordinaire, d'accepter la charge de tuteur ou de curateur et de payer aucune contribution de guerre, soit en argent, soit en blé, soit en chevaux. Enfin, quiconque osait les injurier ou les offenser de quelque manière, se voyait exposé à une punition arbitraire et souvent à une amende considérable. Ces médecins des pauvres n'étaient probablement pas de ces Grecs mal famés, qui venaient à Rome vendre des antidotes, tailler et cautériser des verrues, laver et panser des ulcères, quand ils ne s'acquittaient pas des plus bas emplois du lénocinium et quand ils ne se soumettaient point à de plus viles complaisances pour leurs malades.

Les archiatres populaires, il n'en faut pas douter, étaient placés sous l'autorité immédiate de l'édile: la médecine légale résultait donc de cette organisation, mais il est impossible de dire les matières qu'elle embrassait et l'action qu'elle pouvait avoir dans la police des prostituées. Nous n'avons pas même, à ce sujet, un seul texte qui puisse nous guider ou seulement nous éclairer. Les probabilités ne manquent pas pour nous faire supposer que ces médecins d'arrondissement ou de région avaient les yeux ouverts sur la santé des mérétrices inscrites. Peut-être, même, ces mérétrices se trouvaient-elles astreintes à la visite et à la surveillance de certains médecins particuliers, puisque les vestales et les gladiateurs avaient aussi leurs médecins à part. Le Code de Théodose parle formellement des vestales et des gymnases. Deux inscriptions antiques constatent les fonctions des médecins du Cirque; l'une de ces inscriptions nous donne le nom d'Eutychus, médecin des jeux du matin (*medicus ludi matutini*). Il est donc tout naturel que les mérétrices aient eu aussi leurs médecins, plus expérimentés, plus savants que les autres dans le traitement des maladies impures. Quant aux courtisanes qui n'étaient pas sous la tutelle de l'édile, elles avaient préféré probablement aux médecins ces vieilles femmes qu'on nommait *medicæ* et qui n'étaient pas seulement sages-femmes (*obstetrices*), car elles s'adonnaient autant à la magie qu'à la médecine empirique. La qualité de *medica* qu'elles prenaient dans l'exercice de leur art prouve qu'elles le pratiquaient souvent avec l'autorisation de l'édile et du collége des archiatres. Gruter rapporte cette inscription: Secunda L. Livillæ medica, mais il ne l'explique pas. Cette L. Livilla avait-elle en sa maison deux femmes esclaves expertes dans l'art de guérir, deux sages-femmes, deux faiseuses d'onguents et d'antidotes? ou bien ne s'agit-il que d'une seule *medica*, heureuse dans ses cures, *secunda*? On comprend, d'ailleurs, que les femmes qui dans leurs accouchements ne recevaient pas les soins d'un médecin, mais ceux de l'*obstetrix*, ne voulaient pas davantage se confier aux regards indiscrets d'un homme, lorsqu'elles étaient affligées de quelque maladie secrète ou honteuse (*pudenda*). Il fallait donc des femmes médecins qui traitassent les affections des femmes, et quand celles-ci étaient assez riches pour entretenir un certain nombre d'esclaves et de servantes, il y avait parmi elles un médecin domestique, qui se chargeait de diriger et de surveiller la santé de sa maîtresse. Il y avait aussi certainement des femmes, libres ou affranchies, qui pratiquaient la médecine et la chirurgie pour leur propre compte, et c'était à elles que s'adressaient les femmes du peuple qui avaient la pudeur de ne pas se mettre dans les mains des médecins.

Une épigramme de Martial, contre Lesbie, courtisane grecque qui avait eu quelque vogue, fait allusion à une de ces maladies sexuelles, que les femmes, même les plus éhontées, eussent rougi de divulguer à un médecin d'un autre sexe que le leur: «Chaque fois que tu te lèves de ta chaise, j'ai souvent remarqué, malheureuse Lesbie, que ta tunique se colle à ton derrière (*pædicant miseram, Lesbia, te tunicæ*), et que, pour la détacher, tu la tires à droite et à gauche, avec tant d'effort que la douleur t'arrache des larmes et des gémissements; car l'étoffe adhère à tes fesses et pénètre dans ton rectum, comme un vaisseau pris entre deux rochers des Symplegades. Veux-tu obvier à ce honteux inconvénient? je t'apprendrai un moyen, Lesbie: Ne te lève ni ne t'assieds!» C'était pour des affections locales du même genre, que les bains de siége sont souvent recommandés par Celse et par les médecins romains. Le meuble qui servait à prendre ces bains de siége, aussi fréquents en bonne santé qu'en état de maladie, était de différentes formes, carré, rond ou ovale, en bois, en terre cuite, en bronze et même en argent. On le nommait *solium*, comme si une femme, en l'occupant, siégeait sur un trône, avant ou après l'acte le plus délicat de sa royauté. Un ancien commentateur de Martial dit que les femmes de Rome, matrones ou courtisanes, à l'époque du luxe et de la mollesse asiatique, auraient tout refusé à leurs amants ou à leurs maris, si on ne leur eût pas permis de se laver (*abluere*) dans un bidet d'argent. Ces ablutions devinrent d'autant plus fréquentes que les femmes étaient moins saines et que la santé des hommes se trouvait plus exposée. On doit attribuer à ces ablutions et à celles qui se renouvelaient sans cesse dans les bains et les étuves, on doit attribuer aux frictions et aux fomentations qui les accompagnaient toujours, une foule de guérisons des maladies récentes et légères; en tous les cas, le développement des affections vénériennes rencontrait de puissants obstacles dans l'usage journalier et presque continuel des bains sudorifiques.

Les médecins, surtout ceux qui avaient une nombreuse et riche clientèle, dédaignaient certainement de s'abaisser au traitement des maladies secrètes; ils ne l'entreprenaient qu'avec répugnance, dans l'espoir d'être généreusement rétribués. Ce dédain médical à l'égard de ce genre de maladies nous paraît ressortir des habitudes mêmes de ces médecins célèbres qui arrivaient chez leurs malades avec un cortége de vingt, de trente et quelquefois de cent disciples, comme le dit Martial.

Le nombre de ces disciples indiquait proportionnellement le mérite ou plutôt la réputation de leur maître; et tous venaient, après lui, tâter le pouls du malade et juger des diagnostics du mal. On n'a pas besoin de démontrer qu'un malade vénérien ne se livrait pas ainsi en spectacle aux observations médicales et aux quolibets de la suite d'un médecin. Il y avait donc des médecins ou des pharmacopoles qui s'appropriaient le traitement des maladies secrètes et qui entouraient de mystère et d'une discrétion à l'épreuve ce traitement, que la médecine empirique se voyait trop souvent forcée d'abandonner à la chirurgie. Un mal obscène, longtemps négligé d'abord, puis largement traité par l'empirisme, se terminait d'ordinaire par une opération terrible dont parle Martial dans cette épigramme: «Baccara, le Grec, confie la guérison de ses parties honteuses à un médecin, son rival; Baccara sera châtré.» Une autre épigramme de Martial, sur la mort de Festus, nous permet de supposer que les malades désespéraient souvent de leur guérison, et se tuaient pour échapper à d'incurables infirmités, à une agonie douloureuse. Telle fut la fin de l'ami de l'empereur Domitien, du noble Festus, qui, atteint d'un mal dévorant à la gorge, mal horrible envahissant déjà son visage, résolut de mourir, et consola lui-même ses amis avant de se frapper stoïquement d'un poignard, comme le grand Caton.

Les guérisons étaient, devaient être longues et difficiles, lorsque le mal avait eu le temps de s'étendre et de s'enraciner. Les charlatans, qui vendaient sans contrôle une quantité de drogues en tablettes et en bâtons portant leur cachet, profitaient nécessairement de l'embarras où se trouvait le malade privé de médecin. Dans bien des circonstances, la superstition se chargeait seule de lutter contre la maladie, dont elle n'arrêtait guère les progrès. Le misérable patient allait de temple en temple, de dieu en déesse, avec des offrandes, des prières et des vœux. Les malades qui avaient le moyen de se faire peindre des tableaux votifs, faisaient suspendre ces tableaux dans les sanctuaires de Vénus, de Priape, d'Hercule ou d'Esculape. Il est permis de croire que la décence était respectée dans ces peintures allégoriques. Cependant on suspendait aussi autour des autels de toutes les divinités les représentations figurées des organes malades, en plâtre, en terre cuite, en bois, en pierre ou en métal précieux. On offrait des sacrifices expiatoires, dans lesquels figuraient toujours les gâteaux de pur froment (*coliphia*), qui avaient la forme des parties sexuelles et qui affectaient les plus extravagantes proportions. Les prêtres de certains dieux et déesses ne mangeaient pas d'autre pain que ces gâteaux obscènes, que les libertins réservaient aussi pour leur joyeuse table: *Illa silegineis pinguescit adultera cunnis*, dit Martial, qui attribue à cette pâtisserie une action favorable à l'embonpoint. Les chapelles et les temples qui voyaient affluer le plus de malades et d'offrandes étaient ceux dont les prêtres se mêlaient de médecine. Au reste, tout le monde avait le droit de se dire médecin à Rome et de fabriquer des drogues. Les maladies secrètes ouvraient un vaste champ aux spéculations du charlatanisme, et parmi ces spéculateurs, les oculistes n'étaient pas les moins ingénieux; les barbiers ne se bornaient pas non plus à manier le peigne et le rasoir; les barbiers, ces lénons astucieux qui tendaient la main à tous les commerces de la Prostitution, regardaient comme leur propriété les maladies qui en provenaient; les esclaves des bains, les *unctores*, les *aliptes* des deux sexes, connaissaient naturellement tous les secrets de la santé de leurs clients, et après leur avoir fourni des moyens de débauche, ils leur fournissaient des moyens de guérison; enfin, les maladies de Vénus étaient si multipliées et si ordinaires, que chacun s'était fait une hygiène à son usage, et pouvait au besoin se traiter soi-même sans prendre aucun confident et sans avoir à craindre aucune indiscrétion.

Et pourtant ces maladies, si nombreuses, si variées, si singulières chez les anciens, sont restées dans l'ombre, et les plus grands médecins de l'antiquité semblent s'être entendus tacitement pour les tenir cachées sous le manteau d'Esculape. Mais on peut aisément s'imaginer ce qu'elles étaient, quand on songe à l'effroyable déréglement des mœurs dans la Rome des empereurs; quand on voit la Prostitution guetter les enfants au sortir du berceau et s'en saisir avec une cruelle joie, avant qu'ils aient atteint leur septième année. «Que mon bon génie me confonde, s'écrie la Quartilla de Pétrone, si je me souviens d'avoir jamais été vierge! (*Junonem meam iratam habeam, si unquam me meminerim virginem fuisse!*)» Le mal vénérien était inhérent à la Prostitution et se répandait partout avec elle. Si la santé d'un maître devenait suspecte, celle de tous ses esclaves courait de grands risques. Un orateur romain, Acherius, contemporain d'Horace, n'avait-il pas osé dire hautement en plaidant une cause criminelle: «La complaisance impudique est un crime chez l'homme libre, une nécessité chez l'esclave, un devoir chez l'affranchi (*Impudicitia, inquit Acherius, in ingenuo crimen est, in servo necessitas, in libero officium*)!» C'est Cœlius Rhodiginus qui rapporte, dans ses *Antiquæ Lectiones*, cet abominable apophthegme des *pædicones*.

5

Sommaire.—Les *medicæ juratæ*.—Origine des sages-femmes.—L'Athénienne Agonodice.—Les *sagæ*.—Exposition des nouveau-nés à Rome.—Les *suppostrices* ou échangeuses d'enfants.—Origine du mot *sage-femme*.—Les avortements.—Julie, fille d'Auguste.—Onguents, parfums, philtres et maléfices.—Pratiques abominables dont les *sagæ* se souillaient pour fabriquer les philtres amoureux.—La parfumeuse Gratidie.—Horribles secrets de cette magicienne, dévoilés par Horace, dont elle fut la maîtresse.—Le mont Esquilin, théâtre ordinaire des invocations et des sacrifices magiques.—Gratidie et sa complice la vieille Sagana, aux Esquilies.—Le *nœud de l'aiguillette*.—Comment les *sagæ* s'y prenaient pour opérer ce maléfice, la terreur des Romains.—Comment on conjurait le *nœud de l'aiguillette*.—Philtres *aphrodisiaques*.—La *potion du désir*.—Composition des philtres amoureux.—L'*hippomane*.—Profusion des parfums chez les Romains.—La *nicérotiane* et le *foliatum*.—Parfums divers.—Cosmétiques.—Le bain de lait d'ânesse de Poppée.—La courtisane Acco.—Objets et ustensiles à l'usage de la Prostitution, que vendaient les *sagæ* et les parfumeuses.—Le *fascinum*.—Les *fibules*.—Comment s'opérait l'infibulation.—De la castration des femmes.—Les prêtres de Cybèle.

Nous ne savons rien des services que les *medicæ* rendaient aux femmes, dans des circonstances délicates où la santé de celles-ci réclamait l'œil et la main d'une personne de leur sexe; nous en sommes réduits à des conjectures, très-plausibles, il est vrai, sur ce chapitre secret de l'art de guérir, que les écrivains de l'antiquité ont laissé couvert d'un voile impénétrable. Mais si nous ne pouvons apprécier, d'après des autorités bien établies, le rôle que les *medicæ* remplissaient dans la thérapeutique des maladies de l'amour, nous n'aurons pas de peine à constater leur utile et active intervention, non-seulement dans les cas de grossesse et d'accouchement, mais encore dans la préparation mystérieuse des cosmétiques, des parfums et des philtres. Il y avait sans doute, à Rome et dans les principales villes de l'empire romain, des *medicæ juratæ*, comme les appelle Anianus dans ses Annotations au Code théodosien: «Toutes les fois qu'il y a doute sur la grossesse d'une femme, cinq sages-femmes jurées, c'est-à-dire ayant licence d'étudier la médecine (*medicæ*), reçoivent l'ordre de visiter cette femme (*ventrem jubentur inspicere*).» Mais, outre ces praticiennes émérites, qui subissaient probablement examen médical et qui se soumettaient au contrôle des archiatres populaires, beaucoup de femmes, des étrangères surtout, des affranchies ou même des esclaves, s'adonnaient à la médecine occulte et mêlaient à cet art, qu'elles avaient étudié ou non, le métier de parfumeuse et les pratiques souvent criminelles de la magie. Hygin, dans son recueil de fables mythologiques, nous raconte ainsi à quelle occasion la médecine fut exercée par une femme, pour la première fois, en Grèce. Dès les temps les plus reculés, c'étaient des hommes qui assistaient les femmes en travail d'enfant, quoique la pudeur eût à souffrir des secours qu'elle était obligée d'accepter. Mais une jeune Athénienne, nommée Agonodice, résolut d'affranchir son sexe d'une sorte de servitude déshonorante, dont Junon s'indignait: elle coupe ses cheveux, prend un habit d'homme, et va suivre les leçons d'un célèbre médecin, qui l'instruit dans l'art des accouchements et qui fait d'elle une excellente sage-femme. Alors elle commence à suppléer son maître et à exécuter son projet; elle se montre si adroite, si habile, si décente surtout, que les matrones en mal d'enfant ne veulent plus avoir d'autre médecin. Il est probable qu'Agonodice leur déclarait son sexe sous le sceau du secret; car bientôt aucune femme d'Athènes n'eut recours, pour sa délivrance, aux soins des médecins. Ceux-ci s'en étonnèrent d'abord; ils s'irritèrent et se liguèrent ensuite contre le jeune rival qui leur enlevait leur clientèle. On ne voyait qu'Agonodice auprès du lit des femmes en couches, qui lui souriaient et lui parlaient avec une étrange familiarité. Sa jeunesse, sa charmante figure, ses grâces et son mérite éveillèrent la calomnie: on prétendit qu'il savait l'art de changer en jouissance les douleurs de l'enfantement; il fut dénoncé aux magistrats comme impudique et corrupteur de femmes honnêtes. Il ne répondit pas à ses accusateurs et comparut devant l'aréopage. Là, sans rien alléguer pour sa justification, il ouvrit sa tunique et révéla son sexe, qui le fit absoudre. Les médecins furent convaincus, et le peuple demanda l'abrogation d'une ancienne loi qui défendait aux femmes l'exercice de l'art iatrique. Cette histoire prouverait que la médecine fut toujours exercée depuis par les hommes et par les femmes indistinctement, et que celles-ci s'étaient réservé, presque exclusivement, à Rome ainsi qu'à Athènes, le traitement des maladies de leur sexe.

Les femmes qui s'occupaient de médecine, et surtout de médecine secrète, étaient donc fort nombreuses et de différentes classes: les *medicæ* les plus considérées par leur savoir et leur caractère touchaient sans doute à toutes les branches de l'art; les *obstetrices* se bornaient au rôle de sages-femmes; les *adsestrices* n'étaient que des aides ou des élèves de ces sages-femmes; puis, venait en dernier lieu la catégorie multiple et variée des parfumeuses et des magiciennes, qui toutes ou presque toutes appartenaient ou avaient appartenu à la Prostitution. C'était là le refuge des vieilles courtisanes; c'était là l'emploi favori des entremetteuses. On confondait sous le nom général de *sagæ* les diverses espèces de ces vendeuses d'onguents et de philtres, qu'elles fabriquaient souvent elles-mêmes avec des cérémonies magiques inventées par la Thessalie. Mais les *sagæ* n'étaient pas toutes magiciennes; la plupart même ne connaissaient que les éléments les plus simples et les plus innocents de cet art exécrable; beaucoup ignoraient absolument la composition des drogues qu'elles vendaient, et qui causaient trop souvent de funestes accidents, sur lesquels la justice fermait volontiers les yeux; quelques-unes n'étaient que des espèces de sages-femmes non autorisées, qui se chargeaient d'opérer des avortements et qui entouraient d'invocations et d'amulettes la naissance des enfants illégitimes. On sait que le nombre de ces naissances était considérable à Rome, et que chaque matin on recueillait dans les rues, au seuil des maisons, sous les portiques et dans les fours des boulangers, les cadavres des nouveau-nés, qu'on vouait à une mort certaine en les exposant nus sur la pierre au sortir du ventre maternel. C'était la *saga* qui remplissait l'affreuse mission de l'infanticide, et qui étouffait dans les plis de sa robe les innocentes victimes que leurs cris condamnaient à périr violemment. Souvent, il est vrai, la mère avait pitié du fruit de ses entrailles, et elle se contentait de faire exposer l'enfant, enveloppé dans ses langes, soit au bord de la mare du Velabre (*lacus Velabrensis*), soit sur la place aux légumes (*in Foro olitorio*), au pied de la colonne du Lait (*Columna lactaria*); là, du moins, ces malheureux orphelins étaient recueillis et adoptés aux frais de l'État, qui leur tenait lieu de tuteur, mais en leur infligeant le stigmate de la bâtardise. Il arrivait aussi que des matrones stériles, des *suppostrices* (infâmes mégères qui faisaient métier de changer les enfants en nourrice), des citoyens, chagrins de n'avoir pas d'héritiers, venaient choisir parmi ces pauvres petits abandonnés ceux qui pouvaient le mieux servir à leurs desseins honnêtes ou malhonnêtes. Souvent le Velabre retentissait de vagissements dans l'ombre, et l'on voyait passer comme des spectres les *sagæ*, les mères elles-mêmes, qui apportaient leur tribut à ce hideux minotaure qu'on appelait l'exposition (*expositio*) des enfants sur la voie publique. Il est évident que l'origine du mot *sage-femme* doit se rapporter à celui de *saga*, qui ne se prenait qu'en mauvaise part, et que Nonius emploie comme synonyme d'instigatrice à la débauche (*indagatrix ad libidinem*).

Ces *sagæ* prêtaient volontiers les mains aux avortements qui se pratiquaient au début de la grossesse (*aborsus*), ou dans les derniers mois de la gestation (*abortus*). Ces avortements, que la loi était censée punir et qu'elle évitait de rechercher, parce qu'elle aurait eu trop à faire, devinrent si fréquents sous les empereurs, que les femmes les moins éhontées ne craignaient pas d'empêcher de la sorte l'augmentation de leur famille. Il y avait certaines potions qui procuraient, sans aucun danger, un avortement prompt et facile; mais on usait aussi de drogues malfaisantes, qui tuaient à la fois la mère et son fruit. Dans ce cas-là, on assimilait aussi à l'empoisonneuse l'*obstetrix* ou la *saga*, qui, par imprudence, par ignorance ou autrement, avait commis un double meurtre: cette misérable était condamnée au dernier supplice. Quant à celles qui administraient ces potions abortives et qui n'agissaient pas à l'insu de la femme enceinte, on pouvait confisquer une partie de leurs biens et les envoyer aux îles, parce que leur fait est de mauvais exemple, dit le jurisconsulte Paulus. Mais la punition de ce délit était fort rare, et bientôt elle fut impossible; car tout le monde se rendait coupable au même chef, et l'impératrice donnait souvent l'exemple, de l'aveu de l'empereur, sans avoir même la pudeur de cacher cet outrage à la nature. Le motif le plus ordinaire des avortements continuels n'était que la crainte d'altérer la pureté d'un ventre poli et d'une belle gorge, en les sacrifiant aux atteintes plus ou moins fâcheuses d'une pénible grossesse et d'un douloureux enfantement. «Penses-tu, dit Aulu-Gelle avec indignation en parlant de ces criminelles marâtres, que la nature ait donné les mamelles aux femmes comme de gracieuses protubérances destinées à orner la poitrine et non à nourrir les enfants? Dans cette idée, la plupart de nos merveilleuses (*prodigiosæ mulieres*) s'efforcent de dessécher et de tarir cette fontaine sacrée où le genre humain puise la vie, et risquent de corrompre ou de détourner leur lait, comme s'il gâtait ces attributs de la beauté. C'est la même folie qui les porte à se faire avorter, à l'aide de diverses drogues malfaisantes, afin que la surface polie de leur ventre ne se ride pas et ne s'affaisse point sous le poids de leur faix et par le travail des couches.» L'avortement était souvent motivé par des raisons plus coupables encore: ici, une femme mariée voulait détruire la preuve de son adultère; là, une femme libertine, sentant ses désirs et son ardeur amoureuse s'éteindre sous l'empire d'une grossesse, employait un moyen criminel, pour ne pas perdre ce qu'elle préférait aux joies de la maternité. Cet engourdissement de sens durant la gestation n'était pourtant pas général, et quelques femmes, au contraire, dont la débauche avait exalté l'imagination, ne se trouvaient jamais plus ardentes en amour que dans le cours d'une grossesse, qui les rassurait, d'ailleurs, contre des obstacles de la même espèce. Ainsi, Julie, fille d'Auguste, ne se livrait à ses amants que quand elle était grosse du fait de son mari Agrippa, et le temps de sa grossesse ne mettait aucune interruption à ses désordres. Macrobe rapporte qu'elle répondit à ceux qui s'étonnaient de ce que ses enfants, malgré ces débordements, ressemblaient toujours à son mari: «En effet, je n'accepte des passagers à mon bord, que quand le navire est chargé (*at enim nunquam nisi navi plenâ tollo vectorem*).» Dès qu'une femme devenait enceinte, les conseils, les offres et les séductions ne lui manquaient pas pour la décider à faire à sa beauté le sacrifice de son enfant; elle était assaillie et circonvenue par les entremetteuses d'avortement: «Elle te cachait sa grossesse, dit un personnage du *Truculentus* de Plaute, car elle redoutait que tu ne lui persuadasses de consentir à un avortement (*ut abortioni operam daret*) et à la mort de l'enfant qu'elle portait.»

Les grossesses et les avortements donnaient donc beaucoup de besogne aux *sagæ* de Rome; mais ce n'était là que le moindre des mystères de leur art. Elles tiraient encore meilleur parti de leurs onguents, de leurs parfums, de leurs philtres et de leurs maléfices. Ces maléfices ressemblaient à ceux qui avaient lieu en Grèce, en Thessalie surtout, dès l'époque la plus ancienne, et le récit que fait Horace, dans ses *Épodes*, d'une incantation magique, ne diffère presque pas de la peinture que Théocrite avait faite d'une pareille scène trois siècles auparavant. Le but de ces superstitions abominables était, d'ailleurs, toujours le même, dans tous les temps, chez tous les peuples. La magicienne jetait des sorts ou composait des philtres. Ces philtres avaient surtout pour objet de raviver les feux de l'amour et de lui créer des ardeurs nouvelles, surhumaines, inextinguibles; ces philtres devaient changer la haine en amour ou l'amour en haine, et vaincre toutes les résistances de la pudeur ou de l'indifférence. Les sorts servaient plus particulièrement à des ressentiments et à des vengeances. Ce genre de maléfices était sans doute plus rare chez les Romains que chez les Grecs; mais, en revanche, nulle part la science des philtres d'amour ne fut poussée plus loin ni plus répandue qu'à Rome sous les Césars. Horace nous fait connaître les pratiques abominables dont les *sagæ* de son temps se souillaient pour fabriquer certains philtres amoureux. Horace avait été l'amant d'une parfumeuse napolitaine, nommée Gratidie, qu'il a vouée à l'exécration publique sous le nom de Canidie. Horace, dans sa liaison avec cette Canidie, qu'il finit par détester autant qu'il l'avait aimée, s'était initié avec horreur aux plus noirs secrets des magiciennes: «Elles avaient des relations continuelles avec les courtisanes, dit M. Walckenaer dans son excellente *Histoire de la vie et des écrits d'Horace*; elles étaient de ce nombre et elles se mêlaient de toutes sortes d'intrigues d'amour.» Gratidie fut une des plus célèbres parmi les *sagæ* de Rome, grâce à la colère poétique d'Horace, qui ne lui pardonnait pas de s'être vendue à un vieux libertin, appelé Varus; cette parfumeuse était donc assez jeune et assez belle pour trouver encore à se vendre, et ses charmes méritaient d'être l'objet des regrets d'un amant délaissé. Les scoliastes d'Horace ont pensé que le poëte reprochait surtout à Gratidie d'avoir exercé sur lui le funeste pouvoir des breuvages d'amour, et de lui avoir ainsi enlevé sa jeunesse, ses forces, ses illusions et sa santé. Horace, en effet, fut sans cesse affligé d'un mal d'yeux, qu'on peut, sans faire injure à Canidie, attribuer aux philtres et à la maladie de Vénus.

Le mont Esquilin était le théâtre ordinaire des invocations et des sacrifices magiques. Ce monticule servait de cimetière aux esclaves, qu'on enterrait pêle-mêle sans leur accorder un linceul; la nuit, il n'y avait de vivants, dans cette solitude peuplée de morts, que des voleurs qui s'y trouvaient en sûreté, et des sorcières qui y venaient accomplir des œuvres de ténèbres. A l'extrémité des Esquilies, près de la porte Métia, entourée de gibets et de croix où pendaient les cadavres des suppliciés, le *carnifex* ou bourreau avait sa demeure isolée, comme pour veiller sur ses sujets; une statue monstrueuse de Priape veillait aussi sur cet infect et hideux repaire des *sagæ* et des voleurs. Là, aux pâles rayons de la lune, on voyait Canidie accourir, les pieds nus, les cheveux épars, le sein découvert, le corps enveloppé d'un ample manteau, ainsi que sa complice, la vieille Sagana. Horace les avait vues, ces horribles mégères, déchirant à belles dents une brebis noire, versant le sang de l'animal dans une fosse, dispersant autour d'elles les lambeaux de chair palpitante, évoquant les mânes et interrogeant la destinée. Les chiens et les serpents erraient à l'entour du sombre sacrifice, et la lune voila sa face sanglante pour ne pas éclairer cet affreux spectacle. Priape lui-même eut horreur de ce qu'on lui montrait, et il fit éclater en deux le tronc de figuier dans lequel son image était grossièrement taillée. Au bruit du bois qui se fendait, les deux magiciennes eurent peur et s'enfuirent, sans achever leur maléfice, éperdues et semant sur la route: Canidie, ses dents; Sagana, sa perruque pyramidale, et leurs herbes, et leurs anneaux constellés. Elles revinrent pourtant, une autre nuit, sur le mont Esquilin, pour un mystère plus abominable: elles avaient enlevé un jeune enfant à sa famille; elles l'avaient enterré vif dans la fosse des esclaves, et la tête seule de la victime s'élevait au-dessus du sol; elles lui présentaient des viandes cuites, dont l'odeur irritait sa faim et son agonie. L'enfant les conjure au nom de sa mère, au nom de leurs enfants, Canidie et Sagana sont impitoyables; Canidie brûle dans un feu magique le figuier sauvage arraché sur des tombeaux, le cyprès funèbre, les plumes et les œufs de la chouette trempés dans du sang de crapaud, les herbes vénéneuses que produisent Colchos et l'Ibérie, et des os ravis à la gueule d'une chienne affamée; Sagana, la crinière hérissée, danse devant le bûcher, en l'aspergeant d'eau lustrale: «O Varus, s'écrie Canidie rongeant ses ongles avec sa dent livide, ô Varus, que de larmes tu vas répandre! Oui, des philtres inconnus te forceront bien de revenir à moi, et tous les charmes des Marses ne te rendront pas la raison. Je préparerai, je verserai moi-même un breuvage qui vaincra les dégoûts que je t'inspire. Oui, les cieux s'abaisseront au-dessous des mers, la terre s'élèvera au-dessus des nues, où tu brûleras pour moi, comme le bitume dans ces feux sinistres.» Mais l'enfant qui se lamente est près d'expirer; sa voix s'affaiblit; ses prunelles éteintes se fixent immobiles sur les mets exposés devant sa bouche; Canidie s'arme d'un poignard et s'approche, pour lui ouvrir le ventre au moment où s'exhalera son dernier soupir, car, de son foie desséché et de la moelle de ses os, elle doit composer un breuvage d'amour (*exsucta uti medulla et aridum jecur amoris esset poculum*): «Je vous dévoue aux Furies, s'écrie l'infortuné qui râle, et cette malédiction rien au monde ne saurait la détourner de vous. Je vais périr par votre cruauté; mais, spectre nocturne, je vous apparaîtrai; mon ombre vous déchirera le visage avec ses ongles crochus, qui sont la force des dieux mânes; je pèserai sur vos poitrines haletantes, et je vous priverai de sommeil, en vous glaçant d'effroi. Dans les rues, la populace vous poursuivra à coups de pied, vieilles obscènes. Puis, les loups et les corbeaux des Esquilies se disputeront vos membres privés de sépulture!»

Tous les maléfices des *sagæ* n'étaient pas aussi terribles, et ordinairement, ces faiseuses de philtres n'allaient la nuit sur le mont Esquilin que pour y cueillir des plantes magiques au clair de la lune, pour y chercher des cheveux et des os de morts, et pour y prendre de la graisse de pendu. Il fallait aussi les payer fort cher pour obtenir d'elles ces pratiques exécrables, qui étaient souillées de sang humain, quoique la vie des enfants fût estimée peu de chose à Rome; mais l'enfant qu'on immolait, après l'avoir enterré vivant, devait avoir été volé à sa nourrice ou à ses parents; autrement, son foie et sa moelle n'auraient pas eu la même puissance pour donner de l'amour. Or, le rapt d'un enfant né libre ou ingénu pouvait être puni du dernier supplice. Les philtres magiques étaient préparés en vue d'un des trois résultats suivants, que l'amour ou la haine sollicitait de l'art des *sagæ*: faire aimer celui ou celle qui n'aimait pas; faire haïr celui ou celle qui aimait; paralyser, glacer chez un homme toute l'ardeur, toute l'énergie de son tempérament. Ce troisième maléfice, que le moyen âge a tant redouté sous le nom de *nœud de l'aiguillette* et que la jurisprudence criminelle a constamment poursuivi presque jusqu'à nos jours, n'était pas moins détesté par les Romains, qui s'indignaient de se voir en butte à ses tristes effets. Les *sagæ* excellaient dans ce genre de maléfice; elles savaient frapper d'impuissance les natures les plus indomptables, et il leur suffisait, pour cela, de faire des nœuds avec des cordes ou des fils noirs, en prononçant certaines paroles et certaines invocations. C'était là ce qu'on appelait *præligare*, quand il s'agissait d'empêcher les premiers rapports entre un amant et sa maîtresse, entre une femme et son mari; *nodum religare*, quand on voulait annihiler et suspendre ces rapports qui avaient déjà existé. Le nœud de l'aiguillette, qui fut de tout temps la terreur des amours, n'a jamais pris son origine que dans un fantôme de l'imagination; mais les anciens, comme les modernes, en l'attribuant à une force invisible, se faisaient au moins un refuge pour leur vanité d'homme. Les Romains avaient une singulière peur de ce maléfice, qui leur semblait une honte pour celui qu'il privait des privilèges de son sexe; ils le regardaient comme si foudroyant et si tenace, qu'ils évitaient même d'en parler; ils croyaient sans cesse en être menacés; et, pour le conjurer, s'ils avaient l'amour en tête, ils formaient des nœuds, qu'ils défaisaient aussitôt, avec des cordons ou des courroies qu'ils entortillaient d'abord autour d'une statue d'Hercule ou de Priape. Ces sacrifices que les hommes offraient à ces deux divinités, en secret, sur l'autel du foyer domestique, ces sacrifices n'avaient pas d'autre objet que de rompre les nœuds magiques qu'une main ennemie pouvait faire pour lier les sens et tromper l'espérance du plaisir. La moindre allusion à ce fatal complot de la magie était réputée funeste, comme si on évoquait un génie malfaisant, dès qu'on l'avait nommé. Les poëtes, les écrivains, si vieux qu'ils fussent, craignaient de toucher à ce sujet délicat, qui d'un jour à l'autre pouvait leur devenir personnel et les affliger à leur tour; on se gardait donc bien de rire du malheur d'autrui. C'est avec une extrême réserve que Tibulle, dans une élégie, s'associe à la douleur d'un amant qui se cherche en vain et qui ne se trouve plus, même dans les bras de la belle Pholoë: «Quelque vieille, avec ses chants magiques et ses philtres puissants, dit le poëte de l'amour, aurait-elle jeté sur toi un sort, durant la nuit silencieuse? La magie fait passer dans un champ la moisson du champ voisin; la magie arrête la marche du serpent irrité; la magie essaie même d'arracher la lune de son char. Mais pourquoi accuser de ton malheur les chants d'une sorcière? Pourquoi accuser ses philtres? La beauté n'a pas besoin des secours de la magie; mais ce qui t'a rendu impuissant, c'est d'avoir trop caressé ce beau corps, c'est d'avoir trop prolongé tes baisers, c'est d'avoir trop pressé sa cuisse contre la tienne.» (*Sed corpus tetigisse nocet, sed longa dedisse oscula, sed femori conseruisse femur.*) Tibulle a mis une si grande réserve en abordant ce sujet de mauvais augure, que l'élégie qu'il lui consacre est pleine de réticences et d'obscurités.

Mais les philtres les plus puissants et aussi les plus redoutables furent ceux que les *sagæ* et les vieilles courtisanes fabriquaient, d'après des recettes inconnues, sans le secours de la magie. L'unique destination de ces philtres était d'échauffer les sens et d'accroître les transports amoureux. On en faisait à Rome un prodigieux usage, malgré les dangers d'une pareille surexcitation de la nature. Tous les jours un breuvage de cette espèce causait la mort, ou la folie, ou la paralysie, ou l'épilepsie; mais ce fatal exemple n'arrêtait personne, et la soif du plaisir imposait silence à la raison. Ces philtres, d'ailleurs, n'étaient pas tous également funestes, et d'ordinaire, les accidents qu'on leur attribuait à bon droit, provenaient surtout de l'abus plutôt que de l'usage modéré. D'abord, les libertins se contentaient d'une dose minime, qui leur rendait tous les feux de la jeunesse; mais, ces feux diminuant, ils augmentaient graduellement cette dose de poison, auquel ils devaient quelques simulacres de jouissance, et bientôt le philtre était sans action sur une nature épuisée, qui s'exhalait dans un dernier effort d'amour en démence. C'est ainsi que périrent avant l'âge, l'ami de Cicéron, L. Licin. Lucullus, le modèle des prodigues et des voluptueux, le poëte Lucrèce, et tant d'autres qui passèrent de la folie à la mort. On appelait *aphrodisiaca* tous ces philtres, en général plus ou moins malfaisants, qui avaient pour objet de raviver le foyer de Vénus. On les administrait aussi aux femmes qui manquaient de sens, aux jeunes filles dont l'appétit amoureux ne s'était pas encore éveillé; mais les médecins sages et honnêtes désapprouvaient hautement l'emploi de ces aphrodisiaques, surtout pour les jeunes filles: «Ces philtres, qui rendent le teint pâle, s'écrie Ovide dans son *Remède d'amour*, ne profitent pas aux jeunes filles; ces philtres nuisent à la raison et renferment le germe de la folie furieuse.» La plupart de ces philtres étaient des potions qu'il fallait prendre de confiance, sans en connaître les ingrédients que la superstition ou l'empirisme avait combinés. Le malheureux qui s'exposait à un empoisonnement pour retrouver quelques instants de plaisir sensuel, n'avait souvent pour garantie que la réputation bonne ou mauvaise de la *saga* chez laquelle il allait acheter ce plaisir. Souvent, il est vrai, les potions n'étaient composées que de jus et de décoctions d'herbes: «Les plantes qui stimulent les sens, dit Celse, sont le calament, le thym, la sarriette, l'hysope et surtout le pouliot, ainsi que la rue et l'ognon» (ou plutôt le champignon, *cepa*); mais souvent aussi, dans ces breuvages funestes, on faisait entrer des matières minérales et même animales, qui constituaient les *amatoria* les plus terribles. Un breuvage de cette espèce, dont Canidie possédait la recette, se nommait *poculum desiderii*, dit Horace, la *potion du désir*. Il y avait aussi des eaux naturelles, sulfureuses et ferrugineuses, qui passaient pour favorables aux sens et inoffensives dans leurs effets érotiques. C'étaient là les philtres que la médecine opposait à ceux des parfumeuses et des magiciennes. Ces eaux excitantes, *aquæ amatrices*, comme on les qualifiait perdaient presque toute leur vertu, quand on les prenait loin de la source. Martial dit dans une épigramme: «Hermaphrodite hait les eaux qui font aimer (*odit amatrices Hermaphroditus aquas*);» dans une autre épigramme, il semble faire entendre que ces sortes d'eaux étaient affermées ou possédées, par des femmes, sans doute des courtisanes, qui les avaient mises en vogue et qui les exploitaient: «Quel est cet adolescent qui s'éloigne des ondes pures de la fontaine d'Yanthis et qui se réfugie auprès de la naïade, maîtresse de cette fontaine (*at fugit ad dominam Naiada*)? N'est-ce pas Hylas? Trop heureux qu'Hercule, le demi-dieu de Tirynthe, soit adoré dans le bois qui entoure la fontaine, et qu'il veille de si près sur ses eaux amoureuses! Arginus, puise sans crainte à la source, pour nous donner à boire; les nymphes ne te feront rien, mais prends garde qu'Hercule ne s'empare de toi!» Ces *aquæ amatrices* n'étaient donc pas, ainsi que plusieurs savants l'ont cru, des breuvages composés et préparés de la main d'une *saga*, mais tout simplement des eaux minérales, qui, en ranimant la vigueur d'un tempérament fatigué, le disposaient naturellement aux œuvres de l'amour et semblaient évoquer une nouvelle jeunesse.

Des renseignements précis sur la composition des philtres ne se trouvent nulle part dans les écrivains de l'antiquité. On comprend, au reste, le mystère dont les vendeurs de philtres entouraient leur industrie souvent coupable, mystère que la science n'essayait pas de pénétrer. On ne se souciait que des effets, qui étaient vraiment prodigieux, on ne s'occupait pas des causes. Le physiologiste Virey a rassemblé, dans Dioscoride, Théophraste, Pline, etc., tous les éléments épars et indécis qui lui ont permis de reconstruire l'histoire des aphrodisiaques chez les anciens. Il les a divisés en deux classes principales: les végétaux et les animaux; parmi les premiers, on distinguait les stupéfiants ou narcotiques, les stimulants âcres et aromatiques, les odorants et spiritueux. La mandragore, la pomme épineuse, le chanvre sauvage, dans lequel on reconnaît le népenthès d'Homère, causaient une ivresse voluptueuse qui se prolongeait dans un infatigable redoublement de sensations érotiques, et qui conduisait délicieusement à la perte de la mémoire, à la stupidité et à la mort. Les champignons, surtout les phallus et les morilles, les agarics, les aristoloches, les résines âcres, les herbes aromatiques et les graines de ces plantes stimulaient puissamment les organes du plaisir; les liqueurs spiritueuses dans lesquelles on avait fait infuser certaines fleurs odorantes, développaient aussi chez les deux sexes l'activité sensuelle. Mais ces excitants, empruntés au règne végétal, n'avaient bientôt plus d'empire sur les monstrueux débauchés qui se proposaient toujours de dépasser les bornes de la force humaine, et qui cherchaient leurs modèles parmi les dieux de leur mythologie amoureuse. Ils avaient donc recours à des philtres redoutables, à l'aide desquels ils pouvaient, pendant des nuits entières, se persuader que Jupiter ou Hercule était descendu de l'Olympe pour se métamorphoser en homme. Ils en mouraient parfois, sans être rassasiés de volupté, et leur effrayant priapisme se continuait longtemps après leur mort. Les insectes, les poissons, les substances animales étaient tour à tour appelés à concourir à l'affreux mélange qu'on désignait sous le nom caractéristique de *satyrion*. Cantharides, grillons, araignées et bien d'autres coléoptères, broyés et réduits en poudre ou seulement infusés dans du vin, agissaient avec violence sur les organes sexuels et leur communiquaient immédiatement une violente irritation, qui amenait fréquemment de graves affections de la vessie. On employait aussi avec le même succès les œufs de muge, de sèche et de tortue, en y mêlant de l'ambre gris; mais, après des prodiges de virilité, après de longs et frénétiques emportements d'amour, la victime de son propre libertinage tombait dans une maladie convulsive qui ne se terminait que par la mort: «De là, s'écrie Juvénal, ces atteintes de folie, de là cet obscurcissement de l'intelligence, de là ce profond oubli de toute chose!» Juvénal parle des philtres thessaliens, qu'une épouse criminelle destinait à troubler la raison de son mari. Martial, qui ne pardonne pas davantage à ces breuvages dangereux, conseille seulement aux amants fatigués ou refroidis l'usage des bulbes (ognons, suivant tel commentateur; champignons, suivant tel autre; épices, selon nous): «Que celui qui ne sait pas se conduire en homme dans la lutte amoureuse, qu'il mange des bulbes et il sera invincible; vieillard, si ton ardeur languit (*languet anus*), ne cesse pas de manger de ces bulbes généreuses, et la tendre Vénus sourira encore à tes exploits!»

> Qui præstare virum Cypriæ certamine nescit,
> Manducet bulbos, et bene fortis erit.
> Languet anus: pariter bulbos ne mandere cesset,
> Et tua ridebit prælia blanda Venus.

Mais de tous les philtres amatoires que fabriquaient les *sagæ*, le plus célèbre et le plus formidable était l'hippomane, sur la mixture duquel les savants ne sont pas même d'accord. Les écrivains de l'antiquité n'ont pas peu contribué à laisser planer le doute sur l'origine de l'hippomane, puisqu'ils lui donnent deux sources totalement différentes. Virgile, par exemple, appelle ainsi le virus âcre et fétide, qui découle de la vulve des cavales dans le temps du rut: «Un virus gluant distille de l'organe des juments; c'est l'hippomane que recueillent trop souvent les marâtres odieuses, pour le mêler à des herbes magiques avec des conjurations.» Juvénal, Lucain, Pline, Ovide, donnent, au contraire, le nom d'*hippomane* à une excroissance de chair qui se montre quelquefois sur le front du poulain nouveau-né, et que la cavale arrache avec ses dents et dévore, avant de tendre les mamelles à son nourrisson. Cette excroissance de chair noire, grosse comme une figue, les villageois s'empressaient de la couper et de la garder précieusement pour la vendre aux *sagæ*, qui en faisaient usage dans leurs philtres. Il est probable, d'après ces témoignages si différents, que les *sagæ* reconnaissaient deux espèces d'hippomane; le second est représenté comme plus actif et plus redoutable que le premier. Juvénal nous montre Cæsonia qui, pour accroître la violence de la potion, y fait entrer le front entier d'un poulain naissant (*cui totam tremuli frontem Cæsonia pulli infudit*). Enfin, Juvénal dépeint avec horreur les effrayants résultats de l'hippomane, qui produisit la démence et la mort de Caligula, le règne de Néron et les crimes de ce règne: *Tanti partus equæ!* s'écrie-t-il. «Et tout cela est le fruit d'une jument, tout cela est l'œuvre d'une empoisonneuse!»

C'étaient de véritables empoisonneuses, ces vieilles sans remords, ces femmes sans nom, ces hideux débris de la Prostitution et de la débauche, qui mélangeaient à leurs philtres, non-seulement des matières excrétées par les animaux, le castoreum, le musc, la civette, le sperme de cerf, le membre du loup, du hérisson, etc., mais encore le sang menstruel des femmes, mais encore la liqueur séminale des hommes. Ces horribles mixtures engendraient des maladies épouvantables, qui ne suffisaient pourtant pas pour effrayer le libertinage, pour arrêter ses étranges désordres. Les magiciennes émérites ajoutaient toujours à leurs préparations érotiques certains ingrédients empruntés à la nature humaine, la moelle des os, le foie, les testicules, le fiel d'un enfant ou d'un supplicié, et surtout cette pellicule mince qui enveloppe quelquefois la tête des nouveau-nés au sortir de la matrice. Les sages-femmes arrachaient adroitement cette pellicule à laquelle on attribuait tant de vertus singulières, et elles la vendaient fort cher aux faiseuses de philtres amoureux, ou bien aux avocats, qui croyaient devenir plus diserts en la portant sur eux comme un talisman. On peut juger que le commerce des *sagæ* était très-répandu et très-lucratif; mais aucune de ces doctes opératrices ne nous a laissé le livre des recettes, qui faisaient sa réputation et sa richesse. L'art des parfums et des cosmétiques, que les *sagæ* pratiquaient aussi avec d'incroyables ressources de raffinement et d'invention, ne nous est pas plus connu. Les poëtes et les écrivains de tous les genres reviennent sans cesse sur ces parfums, sur ces cosmétiques (*unguenta*), qui accompagnaient partout l'une ou l'autre Vénus; mais ils ne sortent guère des généralités vagues, et ils ne nous initient jamais aux innombrables secrets de la parfumerie antique, comme si ces secrets, déjà connus du temps d'Homère, qui en fait remonter l'origine aux dieux et aux déesses, ne se transmettaient de génération en génération que sous la foi du serment. Chez les Romains, la passion des parfums étant devenue aussi ardente, aussi effrénée que la passion des plaisirs sensuels, le métier des parfumeuses et des *unguentaires* avait fait des progrès extraordinaires, et la famille si multipliée des essences, des huiles, des baumes, des pommades, des poudres, des pâtes, des ingrédients cosmétiques et aromatiques, s'était augmentée encore à l'infini, s'augmentait tous les jours et mettait à contribution les végétaux, les minéraux, les animaux même du monde entier, pour combiner et créer de nouveaux mélanges odoriférants et, en même temps, de nouvelles jouissances au profit de la sensualité et de l'amour.

Les anciens, les Romains surtout, ne comprenaient pas l'amour sans parfums, et, en effet, les parfums âcres et stimulants, dont ils se servaient à profusion dans l'habitude de la vie, les préparaient merveilleusement à l'amour. On sait que le musc, la civette, l'ambre gris et les autres odeurs animales qu'ils portaient avec eux dans leurs vêtements, dans leur chevelure, dans toutes les parties de leur corps, ont une action très-active sur le système nerveux et sur les organes de la génération. Ils ne se bornaient pas à l'emploi extérieur de ces parfums, car, sans parler des philtres énergiques réservés pour des circonstances particulières, ils ne craignaient pas d'admettre les aromates et les épices en quantité dans leur alimentation journalière. C'est sans doute à ces causes permanentes qu'il faut attribuer l'appétit, le prurit permanent, qui tourmentait la société romaine et qui la jetait dans tous les excès de l'amour physique. La luxure asiatique avait apporté ces parfums avec elle, et depuis lors il se fit une si prodigieuse consommation de substances aromatiques, à Rome, qu'on put croire que l'Arabie, la Perse et tout l'Orient n'y suffiraient pas. Vainement, quelques philosophes, quelques hommes vertueux et simples, des vieillards par malheur, essayèrent de combattre cette mode, aussi dangereuse pour la santé que pour les mœurs; vainement, leurs conseils sages furent répétés dans des livres de morale, même dans la poésie et jusque sur le théâtre: on ne prit pas plus garde à leurs conseils qu'à leurs reproches et à leurs menaçantes prédictions. Rome fut bientôt aussi parfumée que Sybaris et Babylone. Plus on y estimait, plus on y recherchait les parfums, plus on méprisait les parfumeurs et les parfumeuses; ce n'étaient que des courtisanes hors d'âge et des entremetteuses; ce n'étaient que de vieux cinædes et d'infâmes lénons. Les honnêtes gens, qui avaient besoin de leurs services, n'entraient dans leur boutique qu'en se cachant le visage, le soir ou de grand matin. Cicéron, Horace, ne les nomment qu'avec un profond dédain: «Ajoute encore, si tu veux, dit le premier dans son traité *de Officiis*, ajoute tes onguentaires, les sauteurs et la misérable tourbe des joueurs d'osselets.» Horace fait marcher de pair le lénon (*auceps*) et l'onguentaire, dans la vile population du bourg toscan (*tusci turba impia vici*). Quant aux parfumeuses, leur nom seul était la plus grande injure qu'on pût adresser à une femme qui se piquait d'être née libre (*ingenua*) et citoyenne. Les officines de parfumerie n'étaient que des entrepôts de *lenocinium* et des repaires de débauche; aussi, les personnes riches avaient-elles en leur propre maison un laboratoire, dans lequel se fabriquaient tous les parfums dont elles faisaient usage, et elles entretenaient un ou plusieurs parfumeurs parmi leurs esclaves ou leurs affranchis.

Il y avait sans doute des parfums caractéristiques qui annonçaient de loin la condition de la personne, son rang, ses mœurs et sa santé: telle odeur forte et pénétrante révélait la nécessité de cacher quelque mauvaise odeur naturelle; telle odeur suave et douce convenait aux matrones élégantes, aux hommes de bon goût et de vie décente; telle odeur enivrante dénonçait la courtisane ou tout au moins la femme coquette et légère; telle odeur énervante et agaçante accusait le passage d'un giton; ici un parfum, là un autre, et de toutes parts, dans les rues, à la promenade, dans les maisons, un mélange indéfinissable d'odeurs aromatiques qui absorbaient l'air. En effet, chaque homme, chaque femme, chaque enfant se parfumait au sortir du lit, après le bain, avant le repas, et en se couchant; on se frottait tout le corps avec des huiles parfumées, on en versait aussi sur la chevelure, on imprégnait d'essences les habits, on brûlait nuit et jour des aromates, on en mangeait dans tous les mets, on en buvait dans toutes les boissons. Le satirique

Lucilius, pour tourner en ridicule cette pharmacomanie, feignait de s'étonner de ce que ses contemporains qui prenaient tant de parfums n'en rendissent pas quelque chose. «Une femme sent bon, disait Plaute dans la *Mostellaria*, quand elle ne sent rien, car ces vieilles qui se chargent de parfums, ces décrépites édentées qui couvrent de fard les ruines de leur beauté, dès que leur sueur s'est mêlée à ces parfums, aussitôt elles puent davantage, comme un cuisinier qui fait un ragoût de plusieurs sauces mélangées.» C'était principalement dans les préludes de la palestre de Vénus, pour nous servir de l'expression antique (*palestra venerea*), que les parfums venaient en aide à la volupté. Les deux amants se faisaient oindre tout le corps avec des spiritueux embaumés, après s'être lavés dans des eaux odoriférantes; l'encens fumait dans la chambre, comme pour un sacrifice; le lit était entouré de guirlandes de fleurs et semé de feuilles de roses; le lit, ainsi que tous les meubles, recevait une pluie de nard et de cynnamome. Les ablutions d'eaux aromatisées se renouvelaient souvent dans le cours de ces longues heures d'amour, au milieu d'une atmosphère plus parfumée que celle de l'Olympe.

Ces parfums, on le conçoit, avaient été inventés par des gens qui se connaissaient en plaisir et qui savaient les moyens de l'exciter, de le prolonger, de le développer. Aussi, en vieillissant, les prostitués des deux sexes s'adonnaient-ils de préférence à ce genre de travail et de commerce. Ils continuaient de la sorte à servir, quoique indirectement, les goûts du public; quand ils composaient quelque parfum, quelque cosmétique nouveau, ils étaient fiers de lui donner leur nom. Le parfumeur Nicérotas inventa la *nicérotiane*, dont Martial vante l'odeur stupéfiante (*fragras plumbea nicerotiana*); Folia, la magicienne, amie et complice de Canidie, trouva un procédé ingénieux, pour préparer le nard de Perse, qui fut depuis appelé *foliatum*. Mais ordinairement le parfum ou le cosmétique tirait son nom du pays qui avait fourni son principal ingrédient: on avait le baume de Mendès, originaire d'Égypte; l'onguent de Chypre; le nard d'Achæmenium; l'huile d'Arabie, l'huile de Syrie, le *malobathrum* de Sidon, etc. La plupart des parfums, les plus actifs du moins, venaient de l'Orient et spécialement de la péninsule arabique; on s'était donc accoutumé à comprendre indistinctement tous les produits de la parfumerie sous la désignation générique de *parfum arabe* (*arabicum unguentum*): «Brûlons, dit Tibulle, brûlons les parfums que nous envoie de sa riche contrée le voluptueux Arabe!» Cependant on appliquait plus particulièrement cette dénomination, *arabus* ou *arabicus*, à une huile odorante dont les femmes et les efféminés oignaient leurs longs cheveux. On fabriquait aussi une autre huile, non moins estimée, avec les graines de myrobolan (*myrobolani*), arbuste aromatique qui croît en Arabie. On tirait encore plusieurs espèces de parfums très-recherchés, de l'arbre de Judée, dont la gomme odoriférante s'appelait *opobalsamum*; de l'amome d'Assyrie, de la myrrhe de l'Oronte, de la marjolaine de Chypre (*amaracus cyprinus*); du cynnamome de l'Inde, etc. Mais, comme nous l'avons dit, on ignore à peu près les doses et les principes de ces mixtures balsamiques qui se rapportaient généralement à quelque besoin de la vie amoureuse.

Les cosmétiques, dont un parfum quelconque accompagnait toujours la composition, sont encore plus inconnus que les parfums de toilette et d'amour; à peine si la discrétion intéressée des vendeurs et des acheteurs a trahi les noms de quelques-uns de ces merveilleux secrets de coquetterie conservatrice, dissimulatrice et ornatrice. De tout temps, ces secrets-là ont été les mieux gardés. Ainsi, on ne sait rien de la poudre dépilatoire (*dropax unguentum*) avec laquelle on faisait tomber tous les poils du corps, même la barbe; rien de l'onguent pour les dents (*odontotrimma*), destiné à les rendre blanches et brillantes; rien du *diapasmata*, fabriqué en pastilles par Cosmus, du temps de Martial, contre la mauvaise haleine; rien du *malobathrum*, distillé en huile pour les cheveux, etc. Pline indique seulement quelques recettes, celle de l'huile de coing (*melinum unguentum*), celle du *megalium* et du *telinum*, celle enfin de l'onguent royal, que les rois parthes avaient appliqué à l'usage de leur majesté; mais on est assez embarrassé pour définir les propriétés et les avantages de chacun de ces cosmétiques odoriférants. Tous les cosmétiques cependant ne se recommandaient pas par leur bonne odeur; par exemple, voulait-on, jusqu'à un âge avancé, se maintenir le ventre ferme, poli et blanc, on le frottait, non-seulement avec de la farine de fèves, avec des feuilles de nielle bouillies et salées, mais encore avec de l'urine; les femmes, après leurs couches, ne manquaient pas, dit Pline, de faire disparaître avec des fermentations d'urine les rides et les taches qui altéraient la pureté de leur ventre (*æquor ventris*). On avait aussi une confiance absolue dans l'efficacité du lait d'ânesse, pour blanchir la peau. On se rappelait que Poppée prenait tous les jours un bain de lait, que lui fournissaient cinquante ânesses qui avaient mis bas depuis peu de jours, et qu'on renouvelait sans cesse, afin que leur lait fût toujours nouveau. Comme toutes les dames romaines ne pouvaient avoir des ânesses nourricières dans leur écurie, les parfumeurs avaient imaginé de condenser le lait d'ânesse en onguent et de le vendre en tablettes solides qu'on faisait fondre pour l'étendre sur la peau: «Cependant, hideux à voir, dit Juvénal en faisant le portrait d'une riche coquette, son visage est ridiculement couvert d'une sorte de pâte; il exhale l'odeur des gluants cosmétiques de Poppée, et là viennent se coller les lèvres de son pauvre mari. Elle se lave avec du lait, et pour se procurer ce lait, elle mènerait à sa suite un troupeau d'ânesses, si elle était envoyée en exil au pôle hyperboréen. Mais cette face, sur laquelle on applique tant de drogues différentes et qui reçoit une épaisse croûte de farine cuite et liquide, l'appelle-t-on un visage ou un ulcère?» Ces épigrammes, ces injures, ces malédictions des poëtes n'empêchaient pas les vieilles femmes de Rome de se farder, de se couvrir de blanc et de rouge, de se teindre les cheveux, et de retenir aussi longtemps que possible les restes de leur beauté fugitive; elles se rattachaient donc avec une sorte de désespoir aux dernières illusions que l'art des cosmétiques leur offrait encore, et elles cherchaient à s'abuser elles-mêmes sur les désastres irréparables de l'âge. Les courtisanes à la mode, les *fameuses* et les *précieuses* surtout, ne savaient pas vieillir, et la vieillesse d'une femme commençait à trente ans chez les Romains, qui ne faisaient cas que de l'extrême jeunesse et même de l'enfance. Une de ces prêtresses de Vénus, nommée Acco, effrayée de la marche des années qui emportaient avec elles la fraîcheur de son teint, l'éclat de sa chevelure, l'émail de ses dents et les grâces de sa taille, se flatta d'oublier sa propre métamorphose en ne se regardant plus dans le miroir; mais un jour un amant qu'elle fatiguait de plaintes et de reproches lui présenta ce fatal miroir où elle vit tout à coup sa décrépitude: à l'instant, ses cheveux achevèrent de blanchir, sa bouche édentée demeura entr'ouverte, et ses yeux devinrent fixes en se remplissant de larmes: elle était folle, épouvantée de son enlaidissement; elle mourut de s'être revue telle que la décrépitude l'avait faite. Son nom se perpétua dans le souvenir des mères qui, pour déshabituer leurs enfants de s'écorcher le visage, de se tourmenter le nez avec les doigts et de s'arracher les cils, les menaçaient de la colère d'Acco, comme d'un épouvantail.

Les *sagæ* et les parfumeuses ne se bornaient pas à faire commerce de cosmétiques et de parfums; elles vendaient encore tous les objets et tous les ustensiles qui pouvaient servir à la Prostitution: les fouets, les aiguilles, les fibules et les cadenas de chasteté, les amulettes, les phallus et une quantité d'affiquets de libertinage, que l'antiquité, dans sa plus grande dépravation, n'a pas osé décrire. Si les Pères de l'Église, saint Augustin, Lactance, Tertullien, Arnobe, etc., n'avaient pas divulgué les turpitudes inouïes de la débauche romaine, nous hésiterions à croire que ces raffinements monstrueux aient existé, sans que les lois essayassent de les atteindre et de les punir. Ainsi, ce n'était pas seulement dans les lupanars qu'on employait le *fascinum*, phallus factice en cuir, ou en linge, ou en soie, qui servait à tromper la nature; c'était dans les chambres à coucher des matrones que délaissaient leurs maris et qui n'osaient pas s'exposer aux périls de l'adultère; c'était dans les assemblées secrètes de l'amour lesbien; c'était dans les bains publics, c'était dans le sanctuaire du foyer domestique. Saint Paul, en sa première épître aux Romains, atteste les progrès que les doctrines de Sapho avaient faits à Rome, lorsqu'il dit en parlant des indignes descendants de Scipion et de Caton: «Dieu les a livrés aux passions de l'ignominie; car les femmes ont changé l'usage naturel des hommes en un usage qui est contre nature, et semblablement les hommes, abandonnant l'usage naturel de la femme, se sont embrasés d'impurs désirs les uns envers les autres, accomplissant l'infamie du mâle avec le mâle, et recevant, comme il le fallait, en eux-mêmes le châtiment de leur erreur.» (*Propterea tradidit illos Deus in passiones ignominiæ. Nam fœminæ eorum immutaverunt naturalem usum in eum usum qui est contra naturam. Similiter autem et masculi, relicto naturali usu fœminæ, exarserunt in desideriis suis invicem, masculi in masculos turpitudinem operantes, et mercedem quam oportuit erroris sui in semetipsis recipientes*). Nous ferons remarquer, à l'occasion de ce passage célèbre de l'apôtre, que cette récompense ou plutôt ce châtiment que les coupables recevaient en eux-mêmes ne pouvait être qu'une de ces affreuses maladies de l'anus, qui étaient si communes parmi les *pædicones* et les *cinædes* de Rome. Enfin, les obscènes *fascina*, qui se fabriquaient et qui se vendaient dans le quartier des parfumeurs, chez les barbiers et chez les vieilles courtisanes, étaient quelquefois mis en œuvre pour aiguillonner les sens paresseux des vieillards débauchés; nous ne nous sentons pas le courage de traduire ce texte de Pétrone, même en le déguisant: *Profert Enothea scorteum fascinum, quod ut oleo et minuto atque urticæ trito circumdedit semine, paulatim cœpit inserere ano meo.* Comment le libertinage avait-il pu imaginer ce mélange irritant de poivre et de graine d'ortie réduits en poivre et détrempés d'huile d'olive? On peut deviner tous les accidents organiques qui devaient résulter de cet infernal topique et qui se trouvaient sans doute compris dans le châtiment que les coupables recevaient en eux-mêmes, selon saint Paul.

Il est permis de supposer que les *sagæ* et les parfumeuses se chargeaient aussi de certaines opérations, également honteuses par leur nature et par leur objet, quoiqu'on eût essayé de les faire autoriser par la médecine et exécuter par des médecins, la castration des femmes et l'infibulation des deux sexes. «Quelques chirurgiens, dit Celse, sont dans l'usage de soumettre les jeunes sujets à l'infibulation, et cela dans l'intérêt de leur voix ou de leur santé. Cette opération se pratique ainsi: on tire en avant le prépuce, et, après avoir marqué d'encre les points opposés que l'on veut percer, on laisse les téguments revenir sur eux-mêmes. On traverse alors le prépuce, à l'endroit désigné, avec une aiguille chargée d'un fil dont on noue les deux bouts et qu'on fait mouvoir chaque jour jusqu'à ce que le pourtour de ces ouvertures soit bien cicatrisé. Ce résultat obtenu, on remplace le fil par une boucle, et la meilleure sera toujours la plus légère. Néanmoins cette opération est plus souvent inutile que nécessaire. (*Sed hoc quidem sæpius inter supervacua, quam inter necessaria est.*) Celse n'ose pas s'élever davantage contre cette détestable invention, que la jalousie la plus scandaleuse avait fait adopter sous prétexte de conserver la voix de ces jeunes esclaves au moment de la puberté, et parfois pour les préserver de la triste habitude des pollutions nocturnes. Cette boucle (*fibula*), qui empêchait le patient de faire acte de virilité, était en or ou en argent, tantôt soudée au feu, tantôt fermée par un ressort. Ce qui prouve la véritable destination de ces fibules, c'est qu'on les adaptait également à l'anus, par une opération analogue à celle que Celse a décrite. Quant à l'infibulation des femmes, qui s'est modifiée au moyen âge en créant les cadenas de chasteté, elle se pratiquait à peu près de la même manière que celle des hommes, et l'anneau ou fibule, qui tenait à demi fermées les parties sexuelles, traversait l'extrémité des grandes lèvres, et ne s'ouvrait qu'à l'aide d'une clef. Rien n'était plus commun que l'infibulation chez les esclaves du sexe masculin; mais, pour les esclaves de l'autre sexe, on se servait de préférence d'un vêtement particulier, nommé *subligar* ou *subligaculum*, qui se laçait par derrière, et qui formait une espèce d'égide protectrice pour celles qu'on couvrait de cette ceinture de cuir ou de crin rembourré. Une ancienne coutume exigeait que les acteurs ne parussent pas sur la scène, par respect pour les spectateurs, sans être revêtus de ce caleçon qui obviait à tout accident et rassurait la pudeur des matrones: *Scenicorum mos quidem tantam habet*, lisons-nous dans le traité *de Officiis, vetere disciplinâ verecundiam, ut in scenam sine subligaculo prodeat nemo*. Une épigramme de Martial nous apprend que les femmes honnêtes se piquaient de précaution, en portant partout le subligar: «La rumeur publique raconte, Chioné, que tu n'as jamais connu d'homme, et que rien n'est plus pur que ta virginité. Cependant tu la caches plus qu'il ne faut, quand tu te baignes. Si tu as de la pudeur, transporte le subligar sur ton visage!» Martial parle ailleurs d'une ceinture de cuir noir, que les esclaves mâles s'attachaient autour des reins, quand ils accompagnaient aux bains leur maître ou leur maîtresse (*inguina succinctus nigrâ tibi servus alutâ stat*); mais, dans une autre épigramme, il nous montre un esclave infibulé se baignant avec sa maîtresse: «Le membre couvert d'une capsule d'airain, un esclave se baigne avec toi, Cœlia. Pourquoi cela, je te prie, puisque cet esclave n'est ni citharœde ni chanteur? Tu ne veux pas sans doute voir sa nature? Alors pourquoi se baigner avec tout le monde? Sommes-nous donc tous, pour toi, des eunuques? Crains, Cœlia, de paraître jalouse de ton esclave: ôte lui sa fibule.»

Enfin, comme nous l'avons dit, c'était dans ces boutiques d'impuretés et de maléfices, que s'opérait la castration des femmes. On n'a pas de renseignements précis sur ce genre de castration, qui avait pour but de rendre stériles les malheureuses qu'on mutilait. On a même regardé comme une fable cette opération cruelle et inutile, qui fut d'abord en usage chez les Lydiens, si l'on en croit l'historien Xanthus de Lydie. Suivant un ancien scoliaste, l'opération consistait dans l'enlèvement de petites glandes placées à l'entrée du col de la matrice, glandes que les anciens regardaient comme des testicules nécessaires à la génération. Souvent on suppléait à la section de ces glandes, en les comprimant avec le doigt. Les filles qu'on soumettait à ce traitement barbare, comme si c'étaient des poules qu'on voulût engraisser pour la table (*simili modo*, dit Pierrugues, *Itali et Gallo-provinciales gallinas eunuchant*), se voyaient ainsi privées à jamais des douceurs de la maternité, mais en revanche elles devenaient plus aptes aux travaux de Vénus, par cela même qu'elles ignoraient ceux de Junon. Au reste, cette espèce de castration était peu fréquente, excepté pour les filles qu'on destinait à la Prostitution des lupanars et qu'on croyait mettre ainsi à l'abri des grossesses et des avortements. Nous avons lu cependant, au sujet de l'opération mystérieuse qu'on faisait subir aux femmes de plaisir dès leur enfance, nous avons lu, dans un docte rhéteur du seizième siècle, que cette opération, pratiquée sur des sujets choisis en raison de leur conformation particulière, changeait complétement le sexe de la victime et faisait saillir hors de l'organe les parties qui y sont ordinairement enfermées, en sorte que cette femme eunuque (*eunuchata*) avait l'apparence, sinon le sexe d'un homme. La castration des hommes et des enfants était moins compliquée et infiniment plus répandue; elle devint même tellement abusive, que Domitien se vit obligé de la défendre, à l'exception de certains cas privilégiés. Ce n'étaient pas des médecins, surtout des médecins en renom, qui exécutaient ces hideuses mutilations, que la cupidité et la débauche avaient tant multipliées; c'étaient les barbiers, c'étaient les baigneurs, c'étaient plus spécialement les *sagæ* et leur horrible séquelle qui travaillaient pour le compte des marchands d'esclaves, des lupanaires et des lénons. On avait besoin d'une telle quantité d'eunuques à Rome pour satisfaire aux exigences de la mode et du libertinage, que d'infâmes lènes n'avaient pas d'autre industrie que de voler des enfants pour en faire des *castrati*, des *spadones* ou des *thlibiæ*. «Domitien, dit Martial, ne supporta pas de telles horreurs: il empêcha que l'impitoyable libertinage fît une race d'hommes stériles (*ne faceret steriles sæva libido viros*).» Les odieux auteurs et complices de ces crimes furent condamnés aux mines, à l'exil et souvent à la mort.

Mais, chose étrange, la superstition resta en possession de l'atroce privilége que l'édit impérial refusait aux vendeurs d'esclaves et aux agents de la débauche: les prêtres de Cybèle continuèrent non-seulement à se mutiler eux-mêmes avec des tessons de pot, mais encore ils exercèrent les mêmes violences sur les malheureux enfants qui tombaient entre leurs mains. Ces *galli*, la plupart vils débauchés perdus de maladies honteuses, s'intitulaient *semiviri*, et prétendaient sacrifier à leur déesse les restes gangrenés de leur virilité absente. Quand ils n'avaient plus rien à offrir à Cybèle, ils allaient chercher leurs impures offrandes sur le premier venu qui se livrait sans défiance à leur couteau. Martial a mis en vers une aventure qui arriva de son temps et qui témoigne de la farouche superstition des *galli*. Nous empruntons cette traduction à la grande collection des auteurs latins, publiée par M. Désiré Nisard, professeur à l'École normale: «Tandis que Misitius gagnait le territoire de Ravenne, sa patrie, il joignit en chemin une troupe de ces hommes qui ne le sont qu'à moitié, des prêtres de Cybèle. Il avait pour compagnon de route le jeune Achillas, esclave fugitif, d'une beauté et d'une gentillesse des plus agaçantes. Or, nos castrats s'informent de la place qu'il doit occuper au lit; mais, soupçonnant quelque ruse, l'enfant répond par un mensonge. Ils le croient; chacun va dormir, après boire. Alors la bande scélérate, saisissant un fer, mutila le vieillard couché sur le devant du lit, tandis que le jeune garçon, caché dans la ruelle, était à l'abri de leurs étreintes.» Ces abominables prêtres de Cybèle prenaient part à toutes les infamies du bourg toscan; tous les trafics leur étaient bons, et, toujours pris de vin, toujours furieux, toujours obscènes, ils semblaient avoir fait un culte de la plus sale débauche, et vouloir remplacer la Prostitution des femmes par celle des eunuques. C'est ainsi que Juvénal nous représente le grand spadon (*semivir*) entrant chez une matrone, à la tête d'un chœur fanatique de galles, armés de tambours et de trompettes. Ce personnage, dont la face vénérable s'est vouée à d'obscènes complaisances (*obscœno facies reverenda minori*) et qui, dès longtemps, a retranché avec un tesson la moitié de ses parties génitales, porte la tiare phrygienne des courtisanes, et se pique de rivaliser avec celles-ci, en servant à la fois aux plaisirs des deux sexes.

Les *sagæ*, les magiciennes, les empoisonneuses et tous les auxiliaires féminins de la débauche romaine étaient moins coupables et moins odieuses que ces prêtres hermaphrodites qui déshonoraient la religion païenne.

6

SOMMAIRE.—La débauche dans la société romaine.—Pétrone *arbiter.*—Aphorisme de Trimalcion.—Le verbe *vivere.*—Extension donnée à ce verbe par les *délicats.*—La déesse *Vitula.*—*Vitulari* et *vivere.*—Journée d'un voluptueux.—Pétrone le plus habile *délicat* de son époque.—Les *comessations* ou festins de nuit.—Étymologie du mot *comessationes.*—Origine du mot *missa,* messe.—Infamies qui avaient lieu dans les comessations du palais des Césars.—Mode des comessations.—Lits pour la table.—La courtisane grecque Cytheris.—Bacchides et ses sœurs.—Reproches adressés à Sulpitius Gallus au sujet de sa vie licencieuse, par Scipion l'Africain.—Le repas de Trimalcion.—Les histrions, les bouffons et les *arétalogues.*—Les baladins et les danseuses.—Danses obscènes qui avaient lieu dans les comessations, décrites par Arnobe.—Comessations du libertin Zoïle.—Leur description par Martial.—Épisode du festin de Trimalcion.—Services de table et tableaux lubriques.—Ameublement et décoration de la salle des comessations.—Santés érotiques.—*Thesaurochrysonicochrysides*, mignon du fameux bouffon de table Galba.—Présence d'esprit et cynisme de Galba à un souper où il avait été convié avec sa femme.—Rôles que jouaient les fleurs dans les comessations.—Dieux et déesses qui présidaient aux comessations.—Les lares *Industrie, Bonheur* et *Profit.*—Le verbe *comissari.*—Théogonie des dieux lares de la débauche.—Conisalus, dieu de la sueur que provoquent les luttes amoureuses.—Le dieu Tryphallus.—Pilumnus et Picumnus, dieux gardiens des femmes en couches.—Deverra, Deveronna et Intercidona.—Viriplaca, déesse des raccommodements conjugaux.—Domiducus.—Suadela et Orbana.—Genita Mana.—Postversa et Prorsa.—Cuba Dea.—Thalassus.—Angerona.—Fauna, déesse favorite des matrones.—Jugatinus et ses attributions obscènes.

On ne peut se faire une idée exacte et complète de ce qu'était la débauche dans la société romaine, si l'on détourne la vue des scènes lubriques qui sont peintes avec une sorte de naïveté par l'auteur du *Satyricon*. Pétrone a représenté fidèlement ce qui se passait tous les jours, presque publiquement, dans la capitale de l'empire, quoiqu'il ait placé à Naples, pour éloigner les allusions, son roman étrange et pittoresque, consacré à l'histoire de la volupté et de la Prostitution sous le règne de Néron. Pétrone était un voluptueux raffiné, excellent juge (d'où son surnom *arbiter*) en fait de choses de plaisir: il raconte en style fleuri et figuré les plus grandes turpitudes, et l'on doit croire qu'il écrivait d'après ses impressions et ses souvenirs personnels. Il suffirait donc de relever tous les tableaux, tous les enseignements, tous les mystères de libertinage qu'on trouve accumulés dans les fragments de cette composition érotique et sodatique, pour avoir sous les yeux une peinture fidèle de la vie privée des jeunes Romains. La philosophie pratique de ces infatigables débauchés se résumait dans cette sentence de Trimalcion: *Vivamus, dum licet esse!* C'est-à-dire: «Menons joyeuse vie tant qu'il nous est donné de vivre!» Le verbe *vivere* avait pris une signification beaucoup plus large et moins spéciale, qu'à l'époque où il s'entendait seulement du fait matériel de l'existence, et où il ne s'appliquait pas encore à un genre de vie plutôt qu'à un autre. Les *délicats* de Rome (*delicati*) n'eurent pas de peine à se persuader que ce n'était pas vivre que vivre sans jouissances, et que jouir toujours, c'était vivre réellement, *vivere*. Les femmes de mœurs faciles, dans la compagnie desquelles ils vivaient de la sorte, ne comprirent pas autrement ce verbe à leur usage, que les philologues accueillaient eux-mêmes avec sa nouvelle acception. Ce fut dans ce sens que Varron employa *vivere*, quand il dit: «Hâtez-vous de vivre, jeunes filles, vous à qui l'adolescence permet de jouir, de manger, d'aimer et d'occuper le char de Vénus (*Venerisque tenere bigas*).» Pour mieux constater encore la belle extension du sens de *vivere*, un voluptueux de l'école de Pétrone écrivit sur le tombeau d'une compagne de plaisir: *Dum vivimus vivamus*, qu'il est presque impossible de traduire: «Tant que nous vivons, jouissons de la vie.» Au reste, cette vie de jouissances perpétuelles était devenue tellement générale parmi la jeunesse patricienne, qu'on avait jugé nécessaire de lui donner une déesse particulière pour la protéger. Cette déesse, si l'on s'en rapporte à l'étymologie que lui applique Festus, tira son nom *Vitula*, du mot *vita* ou de la joyeuse vie à laquelle on la faisait présider. Vitula n'avait sans doute pas d'autre culte que celui qu'on lui rendait, devant l'autel des dieux domestiques, dans le *cubiculum* ou dans le *triclinium*, où l'on avait plus d'une occasion de l'invoquer. Grâce à la déesse, on dit bientôt *vitulari* au lieu de *vivere*, et nous penchons à supposer que *vitulari* signifiait vivre couché à table ou dans un lit, aussi paresseusement qu'une génisse (*vitula*) dans l'herbe des champs.

Les voluptueux, en effet, ne passaient pas leur vie autrement: «Il donnait le jour au sommeil, dit Tacite en parlant de Pétrone le type le plus célèbre de son espèce, il donnait la nuit aux devoirs de la société et aux plaisirs. Il se fit une réputation par la paresse comme d'autres à force de travail. A la différence de tous les dissipateurs qui se font un renom de désordre et de débauche, Pétrone était estimé le plus habile voluptueux.» On est étonné que quelques natures énergiques et actives aient pu mener de front les affaires, l'étude et la politique, avec ces voluptés incessantes qui dévoraient la vie. Quelle liberté d'esprit et d'action pouvaient avoir des hommes qui dormaient et se baignaient le jour, qui la nuit s'épuisaient en orgies effrayantes? Ces festins de nuit, ces soupers, qui se prolongeaient jusqu'au lever du soleil et qui ouvraient carrière aux excès les plus monstrueux, s'appelaient *comessationes* ou *comissationes*. Ce mot essentiellement latin, qui ne dérive pas du grec κομειν, nourrir, ni de κομη, chevelure, ni de κομιδη, nourriture, etc., avait été formé de *comes*, et voulait dire proprement un compagnonnage, une réunion d'amis et de bons compagnons. Nous aurions honte d'avancer ici, avec beaucoup de probabilité, que ce mot impur, toujours pris en mauvaise part, a été la source du mot *missa*, messe, parce que les premiers chrétiens se rassemblaient la nuit, dans des lieux secrets, pour célébrer les mystères sacrés de leur culte, et pour s'approcher de la sainte table de la communion. Il est certain que les comessations profanes, qui avaient lieu pendant la nuit, et qui admettaient tous les procédés de plaisir, toutes les formes de jouissance, tous les essais de volupté, méritèrent amplement l'horreur qu'elles inspiraient aux hommes sages et aux mères de famille. Ce n'étaient pas seulement des festins succulents et copieux où l'on se gorgeait de viandes et de vins, où l'on ne cessait de manger et de boire que pour tomber ivre mort; c'étaient trop souvent d'affreux conciliabules de débauche, des théâtres et des arènes d'obscénité, d'abominables sanctuaires de Prostitution. On ne saurait énumérer, sans dégoût et sans stupeur, tout ce qui se passait pendant les longues heures nocturnes qui voyaient la comessation se dérouler et s'exalter au milieu des concerts d'instruments, des chants lascifs, des danses obscènes, des propos impudiques, des cris et des rires indécents. Suétone, Tacite, les auteurs de l'*Histoire Auguste*, mettent en scène à chaque instant les infamies qui avaient lieu dans les comessations du palais des Césars. Cicéron, dans son plaidoyer pour Cœlius, range sur la même ligne les adultères et les comessations (*libidines, amores, adulteria, convivia, comessationes*). Un honnête homme pouvait s'oublier parfois dans une orgie de ce genre, mais il ne se vantait pas d'y avoir pris part, et il rougissait souvent d'avoir été le spectateur, quelquefois le complice de ces débordements.

La mode des comessations fut contemporaine de l'invasion de la luxure asiatique à Rome, elle commença, dès que les Romains, à l'instar des peuples amollis de l'Orient, se couchèrent sur des coussins et sur des lits pour prendre leur repas. Jusque-là, tout le monde mangeait assis, et même le siège qu'on approchait de la table n'était pas trop moelleux; les femmes elles-mêmes s'asseyaient sur des bancs ou des trépieds de bois. «On les appela siéges (*sedes dictæ*), dit Isidore dans ses Étymologies, parce que chez les anciens Romains l'usage n'était pas de manger couché, mais de s'asseoir à table; mais bientôt les hommes commencèrent à s'étendre sur des lits devant la table; les femmes seules restaient assises, ce qui faisait dire à Valère-Maxime: «Les mœurs austères, la génération actuelle les conserve plus scrupuleusement au Capitole, lors du repas sacré qui s'y donne en l'honneur de Jupiter, que dans l'intérieur des maisons.» Les femmes qui se permettaient d'imiter les hommes en se couchant à table, faisaient acte d'impudicité et témoignaient par là qu'elles ne s'arrêtaient pas à cet oubli des convenances. Dans le joyeux souper où Cicéron ne dédaigna pas de prendre place à côté de la courtisane grecque Cythéris, cette belle *précieuse* ne fit aucune simagrée pour se mettre sur un lit d'ivoire, sans prétendre à la tenue grave et décente d'une matrone qui se fût assise et qui n'eût pas même osé s'appuyer sur le coude. Plaute nous montre aussi d'autres courtisanes, Bacchides et ses sœurs, occupant un seul lit à table. Quelquefois, un même lit recevait deux convives de sexes différents, et dans ce cas, ils étaient placés, tantôt l'un contre l'autre, mais échelonnés, pour ainsi dire, de manière que l'un avait la tête appuyée sur la poitrine de l'autre; tantôt étendus face à face, chacun dans un sens opposé, mais tous deux si rapprochés l'un de l'autre, qu'ils auraient pu manger dans la même assiette. On voyait ainsi l'amant et la maîtresse, le giton et son maître, soupant côte à côte et se disputant les morceaux jusque sur les lèvres. Souvent aussi, la femme ou l'adolescent était accroupi derrière l'homme qui occupait le devant du lit, et qui avait soin que les mets et le vin arrivassent en abondance à sa compagne mâle ou femelle: celui ou celle qui se déshonorait en acceptant le partage d'un lit de festin, prenait donc place au fond ou au milieu de ce lit surchargé de coussins moelleux, et cela se nommait *accumbere interior*, c'est-à-dire se coucher dans l'intérieur du lit. Quelques scoliastes ont pensé cependant qu'il fallait lire *inferior*, et que ce mot faisait allusion à la position inférieure que prenait la courtisane ou le cinæde en appuyant sa tête sur le sein de son amant (*in gremio amatoris*): «Celui qui tous les jours se parfume et s'ajuste devant un miroir, dit un jour amèrement Scipion l'Africain à Sulpitius Gallus en lui reprochant la mollesse efféminée de ses mœurs, celui qui se rase les sourcils, qui s'arrache les poils de la barbe, qui s'épile les cuisses; qui, dans sa jeunesse, vêtu d'une tunique à longues manches, occupait dans les repas le même lit que son corrupteur; celui qui n'aime pas seulement le vin, mais aussi les garçons, doutera-t-on qu'un pareil homme n'ait fait tout ce que les cinædes ont l'habitude de faire?» Aulu-Gelle, qui rapporte ces paroles de Scipion l'Africain, nous apprend que la tunique à la syrienne, *chiridota*, dont les manches couvraient tout le bras et tombaient sur la main jusqu'au bout des doigts, était le vêtement ordinaire des efféminés dans les comessations, où ils abdiquaient absolument tous les caractères de leur sexe.

Il faut lire dans Pétrone la description du repas de Trimalcion, pour se représenter les épisodes multipliés d'une orgie qui durait une nuit entière. On ne mangeait pas, on ne buvait pas sans interruption; il y avait des intermèdes de plusieurs sortes: d'abord, les conversations provocantes, obscènes ou voluptueuses; puis, la musique, le chant, la danse et les divertissements de toute espèce; après ou même pendant ces intermèdes, tous les désordres que l'ivresse ou la luxure pouvait inventer. On était bientôt las des histrions (*mimi*), qui jouaient des pantomimes ou qui récitaient des vers; des bouffons et des *aretalogues* (*aretalogi*), qui dissertaient sur des sujets comiques; on n'écoutait plus qu'avec distraction, et les yeux, obscurcis par les fumées de Bacchus, commençaient à se fermer. Mais tout à coup les baladins et les danseuses venaient ranimer l'attention des convives fatigués, en éveillant leurs sens. Ces danseuses, la plupart venues d'Asie ou d'Égypte, n'étaient autres que ces almées qui ont conservé dans l'Inde la tradition de l'antique volupté; elles se présentaient nues, sinon couvertes de voiles dorés ou argentés, qui entouraient leur nudité comme d'un voile diaphane; c'est ce que Pétrone appelait se vêtir d'air tissu (*induere ventum textilem*) et se montrer nue sous des nuages de lin (*prostare nudam in nebula linea*). Les baladins n'étaient pas vêtus plus décemment et ils étalaient leurs membres nus, frottés d'huile odorante, tout chargés d'anneaux et de grelots dorés. Ces baladins représentaient des pantomimes, faisaient des sauts périlleux, des grimaces et des tours de force extraordinaires; ils n'oubliaient jamais, dans leurs poses, de faire saillir toutes les formes, tous les muscles de leur corps; ils accompagnaient leurs mouvements, des gestes les plus indécents; ils donnaient à leur bouche une expression obscène qu'ils complétaient par le jeu rapide de leurs doigts (*micatio digitum*) à la manière des Étrusques; ils échangeaient ainsi des signes muets, qui avaient toujours quelque rapport plus ou moins direct avec l'acte honteux (*turpitudo*), et quelquefois enflammés de luxure, excités par les applaudissements des convives, ils passaient des gestes aux faits et se livraient d'impurs combats, en imitant les turpitudes des faunes, qu'on voit sur les vases peints de l'Étrurie. Quant aux danseuses, elles exécutaient des danses qu'un Père de l'Église chrétienne, Arnobe, a décrites dans son livre contre les Gentils: «Une troupe lubrique formait des danses dissolues, sautait en désordre et chantait, tournait en dansant, et à certaine mesure, soulevant les cuisses et les reins, donnait à ses *nates* et à ses lombes un mouvement de rotation qui aurait embrasé le plus froid spectateur.» Le jésuite Boulenger ne craint pas de dire que ce tressaillement obscène et ces ondulations des reins communiquaient à tous les convives une amoureuse démangeaison (*modo nudæ, et fluctuantibus lumbis obsceno motu, pruriginem spectantibus conciliabant*).

Martial nous a laissé une esquisse des comessations d'un libertin qu'il nomme Zoïle: cette esquisse, quoique bien affaiblie dans la traduction classique, qui a été publiée récemment par les soins de M. D. Nisard, est encore plus latine que toutes les descriptions dont nous pourrions charger un tableau de fantaisie: «Quiconque peut être le convive de Zoïle peut souper aussi avec les mérétrices du Summœnium et boire de sang-froid dans le bidet ébréché de Léda. Je prétends même qu'il serait chez elles plus proprement et plus décemment. Vêtu d'une robe verte, il est étendu sur le lit dont il s'est emparé le premier: il foule des coussins de soie écarlate, et pousse, à droite et à gauche, avec les coudes, ses voisins de table. Dès qu'il est repu, un de ses gitons, averti par ses hoquets, lui présente des coquillages roses et des cure-dents de lentisque. S'il a chaud, une concubine, couchée nonchalamment sur le dos, le rafraîchit doucement à l'aide d'un éventail vert, tandis qu'un jeune esclave chasse les mouches avec une branche de myrte. Une masseuse (*tractatrix*) lui passe avec rapidité la main sur le corps et palpe avec art chacun de ses membres. Quand il fait claquer ses doigts, un eunuque, qui connaît ce signal et qui sait solliciter avec adresse l'émission des urines, dirige la mentule ivre de son maître, qui ne cesse de boire (*domini bibentis ebrium regit penem*). Cependant celui-ci, se penchant vers la troupe des esclaves rangés à ses pieds, parmi de petites chiennes qui lèchent des entrailles d'oie, partage entre ses valets de palestre des rognons de sanglier, et donne des croupions de tourterelles à son camarade de lit (*concubino*). Et tandis qu'on nous sert du vin des coteaux de Ligurie ou du mont enfumé de Marseille, il distribue à ses bouffons le nectar d'Opimius dans des fioles de cristal et dans des vases murrhins. Lui-même, tout parfumé des essences de Cosmus, il ne rougit pas de nous partager dans une coquille d'or la pommade dont se servent les dernières prostituées. Succombant enfin à ses libations multipliées, il s'endort. Quant à nous, nous restons couchés sur nos lits, et, silencieux par ordre, tandis qu'il ronfle, nous nous portons des santés par signes.» Pétrone, dans son festin de

Trimalcion, nous montre un autre coin du sujet, les désordres des femmes entre elles dans les comessations: «Fortunata, femme de Trimalcion, arriva donc, la robe retroussée par une ceinture verte de manière à laisser voir en dessous sa tunique cerise, ses jarretières en torsades d'or et ses mules dorées. S'essuyant les mains au mouchoir qu'elle portait au cou, elle se campe sur le lit de la femme d'Habinnas, Scintilla, qui bat des mains et qu'elle embrasse..... Ces deux femmes ne font que rire et confondre leurs baisers avinés, et Scintilla proclame son amie la ménagère par excellence, et l'autre se plaint des mignons et de l'insouciance maritale. Tandis qu'elles s'étreignent de la sorte, Habinnas se lève en tapinois, saisit Fortunata par les pieds, qu'elle tient étendus, et la culbute sur le lit (*pedesque Fortunatæ porrectos super lectum immisit*). Ah! ah! s'écrie-t-elle en sentant sa tunique glisser sur ses genoux; et se rajustant au plus vite, elle cache dans le sein de Scintilla un visage que la rougeur rend plus indécent encore.»

Les comessations empruntaient, d'ailleurs, les caractères les plus variés à l'imagination du prodigue débauché qui donnait la fête et elles reflétaient plus ou moins les goûts et les habitudes du maître du logis. Mais elles avaient toujours pour objet principal d'exciter au plus haut degré les sens des convives et de les entraîner à d'incroyables excès. Ainsi, quelquefois tout le service de table était une provocation effrontée à l'acte de nature, et de quelque côté que les yeux se fixassent, ils ne rencontraient que des images voluptueuses ou obscènes. Les murailles étaient couvertes de peintures, dans lesquelles l'artiste avait reproduit sans voile toutes les inventions du génie vénérien: «Le premier, dont la main peignit des tableaux obscènes, s'écrie le tendre Properce, et celui qui suspendit ces honteuses images dans une maison honnête, celui-là corrompit l'innocence des regards de la jeunesse et ne voulut pas qu'elle restât novice aux désordres qu'il lui apprenait ainsi: qu'il gémisse à jamais de son art, le peintre qui reproduisit aux yeux ces luttes amoureuses dont le mystère fait tout le plaisir!» Ces peintures évoquaient de préférence les scènes les plus monstrueuses de la mythologie; Pasiphaé et le taureau, Léda et le cygne, Ganymède et l'aigle, Glaucus et les cavales, Danaé et la pluie d'or. Dans ces sujets consacrés, l'artiste avait cherché à traduire, sous des noms de dieux et de déesses, les grossières et matérielles sensations que les poëtes de l'amour s'étaient plu à décrire: c'était ordinairement le poëme infâme d'Éléphantis, qui fournissait les postures et les couleurs à ces épisodes mythologiques. L'ameublement de la salle et sa décoration se trouvaient souvent d'accord avec les peintures: des danses de satyres, des bacchanales, des bergeries érotiques couraient en bas-relief autour des corniches; des statues de bronze et de marbre mettaient encore aux prises les satyres avec des nymphes, ces victimes éternelles de l'incontinence des demi-dieux bocagers; les lits, les tables, les siéges avaient des pieds de bouc et des têtes de bouc pour ornements, comme par allusion au fameux vers des bucoliques de Virgile: *tuentibus hircis*. Les lampes suspendues au plafond, les candélabres placés sur la table du souper, rappelaient par quelque forme ithyphallique, souvent plaisante et ingénieuse, le but principal de la réunion. Ici, c'est un Amour chevauchant (*equitans*) sur un phallus énorme pourvu d'ailes ou de pattes; là, ce sont des oiseaux, des tourterelles becquetant un priape; ailleurs, une guirlande formée avec les attributs du dieu de la génération; ailleurs, des animaux, des plantes, des insectes, des papillons, qui participent à cette forme hiératique. Quant aux coupes, aux amphores, aux ustensiles de table, qu'ils soient en verre, en terre cuite ou en métal, ils ont pris, pour ainsi dire, la livrée générale et ils se rapprochent de près ou de loin, par leur configuration, de l'emblème indécent qui préside à la comessation. Voilà pourquoi Juvénal nous montre un *comissator* buvant dans un priape de verre (*vitreo bibit ille priapo*). C'est là ce que Pline appelle gravement: boire en commettant des obscénités, *bibere per obscenitates*. Le pain qu'on mangeait dans ces repas libidineux n'avait garde d'adopter une figure plus honnête que celle des vases à boire: les *coliphia* et les *cunni siliginei*, en pure farine de froment, se succédaient sous la dent des convives, qui n'avaient bientôt plus une pensée étrangère au dieu de la fête: «Vous savez, aurait pu leur dire l'hôte de la comessation en se servant des propres paroles de la Quartilla de Pétrone, vous savez que la nuit tout entière appartient au culte de Priape.» (*Sciatis Priapi genio pervigilium deberi.*)

On comprenait dans ce culte les santés érotiques que chacun portait à son tour durant ces interminables orgies. On buvait presque toujours à l'heureux succès des amours et aux grands exploits des amants. On vidait autant de coupes qu'il y avait de lettres dans le nom de la personne aimée. Martial parle de cet usage général, dans une de ses plus jolies épigrammes: «Buvons cinq coupes à Névia, sept à

Justine, cinq à Lycas, quatre à Lydé, trois à Ida; sablons le falerne autant de fois qu'il y a de lettres dans le nom de chacune de ces dames. Mais, puisque aucune d'elles ne vient, Sommeil, viens à moi.» Un bouffon de table, le fameux Galba, qui se chargeait d'égayer tous les soupers auxquels on l'invitait, proposa une santé à son mignon, dont le nom, disait-il, avait de quoi enivrer tous les dieux de l'Olympe; en effet, il eût fallu boire vingt-sept fois de suite, car il avait donné à cet esclave favori le nom célèbre forgé par Plaute pour caractériser un avare: *Thesaurochrysonicochrysides*. On ne pourrait dire si ce fut dans le même souper, que Galba fit preuve d'une présence d'esprit et d'un cynisme remarquables. Il avait été convié avec sa femme, qui était fort belle et de mœurs très-complaisantes. Le maître de la maison avait fait placer la dame auprès de lui, et sur la fin du repas, quand tous les convives se furent endormis sous les lourds pavots de Bacchus, il se rapprocha de cette dormeuse et fit tout ce qui était nécessaire pour l'éveiller. Elle ne s'éveilla pourtant pas et se livra sans résistance. Scurra ne dormait pas davantage, quoiqu'il fît semblant, et il laissait le champ libre à son Mécène, lorsqu'un esclave, se fiant à ce sommeil simulé, se glissa près du lit de Galba et se mit à boire dans son verre: «Je ne dors pas pour tout le monde!» s'écrie le bouffon en arrachant l'oreille du fripon. Dans ces orgies nocturnes tout servait de prétexte à de nouvelles santés et à de nouveaux coups de vin, qui étaient souvent les échos ou les présages des combats amoureux du lendemain ou de la veille. On comptait aussi le nombre de ces combats par les couronnes de fleurs qu'on déposait devant une statuette d'Hercule, de Priape ou de Vénus. Les couronnes de fleurs jouaient un grand rôle dans toutes les circonstances où l'ivresse du vin et des sens avait besoin à la fois d'un aiguillon et d'un préservatif: l'odeur des fleurs tempérait les fumées du jus de la vigne, et, en même temps, elle exaltait les inspirations du plaisir. Pline assure que les grands buveurs, en se couronnant de fleurs odorantes, se délivraient des éblouissements et des pesanteurs de tête. Il n'y avait donc pas d'orgie sans couronnes sur les têtes, sans fleurs jonchant la table et le plancher. On jugeait à la beauté et à l'abondance des couronnes la libéralité et le bon goût du *comissator*. Le lendemain d'un souper, les courtisanes et les enfants *meritorii*, qui y avaient assisté, envoyaient leurs couronnes flétries et brisées à leurs lénons, pour témoigner qu'ils avaient bien fait leur devoir (*in signum paratæ Veneris*, dit un vieux commentateur d'Apulée).

Enfin, ces comessations et les actes honteux qu'elles favorisaient, se plaçaient, néanmoins, sous les auspices de certains dieux, de certaines déesses, qui avaient été détournés, pour cet objet, de leurs attributions décentes, ou qui étaient nés en pleine orgie d'une débauche d'imagination religieuse. Au festin de Trimalcion, deux esclaves, vêtus de tuniques blanches, entrent dans la salle et posent sur la table les lares du logis, tandis qu'un troisième esclave, tenant une patère de vin, fait le tour de la table en criant: *Soyez nos dieux propices*. Ces lares se nomment Industrie, Bonheur et Profit. Mais Pétrone passe sous silence les véritables divinités qui présidaient à ces repas nocturnes et qui y prenaient part à différents titres. C'était d'abord, et avant tous, Comus, qui retrouvait en partie son nom dans ces comessations joyeuses, préparées et célébrées sous ses auspices: il était représenté jeune, la face enluminée, le front couronné de roses. Son nom avait été formé du mot *comes*, compagnon, qui eut naturellement son verbe *comissari*, faire bonne chère entre compagnons. La jeunesse libertine, qui s'en allait, la nuit, avec des torches et des haches briser les portes et les fenêtres des courtisanes, invoquait Comus et se vantait de s'enrôler sous ses étendards bachiques; mais cette milice turbulente, que l'édile condamnait à l'amende et même au fouet, ne trouvait pas d'excuse dans la mauvaise réputation du dieu qu'elle avait pris pour chef. Vénus, Hercule, Priape, Isis, Hébé et Cupidon étaient aussi les dieux tutélaires des comessations. Cupidon, qui différait de l'Amour, fils de Vénus et de Mars; Cupidon, que saint Augustin déifie avec le titre de *Deus copulationis*, était fils du Chaos et de la Terre, selon Hésiode; de Vénus et du Ciel, selon Sapho; de la Nuit et de l'Éther, suivant Archésilaüs; de la Discorde et du Zéphire, selon Alcée; il régnait surtout à la fin des soupers. Hébé, qui versait le nectar et l'immortalité aux convives de l'Olympe, devait avoir quelque indulgence pour les mortels réunis à table. Isis, que les impies avaient surnommée la déesse (*præfecta*) tutélaire des mérétrices et des lénons, passait pour la meilleure conseillère des deux amours. Vénus, Priape et Hercule aidaient Isis dans la protection qu'elle octroyait aux amants. C'était Vénus *Volupia*, *Pandemos* et *Lubentia*; c'était Hercule *Bibax*, *Buphagus*, *Pamphagus*, *Rusticus*; c'était Priape, le dieu de Lampsaque, *Pantheus*, l'âme de l'univers.

A côté de ces grands dieux qui avaient place dans le Panthéon du paganisme et qui ne présidaient aux festins que par complaisance, il y avait un cortége de petits dieux obscurs, qui n'avaient pas de temple au soleil et qui n'eussent pas osé figurer ailleurs que sur l'autel des lares du logis. Ces dieux-là ne devaient souvent leur existence fugitive qu'à une boutade d'ivrogne, à une fantaisie d'amant. Quant à leur figure, elle était ce que pouvait la faire le bon plaisir du fabricant, qui puisait dans ses propres idées la physionomie et les attributs de ces petites divinités, la plupart grotesques, ridicules et hideuses. Il faudrait d'immenses recherches archéologiques pour recomposer la théogonie des dieux lares de la débauche. Le premier qui s'offre à nous, c'est Conisalus d'origine athénienne, diminutif de Priape, et président à la sueur (Κονισαλος) que provoquent les luttes amoureuses. On le représentait sous la forme d'un phallus monté sur des pieds de bouc et ayant une tête de faune cornu. Le dieu Tryphallus, à qui l'on s'adressait dans les entreprises difficiles, n'était qu'un petit bout d'homme qui portait un *penis* aussi haut que son bonnet, et qui avait l'air de le tenir comme un épieu. Pilumnus et Picumnus, dieux gardiens des femmes en couches, étaient également armés par la nature. Le premier, dont le nom dérivait de *pilum*, pilon, suivant saint Augustin, personnifiait une obscénité; Picumnus, frère du précédent, avait le nom et la figure d'un pivert, oiseau à long bec qui creuse les troncs d'arbre pour y cacher son nid. Trois déesses infimes: Deverra, Deveronna et Intercidona, auxquelles se recommandaient aussi les femmes enceintes, n'étaient pas indifférentes dans les mystères de l'amour: Intercidona tenait une cognée; Deverra, des verges; Deveronna, un balai. Viriplaca, déesse des raccommodements conjugaux, avait paru assez utile aux Romains pour qu'on lui accordât les honneurs d'une chapelle à Rome; mais elle était adorée surtout dans l'intérieur du ménage, et c'était devant sa statue que se terminaient les querelles d'époux et d'amants, sans qu'ils eussent besoin d'aller sur le mont Palatin chercher la protection de cette conciliante déesse: on ignore entièrement quelle était sa figure allégorique. Le dieu Domiducus, qui accompagnait les épouses à la demeure de leurs époux, rendait le même service aux maîtresses et aux mignons. On croit qu'il faut reconnaître ce dieu complaisant dans une petite statuette de bronze, qui représente un villageois vêtu d'une cape à cuculle, sous laquelle sa tête est entièrement cachée; cette cape mobile se lève et laisse voir un priape à jambes humaines. La déesse Suadela, dont la mission était de persuader; la déesse Orbana, qui avait les orphelins sous sa garde; la déesse Genita-Mana, qui devait empêcher que les enfants naquissent difformes et contrefaits; les déesses Postversa et Prorsa, qui veillaient à la position du fœtus dans le ventre de sa mère; la déesse Cuba-Dea, qui s'intéressait à quiconque était couché; le dieu Thalassus ou Thalassio, qui avait dans son domaine le lit et tout ce qu'il comprenait; une foule d'autres dieux et déesses recevaient des offrandes et des invocations, lorsque les voluptueux croyaient avoir besoin de leur aide. Angerona, placée à côté de Vénus-Volupia, ordonnait le silence en mettant le doigt dans sa bouche; et Fauna, la déesse favorite des matrones, était là pour couvrir d'un voile discret tout ce qui devait n'être pas vu par des profanes. Enfin, s'il y avait union des deux sexes et accomplissement des lois naturelles, on versait du vin sur la face obscène du dieu Jugatinus: «*Quum mas et fœmina conjunguntur*, dit Flavius Blondus dans son livre de *Rome triomphante*, *adhibetur deus Jugatinus*.» Saint Augustin, dans sa *Cité de Dieu*, restreint les attributions de Jugatinus à l'assistance des époux dans l'œuvre du mariage.

7

SOMMAIRE.—Le peuple romain, le plus superstitieux de tous les peuples.—Les libertins et les courtisanes, les plus superstitieux des Romains.—*Clédonistique* de l'amour et du libertinage.—Fâcheux présages.—Pourquoi les paroles obscènes étaient bannies même des réunions de débauchés et de prostituées.—L'*urinal* ou *pot de chambre*.—Périphrase décente que les Romains employaient pour le désigner.—Signe adopté pour demander l'urinal dans les comessations.—Présages que les Romains tiraient du son que rendait l'urine en tombant dans l'urinal.—*Matula, matella* et *scaphium*, usage respectif de chacun de ces vases urinatoires.—Double sens obscène du mot *pot de chambre*.—Étymologie de *matula*.—Périphrases honnêtes employées par Sénèque pour désigner l'urine.—Sens figuré et obscène que prenait le mot *urina*.—Présages urinatoires dans les comessations.—Hercule *Urinator*.—Présages des ructations.—Rots de bon et de mauvais augure.—*Crepitus*, dieu des vents malhonnêtes.—Esclave chargé d'interpréter les rots des convives.—Le petit dieu Pet.—Son origine égyptienne.—Honneurs décernés par les Romains au dieu Pet sous le nom de dieu Ridicule.—Présages tirés du son du pet.—Origine de la qualification de *vesses*, donnée aux filles dans le langage populaire.—Présages tirés de la sternutation.—L'oiseau de Jupiter Conservateur.—Le démon de Socrate.—Jupiter et Cybèle, dieux des éternuments.—Heureux pronostics attribués aux éternuments dans les affaires d'amour.—Acmé et Septimius. —Les tintements d'oreilles et les tressaillements subits, regardés comme présages malheureux.—La droite et la gauche du corps.— Présages résultant de l'inspection des parties honteuses.—Présages tirés des bruits extérieurs.—Le craquement du lit.—*Lectus adversus* et *lectus genialis*.—Le Génie cubiculaire.—Le pétillement de lampe.— Habileté des courtisanes à expliquer les présages.—Présages divers.— Le coup de Vénus.—Présages heureux ou malheureux, propres aux mérétrices.—L'empereur Proculus et les cent vierges Sarmates.— Rencontre d'un chien.—Rencontre d'un chat.—Superstitions singulières du peuple de Vénus.—Jeûnes et abstinence de plaisir que s'imposaient les matrones en l'honneur des solennités religieuses.—Privations du même genre que s'imposaient les débauchés et les courtisanes.— Vœu à Vénus.—Moyen superstitieux employé par les Romains pour constater la virginité des filles.—Offrande à la Fortune Virginale des bouts de fil qui avaient servi dans cette occasion.—Offrande des linges maculés et des noix.—La noix, allégorie du mariage.

Le peuple romain était le plus superstitieux de tous les peuples, et, chez lui, les plus superstitieux furent les hommes et les femmes qui, par goût, par habitude ou par profession, s'amollissaient le corps et l'âme dans les arts de la débauche (*stupri artes*) et dans tous les égarements des mœurs. On comprend que la crainte des dieux et la préoccupation de l'avenir troublaient, au milieu de leurs orgies, ces libertins, dont la conscience ne s'éveillait que de loin en loin et comme par hasard; on comprend que ces êtres mercenaires, qui trafiquaient honteusement d'eux-mêmes, et qui attendaient de cet horrible trafic un lucre quotidien, s'inquiétaient de savoir si le jour ou la nuit leur serait propice, et si le sort leur enverrait quelque chance favorable. Quant aux amants, ils avaient sans cesse à prévoir dans le vaste champ de leurs soucis et de leurs espérances; ils se forgeaient mille chimères, et ils avaient besoin, à tout moment, de se créer une sécurité ou bien une anxiété, également factices, pour donner satisfaction à la pensée dominante qui les tourmentait. De là, cette continuelle observation des présages, cette constante recherche des moyens de connaître et de diriger la destinée, cette passion fanatique pour toutes les sciences occultes et ténébreuses. Ce qu'on peut nommer le monde de l'amour, à Rome, n'avait qu'une religion, la superstition la plus crédule et la plus active; mais cette superstition, dans ce monde de jouissances sensuelles et de désordres sans nom, offrait des caractères bien différents de ceux de la superstition générale, qui ne rapportait pas à l'amour et au libertinage les auspices, les horoscopes, les sorts et les maléfices. Tous les Romains, depuis les enfants jusqu'aux vieillards, les femmes ainsi que les hommes, les plus sages comme les plus simples, étaient également sensibles aux présages, et subordonnaient à ces présages, bons ou mauvais, les moindres actions de leur vie. Les personnes qui faisaient de la volupté leur plus grande affaire, avaient encore plus de susceptibilité vis-à-vis de ces prétendus avertissements de la destinée. La connaissance et l'appréciation des présages formaient un art véritable, qui avait ses règles et ses principes; on le nommait *clédonistique* (*cledonistica*), et, dans cette science, pleine de nuances imperceptibles, le chapitre des amours était plus long et plus détaillé que tous les autres.

C'était fâcheux présage que de prononcer ou d'entendre des paroles obscènes; voilà pourquoi ces paroles étaient bannies même des réunions de débauchés et de prostituées, suivant un proverbe, qu'on retrouverait dans tous les temps et chez tous les peuples: «Faire est bon, dire est mauvais.» On n'avait donc garde d'être scrupuleux sur les actes; mais on évitait avec soin de les exprimer en paroles; on ne les qualifiait pas, on ne les nommait pas. Plaute dit, dans sa comédie de la *Servante* (*Casina*): «Proférer des discours obscènes, c'est porter malheur à celui qui les écoute.» (*Obscenare, omen alicui vituperare*). Lucius Accius avait dit aussi, dans sa tragédie d'*Œnomaüs*: «Allez sur le champ et publiez par la ville, avec le plus grand soin, que tous les citoyens qui habitent la citadelle, pour appeler la faveur des dieux par d'heureux présages, aient à écarter de leur bouche toute parole obscène (*ore obscena segregent*).» Il est donc bien certain que les plus viles *pierreuses*, que les plus infâmes *mascarpiones*, que les plus effrontés libertins s'abstenaient des obscénités orales; mais ils se dédommageaient par les gestes qui avaient à Rome tant d'éloquence, et qui composaient un si riche vocabulaire muet. On avait une telle horreur des mots obscènes, des expressions de mauvais augure, qu'on ne prononçait jamais le mot *urinal* ou *pot de chambre* (*vas urinarium*), et que les médecins eux-mêmes employaient une périphrase décente pour parler de l'urine (*urina*), qui ose pourtant se glisser dans les épigrammes de Martial. Dans les comessations où le vase urinaire jouait un rôle obligé, les convives, qui s'en servaient à table et sous les yeux de tous, le demandaient à l'esclave par un claquement de doigts (*digiti crepitantis signa*). Quelquefois, on faisait craquer un doigt, dans son articulation, en le tirant avec intelligence, quand on ne voulait pas attirer l'attention des voisins, et que l'esclave pouvait voir ce signe, qui ne produisait qu'un très-léger bruit. Puis, en satisfaisant ce besoin naturel (*urinam solvere*, dit Pline), on prenait garde de donner un présage par le bruit de l'urine frappant les parois du vase: ce présage, suivant le son, qu'elle rendait en tombant, pouvait être interprété de diverses manières. Juvénal nous représente avec mépris un riche gourmand qui se réjouit d'entendre résonner le vase d'or sous le jet de son urine. Ce vase, que Plaute se permet de nommer souvent dans ses comédies pour faire rire la populace romaine, se nommait *matula*, *matella* et *scaphium*. Ce dernier était surtout destiné aux femmes, qui le cachaient aux yeux de leurs maris et de leurs amants: on n'est pas d'accord sur la forme du *scaphium*, qui fut sans doute souvent obscène et ithyphallique. Quant à la *matula*, c'était un énorme bassin de métal, sur l'orifice duquel on pouvait s'asseoir et qui tenait lieu de garde-robe. La *matella*, au contraire, ne servait qu'à des usages portatifs, et n'offrait qu'une médiocre capacité, qu'un bon buveur (*compotator*) remplissait plusieurs fois dans le cours d'un souper. Les lexicographes ne font pas de distinction entre ces trois sortes de vases, lorsqu'ils disent pour toute définition: «Le vase dans lequel nous nous soulageons la vessie, s'appelle tantôt *matella* et tantôt *scaphium*.» Le nom de ce vase s'employait au figuré, avec un sens obscène qui, chose remarquable, a passé dans toutes les langues modernes. Plaute avait accusé très-nettement cette image impure, quand il dit dans sa *Mostellaria*: «Par Hercule! si tu ne me donnes pas le pot, je me servirai de toi (*tam Hercle! ego vos pro matula habebo, nisi matulam datis*).» Perse, par une autre allusion, emploie aussi au figuré le mot *matula* dans le sens de *stupide*, parce que le pot de chambre reçoit tout et se plaint à peine: *Numquam ego tam esse matulam credidi* («Je n'ai jamais cru que je fusse aussi pot de chambre!» pour traduire littéralement avec l'esprit de notre langue). Pour ce qui est de l'étymologie de *matula*, il faudrait sans doute la chercher dans *mentula*. L'urine, que Sénèque désigne par des périphrases honnêtes (*aqua immunda*, *humor obscenus*), était aussi matière à présages, selon qu'elle jaillissait roide, sans intermittence, par filets, par saccades ou par nappes. Une évacuation abondante et facile de ce *liquide obscène*, avant un sacrifice à Vénus, annonçait l'heureux accomplissement de ce sacrifice, dans lequel le mot *urina* prenait un nouveau sens figuré et plus obscène encore. Juvénal est bien près de lui donner ce sens, lorsqu'il dit qu'à la vue des danses lascives de l'Espagne, la volupté s'insinue par les yeux et les oreilles, et met en ébullition l'urine que renferme la vessie: *Et mox auribus atque oculis concepta urina movetur.*

Ces présages urinatoires se produisaient surtout dans les comessations, où retentissait à chaque instant le claquement d'un doigt impatient, et où l'on apportait parfois sur la table une statuette d'Hercule *urinator*, pour détendre les reins et calmer la vessie des convives. On n'attachait pas moins d'importance aux présages des ructations, que nous nommons des *rots* dans la langue triviale où cette incongruité a été reléguée. Les Romains, les gros mangeurs surtout ne pensaient pas comme nous là-dessus. Il y avait des rots de bon augure, que tous les convives applaudissaient; il y en avait aussi qui suffisaient pour assombrir et déranger un repas. Nous serions en peine aujourd'hui de définir quels étaient les rots de bon et de mauvais présage; mais, dans aucun cas, le *ructus* ne passait pas pour un manque de savoir-vivre. On n'imposait nulle contrainte à ces bruyantes et désagréables explosions d'un orage de l'estomac, puisqu'on avait divinisé, sous le nom de *crepitus*, ces vapeurs, ces vents intérieurs, qui s'échappaient avec éclat par la bouche ou par le fondement. Cicéron, dans ses Lettres familières, ne rougit pas de vanter la sagesse des stoïciens qui prétendaient que les plaintes du ventre et de l'estomac ne doivent pas être comprimées (*stoici crepitus aiunt æque liberos ac ructus esse oportere*). Les anciens avaient, à cet égard, des idées bien différentes des nôtres. Ils jugeaient en bien ou en mal les bruits des rots, et ils en tiraient des augures, avec une imperturbable gravité. Il fallait être Romain pour ne pas s'enfuir à ce vers d'une comédie de Plaute: *Quid lubet? Pergin' ructare in os mihi?* «Plaît-il? Continueras-tu à me roter dans la bouche!» L'interlocuteur répond à cette vilenie: «Roter me semble très-doux, ainsi et toujours.» (*Suavis ructus mihi est, sic et sine modo.*) Dans les repas de nuit, les convives chargés de nourriture et de boisson, se renvoyaient de l'un à l'autre les rots, et un esclave se trouvait là exprès pour en noter les présages. Chaque *ructator* savait à point nommé si les destins lui étaient favorables, et s'il n'aurait pas quelques contrariétés dans ses affaires d'amour: «Il y a là sans cesse un complaisant prêt à crier merveille, dit Juvénal, si l'amphitryon a bien roté (*si bene ructavit*), s'il a pissé droit (*si rectum minxit*), si le bassin d'or a résonné en recevant son offrande.»

On attachait bien d'autres présages, généralement propices, à l'émission des *flatus* qui se révélaient à l'ouïe ou à l'odorat; non-seulement on était plein d'indulgence réciproque pour ces accidents que le bruit ou l'odeur trahissait d'ordinaire, mais encore on s'applaudissait mutuellement de n'avoir pas mis d'obstacle aux volontés de la nature et de ce dieu omnipotent qu'on appelait *Gaster*. Chaque fois qu'un *crepitus* se faisait entendre, les assistants se tournaient vers le midi ou l'auster, patrie des vents, gonflaient leurs joues et faisaient mine de souffler en serrant les lèvres comme un Zéphyr. Ce n'était que dans les assemblées sérieuses ou religieuses, que l'on devait imposer silence à son derrière et tenir closes les outres de l'Éole indécent. Mais partout ailleurs, et surtout à table, liberté entière et indulgence absolue. «Quand nous restons au logis, au milieu des esclaves et des servantes, disait Caton, si quelqu'un d'entre eux a peté sous sa tunique, il ne me fait aucun tort; s'il arrive qu'un esclave ou une servante se permette de faire pendant son sommeil ce qu'on ne fait pas en compagnie, il ne me fait pas de mal.» Le petit dieu Pet figurait dans toutes les comessations sous la figure d'un enfant accroupi, qui se presse les flancs et qui paraît être dans l'exercice de ses fonctions divines. Ce dieu-là avait été imaginé par les Égyptiens, qui, ce semble, avaient grand besoin de l'invoquer souvent. «Les Égyptiens, dit Clément d'Alexandrie, tiennent les bruits du ventre pour des divinités» (*Ægyptos crepitus ventri pro numinibus habent*); mais, suivant un commentateur, il s'agirait plutôt ici des murmures d'intestins, que l'on nomme *borborygmes* dans le langage technique. Saint Jérôme est plus explicite, en disant qu'il ne parlera pas du pet, qui est un culte chez les Égyptiens (*taceam de crepitu ventris inflati, quæ pelusiaca religio est*). Saint Césaire, dans ses *Dialogues*, ajoute même que ce culte inspirait une sorte de fanatisme aux païens qui le pratiquaient: *Nisi forte de ethnicis Ægyptiis loquamur, qui flatus ventris non sine furore quodam inter deos retulerunt*. Enfin, Minutius Félix ne veut certainement pas plaisanter, en avançant que les Égyptiens redoutent moins Sérapis que les bruits qui sortent des parties honteuses du corps (*crepitus per pudenda corporis emissos*). Tout Égyptien qu'il fût, le dieu Pet s'était naturalisé chez les Romains, qui lui donnaient une place honorable sur l'autel des dieux lares. Ils lui avaient même décerné les honneurs d'une chapelle, hors des murs, près de la source d'Égérie; mais ils l'adoraient en public sous le nom du dieu Ridicule et sous la forme d'un petit monstre malin, représenté dans la posture qui convenait le mieux à ses faits et gestes. Le présage résidait dans le son du pet (*peditum*, comme l'appelle Catulle) plutôt que dans son odeur; car la clédonistique s'attachait de préférence aux bruits. Il paraît cependant que les femmes ne se permettaient pas ce genre de liberté, et qu'elles se refusaient ainsi à fournir des présages de leur cru; car Apulée parle d'une figue dont les femmes s'abstenaient, parce qu'elle cause des flatuosités (*quia pedita excitat*). Les femmes évitaient donc avec précaution de faire entendre les esprits de leur ventre, qui parfois rompaient toute barrière dans les convulsions du plaisir: le présage devenait alors plus significatif. Lorsque, par aventure, ces esprits avaient annoncé une grossesse, le bruit promettait un enfant mâle, l'odeur, une fille. Telle est probablement l'énigme de cette qualification malhonnête qu'on applique aux filles dans le langage populaire, où on les traite de *vesses*. Au reste, la vesse (*visium*) n'était jamais prise en aussi bonne part que le pet (*crepitus*) chez les Romains. «Le mot *divisio* est honnête, dit Cicéron; mais il devient obscène dès qu'on réplique: *intercapedo*.» Ces présages, dont la foi la plus candide n'excuse pas la malpropreté, venaient des Grecs en ligne directe; car Aristophane nous montre dans ses *Chevaliers* un personnage que tire de sa rêverie l'incongruité d'un impudique, et qui remercie les dieux d'un si heureux présage.

Il y avait encore d'autres bruits humains, qui se prêtaient aux capricieuses interprétations de la clédonistique: l'éternument, par exemple, était compris de bien des manières, selon qu'il se présentait retentissant, plaintif, éclatant, burlesque, simple ou réitéré. Éternuer le matin, éternuer le soir, éternuer la nuit, c'étaient trois significations distinctes: fâcheuse, bonne, excellente. C'était bien plus significatif encore, si l'éternument arrivait tout à coup au milieu des travaux de Vénus: la déesse proclamait par là une bienveillante protection à l'égard du sternutateur qui avait eu soin de se tourner à droite pour éternuer. L'éternument, dans un repas, mettait en joie les convives, qui saluaient à la fois et applaudissaient celui que le dieu avait visité; car, d'après une antique croyance qui reparaît sans cesse dans les écrivains grecs, on attribuait la sternutation au passage invisible d'un dieu tutélaire: on l'avait surnommé l'oiseau de Jupiter conservateur; Socrate disait que c'était un démon, et il se vantait de comprendre le langage sternutatoire de ce démon familier. L'éternument était moins bon chez les femmes que chez les hommes; et elles le craignaient, d'ailleurs, au point de recourir, lorsqu'elles y étaient sujettes, à certains moyens préservatifs. Éternuer trois fois de suite ou en nombre impair, c'était le meilleur des présages. «Les dieux fassent que j'éternue sept fois, disait Opimius, avant d'entrer dans la couche de ma déesse!» On expliquait toujours l'éternument par des causes surnaturelles; on voulait voir, dans cette violente secousse des esprits animaux, la sortie de quelque génie qui avait traversé la cervelle de l'éternueur. La mythologie racontait que Pallas, engendrée dans le front de Jupiter, avait d'abord voulu se faire jour à la faveur d'un éternument, qui faillit amener un nouveau chaos dans l'univers naissant. La mythologie, toujours ingénieuse dans ses fables allégoriques, supposait que Vénus n'avait jamais éternué de peur de se faire des rides. Jupiter et Cybèle présidaient donc aux éternuments que l'on regardait comme favorables et qui avaient été lancés à droite, avec le plus de bruit possible. Ces éternuments n'étaient pas chose indifférente en amour, et on leur attribuait une foule d'heureux pronostics. Lorsque Catulle nous montre Acmé et Septimius dans les bras l'un de l'autre, se jurant un éternel amour: «Ne servons qu'un dieu, s'écrie Acmé en délire, s'il est vrai que le feu qui coule dans mes veines est plus ardent que le tien!» Et le poëte ajoute: «L'Amour, qui avait jusque-là éternué à gauche, marque son approbation en éternuant à droite (*Amor, sinistram ut ante, dextram sternuit approbationem*).» Properce ne peut mieux rendre les bienfaits d'un pareil éternument, qu'en supposant que l'Amour, le jour de la naissance de Cynthie, éternua de la sorte sur le berceau de cette belle:

Num tibi nascenti et primis, mea vita, diebus,
Candidus argutum sternuit omen Amor.

On était aussi très-préoccupé, en amour, des tintements d'oreilles, des tressaillements subits du corps (*sallisationes*) et des mouvements incohérents d'un membre. Ces présages, du moins généralement, n'étaient pas heureux; on les regardait comme les indices d'une infidélité ou de tout autre délit qui outrageait l'amour. Pline n'était pas si crédule que ses contemporains; il affirme pourtant que les tintements d'oreilles sont les échos du discours que tiennent les absents. La jalousie avait foi surtout à ces pressentiments; et un amant dont les oreilles tintaient ne doutait pas que la vertu de sa maîtresse ne fût en péril. C'était aussi quelquefois un symptôme de l'amour qui se parlait et qui se répondait à lui-même, comme dans ces vers attribués à Catulle:

Garrula quid totis resonans mihi noctibus auris
Nescio quem dicis nunc meminisse mei?

On cherchait toujours un effet surnaturel à une cause purement physique. Il suffisait d'un tintement d'oreilles pour troubler le tête-à-tête des amants, pour empêcher leur rencontre, pour faire succéder la froideur à la passion la plus vive. Le tintement d'oreilles invitait à la défiance et annonçait des malheurs, des larmes, une brouille, une trahison. Il en était de même des vibrations nerveuses qui se faisaient sentir dans les membres: celles de la main, du pied, des organes de la génération, de tout le corps, avaient chacune un présage particulier plus ou moins défavorable. Après un tremblement de cette espèce, celui qui l'avait éprouvé restait glacé et impuissant auprès de la plus belle courtisane grecque, auprès du cinæde le plus provoquant. Ces phénomènes de l'économie étaient toujours plus menaçants, lorsqu'ils affectaient la partie gauche du corps; ainsi, pouvait-on expliquer en bonne part tout ce qui s'opérait dans la partie droite. Il y avait encore de bien étranges présages que signalait l'inspection des parties honteuses et que l'on consultait ordinairement au sortir du bain; mais ces présages-là ne se traduisant pas en français, nous sommes forcé de les laisser sous le voile du latin: *Mentula torta, bonum omen; infaustum, si pendula*, etc.

Outre les bruits du corps humain, on s'intéressait à tous les bruits extérieurs, pour leur donner un sens propice ou non; ces bruits étaient de diverses natures, en raison des personnes qui s'en préoccupaient. Ainsi, celui auquel les amis et les agents des plaisirs sensuels attachaient le plus d'importance, c'était, ce devait être le craquement du lit (*argutatio lecti*). Il y avait dans les murmures si variés de ce meuble, qui crie, se plaint ou gémit, comme une âme en peine; il y avait là un langage mystérieux, plein de présages et d'oracles amoureux. Catulle ne peint pas les transports d'une courtisane en délire (*febriculosi scorti*), sans peindre la voix émue du lit qui tremble et qui se déplace (*tremulique quassa lecti argutatio inambulatioque*). Cette voix ressemblait tantôt à un éclat de bois qui se fend, tantôt à un grincement du fer contre le fer, tantôt à une prière, tantôt à une menace, tantôt à un soupir, tantôt à une lamentation. Chaque bruit avait un sens particulier, heureux ou malheureux, et bien souvent les plus tendres caresses étaient troublées, interrompues par ces avertissements du génie cubiculaire. Un lit qui gardait un silence absolu, et qui se taisait sous les plus actives sollicitations, semblait réserver l'avenir et suspecter l'amour. La place qu'occupait le lit n'était pas non plus indifférente. On le nommait *lectus adversus*, quand on le dressait devant la porte de la chambre, pour fermer cette porte aux divinités malfaisantes. On le nommait *lectus genialis*, quand on le consacrait au Génie (*Genius*), père de la Volupté. Ce Génie, c'était lui qui donnait une âme et une voix à l'ivoire, à l'ébène, au cèdre, à l'argent, qui composaient le trône du plaisir. Juvénal nous représente un vil complaisant, qui a consenti à suppléer à la virilité absente d'un mari, en le rendant père: «Durant toute une nuit, lui dit-il, je t'ai réconcilié avec ta femme, tandis que tu pleurais à la porte. J'en prends à témoin et le lit où s'est faite la réconciliation, et toi-même aux oreilles de qui parvenaient le craquement du lit et les accents entrecoupés de la dame.» (*Testis mihi lectulus et tu, ad quem lecti sonus et dominæ vox...*) Si le lit parlait aux amants en bonne ou en mauvaise part, tout ce qui les entourait pendant les longues heures employées sous les auspices de Vénus, tout prenait une voix persuasive et impérieuse: le pétillement de la lampe était surtout de favorable augure, et les amants n'avaient rien à craindre, lorsque la flamme jetait tout à coup une clarté plus vive en s'élevant plus haut. Ovide, dans ses *Héroïdes*, dit que la lumière éternue (*sternuit et lumen*), et que cet éternument promet tout le bonheur, qu'on peut souhaiter en amour.

Les courtisanes étaient les plus habiles à expliquer ces présages, qui devaient être surtout de leur compétence: tout le temps qu'elles ne donnaient pas à l'amour, elles le passaient à interroger les sorts et les augures; l'amour était, d'ailleurs, le but unique de leurs inquiétudes et de leurs aspirations. Si le cours ordinaire des choses ne leur fournissait pas des auspices naturels qu'elles pussent interpréter dans le sens de leur préoccupation, elles avaient divers moyens de prévoir les événements et de forcer les destins à trahir leurs secrets par certains bruits qu'elles provoquaient. Là, elles faisaient claquer des feuilles d'arbre sur leur poing à demi fermé; là, elles écoutaient le crépitement des feuilles de laurier sur des charbons ardents; ailleurs, elles lançaient au plafond de leur cellule des pepins de pomme ou de poire, des noyaux de cerise, des grains de blé, et cherchaient à toucher le but où elles visaient; quelquefois, elles écrasaient sur la main gauche des pétales de roses, qu'elles avaient façonnées, de l'autre main, en forme de bulle; d'autres fois, elles comptaient les feuilles d'une tige de pavot ou les rayons de la corolle d'une marguerite; enfin, elles jetaient quatre dés qui devaient en tombant leur offrir le coup de Vénus, si tous quatre présentaient des nombres différents. Les poëtes de l'amour sont remplis de ces divinations, qui faisaient battre le cœur des amants. Ceux-ci, tout en ayant des présages à eux, se montraient également sensibles aux présages qui s'adressaient à tout le monde. Une mérétrice, qui se heurtait aux jambages de la porte ou qui faisait un faux pas sur le seuil, en sortant pour se rendre au lupanar ou à la promenade, s'empressait de rentrer chez elle, ne sortait pas de tout le jour et s'abstenait ce jour-là des travaux de son métier. Si, en se levant le matin, elle s'était choquée au bois de son châlit, elle se recouchait et ne tirait aucun parti de ce repos forcé. Les *amasii* et les femmes vouées à la Prostitution étaient plus susceptibles que tout autre, à l'observation des présages qui s'offraient sur leur chemin, au vol ou au cri des oiseaux, aux murmures de l'air, aux formes des nuages, à la première rencontre, au dernier objet dont leur regard était frappé; mais, en outre, elles s'attachaient à certains présages qui n'avaient de valeur que pour elles seules. Un pigeon ramier, une colombe, un moineau, une oie, une perdrix, ces oiseaux chers à Vénus et à Priape, ne se trouvaient pas sans raison sur le passage d'une personne, qui ne rêvait qu'amour et qui croyait dès lors pouvoir tout entreprendre avec succès. L'empereur Proculus, après avoir vaincu les Sarmates, vit un jour sur le fronton d'un temple de Junon deux passereaux qui s'ébattaient: il eut la patience de compter leurs cris et leurs coups d'ailes; puis, il ordonna qu'on lui amenât cent filles sarmates qui n'eussent jamais connu d'homme: au bout de trois jours, il les laissa toutes grosses de ses œuvres. Lorsqu'un coupable zélateur de la débauche masculine entendait crier une oie, il se sentait rempli d'ardeur et de force; si une femme d'amour (*amasia*) voyait une tortue, en se promenant dans les champs, elle faisait vœu de céder au premier homme qui lui demanderait d'adorer Vénus avec elle. Il ne fallait que se rencontrer face à face avec un chien, pour être assuré d'avance que tout réussirait au gré de vos désirs libertins. Aviez-vous un chat devant vous, au contraire, c'était sage de remettre au lendemain la récréation amoureuse que vous vous étiez proposée et qui n'eût tourné qu'à votre confusion.

Il y avait aussi des superstitions très-singulières, qui allaient exclusivement à la crédulité du peuple de Vénus. Ce peuple-là, fantasque et bizarre, n'observait pas les jeûnes et les abstinences de plaisir, que les matrones s'imposaient en l'honneur de plusieurs solennités religieuses; mais elles ne s'épargnaient pas des privations du même genre, pour satisfaire des scrupules de conscience, que les matrones ne se fussent point avisées d'avoir pour les mêmes motifs. Une courtisane qui avait eu la faiblesse de cohabiter avec un circoncis (*recutitus*), se condamnait ensuite au repos pendant toute une lune. Un débauché qui voulait obtenir d'un garçon ou d'une fille la faveur de l'une ou l'autre Vénus, n'avait qu'à formuler sa requête sous forme de vœu adressé à la déesse, et il avait plus de chances d'être exaucé. «O ma souveraine, ô Vénus! s'écrie un personnage du roman d'Athénée, tandis qu'il partageait la couche d'un bel adolescent; si j'obtiens de cet enfant ce que j'en désire, et cela sans qu'il le sente, demain je lui ferai présent d'une paire de tourterelles.» L'adolescent fit semblant de ronfler, et le lendemain il avait une paire de tourterelles. Ce n'était pas seulement en affaire de mariage, que la question de virginité paraissait difficile et importante à constater. Les libertins recherchaient à grands frais la première fleur des vierges, et c'était là le commerce lucratif des lénons et des lènes, qui prenaient parfois leurs victimes à l'âge de sept ou huit ans, pour être plus certains de la condition d'une marchandise si fragile et si rare. L'acheteur demandait souvent des preuves, qu'on eût été fort en peine de lui fournir, si la superstition n'avait pas accrédité un usage étrange qui était même employé dans les mariages du peuple pour authentiquer l'état d'une vierge. Voici comment la chose se passait: au moment où la fille, qui se donnait pour *intacta*, allait entrer dans le lit où elle devait cesser de l'être, on lui mesurait le col avec un fil que l'on conservait précieusement jusqu'au lendemain; alors, on mesurait de nouveau avec le même fil: si le col était resté de la même grosseur depuis la veille et si le fil l'entourait encore exactement, on en concluait que la perte de la virginité chez cette fille remontait à une époque déjà ancienne et ne pouvait être mise sur le compte de celui qui avait cru se l'attribuer; mais, au contraire, cette virginité devenait incontestable pour les plus incrédules, dans le cas où, le col ayant grossi après la défloraison, le fil se trouvait trop court pour en faire complétement le tour. C'est à ce procédé aussi simple que naïf, que Catulle fait allusion dans son épithalame de Thétis et de Pélée, en disant: «Demain, sa nourrice, au point du jour, ne pourra plus entourer le cou de l'épouse avec le fil de la veille.»

Non illam nutrix orienti luce revisens,
Hesterno collum poterit circumdare collo.

Ce fil ou ce lacet qui avait prouvé une virginité, souvent grâce à la complaisance de la personne chargée de mesurer le cou de la vierge devenue femme, on le suspendait dans le temple de la Fortune Virginale, bâti par Servius Tullius près de la porte Capène; avec ce bienheureux fil, on dédiait à la déesse, nommée aussi *Virginensis Dea*, les autres témoignages de la virginité écrits en caractères de sang sur les linges de la victime: «Tu offres à la Fortune Virginale les vêtements maculés des jeunes filles!» s'écrie Arnobe, avec une indignation que partage saint Augustin dans la *Cité de Dieu*. Cette Fortune Virginale n'était autre que Vénus, à qui l'on offrait aussi des noix, pour rappeler que, durant la première nuit des noces, le mystère conjugal s'accomplissait au bruit des *nuces*, que les enfants répandaient à grand bruit sur le seuil de la chambre des époux, afin d'étouffer les cris de la virginité expirante. «Esclave, donne, donne des noix aux enfants!» (*Concubine, nuces da*), dit Catulle dans le chant nuptial de Julie et de Manlius. «Mari, n'épargne pas les noix!» dit Virgile dans ses Bucoliques: *Sparge, marite, nuces!* Aux yeux des Romains, pour qui tout était allégorie, la noix représentait l'énigme du mariage, la noix, dont il faut briser la coquille avant de savoir ce qu'elle renferme.

8

SOMMAIRE.—Les courtisanes de Rome n'ont pas eu d'historiens ni de panégyristes comme celles de la Grèce.—Pourquoi.—Les poëtes commensaux et amants des courtisanes.—Amour des courtisanes.—C'est dans les poëtes qu'il faut chercher les éléments de l'histoire des courtisanes romaines.—Les Muses des poëtes érotiques.—Leur vieillesse misérable.—Les amours d'Horace.—Éloignement d'Horace pour les galanteries matronales.—Cupiennus.—Serment de Salluste.—Marsæus et la danseuse Origo.—Philosophie épicurienne d'Horace.—Ses conseils à Cerinthus sur l'amour des matrones.—Comparaison qu'il fait de cet amour avec celui des courtisanes.—Nééra, première maîtresse d'Horace.—Serment de Nééra.—Son infidélité.—Bon souvenir qu'Horace conserva de son premier amour.—Origo, Lycoris et Arbuscula.—Débauches de la patricienne Catia.—Ses adultères.—Liaison d'Horace avec une vieille matrone qu'il abandonna pour Inachia.—Horribles épigrammes qu'il fit contre cette vieille débauchée.—On ne sait rien d'Inachia.—La *bonne* Cinara.—Gratidie la parfumeuse.—Ses potions aphrodisiaques.—Rupture publique d'Horace avec Gratidie.—La courtisane Hagna et son amant Balbinus.—Amours d'Horace pour les garçons.—Bathylle.—Lysiscus.—Amour d'Horace pour la courtisane étrangère Lycé.—Ode à Lycé.—Horace, trompé par

Lycé, fait des vers contre elle.—Pyrrha.—Horace, ayant surpris Phyrrha avec un jeune homme, adresse une ode d'adieu à cette courtisane.—Lalagé.—Partage que fait Horace de cette affranchie avec son ami Aristius Fuscus.—Barine.—Tyndaris et sa mère.—Déclaration d'amour que fait Horace à Tyndaris.—La mère de Tyndaris, amie de Gratidie, s'oppose à la liaison de sa fille avec Horace.—Amende honorable d'Horace en faveur de Gratidie, pour obtenir les faveurs de Tyndaris.—Tyndaris se laisse toucher et réconcilie Horace avec Gratidie.—Lydie.—Cette courtisane trompe Horace pour Télèphe.—Ode d'Horace à Lydie sur son infidélité.—Myrtale.—Lydie quitte Télèphe pour Calaïs.—Réconciliation d'Horace et de Lydie.—Chloé.—Phyllis, esclave de Xanthias.—A quelle singulière circonstance Horace dut la révélation de la beauté de cette esclave.—Ode à Xanthias.—Phyllis, affranchie par Xanthias, prend Télèphe pour amant.—Horace succède à Télèphe.—Ode à Phyllis.—Glycère, ancienne maîtresse de Tibulle, accorde ses faveurs à Horace.—Amour passionné d'Horace pour cette courtisane.—Ode d'Horace à Télèphe devenu son ami.—Horace, à l'instigation de Glycère, écrit des vers injurieux contre plusieurs de ses anciennes maîtresses.—Publication que fait Horace de ses odes.—Glycère congédie Horace.—Tentative d'Horace pour se rapprocher de Chloé et faire oublier à cette courtisane Gygès son amant.—Dédains de Chloé pour Horace, qui prend parti pour Astérie, sa rivale.—Adieux d'Horace aux amours.—La chanteuse Lydé, dernière maîtresse d'Horace.—Honteuse passion d'Horace pour Ligurinus.

Les courtisanes, surtout les courtisanes grecques, qui faisaient les délices des voluptueux de Rome, n'ont pas eu d'historien ni de panégyriste, comme celles dont la Grèce avait reconnu l'ascendant politique, philosophique et littéraire, en leur décernant une espèce de culte d'enthousiasme et d'admiration. Les Romains, nous l'avons déjà dit, étaient plus grossiers, plus matériels, plus sensuels aussi que les Grecs du siècle de Périclès et d'Aspasie; ce qu'ils demandaient aux femmes de plaisir, à ces étrangères dont ils savaient à peine la langue, ce n'était pas une conversation brillante, solide, profonde, spirituelle, un écho des leçons de l'académie d'Athènes, une réminiscence de l'âge d'or des hétaires; non, ils ne cherchaient, ils n'appréciaient que des jouissances moins idéales et ils comptaient seulement, au rang des auxiliaires de l'amour physique, la bonne chère, les parfums, le chant, la musique, la danse et la pantomime. Ils n'accordaient, d'ailleurs, aucune influence hors du *triclinium* et du *cubile* (salle à manger et chambre à coucher) aux compagnes ordinaires de leurs orgies et de leurs débauches. La vie des courtisanes n'était donc jamais publique, et tout ce qu'elle avait d'intime transpirait à peine dans la société des jeunes libertins. Sans doute, cette société, tout occupée de ses plaisirs, comprenait des poëtes et des écrivains qui auraient pu consacrer leur prose ou leurs vers à la biographie des courtisanes avec lesquelles ils vivaient en si bonne intelligence; mais ce sujet lubrique leur semblait indigne de passer à la postérité, et, si chacun d'eux consentait à chanter la maîtresse qu'il avait prise, en la réhabilitant, pour ainsi dire, par l'amour, aucun, du moins parmi les auteurs qui se respectaient, aucun n'eût osé se faire le poëte des courtisanes à Rome, de même que les artistes, qui ne refusaient pas de faire le portrait de ces *précieuses* et *fameuses*, eussent rougi de s'intituler, à l'instar de certains artistes de la Grèce, *peintres de courtisanes*. Si quelques ouvrages, spécialement consacrés à l'histoire et à l'usage des courtisanes célèbres chez les Romains, furent composés sous la dictée de ces sirènes, et dans le but de les immortaliser, on peut supposer avec beaucoup de raison que de tels ouvrages n'émanaient pas de plumes distinguées et qu'ils doivent avoir été détruits avec les *molles libri* et tous ces écrits obscènes que le paganisme n'essaya pas de disputer aux justes anathèmes de la morale évangélique.

Mais, en revanche, les poëtes, qui étaient alors, comme de tout temps, les commensaux et les amants des courtisanes, se montraient fort empressés de leur accorder en particulier les hommages qu'ils auraient eu honte de leur attribuer en général; leur amour relevait à leurs yeux celle qui en était l'objet: ce n'était plus dès lors une femme perdue, notée d'infamie par les lois et stigmatisée du nom de *meretrix*; c'était une femme aimée et, comme telle, digne d'égards et de soins délicats. De son côté, la courtisane, en se sentant aimée, oubliait parfois elle-même sa profession et ressentait réellement l'amour qu'elle avait inspiré, dont elle était fière, et qui lui faisait la seule réputation honorable à laquelle il lui fût permis de prétendre. «Ainsi, dit M. Walkenaer dans son *Histoire d'Horace*, que nous ne nous lasserons pas de citer avec autant de confiance que les sources originales; ainsi, malgré les préceptes donnés aux jeunes filles destinées à la profession de courtisane par celles qui les élevaient pour cette profession, elles n'étaient pas moins susceptibles d'un véritable amour.» C'est donc dans les recueils des poëtes classiques, c'est donc dans les poésies adressées par eux à des courtisanes, qu'il faut retrouver les éléments de l'histoire de ces coryphées de la Prostitution romaine. Horace, Catulle, Tibulle, Properce et Martial nous fournissent les seuls documents qui puissent nous servir à dresser un inventaire très-sommaire et très-incomplet des courtisanes qui eurent les honneurs de la vogue depuis l'élévation d'Auguste à l'empire jusqu'au règne de Trajan. (41 ans avant J.-C.—100 ans après J.-C.) Ces courtisanes, que nous nommerons les Muses des poëtes érotiques, appartenaient la plupart à la classe des *famosæ* où leur esprit, leur beauté et leur adresse leur avaient donné droit de cité; mais, en vieillissant, elles retombaient la plupart dans la foule obscure des mérétrices de bas étage, et quelques-unes, après avoir vu des consuls, des préteurs, des généraux d'armée s'asseoir à leur table et se disputer des faveurs qu'ils payaient à des prix fabuleux, après avoir été entourées de clients, d'esclaves, de lénons et de poëtes, après avoir habité un palais et dépensé, en festins, en prodigalités de tout genre, l'or de plusieurs provinces conquises, arrivaient par degrés à un tel abandon, à une telle misère, qu'on les retrouvait le soir, couvertes d'un vieux centon ou manteau bariolé, errant avec les louves du Summœnium et offrant au passant inconnu les infâmes services de leur main ou de leur bouche. Ces honteux exemples de la décadence des courtisanes n'excitaient pas même la pitié de leurs anciens adulateurs, et ceux-là qui les avaient le plus aimées se détournaient avec horreur, comme nous l'apprend Catulle, qui rencontra de la sorte, dans l'opprobre de la Prostitution, une des maîtresses qu'il avait chantées au milieu des splendeurs de la vie galante.

Nous passerons d'abord en revue les amours d'Horace, pour connaître les grandes courtisanes de son temps; car Horace, sage et prudent jusque dans les choses du plaisir, ne faisait cas que des amours faciles, dans lesquels son repos ne pouvait pas être compromis. La terrible loi Julia contre les adultères n'existait pas encore; mais la jurisprudence romaine, quoique tombée en désuétude sur ce point délicat, ne laissait pas moins des armes terribles dans les mains d'un mari trompé, ou d'un père, ou d'un frère, outragés par la conduite dissolue d'une fille ou d'une sœur. Horace savait qu'on n'était pas impunément amoureux d'une matrone, et qu'un amant surpris en adultère courait risque d'être puni sur le théâtre même de son crime, soit que le mari se contentât de couper le nez et les oreilles du coupable, soit que celui-ci y perdît son caractère d'homme et fût privé des attributs de la virilité, soit enfin qu'il pérît égorgé en présence de sa complice. Horace, dans la satire 2ᵉ du livre I, à l'occasion de Cupiennius, qui était fort curieux de l'amour des matrones (*mirator cunni Cupiennius albi*), énumère les victimes que cet amour avait faits, et dont le plaisir fut tristement interrompu (*multo corrupta dolore voluptas*): «L'un s'est précipité du haut d'un toit, l'autre est mort sous les verges; celui-ci, en fuyant, est tombé parmi une bande de voleurs; celui-ci a racheté sa peau avec ses écus; tel autre a été souillé de l'urine de vils esclaves; bien plus, il est advenu que le fer a tranché les parties viriles d'un de ces paillards (*quia etiam illud accidit ut cuidam testes caudamque salacem demeteret ferrum*).» Horace répète donc le serment que faisait souvent Salluste: «Moi, je ne touche jamais une matrone (*matronam nullam ego tango*);» mais il n'imitait pas les folies de Salluste, qui se ruinait pour des affranchies; il n'imitait pas davantage Marsæus, qui dissipa son patrimoine et vendit jusqu'à sa maison pour entretenir une danseuse nommée Origo: «Je n'ai jamais eu affaire aux femmes des autres, disait Marsæus à Horace.—Non, reprenait le poëte, mais vous avez eu affaire aux baladines, aux prostituées (*meretricibus*) qui ruinent la réputation encore plus que la bourse.»

Cependant, Horace ne dédaignait pas, pour son propre compte, les courtisanes et les danseuses; mais il ménageait avec elles sa bourse et sa santé. Il conservait l'usage de sa raison dans tous les déréglements de ses sens, et il était toujours assez maître de lui-même pour ne pas se livrer à la merci d'une femme, en fût-il passionnément épris. Dans ses passions les plus vives, partisan qu'il était de la philosophie épicurienne, il suivait avant tout les inspirations de la volupté, et il évitait soigneusement tout ce qui pouvait être un embarras, une gêne, un ennui. Voilà pourquoi, sans parler des honteuses débauches que les mœurs romaines autorisaient dans un ordre de plaisirs contraire à la nature, il ne concentrait pas son affection sur un seul objet, mais il la partageait d'ordinaire entre plusieurs amies qui étaient successivement ou simultanément ses maîtresses. Voilà pourquoi, à examiner la question avec une froide impartialité, il préférait, à la dangereuse promiscuité des galanteries matronales, la tranquille possession des maîtresses mercenaires: «Pour ne pas s'en repentir, disait-il à un desservant idolâtre des grandes dames, cesse de pourchasser les matrones, car il y a dans ce travail plus de mal à gagner que de profit à recueillir. Une matrone, si vous le permettez, Cerinthus, malgré ses camées et ses émeraudes, n'a pas d'ailleurs la cuisse plus polie ni la jambe mieux faite; souvent même, on rencontre mieux chez une courtisane (*atque etiam melius persæpe togatæ est*). Ajoute encore que la marchandise de celle-ci n'est point fardée: tout ce qu'elle veut vendre, elle le montre à découvert; ce qu'elle a de beau, elle ne s'en vante point, elle l'étale; elle avoue d'avance ce qu'elle cache de défectueux. C'est l'usage des cochers qui achètent des chevaux, de les soumettre à une inspection générale... Chez une matrone, sauf le visage, vous ne pouvez rien voir; le reste, si ce n'est chez Catia, est caché jusqu'à ce que la robe soit ôtée. Si vous visez à ce fruit défendu qu'environnent tant de retranchements (et c'est là ce qui vous rend fou), mille choses alors vous font obstacle: gardiens, litière, coiffeurs, parasites, et cette stole qui descend jusqu'aux talons, et ce manteau qui l'enveloppe par-dessus, ce sont autant de barrières qui ne laissent point approcher du but.»

Horace, dans cette satire où il se révèle avec ses goûts comme avec ses habitudes, compare ensuite à cette matrone si bien gardée une courtisane qui se livre elle-même avant qu'on l'attaque: «Avec elle, dit-il, rien n'est obstacle; la gaze vous la laisse voir comme si elle était nue; vous pouvez presque la mesurer de l'œil dans ses parties les plus secrètes; elle n'a donc pas la jambe mal faite et le pied ignoble? Aimeriez-vous mieux qu'on vous tendît un piège et qu'on vous arrachât le prix de la marchandise, avant de vous l'avoir montrée?» Puis, Horace avoue qu'il n'a pas de patience quand le feu du désir circule dans ses veines (*tument tibi quum inguina*), et qu'il s'adresse alors à la première servante, au premier enfant, qui peut lui venir en aide: «J'aime, dit-il franchement, des amours faciles et commodes (*namque parabilem amo Venerem facilemque*). Celle qui nous dit: «Tout à l'heure... Mais je veux davantage... Attendons que mon mari soit sorti...» je la laisse aux prêtres de Cybèle, comme dit Philon. Il prendra celle qui ne se tient pas à si haut prix et qui ne se fait point attendre lorsqu'on lui ordonne de venir. Qu'elle soit belle, bien faite, soignée, mais non pas jusqu'à vouloir paraître plus blanche ou plus grande que la nature ne l'a faite. Celle-là, quand mon flanc droit presse son flanc gauche, c'est mon Ilie et mon Égérie; je lui donne le nom qu'il me plaît. Et je ne crains pas, lorsque je fais l'amour (*dum futuo*), que le mari revienne de la campagne, que la porte se brise en éclats, que le chien aboie, que la maison s'ébranle du haut en bas, que la femme toute pâle saute hors du lit, qu'elle s'accuse d'être bien malheureuse, qu'elle ait peur pour ses membres ou pour sa dot, et que moi-même je tremble aussi pour mon compte; car, en pareil cas, il faut fuir, les pieds nus et les vêtements en désordre, sinon gare à vos écus, à vos fesses et à votre réputation!... Malheureux qui est pris! Je m'en rapporte à Fabius.» Horace, dans son aimable épicuréisme, connaissait le plaisir plutôt que l'amour.

Sa première maîtresse, celle du moins qu'il célébra la première dans ses poésies, se nommait Nééra. Il l'aimait, ou plutôt il l'entretint pendant plus d'une année, sous le consulat de Plancus, l'an de Rome 714. Il avait, à cette époque, vingt-cinq ans, et il ne s'était pas encore fait un nom parmi les poëtes; il était donc trop pauvre pour payer bien cher les faveurs de cette chanteuse, qui sans doute n'avait pas la vogue qu'elle obtint plus tard dans les comessations. Une nuit, elle enlaça dans ses bras son jeune amant et prononça ce serment, dont la lune fut le témoin muet: «Tant que le loup poursuivra l'agneau; tant qu'Orion, la terreur des matelots, soulèvera les mers agitées par la tempête; tant que le zéphyr caressera la longue chevelure d'Apollon, je te rendrai amour pour amour!» Mais le serment fut bientôt oublié, et Néère prodigua ses nuits à un amant plus riche qui les payait mieux. Elle ne voulait cependant pas se brouiller avec Horace, qui rompit tout commerce avec elle, en se disant: «Oui, s'il y a quelque chose d'un homme dans Flaccus (*si quid in Flacco viri est*), je chercherai un amour qui réponde au mien!» Il se détacha donc de l'infidèle Néère, et il prédit à son heureux rival que lui-même serait abandonné à son tour, possédât-il de nombreux troupeaux et de vastes domaines, fût-il plus beau que Nirée, et fît-il rouler le Pactole chez sa maîtresse. Celle-ci se distingua depuis dans son métier de chanteuse, et lorsque Horace dut à ses poésies l'amitié de Mécène et les bienfaits d'Auguste, il se souvint de Néère, et il l'envoya souvent chercher pour chanter dans les festins qu'il donnait à ses amis: «Va, jeune esclave, dit-il dans une ode sur le retour de l'empereur après la guerre d'Espagne, apporte-nous des parfums, des couronnes et une amphore contemporaine de la guerre des Marses, s'il en est échappé une aux bandes de Spartacus. Dis à la chanteuse Néère, qu'elle se hâte de nouer ses cheveux parfumés de myrrhe. Si son maudit portier tarde à t'ouvrir la porte, reviens sans elle. L'âge qui blanchit ma tête a éteint mes ardeurs, qui naguère redoutaient peu les querelles et les luttes; j'aurais été moins patient dans ma chaude jeunesse, sous le consulat de Plancus!» Il avait aimé Néère plus qu'il n'aima ses autres maîtresses; car il voulut se venger d'elle, en lui montrant ce qu'elle avait perdu par son infidélité.

«A l'époque où Horace entra dans le monde, dit M. Walkenaer dans l'Histoire de son poëte favori, il y avait à Rome trois courtisanes renommées parmi toutes celles de leur profession; c'étaient Origo, Lycoris et Arbuscula.» Malheureusement, les anciens scoliastes ne nous en apprennent pas davantage à l'égard de ces trois *famosæ*, qu'ils se contentent de nommer, et Horace, qui ne paraît pas avoir eu de rapports particuliers avec elles, raconte seulement que la première avait réduit à la pauvreté l'opulent Marsæus. Il affecte aussi de rapprocher de cette courtisane avide et prodigue une patricienne, nommée Catia, connue par ses débauches et par l'affectation qu'elle mettait à relever indécemment le bas de sa robe, lorsqu'elle se promenait sur la voie Sacrée. Cette Catia, qui ne rougissait pas de rivaliser en public avec les courtisanes, fut un jour surprise en adultère dans le temple de Vénus Théatine, près du théâtre de Pompée, et la populace la poursuivit à coups de pierres. Son adultère, suivant le scoliaste Porphyrion, sortait de l'ordinaire; car elle avait été trouvée se livrant à la fois à Valérius, tribun du peuple, et à un rustre sicilien (*Valerio ac siculo colono*); d'autres scoliastes ne lui donnent pourtant qu'un seul complice dans ce flagrant délit. La mésaventure de Catia servit encore à confirmer les idées d'Horace sur la préférence qu'il accordait à l'amour des courtisanes. Il ne dérogea qu'une seule fois à ses principes, et il se laissa séduire par une vieille débauchée, qui appartenait à une famille illustre, et qui l'avait charmé par de faux airs de philosophe et de savante. Il eût volontiers borné sa liaison avec cette stoïcienne à un commerce purement littéraire; mais il ne se soumit pas longtemps aux exigences amoureuses qu'il ne se sentait pas le courage de satisfaire. Il s'était d'ailleurs attaché à une belle courtisane, nommée Inachia, et il aurait eu honte de lui opposer une indigne rivale. Celle-ci s'irrita de se voir négligée d'abord, bientôt délaissée, puis détestée et repoussée; elle essaya sans doute de se venger d'Horace, en chagrinant Inachia, et Horace prit fait et cause pour sa maîtresse, à laquelle il sacrifia sans regret et sans pitié l'odieuse libertine qui le tenait comme une proie. Deux horribles épigrammes, qu'il avait faites contre elle, coururent dans Rome et la firent montrer au doigt par tout le monde: «Tu me demandes, ruine séculaire, lui disait-il dans la première de ces deux pièces, ce qui amollit ma vigueur, toi dont les dents sont noires, dont le front est labouré de rides, et dont le hideux anus bâille entre tes fesses décharnées comme celui d'une vache qui a la diarrhée? Sans doute que ta poitrine, ta gorge putride et semblable aux mamelles d'une jument, sans doute que ton ventre flasque et tes cuisses grêles plantées sur des jambes hydropiques, devaient exciter mes désirs!... Mais qu'il te suffise d'être opulente; qu'on porte à tes funérailles les images triomphales de tes aïeux; qu'il n'y ait pas une femme qui se pavane chargée de plus grosses perles que les tiennes... Quoi! parce que des livres de philosophie sont étalés sur tes coussins de soie, crois-tu que c'est cela qui empêche mes nerfs de se roidir, mes nerfs assez peu soucieux des lettres, et qui fait languir mes amours (*fascinum*)? Va, tu as beau me provoquer à te satisfaire (*ut superbe provoces ab inguine*); il faut que ta bouche me vienne en aide (*ore ad laborandum est tibi*).» Dans sa seconde ode, Horace fait un tableau encore plus hideux de cette impudique: «Que demandes-tu, ô femme digne d'être accouplée à de noirs éléphants? Pourquoi m'envoies-tu des présents, des lettres, à moi qui ne suis pas un gars vigoureux, et dont l'odorat n'est point émoussé?... Car, pour flairer un polype ou le bouc immonde qui se cache sous tes aisselles velues, j'ai le nez plus fin que celui du chien de chasse qui sent le gîte du sanglier. Quelle sueur et quels miasmes infects s'exhalent de tous ses membres flétris, lorsqu'elle s'efforce d'assouvir une fureur insatiable que trahit son amant épuisé (*pene soluto*), lorsque sa face est dégoûtante de craie humide et de fard préparé avec les excréments du crocodile, lorsque, dans ses emportements lubriques, elle brise sa couche et les courtines de son lit!» Il n'en fallut pas moins, pour qu'Horace se délivrât des jalousies et des poursuites de la femme aux éléphants (*mulier nigris dignissima barris*).

Malheureusement, on ne connaît que le nom de cette Inachia, qu'Horace proclamait, trois fois en une nuit, la déesse du plaisir (*Inachiam ter nocte potes!* s'écriait avec envie l'indigne rivale d'Inachia); mais, presque dans le même temps, Horace s'était lié avec une autre courtisane qui ne le cédait pas en beauté à Inachia et qui pourtant se donnait gratis à son poëte. Horace la nomme, pour cette raison probablement, la *bonne* Cinara. Ce n'était pas le moyen de la garder longtemps, et bientôt Cinara se mit en quête d'un amant plus prodigue. Elle n'eut pas de peine à le trouver, et Horace, inconsolable, ne put l'oublier qu'en se jetant dans les fumées de Bacchus. Cette courtisane désintéressée eut la maladresse de devenir mère. Le poëte Properce, qui était auprès d'elle pendant les douleurs de l'enfantement, lui conseilla de faire un vœu à Junon, et aussitôt, sous les auspices de cette déesse compatissante, Cinara fut délivrée. Ce vœu, fait à Junon, semble motiver l'opinion des scoliastes, qui veulent que Cinara soit morte en couches. Horace la regretta toute sa vie, à travers tous les amours qui succédèrent à celui qu'il se rappelait sans cesse. Cinara, la bonne Cinara, se rattachait, dans les souvenirs de jeunesse d'Horace, à ses plus douces illusions; Cinara l'avait aimé pour lui-même, sans intérêt et sans récompense: «Je ne suis plus ce que j'étais sous le règne de la bonne Cinara!» disait-il tristement, en approchant de la cinquantaine. Gratidie, qui remplaça Cinara, n'était pas faite pour la condamner à l'oubli: Gratidie avait été belle et courtisée comme elle; mais les années, en dispersant la foule de ses adorateurs, lui avaient conseillé de joindre à son métier de courtisane une industrie plus sûre et moins changeante. Gratidie était parfumeuse et *saga*, ou magicienne: elle vendait des philtres, elle en fabriquait aussi, et les commentateurs d'Horace ont prétendu qu'elle avait essayé le pouvoir de ses aphrodisiaques sur cet amant, qu'elle croyait par là s'attacher davantage et d'une manière plus invincible. Mais Horace, au contraire, ne tarda pas à secouer un joug que les conjurations et les breuvages de la magicienne n'avaient pas réussi à lui rendre agréable et léger. Le poëte eut horreur des œuvres ténébreuses dont son commerce avec une *saga* l'avait fait complice; il craignit aussi pour sa santé, que des stimulants trop énergiques pouvaient compromettre, et il se sépara violemment de Gratidie. Celle-ci employa son art magique pour le retenir, pour le ramener; tout fut inutile, et Horace, averti des relations libidineuses que Gratidie entretenait secrètement avec un vieux débauché nommé Varus, s'autorisa de ce prétexte pour rompre avec éclat. Gratidie se plaignit alors hautement, l'accusa d'ingratitude, et le menaça de terribles représailles. Horace savait ce dont elle était capable; il n'attendit donc pas une vengeance qui pouvait le frapper par un empoisonnement plutôt que par des maléfices: il dénonça, dans ses vers, à l'opinion publique, les pratiques criminelles de l'art des *sagæ*, et il déshonora Gratidie sous le nom transparent de Canidie. Nous avons cité ailleurs les sinistres révélations que fit Horace au sujet des mystères du mont Esquilin. Gratidie fut peut-être forcée de s'expliquer et de se justifier devant les magistrats; elle obtint d'Horace, on ignore par quelle influence et à quel prix, une espèce de rétractation poétique dans laquelle perçait encore une amère et injurieuse ironie: «Je reconnais avec humilité la puissance de ton art, disait-il dans cette nouvelle ode destinée à paralyser le terrible effet des deux autres; au nom du royaume de Proserpine, de l'implacable Diane, je t'en conjure à genoux, épargne-moi, épargne-moi! Trop longtemps j'ai subi les effets de ta vengeance, ô amante chérie des matelots et des marchands forains! Vois, ma jeunesse a fui!... Tes parfums magiques ont fait blanchir mes cheveux... Vaincu par mes souffrances, je crois ce que j'ai nié longtemps.... Oui, tes enchantements pénètrent le cœur... Ma lyre que tu taxes d'imposture, veux-tu qu'elle résonne pour toi? Eh bien, tu seras la pudeur, la probité même!... Non, ta naissance n'a rien d'abject... non, tu ne vas pas, la nuit, savante magicienne, disperser, neuf jours après la mort, la cendre des misérables... Ton âme est généreuse et tes mains sont pures!» A ce désaveu forcé, Canidie répond par des imprécations: «Quoi! tu aurais impunément, nouveau pontife, lancé des foudres sur les sortiléges du mont Esquilin et rempli Rome de mon nom! Tu pourrais, sans éprouver mon courroux, divulguer les rites secrets de Cotytto et te moquer des mystères du libre Amour!» Ce passage prouve évidemment que Gratidie, de même que la plupart des *sagæ*, se prêtait à d'incroyables débauches et ne restait pas étrangère à certaines orgies nocturnes qui favorisaient une étrange promiscuité des sexes, comme pour renouveler le culte impur de Cotytto, la Vénus de Thrace, l'antique déesse hermaphrodite de la Syrie. «La mort viendra trop lente à ton gré! s'écriait l'infernale Canidie; tu traîneras une vie misérable et odieuse, pour servir de pâture à des souffrances toujours nouvelles... Tantôt, dans les accès d'un sombre désespoir, tu voudras te précipiter du haut d'une tour ou t'enfoncer un poignard dans le cœur; tantôt, mais en vain, tu entoureras ton cou du lacet funeste. Triomphante, je m'élancerai de terre et tu me sentiras bondir sur tes épaules.»

Horace avait besoin de respirer, après un pareil amour, né au milieu des potions érotiques et sous l'empire des invocations magiques: il ne pardonnait pas toutefois à Canidie, car il décocha depuis plus d'un trait acéré contre elle, et il put se réjouir d'avoir fait du surnom qu'il lui donnait le pseudonyme d'empoisonneuse: «Canidie a-t-elle donc préparé cet horrible mets?» disait-il longtemps après, en faisant la critique de l'ail. Horace était excessivement sensible aux mauvaises odeurs qui agissaient sur son système nerveux; il prit ainsi en aversion une fort belle courtisane nommée Hagna, qui puait du nez et n'en était pas moins idolâtrée de son amant Balbinus. Nous passerons sous silence les nombreuses distractions qu'Horace allait chercher dans les domaines de Vénus masculine, et nous laisserons sur le compte de la dépravation romaine les continuelles infidélités qu'il faisait à son Bathylle, en se couronnant de roses et en buvant du cécube ou du falerne. Horace n'était pas plus moral que son siècle, et s'il aima prodigieusement les femmes, il n'aima pas moins les garçons, qu'il leur préférait même souvent: «La beauté, partout où il la rencontrait, dit le savant M. Walkenaer, faisait sur lui une impression vive et brûlante; elle absorbait ses pensées, troublait son sommeil, enflammait ses désirs; il saisissait toutes les occasions de les satisfaire, sans être arrêté par des scrupules et des considérations qui n'avaient aucune force dans les mœurs de son temps.» Dans une de ses épodes, adressée à Pettius, il reconnaît que l'amour s'acharne sans cesse après lui et l'enflamme pour les adolescents et les jeunes filles: «Maintenant, c'est Lysiscus que j'aime, dit-il avec passion, Lysiscus plus beau et plus voluptueux qu'une femme. Ni les reproches de mes amis, ni les dédains de cet adolescent ne sauraient me détacher de lui; rien, si ce n'est un autre amour pour une blanche jeune fille ou pour un bel adolescent à la longue chevelure.» Lorsque le poëte avouait ainsi sa faiblesse honteuse, l'hiver avait trois fois dépouillé les forêts, dit-il dans la même ode, depuis que sa raison se trouvait hors des atteintes d'Inachia. Ce fut à cette époque, dans le cours de sa trentième année, qu'il devint éperdument amoureux de Lycé: c'était une courtisane étrangère, qui exerçait la Prostitution au profit de son prétendu mari, et qui eut l'adresse de résister d'abord aux pressantes sollicitations du poëte.

Acron et Porphyrion, qui ont recueilli de précieux détails sur tous les personnages nommés dans les poésies d'Horace, ne nous font pas connaître le véritable nom de cette Lycé, que le poëte aima entre toutes ses maîtresses; ils nous apprennent seulement qu'elle était d'origine tyrrhénienne, c'est-à-dire qu'elle avait pris naissance dans l'Étrurie, où la population entière, si l'on s'en rapporte au témoignage de l'historien Théopompe, s'adonnait avec fureur à la débauche la plus effrénée. Plaute fait entendre que les mœurs de ce pays n'avaient pas beaucoup changé de son temps, lorsqu'il met ces paroles dans la bouche d'un personnage de sa *Cistellaria*: «Vous ne serez point contrainte d'amasser une dot, comme les femmes de Toscane, en trafiquant indignement de vos attraits.» Lycé suivait donc les principes de sa patrie, quand elle se vendait au plus offrant et que ses richesses, honteusement acquises, lui permettaient de s'entourer des dehors d'une femme honnête, de simuler un mariage et d'augmenter par là le prix de ses complaisances. Horace y fut trompé comme tout le monde; il crut avoir affaire à une vertu, et, malgré ses répugnances à l'égard de l'adultère, il se relâcha de ce rigorisme jusqu'à venir la nuit suspendre des couronnes à la porte de l'astucieuse courtisane, qui ferma d'abord les yeux et les oreilles. Il s'enhardit par degrés et alla heurter à cette porte inexorable, qui s'ouvrait pour d'autres que pour lui et que les présents seuls avaient le privilège de rendre accessible. Ce fut par une ode qu'il se fit recommander à la sévérité feinte de la belle Étrurienne, qui n'était pas en puissance de mari, mais qui avait auprès d'elle un lénon affidé. Cette ode, composée dans un genre que les Grecs nommaient *paraclausithyron*, était un chant qu'on exécutait en musique devant la porte close d'une cruelle: «Quand tu vivrais sous les lois d'un époux barbare, aux sources lointaines du Tanaïs, dit le poëte amoureux, Lycé, tu gémirais de me voir, en butte aux aquilons, étendu devant ta porte! Écoute comme cette porte est battue par les vents, comme les arbres de tes jardins gémissent et font gémir les toits de ta maison! Vois comme la neige qui couvre la terre se durcit sous un ciel pur et glacial! Abaisse ta fierté hostile à Vénus!... Tu ne verras pas toujours un amant exposé, sur le seuil de ta demeure, aux intempéries des saisons.»

Horace ignorait certainement que Lycé fût une courtisane, quand il lui montrait, pour la fléchir, son mari dans les bras d'une concubine thessalienne nommée Piéria; quand il lui disait que son père, originaire de Tyrrhène, n'avait pu engendrer une Pénélope rebelle à l'amour; quand il avait recours à la prière et aux larmes pour suppléer à l'inutilité de ses dons. Mais bientôt on n'eut plus rien à lui refuser, dès qu'il accorda ce qu'on lui demandait; il était généreux; il fut aussi heureux qu'on pouvait le faire, et il resta quelque temps l'amant en titre de Lycé, qui ne le congédia que pour donner sa place à un plus jeune et à un plus riche. Il ne se consola pas aisément d'avoir été quitté, et il chercha en vain à renouer une liaison qu'il avait rompue à contre-cœur. Son ressentiment contre Lycé se fit jour avec éclat, quand la beauté de cette courtisane se ressentit de l'usage immodéré que la libertine en avait fait: «Les dieux, Lycé, ont entendu mes vœux! s'écria-t-il avec une joie qui ne prouve pas que son amour fût alors éteint. Oui, Lycé, mes vœux s'accomplissent. Te voilà vieille, et tu veux encore paraître jeune, et d'une voix chevrotante, quand tu as bu, tu sollicites Cupidon, qui te fuit: il repose sur les joues fraîches de la belle Chias, qui sait si bien chanter; il dédaigne en son vol les chênes arides; il s'éloigne de toi, parce que tes dents jaunies, tes rides, tes cheveux blancs, lui font peur. Ni la pourpre de Cos, ni les pierres précieuses ne te rendront ces années, que le temps rapide a comme ensevelies dans l'histoire du passé. Où sont, hélas! ta beauté, ta fraîcheur, tes grâces décentes? Ce visage radieux, qui égalait presque celui de Cinara et que les arts avaient cent fois reproduit, qu'en reste-t-il maintenant? Que reste-t-il de celle en qui tout respirait l'amour et qui m'avait ravi à moi-même? Mais les destins donnèrent de courtes années à Cinara, et ils te laissèrent vivre autant que la corneille centenaire, pour que l'ardente jeunesse puisse voir, non sans rire, un flambeau qui tombe en cendre.» Il y a dans cette pièce le dépit et le regret d'un amant délaissé, et l'on ne peut trop taxer d'hyperbole un portrait si différent de celui qu'Horace avait peint avec enthousiasme peu d'années auparavant. Les femmes, et surtout les courtisanes, il est vrai, chez les Romains, n'étaient pas longtemps jeunes: le climat chaud, les bains multipliés, les cosmétiques et les aphrodisiaques, les festins et les excès en tout genre ne tardaient pas à flétrir la première fleur d'un printemps qui touchait à l'hiver et qui emportait avec lui les plaisirs de l'amour. La vieillesse des femmes commençait à trente ans, et, si le feu des passions érotiques couvait encore sous la céruse et sous le fard, il fallait recourir, pour l'apaiser, aux eunuques, aux *spadones*, aux gladiateurs, aux esclaves, ou bien aux secrètes et honteuses compensations du *fascinum*.

Dans le temps même qu'Horace était possesseur des charmes de Lycé, il ne se défendit pas des séductions d'une autre enchanteresse, et il donna l'exemple de l'inconstance à sa nouvelle maîtresse en traversant pour ainsi dire le lit de Pyrrha: il ne l'aimait pas, il n'en était pas jaloux, car un jour il la surprit, dans une grotte où elle était couchée sur les roses, dans les bras d'un bel adolescent à la chevelure parfumée. Il ne troubla pas les baisers de ces deux amants, qui ne soupçonnaient pas sa présence; il se contenta de les admirer, tous deux enivrés d'amour et pétulants d'ardeur. Il se délecta à ce spectacle voluptueux, et il se retira sans bruit, avant que l'heureux couple fût en état de le voir et de l'entendre. Mais, le lendemain, il envoya une ode d'adieu à Pyrrha, pour lui notifier ce dont il avait été témoin et ce qui l'avait guéri d'un amour si mal partagé: «Malheur à ceux pour qui tu brilles comme une mer qu'ils n'ont pas affrontée! Quant à moi, le tableau votif que j'attache aux parois du temple de l'Amour témoignera que j'ai déposé mes vêtements humides, après mon naufrage!» Les naufragés suspendaient dans le temple de Neptune un tableau votif rappelant le danger auquel ils avaient échappé: Horace faisait allusion à cet usage, lorsqu'il remerciait le dieu des amants de l'avoir sauvé au milieu d'une tourmente de jalousie et d'infidélité. Il est remarquable que le poëte, qui ne se piquait jamais de constance pour son propre compte, ne souffrait pas de la part d'une maîtresse la moindre perfidie, et pourtant toutes ses maîtresses étaient des courtisanes! On doit attribuer à une vanité excessive plutôt qu'à une délicatesse de mœurs cette intolérance qui contrastait avec ses doctrines épicuriennes. La seule fois peut-être où il ne fut pas jaloux et où il se prêta même à un partage, c'est quand son ami Aristius Fuscus jeta les yeux sur une affranchie, nommée Lalagé, avec laquelle il se reposait, des plaisirs de Rome et des courtisanes, dans sa villa de la Sabine. Cette Lalagé sortait à peine de l'enfance, et, ne sachant comment résister aux poursuites de Fuscus, elle prétexta son âge, et se défendit ainsi de lui céder immédiatement; mais Horace, sacrifiant l'amour à l'amitié, prit lui-même les intérêts de son ami, en l'invitant à patienter quelque temps, jusqu'à ce qu'il eût triomphé des refus de Lalagé: «Ne cueille pas la grappe encore verte, lui disait-il; attends: l'automne va la mûrir et nuancer de sa couleur de pourpre le noir raisin; bientôt Lalagé te cherchera d'elle-même, car le temps court malgré nous et lui apporte les années qu'il te ravit dans sa fuite; bientôt, d'un œil moins timide, elle provoquera l'amour, plus chérie que ne furent jamais Chloris et la coquette Pholoé; elle montrera ses blanches épaules et rayonnera comme la lune au sein des mers.» En attendant, il célébrait dans ses vers voluptueux les charmes enfantins de Lalagé, et il parcourait la forêt de Sabine en apprenant le nom de Lalagé à tous les échos. Il fut sans doute trompé par cette affranchie, comme il le fut presque en même temps par une autre, nommée Barine, moins enfant et aussi charmante que Lalagé. Selon les scoliastes, Barine se nommait Julia Varina, parce qu'elle était une des affranchies de la famille Julia. Horace eut encore la monomanie de faire de cette courtisane une amante fidèle, et il s'aperçut presque aussitôt que les serments dont elle l'avait bercé n'étaient qu'un moyen de tirer de lui plus de présents: «Barine, lui écrivit-il, je te croirais, si un seul de tes parjures eût été suivi d'un châtiment; si une seule de tes dents en fût devenue moins blanche; si seulement un de tes ongles en eût été déformé; mais, perfide, à peine as-tu, par des serments trompeurs, engagé de nouveau ta foi, que tu n'en parais que plus belle, que tu te montres avec encore plus d'orgueil à cette jeunesse qui t'adore! Oui, Barine, tu peux, avec de décevantes paroles, prendre à témoin les ondes de la mer, les astres silencieux de la nuit, les dieux inaccessibles au froid de la mort. Vénus rira de tes sacriléges; les nymphes indulgentes et le cruel Cupidon, aiguisant sans cesse ses ardentes flèches, en riront. Il n'est que trop vrai, tous ces adolescents ne grandissent que pour t'assurer de nouveaux esclaves. Ceux que tu retiens dans le servage te reprochent tes trahisons et ne peuvent se résoudre à s'éloigner du foyer d'une maîtresse impie!»

Horace, à cette époque, âgé de trente-huit ans (27 ans avant J.-C.), se livrait à toute la fougue de son tempérament; il cherchait une maîtresse fidèle et il n'en trouvait pas, faute de la prêcher d'exemple; il se retirait souvent dans une de ses maisons de campagne, à Prœneste ou à Ustica, et il emmenait avec lui, pour passer le temps, quelque belle affranchie, qui se lassait bientôt de cette espèce de servitude et qui le quittait pour retourner à Rome. Comme il allait partir pour Ustica, son domaine de la Sabine, il rencontra sur la voie Sacrée une jeune femme, portant la toge et coiffée d'une perruque blonde: elle était d'une beauté si merveilleuse, que tous les regards la suivaient avec admiration, mais cette beauté se trouvait encore relevée par celle d'une compagne plus âgée qu'elle, quoique non moins resplendissante d'attraits. La ressemblance de ces deux courtisanes, qui ne différaient que par l'âge, prouvait suffisamment que l'une était la fille de l'autre. Horace fut émerveillé et il se sentit sur-le-champ épris de toutes deux à la fois; mais quand il sut que la mère avait pour amie cette parfumeuse Gratidie, à laquelle il avait fait une si triste célébrité, il résolut de ne s'occuper que de la fille, nommée Tyndaris, chanteuse de son métier, entretenue par un certain Cyrus, jaloux et colère, qui la battait. Il envoya cette déclaration d'amour à Tyndaris: «Les dieux me protégent, les dieux aiment mon encens et mes vers. Viens auprès de moi, et l'Abondance te versera de sa corne féconde tous les trésors des champs. Là, dans une vallée solitaire, à l'abri des feux de la canicule, tu chanteras sur la lyre d'Anacréon la fidèle Pénélope, la trompeuse Circé, et leur amour inquiet pour le même héros. Là, sous l'ombrage, tu videras sans péril une coupe de Lesbos, et les combats de Bacchus ne finiront pas comme ceux de Mars; tu n'auras plus à craindre, qu'un amant colère et jaloux, abusant de ta faiblesse, ose porter sur toi des mains brutales, arracher les fleurs de ta chevelure et déchirer ton voile innocent.» La chanteuse, en recevant cette ode, alla consulter sa mère, qui lui raconta l'indigne conduite du poëte à l'égard de Gratidie, et qui lui conseilla de ne pas s'exposer à de pareils traitements. Tyndaris répondit donc à Horace qu'elle ne pouvait, sans offenser sa mère, accepter les hommages de l'injurieux accusateur de Gratidie. Alors, Horace essaya par la flatterie de mettre dans son parti la mère de Tyndaris, à laquelle il écrivit: «O toi, d'une mère si belle, fille plus belle encore, je t'abandonne mes coupables ïambes; ordonne, et qu'ils soient consumés par la flamme ou ensevelis dans les flots... Apaise ton âme irritée. Moi aussi, au temps heureux de ma jeunesse, je connus le ressentiment, et je fus entraîné, dans mon délire, à de sanglants ïambes. Aujourd'hui je veux faire succéder la paix à la guerre: ces vers insultants, je les désavoue, mais rends-moi ton cœur et deviens ma maîtresse!» Tyndaris se laissa toucher et réconcilia Horace avec la vieille Gratidie, en faisant elle-même les frais du raccommodement.

C'est après Tyndaris, que Lydie inspira au poëte volage une des passions les plus vives qu'il eût encore ressenties. Lydie était éprise d'un tout jeune homme, qu'elle détournait des exercices gymnastiques et des laborieux travaux de son éducation patricienne: Horace lui reprocha de perdre ainsi l'avenir de ce jeune homme, qu'il parvint à remplacer, en se montrant plus libéral que lui. Mais à peine avait-il succédé à cet imberbe Sybaris, que Lydie, aussi capricieuse qu'il pouvait l'être jamais, lui donna pour rival un certain Télèphe, qui s'était emparé d'elle et qui la captivait par les sens. Horace n'était pas homme à soutenir une semblable rivalité; il tint bon cependant, et il essaya, par la persuasion et par la tendresse, de lutter contre un robuste rival, qui lui défaisait le soir tous ses projets du matin. Sa poésie la plus amoureuse était sans force vis-à-vis des faits et gestes de ce copieux amant: «Ah! Lydie! s'écrie-t-il dans une ode charmante, qui n'émut pas même cette belle inhumaine: quand tu loues devant moi le teint de rose, les bras d'ivoire de Télèphe, malheur à toi! mon cœur s'enflamme et se gonfle de colère. Alors mon esprit se trouble, je rougis et pâlis tour à tour; une larme furtive tombe sur ma joue et trahit les feux secrets dont je suis lentement dévoré. O douleur! quand je vois tes blanches épaules honteusement meurtries par lui dans les fureurs de l'ivresse; quand je vois tes lèvres où sa dent cruelle imprime ses morsures! Non, si tu veux m'écouter, ne te fie pas au barbare, dont les baisers déchirent cette bouche divine où Vénus a répandu son plus doux nectar. Heureux, trois fois heureux, ceux qu'unit un lien indissoluble, que de tristes querelles n'arrachent pas l'un à l'autre, et que la mort seule vient trop tôt séparer!» Lydie dédaigna les prières et les conseils d'Horace: elle ne congédia point l'amant qui la mordait et qui la meurtrissait de coups, mais elle ferma sa porte à l'importun conseiller.

Horace ne pouvait rester un seul jour sans maîtresse. Quoiqu'il aimât avec plus de frénésie l'infidèle qui le chassait, il voulut, par le nombre de ses distractions galantes, étouffer cet amour qui n'en était que plus vivace dans son cœur; il fit parade de ses nouvelles maîtresses: «Lorsqu'un plus digne amour m'appelait, dit-il dans une ode, j'étais retenu dans les liens chéris de Myrtale, l'affranchie Myrtale, plus emportée que les flots de l'Adriatique quand ils creusent avec rage les golfes de la Calabre.» Mais il ne se consolait pas d'avoir perdu Lydie. Il revint à Rome, et il apprit avec joie que le brutal Télèphe avait un successeur, et que Lydie était entretenue par Calaïs, fils d'Ornythus de Thurium; Calaïs, jeune et beau, ne devait pas craindre de rival. Horace alla voir Lydie, et elle ne le vit pas sans émotion: ils tombèrent dans les bras l'un de l'autre. Le poëte a chanté sa réconciliation dans cet admirable dialogue: «Tant que j'ai su te plaire et que nul amant préféré n'entourait de ses bras ton cou d'ivoire, je vivais plus heureux que le grand roi.—Tant que tu n'as pas brûlé pour une autre et que Lydie ne passait point après Chloé, Lydie vivait plus fière, plus glorieuse que la mère de Romulus.—Chloé règne aujourd'hui sur moi; j'aime sa voix si douce, mariée aux sons de sa lyre; pour elle, je ne craindrais pas la mort, si les Destins voulaient épargner sa vie.—Je partage les feux de Calaïs, fils d'Ornythus de Thurium; pour lui, je souffrirais mille morts, si les Destins voulaient épargner sa vie.—Quoi! s'il revenait, le premier amour? s'il ramenait sous le joug nos cœurs désunis? si je fuyais la blonde Chloé et que ma porte s'ouvrît encore à Lydie?—Bien qu'il soit beau comme le jour, et toi plus léger que la feuille, plus irritable que les flots, c'est avec toi que j'aimerais vivre, avec toi que j'aimerais mourir!»

Les amours des courtisanes étaient changeants: Lydie retourna bientôt à Calais, et Horace, à Chloé, tout en regrettant Lydie, tout en s'affligeant de n'avoir pas su la fixer. La blonde Chloé était encore enfant, lorsqu'elle vendit sa fleur au poëte, qui la négligea bientôt pour s'attacher à deux autres maîtresses plus mûres et moins ignorantes, à Phyllis, affranchie de Xanthias, et à Glycère, l'ancienne amante de Tibulle. Ce fut dans une singulière circonstance, qu'il eut révélation des beautés cachées de Phyllis et qu'il se sentit jaloux de les posséder. Un jour, il alla faire visite à un ami, nommé Xanthias, jeune Grec de Phocée, épicurien et voluptueux comme lui; il ne voulut pas qu'on avertît de sa présence l'hôte aimable qu'il venait voir et qu'on lui dit être enfermé dans la bibliothèque de sa maison, au milieu des bustes et des portraits de ses ancêtres; il eut l'idée de le surprendre et il le surprit, en effet, car il ne le trouva pas la tête penchée sur un livre: Xanthias avait écarté tous ses domestiques, pour être seul avec une esclave dont il avait fait sa concubine. Horace, arrêté sur le seuil, ne troubla pas un tête-à-tête dont il observa curieusement les épisodes et dont il partagea en quelque sorte les plaisirs. Xanthias s'aperçut qu'il avait un témoin muet de son bonheur, lorsqu'il eut la conscience de lui-même et de sa situation; il rougit de honte et chassa brutalement la belle Phyllis, qui se reprochait tout bas son abandon, et qui se retira toute confuse devant la colère de son maître. Il y avait chez les Romains un préjugé très-répandu et très-invétéré, qui représentait comme déshonorant le commerce intime d'un homme libre avec une esclave. Xanthias ne se consolait pas d'avoir dévoilé son secret malgré lui, et il écoutait à peine les raisonnements d'Horace, qui cherchait à justifier aux yeux de son ami une faiblesse amoureuse qu'il eût volontiers prise pour son propre compte. Horace fit l'éloge le moins équivoque de la complice de Xanthias, et il laissa celui-ci sous l'impression d'une sorte de jalousie qui réhabilitait Phyllis. D'après le conseil d'Horace, Xanthias commença par affranchir cette esclave, pour n'avoir plus à rougir de la rapprocher de lui. Horace lui avait envoyé une ode, dans laquelle il flattait Phyllis, de la manière la plus délicate, en la comparant à la blanche Briséis aimée d'Achille, à Tecmesse aimée d'Ajax son maître, à la vierge troyenne dont Agamemnon fut épris après la chute de Troie: «Ne rougis pas d'aimer ton esclave, ô Xanthias! disait-il; sais-tu si la blonde Phyllis n'a pas de nobles parents qui seraient l'orgueil de leur gendre? Sans doute, elle pleure une naissance royale et la rigueur des dieux pénates. Non, celle que tu as aimée n'est pas d'un sang avili; si fidèle, si désintéressée, elle n'a pu naître d'une mère dont elle aurait à rougir. Si je loue ses bras, son visage et sa jambe faite au tour, mon cœur n'y est pour rien. Ne va pas soupçonner un ami dont le temps s'est hâté de clore le huitième lustre.» Horace à quarante ans n'était pas moins curieux qu'à vingt, et ce qu'il avait vu de Phyllis le tourmentait d'une secrète impatience de revoir à son aise une si charmante fille. Le soin qu'il prend, dans son ode à Xanthias, de se dire exempt de toute convoitise, semblerait prouver le contraire, et il est probable que Phyllis lui sut gré d'avoir contribué à la faire affranchir. Cet affranchissement la délivra de Xanthias qu'elle n'aimait pas, et une fois maîtresse d'elle-même, elle s'amouracha de Télèphe, qu'Horace avait eu déjà pour rival. Ce Télèphe ne lui resta pas longtemps attaché et il céda la place à Horace, qui adressa une ode consolatrice à la blonde Phyllis, pour l'inviter à venir célébrer avec lui dans une de ses villas les ides d'avril, mois consacré à Vénus Marine: «Téléphe, que tu désires, n'est pas né pour toi; jeune, voluptueux et riche, une autre s'est emparée de lui et le retient dans un doux esclavage, à l'exemple de Phaéton foudroyé et de Bellérophon, que Pégase, impatient du frein d'un mortel, rejeta sur la terre: cet exemple doit réprimer des espérances trop ambitieuses. Ne regarde pas au-dessus de toi, et tremblant d'élever trop haut ton espoir, ne cherche que ton égal. Viens, ô mes dernières amours, car, après toi, je ne brûlerai pour aucune autre. Apprends des airs que me répétera ta voix adorée: les chants adoucissent les noirs chagrins.» Phyllis était devenue courtisane, et son talent d'aulétride la faisait distinguer entre les chanteuses qui se louaient dans les festins; quoique Horace l'appelât ses dernières amours (*meorum finis amorum*), il lui donna encore plus d'une rivale préférée.

Glycère fut celle qu'il aima davantage; il savait par Tibulle, qui l'avait aimée avant lui, ce qu'elle valait comme amante; il n'eut pas de répit qu'il ne remplaçât auprès d'elle Tibulle ou plutôt le jeune adolescent qui avait succédé à Tibulle. «Ne sois pas si triste, Albius, au souvenir des rigueurs de Glycère? écrivait-il à son ami Tibulle. Faut-il soupirer d'éternelles élégies, parce qu'un plus jeune t'a éclipsé aux yeux de l'infidèle?» Horace était assez riche et assez aimable, pour que Glycère fermât les yeux sur les cheveux gris que lui cachait une couronne de roses; elle accepta les offrandes et le culte d'Horace; elle lui donna rendez-vous dans une délicieuse maison où elle avait établi le centre de son empire amoureux; Horace lui envoya ce billet, au moment où elle faisait sa toilette, au milieu de ses *ancillæ* et de ses *ornatrices*, pour recevoir son nouvel amant: «O Vénus, reine de Gnide et de Paphos, dédaigne le séjour chéri de Chypre; viens dans la brillante demeure de Glycère qui t'appelle avec des flots d'encens! Amène avec toi le bouillant Amour, les Grâces aux ceintures dénouées, et les Nymphes, et Mercure, et la Jeunesse, qui sans toi n'a plus de charmes!» Cette Glycère avait toutes les qualités d'une courtisane consommée; elle exerça une irrésistible influence sur les sens d'Horace, qui se livra aux ardeurs de sa passion avec tant d'emportement, que sa santé en fut altérée, et qu'il augmenta par ces excès l'irritabilité de ses nerfs. Il tombait alors dans des crises spasmodiques qui l'épuisaient encore plus que ses transports amoureux, et souvent, au sortir des bras de sa maîtresse, il s'abandonnait aux sombres rêveries d'une espèce de maladie noire, que la jalousie avait produite et qu'elle menaçait d'aggraver tous les jours. Mais cette jalousie lui avait été si souvent funeste dans ses amours, qu'il se faisait violence pour la cacher et qu'il s'étourdissait au milieu des festins: «Je veux perdre la raison, disait-il à son ancien rival Télèphe, devenu son ami et son compagnon de table. Où sont les flûtes de Bérécynthe? Que fait ce hautbois suspendu près de la lyre muette? Je hais les mains paresseuses: semez les roses! Que le bruit de nos folies éveille l'insensé Lycus et la jeune voisine si mal unie à ce vieil époux. Ta noire chevelure, ô Télèphe, tes yeux doux et brillants comme l'étoile du soir, attirent l'amoureuse Rhodé, et moi je languis, je brûle pour ma Glycère...» En faisant allusion à la verte jeunesse de Télèphe, il faisait un triste retour sur ses quarante-trois ans, sur sa chevelure grisonnante, sur son crâne chauve, sur ses yeux bordés de rouge, sur ses rides et sur son teint jauni. Glycère, en courtisane adroite, évitait pourtant d'évoquer ces fâcheuses pensées, et quelquefois Horace, assis ou plutôt couché à table avec elle, pouvait croire qu'il n'avait pas plus perdu que son vin en vieillissant. Alors sa verve de poëte s'échauffait, et il redevenait jeune en chantant Glycère: «Le fils de Jupiter et de Sémélé, les désirs voluptueux et leur mère cruelle m'ordonnent de rendre mon cœur aux amours que je croyais finies pour moi. Je brûle pour Glycère! j'aime son teint éblouissant et pur comme un marbre de Paros; j'aime ses charmants caprices et la vivacité dangereuse de ses regards. Vénus me poursuit et s'attache à moi tout entière; au lieu de chanter les sauvages tribus de la Scythie et le cavalier parthe, si redouté dans sa fuite, ma lyre n'a plus que des chants d'amour. Esclaves, posez, sur un autel de vert gazon, la verveine, l'encens et une coupe de vin: le sang d'une victime désarmera la déesse.» Les commentateurs se sont beaucoup occupés de ce sacrifice, et ils n'ont eu garde de se mettre d'accord sur la déesse à qui Horace voulait l'offrir. C'était Vénus, selon les uns; c'était Glycère divinisée, selon les autres. On a beaucoup débattu un autre point, aussi difficile à éclaircir: quelle était la victime que le poëte se proposait d'immoler (*mactata hostia*)? Le savant Dacier a prétendu que les Grecs et les Romains ne souillaient jamais de sang les sacrifices offerts à Vénus. En réponse à cette docte argumentation, le dernier historien d'Horace a cité un passage de Tacite, d'après lequel on ne saurait contester que les autels de Vénus furent ensanglantés comme ceux des autres dieux et déesses: on avait soin seulement que les animaux qu'on immolait, chèvres, génisses, colombes, ne fussent pas des mâles. Le sacrifice dont il est question dans l'ode d'Horace à Glycère, pourrait bien être d'une espèce plus érotique, car un amant qui appréhendait les maléfices et qui voulait surtout se garantir du nœud d'impuissance, brûlait de l'encens et de la verveine sur l'autel de ses dieux lares, versait une patère de vin dans la flamme et transformait ensuite sa maîtresse en victime qu'il immolait à Vénus.

Pendant sa liaison avec Glycère, Horace se brouilla impitoyablement avec plusieurs maîtresses qu'il avait eues et qui comptaient rester ses amies. On peut supposer avec raison que ce fut à l'instigation de Glycère, qu'il ne fit grâce ni à Chloris, ni à Pholoé, ni à Chloé, ni même à sa chère Lydie. Il outragea dans ses vers celles qu'il avait chantées naguère avec le plus de tendresse. Il est impossible de ne pas reconnaître la haine de Glycère contre Lydie dans cette ode injurieuse: «Les jeunes débauchés viennent moins souvent frapper à coups redoublés tes fenêtres et troubler ton sommeil; ta porte reste enchaînée au seuil, elle qui roulait si facilement sur ses gonds. Déjà tu entends de moins en moins répéter ce refrain: Tandis que je veille dans les longues nuits, Lydie, tu dors! Bientôt, vieille et flétrie, au coin d'une rue solitaire, tu pleureras à ton tour les dédains des plus vils amants. Quand de brûlants désirs, quand cette chaleur qui met en rut les cavales, s'allumeront dans ton cœur ulcéré, tu gémiras de voir cette joyeuse jeunesse, qui se couronne de myrte et de lierre verdoyant, et qui dédie à l'Hèbre glacé les couronnes flétries.» Horace, qui avait eu le courage d'insulter Lydie et de la représenter *meretrix* de carrefour, provoquant les passants au coin des rues; Horace n'eut pas le moindre remords, en sacrifiant à quelque ressentiment de Glycère la vieille Chloris et sa fille Pholoé, qui était alors une des *fameuses* à la mode: «Femme du pauvre Ibicus, mets donc enfin un terme à tes débauches et à tes infâmes travaux. Quand tu es si proche de la mort, cesse de jouer au milieu des jeunes filles et de faire ombre à ces blanches étoiles. Ce qui sied assez bien à Pholoé ne te sied plus, ô Chloris! Que ta fille, comme une bacchante excitée par les sons des cymbales, assiége les maisons des jeunes Romains; que, dans son amour pour Nothus, elle folâtre comme la chèvre lascive. Quant à toi, vieille, ce sont les laines de Luceria, et non les cythares qui te conviennent, et non la rose aux couleurs purpurines: d'un tonneau de vin, on ne boit pas la lie.» Horace, au lieu de déchirer quelques pages dans ses livres d'odes, en ajoutait de bien amères, de bien cruelles, qui n'effaçaient pas les chants d'amour de sa jeunesse. Il avait quarante-sept ans; il était follement épris de Glycère, et en publiant le recueil de ses odes, il les mêla de telle sorte, qu'on ne pouvait plus retrouver la suite chronologique de ses maîtresses et de ses amours dans les pièces de vers qu'il avait composées pour les immortaliser; mais Glycère ne fut pas encore satisfaite de la place que le poëte lui avait réservée dans ce recueil: elle s'irrita, elle congédia son trop docile amant, et quoi qu'il fît pour rentrer en grâce, elle ne voulut pas lui pardonner ses torts imaginaires.

Horace essaya inutilement de lui inspirer de la jalousie et de lui prouver qu'il pouvait se passer d'elle: il se tourna vers une ancienne maîtresse, qu'il n'avait pas du moins injuriée, et il n'épargna rien pour redevenir son amant. Cette maîtresse était Chloé, cette belle esclave de Thrace, qu'il avait possédée le premier et qui n'avait pas su le retenir sous le prestige d'une naïve tendresse d'enfant. La blonde Chloé avait acquis de l'expérience, en devenant une courtisane en vogue; elle se trouvait, à cette époque, dans tout l'éclat de ses grâces, de ses talents et de sa réputation: elle avait autour d'elle une brillante cour d'adorateurs empressés; elle se montrait partout avec eux, à la promenade, au théâtre, aux bains de mer; son luxe surpassait celui de ses rivales, et elle n'était entretenue néanmoins que par un jeune marchand, nommé Gygès. Ce Gygès, elle l'aimait sans doute parce qu'il n'avait pas d'égal en beauté, mais elle lui était surtout attachée à cause de l'immense fortune de ce jeune homme. Ils vivaient donc ensemble comme mari et femme, lorsque Gygès rencontra une autre courtisane, appelée Astérie: il l'aima aussitôt et il ne songea plus qu'à se séparer de Chloé, qui veillait sur lui comme sur un trésor. Il prétexta un voyage en Bithynie, où, disait-il, l'appelaient ses affaires de commerce. Il partit et promit à Astérie de ne revenir que pour elle. Dès qu'il fut éloigné, son amour pour Astérie éclata par des présents qui la dénoncèrent à l'inquiète jalousie de Chloé. Sans cesse Astérie recevait des lettres du voyageur; Chloé n'en recevait aucune; elle ignorait même en quel pays il se trouvait, plus résolu que jamais à ne reparaître à Rome que pour ne plus quitter son Astérie. Chloé était hors d'elle, furieuse et désolée à la fois;

elle apprit que Gygès était allé de Bithynie en Épire: elle lui envoya un émissaire chargé de lettres suppliantes et passionnées.

Le moment était mal choisi pour faire oublier à Chloé l'absence de Gygès; Horace fut repoussé par cette belle délaissée, qui ne lui épargna pas les dédains. Horace se vengea, non-seulement par une épigramme contre la superbe Chloé, mais encore en prenant fait et cause pour Astérie, dont il se fit l'ami et le protecteur. Il lui adressa une ode, dans laquelle il l'encourageait à rester fidèle à son fidèle Gygès, et à ne rien craindre des intrigues de sa rivale abandonnée: «Astérie, prends garde que ton voisin Énipée te plaise plus qu'il ne faut? Personne, il est vrai, ne manie au Champ-de-Mars un cheval avec plus d'adresse, et ne fend plus vite à la nage les eaux du Tibre. Le soir, ferme ta porte, aux sons de la flûte plaintive; ne jette pas les yeux dans la rue, et quand il t'appellerait cent fois cruelle, reste inflexible!» Il lui apprenait que l'émissaire de Chloé avait tenté vainement d'émouvoir le cœur de Gygès, ce cœur qui appartenait désormais à la seule Astérie; il put jouir du désespoir de Chloé, mais le mauvais succès de ses tentatives amoureuses auprès de cette courtisane avait laissé dans son propre cœur un amer découragement; il crut se rendre justice, en invoquant une dernière fois Vénus, qui lui avait été si souvent favorable: «J'ai joui naguère de mes triomphes sur les jeunes filles, et j'ai servi non sans gloire sous les drapeaux de l'Amour. Aujourd'hui, je consacre à Vénus Marine mes armes et ma lyre, qui n'est plus faite pour ces combats; je les suspends, à gauche de la déesse, aux parois de son temple. Mettez-y également les flambeaux, les leviers et les haches qui menaçaient les portes fermées. O déesse, qui règnes dans l'île fortunée de Chypre et dans Memphis, où l'on ne connut jamais les neiges de Sithonie, ô souveraine des amours, touche seulement de ton fouet divin l'arrogante Chloé!»

Mais Horace disait adieu trop tôt à Vénus: il reconnut avec joie qu'il pouvait encore avoir droit aux faveurs de la déesse. Il vit ou peut-être il revit Lydé, habile chanteuse qui jouait de la lyre dans les festins; il ne fut pas longtemps à lier avec elle une partie amoureuse, et il emprunta certainement à sa bourse les plus grands moyens de séduction. Il mit d'abord ses projets sous les auspices de Mercure, dieu des poëtes, des voleurs et des marchands: «Inspire-moi, dit-il à ce dieu des courtisanes, inspire-moi des chants qui captivent l'oreille de la sauvage Lydé!

Comme la jeune cavale bondit en se jouant dans la plaine et fuit l'approche du coursier, Lydé me fuit et l'amour l'effarouche encore.» Mais elle ne tarda pas à s'apprivoiser, et elle venait souvent chanter dans les festins où Horace puisait au fond de ses vieilles amphores sa philosophie sceptique et insouciante. Les odes qu'il adresse à Lydé sont surtout des invitations à boire: «Que faire de mieux le jour consacré à Neptune? Allons, Lydé, tire le cécube caché au fond du cellier, et force ta sobriété dans ses retranchements... Nous chanterons tour à tour, moi, Neptune et les vertes chevelures des Néréides; toi, sur ta lyre d'ivoire, Latone et les flèches rapides de Diane. Nos derniers chants seront pour la déesse qui règne à Gnide et aux brillantes Cyclades, et qui vole à Paphos sur un char attelé de cygnes. Nous redirons aussi à la Nuit les hymnes qui lui sont dus.» Dans une ode à Quintus Hirpinus, Horace, qui a des cheveux blancs et qui les couronne de roses, compte encore sur la chanteuse Lydé, pour égayer le repas où Bacchus dissipe les soucis rongeurs: «Esclave, fais rafraîchir promptement l'ardent falerne dans cette source qui fuit loin de nous? Et toi, fais sortir de la maison de Lydé le galant qu'elle y a recueilli au passage (*quis devium scortum eliciet domo Lyden*)? Dis-lui de se hâter. Qu'elle vienne avec sa lyre d'ivoire, les cheveux négligemment noués à la manière des femmes de Sparte!»

C'en est fait, la carrière amoureuse d'Horace se ferme des mains de Lydé: il ne recherche plus la société des courtisanes; il n'aime plus les femmes; il sait qu'il n'a plus rien de ce qu'il faut pour leur plaire, il ne s'exposera donc plus à leurs dédains et à leurs refus; mais il invoque encore Vénus: «Après une longue trêve, ô Vénus, tu me déclares de nouveau la guerre! Je ne suis plus ce que j'étais sous le règne de l'aimable Cinara, je vais compter dix lustres; n'essaie plus, mère cruelle des tendres amours, de courber sous ton joug, autrefois si doux, un cœur devenu rebelle! Va où t'appellent les vœux passionnés de la jeunesse; transporte, sur l'aile de tes cygnes éblouissants, les plaisirs et la volupté dans la demeure de Maxime, si tu cherches un cœur fait pour l'amour... Pour moi, adieu les garçons, les femmes, le crédule espoir d'un tendre retour! adieu les combats du vin et les fleurs nouvelles dont j'aimais à parer ma tête! Mais, hélas! pourquoi, Ligurinus, pourquoi ces larmes furtives qui coulent de ma joue? pourquoi au milieu de mon discours ma voix expire-t-elle dans le silence de l'embarras? La nuit, dans mes songes, c'est toi que je tiens embrassé; toi que je poursuis sur le gazon du Champ-de-Mars, cruel, et dans les eaux du Tibre!» Horace est amoureux du beau Ligurinus, et cette honteuse passion remplira ses dernières années. Le favori des courtisanes, le poëte des grâces et des amours, déshonore ses cheveux blancs et s'abandonne aux plus hideux égarements de la Prostitution romaine.

9

Sommaire.—Catulle.—Licence et obscénité de ses poésies.—Le *patient* Aurélius et le cinæde Furius.—Épigramme contre ses détracteurs.—Ses maîtresses et ses amies.—Clodia ou Lesbie, fille du sénateur Métellus Céler, maîtresse de Catulle.—Le moineau de Lesbie.—Pourquoi Clodia reçut de Catulle le surnom de Lesbie.—Ce que c'était que le moineau de Lesbie.—Mort de ce moineau chantée par Catulle.—Désespoir de Lesbie.—Passion violente de Catulle pour Lesbie.—Rupture des deux amants.—Résignation de Catulle.—La maîtresse de Mamurra.— Mariage concubinaire de Lesbie.—Catulle revoit Lesbie en présence de son mari.—Subterfuges employés par Lesbie pour ne pas éveiller la jalousie de son mari.—La courtisane Quintia au théâtre.—Vers de Catulle contre Quintia.—Catulle n'a pas donné de rivale dans ses poésies, à Lesbie.—La courtisane grecque Ipsithilla.—Billet galant qu'adressa Catulle à cette courtisane.—Épigramme de Catulle aux habitués d'une maison de débauche où s'était réfugiée une de ses maîtresses.—Il ne faut pas reconnaître Lesbie dans l'héroïne de ce mauvais lieu.—Colère de Catulle contre Aufilena.—La *catin pourrie.*— Vieillesse prématurée de Catulle.—Lesbie au lit de mort de son amant. —Properce.—Cynthie ou Hostilia, fille d'Hostilius.—Son amour pour Properce.—Statilius Taurus, riche préteur d'Illyrie, enteteneur de Cynthie.—Résignation de Properce à l'endroit des amours de sa maîtresse avec Statilius Taurus.—Les oreilles de Lygdamus.—Conseils de Properce à sa maîtresse.—La *docte* Cynthie.—Élégies de Catulle sur les attraits de sa maîtresse.—Axiome de Properce.—Nuit amoureuse avec Cynthie.—Les galants de Cynthie.—Ses nuits à Isis et à Junon.— Gémissements de Properce sur la conduite de Cynthie.—Les bains de Baïes.—Les amours de Gallus.—Properce se jette dans la débauche pour oublier sa maîtresse.—Réconciliation de Properce avec Cynthie.— Changement de rôles.—Acanthis l'entremetteuse.—Jalousie de Cynthie.—Lycinna.—Subterfuge qu'employa Cynthie pour s'assurer de la fidélité de son amant.—Les joyeuses courtisanes. Phyllis et Téïa.— Properce pris au piége.—Fureur de Cynthie.—L'empoisonneuse Nomas.—Funérailles précipitées de Cynthie.—Mort de Properce.—Ses cendres réunies à celles de Cynthie.

Horace était à peine né, que Catulle, ce grand poëte de l'amour ou plutôt de la volupté, venait de mourir, à l'âge de trente-six ans, victime de l'abus des plaisirs, selon plusieurs de ses historiens; mais, selon les autres, n'ayant succombé qu'à la faiblesse de sa nature délicate et maladive, malgré les précautions d'une vie calme et chaste. Cette vie-là, dans tous les cas, n'avait pas toujours été telle, puisque les poésies de Catulle, si mutilées et si expurgées que les ait faites la censure des premiers siècles du christianisme, respirent encore la licence érotique et la philosophie épicurienne. Le poëte, ami de Cornélius Népos et de Cicéron, a composé ses vers au milieu des libertins et des courtisanes de Rome; il parle même leur langage dans ces vers, ornés de toutes les grâces du style; il ne recule jamais devant le mot obscène, qu'il fait sonner avec effronterie dans une phrase élégante et harmonieuse; il se plaît aux images et aux mystères de la débauche la plus hardie, mais il a l'excuse d'être naïf dans ce qu'il ose dire et dépeindre. On voit que ses voyages et son séjour en Asie, en Grèce et en Afrique, ne lui avaient laissé ignorer rien de ce qui devait servir à composer l'impure mosaïque de la Prostitution romaine. Et pourtant, dans une épigramme contre ses détracteurs, le *patient* Aurélius et le cinæde Furius (*pathice*), qui, d'après ses vers voluptueux (*molliculi*), ne le supposaient pas trop pudique, il n'hésite point à défendre sa pudeur: «Un bon poëte, dit-il, doit être chaste; mais est-il nécessaire que ses vers le soient? ils ont assez de sel et d'agrément, tout voluptueux et peu décents qu'ils sont, quand ils peuvent éveiller les sens, non-seulement des jeunes garçons, mais encore de ces barbons qui ne savent plus remuer leurs reins épuisés.» Catulle était trop instruit des secrets de Vénus, pour n'avoir pas acquis ce savoir et cette expérience, aux dépens de sa pudeur et de sa santé.

Il nous fait connaître, dans ses poésies, dont la moitié n'est pas venue jusqu'à nous, trois ou quatre courtisanes grecques qui furent ses maîtresses et ses amies; elles étaient à la mode de son temps (50 à 60 ans avant J.-C.), mais leur réputation de beauté, d'esprit, de talents et de grâces, si éclatante qu'elle ait été dans la période de leurs amours, n'a pas duré assez longtemps pour qu'on en trouve un reflet dans les œuvres d'Horace. Il n'y a que Lesbie, dont le nom, immortalisé par Catulle, ait survécu au moineau qu'elle avait tant pleuré; et encore, suivant les commentateurs, cette Lesbie, fille d'un sénateur, Métellus Céler, s'appelait Clodia, et n'appartenait pas à la classe des courtisanes. Au reste, le poëte semble avoir évité, dans les vers adressés à Lesbie ou à son moineau, d'admettre un détail qui aurait pu la désigner personnellement: il ne fait pas le portrait de cette belle; il ne nous révèle pas seulement la couleur de ses cheveux; il se borne à des énumérations de baisers, mille fois donnés et rendus, dont il embrouille tellement le nombre, que les envieux ne puissent jamais les compter: «Tu me demandes, Lesbie, combien il me faudrait de tes baisers, pour que j'en eusse assez et trop? Autant qu'il y a de grains de sable amoncelés en Libye, dans les déserts de Cyrène, depuis le temple de Jupiter Ammon jusqu'au tombeau sacré du vieux Battus; autant qu'il y a d'étoiles qui, dans le silence de la nuit, sont témoins des amours furtifs du genre humain!» Cette Lesbie, que Catulle avait surnommée ainsi par allusion à ses goûts lesbiens, et qu'il a comparée à Sapho en traduisant pour elle l'ode de la célèbre philosophe de Lesbos, est plus connue par son moineau que par ses mœurs galantes. Ce moineau, délices de Lesbie, qui jouait avec elle, qu'elle cachait dans son sein, qu'elle agaçait avec le doigt, et dont elle aimait à provoquer les morsures, lorsqu'elle attendait son amant et cherchait à se distraire de l'ennui de l'attente; ce moineau, dont Catulle a chanté la mort, n'était pas un oiseau, si l'on s'en rapporte à la tradition conservée par les scoliastes; c'était une jeune fille, compagne de Lesbie qui l'aimait à l'égal de son amant: «Pleurez, ô Grâces, Amours, et vous tous qui êtes beaux entre les hommes! il est mort le moineau de ma maîtresse, moineau qui faisait ses délices et qu'elle aimait plus que la prunelle de ses yeux!» Mais les scoliastes de Catulle ont peut-être abusé des priviléges de l'interprétation, en se fondant sur sa belle imitation de l'ode de Sapho, que le poëte n'a pas craint de dédier à Lesbie; nous ne soutiendrons pas contre eux que Catulle n'a entendu pleurer qu'un moineau: «O misérable moineau! voilà donc ton ouvrage: les yeux de ma maîtresse sont enflés et rouges d'avoir pleuré.»

Catulle était si passionnément épris de Lesbie, qu'il ne prévoyait pas la fin de cette passion qu'elle partageait aussi: «Vivons, ô ma Lesbie! s'écriait-il, vivons et aimons!» Mais la jeune fille, quoique plus aimée que nulle ne le sera jamais, se lassa la première d'un tel amour, et congédia son amant. Celui-ci n'essaya pas de regagner un cœur, dont il était rejeté; il ne se plaignit pas de cette rupture, qu'il regardait comme inévitable; il résolut seulement d'oublier Lesbie, et de ne plus aimer à l'avenir avec la même abnégation: «Adieu, Lesbie! dit-il tristement; déjà Catulle s'est endurci le cœur; il ne te poursuivra plus, il ne te suppliera plus; mais, toi, tu gémiras, infidèle, quand tes nuits se passeront sans qu'on t'adresse de prières. Maintenant quel sort t'est réservé? qui te recherchera? à qui paraîtras-tu belle? qui aimeras-tu? à qui seras-tu? qui aura tes baisers? quelles lèvres mordras-tu? Et toi, Catulle, puisque c'est la destinée, endurcis-toi!» Catulle s'aperçut bientôt qu'il avait trop compté sur sa force d'âme, et qu'il ne se consolerait pas de l'inconstance de Lesbie; il l'aimait absente; il l'aima toujours à travers cent maîtresses: «O dieux! murmurait-il en essuyant ses larmes, si votre nature divine vous permet la pitié, et si jamais vous avez porté secours à des malheureux dans les angoisses de la mort, voyez ma misère, et, pour prix d'une vie qui a été pure, ôtez-moi ce mal, ce poison, qui, se glissant comme une torpeur dans la moelle de mes os, a chassé de mon cœur toutes mes joies!» Longtemps après, il ne se rappelait pas sans émotion, et son amour, et celle qui le lui avait inspiré; il s'indigna un jour de voir comparer à Lesbie la maîtresse de Mamurra, qui n'avait ni le nez petit, ni le pied bien fait, ni les yeux noirs, ni les doigts longs, ni la peau douce, ni la voix séduisante, comme la véritable Lesbie: «O siècle stupide et grossier!» répétait-il en soupirant.

Lesbie s'était mariée, ou plutôt elle avait formé une de ces liaisons concubinaires que la loi romaine rangeait dans la catégorie des mariages par usucapion. Elle vivait donc avec un homme qu'on appelait son mari (*maritus*) et qui n'était peut-être qu'un maître jaloux. Elle ne laissait pas que de recevoir quelquefois Catulle en présence de ce mari, qu'elle n'osait tromper, bien qu'elle en eût belle envie. Pour mieux feindre l'oubli du passé et pour tranquilliser l'esprit de l'époux qu'elle regrettait secrètement d'avoir préféré à l'amant, elle adressait tout haut des reproches et même des injures à Catulle: «C'est une grande joie pour cet imbécile! dit le poëte, qui se consolait en faisant une épigramme contre le mari. Ane, tu n'y entends rien! Si elle se taisait et qu'elle oubliât nos amours, elle en serait guérie; quand elle gronde et m'invective, c'est non-seulement qu'elle se souvient, mais encore, ce qui est bien plus sérieux, qu'elle est irritée; c'est qu'elle brûle encore et ne s'en cache pas!» On ne voit pourtant pas, dans les poésies de Catulle, qu'il ait demandé à Lesbie des preuves plus positives de la passion qu'elle conservait pour lui. Si c'était une illusion, il ne fit rien qui pût la lui enlever, et il se contenta de voir Lesbie en puissance de mari, sans essayer de la rendre infidèle. Un jour, au théâtre, un murmure d'admiration accompagna l'arrivée d'une courtisane, nommée Quintia, qui vint se placer sur les gradins auprès de Lesbie, comme pour l'éclipser et la vaincre en beauté; tous les yeux, en effet, se fixèrent sur la nouvelle venue, et l'on ne regarda plus Lesbie, excepté Catulle, qui n'avait des yeux que pour elle. Indigné de l'injuste préférence que le peuple accordait à Quintia, il prit ses tablettes et improvisa cette pièce de vers, qu'il fit circuler parmi les spectateurs, pour venger Lesbie: «Quintia est belle pour le plus grand nombre; pour moi, elle est blanche; longue et roide. J'avouerai volontiers qu'elle a quelques avantages, mais je nie absolument qu'elle soit belle; car, dans ce grand corps, il n'y a nulle grâce, nul attrait. Lesbie, au contraire, est belle, et si belle de la tête aux pieds, qu'elle semble avoir dérobé aux autres toutes les grâces.»

Lesbia formosa est: quæ quum pulcherrima tota est,
Tum omnibus una omnes surripuit veneres.

On peut dire que Catulle n'a pas donné de rivale dans ses poésies, à cette Lesbie, qu'il ne cessa d'aimer, lorsqu'il eut cessé de la posséder.

On eût dit que sa muse aurait rougi de prononcer le nom d'une autre maîtresse. On ne trouve qu'un seul nom, celui d'Ipsithilla, qui brille un moment auprès de Lesbie, et qui disparaît comme un météore après une journée de folie amoureuse. Cette Ipsithilla était, à en juger par son nom, une courtisane grecque, et pour faire passer dans notre langue le billet galant que Catulle lui envoya un jour, il ne faut pas moins que la traduction discrète d'un professeur de l'Université: «Au nom de l'amour, douce Ipsithilla, mes délices, charme de ma vie, accorde-moi le rendez-vous que j'implore pour le milieu du jour; et, si tu me l'accordes, ajoutes-y cette faveur, que la porte soit interdite à tout le monde. Surtout, ne va pas sortir!... Reste à la maison, et prépare-toi à voir se renouveler neuf fois mes exploits amoureux (*paresque nobis novem continuas futationes*). Mais, si tu dis oui, dis-le de suite; car, étendu sur mon lit, après un bon dîner, je foule dans mon ardeur et ma tunique et ma couverture.» Cette épigramme, qui nous fait comprendre pourquoi Catulle est mort si jeune, est la seule où il désigne nominativement une de ses maîtresses. Dans une autre épigramme qu'il adresse aux habitués d'un mauvais lieu, il se plaint amèrement de la perte d'une maîtresse qu'il ne nomme pas, qu'il avait aimée comme on n'aimera jamais, et pour laquelle il s'était battu bien des fois. Cette femme l'avait quitté pour se réfugier dans une maison de débauche, la neuvième qu'on rencontrait en sortant du temple de Castor et Pollux. Là, elle se prostituait indifféremment aux ignobles hôtes de ce lupanar (*omnes pusilli, et semitarii mœchi*), qui s'entendaient pour garder leur proie et qui ne permettaient pas à Catulle d'entrer dans la maison, où ils étaient au nombre d'une centaine: «Pensez-vous être seuls des hommes? leur criait-il en colère (*solis putatis esse mentulas vobis?*). Croient-ils avoir seuls le droit de fréquenter les filles publiques et de regarder le reste du monde comme des castrats?» Il les défie, il les menace d'écrire la violence qu'on lui fait, sur les murs mêmes du mauvais lieu, dans lequel on lui refuse ce qu'on y obtient toujours à prix d'argent; il est prêt à se mesurer contre deux cents adversaires. Mais il a beau insister, crier, prier, en écoutant la voix de son amante qui se livre aux *contubernales*, il se morfond toute la nuit à la porte.

Certes, il ne faut pas reconnaître Lesbie dans l'héroïne de ces débauches, dans la scandaleuse hôtesse de cette taverne mal famée. Le mari de Lesbie, ce Lesbius que Catulle traite avec tant de mépris, la vendait peut-être à tour de rôle; mais il ne l'avait pas laissée tomber à ce degré de prostitution. Catulle avait beau dire à Lesbie qu'il l'estimait moins, il était forcé d'avouer en gémissant qu'il l'aimait davantage: *Amantem injuria talis cogit amare magis, sed bene velle minus*. Il continuait cependant à user sa vie dans la société des courtisanes, et il était souvent victime de leurs tromperies: ainsi, le voit-on fort irrité contre une certaine Aufilena, qui avait exigé de lui à l'avance le prix des faveurs qu'elle lui avait ensuite refusées: «L'honneur veut, Aufilena, qu'on tienne sa parole, comme la pudeur voulait que tu ne me promisses rien; mais voler en fraudant, c'est pis encore que le fait d'une courtisane avare qui se prostitue à tout venant.» Ailleurs, il s'indigne contre une honteuse prostituée qui lui avait dérobé ses tablettes; il l'appelle *catin pourrie* (*putida mœcha*); il l'accable d'injures, sans obtenir la restitution des tablettes. Elle ne s'émeut pas, et ne fait qu'en rire; il finit par rire lui-même et par changer de ton: «Chaste et pure jeune fille, lui dit-il, rends-moi donc mes tablettes?» Catulle se sentait à bout de ses forces physiques; à peine âgé de trente-quatre ans, il touchait à la décrépitude: il dut renoncer à tout ce qui l'avait conduit, en si peu d'années, à une vieillesse prématurée; mais il ne renonça pas à Lesbie. Ce n'était plus qu'un souvenir avec lequel il retrouvait les jouissances de son ardente jeunesse; c'était encore de l'amour qu'il épanchait en vers tendres ou passionnés: quelquefois il maudissait Lesbie, il allait jusqu'à l'outrager; puis, aussitôt, comme pour obtenir son pardon, il l'admirait, il l'exaltait, il l'invoquait à l'instar d'une divinité: «Nulle femme n'a pu se dire aussi tendrement aimée que tu le fus de moi, ô ma Lesbie! Jamais la foi des traités n'a été plus religieusement gardée que nos serments d'amour le furent par moi! Mais vois où tu m'as conduit par ta faute, et quel sacrifice est imposé à ma fidélité!... Car je ne pourrai jamais t'estimer, quand tu deviendrais la plus vertueuse des femmes, ni cesser de t'aimer, quand tu serais la plus débauchée!» Les sens faisaient silence chez Catulle; le cœur parlait seul, et cette voix suprême retentit dans l'âme de Lesbie. Elle apprit que son ancien amant n'avait plus que peu de temps à vivre; elle crut que le chagrin était tout son mal, elle voulut le guérir: elle revint auprès de lui, les bras ouverts; Catulle s'y précipita, en oubliant tout le reste. Lesbie l'avait revu mourant; Catulle s'était ranimé pour écrire d'une main tremblante ces admirables vers:

> Restituis cupido, atque insperanti ipsa refers te
> Nobis. O lucem candidiore notâ!
> Quis me uno vivit felicior, aut magis hæc quid
> Optandum vita, dicere quis poterit!

«Tu te rends à moi, qui te désire! tu reviens à moi qui t'espérais sans cesse! O jour qu'il faut marquer du caillou le plus blanc! Qui donc est plus heureux que moi sur la terre, et qui pourrait dire qu'il y a dans la vie quelque chose de préférable à ce bonheur?» Catulle n'avait que des vers pour exprimer sa joie et sa reconnaissance; son œil éteint s'était rallumé; une rougeur inusitée avait brillé sur ses joues creuses sillonnées de larmes; il pressait contre sa poitrine cette maîtresse chérie qui pleurait en le regardant. Il exhala son dernier soupir, dans des vers où il se flattait encore de vivre en aimant Lesbie: «Tu me promets, ô ma vie, que notre amour sera plein de charmes et durera toujours? Grands dieux! faites qu'elle puisse promettre et tenir, et que ce soit sincèrement, et du cœur, qu'elle me le dise! Ainsi, nous pourrions donc faire durer autant que notre vie ce lien sacré d'une amitié éternelle!» Quelles devaient être ces courtisanes, qui savaient se faire aimer avec cette exquise délicatesse, avec ce dévouement presque religieux! Catulle mourut à trente-six ans, heureux d'avoir retrouvé sa Lesbie (56 ans av. J.-C.). Le plus bel éloge qu'on puisse faire de cette Lesbie, c'est de rappeler l'amour si tendre et si constant qu'elle avait inspiré à un poëte libertin, qui la respecte toujours dans les vers qu'il lui adresse, et qui ne craint pas ailleurs de promener sa muse dans les fanges les plus secrètes de la Prostitution romaine.

Properce était né avant que Catulle fût mort. Properce, qui devait être aussi, suivant l'expression bizarre d'un rhéteur, «un des triumvirs de l'amour,» vit le jour en Étrurie, dans la ville de Pérouse ou dans celle de Mévanie, l'an 702 de Rome, 52 avant J.-C. Properce, en lisant les poésies de Catulle, devint poëte; il était devenu amoureux, en voyant Cynthie. Le véritable nom de cette belle était Hostia ou Hostilia. Ses flatteurs prétendirent même qu'elle descendait de Tullus Hostilius, troisième roi de Rome; mais, quoi qu'il en fût, elle pouvait se vanter, avec plus de certitude, de descendre en ligne directe de son père Hostilius, écrivain érudit, qui composa une histoire de la guerre d'Istrie. Cette Hostilia, que sa beauté, ses grâces et ses talents avaient mise au rang des femmes les plus remarquables de son temps, n'était pourtant qu'une courtisane. Elle aimait véritablement Properce, mais néanmoins elle ne se faisait aucun scrupule de lui donner autant de rivaux qu'elle en pouvait satisfaire. Elle n'avait garde de lui permettre d'en user aussi librement de son côté; lui prescrivait même la fidélité la plus rigoureuse. Cependant, elle vivait publiquement avec un riche préteur d'Illyrie, nommé Statilius Taurus, qui avait bâti à ses frais un amphithéâtre, et qui dépensait autant d'argent pour elle que pour les combats de bêtes féroces. Properce, que la poésie n'enrichissait pas, eût été bien en peine de subvenir aux prodigalités de sa Délie; il acceptait donc, comme une nécessité, la concurrence peu redoutable que lui faisait le préteur d'Illyrie dans les bonnes grâces d'Hostilia; il fermait les yeux et les oreilles, par habitude, chaque fois qu'il pouvait voir ou entendre ce rival permanent; mais il n'en souffrait pas d'autres, ou, du moins, il faisait mauvais visage à ceux qui partageaient en passant les faveurs de sa maîtresse avec lui. Ainsi, en revenant un soir, à l'improviste, de Mévanie, impatient de se retrouver dans les bras de sa maîtresse, il entend les sons de la flûte, il voit la maison resplendissante de lumières. Il approche avec inquiétude, il entre avec stupeur: les esclaves se cachent à son aspect; aucun n'ose l'arrêter, et tous voudraient l'empêcher d'avancer. On est en fête dans le triclinium; on y danse, on y chante, on y brûle des aromates; il appelle un affranchi qui ne lui répond pas. Il saisit par les oreilles un esclave, Lygdamus, qui tente de s'enfuir; il demande d'une voix impérieuse quel est l'hôte magnifique qui reçoit chez Cynthie un pareil accueil? Est-ce un consul? est-ce un sénateur? est-ce un histrion, un gladiateur, un eunuque? Lygdamus garde le silence; il se laissera, plutôt que d'ouvrir la bouche, arracher les deux oreilles; mais Properce n'a que faire des oreilles de Lygdamus; il va droit au triclinium, écarte les rideaux de la porte et plonge ses regards dans la salle, où l'odeur des mets et des aromates lui a révélé ce qui s'y passe. En effet, devant une table somptueusement servie, un lit d'ivoire, de pourpre et d'argent, réunit sur les mêmes coussins Hostilia et Statilius Taurus, se tenant embrassés et se souriant l'un à l'autre. A cette vue il redevient calme et grave; il referme le rideau et se retire d'un pas tranquille: «Sot! dit-il à Lygdamus qui craint encore pour ses oreilles, pourquoi ne m'avertissais-tu pas tout de suite que le préteur était arrivé d'Illyrie?» Il retourna chez lui et passa la nuit, qu'il avait réservée à un plus doux emploi, dans le commerce des muses, seule infidélité qu'il se permît à l'égard de son infidèle. Le lendemain il lui envoyait une élégie qui commence ainsi: «Le voilà revenu d'Illyrie, ce préteur, ta riche proie, Cynthie, et mon plus grand désespoir! Que n'a-t-il laissé sa vie au milieu des rocs acrocérauniens? Ah! Neptune, quelles offrandes alors je t'eusse présentées!... Aujourd'hui, et sans moi, on festine à pleine table, et toute la nuit, excepté pour moi seul, ta porte est ouverte. Oui, si tu es sage, ne quitte pas un moment cette moisson qui t'est offerte, et dépouille de toute sa toison cette stupide brebis. Ensuite, dès que, ses richesses dissipées, il restera pauvre et sans ressources, dis-lui de faire voile vers d'autres Illyries.» Ces conseils, de la part d'un amant, ne témoignaient pas de son extrême délicatesse.

Cynthie n'était pas seulement belle; son amant l'appelle *docte*, et parle plusieurs fois de son instruction, de son esprit et de ses talents; on sait aussi qu'elle était poëte, et son goût pour la poésie devait être le principal lien qui l'attachait à Properce. Celui-ci, en effet, ne pouvait la payer qu'en vers. Dans ses élégies, il esquisse souvent le portrait de cette courtisane distinguée; il nous apprend qu'elle avait la taille majestueuse, les cheveux blonds, la main admirable. «Ah! ses attraits, écrit-il à un ami, sont le moindre aliment de ma flamme! O Bassus! elle a bien d'autres perfections, pour lesquelles je donnerais jusqu'à ma vie: c'est sa rougeur ingénue; c'est l'éclat de mille talents; ce sont ces délicieuses voluptés cachées sous sa robe discrète (*gaudia sub tacitâ ducere veste libet*).» Il trouvait sa Cynthie assez parfaite pour qu'elle se passât de toilette et même de voile, quand il avait le bonheur de la posséder, soit le jour, soit la nuit: «Chère âme, lui disait-il avec transport, pourquoi donc étaler tant d'ornements dans ta chevelure? Pourquoi cette myrrhe de l'Oronte que tu répands sur ta tête? Pourquoi cette étude à faire jouer les plis de cette robe déliée, tissue dans l'île de Cos? Pourquoi te vendre à ce luxe des barbares? Pourquoi, sous une parure si chèrement achetée, étouffer les beautés de la nature, et ne point laisser tes charmes briller de leur propre éclat? Crois-moi, tu es trop belle pour recourir à de tels artifices. L'Amour est nu: il n'aime point le prestige des ajustements.» L'axiome de Properce était toujours celui d'un amant tendre et sensible: «Fille qui plaît à un seul est assez parée.» Mais Cynthie s'obstinait à conserver, dans le tête-à-tête le plus intime, le gênant attirail de ses vêtements et de ses joyaux. Properce, en nous initiant aux mystères d'une nuit amoureuse, se plaint amèrement de cette habitude de pudeur ou de pruderie, qu'il aurait pu expliquer par la découverte de quelque difformité ou de quelque imperfection cachée; il nous représente Cynthie ramenant sans cesse sa tunique sur son sein, quoique la lampe fût éteinte: «A quoi bon, lui dit-il, condamner Vénus à s'ébattre dans les ténèbres? Si tu l'ignores, les yeux sont nos guides en amour. C'est nue, et lorsqu'elle sortait de la couche de Ménélas, qu'Hélène, à Sparte, alluma au cœur de Pâris le feu qui le consuma; c'est nu, qu'Endymion captiva la sœur d'Apollon; c'est nue aussi que la déesse dormit avec lui (*nudæ concubuisse deæ*). Si donc tu persistes à coucher vêtue, tu verras si mes mains sont habiles à mettre en pièces une tunique. Bien plus, si tu pousses à bout ma colère, tu montreras le lendemain à ta mère tes bras meurtris. Est-ce que ta gorge pendante t'empêche de te livrer à ces ébats? Cela pourrait être, si tu avais honte de montrer les traces de la maternité.» Cynthie ne tenait compte de ces beaux raisonnements, et Properce était bien forcé de se contenter de ce qu'on lui offrait: «Qu'elle veuille bien m'accorder quelques nuits semblables, disait-il avec enivrement, et ma vie sera longue dans une seule année; qu'elle m'en donne beaucoup d'autres, et dans ces nuits-là je me croirai immortel. En une nuit chacun peut être dieu!»

Cet amour n'était pourtant pas sans nuages. Cynthie se devait journellement aux exigences de son métier; car, sans compter son préteur d'Illyrie, elle avait des galants qui subvenaient à la dépense de la maison. Elle n'accordait donc pas à Properce toutes les faveurs qu'il réclamait à titre d'amant déclaré; elle le tenait souvent à l'écart, elle lui fermait sa porte, du moins la nuit, qui appartenait aux amours mercenaires; mais elle couvrait autant que possible de prétextes honnêtes la malhonnête vérité, qui blessait le cœur du poëte; elle mettait sur le compte des fêtes d'Isis, de Junon ou de quelque déesse, la continence qu'elle s'imposait, disait-elle, à regret: «Déjà sont encore revenues ces tristes solennités d'Isis! écrivait un jour Properce. Déjà Cynthie a passé dix nuits loin de moi! Périsse la fille d'Inachus, qui des tièdes rivages du Nil a transmis ses mystères aux matrones de l'Ausonie, elle qui tant de fois sépara deux amants avides de se rejoindre! Quelle que fût cette déesse, elle a toujours été fatale à l'amour!» Cependant Properce ne doutait pas qu'Isis fût seule coupable des scrupules et des refus de Cynthie, qu'il essayait en vain d'attendrir, en lui disant: «Certes nulle femme n'entre avec plaisir dans son lit solitaire; il est quelque chose que l'amour vous force à y souhaiter. La passion est toujours plus vive pour les amants absents; une longue jouissance nuit toujours aux amants assidus.» Cynthie le laissait dire et ne changeait rien à son genre de vie. Non-seulement elle réservait pour les rivaux de Properce les nuits qu'elle prétendait donner à Isis, mais encore elle passait une partie de ses nuits à boire, à chanter, à jouer aux dés. Properce ne pouvait ignorer d'ailleurs ce qui faisait l'opulence de sa maîtresse, et, comme il n'avait pas les trésors d'Attale pour payer ce luxe dont il savait l'origine impure, il en était réduit à gémir le plus poétiquement du monde: «Corinthe vit-elle jamais dans la maison de Laïs une telle affluence, lorsque toute la Grèce soupirait à sa porte! s'écrie-t-il, en avouant que sa Cynthie n'était qu'une courtisane à la mode. Fut-il jamais une cour plus nombreuse aux pieds de cette Thaïs mise en scène par Ménandre et qui égaya si longtemps les loisirs du peuple d'Érichtée! Cette Phryné, qui aurait pu relever Thèbes de ses cendres, eut-elle la joie de compter plus d'admirateurs! Non, ô Cynthie, tu les surpasses toutes, et, de plus, tu te fais une parenté selon tes caprices, afin de légitimer des baisers dont tu as si peur de manquer!» Ces reproches, assez obscurs, signifient sans doute que Cynthie faisait passer ses amants pour des parents qu'elle recevait avec la plus touchante hospitalité. Au reste, Properce était si jaloux d'elle, qu'il la soupçonnait parfois de cacher un amant dans sa robe (*et miser in tunicâ suspicor esse virum*).

Ce n'était pas seulement à Rome que Cynthie réunissait autour d'elle cette foule de concurrents plus ou moins épris et plus ou moins généreux; c'était aussi aux bains de Baïes où elle tenait sa cour pendant la saison des eaux thermales. La ville de Baïes et les environs voyaient affluer alors l'élite de la richesse, de la corruption et du plaisir. Les courtisanes grecques en renom se seraient regardées comme déchues, si elles n'eussent étalé leur luxe insolent au milieu des orgies de ce lieu de délices; elles y venaient chercher de nouvelles intrigues et de nouveaux profits. Properce était donc jaloux de Baïes, comme il l'eût été de dix rivaux à la fois: «O Cynthie! as-tu quelque souci de moi? lui écrivait-il pendant ses absences, où il ne se nourrissait que des souvenirs du passé et des espérances de l'avenir. Te rappelles-tu toutes les nuits que nous avons passées ensemble? Quelle est la place qui me reste en ton cœur? Peut-être, en ce moment, un rival ennemi veut-il que j'efface ton nom de mes vers.» Properce, qui n'avait pas le droit ni peut-être les moyens de la rejoindre à Baïes, s'indignait contre cette Baïes corrompue, contre ces rivages témoins de tant de brouilles amoureuses, contre cet écueil de la chasteté des femmes: «Ah! périssent à jamais, s'écriait-il, périssent Baïes et ses eaux, qui engendrent tous les crimes de l'amour!» Au reste, il ne pouvait guère se faire illusion sur l'objet du voyage de Baïes; il n'ignorait pas, d'ailleurs, que Cynthie n'avait pas d'autre revenu que celui de ses charmes; il la connaissait même, pour l'avoir vue à l'œuvre: «Cynthie ne recherche pas les faisceaux, publia-t-il dans un moment de dépit; elle ne fait nul cas des honneurs: c'est toujours la bourse des amateurs qu'elle pèse... Ainsi donc, on peut faire trafic de l'amour! O Jupiter! ô infamie! Et nos filles s'avilissent par ce trafic! Ma maîtresse m'envoie sans cesse lui pêcher des perles dans la mer; elle me commande d'aller pour elle butiner à Tyr! Oh! plût aux dieux que personne à Rome ne fût riche!» Lorsque Properce se laissait emporter à cet accès de mauvaise humeur, il est vrai que Cynthie, accaparée par son vilain préteur, avait interdit sa couche à l'amant de cœur, pendant sept nuits consécutives.

Cynthie avait été la première maîtresse de Properce: il lui jurait qu'elle serait la dernière. On doit croire, en effet, qu'il lui donna longtemps et vainement l'exemple de la constance. Il déclare, en plusieurs endroits de ses élégies, qu'il était resté fidèle à cette charmante infidèle, et l'on voit qu'il lui pardonnait tout, dès qu'elle lui permettait de rentrer dans ce lit où la veille encore un autre régnait à sa place; il se faisait si peu d'illusion à cet égard, qu'il lui disait, tout en l'embrassant: «Toi, scélérate, tu ne peux une seule nuit coucher seule ni passer seule un seul jour!» Il y eut entre eux cependant plusieurs brouilles, plusieurs séparations, qui aboutirent à un raccommodement et à un redoublement d'amour. Dans une de ces querelles d'amoureux, Properce, le sévère Properce voulut oublier Cynthie, en se jetant à corps perdu dans la débauche, en fréquentant les courtisanes les plus abordables; il avait perdu sa pudeur ordinaire, depuis le jour où son ami Gallus, dans l'intention de le distraire et de faire trêve à ses chagrins de cœur, l'avait rendu témoin, pendant une nuit entière, de ses propres amours avec une nouvelle maîtresse: «O nuit dont il m'est si doux de me souvenir! avait dit le poëte, électrisé par ce spectacle: ô nuit que j'évoquerai souvent dans mes vœux ardents, nuit voluptueuse où je t'ai vu, Gallus, pressant dans tes bras ta jeune maîtresse, mourir d'amour en lui adressant des paroles entrecoupées!» Au sortir de cette dangereuse séance, Properce était infidèle à Cynthie. Il ne songea pas à lui donner une rivale, choisie parmi les matrones; il était trop soucieux de son repos pour désirer autre chose que des plaisirs faciles. Il se mit, comme il le dit lui-même, à suivre les sentiers battus par le vulgaire et à s'abreuver à longs traits aux sources impures de la prostitution publique (*ipsa petita lacu nunc mihi dulcis aqua est*); il adopta une maxime bien contraire à celle de l'amour: «Malheur à ceux qui se plaisent à assiéger une porte fermée!» Il était résolu à ne plus aimer, à ne plus abdiquer sa liberté: «Que toutes les filles que l'Oronte et l'Euphrate semblent avoir envoyées pour moi à Rome, que ces sirènes s'emparent de moi!» Et pourtant il ne se consolait pas d'avoir quitté Cynthie, et il continuait à la chanter, en la maudissant: «Jamais la vieillesse ne me détachera de mon amour, murmurait-il tout bas, quand je devrais être un Tithon ou un Nestor!» Il apprit tout à coup que Cynthie était tombée malade; il courut chez elle: il ne quitta plus le chevet du lit; il la soigna si tendrement, qu'il crut l'avoir arrachée à la mort. Quand elle fut convalescente: «O lumière de ma vie, lui dit-il, puisque tu es hors de danger, porte tes offrandes sur les autels de Diane! Rends aussi hommage à la déesse qui fut changée en génisse (Io): dix nuits d'abstinence pour cette déesse et dix d'amour pour moi!»

A la suite de cette réconciliation, les rôles changèrent entre les amants; la jalousie se calma dans le cœur de Properce, pour s'allumer dans celui de Cynthie. Il venait d'être délivré enfin de l'odieuse malveillance qui s'acharnait à troubler ses amours: Acanthis, l'entremetteuse, qui avait tant d'empire sur Cynthie, qui lui procurait des parfums, des philtres, des cosmétiques, qui se chargeait de ses messages, qui était la protectrice née des riches adorateurs et l'ennemie implacable d'un poëte déshérité, Acanthis, cette terrible mégère, avait exhalé sa vilaine âme dans un accès de toux; elle n'était plus là, l'infâme conseillère, pour dire à Cynthie: «Que ton portier veille pour ceux qui apportent; si l'on frappe les mains vides, qu'il dorme comme un sourd, le front appuyé sur la serrure fermée. Ne repousse pas la main calleuse du matelot, si elle est pleine d'or, ni les rudes caresses du soldat qui paye, ni même celles de ces esclaves barbares, qui, l'écriteau suspendu au cou, gambadent au milieu du marché. Regarde l'or, et non la main qui le donne. Que te restera-t-il des vers qu'on te chante? Sois sourde à ces vers que n'accompagne pas un présent d'étoffes splendides, à cette lyre dont les accords ne se mêlent pas aux sons de l'or.» Properce assista aux derniers moments d'Acanthis et à ses honteuses funérailles, qui mirent en évidence les bandelettes de ses rares cheveux, sa mitre décolorée et enduite de crasse, sa chienne si bien apprise à faire le guet à la porte des courtisanes: «Qu'une vieille amphore au col tronqué soit l'urne cinéraire de cette abominable sorcière, s'écria Properce, et qu'un figuier sauvage l'étreigne dans ses racines! Que chaque amant vienne assaillir son tombeau à coups de pierres, et que les pierres soient accompagnées de malédictions!» Cynthie, qui n'écoutait plus la voix empoisonnée d'Acanthis, donna libre cours à sa tendresse pour Properce et en même temps à sa jalousie. Elle le fit épier, elle l'épia elle-même; elle l'accusa de torts qu'il n'avait pas envers elle, et lui supposa autant de maîtresses qu'elle avait eu d'amants. Properce attestait en vain son innocence. Elle l'accablait de reproches et d'injures; elle le mordait, le battait, l'égratignait, et finissait par se martyriser elle-même, comme pour se punir de n'être plus assez belle ni assez aimée.

Cette jalousie vague s'était fixée sur une courtisane, nommée Lycinna, dont Properce avait été l'amant, avant de devenir le sien. Cynthie se porta bientôt à de telles fureurs contre la pauvre Lycinna, que Properce fut obligé de la conjurer de faire grâce à cette ancienne rivale, qui n'avait rien à se reprocher envers elle; il avoua qu'il avait eu dans sa jeunesse quelques rapports avec cette Lycinna, mais qu'il se souvenait à peine de l'avoir connue, quoique Lycinna lui eût enseigné, dans ces nuits d'amour, une science qui ne lui était que trop familière. «Ton amour, ma Cynthie, disait-il sans la convaincre, a été le tombeau de tous mes autres amours!... Cesse-donc tes persécutions contre Lycinna, qui ne les a pas méritées. Quand votre ressentiment, ô femmes, s'est donné carrière, il ne revient jamais!» Properce, pour avoir cette paix si nécessaire aux travaux de l'esprit, évitait de rien faire, que Cynthie pût interpréter dans le sens de sa jalousie; mais, comme il avait cessé de se montrer jaloux lui-même, il avait l'air indifférent, et sa maîtresse n'en était que plus empressée à découvrir les causes de cette indifférence. Un jour, elle prétexta un vœu qu'elle avait fait, d'offrir un sacrifice à Junon Argienne dans son temple de Lanuvium. Ce temple était situé sur la droite de la voie Appienne, non loin des murs de Rome; dans le bois sacré qui entourait le temple, il y avait un antre profond, qui servait de retraite à un dragon, auquel les vierges apportaient tous les ans des gâteaux de froment, qu'elles lui présentaient, les yeux couverts d'un bandeau; quand elles étaient pures, le monstre acceptait leur offrande; sinon, il la rejetait avec d'effroyables sifflements. Cynthie n'avait rien à porter à ce dragon: elle ne pouvait avoir affaire qu'à la déesse. Son voyage n'était, d'ailleurs, qu'une manière de s'absenter, en laissant le champ libre à son amant. Properce la vit partir dans un char attelé de mules à la longue crinière, conduit par un efféminé au visage rasé, et précédé par des molosses aux riches colliers. «Après tant d'outrages faits à ma couche, dit le poëte en racontant son aventure, je voulus, changeant aussi de lit, porter mon camp sur un autre terrain.» Il fit donc avertir deux joyeuses courtisanes, Phyllis, peu séduisante à jeun, mais charmante dès qu'elle avait bu, et Téïa, blanche comme un lis, mais dont l'ivresse ne se contentait pas d'un seul amant. La première demeurait sur le mont Aventin, près du temple de Diane; la seconde, dans les bosquets du Capitole. Elles vinrent toutes deux dans le quartier des Esquilies, où était située la petite maison de Properce. Tout avait été préparé pour les recevoir d'une manière digne d'elles. Properce se promettait d'adoucir ainsi ses chagrins, et de raviver ses sens dans des voluptés qui lui étaient inconnues (*et venere ignotâ furta novare mea*).

Le festin était servi sur l'herbe, au fond du jardin; rien n'y manquait, ni le vin de Méthymne, ni les aromates, ni les potions glacées, ni les roses effeuillées; Lygdamus présidait aux bouteilles. Il n'y avait qu'un lit de table, mais assez grand pour contenir trois convives. Properce se plaça entre les deux invitées. Un Égyptien jouait de la flûte, Phyllis jouait des crotales, un nain difforme soufflait dans un flageolet de buis. Mais cette musique ne faisait qu'accroître la distraction du poëte, qui suivait en pensée Cynthie au temple de Lanuvium. Phyllis et Téïa étaient pourtant ivres, et la lumière des lampes déclinait; on renversa la table pour jouer aux dés. Properce n'amenait que des nombres funestes, tels que celui qu'on nommait *les chiens*; la chance ne daignait pas lui envoyer le coup de Vénus, c'est-à-dire le numéro un. Phyllis avait beau découvrir sa gorge et Téïa retrousser sa tunique, Properce était aveugle et sourd (*cantabant surdo, nudabant pectora cæco*). Tout à coup, la porte d'entrée a crié sur ses gonds, et des pas légers retentissent dans le vestibule. C'est Cynthie qui accourt, pâle, les cheveux en désordre, les poings fermés, les yeux pleins d'éclairs: c'est la colère d'une femme, et l'on dirait une ville prise d'assaut (*spectaculum captâ nec minus urbe fuit*). D'une main forcenée, elle jette les lampes à la figure de Phyllis; Téïa, épouvantée, crie au feu et demande de l'eau; Cynthie les poursuit l'une et l'autre, déchire leurs robes, arrache leurs cheveux, les frappe et les injurie. Elles lui échappent à grand' peine et se réfugient dans la première taverne qu'elles rencontrent. Cependant le bruit a éveillé tout le quartier; on accourt avec des flambeaux; on voit Cynthie, semblable à une bacchante en fureur, qui s'acharne sur Properce, qui le soufflette, qui le mord jusqu'au sang, et qui veut lui crever les yeux. Properce, qui se sent coupable, accepte son châtiment avec une secrète joie; il embrasse les genoux de Cynthie, il la conjure de s'apaiser, il réclame son pardon; elle le lui accorde, à condition qu'il ne se promènera plus, richement paré, sous le portique de Pompée ni dans le Forum; qu'il ne tournera plus ses regards vers les derniers gradins de l'amphithéâtre, où siégent les courtisanes, et que son Lygdamus sera vendu, comme un esclave infidèle, les pieds chargés d'une double chaîne. Properce consent à tout, pour expier son impuissante tentative d'infidélité; il baise les mains de sa despotique maîtresse, qui sourit à ce triomphe. Ensuite, elle brûle des parfums, et lave avec de l'eau pure tout ce que le contact de Phyllis et de Téïa laissait empreint d'une souillure à ses yeux; elle ordonne à Properce de changer de vêtements, surtout de chemise, et d'exposer trois fois ses cheveux à une flamme de soufre. Enfin, elle fait mettre des couvertures fraîches dans le lit, où elle se couche avec son amant: c'est là que la paix s'achève entre eux (*et toto solvimus arma toro*).

Properce devait survivre à sa Cynthie. Une rivale, une vile courtisane, nommée Nomas, qui vendait ses nuits à vil prix sur la voie publique, versa le poison, qu'un de ses amants avait fait apprêter par une magicienne, pour se venger d'un affront qu'il avait reçu de cette fière maîtresse. Properce était absent alors; il ne put diriger les funérailles, qui furent faites à la hâte et sans pompe: on ne jeta pas de parfums dans le bûcher; on ne brisa pas un vase plein de vin sur la cendre fumante de la victime d'un si noir attentat: on avait l'air de vouloir effacer les traces du crime. Lorsque Properce revint à Rome, Cynthie avait été inhumée au bord de l'Anio, sur la route de Tibur, dans l'endroit même qu'elle avait choisi pour sa sépulture. Properce resta foudroyé par cette mort soudaine, mais il ne chercha pas à en punir les auteurs; il était jour et nuit poursuivi par le spectre de Cynthie, qui lui demandait vengeance; mais il n'osa pas se faire l'accusateur de l'empoisonneur. Ce devait être un personnage puissant, car Nomas, qui avait été l'instrument du crime, se vit tout à coup enrichie, et balaya la poussière avec sa robe brochée d'or; en revanche, les amies de Cynthie, qui élevèrent la voix pour la regretter ou pour la défendre, furent impitoyablement traitées, on ne sait par quel ordre ni par quel pouvoir: pour avoir porté quelques couronnes sur sa tombe, la vieille Pétalé fut attachée à la chaîne de l'infâme billot; la belle Lalagé, suspendue par les cheveux, fut battue de verges, pour avoir invoqué le nom de Cynthie. Enfin, Properce, assiégé par sa conscience, et par les fantômes qui troublaient son sommeil, érigea une colonne et grava une épitaphe sur la tombe de sa chère maîtresse; il accomplit aussi les dernières volontés de cette infortunée, en recueillant chez lui la vieille nourrice et l'esclave bien-aimée de Cynthie; mais, en dépit des avertissements suprêmes qui lui venaient par la porte des songes, il ne brûla pas les vers qu'il avait consacrés à ses amours. Une nuit, l'ombre mélancolique de Cynthie lui apparut et lui dit: «Sois à d'autres maintenant. Bientôt tu seras à moi seule; tu seras à moi, et nos os confondus reposeront dans le même tombeau.» A ces mots, l'ombre plaintive s'évanouit dans les embrassements du poëte, qui avait cru la saisir et l'enlever au royaume des mânes. Properce ne survécut pas longtemps à celle qu'il ne cessait de pleurer: il mourut à l'âge de quarante ans, et fut réuni à Cynthie dans le tombeau qu'il lui avait élevé dans un des sites les plus riants des cascades de Tibur. Cynthie, qui partage l'immortalité de son poëte, ne fut pourtant qu'une courtisane fameuse.

10

SOMMAIRE.—Tibulle.—Sa vie voluptueuse.—L'affranchie Plania ou Délie.—Le mari de cette courtisane.—La mère de Délie protége les amours de sa fille avec Tibulle.—Tendresse platonique de Tibulle.—Recommandations du poëte à la mère de son amante.—Philtres et enchantements.—Ennuyée des sermons de Tibulle, Délie lui ferme sa porte.—Tibulle dénonce au mari de Délie l'inconduite de sa femme.—Némésis.—L'amant de cette courtisane.—Amour de Tibulle pour Némésis.—Prix des faveurs de cette prostituée.—Cerinthe empêche Tibulle de se ruiner pour Némésis.—Tibulle amoureux de Néère.—Refus de Néère d'épouser Tibulle.—Néère prend un amant.—Désespoir de Tibulle.—Déclaration d'amour à Sulpicie, fille de Servius.—Sulpicie accorde ses faveurs à Tibulle.—Infidélités de Tibulle.—Glycère.—Amour sérieux de Tibulle pour cette courtisane grecque.—Dédains de Glycère.—Ode consolatrice d'Horace à Tibulle.—Mort de Tibulle.—Délie et Némésis à ses funérailles.—Citheris.—Cornelius Gallus.—Citheris.—Lycoris.—Gallus à la guerre des Parthes.—Son poëme à Lycoris.—Retour de Gallus.—Infidélités de Lycoris.—Gentia et Chloé.—Lydie.—La Lycoris de Maximianus, ambassadeur de Théodoric.—Ovide.—Corinne.—Conjectures sur le vrai nom de cette courtisane.—Le mari de Corinne.—On n'a jamais su positivement ce que c'était que cette courtisane.—Manéges amoureux que conseille Ovide à Corinne.—

Corinne chez Ovide.—Jalousie et brutalité d'Ovide.—Son désespoir d'avoir frappé Corinne.—L'entremetteuse Dipsas.—Insinuations de cette horrible vieille.—L'eunuque Bagoas.—Napé et Cypassis, coiffeuses de Corinne.—Amours d'Ovide et de Cypassis.—Avortement de Corinne.—Indignation d'Ovide à la nouvelle de cet odieux attentat.—Empressement de Corinne pour regagner le cœur d'Ovide.—Froideur d'Ovide.—Honte et dépit de Corinne.—Ovide est mis à la porte.—Plaintes et insistances d'Ovide pour obtenir le pardon de sa conduite.—Corinne et le capitaine romain.—Gémissements d'Ovide.—Ovide se retire dans le pays des Falisques.—Son retour à Rome.—Corinne devenue courtisane éhontée.—Dernière lettre d'Ovide à Corinne.—Ovide compose son poëme de l'*Art d'aimer*, sous les yeux et d'après les inspirations des courtisanes.—Sa liaison secrète supposée avec la fille d'Auguste.—Ovide est exilé au bord du Pont-Euxin.—Son exil attribué à sa passion adultère supposée.—Ovide apprend que Corinne est descendue au dernier degré de la Prostitution.—Il meurt de chagrin et sa dernière pensée est pour Corinne.

L'amour des courtisanes fut aussi toute la vie et toute la renommée d'un contemporain de Properce: Tibulle aima et chanta ses maîtresses. Tibulle, ami de Virgile, d'Horace et d'Ovide, fut comme eux un grand poëte et un tendre amant. Il était né à Rome, quarante-trois ans avant l'ère chrétienne, le même jour qu'Ovide. Son goût pour la poésie se révéla de bonne heure, et, dès l'âge de dix-sept ans, il reconnut qu'il n'était pas fait pour suivre la carrière des armes, mais que son tempérament le portait à se jeter dans celle des plaisirs: «C'est là que je suis bon chef et bon soldat!» s'écrie-t-il dans une de ses élégies. En effet, la vie voluptueuse, qui était sa vocation, ne tarda pas à épuiser ses forces physiques et à développer sa sensibilité nerveuse; il ne possédait pas une complexion assez énergique pour résister longtemps à l'abus de ces plaisirs, que la corruption romaine avait si monstrueusement perfectionnés: au milieu des jeunes débauchés dont il partageait les orgies, il s'attristait tous les jours de son infériorité matérielle et il s'aperçut bientôt de son impuissance. Dès lors, il résolut de retrouver par le cœur les jouissances que sa nature délabrée n'était plus capable de lui procurer. Jusque-là, il avait éparpillé entre cent maîtresses toute l'activité de ses passions vagabondes; il les concentra désormais sur une seule femme. Cette femme ne pouvait être qu'une courtisane, car, à Rome, la loi et les mœurs s'opposaient à tout amour illégitime, qui s'adressait à une femme de condition libre, et qui n'aboutissait pas au mariage. Tibulle ne se souciait pas de se marier, et il ne cherchait pas une liaison mystérieuse et coupable, qu'il eût été obligé de cacher aux yeux même de ses amis; bien au contraire, il voulait prendre le public pour témoin et confident de ses occupations amoureuses.

Il arrêta d'abord son choix sur une courtisane, qu'il nomme Délie dans le premier livre de ses élégies, et qui portait certainement un autre nom. Suivant l'opinion la plus probable, c'était une affranchie, nommée Plania, dont le mari complaisant exploitait habilement la beauté et la coquetterie. Tibulle n'était point assez riche pour être accepté ou même toléré par cet avare mari, qui n'avait de jalousie qu'à l'égard d'une infidélité improductive; mais la mère de Délie, indignée des honteuses servitudes qu'on imposait à sa fille, prit le parti de Tibulle auprès de celle-ci qu'il aimait et qu'il ne payait pas. Ce fut elle, qui amena Délie à Tibulle dans les ténèbres, et qui, craintive et silencieuse, unit en secret leurs mains tremblantes; ce fut elle, qui présidait aux rendez-vous nocturnes, qui attendait l'amant à la porte et qui reconnaissait le bruit lointain de ses pas. Ces rendez-vous n'étaient peut-être pas, il est vrai, très-dangereux pour la vertu de la femme et pour l'honneur du mari; car Tibulle raconte lui-même qu'avant d'avoir touché le cœur de Délie, il n'était déjà plus homme: «Plus d'une fois, dit-il, je serrai dans mes bras une autre beauté; mais, quand j'allais goûter le bonheur, Vénus me rappelait ma maîtresse et trahissait mes feux; alors cette belle quittait ma couche, en disant que j'étais sous le pouvoir d'un maléfice, et publiait, hélas! ma triste impuissance.» Il est permis de croire que Tibulle n'avait pas changé, en devenant l'amant de Délie. Voilà sans doute pourquoi, mécontent de lui-même et inquiet de son impuissance, il recommande à la vieille mère de Délie, «qu'elle lui apprenne la chasteté (*sit modo casta doce*), bien que le saint bandeau ne relève pas ses cheveux, bien que la robe traînante ne cache pas ses pieds.» C'était donc de la part du poëte un amour plus idéal que matériel, et le cœur en faisait presque tous les frais. Cependant les deux amants se voyaient quelquefois la nuit, à l'insu du mari, et Tibulle, exalté par sa tendresse toute platonique, attendait patiemment à la porte de Délie, que cette porte, souvent muette et immobile, tournât furtivement sur ses gonds, quand le jaloux était absent ou endormi: «Je ne ressens aucun mal, du froid engourdissant d'une nuit d'hiver, disait-il après avoir maudit la porte inexorable; aucun mal, de la pluie qui tombe par torrents. Ces rudes épreuves me trouvent insensible, pourvu que Délie tire enfin les verrous et que le tacite signal de son doigt m'appelle à ses côtés.»

Cet amour eut toutes les péripéties des autres amours, les jalousies, les ruptures, les raccommodements, les larmes et les baisers; mais le poëte avait bien de la peine à s'accoutumer au métier que faisait sa maîtresse. Il sentait bien pourtant qu'il ne pouvait pas lui donner le prix de ses caresses et qu'il devait fermer les yeux ou rompre avec elle: «O toi qui le premier enseignas à vendre l'amour, s'écriait-il avec rage, qui que tu sois, puisse la pierre funéraire peser sur tes os!» Il n'avait pas d'or, pour satisfaire la vénalité de l'infâme époux de sa Délie; il eut recours aux philtres et aux enchantements, dans l'espoir de repousser ses rivaux et de forcer sa maîtresse à lui être fidèle, mais enchantements et philtres ne lui réussirent pas: «J'ai tout fait, tout, écrivait-il à Délie, et c'est un autre qui possède ton amour, un autre qui jouit, qui est heureux du fruit de mes incantations!» Délie, fatiguée des plaintes et des reproches qu'elle savait trop mériter, ferma sa porte au poëte désolé: «Ta porte ne s'ouvre point, disait-il avec amertume, c'est la main pleine d'or, qu'il faut y frapper!» Dans son désespoir, il alla jusqu'à dénoncer ses propres amours au mari, qui feignait de les ignorer, et il lui offrit de l'aider à garder sa femme, comme aurait pu le faire un esclave dévoué. Délie, que l'habitude du vice avait rendue astucieuse, ne fit que rire des dénonciations de Tibulle et soutint effrontément qu'elle ne lui avait jamais accordé que de la pitié. Le mari affecta de la croire et imposa silence à son accusateur; mais celui-ci, piqué au jeu et irrité de recevoir un pareil démenti, entra dans les détails les plus circonstanciés au sujet de sa liaison avec la perfide: «Souvent, racontat-il au mari narquois, en feignant d'admirer ses perles et son anneau, j'ai su, sous ce prétexte, lui serrer la main; souvent, avec un vin pur, je te versais le sommeil, tandis que, dans ma coupe plus sobre, une eau furtive m'assurait la victoire!» Le mari haussait les épaules et souriait sans répondre, comme pour dire: «Que ces poëtes sont fous!» Tibulle, tourmenté par la jalousie, s'avisait de donner des conseils à ce mari trompé et heureux de l'être: «Prends garde, lui disait-il, qu'elle n'accorde aux jeunes gens la faveur de fréquents entretiens; qu'une robe aux larges plis ne laisse, quand elle reposera, son sein découvert; que ses signes d'intelligence ne t'échappent, et qu'avec son doigt mouillé elle ne trace sur la table d'amoureux caractères!» Tibulle oubliait que c'était de lui-même que Délie avait appris l'art de tromper son Argus: il lui avait même donné le secret des sucs et des herbes qui effaçaient l'empreinte livide que fait la dent d'un amant dans les combats de Vénus (*livor quem facit impresso mutua dente Venus*).

Tibulle avait trop offensé Délie pour qu'elle pût lui pardonner ses outrages; la rupture entre eux était définitive, et le mari y trouvait son compte, puisque sa femme ne serait plus détournée d'autres amours plus lucratifs. Quand Tibulle fut convaincu de l'impossibilité d'une réconciliation, il ne s'obstina pas à la poursuivre en vain; il aima ailleurs. C'était encore une courtisane, plus avide et plus inflexible que Délie. Il se mit pourtant en frais de poésie pour elle; il se flatta d'arriver à ce cœur avare, par les séductions de la vanité: il fit fumer son encens poétique aux pieds de la belle dédaigneuse, qu'il adorait sous le nom de Némésis. Cette courtisane était entretenue par un riche affranchi, qui avait été plusieurs fois vendu au marché des esclaves et qui devait sa richesse à de méprisables industries. Elle ne faisait aucun cas de ce parvenu, que la fortune avait à peine décrassé; mais elle n'avait aucun goût pour des amours qui ne lui rapporteraient rien: «Hélas! s'écriait tristement Tibulle, ce sont les riches, je le vois, qui plaisent à la beauté! Eh bien! que la rapine m'enrichisse, puisque Vénus aime l'opulence! que Némésis nage désormais dans le luxe, et s'avance par la ville, en étalant mes largesses aux regards éblouis! qu'elle porte ces tissus transparents où la main d'une femme de Cos entrelaça des fils d'or! qu'elle attache à ses pas ces noirs esclaves que l'Inde a brûlés et que le soleil, dans sa course plus rapprochée de la terre, a flétris de ses feux! que, lui offrant à l'envi leurs plus belles couleurs, l'Afrique lui donne l'écarlate, et Tyr, la pourpre!» Ce n'était là que des projets de poëte, et Tibulle, après les avoir pompeusement retracés dans une élégie, ne se hâtait pas de les mettre à exécution. Il attendit un an, un an tout entier, les faveurs de cette Némésis, qui sans doute les lui fit payer d'une manière ou d'une autre, mais qui ne lui inspira guère le désir de les demander et de les obtenir une seconde fois au même prix. Il fut sur le point de vendre le modeste héritage de ses ancêtres, pour satisfaire aux importunités de sa nouvelle maîtresse; son ami Cerinthe l'empêcha de faire cette folie, et il essaya de ne payer qu'en monnaie de poëte: il fut congédié dédaigneusement. «C'est une vile entremetteuse, écrivait-il à ses amis Cerinthe et Macer, qui met obstacle à mes amours, car Némésis est bonne. C'est l'infâme Phryné qui m'écarte sans pitié; elle porte et rapporte en secret, dans son sein, de furtifs messages d'amour. Souvent, lorsque, du seuil où je l'implore en vain, je reconnais la voix de ma maîtresse, elle me dit que Némésis est absente; souvent, quand je réclame une nuit qui me fut promise, elle m'annonce que ma belle est souffrante et tout épouvantée d'un présage menaçant. Alors je meurs d'inquiétude; alors mon imagination égarée me montre un rival dans les bras de Némésis et de combien de manières il varie ses plaisirs; alors, infâme Phryné, je te voue aux Euménides!» Ses amis le consolèrent et lui firent comprendre que Rome ne manquait pas de courtisanes qui seraient fières d'être aimées et chantées par un poëte comme lui.

Aussitôt, voilà Tibulle amoureux de la jeune et chaste Néère, qui n'était probablement pas celle d'Horace. Tibulle, dans le troisième livre de ses Élégies, qu'il lui a consacré, la représente comme une innocente enfant, élevée par la plus tendre des mères et par le plus aimable des pères. C'était, ce ne pouvait être qu'une fille d'affranchis, et cependant Tibulle offrit de l'épouser, ou, du moins, de la prendre chez lui en concubinage. Quoique des cheveux blancs n'eussent point encore fait invasion dans sa noire chevelure, quoique la vieillesse au dos courbé et à la marche tardive ne fût pas venue pour lui, il se sentait près de sa fin: c'était une lampe épuisée d'huile, qui jetait un dernier rayon. La chaste Néère, comme il l'appelle sans cesse, refusa d'unir sa fraîche et ardente jeunesse à cette jeunesse refroidie et ravagée. Elle voyait avec plaisir les attentions dont elle était l'objet de la part du noble poëte; elle écoutait ses vers et ses soupirs; elle n'exigeait pas d'autres présents que le recueil des Élégies de Tibulle, écrites sur un blanc vélin et revêtues d'une reliure dorée. Mais elle était dans l'âge de l'amour; elle se donna donc un amant, sans retirer son amitié à Tibulle, qui avait espéré mieux: «Fidèle ou constante, lui disait-il, tu seras toujours ma chère Néère!» Ce ne fut pas sans larmes et sans luttes, qu'il se résigna enfin à n'être plus que le frère de sa Néère; il crut mourir de chagrin; il voulait qu'on gravât ces mots sur sa tombe: «La douleur et le désespoir de s'être vu arracher sa Néère ont causé son trépas!» Ses amis, ses anciens compagnons de table et de plaisir, les poëtes de l'amour et des courtisanes, l'entraînèrent encore, pour le distraire, dans leurs joyeuses réunions; ils l'invitèrent à chanter les louanges de Bacchus, qui vient en aide aux souffrances des amants: «Oh! qu'il me serait doux, murmurait Tibulle en vidant son verre, de reposer près de toi pendant la longueur des nuits, de veiller près de toi pendant la longueur des jours! Infidèle à qui méritait son amour, elle l'a donné à qui n'en est pas digne! Perfide!... Mais, bien que perfide, elle m'est chère encore!» Bacchus, qui s'emparait de lui par degrés, faisait évanouir le fantôme de Néère: «Allons, esclave, allons! s'écriait Tibulle en tendant sa coupe à l'échanson: que le vin coule à flots plus pressés! Il y a longtemps que j'aurais dû arroser ma tête avec les parfums de la Syrie et ceindre mon front de couronnes de fleurs!»

Tibulle savait bien qu'il ne devait plus attendre d'une maîtresse ce doux échange de sentiments, dans lequel son imagination rêvait encore le bonheur: «La jeunesse et l'amour, disait-il naguère en regrettant d'être encore jeune et de ne plus être amoureux, la jeunesse et l'amour, ce sont les véritables enchanteurs!» Il n'avait plus recours à la magie et à des philtres impuissants, pour suppléer à tout ce que lui avait enlevé sa maladie d'épuisement et de langueur; il essaya de prouver à Néère qu'il était capable de devenir un mari, et même, au besoin, un amant; il fit une déclaration d'amour à Sulpicie, fille de Servius, et il esquissa le portrait de cette nouvelle divinité: «La grâce compose en secret chacun de ses gestes, chacun de ses mouvements, et s'attache à tous ses pas. Dénoue-t-elle sa chevelure, on aime à voir flotter les tresses vagabondes; les relève-t-elle avec art, cette coiffure sied encore à sa beauté. Elle nous enflamme, quand elle s'avance enveloppée d'un manteau de pourpre tyrienne; elle nous enflamme, quand elle vient à nous vêtue d'une robe blanche comme la neige.» Sulpicie eut pitié du poëte mourant; elle lui accorda plus qu'il ne demandait, et elle recueillit les dernières lueurs de ce cœur qui s'éteignait: «Nulle autre femme, lui disait-il avec enthousiasme, ne pourra me ravir à ta couche!... C'est la première condition que mit Vénus à notre liaison! Seule tu sais me plaire, et après toi, il n'est plus dans Rome une femme qui soit belle à mes yeux... Dût le Ciel envoyer à Tibulle une autre amante, il la lui enverrait en vain et Vénus elle-même serait sans pouvoir!» Mais, à l'heure même où le poëte prononçait ce serment de fidélité, il était infidèle, et Glycère, une des plus délicieuses courtisanes grecques qui fussent à Rome, avait voulu aussi se faire une petite part d'immortalité dans les vers de Tibulle. Celui-ci, étonné d'une bonne fortune qu'il n'avait pas cherchée, pensait la devoir à quelqu'un de ses mérites personnels, et il se mit en devoir d'aimer sérieusement Glycère, qui n'aimait que ses élégies. Tibulle, pour la première fois de sa vie, s'avisa d'aimer comme un amant et non plus comme un poëte; il ne composa pas un seul vers pour Glycère, qui n'eut pas la patience d'attendre une velléité poétique et qui tourna le dos au pauvre moribond. Cette cruauté affecta profondément Tibulle, dont la frêle santé en fut altérée au point que ses amis comprirent qu'il avait reçu le coup de la mort. Horace lui adressa une ode consolatrice, où il le suppliait d'oublier la cruelle Glycère (*ne doleas plus nimio memor immitis Glyceræ*) et Tibulle apprit presqu'aussitôt, qu'Horace lui avait succédé dans les bonnes grâces de cette capricieuse. Tibulle ne s'en releva pas; il succomba enfin, à l'âge de vingt-quatre ans. Sa mère et sa sœur lui avaient fermé les yeux, et, le jour de ses funérailles, on vit apparaître ses deux maîtresses, Délie et Némésis, vêtues d'habits de deuil et donnant les marques de la plus vive douleur: ces deux rivales suivirent le cortége funèbre ensemble et confondirent leurs larmes sur le bûcher de leur amant, chacune se disputant la gloire d'avoir été la plus aimée.

Cette époque du règne d'Auguste fut le triomphe des poëtes et des courtisanes, qui s'entendaient si bien entre eux, qu'ils semblaient inséparables: là où était une courtisane, il y avait toujours un poëte amoureux, du moins dans ses vers. La brillante Glycère partageait la vogue et les adorateurs avec la charmante Citheris, autre courtisane grecque, qui pourrait bien être la fille de celle que Jules César avait aimée. Horace avait aimé aussi une Citheris, dans laquelle nous n'osons reconnaître ni celle de César ni celle de Cornelius Gallus. Ce dernier, ami de Tibulle, d'Ovide et de Virgile, poëte comme eux et comme eux très-recherché dans la société des courtisanes, s'était attaché à Citheris, qu'il chanta sous le nom de Lycoris, et il célébra ses amours dans un poëme en quatre chants, dont nous n'avons plus que quelques fragments passionnés: «Que veut cette entremetteuse, s'écriait-il indigné, lorsqu'elle essaie de nuire à mes amours et quand elle porte de riches présents cachés dans son sein? Elle vante le jeune homme qui envoie ces présents; elle parle de son noble caractère, de son frais visage que nul duvet n'ombrage encore, de sa blonde chevelure qui se répand autour de sa tête en boucles ondoyantes, de son talent à jouer de la lyre et à chanter!... Oh! combien je tremble que ma maîtresse ne soit infidèle!... La femme est de sa nature changeante et toujours mobile; on ne sait jamais si elle aime ou si elle hait!» Gallus était absent de Rome, et la guerre l'avait entraîné avec les aigles romaines chez des peuples lointains, contre lesquels il combattait en évoquant le souvenir de sa bien-aimée: «Ma Lycoris, s'écriait-il, ne sera pas séduite par un frais visage de jeune homme ni par des présents; l'autorité d'un père et les ordres rigoureux d'une mère la solliciteront en vain de m'oublier: son cœur reste inébranlable dans son amour!» Dans cette disposition amoureuse, il ne tardait pas à penser que la plus glorieuse victoire remportée sur les Parthes ne valait pas une nuit passée dans les bras de sa maîtresse: «Que m'importe à moi la guerre! disait-il en gémissant: qu'ils combattent, ceux qui cherchent dans les travaux de Mars des richesses ou des conquêtes! Quant à nous, nous livrons des combats avec d'autres armes: c'est l'amour qui sonne le clairon et qui donne le signal de la mêlée, et moi, si je ne combats en brave depuis le lever du soleil jusqu'à son coucher, que Vénus me traite comme un lâche en m'arrachant mes armes! mais, si mes vœux s'accomplissent et si les choses tournent à mon honneur, que la femme qui m'est chère soit le prix de mon triomphe, que je la presse sur mon sein, que je la couvre de baisers, tant que je me sens la force d'aimer et que je n'en ai pas honte! Alors, que des vins généreux, mêlés de nard et de roses, viennent enflammer mon ardeur! que ma chevelure, couronnée de fleurs, soit arrosée de parfums! Certes, je ne rougirai pas de dormir dans les bras de ma maîtresse et de ne sortir du lit qu'au milieu du jour!»

Lorsque Gallus revint de la guerre des Parthes avec quelques blessures et quelques cheveux gris de plus, il ne retrouva plus sa Lycoris telle qu'il l'avait laissée: elle ne lui avait pas brodé, comme il l'espérait, un autre manteau pour la campagne prochaine, car elle eût été assez embarrassée de se représenter, dans ce travail d'aiguille, les yeux en larmes, pâle et désespérée. Elle avait pris des amants; elle ne songeait même pas que Gallus dût lui revenir. Celui-ci s'aperçut qu'il ne vivait plus au temps de l'âge d'or, où, comme il l'avait dit lui-même, «la femme était assez chaste, quand elle savait se taire en public sur ses faiblesses.» Il ne brûla pas les vers qu'il avait faits pour Lycoris, et qui étaient, d'ailleurs, dans la mémoire de tous les amants; mais il répondit à l'infidélité par l'infidélité, et il trouva de quoi se consoler dans la classe des courtisanes. Il voulait que Lycoris le regrettât, et il mit à la mode, par ses élégies d'amour, plusieurs jeunes filles que leur beauté n'avait pas encore rendues fameuses. Ce furent d'abord deux sœurs, Gentia et Chloé, qu'il possédait à la fois: «Ne disputez plus avec envie, leur disait-il pour les mettre d'accord, ne disputez plus pour savoir laquelle des deux a la peau la plus blanche ou la moins brune; disputez sur ce seul point: Laquelle embrase davantage son amant, l'une par ses yeux, l'autre par ses cheveux?» Les cheveux de Gentia étaient blonds comme de l'or; les yeux de Chloé lançaient mille éclairs. Ensuite, Gallus aima une belle et naïve enfant, nommée Lydie, dont il se fit le précepteur amoureux: «Montre, jeune fille, lui disait-il avec admiration, montre tes cheveux blonds qui brillent comme de l'or pur; montre, jeune fille, ton cou blanc qui s'élève avec grâce sur tes blanches épaules; montre, jeune fille, tes yeux étoilés sous l'arc de tes sourcils noirs; montre, jeune fille, ces joues roses, où éclate parfois la pourpre de Tyr; tends-moi tes lèvres, tes lèvres de corail; donne-moi de doux baisers de colombe! Ah! tu suces une partie de mon âme enivrée, et tes baisers me pénètrent au fond du cœur! N'aspires-tu pas mon sang et ma vie? Cache ces pommes d'amour, cache ces boutons qui distillent le lait sous ma main! Ta gorge découverte exhale une odeur de myrrhe: il n'y a que délices en toute ta personne! Cache donc ce sein qui me tue par sa splendeur de neige et par sa beauté! Cruelle, ne vois-tu pas que je me pâme?... Je suis à moitié mort, et tu m'abandonnes!» Gallus eut beau faire; il ne donna pas de rivale, dans ses vers, à cette Lycoris qu'il avait si amoureusement chantée et dont le nom resta en faveur parmi les femmes de plaisir. Plus de quatre siècles plus tard, une autre Lycoris inspira encore la muse d'un poëte, Maximianus, qui mérita d'être confondu avec Cornelius Gallus, de même que sa Lycoris était confondue avec celle que Gallus aima et chanta. Mais ce Maximianus, tout ambassadeur de Théodoric qu'il ait été, ne fut qu'un vieillard impuissant, qui se plaignait d'être le jouet de sa maîtresse et qui se réfugiait dans les souvenirs lointains de sa jeunesse, pour se réchauffer le cœur, et pour être moins ridicule à ses propres yeux: «La voilà, cette belle Lycoris que j'ai trop aimée, disait le poëte en se lamentant, celle à qui j'avais livré mon cœur et ma fortune! Après tant d'années que nous avons passées ensemble, elle repousse mes caresses! Elle s'en étonne, hélas! Déjà, elle recherche d'autres jeunes gens et d'autres amours; elle m'appelle vieillard faible et décrépit, sans vouloir se souvenir des jouissances du passé, sans se dire que c'est elle-même qui a fait de moi un vieillard!»

Un ami du véritable Gallus, en appréciateur des charmes de la véritable Lycoris, un grand poëte consacra aussi à l'amour les premières inspirations de sa muse: on peut dire qu'Ovide, le chantre, le législateur de l'art d'aimer, avait appris son métier dans le commerce des courtisanes. Ovide appartenait à la famille Naso: la proéminence des nez était le caractère distinctif et l'attribut érotique des mâles de cette famille. Le nom de *Naso* leur resta de père en fils, avec ce terrible nez qui avait fait la célébrité d'un de leurs aïeux. Sous ce rapport, comme sous tous les autres, le dernier des Nasons n'avait pas dégénéré. C'était un voluptueux qui commença de bonne heure à vivre selon ses goûts: «Mes jours, dit-il lui-même en rappelant l'origine de son surnom poétique, mes jours s'écoulaient dans la paresse; le lit et l'oisiveté avaient déjà énervé mon âme, lorsque le désir de plaire à une jeune beauté vint mettre un terme à ma honteuse apathie!» Cette jeune beauté n'était pas, comme on a voulu le soutenir avec des suppositions gratuites, la fille d'Auguste, Julie, veuve de Marcellus et épouse de Marcus Agrippa; ce fut évidemment une simple courtisane qu'il a chantée sous le nom de Corinne. Corinne, c'est Ovide lui-même qui nous l'apprend, avait un mari, ou plutôt un lénon (*lenone marito*); ce mari, ainsi que tous ceux des courtisanes, se faisait un revenu malhonnête avec les galanteries de sa femme. Ovide, qui n'était pas plus riche que les poëtes ne le furent en tout temps, plaisait sans doute à la femme, mais il était sûr de déplaire au mari. Sa situation auprès de Corinne était donc celle de Tibulle vis-à-vis de Délie et de Némésis; seulement, sa réputation de poëte l'avait mis au-dessus des autres, et par conséquent, les courtisanes se disputaient, pour devenir fameuses, le bénéfice de son amour et de ses vers. On peut croire qu'il donna de nombreuses rivales à sa Corinne; mais il ne remplit les vœux d'aucune d'elles, puisque Corinne fut seule nommée dans les élégies, qu'elle n'avait pas seule inspirées sans doute. Il ne faut pas oublier, toutefois, pour expliquer cette singularité, qu'Ovide avait composé cinq livres d'élégies, et qu'il en brûla deux en corrigeant les pièces qu'il laissait subsister. Quoi qu'il en soit, on n'a jamais su positivement quelle était cette Corinne mystérieuse, et ce secret fut si bien gardé du temps d'Ovide, que ses amis lui en demandaient en vain la révélation et que plus d'une courtisane, profitant de la discrétion de l'amant de Corinne, avait usurpé le surnom de cette belle inconnue et se faisait passer publiquement pour l'héroïne des chants du poëte. Suivant une opinion qui n'est pas la moins vraisemblable, Corinne ne serait que la personnification imaginaire de plusieurs courtisanes qu'Ovide avait aimées à la fois ou successivement.

Si l'on s'en tient au récit d'Ovide, l'amour l'avait merveilleusement disposé à recevoir l'impression qui lui alla au cœur, quand il rencontra Corinne: «Qui pourrait me dire, se demandait-il, pourquoi ma couche me paraît si dure? pourquoi ma couverture ne peut rester sur mon lit? pourquoi cette nuit, qui m'a paru si longue, l'ai-je passée sans goûter le sommeil? pourquoi mes membres fatigués se retournent-ils en tous sens, sous l'aiguillon de vives douleurs?» Il avait vu Corinne, il l'aimait, il la désirait. Il devait se trouver avec elle dans une de ces comessations, où la bonne chère, le vin, les parfums, la musique et les danses favorisaient les intelligences des cœurs et les faiblesses des sens. Mais le mari, le lénon de Corinne, devait aussi l'accompagner, et la jalousie s'éveilla chez Ovide, avant que la possession de son amante lui eût donné le droit d'être jaloux d'elle. Il lui écrivit donc pour lui transmettre de tendres instructions sur la conduite qu'elle aurait à tenir durant ce souper; il lui enseigne une foule de petits manéges amoureux, qu'elle connaissait peut-être mieux que lui: «Quand ton mari sera couché sur le lit de table, tu iras d'un air modeste te placer à côté de lui, et que ton pied alors touche en secret le mien.» Il la prie de lui faire passer la coupe où elle aura bu, pour qu'il applique ses lèvres à l'endroit même que les siennes auront touché: «Ne souffre pas, lui dit-il, que ton mari te jette les bras au cou; ne pose pas sur sa poitrine velue ta tête charmante; ne lui permets pas de mettre la main dans ta gorge et de profaner le bout de ton sein; surtout, garde-toi de lui donner aucun baiser, car si tu lui en donnais un seul, je ne pourrais plus dissimuler que je t'aime. Ces baisers sont à moi! m'écrierais-je, et je viendrais les prendre. Ces baisers, du moins, je puis les voir; mais les caresses qui se cachent sous la nappe (*quæ bene pallia celant*), voilà ce que redoute mon aveugle jalousie. N'approche pas ta cuisse de sa cuisse, ne joins pas ta jambe à la sienne, ne mêle pas à ses pieds grossiers tes pieds délicats.» Mais le pauvre amant, qui se crée autant de tourments que de prévisions, s'attriste, s'indigne des libertés que le mari échauffé par le vin pourrait prendre en sa présence et à son insu, sans que la patiente osât souffler mot: «Pour m'épargner tout soupçon, dit-il à la belle, éloigne de toi cette nappe qui serait complice de ce que j'appréhende pour l'avoir vingt fois expérimenté moi-même avec mes maîtresses.»

Sæpe mihi dominiæque meæ properata voluptas
Veste sub injectâ dulce peregit opus.
Hoc tu non facies; sed ne fecisse puteris,
Conscia de gremio pallia deme tuo.

Ovide espère profiter, dans l'intérêt de son amour, et de l'ivresse et du sommeil de ce mari qui les espionne; mais tout à coup il a conscience de l'inutilité de tant de précautions raffinées: le repas fini, le mari emmènera sa femme et sera maître de disposer d'elle sans contrainte et sans témoin! «Ne te donne au moins qu'à regret, tu le peux, s'écrie-t-il douloureusement, et comme cédant à la violence. Que tes caresses soient muettes et que Vénus lui soit amère!» Mais, le lendemain même, Corinne crut devoir quelque dédommagement au donneur de conseils; elle alla le trouver chez lui, à l'heure où, étendu sur son lit, il se reposait de la chaleur du jour: «Voici Corinne qui arrive, la tunique relevée, la chevelure flottante sur son cou d'albâtre. Telle la belle Sémiramis marchait, dit-on, vers la couche nuptiale; telle encore Laïs, célèbre par ses nombreux amants. J'arrachai un vêtement, qui pourtant ne me cachait rien de ses appas; elle résistait toutefois et voulait garder sa tunique; mais, comme sa résistance était celle d'une femme qui ne veut pas vaincre, elle consentit bientôt sans regret à être vaincue. Lorsqu'elle parut devant mes yeux sans aucun voile, je ne remarquai pas dans tout son corps la moindre imperfection! Quelles épaules, quels bras ai-je vus et touchés! Quelle admirable gorge il me fut donné de presser! Sous cette poitrine irréprochable, quel ventre poli et blanc! Quels larges flancs, quelle cuisse juvénile! Pourquoi m'arrêter sur chaque détail? Je ne vis rien qui ne fût digne d'éloge, et je la tenais nue serrée contre mon corps. Qui ne devine le reste? Nous nous endormîmes tous deux de fatigue. Puissé-je avoir souvent de pareilles méridiennes!»

Il possède sa maîtresse, mais il n'est pas encore heureux: il est jaloux; il a des rivaux qui payent cher un bonheur que, lui, ne paye pas; il querelle, il injurie, il maltraite sa Corinne; il l'a frappée! «La fureur m'a fait lever sur elle une main téméraire, dit-il en se détestant, elle pleure maintenant, celle que j'ai blessée dans mon délire!» Il ne se pardonnera jamais cette brutalité: «J'ai eu l'affreux courage de dépouiller son front de sa chevelure, raconte-t-il lui-même, et mon ongle impitoyable a sillonné ses joues enfantines. Je l'ai vue pâle, anéantie, le visage décoloré, semblable au marbre que le ciseau dérobe aux montagnes de Paros; j'ai vu ses traits inanimés et ses membres aussi tremblants que la feuille du peuplier agité par le vent, que le faible roseau qui s'incline sous la douce haleine du zéphyr, que l'onde dont le souffle du Notus ride la surface; ses larmes, longtemps retenues, coulèrent le long de ses joues, ainsi que l'eau à la fonte des neiges!» C'est que Corinne avait souvent auprès d'elle une vieille entremetteuse, nommée Dipsas, qui employait toutes sortes d'artifices pour la brouiller avec Ovide, pour écarter du moins celui-ci et pour vendre à des amants plus riches les moments qu'elle lui volait: «Dis-moi, demandait Dipsas en ricanant, que te donne ton poëte, si ce n'est quelques vers? Eh! tu en auras des milliers à lire; le dieu des vers lui-même, couvert d'un splendide manteau d'or, pince les cordes harmonieuses d'une lyre dorée. Que celui qui te donnera de l'or soit à tes yeux plus grand que le grand Homère? Crois-moi, c'est chose assez ingénieuse, que de donner.» Ovide entendit les perfides insinuations de cette hideuse vieille, et il eut peine à s'empêcher de s'en prendre à ses rares cheveux blancs, à ses yeux pleurant le vin, à ses joues sillonnées de rides; il se contenta de la maudire en ces termes: «Que les dieux te refusent un asile, t'envoient une vieillesse malheureuse, des hivers sans fin et une soif éternelle!» Le poëte avait besoin de toute son éloquence, et surtout de sa tendresse pour combattre la détestable influence de Dipsas, qui travaillait à pervertir davantage la naïve Corinne: «Ne demande au pauvre que ses soins, ses services et sa fidélité, écrivait-il à sa maîtresse qu'il avait laissée pensive; un amant ne peut donner que ce qu'il possède. Célébrer dans mes vers les belles que j'en crois dignes, voilà ma fortune; à celle que j'aurai choisie, mon art fera un nom qui ne mourra point; on verra se déchirer les étoffes, l'or et les pierres précieuses se briser, mais la renommée que procureront mes vers sera éternelle.» Cette considération n'était pas indifférente aux yeux de Corinne, qui se voyait avec orgueil, dans les promenades, au théâtre, au cirque, désignée comme la muse d'Ovide.

Son mari avait mis à ses côtés un eunuque, nommé Bagoas, qui l'accompagnait partout et qui ne se laissait jamais séduire sans avoir consulté son maître. Ovide ne réussit pas à endormir ce cerbère; mais il avait gagné les deux coiffeuses de Corinne, Napé, qui remettait ses lettres, et Cypassis, qui l'introduisait en cachette. Cette dernière était jolie et bien faite; un jour, Ovide s'en aperçut, tandis qu'il attendait sa maîtresse, et il abrégea l'attente en se permettant tout ce que Cypassis voulut bien lui permettre. Corinne, à son retour, remarqua quelque désordre accusateur dans sa chambre à coucher; la rougeur de Cypassis sembla confirmer des soupçons que ne démentait pas la contenance d'Ovide: «Tu la soupçonnes d'avoir souillé avec moi le lit de sa maîtresse! s'écria-t-il en s'efforçant de reprendre son assurance. Que les dieux, si l'envie d'être coupable me vient jamais, que les dieux me préservent de l'être avec une femme d'une condition méprisable! Quel est l'homme libre qui voudrait connaître une esclave et serrer dans ses bras un corps sillonné de coups de fouet!» Il n'eut pas de peine à persuader Corinne, et le soir même il écrivait à Cypassis pour lui demander un nouveau rendez-vous. Corinne, il est vrai, ne se gênait pas davantage de son côté, et plus d'une fois son amant jugea qu'elle en savait plus qu'il ne lui en avait appris: «De telles leçons ne se donnent qu'au lit (*illa nisi in lecto nusquam potuere doceri*), se disait-il tout bas en savourant un baiser qu'il trouvait étranger à ses habitudes: je ne sais quel maître a reçu l'inestimable prix de ces leçons-là!»

Corinne le tint à distance sous différents prétextes de religion, de santé et d'humeur. Ovide cherchait dans une nouvelle galanterie la cause de son éloignement, et il prenait le temps en patience, avec plusieurs chambrières qui n'étaient pas moins belles que leur maîtresse, mais avec qui le cœur n'était pas en jeu. Tout à coup il sut par ces filles que Corinne s'était fait avorter et que cet avortement avait mis ses jours en péril; Ovide s'indigna de l'odieux attentat qu'elle avait exercé sur elle-même: «Celle qui la première essaya de repousser de ses flancs le tendre fruit qu'ils portaient, lui dit-il sévèrement, celle-là méritait de périr victime de ses propres armes. Quoi! de peur que ton ventre ne soit gâté par quelques rides, il faut ravager le triste champ des luttes amoureuses!» Depuis cet événement, Corinne redoublait de prévenances et de tendresse pour son poëte; elle n'était jamais assez souvent ni assez longtemps avec lui; l'eunuque Bagoas fermait les yeux ou détournait la tête; le mari ne se montrait pas; les chiens n'aboyaient plus: on envoyait chercher Ovide absent, on le retenait presque; on ne lui laissait rien demander, encore moins rien désirer. Il se lassa d'être ainsi accaparé par sa maîtresse: «De tranquilles et trop faciles amours me deviennent insipides, lui dit-il durement; ils sont pour mon cœur ce qu'est un mets trop fade. Si une tour d'airain n'eût jamais renfermé Danaé, Jupiter ne l'aurait point rendue mère.» Corinne fut bien étonnée de ce langage capricieux et brutal; elle n'eut pas la force d'y répondre; elle pleura en silence: «Qu'ai-je besoin, lui dit Ovide avec plus de dureté encore, qu'ai-je besoin d'un mari complaisant, d'un mari lénon?» Corinne comprit qu'on ne l'aimait plus.

En effet, bientôt elle eut la preuve irrécusable du refroidissement d'Ovide: une nuit, toute une nuit, il resta glacé et mort sous les baisers qu'elle lui prodiguait. Ovide fut surpris et inquiet lui-même de cette subite incapacité: «Naguère pourtant, se disait-il à part lui, j'acquittai deux fois ma dette avec la blanche Childis, trois fois avec la blanche Pitho, trois fois avec Libas, et, pour satisfaire aux exigences de Corinne, j'ai pu, il m'en souvient, livrer neuf assauts dans l'espace d'une courte nuit (*me memini numeros sustinuisse novem*).» Mais plus Ovide se cherchait en lui-même, moins il était capable de se retrouver: «Pourquoi te jouer de moi? s'écria Corinne rouge de honte et de dépit. Qui te forçait, pauvre insensé, à venir malgré toi t'étendre sur ma couche? Il faut qu'une magicienne d'Éa t'ait ensorcelé en nouant de la laine; sinon, tu sors épuisé des bras d'une autre (*aut alio lassus amore venis*)!» A ces mots, elle s'élança hors du lit en rattachant sa tunique, et s'enfuit pieds nus; pour cacher à ses femmes l'affront qu'elle avait subi de son amant, elle n'en fit pas moins ses ablutions (*dedecus hoc sumptâ dissimulavit aquâ*), et elle se retrancha dans une chambre éloignée, comme dans un fort. Ovide ne se sentait pas en état de réparer sa honteuse défaite, et il se retira sans oser reparaître sur le champ de bataille. Dès qu'il fut sorti, Corinne ordonna de ne plus le recevoir, et le lendemain la porte lui fut fermée. Il se plaignit, il insista, il adressa des vers suppliants à l'invisible Corinne; on lui fit répondre que désormais, au lieu de vers, on lui demandait des espèces sonnantes. Il se mit à errer autour de la maison de la courtisane, et une coiffeuse vint lui apprendre que, le matin même, Corinne avait accueilli un capitaine romain qui arrivait des guerres d'Asie, tout couvert de blessures et tout chargé de butin. Il n'en fallut pas davantage pour qu'Ovide, piqué de se voir éconduit pour faire place à un nouveau venu, s'obstinât davantage à heurter à la porte qu'on lui fermait. L'eunuque Bagoas vint ouvrir, et le menaça d'appeler le chien qui gardait le logis. Ovide s'en prit aux soldats enrichis qui ont de l'or, et aux femmes qui préfèrent ces robustes soldats à des poëtes pauvres et débiles; il voua aux dieux vengeurs femmes et soldats; il comparait alors le véritable âge d'or, où l'amour ne se vendait pas, à cet âge de fer où l'on achetait tout, même l'amour, avec de l'or: «Aujourd'hui, une femme, disait-il amèrement, eût-elle l'orgueil farouche des Sabines, obéit comme une esclave à celui qui peut donner beaucoup. Son gardien me défend d'approcher; elle craint pour moi la colère de son mari: mais, si je veux donner de l'or, époux et eunuque me livreront toute la maison. Ah! s'il est un dieu vengeur des amants dédaignés, puisse-t-il changer en poussière des trésors si mal acquis!»

Ovide n'était pas encore guéri de son amour: cette résistance, au contraire, ne faisait que l'accroître. Il passait les nuits, couché sur le seuil de Corinne; il gémissait; il répétait son nom, avec des larmes, des soupirs et des prières. Il fut plus d'une fois consolé par la belle Cypassis, qui vint le réchauffer et lui porter à boire. Mais ce n'était pas elle qui pouvait faire oublier Corinne, et le poëte voulait mourir devant cette porte inflexible. Un matin, avant l'aube, elle s'ouvrit doucement, et un homme sortit. «Quoi! s'écria l'amant déconvenu, quoi! j'ai pu, quand tu pressais je ne sais quel amant dans tes bras, j'ai pu, comme un esclave, me faire le gardien d'une porte qui m'était fermée! Je l'ai vu, cet amant, sortir de chez toi, fatigué et d'un pas traînant, comme celui d'un artisan usé par le service; mais j'ai encore moins souffert de le voir, que d'en être vu moi-même!» Ovide se croyait libre d'un amour qui lui semblait désormais une honte; mais il ne pouvait oublier

Corinne, Corinne infidèle, Corinne livrée à des caresses vénales, Corinne vendue et marchandée comme une mérétrix de carrefour!

Il quitta Rome pour chercher l'oubli dans l'absence; il se retira dans le pays des Falisques, où sa femme était née, et il attendit que les échos de son cœur fissent silence; mais le nom de Corinne lui arrivait à travers tous les bruits, de l'air et de la nature champêtre. Il revint à Rome et il se retrouva plus amoureux que jamais devant la porte de Corinne. Ses amis avaient couru à sa rencontre: ils le rejoignirent; ils l'entourèrent; ils lui apprirent que Corinne était devenue une courtisane éhontée, et qu'elle descendait tous les jours la pente du vice et du mépris public. Elle se montrait partout avec ses galants; elle portait des costumes indécents, dans les rues, et au théâtre; elle donnait et recevait des baisers, en face de tout le monde, et sous les yeux de son mari déshonoré: ses cheveux étaient souvent en désordre; son cou portait l'empreinte des morsures; ses bras blancs avaient été meurtris; on racontait d'elle une foule de traits d'impudicité, d'avarice et d'effronterie. Ovide refusait d'ajouter foi à ce qu'il entendait; on lui fit voir la dégradation dans laquelle sa maîtresse était tombée. Il lui écrivit une dernière fois: «Je ne prétends pas, censeur austère, lui disait-il, que tu sois chaste et pudique; mais ce que je te demande, c'est de chercher du moins à me tromper sur la vérité. Elle n'est pas coupable celle qui peut nier la faute qu'on lui impute; c'est l'aveu qu'elle en fait, qui seul peut la rendre infâme. Quelle fureur de révéler au jour les mystères de la nuit, et de dire ouvertement ce que l'on fait en secret! Avant de se livrer au premier venu, la mérétrix met du moins une porte entre elle et le public, et, toi, tu divulgues partout l'opprobre dont tu te couvres, et dénonces toi-même tes fautes honteuses!» Mais Corinne était perdue pour elle-même comme pour Ovide; elle marchait à grands pas dans le sentier le plus bas de la Prostitution.

Ovide n'effaça pas toutefois le nom de Corinne dans les vers qu'il lui avait dédiés; sous ce nom il l'avait aimée, sous ce nom il l'avait chantée: «Cherche un nouveau poëte, déesse des amours!» s'écria-t-il en mettant la dernière main à ses livres d'élégies. En effet, s'il eut encore des maîtresses, il n'en chanta aucune, parce qu'aucune ne lui inspira de l'amour. Il vécut toutefois plus que jamais dans l'intimité des courtisanes, et, pour les récompenser du plaisir qu'elles lui avaient procuré, il composa sous leurs yeux, et d'après leurs inspirations, son poëme de l'*Art d'aimer*, ce code de l'amour et de la volupté. Dans ses nombreuses poésies, il donna toujours une large place à ses réminiscences amoureuses, mais il n'avoua pas une seule de ses maîtresses, en la nommant dans des vers composés pour elle; ce qui fit supposer qu'il avait une liaison secrète, avec la fille de l'empereur, et qu'il se contentait de son bonheur sans le divulguer. On attribua son exil à cette passion adultère, qu'Auguste n'osait pas punir autrement; selon d'autres bruits, qui coururent à Rome, Ovide aurait surpris Auguste commettant un inceste avec sa propre fille. Quoi qu'il en fût, Ovide, le tendre Ovide, exilé au bord du Pont-Euxin, parmi les barbares, mourut de douleur, après avoir essayé de détruire tous ses ouvrages, même les élégies de ses *Amours*: il venait d'apprendre, par des lettres de Rome, que Corinne, vieille et ridée, vêtue d'une toge déteinte et rapiécée, était servante dans un cabaret où les bateliers du Tibre allaient faire la débauche: «Mieux eût valu qu'elle se fît magicienne ou parfumeuse!» pensait-il avec stupeur. Il rendit l'âme, en collant à ses lèvres glacées une bague qui renfermait des cheveux de Corinne.

11

Sommaire.—Marcus Valerius Martial, poëte complaisant des libertinages de Néron et de ses successeurs.—Vogue immense qu'obtinrent les *Épigrammes* de Martial.—Réponse de Martial à son critique Cornélius qui lui reprochait l'obscénité de ses poésies.—Quelles étaient les victimes ordinaires des sarcasmes de Martial.—Mœurs déréglées de ce poëte.—Abominable épigramme que Martial eut l'impudeur d'adresser à sa femme Clodia Marcella.—Quels étaient les lecteurs habituels des œuvres de Martial.—Le libraire Secundus.—Portraits de courtisanes.—Lesbie.—Libertinage éhonté de cette prostituée.—Les louves errantes Chioné et Hélide.—Vieillesse ignoble de Lesbie.—Épigramme que fit Martial contre Lesbie.—Chloé.—Avidité de Lupercus, amant de cette courtisane.—La *pleureuse des sept maris.*—Thaïs.—Injures qu'adressa Martial à cette courtisane qui l'avait dédaigné.—Hideux portrait qu'il en publia pour se venger de ses mépris.—Philenis et son concubinaire Diodore.—Horrible dépravation de Philenis.—Épitaphe que fit Martial pour cette infâme prostituée.—Galla.—Injustice de Martial à l'égard de cette courtisane.—Épigrammes qu'il fit contre elle.—D'où lui venait la haine qu'il lui avait vouée.—Les vieilles amoureuses.—Effrayant cynisme de Phyllis.—Épigrammes contradictoires de Martial contre cette courtisane.—Lydie.—Comment Martial se conduisit envers Paulus, qui lui avait demandé des vers contre Lysisca.—Aversion et dégoût de Martial pour les vieilles prostituées.—Fabulla.—Lila.—Vetustilla.—Gallia.—Saufeia.—Marulla.—Thelesilla.—Pontia.—Lecanie.—Ligella.—Lyris.—Fescennia.—Senia.—Galla.—Eglé.—Les fausses courtisanes grecques.—Celia.—Épigramme de Martial contre cette prétendue fille de la Grèce.—Lycoris.—Glycère.—Chioné et Phlogis. De quelle façon grossière Martial accueillit une gracieuse invitation à l'amour que lui avait envoyée Polla.—Honteuse profession de foi qu'il eut le triste courage d'adresser à sa femme Clodia Marcella.—Son retour en Espagne.—Par quels moyens Clodia Marcella décida Martial à abandonner Rome.—Épigramme expiatoire de Martial.—Sa fin champêtre.—Honorable sortie de Martial contre Lupus.—Pétrone.—Son *Satyricon*, tableau des mœurs impures de Rome impériale.—Ascylte et Giton.—La prêtresse du dieu Ænothée et sa compagne Proselenos.—L'entremetteuse Philomène.—Eumolpe.—Les Épigrammes de Pétrone.—Sestoria.—Martia.—Délie.—Aréthuse.—Bassilissa.—Suicide de Pétrone.

Après Ovide, il faut aller jusqu'à Martial pour retrouver en quelque sorte la filiation interrompue des courtisanes de Rome; pendant plus d'un demi-siècle, la poésie fait silence sur leur compte, mais on peut présumer qu'elles n'attendirent pas Martial pour faire parler d'elles, et que, si les poëtes érotiques nous manquent pour constater les faits et gestes de ces *fameuses,* la faute n'en est pas à un temps d'arrêt dans les progrès de la Prostitution antique. Loin de là, les successeurs d'Auguste avaient pris sous leurs auspices la démoralisation de la société romaine, et ils offraient avec impudeur l'exemple de tous les raffinements de la débauche. Les mœurs publiques s'étaient alors si profondément altérées, que, parmi les poëtes, on n'en eût pas trouvé un qui se donnât le ridicule de chanter l'épopée de ses amours, comme l'avaient fait Tibulle, Properce et Ovide. De même, on n'eût pas trouvé une courtisane qui perdît sa jeunesse à fournir des sujets d'élégies à un poëte amoureux et jaloux. La jalousie, comme l'amour, semblait passée de mode, et l'on vivait trop vite pour consacrer des années entières à une seule passion, que la durée rendait presque respectable et qui participait, pour ainsi dire, du concubinage matrimonial. Lorsque Marcus Valerius Martial, né à Bilbilis, en Espagne, vers l'an 43 de l'ère chrétienne, vint à Rome, à l'âge de dix-sept ans, pour y chercher fortune, il n'eut garde d'imiter les poëtes de l'amour, qui avaient rencontré un Mécène au siècle d'Auguste: il se fit, au contraire, le poëte complaisant des libertinages du règne de Néron et des empereurs qui se succédèrent si rapidement jusqu'à Trajan. Martial dut ses succès littéraires à l'obscénité même de ses épigrammes.

Il a l'air d'avoir pris pour modèles les honteuses épigrammes de Catulle, qui les avait écrites, du moins, avec une sorte de grossière naïveté; Martial, au contraire, pour plaire aux débauchés de la cour impériale, s'exerçait à renchérir, en fait de licence, sur les poésies les plus effrontées de son temps; il y mettait même une recherche monstrueuse de lubricité, et il ne jetait seulement pas le voile des expressions décentes sur des images immondes. Les applaudissements qu'il recueillait de toutes parts étaient son excuse et son encouragement; chaque livre nouveau de ses épigrammes, demandé, attendu avec impatience par tous les lecteurs qui savaient par cœur les livres précédents, se multipliaient à l'infini dans les mains des libraires, et les scribes, qui en préparaient des exemplaires richement ornés et reliés, ne pouvaient suffire à l'empressement des acheteurs. Cet accueil enthousiaste, accordé à des vers licencieux, n'était pas fait sans doute pour inviter Martial à changer de genre et de ton. Aussi, quand un censeur austère lui conseillait de s'imposer quelques réserves dans les mots, sinon dans les idées, il n'acceptait pas plus un conseil qu'un reproche, et il avait mille raisons toutes prêtes pour démontrer à ses critiques, qu'il avait bien fait de composer justement les vers malhonnêtes qu'on voulait retrancher de ses œuvres: «Tu te plains, Cornélius, disait-il à un de ses censeurs, que mes vers ne sont point assez sévères et qu'un magister ne les voudrait pas lire dans son école; mais ces opuscules ne peuvent plaire, comme les maris à leurs femmes, s'ils n'ont pas de mentule... Telle est la condition imposée aux poésies joyeuses: elles ne peuvent convenir, si elles ne chatouillent les sens. Dépose donc ta sévérité et pardonne à mes badinages, à mes joyeusetés, je te prie. Renonce à châtier mes livres: rien n'est plus méprisable que Priape devenu prêtre de Cybèle.»

Martial avait pour lui les suffrages des empereurs et des libertins; il se souciait peu de ceux des gens de goût, et il se contentait de la vogue irrésistible de ses épigrammes les plus ordurières, qui, en passant par la bouche des courtisanes et des gitons, étaient arrivées graduellement aux oreilles de la populace des carrefours. De là, cette renommée éclatante que le poëte avait acquise avec des saletés, que n'excusaient pas l'esprit et la malice qu'il savait y jeter à pleines mains; renommée qui faillit éclipser celles de Virgile et d'Horace, et qui balança les triomphes satiriques de Juvénal. En effet, toute la chronique scandaleuse de Rome était déposée, pour ainsi dire, dans une multitude de petites pièces, faciles à retenir et à faire circuler; dans ces pièces de vers, le poëte avait gravé, sous des pseudonymes transparents, les noms des personnages qu'il tournait en ridicule ou qu'il marquait au fer rouge. Il avait beau déclarer qu'il n'abusait pas des noms véritables et qu'il respectait toujours les personnes dans ses plaisanteries; on ne lui savait pas mauvais gré des injures graves qu'il se permettait à l'égard d'une foule de gens, que tout le monde reconnaissait dans des portraits, où ils n'étaient pas nommés, mais peints avec une hideuse vérité. Il ne se hasardait pas, il est vrai, à diffamer des hommes honorables et à poursuivre de calomnies perfides la vie privée des citoyens. Les victimes ordinaires de ses sarcasmes étaient toujours de méchants poëtes, d'insolentes courtisanes, de viles prostituées, des lénons criminels, des prodigues et des avares, des hommes tarés et des femmes perdues. Il parle donc souvent la langue des ignobles personnages qu'il met en scène et comme au pilori; il a soin de prévenir ses lecteurs qu'ils ne trouveront chez lui ni réserve ni pruderie dans l'expression: «Les épigrammes, dit-il, sont faites pour les habitués des Jeux-Floraux. Que Caton n'entre donc pas dans notre théâtre, ou, s'il y vient, qu'il regarde!»

Martial fréquentait certainement la mauvaise société qu'il a dépeinte avec des couleurs si flétrissantes: il a laissé voir, en deux ou trois passages, que ses mœurs n'étaient pas beaucoup plus réglées que celles qu'il condamne chez les autres; car il ne se bornait pas à promener ses amours parmi les courtisanes: il se livrait quelquefois à des désordres, que n'excusait pas la corruption générale de son temps, et qu'il s'est même efforcé de justifier pour répondre aux amers reproches de sa femme Clodia Marcella. Et pourtant, malgré ces habitudes de débauche contre nature, il affecte, dans plus d'une épigramme, de faire sonner bien haut l'honnêteté, la pureté de sa vie. En jugeait-il si favorablement, par la comparaison qu'il faisait, à son avantage, de ses mœurs privées avec celles de ses contemporains, surtout avec celles des empereurs à qui il dédiait ses livres: «Mes vers sont libres, dit-il à Domitien, mais ma vie est irréprochable: (*Lasciva est nobis pagina, vita proba est*).» Pour expliquer cette contradiction apparente, il suffit peut-être de dater les pièces où Martial vante sa moralité et celles où il en fait si bon marché: les premières appartiennent à sa jeunesse, les secondes à son âge mûr. On ne doit pas oublier que les onze premiers livres de son recueil représentent un intervalle de trente-cinq années, qu'il passa, presque sans interruption, à Rome. Martial, à vingt-cinq ans, pouvait vivre chastement, tout en caressant dans ses vers la sensualité de ses protecteurs. A cinquante ans, il était devenu libertin, à force d'être témoin du libertinage de ses amis, et on remarque, en effet, que, dans les derniers livres de ses épigrammes, il ne s'avise plus de prétendre à la réputation de chasteté que ses écrits licencieux lui avaient fait perdre depuis longtemps. C'est dans le onzième livre, qu'il a eu l'impudeur d'insérer l'abominable épigramme adressée à sa femme, qui l'avait surpris avec son mignon et qui eût voulu se sacrifier elle-même pour le déshabituer de ces goûts infâmes: «Combien de fois Junon a-t-elle fait le même reproche à Jupiter?» répliquait Martial en riant, et il s'autorisait de l'exemple des dieux et des héros pour persister dans ses coupables habitudes et pour repousser les maussades complaisances de sa femme:

Parce tuis igitur dare mascula nomina rebus;
Teque, puta cunnos, uxor, habere duos.

Le poëte, il est vrai, ne se faisait pas illusion sur le caractère de son recueil, et il savait bien pour quels lecteurs il composait des poésies toujours libres et souvent obscènes. «Aucune page de mon livre n'est chaste, dit-il avec franchise; aussi, ce sont les jeunes gens qui me lisent; ce sont les filles de mœurs faciles, c'est le vieillard qui lutine sa maîtresse.» Il se compare alors à son émule Cosconius, qui faisait comme lui des épigrammes, mais si chastes qu'on n'y voyait jamais un nuage impudique (*inque suis nulla est mentula carminibus*); il le loue de cette chasteté, mais il lui déclare que des écrits si pudibonds ne peuvent être destinés qu'à des enfants et à des vierges. Il ne se pique donc pas d'imiter Cosconius, et il se moque des vénérables matrones qui lisaient ses ouvrages en cachette, et qui l'accusaient de n'avoir pas écrit pour les femmes honnêtes: «J'ai écrit pour moi, leur dit-il sans réticence. Le gymnase, les thermes, le stade, sont de ce côté: retirez-vous donc! Nous nous déshabillons: prenez garde de voir des hommes nus? Ici, couronnée de roses, après avoir bu, Terpsichore abdique la pudeur, et, dans son ivresse, ne sait plus ce qu'elle dit: elle nomme sans détour et franchement ce que Vénus triomphante reçoit dans son temple au mois d'août, ce que le villageois place en sentinelle au milieu de son jardin, ce que la chaste vierge ne regarde qu'en mettant la main devant ses yeux.» On est averti, par cette épigramme, que les vers de Martial ne cherchaient pas des matrones pour lectrices ordinaires, et qu'il fallait, pour se plaire à ce dévergondage d'idées et d'expressions, avoir vécu de la vie des libertins et de leurs aimables complices. Le recueil complet du poëte des comessations figurait dans la bibliothèque de tous les voluptueux, et, comme il était d'un format qui permettait de le tenir tout entier dans la main, on le lisait partout, aux bains, en litière, à table, au lit. Le libraire, qui le vendait à très-bas prix, se nommait Secundus, affranchi du docte Lucensis, et demeurait derrière le temple de la Paix et le marché de Pallas; ce libraire vendait aussi tous les livres lubriques, ceux de Catulle, de Pedo, de Marsus, de Getulicus, qui n'étaient pas moins recherchés par les jeunes et les vieux débauchés, mais que les courtisanes affectaient de ne pas estimer autant que les élégies de Tibulle, de Properce et d'Ovide. Dans tous les temps, les femmes, même les plus dépravées, ont été sensibles à la peinture de l'amour tendre et délicat. Martial offrait pourtant à ses lecteurs un intérêt d'à-propos, que nul poëte n'avait su donner à ses vers: c'était, pour ainsi dire, une galerie de portraits, si ressemblants que les modèles n'avaient qu'à se montrer pour être aussitôt reconnus, et si malicieusement touchés, que le vice ou le ridicule de l'original passait en proverbe avec le nom que le poëte avait attaché à l'épigramme. Nous allons, parmi ces portraits, rarement flatteurs, choisir ceux des courtisanes que Martial s'est amusé à peindre, souvent à plusieurs reprises et à des époques différentes, comme pour mieux juger des changements que l'âge et le sort apportaient dans l'existence ou dans la personne de ces créatures; nous laisserons de côté, avec dégoût, la plupart des portraits de cinædes et de gitons, que la Prostitution romaine plaçait sur le même pied que les femmes de plaisir, et que Martial ne s'est pas fait scrupule de mettre en regard de celles-ci dans sa collection érotique et sotadique.

Voici Lesbie; ce n'est pas celle de Catulle; elle n'a point de moineau apprivoisé dont elle pleure la mort, mais elle a des amants et tout le monde le sait, parce qu'elle ouvre ses fenêtres et ses rideaux, quand elle est avec eux; elle aime la publicité; les plaisirs secrets sont pour elle sans saveur (*nec sunt tibi grata gaudia si qua latent*); aussi, sa porte n'est-elle jamais fermée ni gardée, lorsqu'elle s'abandonne à sa lubricité; elle voudrait que tout Rome eût les yeux sur elle en ce moment-là, et elle ne se trouble ni ne se dérange, si quelqu'un entre, car le témoin de son libertinage lui procure plus de jouissance que ne fait son amant; elle n'a pas de plus grand bonheur que d'être prise sur le fait (*deprehendi veto te, Lesbia, non futui*). «Prends au moins des leçons de pudeur de Chioné et d'Hélide!» lui crie Martial indigné. Chioné et Hélide étaient des louves errantes, qui cachaient leurs infamies à l'ombre des tombeaux. Cette Lesbie, en vieillissant, arriva au dernier degré de la Prostitution, et se voua plus particulièrement aux turpitudes de l'art fellatoire (liv. II, épigr. 50). Elle était devenue laide, et elle s'étonnait, en dépit des avertissements de son miroir, que ses amants d'autrefois n'eussent pas conservé pour elle leurs désirs et leur ardeur. Elle gourmandait, à ce sujet, la paresse glacée de Martial, qui finit par lui dire, pour excuser son impuissance obstinée: «Ton visage est ton plus cruel ennemi» (*contra te facies imperiosa tua est*). Longtemps après, réduite à des souvenirs qui se réveillaient chez elle au milieu de son abandon, Lesbie se rappelait avec orgueil les nombreux adorateurs qu'elle avait eus; elle les faisait comparaître, avec leurs noms, leurs qualités, leurs caractères et leurs figures, devant l'aréopage des vieilles entremetteuses, qui l'écoutaient en ricanant: «Je n'ai jamais accordé mes faveurs gratis!» disait-elle fièrement (*Lesbia sejurat gratis nunquam esse fututam*), et, pendant qu'elle parlait ainsi du passé, les portefaix, qu'elle soudoyait maintenant à tour de rôle, se battaient à sa porte pour savoir lequel d'entre eux serait payé cette nuit-là.

Voici Chloé; ce n'est pas celle d'Horace; elle ne se soucie même pas de rappeler les grâces de sa célèbre homonyme; elle n'est plus jeune, mais elle est toujours galante; elle se console, comme Lesbie, de n'être plus recherchée, en se donnant du plaisir pour son argent. Il n'en faut pas moins, pour qu'elle s'accoutume aux dédains qui l'accueillent partout, quand elle a encore la prétention de se faire payer. Martial lui dit avec dureté: «Je puis me passer de ton visage, et de ton cou, et de tes mains, et de tes jambes, et de tes tétons, et de tes *nates*; enfin, pour ne pas me fatiguer à décrire tout ce dont je peux me passer, Chloé, je puis me passer de toute ta personne.» Mais Chloé était riche, et, à son tour, elle pouvait se passer du prix de ses galanteries; elle en faisait même les frais, avec une générosité bien rare chez ses pareilles. Elle s'était éprise d'un jeune garçon qui n'avait pas d'autre fortune que sa beauté et ses épaules. Martial le nomme Lupercus, par allusion à ces prêtres de Pan, qui couraient tout nus dans les rues de Rome, aux fêtes des Lupercales, et qui passaient pour rendre fécondes toutes les femmes qu'ils touchaient avec des lanières de peau de bouc. Le Lupercus de Chloé était aussi nu et aussi pauvre qu'un luperque, et Chloé se dépouillait pour le vêtir, pour le parer; elle lui avait donné en présent des étoffes de Tyr et d'Espagne, un manteau d'écarlate, une toge en laine de Tarente, des sardoines de l'Inde, des émeraudes de Scythie et cent pièces d'or nouvellement frappées. Elle ne pouvait rien refuser à cet avide et besogneux amant, qui demandait sans cesse. «Malheur à toi, brebis tondue! lui criait Martial. Malheur à toi, pauvre fille! Ton Lupercus te mettra toute nue!» La prédiction ne se réalisa pas. Chloé avait assez gagné dans son bon temps, pour rendre aux amants une partie de l'or qu'elle en avait reçu; elle ne lésina pas avec eux; mais, depuis qu'elle les payait au lieu de se faire payer, elle était plus difficile à contenter; elle dévorait, comme une larve, la jeunesse et la santé de ses pensionnaires: elle en eut sept, qui moururent l'un après l'autre, et tous, de la même cause; elle leur fit élever des tombeaux très-honorables avec une inscription où elle disait naïvement: «C'est Chloé qui a fait ces tombeaux.» On ne l'appela plus que la *Pleureuse des sept maris*.

Martial, il faut l'avouer, ne fut pas toujours impartial dans ses épigrammes; ainsi, les injures qu'il adresse à la courtisane Thaïs ne partent que d'un accès de ressentiment personnel: il accuse ici Thaïs de ne refuser personne et de se donner à tout venant, comme si ce fût la chose la plus simple du monde (Liv. IV, ép. 12), et là, il gourmande les refus de Thaïs, qui lui a dit qu'il était trop vieux pour elle (Liv. IV, ép. 50). Thaïs ne voulut pas sans doute se rendre à la preuve ignominieuse qu'il proposait de fournir en témoignage de virilité, car il se vengea d'elle par le plus hideux portrait qu'on ait jamais fait d'une femme: «Thaïs sent plus mauvais que le vieux baril d'un foulon avare, qui s'est brisé dans la rue; qu'un bouc qui vient de faire l'amour; que la gueule d'un lion; qu'une peau de chien écorché dans le faubourg au delà du Tibre; qu'un fœtus qui s'est putréfié dans un œuf pondu avant terme; qu'une amphore infecte de poisson corrompu. Afin de neutraliser cette odeur par une autre, chaque fois que Thaïs quitte ses vêtements pour se mettre au bain, elle s'enduit de psilothrum, ou se couvre de craie détrempée dans un acide, ou se frotte trois et quatre fois avec de la pommade de fèves grasses. Mais, lorsqu'elle se croit délivrée de sa puanteur par mille artifices de toilette, quand elle a tout fait, Thaïs sent toujours Thaïs (*Thaïda Thaïs olet*).» Cette horrible peinture est encore moins repoussante que celle qui concerne Philénis, contre laquelle Martial avait sans doute d'autres griefs plus réels et plus graves. Philénis, d'ailleurs, n'était pas d'un âge à inspirer un caprice, puisque le poëte la fait mourir presque aussi vieille que la sibylle de Cumes. Elle avait un mari ou plutôt un concubinaire, nommé Diodore, qui paraît avoir marqué dans quelque expédition lointaine, et qui, en revenant à Rome, où l'attendaient les honneurs du triomphe, fit naufrage dans la mer de Grèce: il parvint à se sauver à la nage, et Martial attribue ce bonheur inouï à un vœu indécent de Philénis, qui, pour obtenir des dieux le retour de son Diodore, avait promis à Vénus une fille simple et candide, comme les aiment les chastes Sabines (*quam castæ quoque diligunt Sabinæ*). Cette Philénis, espèce de virago qui se targuait d'être à moitié homme, avait une passion effrénée pour les femmes: «Elle va dans ses emportements, dit Martial, jusqu'à dévorer en un jour onze jeunes filles, sans compter les jeunes garçons.» La robe retroussée, elle jouait à la paume, et, les membres frottés de poudre jaune, elle lançait les pesantes masses de plomb que manient les athlètes; elle luttait avec eux, et, toute souillée de boue, recevait comme eux les coups de fouet du maître de la palestre. Jamais elle ne soupait, jamais elle ne se mettait à table, avant d'avoir vomi sept mesures de vin, et elle se croyait en droit d'en avaler autant, après avoir mangé seize pains ithyphalliques. Ensuite, elle se livrait aux plus sales voluptés, sous prétexte de faire l'homme jusqu'au bout (*Non fellat: Putat hoc parum virile; sed plane medias vorat puellas*). Et néanmoins, cette abominable gladiatrice était à la fois magicienne et entremetteuse; elle avait une voix de stentor et elle faisait plus de bruit à elle seule que mille esclaves exposés en vente et qu'un troupeau de grues au bord du Strymon: «Ah! quelle langue est réduite au silence!» s'écriait Martial, lorsqu'elle fut enlevée par la mort à ses exercices gymnastiques, à ses sortiléges et à son infâme métier. «Que la terre te soit légère! dit l'épitaphe que le poëte lui décerna: qu'une mince couche de sable te recouvre, afin que les chiens puissent déterrer tes os!»

Philénis avait probablement nui à Martial dans ses amours; car, d'après le portrait qu'il fait d'elle, on ne saurait supposer qu'il l'eût jamais vue de meilleur œil; mais on peut assurer qu'il n'avait pas été toujours aussi dédaigneux pour Galla, qu'il ne ménage pourtant pas davantage; après l'avoir injuriée avec acharnement, après s'être moqué de sa décrépitude et de son délaissement, il se laisse aller à un aveu qui témoigne de son injustice à l'égard de cette courtisane. Il raconte qu'autrefois elle demandait 20,000 sesterces (environ 5,000 fr.) pour une nuit, «et ce n'était pas trop,» comme il se plaît à le reconnaître. Au bout d'un an, elle ne demandait plus que 10,000 sesterces: «C'est plus cher que la première fois!» pensa Martial, qui ne conclut pas le marché. Six mois plus tard, elle était tombée à 2,000 sesterces: Martial n'en offrit que mille, qu'elle n'accepta pas; mais, à quelques mois de là, elle vint elle-même se proposer pour quatre pièces d'or. Martial refuse à son tour. Galla se pique au jeu et se montre généreuse: «Va donc pour cent sesterces!» dit-elle. Martial, dont l'envie se passe tout à fait, trouve encore la somme exorbitante. Galla fait la moue et lui tourne le dos. Un jour elle le rencontre; il vient de recevoir une sportule de 100 quadrants ou de 25 livres: elle veut avoir cette sportule, et elle offre en échange ce dont elle demandait naguère 20,000 sesterces. Martial lui répond sèchement que la sportule est destinée à son mignon et s'en va. Galla n'a pas de rancune; elle a retrouvé Martial et lui veut donner tout pour rien: «Non, il est trop tard!» lui répond le poëte capricieux. Faut-il croire, sur la foi de cette épigramme, que Galla était devenue si méprisable et si différente d'elle-même, en si peu d'années? Martial la représente d'abord comme ayant épousé six ou sept gitons, dont la chevelure et la barbe bien peignées l'avaient séduite et qui avaient misérablement trompé son attente amoureuse:

Deindè experta latus, madidoque simillima loro

Inguina, nec lassâ stare coacta manu,
Deseris imbelles thalamos, mollemque maritum.

Martial lui conseille de se dédommager, en faisant un choix parmi ces rustres, robustes et velus, qui ne parlent que Fabius et Curius; mais il l'avertit pourtant de ne pas se fier aux apparences, parce qu'il y a aussi des eunuques parmi eux: «Il est difficile, Galla, de se marier avec un véritable homme?» lui dit-il en raillant. On excuse les impuissants, on approuve les efféminés, quand on assiste à la toilette de Galla, qui n'était plus que l'ombre de ce qu'elle avait été: «Tandis que tu es à la maison, tes cheveux sont absents et se font friser dans une boutique du quartier de Suburra; la nuit, tu déposes tes dents, ainsi que ta robe de soie, et tu te couches, barbouillée de cent pommades, et ton visage ne dort pas avec toi (*nec facies tua tecum dormiat*).» Elle regrettait toujours d'avoir fait la sourde oreille aux propositions de Martial et cherchait une occasion de se réconcilier avec lui; elle lui promettait des merveilles, elle lui faisait mille agaceries; mais le poëte, rancunier, était sourd (*mentula surda est*) et ne retrouvait pas ses anciennes dispositions, vis-à-vis de cette face ridée, de ces appas flétris et de ces cheveux grisonnants, plus capables d'inspirer le respect que l'amour (*cani reverentia cunni*).

Il semble se complaire à mordre sur les vieilles amoureuses, et il n'épargne pas celles qui ne l'avaient pas épargné. Ainsi, après nous avoir montré avec un effrayant cynisme Phyllis, qui s'efforce de satisfaire deux amants à la fois (Livre X, ép. 81), il ne nous cache pas que ses sens ne parlent plus en tête à tête avec cette Phyllis, qui lui donne les noms les plus tendres, les baisers les plus passionnés, les caresses les plus ardentes, et qui ne parvient pas à le tirer de sa torpeur (Liv. XI, ép. 29). C'est par ironie sans doute qu'il lui indique une manière plus sûre d'agir sur un jeune homme, toute vieille qu'elle soit; il lui souffle ce qu'elle doit dire alors: «Tiens, voilà cent mille sesterces, des terres en plein rapport sur les coteaux de Sétia, du vin, des maisons, des esclaves, de la vaisselle d'or, des meubles!» Cette Phyllis était donc bien riche, si Martial ne s'est pas servi d'une plaisante hyperbole pour exprimer les promesses folles que les vieilles faisaient à leurs amants au milieu du vertige de la volupté. Quoi qu'il en soit, Phyllis, ou une autre du même nom, reparaît (Liv. XI, ép. 50), et Martial, qui ne l'outrage plus, mais qui a l'air de la supplier, se plaint de ses mensonges et de sa rapacité: «Tantôt c'est ta rusée soubrette qui s'en vient pleurer la perte de ton miroir, de ta bague ou de ta boucle d'oreille; tantôt ce sont des soies de contrebande qu'on peut acheter à bon compte; tantôt des parfums dont il me faut remplir ta cassolette; puis, c'est une amphore de Falerne vieux et moisi, pour faire expier tes insomnies à une sorcière babillarde; puis, un loup de mer monstrueux ou un mulet de deux livres pour régaler l'opulente amie à qui tu donnes à souper. Par pudeur, ô Phyllis, sois vraie et sois juste en même temps: je ne te refuse rien, ne me refuse pas davantage?» Comment cette Phyllis, dont la vieille main était si glacée tout à l'heure, est-elle devenue tout à coup une belle qu'on désire et qu'on s'efforce de contenter coûte que coûte? La métamorphose continue et Martial est au comble de ses vœux: «La belle Phyllis, pendant toute une nuit, s'était prêtée à toutes mes fantaisies (*se præstitisset omnibus modis largam*), et je songeais le matin au présent que je lui ferais, soit une livre de parfums de Cosmus ou de Niceros, soit une bonne charge de laine d'Espagne, soit dix pièces d'or à l'effigie de César. Phyllis me saute au cou, me caresse, me baise aussi longuement que les colombes dans leurs amours, et finit par me demander une amphore de vin.» Phyllis subissait-elle une nouvelle transformation à son désavantage, et Martial reconnaissait-il qu'il s'était trop pressé de rétracter tout le mal qu'il avait dit d'elle, avant de la posséder. Tout s'expliquerait mieux si ce nom de Phyllis désignait deux ou trois courtisanes différentes, que Martial aurait traitées bien différemment, en commençant par le dédain, en passant par l'amour et en arrivant à l'insouciance.

Les autres courtisanes qu'on rencontre çà et là dans les douze livres des épigrammes de Martial n'y figurent pas plus de deux fois chacune; et souvent une seule fois; mais nous nous garderions bien d'assurer qu'elles avaient fait une impression moins vive et moins durable sur l'esprit mobile et fantasque du poëte. Il ne faut jamais prendre à la lettre les duretés qu'il leur adresse, et qui n'étaient peut-être qu'une menace de guerre pour arriver plus vite à signer la paix. Ainsi, la première fois qu'il s'attaque à la pauvre Lydie (Liv. XI, ép. 21), il la dépeint comme incapable d'inspirer de l'amour et de donner du plaisir (*Lydia tam laxa est, equitis quam culus aheni*); il pousse son imagination libertine jusqu'aux plus monstrueuses folies, et l'on pourrait rester bien convaincu qu'il ne pense pas à revenir sur ses jugements téméraires; mais ce n'était là qu'une entrée en matière un peu brutale, il est vrai: son sentiment va changer, dès qu'il aura vu Lydie de près, dès qu'il lui reconnaîtra certaines qualités qui en impliquent d'autres; il ne se rend pas sur tous les points, en effet, et il continue la guerre, pour n'avoir pas l'air de mettre bas les armes trop tôt: «On ne ment pas, Lydie, quand on affirme que tu as un beau teint, sinon la figure belle. Cela est vrai, surtout si tu restes immobile et muette comme une figure de cire ou comme un tableau; mais, sitôt que tu parles, Lydie, tu perds ce beau teint, et la langue ne nuit à personne plus qu'à toi.» C'était une façon adroite de faire entendre à Lydie, qu'il ne demandait qu'à lui apprendre à parler, et qu'au besoin il parlerait pour elle. Martial avait fait sa profession de foi à l'égard de ses goûts amoureux: «Je préfère une fille de condition libre, disait-il avec gaieté; mais, à défaut de celle-ci, je me contenterai bien d'une affranchie. Une esclave serait mon pis-aller; mais je la préférerai aux deux autres, si par sa beauté elle vaut pour moi une fille de condition libre.» On voit que Martial n'était pas difficile sur la question de l'origine de ses maîtresses, et qu'elles n'avaient pas besoin de justifier de leur naissance avec lui, puisqu'il ne partageait pas le préjugé des vieux Romains, qui voyaient un déshonneur dans le commerce d'un homme libre avec une esclave. Il ne s'érige pas en défenseur des courtisanes, qui étaient souvent des esclaves exploitées et vendues par un maître tyrannique et avare; mais il les couvre souvent d'un manteau d'indulgence. Quand un chevalier romain, nommé Paulus, le prie de faire contre Lysisca des vers qui la fassent rougir et dont elle soit irritée, il refuse de se prêter à une lâche vengeance et il tourne la pointe de son épigramme contre Paulus lui-même. Cette Lysisca était peut-être la même que celle dont Messaline prenait le nom pour se faire admettre dans le lupanar où elle se prostituait aux muletiers de Rome. A l'époque où Paulus était si acharné contre elle, on ne la comptait plus que parmi les fellatrices, qui se recrutaient chez les courtisanes hors de mode et sans emploi.

Ces immondes complaisantes étaient si nombreuses du temps de Martial, qu'on les rencontra à chaque pas dans ses épigrammes, où elles se heurtent au passage avec de vilains hommes et des enfants qui pratiquaient le même métier. Le poëte a l'air de les flétrir les uns et les autres, mais il ne manifeste nulle part à leur sujet une indignation qui eût été un anachronisme dans les mœurs romaines. Il s'indigne davantage contre les vieilles prostituées qui persistaient à ne pas disparaître de la scène des amours et qui offensaient les regards de la jeunesse voluptueuse: «Tu n'as pour amies, Fabulla, que des vieilles ou des laides, et plus laides encore que vieilles; tu t'en fais suivre, tu les traînes après toi dans les festins, sous les portiques, aux spectacles. C'est ainsi, Fabulla, que tu parais jeune et jolie.» A trente ans, chez les Romains, une femme n'était plus jeune; elle était vieille à trente-cinq, décrépite à quarante. Martial laisse éclater partout son aversion et son dégoût pour les femmes qui avaient passé l'âge des jeux et des plaisirs: il est féroce, impitoyable contre elles; il les poursuit de sarcasmes amers; il ne leur offre pas d'autre alternative que de sortir du monde, où elles ne peuvent plus servir que d'épouvantail. Sila veut l'épouser à tout prix, Sila qui possède en dot un million de sesterces; mais Sila est vieille, vieille du moins aux yeux de Martial. Il lui impose alors les conditions les plus dures, les plus humiliantes: les époux feront lit à part, même la première nuit; il aura des maîtresses et des mignons, sans qu'elle puisse s'en formaliser; il les embrassera devant elle, sans qu'elle y trouve à redire; à table, elle se tiendra toujours à distance, de sorte que leurs vêtements mêmes ne se touchent pas; il ne lui donnera que de rares baisers; elle ne lui rendra que des baisers de grand'mère: si elle consent à tout cela, il consent à l'épouser, elle et ses sesterces. Cette horreur de la vieillesse est une monomanie chez Martial, qu'elle poursuit et qu'elle attriste sans cesse: il voudrait n'être entouré que de frais visages de femmes et d'enfants; l'idée seule d'une amoureuse surannée lui ôte à l'instant la faculté d'aimer, et, s'il fait l'épitaphe d'une vieille qui va rejoindre son amant au tombeau, il se la représente aussitôt invitant le mort à lui payer sa bienvenue (*hoc tandem sita prurit in sepulchro calvo Plotia, cum Melanthione*), et cette odieuse image le glace lui-même dans les bras de sa maîtresse. Cependant, malgré son horreur pour tout ce qui n'est plus jeune, il semble se complaire à peindre la vieillesse sous ses traits les plus révoltants; il a toujours des couleurs nouvelles à broyer sur sa palette, quand il veut faille un portrait de vieille femme; il imite les gens qui ont peur des spectres et qui en parlent sans cesse, comme pour s'aguerrir contre eux. Jamais poëte n'a fait des figures de vieilles plus grimaçantes, plus hideuses, plus originales; Horace lui-même est surpassé. Le chef-d'œuvre de

Martial, en ce genre, est l'épigramme suivante, dont nous désespérons de rendre l'effrayante énergie: «Quand tu as vécu sous trois cents consuls, Vetustilla; quand il ne te reste plus que trois cheveux et quatre dents; quand tu as une poitrine de cigale, une jambe de fourmi, un front plus plissé que ta stole, des tétons pareils à des toiles d'araignées; quand le crocodile du Nil a la gueule étroite en comparaison de tes mâchoires; quand les grenouilles de Ravenne babillent mieux que toi, quand le moucheron de l'Adriatique chante plus doucement, quand tu ne vois pas plus clair que les chouettes au matin, quand tu sens ce que sentent les mâles des chèvres, quand tu as le croupion d'une oie maigre; quand le baigneur, sa lanterne éteinte, t'admet parmi les prostituées de cimetière; quand le mois d'août est pour toi l'hiver et que la fièvre pernicieuse ne pourrait même te dégeler; eh bien! tu te réjouis de te remarier, après deux cents veuvages, et tu cherches dans ta folie un mari qui s'enflamme sur tes cendres! N'est-ce pas vouloir labourer un rocher? Qui t'appellera jamais sa compagne ou sa femme, toi que Philomélus appelait jadis son aïeule! Mais, si tu exiges qu'on dissèque ton cadavre, que le chirurgien Coricles dresse le lit!... A lui seul appartient de faire ton épithalame, et le brûleur de morts portera devant toi les torches de la nouvelle mariée (*intrare in ipsum sola fax potest cunnum*).»

Martial, au reste, ne se piquait pas souvent de galanteries envers les courtisanes; il n'était bien inspiré que par les mauvais compliments qu'il pouvait leur adresser. Gallia, qui sans doute ne sent pas bon de son fait, ressemble à la boutique de Cosmus, où les flacons se seraient brisés et les essences renversées: «Ne sais-tu pas, lui dit Martial, qu'à ce prix-là mon chien pourrait sentir aussi bon?» (Liv. III, ép. 55). Saufeia, la belle Saufeia, consent à se donner à lui, mais elle refuse opiniâtrement de se baigner avec lui. Ce refus paraît suspect à Martial, qui en cherche la cause et qui se demande si Saufeia n'a pas la gorge pendante, le ventre ridé, et le reste:

Aut infinito lacerum patet inguen iatu;
Aut aliquid cunni prominet ore tui.

Mais, après avoir ouvert la carrière à son imagination, il vient à penser que Saufeia est bégueule (*fatua es*), et il la laisse là (Liv. III, ép.

72). Quant à Marulla, elle n'accueille les gens qu'après s'être assurée de ce qu'ils pèsent (Liv. X, ép. 55). Il ne s'arrête à Thélesilla, que pour lui faire affront et pour se louer lui-même: il a fait ses preuves en amour, et pourtant il n'est pas sûr de pouvoir en quatre ans prouver une seule fois à Thélesilla qu'il est homme (Liv. XI, ép. 97). Pontia lui envoie du gibier et des gâteaux, en lui écrivant qu'elle s'ôte les morceaux de la bouche pour les lui offrir: «Ces morceaux, je ne les enverrai à personne, dit le cruel Martial qui se rappelle que Pontia pue de la bouche, et à coup sûr je ne les mangerai pas» (Liv. VI, ép. 75). Lecanie se fait servir au bain par un esclave, dont le sexe est décemment caché par une ceinture de cuir noir, et cependant jeunes et vieux se baignent tout nus avec elle: «Est-ce que ton esclave, lui demande Martial, est le seul qui soit vraiment homme?» (Liv. VII, ép. 35). Ligella épile ses appas surannés, Ligella qui a l'âge de la mère d'Hector et qui se croit encore dans l'âge des amours: «S'il te reste quelque pudeur, lui crie Martial; cesse d'arracher la barbe à un lion mort!» (Liv. X, ép. 90). Lyris est une ivrognesse et une fellatrice abominable (Liv. II, ép. 73). Fescennia boit encore plus que Lyris, mais elle mange des pastilles de Cosmus pour neutraliser les vapeurs empoisonnées de son estomac (Liv. I, ép. 88). Sénia racontait que, passant un soir dans un chemin désert, elle avait été mise à mal par des voleurs qui ne s'étaient pas contentés de la voler: «Tu le dis, Sénia, reprend Martial, mais les voleurs le nient.» (Liv. XII, ép. 27). Galla, en prenant des années et des amants, est devenue riche et savante; Martial le reconnaît, mais il la fuit, de peur de ne pas savoir lui parler d'amour comme il faut (*sæpe solecismum mentula nostra facit*). Enfin, Églé, qui plaît aux vieux comme aux jeunes, et qui rend aux premiers la vigueur des seconds, en apprenant à ceux-ci tout ce que les autres peuvent savoir (Liv. XI, ép. 91), Églé vend ses baisers et donne gratis ses faveurs les plus secrètes (Liv. XII, ép. 55): «Qui veut que vous vous donniez gratis, jeune fille, s'écrie Martial, celui-là est le plus sot et le plus perfide des hommes!... Ne donnez rien gratis, excepté des baisers!»

La plupart de ces courtisanes, comme l'indiquent leurs noms, n'étaient pas grecques; elles ne venaient pas de si loin, et beaucoup sortaient des faubourgs de Rome, où leurs mères les avaient vendues à la Prostitution. Le temps était passé des scrupules et des préjugés de la vieille Rome, qui autrefois n'eût pas souffert que ses enfants la déshonorassent en se mettant à l'encan. On recherchait encore les courtisanes grecques, en les payant plus cher que d'autres; mais on en trouvait d'autant moins qui fussent réellement originaires de la Grèce, que toutes, afin de se renchérir, se faisaient passer pour telles, même en conservant leur nom latin. Les unes cependant ne savaient pas un mot de grec; les autres n'avaient rien de la beauté grecque; celles qui parlaient grec pour l'avoir appris, faisaient des fautes à chaque phrase; celles qui portaient le costume grec pour l'avoir adopté, lui attribuaient les noms des modes romaines. Une de ces prétendues filles de la Grèce, nommée Celia, croyait se gréciser davantage en refusant de frayer avec les Romains: «Tu te donnes aux Parthes, lui dit Martial, qu'elle avait traité en Romain; tu te donnes aux Germains, tu te donnes aux Daces; tu ne dédaignes pas les lits du Cilicien et du Cappadocien; il t'arrive un amant égyptien, de la ville de Cérès; un amant indien, de la mer Rouge; tu ne fuis pas les caresses des Juifs circoncis; l'Alain, sur son cheval sarmate, ne passe pas devant ta maison, sans s'y arrêter. Comment se fait-il que toi, fille de Rome, tu ne veux pas te plaire avec les Romains?»

Quâ ratione facis, quum sis romana puella,
Quod romana tibi mentula nulla placet?

Cette même Celia, qu'une mauvaise leçon appelle *Lelia* dans une autre épigramme (Liv. X, ép. 68), s'était gravé dans la mémoire quelques mots grecs qu'elle répétait à tout propos avec un accent romain: «Quoique tu ne sois ni d'Éphèse, ni de Rhodes, ni de Mytilène, mais bien d'un faubourg de Rome; quoique ta mère, qui ne se parfume jamais, soit de la race des Étrusques basanés, et que ton père soit un rustre des campagnes d'Aricie, tu prodigues ces mots voluptueux: ζωή et ψυχή. O pudeur! toi, concitoyenne d'Hersilie et d'Égérie! Ces mots ne se disent qu'au lit, et encore tous les lits ne doivent pas les entendre!... c'est affaire au lit qu'une amante a dressé elle-même pour son tendre amant. Tu désires savoir quel est le langage d'une chaste matrone en pareille occurrence; mais en serais-tu plus charmante dans les mystères du plaisir (*numquid, quum, crissas blandior esse potes*)? Va, tu peux apprendre et retenir par cœur tout Corinthe, et pourtant, Celia, tu ne seras jamais tout à fait Laïs!» Il y a du dépit dans ces épigrammes, et Martial ne dissimule pas qu'il eût souhaité être aimé à la grecque par cette Laïs romaine. Quand il n'accuse pas une courtisane d'être décrépite, de sentir le vin, d'être trop rapace, de dévorer trop d'amants, de n'avoir plus d'amateurs, on peut dire, avec quelque certitude, qu'il a quelques projets sur elle et qu'il est bien près de réussir; mais il est, d'ordinaire, sans égard et sans pitié pour la maîtresse qu'il quitte. C'est donc de sa part une extrême délicatesse que de ne pas injurier ou diffamer Lycoris, en se séparant d'elle pour aller à Glycère. «Il n'était pas de femme qu'on pût te préférer, Lycoris, lui dit-il: adieu! Il n'est pas de femme qu'on puisse préférer à Glycère! Elle sera ce que tu es maintenant; tu ne peux plus être ce qu'elle est; ainsi fait le temps: je t'ai voulue, je la veux.» Il ne dit pas alors plus de mal de Lycoris, qui était brune de teint et qui, pour le blanchir, allait s'établir à Tibur, dont l'air vif passait pour favorable à la peau (Liv. VII, ép. 13). Quand elle revint de la campagne, il remarqua qu'elle n'était pas plus blanche et il s'aperçut aussi qu'elle louchait: Lycoris, il est vrai, avait pris, à la place du poëte, un enfant beau comme le berger Pâris (Liv. III, ép. 39). Martial semble éviter d'avouer ses maîtresses: il les proclame assez, quand il les loue. Ainsi, en présence de Chioné et de Phlogis, il se demande laquelle des deux est la mieux faite pour l'amour (Liv. XI, ép. 60). Chioné est plus belle que Phlogis; mais celle-ci a des sens qui redonneraient de la jeunesse au vieux Nestor, des sens que chacun voudrait rencontrer chez sa maîtresse (*ulcus habet, quod habere suam vult quisque puellam*). Chioné, au contraire, n'éprouve rien (*at Chione non sentit opus*), ni plus ni moins que si elle était de marbre: «O dieux! s'écrie Martial, s'il m'est permis de vous faire une grande prière et si vous voulez m'accorder le plus précieux des biens, faites que Phlogis ait le beau corps de Chioné, et que Chioné ait les sens de Phlogis!»

Les libertins de Rome ne se faisaient pas faute de souhaiter: le vœu de leur imagination lubrique était toujours en opposition avec une réalité dont ils étaient las ou qui ne les contentait plus. La carrière ouverte à ces fantaisies spéculatives du libertinage s'entourait d'horizons voluptueux, vers lesquels Martial aimait à porter ses regards. Entre toutes les maîtresses qu'il avait, celle qu'il n'avait pas excitait toujours chez lui des désirs plus ardents. Une courtisane plus délicate que ses pareilles, Polla, éprouve pour le poëte un sentiment tendre qu'il n'a pas cherché à lui inspirer: elle ne se défend pas contre ce sentiment; elle s'y abandonne avec passion; elle n'hésite pas à le déclarer, et, pour que Martial en soit averti, elle lui envoie des couronnes de fleurs qui doivent parler pour elle. Martial reçoit les couronnes et ne les suspend pas à son lit, selon l'usage des amoureux: «Pourquoi, Polla, m'envoyer des couronnes toutes fraîches? lui écrit-il; j'aimerais mieux des roses que tu aurais fanées (*à te malo vexatas tenere rosas*).» Martial, en échange d'une gracieuse invitation à l'amour, que lui apportaient ces fleurs brillantes, n'adressait à Polla qu'une pensée libertine et repoussante; car il lui demandait de lui faire connaître, par l'envoi des couronnes qu'elle avait portées dans les festins, le nombre d'assauts qu'elle avait eus à y soutenir. Martial, on le voit, ne se piquait pas de ces délicatesses, de ces élans du cœur qui distinguent les poëtes grecs, et qui se retrouvent comme un écho affaibli dans les érotiques latins du siècle d'Auguste. Veut-il, dans un moment de satiété sensuelle, se représenter la femme qu'il souhaiterait avoir pour maîtresse, il ne va pas la chercher en idée parmi les vierges et les matrones: «Celle que je veux, ce dit-il sans rougir de ses goûts, c'est celle qui, facile en amour, erre çà et là, voilée du palliolum; celle que je veux, c'est celle qui s'est donnée à son mignon, avant d'être à moi; celle que je veux, c'est celle qui se vend tout entière pour deux deniers; celle que je veux, c'est celle qui suffit à trois en même temps. Quant à celle qui réclame des écus d'or et qui fait sonner de belles phrases, je la laisse en possession à quelques citoyens de Bordeaux!» Martial était devenu grossier de sentiments, sinon de langage, en se plongeant de plus en plus dans le bourbier de la débauche impériale. Cette méprisable société de courtisanes et de gitons qui l'entourait avait fini par lui ôter le sens moral et par lui gâter le cœur.

Il en était venu jusqu'à ne plus respecter sa femme, cette Clodia Marcella, Espagnole comme lui, et la compagne de sa fortune depuis trente-cinq ans. Peu de temps avant de retourner avec elle dans leur pays natal, il eut le triste courage de lui adresser cette honteuse profession de foi, bien digne d'un libertin consommé et incorrigible: «Ma femme, allez vous promener, ou accoutumez-vous à mes mœurs! Je ne suis ni un Curius, ni un Numa, ni un Tatius. Les nuits passées à vider de joyeuses coupes me charment: toi tu te hâtes de te lever de table, après avoir bu de l'eau tristement; tu te plais dans les ténèbres, moi j'aime qu'une lampe éclaire mes plaisirs et que Vénus s'ébatte au grand jour; tu t'enveloppes de voiles, de tuniques et de manteaux épais: pour moi, une femme couchée à mes côtés n'est jamais assez nue; les baisers à la manière des tourterelles me délectent: ceux que tu me donnes ressemblent à ceux que tu reçois de ta grand'mère chaque matin. Tu ne daignes jamais seconder mon ardeur amoureuse, ni par des paroles, ni avec les doigts, ni du moindre mouvement, comme si tu présentais le vin et l'encens dans un sacrifice. Les esclaves phrygiens se souillaient derrière la porte, chaque fois qu'Andromaque était dans les bras d'Hector...»

> Masturbabantur Phrygii post ostia servi,
> Hectoreo quoties sederat uxor equo.
> Et, quamvis Ithaco stertente, pudica solebat
> Illic Penelope semper habere manum.
> Pædicare negas: dabat hoc Cornelia Graccho;
> Julia Pompeio; Porcia, Brute, tibi!
> Dulcia dardanio nondum miscente ministro
> Pocula, Juno fuit pro Ganymede Jovi.

Martial ne rougit pas d'invoquer l'exemple de ces infamies, que les grands noms qu'il cite devaient absoudre aux yeux de l'antiquité; mais sa femme ne se soucie pas plus d'imiter Junon que Porcie ou Cornélie. Alors le poëte, indigné de trouver si peu de complaisance dans le lit conjugal, s'écrie avec dureté: «S'il vous convient d'être une Lucrèce tout le long du jour, la nuit je veux une Laïs.» Mais Lucrèce ne tarda pas à reprendre son empire, celui qu'une honnête femme ne demande jamais aux caprices des sens. Il est permis de supposer que l'influence salutaire de Marcella décida Martial à retourner à Bilbilis, en Espagne; elle y avait des biens qu'elle tenait de sa famille: ces biens, elle en fit abandon à son mari, et elle parvint à l'entraîner hors de l'abîme des dépravations romaines, au milieu desquelles il s'oubliait depuis trente-cinq ans. Martial se trouva comme purifié, lorsqu'il ne respira plus le même air que ces courtisanes, ces cinædes, ces entremetteuses, ces lénons, ces vils agents de la luxure, ces odieux ministres de débauche qui composaient presque toute la population de Rome. Il ne brûla pas ses livres d'épigrammes, où il avait enregistré, pour ainsi dire, les actes de la Prostitution sous les règnes de sept empereurs; mais il y ajouta une épigramme expiatoire, dans laquelle il reconnaissait implicitement qu'il avait mal vécu jusque-là et que le bonheur était dans la vie champêtre, auprès d'une épouse estimable et bien-aimée: «Ce bois, ces sources, cette treille sous laquelle on est à l'ombre, ce ruisseau d'eau vive qui arrose les prés, ces champs de roses qui ne le cèdent pas à celles de Pestum, qu'on voit fleurir deux fois l'an; ces légumes qui sont verts en janvier et qui ne gèlent jamais, ces viviers où nage l'anguille domestique, cette tour blanche qui abrite de blanches colombes: ce sont là des présents de ma femme, après sept lustres d'absence. Marcella m'a donné ce domaine, ce petit royaume. Si Nausicaa m'abandonnait les jardins de son père, je pourrais dire à Alcinoüs:—J'aime mieux les miens!» Cette simple et rustique épigramme repose l'esprit et le cœur, après toutes les impuretés que Martial semble avoir accumulées avec plaisir dans son recueil, où l'on est tout étonné de trouver quelques nobles et vertueuses indignations de poëte.

Voici une de ces honorables sorties, que fait Martial contre les vices impunis que traîne après elle la Prostitution: «Tu dis que tu es pauvre à l'égard des amis, Lupus? tu ne l'es pas avec ta maîtresse; il n'y a que ta mentule qui ne se plaigne pas de toi. Elle s'engraisse, l'adultère, de conques de Vénus en fleur de farine, tandis que ton convive se repaît de pain noir! Le vin de Sétia, qui enflammerait la neige même, coule dans le verre de cette maîtresse, et nous, nous buvons la liqueur trouble et empoisonnée des tonneaux de Corse. Tu achètes une nuit ou une partie de nuit avec l'héritage de tes pères, et ton compagnon d'enfance laboure solitairement des champs qui ne sont pas les siens. Ta prostituée brille chargée de perles d'Érythrée, et, pendant que tu t'enivres d'amour, on mène en prison ton client. Tu donnes à cette fille une litière portée par huit Syriens, et ton ami sera jeté nu dans la bière. Va maintenant, Cybèle, châtier de misérables gitons; la mentule de Lupus méritait mieux de tomber sous tes sacrés couteaux!»

Nous n'avons pas le courage de faire parler Martial au sujet de la Prostitution masculine, qui a l'air de l'occuper beaucoup plus que celle des femmes. On a peine à se rendre compte de l'état de démoralisation où l'ancienne Rome était tombée à l'égard des monstrueux égarements de la débauche anti-physique. Il faut lire Martial pour avoir une idée de ces mœurs dégoûtantes, qui avaient presque détrôné en amour le sexe féminin, et qui avaient fait des jeunes garçons ou des efféminés un sexe nouveau consacré à de honteux plaisirs. Il faut lire Martial pour comprendre que l'époque de corruption, où il vivait aussi mal que ses contemporains, osait regarder en face et sans horreur les hideux désordres de la promiscuité des sexes entre eux. Quand on voit, dans ce recueil d'épigrammes, obscènes la plupart, le panégyrique de l'empereur Domitien suivre ou précéder l'éloge des mignons; quand on rencontre dans la même page une invocation à la vertu, une prière à quelque divinité, et une excitation à la pédérastie la plus effrontée, on reste convaincu que le sens moral était perverti dans la société romaine. Chez les Grecs, du moins, s'il n'y avait pas plus de retenue dans les faits, il y avait plus de décence, moins de grossièreté dans leurs expressions. Sans doute on n'attachait pas plus de répugnance à certains actes répréhensibles au double point de vue de la dignité humaine et des lois naturelles; mais on relevait cette dégradation sensuelle, par le prestige du dévouement, de l'amitié et de la passion idéale. Chez les Romains, au contraire, pour tout raffinement, le vice s'était matérialisé en rejetant toute espèce de voile et de pudeur. Les oreilles n'étaient pas plus respectées que les yeux, et le cœur semblait avoir perdu ses instincts de délicatesse, dans cet endurcissement moral qui lui donnait l'habitude des choses honteuses. Nous ne voulons pas pénétrer dans ces chemins détournés de la Prostitution, qui ne nous offriraient que des objets répulsifs et attristants, en présence desquels notre imagination s'arrêterait épouvantée. Nous préférons renvoyer le lecteur à Martial lui-même et aux satiriques de son siècle, Juvénal et Pétrone. Le premier n'a rien dit de moins que Martial, mais il s'est renfermé dans une concision qui souvent le rend obscur et par cela même plus réservé; les commentateurs seuls ont suppléé à ses réticences, ont porté le flambeau dans ses ténèbres les plus discrètes: on y pénètre d'un pas sûr, et on est effrayé de tout ce que le poëte a rassemblé de turpitudes dans cet enfer des Césars. Le second, sous la forme d'un roman comique et licencieux, a fait une peinture des excès de son temps; ce roman est comme un long hymne en l'honneur de Giton, son horrible héros.

Pétrone était pourtant un voluptueux des plus habiles et des plus raffinés; Tacite l'appelle l'arbitre du bon goût, et ce surnom lui est resté (*arbiter*), sans impliquer une approbation de ses mœurs, que la cour de

Néron pouvait seule justifier. Pétrone, il est vrai, ne se piquait pas, comme Juvénal, d'être un sage incorruptible: il ne nombrait pas du doigt les infamies de son temps, pour en éloigner ceux qui n'y trempaient pas encore; il ne s'indignait nullement des scandales que chacun étalait avec cynisme; il s'en amusait, au contraire; il en riait le premier, et il avait l'air de regretter de n'en pas dire davantage. Son livre est un affreux tableau de la licence de Rome, et, quand on songe que nous ne possédons pas la dixième partie de ce roman d'aventures obscènes, il est facile de supposer que nous avons perdu les épisodes les plus révoltants, les descriptions les plus infâmes, les saletés les plus caractérisées, puisque l'œuvre de Pétrone a été mutilée par la censure chrétienne, qui n'a pas réussi à l'anéantir entièrement. Il reste assez d'impuretés de tout genre dans les fragments que nous avons conservés, pour juger à la fois l'ouvrage qui faisait les délices de la jeunesse romaine, l'auteur qui avait exécuté cet ouvrage d'après ses propres souvenirs et au reflet de ses impressions personnelles, enfin l'époque elle-même qui formait de tels auteurs et qui tolérait de tels livres. Il y a vingt passages dans le *Satyricon* qui sembleraient avoir été écrits dans un mauvais lieu, et la verve, l'entrain, la pétulance du romancier, accusent encore l'excitation qu'il avait cherchée dans les bras de l'amour, avant de prendre sa plume. Nous ne rappellerons pas les principales scènes de ce drame érotique et sotadique, ni l'orgie de Quartilla, ni celle de Trimalcion, ni celle de Circé; car, en cet étrange roman, l'orgie succède à l'orgie avec une terrible puissance, et les personnages se meuvent constamment dans une atmosphère embrasée de luxure! Ascylte et Giton, que Pétrone s'est plu à représenter sous les couleurs les plus séduisantes, sont pourtant des types de bassesse et de perversité. L'un, suivant les expressions mêmes de l'auteur, est un jeune adolescent que toutes les débauches ont souillé, affranchi par la Prostitution, citoyen par elle (*stupro liber, stupro ingenuus*), dont le sort des dés disposait comme d'un enjeu et qui se louait pour fille à ceux mêmes qui le croyaient homme; l'autre, l'exécrable Giton, prit la robe de femme en guise de toge virile, dit Pétrone, et, croyant devoir dès le berceau n'être point de son sexe, fit œuvre de prostituée dans un bouge d'esclaves (*opus muliebre in ergastulo fecit*). Après de semblables portraits, on ne peut que s'étonner de ne pas les trouver tenant mieux parole et répondant à ce qu'ils avaient promis. Ainsi, le mariage de la petite fille de sept ans Pannychis, avec Giton, offrait sans doute des détails extraordinaires, qui auront empêché de dormir quelque rhéteur devenu Père de l'Église, et que sa chaste main aura fait disparaître sans faire grâce à l'originalité et à la richesse du récit. Il est possible de juger ce qui manque à cet endroit, par la prodigieuse scène qui se passa dans le sanctuaire du temple de Priape, lorsque le héros du lieu, ayant eu l'imprudence de tuer les oies sacrées qui le harcelaient, se voit à la merci de la prêtresse du dieu Ænothée et de sa compagne Proselenos. Le latin seul a le privilége incontesté de mettre en relief de pareilles horreurs, que le français rougirait de reproduire même en les enveloppant de gaze transparente. Voici les singulières et malhonnêtes représailles que les deux vieilles tirent du pauvre tueur d'oies: «*Profert Ænothea scorteum fascinum, quod ut oleo et minuto pipere, atque urticæ trito circumdedit semine, paulatim cœpit inserere ano meo. Hoc crudelissima anus spargit subinde humore femina mea. Masturisi succum cum abrotono miscet, perfusisque inguinibus meis, viridis urticæ fascem comprehendit, omniaque infra umbilicum cœpit lenta manu.*» C'est peut-être le seul passage d'un auteur ancien dans lequel il soit question, au point de vue érotique, de la flagellation avec des orties vertes. On ne s'explique pas que les moines des premiers siècles, qui faisaient une si aveugle guerre aux œuvres profanes de l'antiquité, aient laissé subsister dans Pétrone ce passage effroyable.

Presque tous les aspects de la Prostitution antique se retrouvent dans le *Satyricon*, où l'on ne rencontre que prostituées, mignons, courtiers d'amour, tout ce qu'il y a d'impur dans le trafic de la femme et de l'homme. Parmi les entremetteuses, figure une matrone des plus respectées nommée Philumène qui, grâce aux complaisances de sa jeunesse, avait escroqué plus d'un testament; qui, après que l'âge eut flétri ses charmes, prodiguait son fils et sa fille aux vieillards sans postérité, et soutenait par ces successeurs l'honneur de son premier métier. Cette Philumène envoya les deux enfants dans la maison d'Eumolpe, grave personnage plein d'ardeur et de caprice, qui aurait pris des libertés avec une vestale, et qui ne balança pas à inviter la petite aux mystères de Vénus Callipyge (*non distulit puellam invitare ad Pygisiaca sacra*). Puis, le narrateur, qui parle latin, par bonheur, entre dans les détails, que nous ne traduisons pas en style pudique et incolore. Eumolpe avait dit à tout le monde, qu'il était goutteux et perclus des reins: «*Itaque, ut constaret mendacio fides, puellam quidem exoravit, ut sederet supra commendatam bonitatem. Coraci autem imperavit, ut lectum, in quo ipse jacebat, subiret, positisque in pavimento manibus, dominum lumbis suis commoveret. Ille lento parebat imperio, puellæque artificium pari motu remunerabat.*» Tel est, en quelque sorte, le tableau final du roman. Les petites pièces de vers, qu'on a recueillies à la suite et qui faisaient partie, prétend-on, du texte en prose supprimé ou perdu, renferment quelques pièces amoureuses adressées évidemment à des courtisanes, qu'elles nous font connaître par des éloges plutôt que par des épigrammes à la manière de Martial. Pétrone était trop ami des choses douces et agréables pour s'envenimer l'esprit à l'endroit de ces créatures, auprès desquelles il ne cherchait que son plaisir. Sertoria est la seule qu'il maltraite un peu, et peut-être dans une bonne intention, pour la corriger de se farder sans en avoir besoin: «C'est perdre en même temps, lui dit-il, ton fard et ton visage!» Quand Martia lui envoie de la campagne et châtaignes épineuses et oranges parfumées, il lui écrit d'apporter elle-même ses présents ou de joindre un envoi de baisers à celui des fruits: «Je les mangerai ensemble (*vorabo lubens*),» dit-il à cette aimable campagnarde. Mais une autre est à ses côtés, une autre qu'il ne nomme pas; elle porte une rose sur sa gorge: «Cette rose, dit-il galamment, tire de ton sein une rosée d'ambroisie, et c'est alors qu'elle sentira vraiment la rose.» La nuit, il s'éveille à demi, sous le charme d'un songe charmant; il entend la voix de Délie, qui lui parle d'amour et qui lui laisse un baiser imprimé sur le front; il l'appelle à son tour, il étend les bras; mais il ne trouve plus autour de lui que la nuit et le silence: «Hélas! murmure-t-il, c'était un écho de mon cœur et de mon oreille!» Mais à Délie succède Aréthuse, l'ardente Aréthuse aux cheveux dorés, qui pénètre à pas discrets dans la chambre de son amant et qui est déjà frémissante auprès de lui; elle ne s'endormira pas, la folle maîtresse! elle imite curieusement les poses et les inventions voluptueuses qu'elle a étudiées dans le fameux code du plaisir et dans les dessins qui l'accompagnent (*dulces imitata tabellas*): «Ne rougis de rien, lui dit Pétrone, qui l'encourage, sois plus libertine que moi!» (*Nec pudeat quidquam, sed me quoque nequior ipsa.*) Bassilissa ne lui en offrait pas autant: elle n'accordait ses faveurs, qu'ayant été prévenue à l'avance (*et nisi præmonui, te dare posse negas*). Pétrone lui vante les délices de l'imprévu: «Les plaisirs nés du hasard, lui dit-il avec humeur, valent mieux que ceux qui ont été prémédités par lettres.» Ce fut probablement pour se venger des résistances calculées de Bassilissa, qu'il lui reprochait de mettre trop de rouge à ses joues et trop de pommade dans ses cheveux: «Se déguiser sans cesse, lui dit-il rudement, n'est pas se fier à l'amour (*fingere te semper non est confidere amori*).» Pétrone, riche et généreux, beau et bien fait, impatient de jouissances et infatigable, multipliait ses amours et changeait tous les jours de maîtresse. Il serait mort d'épuisement et de débauche, si la colère de Néron ne l'avait contraint à se faire ouvrir les veines pour échapper à la crainte du supplice qui troublait sa vie menacée; il eût préféré une mort plus lente et plus voluptueuse, car il avait coutume de répéter cet axiome, qu'il mettait si largement en pratique: «Les bains, les vins, l'amour détruisent la santé du corps, et ce qui fait le bonheur de la vie, ce sont les bains, les vins et l'amour.»

Balnea, vina, Venus, corrumpunt corpora sana;
Et vitam faciunt balnea, vina, Venus.

12

Sommaire.—Les empereurs romains.—Influence perverse de leurs mœurs dépravées.—Rigueur des lois relatives à la moralité publique avant l'avénement des empereurs.—L'édile Quintus Fabius Gurgès.—Les édiles Vilius Rapullus et M. Fundanius.—Le consul Postumius.—Le chevalier Ebutius et sa maîtresse, la courtisane Hispala Fecenia.—Jules César.—Déportements de cet empereur.—Femmes distinguées qu'il séduisit.—Ses maîtresses Eunoé et Cléopâtre.—Infamie de ses adultères.—César et Nicomède, roi de Bithynie.—Chanson des soldats romains contre César.—Octave, empereur.—Son impudicité.—Épisode singulier des amours tyranniques d'Auguste.—Répugnance d'Auguste pour l'adultère.—Son inceste avec sa fille Julie.—Son goût immodéré pour les vierges.—Sa passion pour le jeu.—Ses femmes Claudia, Scribonia et Livia Drusilla.—Le *Festin des douze divinités*.—Apollon *bourreau*.—Tibère, empereur.—Son penchant pour l'ivrognerie.—Sévérité de ses lois contre l'adultère.—Étranges contradictions qu'offrirent la vie publique et la vie privée de cet empereur.—Tibère *Caprineus*.—Abominable vie que menait ce monstre dans son repaire de l'île de Caprée.—Le tableau de Parrhasius.—Portrait physique de Tibère.—Caligula, empereur.—Ses amours infâmes avec Marcus Lépidus et le comédien Mnester.—Sa passion pour la courtisane Pyrallis.—Comment cet empereur agissait envers les femmes de distinction.—Le *vectigal* de la Prostitution.—Ouverture d'un lupanar dans le palais impérial.—Le préfet des voluptés.—Claude, empereur.—Honteuses débauches de ses femmes Urgulanilla et Messaline.—Néron, empereur.—Sa jeunesse.—Ses soupers publics au Champ-de-Mars et au grand Cirque.—Les hôtelleries du golfe de Baïes.—Pétrone, *arbitre du plaisir*.—Abominables impudicités de Néron.—Son mariage avec Sporus.—Sa passion incestueuse pour sa mère Agrippine.—Les *métamorphoses des dieux*.—Acté, concubine de Néron.—Galba, empereur.—Infamie de ses habitudes.—Othon, empereur.—Ses mœurs corrompues.—Vitellius, empereur.—Ses débordements.—Son amour pour l'affranchi Asiaticus.—Son insatiable gloutonnerie.—Vespasien, empereur.—Retenue de ses mœurs.—Cénis, sa maîtresse.—Titus, empereur.—Sa jeunesse impudique.—Son règne exemplaire.—Domitia et l'histrion Pâris.—Domitien, empereur.—Ses déportements.—Peines terribles contre l'inceste des Vestales.—Nerva, Trajan et Adrien, empereurs.—Antonin-le-Pieux et Marc-Aurèle.

Ce fut sous les empereurs, ce fut par l'influence perverse de leurs mœurs dépravées, ce fut par leur exemple et à leur instigation malfaisante, que la société romaine fit d'effrayants progrès dans la corruption, qui acheva de la désorganiser et de préparer les voies au triomphe de la morale chrétienne. Cette pure et sainte morale avait bien jeté quelques éclairs précurseurs dans la philosophie du paganisme; mais ses conseils étaient sans force et sans portée, parce qu'ils n'émanaient pas encore de l'autorité religieuse, parce qu'ils ne découlaient pas du dogme lui-même, parce qu'ils restaient étrangers au culte. La religion des faux dieux, au contraire, semblait donner un démenti permanent aux doctrines philosophiques, qui tendaient à rendre l'homme meilleur, en lui apprenant à se laisser diriger par l'estime de soi et à mériter aussi l'estime des autres. Cette religion, toute matérielle et toute sensuelle, ne pouvait suffire aux esprits élevés et aux nobles cœurs, que l'Évangile du Christ allait trouver tout prêts à le comprendre; mais il fallait des siècles de travail mystérieux dans les âmes, pour les approprier, en quelque sorte, à la foi nouvelle, à la morale. Tous les excès du luxe, tous les débordements des passions, toutes les recherches du plaisir furent le résultat d'une extrême civilisation qui n'avait pas de frein religieux et qui n'aspirait pas à un autre but qu'à la satisfaction de l'égoïsme le plus brutal.

Jamais cet égoïsme ne fut poussé si loin qu'à l'époque des Césars, qui en ont été, pour ainsi dire, la monstrueuse personnification.

«Le vice est à son comble!» s'écriait tristement Juvénal effrayé des infamies qu'il dénonçait dans ses satires: *Omne in præcipiti vitium stetit*. Dans vingt endroits de son recueil, ce farouche stoïcien maudit les turpitudes de son temps et regrette les vertus austères des Romains de la République: «Voilà, malheureux, à quel point de décadence nous sommes parvenus! dit-il avec amertume... Nous avons, il est vrai, porté nos armes aux confins de l'Hibernie, nous avons tout récemment soumis les Orcades et la Bretagne, où les nuits sont si courtes; mais ce que fait le peuple vainqueur dans la Ville éternelle, les peuples vaincus ne le font pas!» L'histoire de Rome, en effet, avant la dépravation impériale, est pleine de faits qui témoignent, sinon de la pureté des mœurs, du moins de la rigueur des lois relatives à la moralité publique. L'an 457 de la fondation de Rome, Quintus Fabius Gurgès, fils du consul, signala son édilité en accusant au tribunal du peuple certaines matrones qui se livraient à la débauche (*matronas stupri damnatas*), et les fit condamner à une amende énorme dont le produit fut employé à ériger un temple à Vénus, auprès du grand Cirque. L'an 539, les édiles populaires, Vilius Rapullus et M. Fundanius intentèrent une accusation semblable à des matrones coupables de pareils désordres, et les envoyèrent en exil. L'an 568, le consul Postumius, ayant été averti des hideuses obscénités qui se commettaient dans la célébration des Bacchanales, prit des mesures vigoureuses pour extirper le mal dans sa racine, et pour anéantir la secte impudique qui se propageait dans l'ombre, sous le vain prétexte des mystères de Bacchus. Un jeune chevalier romain, nommé Ebutius, était venu se plaindre au consul qu'on avait entraîné sa maîtresse aux Bacchanales. Cette maîtresse n'était pourtant qu'une courtisane appelée Hispala Fecenia; esclave dans sa jeunesse, depuis son affranchissement elle continuait son ancien métier, au-dessus duquel la plaçait l'élévation de ses sentiments. Elle avait contracté avec Ebutius une liaison qui ne nuisait pas à la réputation du jeune homme, quoiqu'il vécût aux dépens de cette affranchie (*meretriculæ munificentiâ continebatur*). Hispala demeurait sur le mont Aventin, où elle était bien connue (*non ignotam viciniæ*). Le consul pria sa belle-mère Sulpicia de mander cette courtisane, qui ne fut pas peu étonnée d'être introduite chez une matrone respectable. Là,

Postumius l'interrogea en présence de sa belle-mère, et il obtint la révélation complète de toutes les horreurs qui avaient lieu dans les assemblées nocturnes des Bacchanales. Le lendemain, il alla au sénat, et il demanda les moyens d'exterminer une secte infâme qui comptait déjà sept mille initiés à Rome et aux environs. Le sénat partagea l'indignation de Postumius et prononça des peines terribles contre les abominables auteurs des Bacchanales. Quant à Ebutius et à sa compagne, ils furent généreusement récompensés: le sénatus-consulte déclara que la belle Hispala, malgré son origine et malgré son métier, pourrait épouser un homme de condition libre, sans que ce mariage pût compromettre en rien la fortune et la réputation de son mari. Elle épousa Ebutius et prit le rang de matrone, sous la sauvegarde des consuls et des préteurs, qui devaient la garantir de toute insulte. Les Bacchanales, flétries et proscrites par arrêt du sénat, n'osèrent reparaître à Rome que sous le règne des empereurs.

Les mœurs publiques furent perdues, dans tout l'empire romain, du jour où le chef de l'État cessa de les respecter lui-même, et donna le signal des vices qu'il était appelé à réprimer. Jules César, ce grand homme dont le génie éleva si haut la puissance romaine, par les armes, la politique et la législation; Jules César fut le premier à offrir aux Romains le spectacle corrupteur de ses déportements. On eût dit qu'il voulait prouver par là que son ancêtre Énée lui avait transmis quelque chose du sang de Vénus. Tous les historiens, Suétone, Plutarque, Dion Cassius, s'accordent à reconnaître qu'il était très-porté aux plaisirs de l'amour, et qu'il n'y épargnait pas la dépense: *pronum et sumptuosum una in libidines fuisse*, dit Suétone. Il séduisit un grand nombre de femmes distinguées, telles que Postumia, femme de Servius Sulpicius; Lollia, femme d'Aulus Gabinius; Tertulla, femme de Marcus Crassus; et Marcia, femme de Cneius Pompée; mais il n'aima aucune femme plus que Servilie, mère de Brutus. Il lui donna, pendant son premier consulat, une perle qui avait coûté six millions de sesterces (1,162,500 fr.), et, à l'époque des guerres civiles, outre les riches présents dont il la combla, il lui fit adjuger à vil prix les plus beaux domaines, qu'on vendait alors aux enchères. Comme on s'étonnait du bon marché de ces acquisitions, Cicéron répondit par cette épigramme: «Le prix est d'autant plus avantageux, qu'on a fait déduction du tiers.» Le jeu de mots signifiait aussi: «*On a livré Tertia.*» On soupçonnait, en effet,

Servilie de favoriser elle-même un commerce scandaleux entre sa fille Tertia et son propre amant. César ne respectait pas davantage le lit conjugal dans les provinces où il passait avec son armée; après la conquête des Gaules, le jour de son triomphe, ses soldats chantaient en chœur:

> Urbani, servate uxores, mœchum calvum adducimus!
> Aurum in Galliâ effutuisti; at hic sumsisti mutuum.

«Citadins, gardez bien vos épouses, voici que nous ramenons le libertin chauve! César, tu as répandu en amour dans les Gaules tout l'or que tu as pris à Rome!» Jules César fut l'amant de plusieurs reines étrangères, entre autres d'Eunoé, femme du roi de Mauritanie. Il aima surtout avec passion la voluptueuse Cléopâtre, reine d'Égypte, qui lui donna un fils qu'il eût voulu choisir pour héritier.

Ses ardeurs vénériennes s'étaient tellement accrues, au lieu de diminuer avec les années, qu'il convoitait toutes les femmes de l'empire romain, et qu'il eût souhaité pouvoir en disposer à son choix. Il avait rédigé un singulier projet de loi, qu'il eut honte pourtant de présenter à la sanction du sénat: par cette loi, il se réservait le droit d'épouser autant de femmes qu'il voudrait, pour avoir autant d'enfants qu'il était capable d'en produire. L'infamie de ses adultères était si notoire, raconte Suétone, que Curion le père, dans un de ses discours, l'avait qualifié *mari de toutes les femmes* et *femme de tous les maris*. La seconde partie de cette sanglante épigramme tombait à faux, car, suivant l'histoire, César ne pécha qu'une seule fois dans sa vie par *impudicité*, c'est-à-dire en s'adonnant au vice contre nature (ce vice seul était aux yeux des Romains un outrage à la pudeur); mais ce honteux égarement de César eut un si fâcheux éclat, qu'un opprobre ineffaçable en rejaillit sur son nom dans le monde entier. La calomnie s'empara sans doute d'un fait, qui n'avait été qu'un accident de débauche, et qui aurait passé inaperçu, si les deux coupables n'eussent pas été Jules César et le roi Nicomède. Cicéron rapporte, dans ses lettres, que César fut conduit par des gardes dans la chambre du roi de Bithynie; qu'il s'y coucha, couvert de pourpre, sur un lit d'or, et que ce descendant de Vénus prostitua sa virginité à Nicomède (*floremque ætatis à Venere orti in Bithynia contaminatum*). Depuis cette infâme complaisance, César se vit en butte aux ironies les plus amères, et il les supporta patiemment, sans y répondre et sans les démentir. Tantôt Dolabella l'appelait en plein sénat: la *concubine d'un roi*, la *paillasse de la couche royale*; tantôt le vieux Curion le traitait de *lupanar de Nicomède* et de *prostituée bithynienne*. Un jour, comme César s'était fait le défenseur de Nysa, fille de Nicomède, Cicéron l'interrompit, avec un geste de dégoût, en disant: «Passons, je vous prie, sur tout cela; on sait trop ce que vous avez reçu de Nicomède, et ce que vous lui avez donné!» Une autre fois, un certain Octavius, qui se permettait tout impunément, parce qu'il passait pour fou, salua César du titre de *reine*, et Pompée, du titre de *roi*. C. Memmius racontait à qui voulait l'entendre, qu'il avait vu le jeune César servant Nicomède à table et lui versant à boire, confondu qu'il était avec les eunuques du roi. Enfin, quand César montait au Capitole, après la soumission des Gaules, les soldats chantaient gaiement autour de son char de triomphe: «César a soumis les Gaules, Nicomède a soumis César. Voici que César triomphe aujourd'hui pour avoir soumis les Gaules; Nicomède ne triomphe pourtant pas, lui qui a soumis César.»

Octave ne resta point au-dessous de César, en fait d'impudicité: «Sa réputation fut flétrie dès sa jeunesse par plus d'un opprobre,» lit-on dans Suétone. Sextus Pompée le traita d'efféminé; Marc-Antoine lui reprocha d'avoir acheté, au prix de son déshonneur, l'adoption de son oncle; Lucius, frère de Marc-Antoine, prétendit qu'Octave, après avoir livré la fleur de son innocence à César, la vendit une seconde fois en Espagne à Hirtius pour 300,000 sesterces (58,225 fr.); Lucius ajoutait qu'Octave avait coutume alors de se brûler le poil des jambes avec des coquilles de noix ardentes, afin que ce poil repoussât plus doux. Tout le peuple lui appliqua un jour, avec une joie maligne, un vers prononcé sur la scène pour désigner un prêtre de Cybèle jouant du tambourin: *Viden, ut cinædus orbem digito temperat?* L'équivoque roulait sur le mot *orbem*, qui pouvait s'entendre à la fois du tambourin, de l'univers et des parties déshonnêtes que gouvernait aussi le doigt d'un vil cinæde. Mais plus tard Octave réfuta ces accusations, peut-être calomnieuses, par la chasteté de ses mœurs à l'égard d'un vice qu'on n'eut pas à lui reprocher davantage, lorsqu'il eut atteint l'âge d'homme. Quant à ses mœurs, sous un autre rapport, elles étaient loin d'être chastes ou même réservées. Il semblait avoir hérité de la fureur amoureuse de Jules

César pour toutes les femmes. En dépit de ses lois contre l'adultère, il ne fut point aussi sévère pour lui-même, qu'il l'était pour les autres, et il n'épargna pas, pour son propre compte, l'honneur nuptial de ses sujets. Marc-Antoine prétendait avoir été témoin d'un épisode singulier des amours tyranniques de l'empereur: au milieu d'un festin, Auguste fit passer, de la salle à manger dans une chambre voisine, la femme d'un consulaire, quoique le mari de celle-ci fût au nombre des invités; et, lorsqu'elle revint avec Auguste, après avoir donné aux convives le temps de vider plus d'une coupe à la gloire de César, la dame avait les oreilles rouges et les cheveux en désordre. Le mari seul n'y prit pas garde. Avant que Marc-Antoine se fût déclaré son ennemi et son compétiteur, il lui écrivait familièrement: «Qui t'a donc changé? Est-ce l'idée que je possède une reine? Mais Cléopâtre est ma femme, et ce n'est pas d'hier, car il y a neuf ans. Mais tu ne te contentes pas de Livie? Oui, tu es un tel homme, que, quand tu liras cette lettre, je te crois capable d'avoir pris Tertulla, ou Térentilla, ou Ruffilla, ou Salvia Titiscénia, ou peut-être toutes. Peu t'importe en quel lieu et pourquoi tes désirs s'éveillent?» (*Anne refert ubi et in quam arrigas?*)

Quelle que fût néanmoins l'incontinence d'Auguste, il avait certaine répugnance pour l'adultère, qui lui semblait une plaie sociale, et qu'il essaya inutilement de combattre par des lois rigoureuses. Quand il se permettait d'enfreindre lui-même sa législation à cet égard, il n'épargnait aucune précaution pour cacher une faiblesse dont il rougissait, et qu'il n'avouait pas à ses plus chers confidents. Ainsi, le poëte Ovide paya de sa disgrâce éclatante le malheur d'avoir été témoin des amours incestueux de l'empereur avec sa fille Julie. Auguste n'avait pas à craindre sans doute une indiscrétion, de la part de ce fidèle serviteur, qui était son rival ou qui passait pour l'être; mais il ne voulait pas s'exposer à voir en face, à tout moment, un homme devant lequel il s'était déshonoré. Dans sa jeunesse, ces scrupules ne le tourmentaient pas, puisque ses amis, selon Suétone, ne s'occupaient qu'à lui chercher des femmes mariées et des filles nubiles, qu'ils faisaient mettre nues devant eux, pour les examiner comme des esclaves en vente au marché de Toranius. Ces tristes objets de la luxure impériale devaient, avant d'être choisis et approuvés, remplir certaines conditions requises par les caprices d'Auguste, qui se montrait curieux des plus secrets détails de leur beauté. C'est ainsi que les commentateurs ont interprété ces mots *conditiones quæsitas*, que l'historien a laissés, en quelque sorte, sous un voile transparent. L'ardeur d'Auguste pour les plaisirs des sens ne se refroidit pas avec l'âge, mais il cessa de prendre ses maîtresses parmi les mères de famille, qui ne lui inspiraient plus les mêmes désirs, et il se rejeta exclusivement sur les vierges (*ad vitiandas virgines promtior*); on lui en amena de tous côtés, et sa femme même se prêtait à les introduire auprès de lui. Cette espèce de fureur ne pouvait toujours durer, et la vieillesse y mit bon ordre. Ce fut alors qu'à la passion des femmes succéda celle du jeu, moins fatigante et non moins insatiable que l'autre. Auguste, en jouant aux dés, souriait encore au coup de Vénus (trois six) qui faisait rafle, comme il le dit gaiement dans une lettre à Tibère.

Le goût immodéré qu'il avait pour les vierges, dans la dernière partie de sa vie, ne lui était venu qu'au déclin de sa virilité. Lorsqu'il se sentait jeune et vigoureux, il avait vécu avec sa première femme Claudia, qui était à peine nubile, sans réclamer l'usage de ses droits de mari; car elle n'était pas moins vierge que la veille de son mariage, quand il se sépara d'elle pour épouser Scribonia, veuve de deux consulaires. Il répudia également Scribonia, à cause de la perversité des mœurs de cette mère de famille. Il se maria en troisièmes noces avec Livia Drusilla, qu'il avait enlevée à Tibère Néron, dont elle était enceinte; il l'aima constamment, malgré les infidélités perpétuelles qu'il ne prenait pas seulement la peine de lui cacher. Satisfaite d'être aimée par-dessus tout, Livie ne regardait pas comme des rivales toutes ces femmes vénales qui se succédaient dans les bras de son mari. Si énormes que fussent les excès d'Auguste en cheveux gris, ils étaient toujours effacés, dans l'opinion publique, par ceux de sa jeunesse. On avait beaucoup parlé surtout d'un souper mystérieux, qu'on appelait vulgairement le *Festin des douze divinités*, souper où les convives, habillés en dieux et en déesses, imitèrent les scènes indécentes que la poésie antique a placées dans l'Olympe, sous l'influence de l'ambroisie qu'Hébé et Ganymède y versaient à la ronde. Dans cette orgie, Octave avait représenté Apollon, et un satirique anonyme immortalisa le souvenir de ces impiétés obscènes dans ces vers fameux: «Lorsque César osa prendre le masque d'Apollon et célébrer dans un festin les adultères des dieux, ces dieux indignés s'éloignèrent du séjour des mortels et Jupiter lui-même abandonna ses temples dorés.» Ce souper, dont les particularités ne furent jamais bien connues, coïncidait avec la disette à laquelle Rome était alors en proie: «Les dieux ont mangé tout le blé!» dirent les Romains, en apprenant que l'Olympe avait soupé dans le palais de César: «Si César est, en effet, le dieu Apollon, murmuraient les plus hardis, c'est Apollon bourreau.» Le dieu était adoré sous le nom de *Tortor*, dans un quartier de la ville où l'on vendait les instruments de supplice, entre autres les verges. Suivant un scholiaste, cette injurieuse qualification appliquée à Auguste faisait allusion au rôle qu'il avait joué dans cette fête nocturne.

Les orgies d'Auguste étaient naïves et innocentes auprès de celles qui faisaient la distraction du vieux Tibère. Cet empereur, que son penchant pour l'ivrognerie avait conduit par degrés à tous les vices les plus hideux, se piquait pourtant de réformer les mœurs des Romains; il renchérit sur la sévérité des lois que son prédécesseur avait faites contre l'adultère; il rétablit l'ancien usage de faire prononcer, par une assemblée de parents, à l'unanimité des voix, le châtiment des femmes qui auraient manqué à la foi conjugale; quant aux maris qui fermaient les yeux sur le scandale de la conduite de leurs épouses, il les força de répudier avec éclat ces impudiques; il exila dans les îles désertes des patriciennes qui s'étaient fait inscrire sur les listes de la Prostitution pour se livrer sans danger à leurs déportements; il bannit de Rome les jeunes libertins de condition libre, qui, pour obtenir le droit de paraître sur le théâtre ou dans l'arène, avaient volontairement requis d'un tribunal la note d'infamie. Mais il ne tenait pour lui-même aucun compte des austères prescriptions de sa jurisprudence, et il avait l'air de chercher à commettre des crimes ou des turpitudes que nul avant lui n'eût osé imaginer. Ses actes de magistrat suprême et son genre de vie présentaient sans cesse les plus étranges contradictions; un jour, dans le sénat, il apostropha durement Sestius Gallus, vieillard prodigue et libidineux, qui avait été flétri par Auguste, et peu d'instants après, en sortant, il s'invita lui-même à souper chez ce vieux libertin, à condition que rien ne serait changé aux habitudes de la maison, et que le repas serait servi comme à l'ordinaire par de jeunes filles nues (*nudis puellis ministrantibus*). Une autre fois, pendant qu'il travaillait à la réformation des mœurs, il passa deux jours et une nuit à table avec Pomponius Flaccus et L. Pison, qu'il récompensa de leurs infâmes complaisances, en nommant l'un gouverneur de Syrie et l'autre préfet de Rome, et en les appelant, dans ses lettres patentes, «ses plus délicieux amis de toutes les heures.» Il punissait de mort quiconque, homme ou femme, ne se prêtait pas aussitôt à ses sales désirs. C'est pour se venger d'un refus de cette espèce, qu'il fit accuser par ses délateurs la belle Mallonia, qui préféra la mort à la honte. Durant les débats du procès, il la conjurait de se repentir, mais elle se perça d'une épée, après l'avoir traité tout haut de «vieillard à la bouche obscène, velu et puant comme un bouc.» Aussi, aux premiers jeux qui furent célébrés depuis cette tragique aventure, tous les spectateurs applaudirent, en appliquant à Tibère ce passage d'une atellane: «Tel on voit un vieux bouc lécher les chèvres (*hircum vetulum capreis naturam ligurire*).» Le peuple avait surnommé l'empereur *Caprineus*, en faisant allusion en même temps à ses mœurs de bouc et à son séjour habituel dans l'île de Caprée.

Voici comment Suétone a raconté l'abominable vie que menait ce monstre au fond de son repaire: «Il imagina une grande chambre, dont il fit le siège de ses plus secrètes débauches. Là, des troupes choisies de jeunes filles et de jeunes garçons, dirigées par les inventeurs d'une monstrueuse Prostitution, qu'il appelait *spinthries* (étincelles), formaient une triple chaîne, et, mutuellement enlacées, passaient devant lui, pour ranimer par ce spectacle ses sens épuisés. Il avait aussi plusieurs chambres diversement arrangées pour le même usage; il les orna de tableaux et de bas-reliefs représentant les sujets les plus lascifs; il y rassembla les livres d'Éléphantis, afin que le modèle ne manquât pas à la circonstance (*ne cui in opera edenda exemplar imperatæ schemæ deesset*). Dans les bois et dans les forêts il ne vit que des asiles consacrés à Vénus, et il voulut que les grottes et les creux des rochers offrissent sans cesse à ses regards des couples amoureux en costumes de nymphes et de satyres... Il poussa la turpitude encore plus loin, et jusqu'à des excès qu'il est aussi difficile de croire que de rapporter: il avait dressé des enfants de l'âge le plus tendre, qu'il appelait ses *petits poissons*,—*ut natanti sibi inter femina versarentur ac luderent, linguâ morsuque sensim appetentes, atque etiam, quali infantes firmiores, necdum tamen lacte depulsos, inguini ceu papillæ admoveret;*—genre de plaisir, auquel son âge et son tempérament le portaient le plus. Ainsi, quelqu'un lui ayant légué le tableau de Parrhasius, où Atalante prostitue sa bouche à Méléagre, et le testament lui donnant la faculté de recevoir, à la place de ce tableau, si le sujet lui déplaisait, un million de sesterces (193,750 fr.), il préféra le tableau et le fit placer, comme un objet sacré, dans sa chambre à coucher. On dit aussi qu'un jour, pendant un sacrifice, il s'éprit de la beauté d'un jeune garçon qui portait l'encens; il attendit à peine que la cérémonie fût achevée, pour assouvir à l'écart son ignoble passion, à laquelle dut se prêter aussi le frère de ce malheureux, qu'il avait remarqué jouant de la flûte; ensuite, comme ils se reprochaient l'un à l'autre leur opprobre, il leur fit casser les jambes à tous deux. Le portrait physique de Tibère achèvera de caractériser ses mœurs: «Il était gros et robuste, d'une taille au-dessus de l'ordinaire, large des épaules et de la poitrine, bien fait et bien proportionné. Il était plus adroit et plus fort de la main gauche, que de l'autre main: les articulations en étaient si vigoureuses, qu'il perçait du doigt une pomme encore verte, et que d'une chiquenaude il blessait la tête d'un enfant ou même d'un jeune homme... Son visage était beau, mais sujet à se couvrir subitement de boutons...»

Caligula, encore moins réservé que Tibère, qu'il s'étudiait à imiter, afficha effrontément ses amours infâmes avec Marcus Lépidus, le comédien Mnester et plusieurs otages avec lesquels il avait un commerce réciproque (*commercio mutui stupri*). Valérius Catullus, fils d'un consulaire, lui reprocha un jour d'avoir abusé de sa jeunesse (*stupratum à se ac latera sibi contubernio ejus defessa, etiam vociferatus est*); mais, grossier et brutal dans ses plaisirs, il ne les variait par aucun raffinement de volupté, et la gourmandise, plutôt que la luxure, inspirait les déréglements de son imagination. Il chercha l'extraordinaire, le monstrueux, excepté en amour, qui ne fut pas même un prétexte à ses prodigalités. «Sans parler de ses incestes avec ses sœurs et de sa passion bien connue pour la courtisane Pyrallis, raconte Suétone, il ne respecta aucune femme de la plus haute distinction (*non temere ullâ illustriore feminâ abstinuit*). Ordinairement il invitait à souper ces dames avec leurs maris, et là, les faisant passer devant lui, il les examinait longuement et minutieusement, à la façon des marchands d'esclaves. Puis, à plusieurs reprises, sortant de la salle du festin avec celle qui lui avait plu, il la ramenait bientôt, sans cacher les souillures récentes de sa débauche, et louait ou critiquait tout haut cette malheureuse, dont il énumérait les beautés ou les imperfections corporelles, ainsi que ses propres exploits. Il en répudia quelques-unes au nom de leurs époux absents, et il fit insérer ces divorces dans les actes publics.» Au reste, Caligula fit, en quelque sorte, oublier ses désordres par ses ingénieuses cruautés, par ses folles dépenses et par ses impitoyables exactions. Parmi les impôts bizarres et ignobles qu'il établit à Rome, il faut citer le *vectigal* de la Prostitution: chaque prostituée était taxée au prix qu'elle exigeait elle-même en vendant son corps (*ex capturis prostitutarum, quantum quæque uno concubitu mereret*). L'empereur ajouta depuis, à ce chapitre de la loi, qu'un pareil droit serait exigé de tous ceux, hommes et femmes, qui avaient vécu du *lenocinium* et du *meretricium*. On comprend que la fixation de cet impôt ne pouvait être qu'arbitraire et facultative.

Mais un des faits les plus singuliers du règne de Caligula, c'est la fondation et l'ouverture d'un lupanar dans le palais des Césars. Ce fait monstrueux, qui est rapporté par Dion Cassius et par Suétone, a paru si peu vraisemblable à quelques critiques, qu'ils ont voulu voir une altération du texte dans ce passage, que Dion, à leur avis, aurait copié de confiance, d'après Suétone, en l'amplifiant et en le poétisant. Selon ces critiques, il s'agirait d'un tripot et non d'un lupanar. Dion ajoute seulement au récit de l'historien latin, que Caligula avait pris dans les Gaules l'idée de son lupanar impérial. «Afin qu'il n'y eût aucun genre d'exactions qui ne fût mis en pratique, il établit un lupanar dans le palais: là, un grand nombre de cellules furent construites et ornées suivant la convenance du lieu, et des matrones, des ingénus, occupèrent ces cellules. L'empereur envoyait ses nomenclateurs autour des places et des basiliques, pour inviter à la débauche (*in libidinem*) jeunes gens et vieillards. Les arrivants trouvaient à emprunter de l'argent à usure, et l'on prenait les noms de ceux qui payaient largement leur écot, comme s'ils souscrivaient ainsi pour l'accroissement des revenus de César.» Ces détails sont, en effet, très-vagues et très-obscurs; on les appliquerait plutôt à un tripot qu'à un lupanar, et l'on ne se rend pas compte surtout de cet emprunt qui attendait les nouveaux venus que les nomenclateurs avaient recrutés sur la voie publique. Suétone veut-il faire entendre par là que le prix de cette Prostitution, sous la garantie de l'empereur, était si considérable que nul n'avait assez d'argent sur soi pour la payer? Ce qui nous fait présumer que ce prétendu lupanar n'était qu'une maison de jeu, dirigée par des matrones et des fils de famille (*ingenui*), c'est que Suétone ajoute immédiatement des particularités qui ne peuvent se rapporter qu'aux jeux de hasard (*alea*), dans lesquels Caligula usait de fraude et de parjure pour être toujours maître de la chance.

Quoi qu'il en soit, si l'emploi de préfet des voluptés (*à voluptatibus*), créé par Tibère, subsista jusqu'au règne de Néron, il est certain que le lupanar impérial ne survécut pas à Caligula, qui l'avait inventé et qui en tirait de gros bénéfices. Son successeur Claude ne fut pas moins cruel ni moins sanguinaire que lui, mais il n'en arriva pas à de semblables excès d'impudeur. Il eut trop de femmes légitimes pour avoir beaucoup de maîtresses, et celles qu'il se donna, par caprice plutôt que par amour, n'eurent point assez de notoriété et d'éclat pour que l'histoire ait parlé d'elles. Suétone, qui a soin d'enregistrer les mariages et les divorces de Claude, en flétrissant les honteuses débauches (*libidinum probra*) de sa première femme, Urgulanilla, et les éclatants débordements de la troisième, Messaline, Suétone formule un jugement général à l'égard des mœurs de cet empereur: «Il aima passionnément les femmes, mais il n'eut aucun commerce avec les hommes (*libidinis in feminas profusissimæ, marium omnino expers*).» Quels que fussent d'ailleurs les désordres de Claude, ils étaient loin d'égaler ceux de cette Messaline qui a été immortalisée par Juvénal (voy. le fameux morceau de la Satire VI, page 22 du présent volume), et dont le nom est devenu, dans toutes les langues, le synonyme de la Prostitution la plus effrontée. Il faut chercher dans Tacite le récit des crimes et des impudicités de cette impératrice (Liv. XI), qui avait osé, du vivant de l'empereur, se marier publiquement avec Silius et célébrer ce mariage adultère par une orgie où elle joua le rôle de bacchante. Malgré l'identité d'une courtisane nommée Lysirca, qui ressemblait à Messaline, et qui avait pu se faire passer pour elle dans l'exercice de son métier de prostituée, nous n'entreprendrons pas de prouver que Messaline a été calomniée par l'histoire, et qu'une fatale ressemblance a fait seule son infâme célébrité.

L'exemple de Messaline semblait avoir encouragé Néron à surpasser ses prédécesseurs dans la carrière des crimes de la Prostitution. Dès qu'il eut levé le masque qui déguisait ses mauvais penchants, il se jeta dans tous les excès que le raffinement du libertinage avait pu imaginer et il donna satisfaction à tous ses vices. Dans les premiers temps, il s'imposait encore quelque contrainte en se livrant à la débauche, à la luxure et à ses passions pétulantes, qu'on pouvait faire passer pour des erreurs de jeunesse. Dès que le jour tombait, il se couvrait la tête du bonnet des affranchis ou d'une cape de muletier pour courir les cabarets et les lieux suspects; il vagabondait dans les rues, insultant les femmes, injuriant les hommes et frappant tout ce qui lui résistait. Il se compromettait alors avec les plus viles mérétrices, avec les plus indignes lénons; il battait souvent et se faisait battre quelquefois. C'était, suivant lui, une manière adroite d'étudier le peuple sur le fait, et d'apprendre à vivre en simple citoyen. Comme les lupanaires, les maîtres d'esclaves, les cabaretiers et les boulangers menaçaient de lui casser les reins, il ne sortit plus sans être suivi à distance par des gens armés, qui venaient au besoin lui prêter main-forte. Mais il dédaigna bientôt de cacher ses mœurs, et il se plut, au contraire, à les afficher devant tout le monde, sans s'inquiéter du scandale et du blâme. Ainsi, le voit-on souper en public, soit au Champ-de-Mars, soit au grand Cirque, et il se faisait servir par toutes les prostituées de Rome et par des joueuses de flûte étrangères (*inter scortorum totius urbis ambubaiarumque ministeria*).

Ce n'est pas tout; toutes les fois qu'il se rendait à Ostie par le Tibre ou qu'il naviguait autour du golfe de Baïes, on établissait, tout le long du rivage, des hôtelleries et des lieux de débauche où des matrones, jouant le rôle des maîtresses d'auberge, avec mille cajoleries, l'invitaient à s'arrêter. Il s'arrêtait fréquemment, et son voyage se prolongeait ainsi pendant des semaines. Un préfet des voluptés ne lui suffisant pas, il institua, en outre, un arbitre du plaisir, et ce fut Pétrone qui paraît avoir rempli cette charge difficile, au contentement de Néron. Il était non-seulement l'arbitre du plaisir, mais encore de l'élégance (*elegantiæ arbiter*, dit Tacite), et Tigellin ne lui pardonna pas d'être si habile dans la science des voluptés (*scientiâ voluptatum potiorem*). On ne saurait croire néanmoins que Pétrone *arbiter* ait approuvé les abominables impudicités que l'empereur se permettait sans la moindre hésitation, dès que l'idée lui en venait. Tacite, Suétone, Xiphilin, Aurelius Victor, ont parlé de ces infamies; mais ils ont évité de les peindre en détail et de faire comparaître dans ce hideux tableau les lâches complaisants qui partageaient l'orgie impériale ou qui en secondaient les turpitudes. Suétone, après avoir signalé le commerce pédagogique de Néron avec des ingénus (*ingenuorum pædagogia*) et ses adultères avec des femmes mariées, l'accuse simplement d'avoir violé la Vestale Rubria. Il est plus explicite sur son mariage exécrable avec Sporus, et sur son inceste avec sa mère.

Sporus était un jeune garçon, d'une beauté incomparable; Néron en devint éperdument amoureux, et il souhaita que Sporus fût une femme; il essaya, par un détestable égarement d'imagination, de changer le sexe du jeune homme, qu'il fit mutiler (*ex sectis testibus etiam in muliebrem transfigurare conatus*). Alors, lui ayant constitué une dot et le parant du voile nuptial comme une fiancée, il fit célébrer avec pompe la cérémonie d'un mariage, où il épousa son Sporus (*celeberrimo officio deductum ad se pro uxore habuit*), sous les regards d'une nombreuse assemblée qui applaudit à cette odieuse mascarade. Quelqu'un qui assistait à la fête se permit un bon mot qui aurait pu lui coûter cher: «Il aurait été fort heureux pour le genre humain, que le père de Néron, Domitius, eût épousé une pareille femme!» Néron resta longtemps épris de Sporus, qu'il avait revêtu du costume des impératrices et qu'il n'avait pas honte de laisser paraître à ses côtés en public; il voyagea en Grèce avec ce mignon, et de retour à Rome, il se montra en litière avec lui pendant les fêtes sigillaires, et on les voyait à chaque instant s'embrasser (*identidem exosculans*). Quant à sa mère, Agrippine, ce fut elle, selon Tacite, qui sollicita la première les sens de Néron pour se faire un crédit fondé sur une liaison impudique; mais Néron, tout en s'abandonnant à ces criminelles amours, n'accorda pas à sa complice le pouvoir qu'elle convoitait, et il ne tarda pas à se lasser des importunités qu'il s'était attirées comme un châtiment de son inceste. Selon Suétone, il aurait aimé follement Agrippine, sans arriver à l'accomplissement de ses désirs coupables, soit qu'Agrippine eût l'adresse et la force de les tenir en respect, soit plutôt qu'il en eût été détourné par ses confidents qui lui firent comprendre le danger de se mettre ainsi sous la sujétion d'une femme impérieuse. Il conserva toutefois à l'égard de sa mère une intention libertine, qui se traduisait par des actes impurs, lorsqu'il se promenait en litière avec elle. (*Olim etiam, quoties lectica cum matre veheretur, libidinatum inceste, ac maculis vestis proditum, affirmant.*) Bien plus, pour que l'illusion lui présentât mieux les apparences de la réalité, il admit au nombre de ses concubines une courtisane qui ressemblait singulièrement à Agrippine.

Néron se piquait d'être poëte, et il était entraîné par les fictions de la poésie à d'incroyables caprices de fureur érotique: ainsi, essayait-il d'imiter les métamorphoses des dieux en se revêtant de peaux de bêtes et en s'élançant, tantôt loup, tantôt lion, tantôt cygne, tantôt taureau, sur des femmes ou des hommes enchaînés ou libres, qu'il mordait, égratignait, mutilait, à son plaisir (*suam quidem pudicitiam usque adeo prostituit, ut contaminatis pæne omnibus membris, novissime quasi genus lusus excogitaret, quo feræ pelle contectus emitteretur e cavea, virorumque ac fœminarum ad stipitem deligatorum inguina invaderet*). Il renouvelait de la sorte la fable d'Andromède, de Léda, d'Io, et de tant d'autres contemporains des âges héroïques. Puis, exalté par ces obscènes mascarades, il se persuadait que les dieux favorables l'avaient changé en femme, et il se livrait à son affranchi Diophore en contrefaisant les cris d'une jeune vierge éperdue. (*Et quum affatim desævisset, conficeretur à Doryphoro liberto, cui etiam, sicut ipsi Sporus, ita ipse denupsit, voces quoque et ejulatus vim patientium virginum imitatus.*) Un pareil monstre n'était arrivé à ce comble de turpitude, qu'en faisant rejaillir sur l'humanité tout entière le mépris qu'il avait pour lui-même; il était convaincu qu'aucun homme n'est absolument chaste ni exempt de quelque souillure corporelle (*neminem hominem pudicum, aut ulla corporis parte purum esse*), mais il pensait que la plupart savaient dissimuler le vice et le cacher habilement: «Aussi, ajoute Suétone, pardonnait-il tous les autres défauts à quiconque avouait sa lubricité devant lui.» Ce misérable empereur était bien digne de mourir, en pleurant, dans les bras de l'infâme Sporus, qui ne mêla pas son sang à celui de ce compagnon de débauches, qu'il détestait, car Néron avait le corps tout couvert de taches et d'ulcères qui exhalaient une odeur infecte et qui provenaient de ses œuvres. Cependant ce fut sa concubine Acté qui déposa ses cendres, en les arrosant de larmes, dans le tombeau des Domitius.

Galba, quoiqu'il fît remonter son origine à Pasiphaé et à son taureau, n'avait pas le tempérament et la santé propres à continuer les énormes débordements de Néron. Il était d'une maigreur excessive, malgré les promesses de son nom, qui signifiait *gros* en langage gaulois, et cette maigreur étique accusait l'infamie de ses habitudes: il préférait aux jeunes gens les hommes robustes et même déjà vieux (*libidinis in mares pronioris, et eos, non nisi præduros, exoletosque*). Quand Icilus, un de ses anciens concubins (*veteribus concubinis*), vint lui annoncer en Espagne la mort de Néron, on raconte que, non content de l'embrasser indécemment devant tout le monde, il le fit épiler, et l'emmena coucher avec lui (*non modo artissimis osculis palam exceptum ab eo, sed, ut sine morâ velleretur, oratum atque seductum*).

Othon, qui ne laissa pas le temps à Galba de *jouir de sa jeunesse*, comme disaient les goujats de l'armée en promenant sa tête au bout d'une lance, était un élève et un complaisant de Néron; dès son enfance, il avait été prodigue et débauché, coureur de mauvais lieux et adonné à tous les excès. Dans l'âge de l'ambition, il s'attacha, pour se mettre en crédit, à une affranchie de cour, qui en avait beaucoup, et il feignit même d'être amoureux d'elle, quoiqu'elle fut vieille et décrépite. Ce fut par ce canal qu'il s'insinua dans les bonnes grâces de Néron, auquel il rendit d'ignominieux services. Mais il se brouilla pourtant avec cet empereur, à cause de Poppée, qu'ils se disputaient l'un à l'autre et qu'Othon fut obligé d'abandonner au droit du plus fort. On doit supposer que ses mœurs ne firent que se corrompre davantage avec les années; et son genre de vie peut être apprécié d'après la description de sa toilette, qui témoigne de ses goûts efféminés: «Il se faisait épiler tout le corps, et portait sur sa tête à peu près chauve de faux cheveux fixés et arrangés avec tant d'art, que personne ne s'en apercevait. Il se rasait tous les jours la figure avec beaucoup de soin, et se la frottait avec du pain détrempé, habitude qu'il avait contractée dès que son menton se couvrit d'un léger duvet, afin de ne jamais avoir de barbe.»

Mais Othon, proclamé empereur à Rome, eut à peine le loisir d'ordonner quelques secrètes orgies dans le palais des Césars: il se vit contraint de marcher à la rencontre de Vitellius, qui venait lui disputer l'empire, et il se tua de sa propre main, après trois défaites successives, quoique sa petite taille et son extérieur féminin ne répondissent point à tant de courage. Vitellius, son vainqueur et son successeur, s'était déshonoré dans sa jeunesse par sa passion pour une affranchie, dont il avalait la salive mêlée de miel comme un remède souverain contre les maux de gorge auxquels il était sujet. Il avait été d'ailleurs élevé à l'école de la Prostitution; car il passa son enfance à Caprée parmi les favoris de Tibère, et il resta flétri du nom de *Spinthria*, parce qu'il dirigeait les spintries du vieil empereur. Il continua de se souiller des mêmes infamies, lorsqu'il eut pris l'âge d'un vieux taureau, comme il le disait en plaisantant, et il devint tour à tour l'impur familier de Caligula, de Claude et de Néron. Mais dès lors il était violemment épris d'un affranchi, nommé Asiaticus, qui avait été son compagnon obscène à Caprée (*mutua libidine constupratum*), et qui cherchait toujours à lui échapper sans parvenir, à se faire oublier. Vitellius le retrouvait, tantôt vendant de la piquette aux muletiers, tantôt combattant parmi les gladiateurs, et, dès qu'il l'avait revu, il se sentait ému de ses honteux souvenirs de jeunesse; il s'emparait de nouveau de cette victime peu docile, et il cherchait à se l'attacher par des présents et des honneurs: il fit de son Asiaticus un gouverneur de province et un chevalier! Comme l'âge l'avait rendu obèse, il sacrifia sa luxure à la gourmandise, en déclarant que l'estomac était la partie du corps la plus complaisante et la plus forte; contrairement aux autres, qui s'affaiblissent par l'usage qu'on en fait. Il développa tellement la capacité de son estomac, qu'il mangeait presque sans interruption, lorsqu'il ne dormait pas, et son insatiable gloutonnerie se renouvelait à toute heure, par l'habitude qu'il avait de ne pas attendre, pour vomir, que le travail de la digestion fût commencé: il pouvait ainsi, tous les jours, faire quatre repas qui remplissaient la journée et une partie de la nuit. Ses sens s'alourdirent, et ne se réveillèrent plus que par intervalles au milieu de ces festins continuels où il invoquait rarement Vénus en vidant des coupes énormes et en dévorant des lamproies entières. Sa monstrueuse corpulence, son visage rouge et bourgeonné, son ventre proéminent et ses jambes grêles témoignaient qu'il avait passé à table tout le temps de son règne et qu'il ne s'était pas fatigué à courir après les jouissances fugitives de l'amour.

Après avoir eu un empereur vorace, Rome eut un empereur avare, qui s'abstint des ruineux excès de ses prédécesseurs et qui ne tomba point dans leur déconsidération. Vespasien, tout en persécutant les chrétiens, ne laissa pas que de subir malgré lui l'influence du christianisme: il comprit que la dignité de l'homme exigeait une certaine retenue dans les mœurs, et que le chef de l'empire devait jusqu'à un certain point donner l'exemple du respect que chacun est tenu d'avoir à l'égard de l'opinion publique. La raison d'État fut le principe de cette philosophie quasi chrétienne que Vespasien mit en pratique; son tempérament froid et austère lui permit d'être conséquent avec la morale. Il combattit la débauche par quelques sages règlements, et surtout par son genre de vie décent et régulier. Il vivait pourtant en concubinage, depuis la mort de sa femme, Flavia Domitilla, avec une ancienne maîtresse nommée Cénis, affranchie d'Antonia, mère de Claude, à qui elle avait servi de secrétaire; mais cette liaison illégitime était devenue avec le temps aussi respectable qu'un mariage sanctionné par la loi, et Cénis tenait auprès de l'empereur le rang d'une véritable épouse. Vespasien même lui resta fidèle, non-seulement parce qu'il l'aimait, mais encore parce qu'il n'en aimait pas d'autre. Cependant Suétone raconte qu'une femme feignit pour lui une violente passion, et finit par triompher de ses dédains, en lui persuadant qu'elle mourrait inévitablement si elle n'obtenait de sa part une preuve de tendresse. Cette preuve accordée, Vespasien se relâcha de son avarice ordinaire, au point de faire payer à la dame 400,000 sesterces (77,500 fr.), et cela en l'honneur de la nouveauté du fait. Son intendant lui ayant demandé comment il fallait inscrire la somme dans les comptes de dépense impériale: «Mettez, dit Vespasien: *Pour une passion inspirée par l'empereur* (*Vespasiano, ait, adamato*).» Tout chaste qu'il fût dans ses mœurs, Vespasien descendait parfois à de grossières plaisanteries et ne s'abstenait pas même des plus sales expressions (*prætextatis verbis*).

Titus, avant de succéder à son père Vespasien, s'était fait la plus mauvaise réputation dans Rome, où sa cruauté et son intempérance lui avaient aliéné les sympathies populaires: il prolongeait jusqu'au milieu de la nuit ses débauches de table avec les plus dissolus de ses familiers; on le voyait toujours entouré d'un troupeau d'eunuques ou de gitons (*exoletorum et spadonum greges*); on l'accusait aussi de rapacité, et l'on disait ouvertement que ce serait un autre Néron; mais il changea tout à coup dès qu'il fut monté sur le trône, et il régna comme un philosophe en se conformant sans le savoir aux préceptes de l'Évangile de Jésus-Christ: à l'instar de son père, il ne persécutait pas les chrétiens, qui admiraient en lui le modèle de toutes les vertus chrétiennes. Aussi, fut-il pleuré par tout son peuple, quand il mourut prématurément, en déclarant qu'il n'avait fait dans toute sa vie qu'une seule action dont il dût se repentir. Suétone prétend que c'était une liaison coupable avec Domitia, la femme du frère de Titus mais que celle-ci protesta toujours de son innocence en prenant les dieux à témoin: «Elle n'était pas femme à nier un tel commerce, ajouta-t-il, s'il eût existé, elle s'en serait plutôt vantée la première, comme de toutes ses infamies.»

Domitia, en revanche, ne nia pas ses rapports adultères avec l'histrion Pâris, qu'elle aimait éperdûment, et Domitien, proclamé empereur, se vit obligé de la répudier ou du moins de l'éloigner quelque temps, pour satisfaire à l'indignation publique. Il la reprit bientôt, en avouant que, malgré tous les déportements de cette autre Messaline, il ne savait pas se passer d'elle, et qu'elle lui tenait lieu de cent maîtresses. Il avait donné cependant une rivale à Domitia: c'était la propre fille de son frère Titus; il l'avait séduite et enlevée à son mari, du vivant même de Titus; il manifesta pour elle la passion la plus effrénée, et il fut cause de sa mort, en la contraignant à se faire avorter, dans le doute où il était de sa monstrueuse paternité. Il n'était que trop porté d'ailleurs aux plaisirs de l'amour, qu'il appelait la *gymnastique du lit* (*libidinis nimiæ, assiduitatem concubitus, velut exercitationis genus,* κλινοπαλην *vocabat*). On assure qu'il s'amusait à épiler lui-même ses concubines, lorsqu'il n'enfilait pas des mouches avec un poinçon, et il se baignait dans de vastes piscines avec les plus viles prostituées (*nataretque inter vulgatissimas meretrices*). Toutefois, en dépit de ces libertinages, Domitien s'occupa de réformer les mœurs, et réclama l'application de plusieurs anciennes lois de police tombées en désuétude: ainsi pendant que Clodius Pollion, surnommé le Borgne, faisait circuler la copie d'un billet autographe, dans lequel Domitien, alors jeune et adonné à des vices infâmes, lui promettait une nuit (*noctem sibi pollicentis*), l'empereur faisait condamner, en vertu de la loi Scantinia, plusieurs chevaliers romains convaincus du crime de pédérastie. Ce fut lui qui défendit aux femmes déshonorées l'usage de la litière (*probosis feminis lecticæ usum ademit*), et qui établit des peines terribles contre l'inceste des Vestales; il fit enterrer vive la grande vestale, Cornélie, qui avait eu plus d'un complice, et ceux-ci furent battus de verges jusqu'à ce que mort s'ensuivît; d'autres vestales, les sœurs Ocellata, Varronilla, eurent la liberté de choisir leur genre de mort, et leurs séducteurs allèrent en exil. Enfin, Domitien, honteux sans doute en faisant un retour sur lui-même, raya du tableau des juges un chevalier romain qui avait repris sa femme, après l'avoir répudiée et traînée devant les tribunaux comme adultère.

Mais la morale évangélique déborde de toutes parts, et le paganisme semble rougir de ses prostitutions, que justifiait l'histoire des faux dieux. La philosophie chrétienne s'infiltre dans la doctrine de Platon, et les empereurs, qui tiennent à honneur d'être philosophes, s'appliquent à corriger leurs vices et à mettre un frein à leurs passions. Ainsi, le vieux Nerva qui, au dire de Suétone, avait corrompu la jeunesse de Domitien; Trajan, qui aimait les jeunes garçons, ce que Xiphilin ne condamne pas; Adrien, qui eût sacrifié l'empire à son favori Antinoüs, qu'il déifia, et qui passait pour un voluptueux à toutes fins (*quæ adultorum amore ac nuptarum adulteriis, quibus Adrianus laborasse dicitur, asserunt*); ces trois empereurs régnèrent comme des sages, et travaillèrent à reconstituer la société romaine sur des bases d'honnêteté, de justice, de pudeur et de religion, qui émanaient de la foi nouvelle. Antonin le Pieux et Marc-Aurèle furent vraiment des empereurs chrétiens, et sous leurs règnes glorieux, on put croire que l'Évangile allait devenir le code universel de l'humanité. Mais le paganisme, conspué dans ses tendances matérielles et flétri dans sa dépravation organique, devait tenter un dernier effort sous Commode et sous Héliogabale, pour entraîner le monde romain dans les dernières saturnales de la Prostitution.

13

Sommaire.—Commode, empereur.—Sa jeunesse impudique.—Son mignon Anterus.—Comment Commode employait ses jours et ses nuits.—Anterus assassiné à l'instigation des préfets du prétoire.—Ses trois cents concubines et ses trois cents cinædes.—Ses orgies monstrueuses.—Incestes qu'il commit.—Hideuses complaisances auxquelles il soumettait ses courtisans.—L'affranchi Onon.—Commode se fait décerner par le sénat le surnom d'*Hercule*.—Horribles débauches de ce monstre.—Comment Marcia, concubine de Commode, découvrit le projet qu'avait l'empereur de la faire périr, ainsi qu'un grand nombre des officiers de la maison impériale.—*Philocommode*.—Mort de Commode.—Héliogabale, empereur.—Célébrité unique d'infamie laissée par lui dans l'histoire.—Héliogabale, grand-prêtre du soleil.—Luxe macédonien des vêtements d'Héliogabale.—Semiamire *clarissima*.—Petit sénat fondé par l'empereur, pour complaire à sa mère.—Ce que c'était que le *petit sénat* et de quoi l'on s'y occupait.—Goûts infâmes d'Héliogabale.—Pantomimes indécentes qu'il faisait représenter et rôle qu'il jouait lui-même.—Quelle sorte de gens il choisissait de préférence pour compagnons de ses débauches.—Comment il célébrait les Florales.—Les *monobèles*.—Plaisir qu'il trouvait à se mêler incognito aux actes de la Prostitution populaire.—Sa sympathie et sa tendresse pour les prostituées.—Convocation qu'il fit de toutes les courtisanes inscrites et de tous les entremetteurs de profession.—Comment il se conduisit devant cette tourbe infâme qu'il présida et don qu'il fit à chacun des assistants.—L'empereur *courtisane*.—Comment Héliogabale célébrait les vendanges.—Femmes légitimes qu'eut cet empereur hermaphrodite.—La veuve de Pomponius Bassus.—Cornelia Paula.—La prêtresse de Vesta.—Maris d'Héliogabale.—Le conducteur de chariot, Jérocle.—Aurelius Zoticus, dit le *cuisinier*.—Mariage des dieux et des déesses.—Festins féeriques d'Héliogabale.—Petites loteries qu'il faisait tirer à ces festins.—Droits qu'avaient les courtisanes dans le palais impérial.—Mort d'Héliogabale.—Alexandre Sévère, empereur.—Bienfaisante influence de son règne.—Gallien, empereur.—Ses débauches.—Le *divin* Claude, empereur.—Aurélien, empereur.—Tacite, empereur.—Les mauvais lieux sont défendus dans l'intérieur de Rome.—Probus, empereur.—Carin, empereur.—Sa vie infâme.—Dioclétien, empereur.—C'est sous son règne que semble s'arrêter l'histoire de la Prostitution romaine.

La famille des Antonins, après avoir mis sur le trône impérial deux grands philosophes qui essayèrent de régénérer le monde païen par la morale, devait produire l'infâme Commode et s'éteindre avec Héliogabale. Les abominations de ces deux derniers règnes font un contraste attristant avec les belles vertus d'Antonin et de Marc-Aurèle, qui avaient même fait oublier leurs glorieux prédécesseurs Trajan et Adrien. Marc-Aurèle avait prévu que son fils Commode ressemblerait un jour à Néron, à Caligula et à Domitien: il regretta de n'être pas mort, avant d'avoir vu cette prévision fatale s'accomplir. Si Commode n'avait eu que de mauvaises mœurs, son père eût fermé les yeux sur ce qui n'était qu'un fait ordinaire de la jeunesse et du tempérament; ainsi Marc-Aurèle tolérait-il la vie licencieuse de son fils adoptif Lucius Vérus, qu'il avait associé à l'empire et qu'il savait pourtant adonné à tous les plaisirs sensuels; mais Lucius Vérus, en se livrant à la débauche avec des danseurs, des bouffons et des courtisanes, avait soin de se renfermer dans l'intérieur de son palais, et n'apportait au dehors qu'une habitude décente, honorable et presque austère. Les excès de sa vie privée n'influaient nullement sur sa vie publique, et il pouvait se montrer auprès de Marc-Aurèle, sans faire rejaillir sur ce vertueux empereur le scandale de ses propres vices.

Mais Commode, au contraire, n'eût pas été satisfait, si ses turpitudes n'avaient eu mille témoins et mille échos: c'était pour lui un plaisir et un besoin que de s'avilir aux yeux de tous. De plus, l'abus de la luxure avait surexcité ses sens à ce point que, pour les contenter, il eut recours à l'effusion du sang: il était naturellement cruel, et chez lui la cruauté se développa jusqu'à devenir une passion brutale qui se mêlait à tous les emportements de la fureur érotique. «Dès sa plus tendre enfance, raconte Lampride, qui a écrit d'après des historiens grecs et latins aujourd'hui perdus, il fut impudique, méchant, cruel, libidineux, et il souilla même sa bouche.» (*Turpis, improbus, crudelis, libidinosus, ore quoque pollutus, constupratus fuit.*) Cependant, peu de temps après avoir pris la robe virile, au retour de l'expédition d'Égypte où il avait accompagné son père, il partagea les honneurs du triomphe avec le divin Marc-Aurèle. Il écarta les sages et dignes précepteurs qu'on lui avait donnés et il s'entoura des hommes les plus corrompus: un moment on les éloigna de lui; mais, comme le chagrin de ne plus les voir l'avait fait tomber malade, on les lui rendit, et depuis lors il ne mit plus de frein à ses impudicités. Il fit du palais une taverne et un lieu de débauche (*popinas et ganeas in palatinis semper ædibus fecit*); il attira dans ce lieu-là les femmes les plus remarquables par leur beauté, comme des esclaves attachées aux lupanars, pour les faire servir à tous ses impurs caprices (*mulierculas formæ scitioris, ut prostibula mancipia lupanarium, ad ludibrium pudicitiæ contraxit*). Enfin, il vivait avec les gladiateurs et les mérétrices; il hantait les maisons de Prostitution et, déguisé en eunuque, il pénétrait dans les cellules pour y porter de l'eau ou des rafraîchissements (*aquam gessit ut lenonum magister*).

Lorsque Marc-Aurèle mourut à Rome, Commode faisait la guerre aux Barbares sur les bords du Danube, où il soupirait sans cesse après les délices de l'Italie; il se hâta donc de quitter les soldats qui l'avaient salué empereur, et il fut reçu avec acclamation par les Romains, qui ne se souvinrent pas des turpitudes de sa jeunesse, en le voyant si beau et si bien fait: «Son air n'avait rien d'efféminé, dit Hérodien, son regard était doux et vif tout ensemble; ses cheveux frisés et fort blonds: lorsqu'il marchait au soleil, sa chevelure jetait un éclat si éblouissant, qu'il semblait qu'on l'eût poudré avec de la poudre d'or.» Mais cette beauté radieuse, qui n'avait pas d'égale, si l'on en croit Hérodien, ne tarda pas à se flétrir dans les orgies, où Commode consultait moins ses forces que ses désirs insatiables; sa constitution robuste ne résista pas à des assauts continuels, et il se trouva bientôt débile, le dos voûté, la tête tremblante, le teint bourgeonné, les yeux rouges et les lèvres baveuses. Il eut même, par suite de plusieurs maladies honteuses, une tumeur si considérable aux aines, qu'elle paraissait à travers ses vêtements de soie. Le jour de son entrée à Rome, pendant que l'enthousiasme du peuple s'adressait surtout à sa figure charmante et à sa bonne mine, il avait fait monter derrière lui, sur son char, son mignon (*subactore suo*) Antérus, et, pendant toute la cérémonie du triomphe, il se retournait à chaque instant pour donner des baisers à ce vil personnage: leurs ignobles caresses continuèrent en plein théâtre, aux applaudissements des spectateurs.

Commode reprit d'abord le train de vie qu'il menait du vivant de son père: le soir, il courait les tavernes et les mauvais lieux (*vespera etiam per tabernas ac lupanaria volitavit*); la nuit, il buvait jusqu'au jour, en compagnie de son Antérus et de ses autres favoris. Quant aux affaires de l'empire, il en laissait le soin à Pérennis, qui l'engageait à ne s'occuper que de ses plaisirs et qui le délivrait du fardeau de son gouvernement: ce fut une convention faite entre eux, lorsque Commode perdit Antérus, que les préfets du prétoire firent assassiner pour échapper aux caprices tyranniques de ce favori. Commode ne se consola de cette perte, qu'en se plongeant dans des voluptés plus étranges encore: il ne se montrait presque plus en public; il vivait enfermé dans le palais, où il avait rassemblé trois cents concubines, que leur beauté désigna au choix de ses pourvoyeurs, et qui furent choisies indifféremment parmi les matrones et les prostituées. A ces concubines, il avait adjoint, pour son usage, trois cents jeunes cinædes choisis également dans la noblesse et dans le peuple, et non moins remarquables que les femmes par la perfection de leurs formes corporelles. Ces six cents convives étaient assis à sa table et s'offraient tour à tour à ses impures fantaisies (*in palatio per convivia et balneas bacchatur*). Quand la force physique lui faisait défaut, il appelait à son aide toute la puissance de l'imagination: il obligeait ses concubines à se livrer sous ses yeux aux plaisirs qu'il n'était plus capable de partager avec elles (*ipsas concubinas suas sub oculis suis stuprari jubebat*). Ces tableaux voluptueux avaient le pouvoir de ranimer ses sens épuisés, et il redevenait encore une fois acteur dans ces obscènes bacchanales, où les sexes étaient confondus, où la Prostitution avait recours aux plus horribles artifices (*nec irruentium in se juvenum carebat infamia, omni parte corporis atque ore in sexum utrumque pollutus*).

Ce n'était plus, comme chez Tibère et Néron, l'ardeur d'assouvir d'énormes passions matérielles; c'était plutôt l'infatigable recherche d'une imagination dépravée qui n'aspirait qu'à rendre la vie à des sens défaillants. Ainsi, Commode se mettait l'esprit à la torture pour inventer, en guise de philtres, les plus odieuses combinaisons d'obscénités. Après avoir violé ses sœurs et ses parentes, il donna le nom de sa mère à une de ses concubines, afin de se persuader qu'il commettait un inceste avec elle. Il n'épargna aucun des affidés qui l'entouraient, et il les soumit à de honteuses complaisances, sans refuser de s'y prêter lui-même (*omne genus hominum infamavit quod erat secum et ab ominibus est infamatus*). Malheur à qui se permettait alors de rire ou de se moquer: il envoyait aux bêtes le plaisant malavisé. «Il aimait de préférence, dit Lampride, ceux qui portaient les noms des parties honteuses de l'un ou de l'autre sexe, et il les embrassait de préférence.» (*Habuit in deliciis homines appellatos nominibus verendorum utriusque sexus, quos libentius suis osculis applicabat*). Une variante du texte latin, *oculis* au lieu d'*osculis*, atténue ce passage, en donnant à entendre qu'il se contentait de les regarder avec plus d'intérêt et de curiosité que les porteurs de noms honnêtes. Parmi ses familiers, il avait distingué un affranchi qu'il appelait Onon (ονος, âne), à cause de certaine analogie obscène avec cet animal: il l'enrichit et il le fit grand-prêtre d'Hercule des Champs, pour le récompenser de ses mérites. (*Habuit et hominem pene prominente ultra modum animalium, quem Onon appellavit, sibi charissimum*). Lui-même s'était fait appeler *Hercule* par le sénat, qui lui avait décerné déjà les surnoms de *pieux* et d'*heureux*.

On ne saurait se représenter sans horreur les débauches, souillées de sang humain, que ce monstre déifié mettait en œuvre avec une sorte de génie infernal; il ne respectait pas même les temples des dieux (*deorum templa stupris polluit et humano sanguine*). Il aimait à porter des vêtements de femme et à prendre des airs féminins; souvent il s'habillait en Hercule, avec une veste brochée d'or et une peau de lion: «C'était une chose ridicule et bizarre, dit Hérodien, que de le voir faire parade en même temps de l'afféterie des femmes et de la force des héros.» Dans ses festins, il mêlait souvent des excréments aux mets les plus délicats, et il n'hésitait pas à y goûter lui-même, pour avoir le plaisir d'en faire manger aux autres (*dicitur sæpe pretiosissimis cibis humana stercora miscuisse, nec abstinuisse gustu, aliis, ut putabat, irrisis*). Les grimaces que faisaient les convives en l'imitant lui procuraient un malin divertissement auquel il ne se bornait pas. Un jour, il ordonna au préfet du prétoire Julien de se dépouiller de ses habits et de danser nu, le visage barbouillé, en jouant des cimbales, devant les concubines et les gitons, qui l'applaudissaient; ensuite, il le fit jeter dans un vivier, où les lamproies le dévorèrent. Il ne manquait pas de faire inscrire solennellement dans les actes publics de Rome tout ce qu'il faisait de honteux, d'impur, de cruel, en un mot toutes ses prouesses de gladiateur et de débauché (*omnia quæ turpiter, quæ impure, quæ crudeliter, quæ gladiatorie, quæ lenonice faceret*).

Enfin, cet exécrable empereur, après avoir échappé à plusieurs conspirations tramées contre sa vie, périt assassiné à l'instigation de Marcia, celle de ses concubines qu'il aimait le plus. Marcia l'aimait aussi malgré ses crimes, et elle veillait sur ses jours, comme une mère attentive, peut-être par pitié plutôt que par amour. Commode eut l'idée de célébrer le premier jour de l'année par une fête dans laquelle il irait au Cirque, armé de sa massue et précédé de tous les gladiateurs. Marcia le conjura de n'en rien faire, et tous les officiers de la maison impériale le supplièrent aussi de ne pas s'exposer de la sorte aux poignards des assassins. L'empereur, irrité de l'opposition qu'il rencontrait de la part de ses plus fidèles serviteurs, résolut de se débarrasser d'eux en les condamnant à mort. Il écrivit les noms des condamnés sur une écorce de tilleul, qu'il oublia sous son chevet. «Il avait à sa cour, rapporte Hérodien, un de ces petits enfants qui servent aux plaisirs des Romains voluptueux, qu'on tient à demi nus et dont on relève la beauté par l'éclat des pierreries. Il aimait celui-ci éperdûment et le faisait appeler *Philocommode*.» L'enfant entra dans la chambre, trouva par terre la liste de proscription et l'emporta comme un jouet. Marcia vit cette liste dans les mains de l'enfant et la lui enleva, en le caressant: «Courage! Commode, ne te démens point, s'écria-t-elle en lisant son nom et ceux des proscrits. Voilà donc la récompense de ma tendresse et de la longue patience avec laquelle j'ai supporté tes brutalités et tes débauches!... Mais il ne sera pas dit qu'un homme toujours enseveli dans le vin préviendra une femme sobre et qui a toute sa raison!» En effet, elle alla sur-le-champ avertir ceux qui devaient partager son sort et elle versa de sa main le poison dans la coupe de Commode qui, menaçant de vivre, fut étranglé par un esclave, nommé Narcisse, que Marcia avait gagné à sa cause en promettant de s'abandonner à lui. «Commode fut plus cruel que Domitien, plus impur que Néron!» acclama le sénat qui voulait que le cadavre fût traîné avec un croc, au spoliaire, où l'on entassait les corps morts des gladiateurs.

On pouvait croire que Commode ne serait jamais surpassé dans les annales de la Prostitution, mais on avait compté sans Héliogabale, qui a laissé dans l'histoire une souillure ineffaçable et une célébrité unique d'infamie. Lampride, en écrivant la vie impure (*impurissimam*) de ce monstre d'après les contemporains grecs et latins qui l'avaient écrite avant lui, a eu presque honte de son ouvrage, quoiqu'il ait passé sous silence une foule de détails que la pudeur ne lui permit pas de recueillir (*quum multa improba reticuerim et quæ ne dici quidem sine maximo pudore possunt*), et quoiqu'il ait voilé sous des termes honnêtes (*prætextu verborum adhibito*) ceux qu'il osait conserver dans son récit adressé à l'empereur Constantin. Hérodien et Xiphilin, qui ont survécu seuls à la perte des historiens originaux, nous fournissent quelques-unes de ces particularités odieuses que Lampride (d'autres disent Spartien) n'a pas voulu reproduire. «On s'étonne, répéterons-nous avec Lampride, qu'un pareil monstre ait été élevé à l'empire, et qu'il l'ait gouverné près de trois ans, sans qu'il se soit trouvé personne qui en ait délivré la société romaine, lorsque jamais un tyrannicide n'a manqué aux Néron, aux Vitellius, aux Caligula et aux autres princes de cette espèce.» Le règne d'Héliogabale est vraiment la dernière convulsion du paganisme qui se meurt et qui, en mourant, se roule avec désespoir au milieu de toutes les fanges du monde antique.

Héliogabale, dont le nom originaire était Avitus, prit celui qui désignait son premier état de prêtre du soleil, et ensuite il adopta celui d'Antonin, parce qu'il prétendait descendre de cette famille antonine, à laquelle l'empire devait Antonin-le-Pieux et Marc-Aurèle, mais que l'exécrable Commode avait déjà déshonorée. Selon Héliogabale, sa mère Semiamire, qui vécut en courtisane et qui commit à la cour des empereurs toutes sortes de turpitudes (*quum ipsa meretricio more vivens, in aulâ omnia turpia exerceret*), avait eu avec Antonin Caracalla un commerce honteux, dont il était le fruit. Son origine fut cependant contestée par ceux qui l'avaient surnommé *Varius* ou bigarré, à cause des nombreux amants qui partagèrent à cette époque les faveurs de sa mère. Quoi qu'il en fût de sa naissance, quand Macrin eut fait assassiner Caracalla, Héliogabale craignit d'être compris dans le meurtre de l'empereur qu'il se donnait pour père, et il chercha un asile inviolable dans le temple du soleil. Ce fut de ce temple qu'il sortit, l'année suivante, pour se faire proclamer empereur par les soldats, qui le surnommèrent l'Assyrien et le Sardanapale : « Il portait des habits très-somptueux, raconte Hérodien, couverts d'or et de pourpre, avec des bracelets, un collier et une couronne en manière de tiare enrichie de perles et de pierres précieuses. Son habillement tenait de celui des prêtres de Phénicie et empruntait quelque chose du luxe de la Macédoine : il méprisait celui des Romains et des Grecs, qui n'était que de laine, et il ne faisait cas que des étoffes de soie. » Il eut l'idée, pour accoutumer les Romains à son luxe barbare et à ses parures efféminées, de se faire peindre en costume de prêtre du soleil et d'envoyer ce portrait à Rome, avant d'y venir lui-même. Mais ce n'était rien que sa figure auprès de ses mœurs, qui inspirèrent de l'effroi aux Romains les plus débauchés : *Quis enim ferre posset principem per cuncta cava corporis libidinem recipientem, quum ne belluam quidem talem quisquam ferat?* Héliogabale n'était pas arrivé par l'enivrement du pouvoir à cet excès de dépravation sensuelle : l'empire l'avait trouvé ainsi corrompu et dégradé dans le sanctuaire de son dieu phénicien. On peut donc dire qu'en devenant empereur, il ne devint pas plus pervers ni plus infâme, sinon plus cruel. Qu'attendre d'un misérable insensé, qui n'avait aucune notion de l'honnête, et qui faisait consister le principal avantage de la vie à être digne et capable de satisfaire l'ignoble passion de plusieurs (*cum fructum vitæ præcipuum existimans si dignus atque aptus libidini plurimorum videretur*) ? On comprend que les chrétiens aient représenté cet empereur comme une incarnation du diable.

Dès la première assemblée du sénat, il y parut avec sa mère, cette vieille courtisane que plus d'un sénateur se rappelait avoir connue dans l'exercice de son abject métier. Semiamire prit place auprès des consuls, et signa le sénatus-consulte rédigé dans cette circonstance. Ce fut la seule femme qui siégea, en qualité de *clarissima*, dans le sénat romain. Héliogabale fonda aussi, pour plaire à sa mère, un petit sénat (*senaculus*), composé de matrones qui s'assemblaient, à certains jours, sur le mont Quirinal, pour discuter des lois somptuaires relatives aux femmes: on détermina quels habillements elles porteraient en public; qui aurait entre elles la préséance; quelles personnes elles admettraient au baiser d'usage; qui d'elles se servirait de voitures suspendues; qui, de chevaux de selle; qui, d'ânes; qui, d'un chariot traîné par des bœufs ou par des mules; qui, de litière, et si ces litières seraient garnies de peau et ornées d'or, d'ivoire ou d'argent; on régla, par sénatus-consulte, la forme et les ornements de la chaussure que chaque classe de femmes aurait le privilége de porter. Semiamire semblait s'être réservé l'autorité suprême sur son sexe exclusivement; Héliogabale, sur le sien, comme s'il bornait son rôle d'empereur à commander aux hommes. Pendant l'hiver qu'il passa à Nicomédie, avant de s'établir à Rome, Héliogabale donna carrière à ses goûts infâmes; tellement que les soldats qui l'avaient élu rougirent de leur ouvrage, en voyant leur empereur confondu avec de vils gitons (*omnia sordide ageret, inireturque à viris et subaret*). Il n'eut garde de changer de genre de vie, lorsqu'il fut à Rome. «Toutes ses occupations, dit Lampride, se bornèrent à choisir des émissaires chargés de chercher partout et d'amener à sa cour les hommes qui devaient remplir certaines conditions favorables à ses plaisirs.» Xiphilin explique quelles étaient ces conditions que la nature avait départies plus libéralement à un petit nombre de privilégiés. Ceux qu'on jugeait dignes d'être présentés à l'empereur figuraient dans les pantomimes indécentes, qu'il faisait représenter, et dans lesquelles il jouait toujours un rôle de déesse de la fable. Il aimait surtout à mettre en action les amours de Vénus, et pour faire ce personnage, il se peignait le visage et il se frottait tout le corps avec des aromates. Souvent il renouvelait, sous le déguisement de Vénus, la scène principale du jugement de Pâris: tout à coup ses vêtements tombaient à ses pieds, et on le voyait nu, une main devant son sein et l'autre devant le signe de la virilité qu'il cachait entièrement, *posterioribus eminentibus in subactorem rejectis et oppositis*.

Héliogabale choisissait, au théâtre et dans le cirque, les compagnons de ses débauches, parmi les athlètes les plus robustes et les gladiateurs les plus membrus. C'est là qu'il distingua les cochers Protogène, Gordius et Hiéroclès, qui eurent part à toutes ses turpitudes: il avait une telle passion pour Hiéroclès qu'il lui donnait publiquement les baisers les plus hideux (*Hieroclem vero sic amavit ut eidem oscularetur inguina*); il nommait cela célébrer les Florales. Il avait fait construire des bains publics dans le palais, et il n'avait pas honte de se baigner au milieu du peuple, afin de mieux découvrir par lui-même les qualités particulières qu'il aimait dans les hommes (*ut ex eo conditiones bene vasatorum hominum colligeret*). Il parcourait aussi les carrefours et les bords du Tibre, pour chercher ceux qu'il appelait des *monobèles*, c'est-à-dire des hommes complets (*viriliores*). Il n'y avait de crédit et d'honneurs, que pour ces sortes de gens (*homines ad exercendas libidines bene vasatos et majoris peculii*). Héliogabale éleva aussi aux premières dignités de l'empire certains personnages qui n'avaient pas d'autres titres à ses préférences, que leurs énormes attributs virils (*commendatos sibi pudibilium enormitate membrorum*). Dans les festins il les plaçait à ses côtés le plus près possible, et il se délectait à leur contact et à leurs attouchements (*eorumque attrectatione et tactu præcipue gaudebat*); c'était de leurs mains qu'il voulait prendre la coupe où il buvait en l'honneur de leurs hauts faits et des siens.

A l'exemple de Néron et de Commode, il trouvait un plaisir infini à se mêler incognito à tous les actes de la Prostitution populaire: «Couvert d'un bonnet de muletier, afin de n'être pas reconnu, raconte Lampride, il visita, en un seul jour, dit-on, les courtisanes du Cirque, du Théâtre, de l'Amphithéâtre et de tous les quartiers de Rome; s'il ne se livra pas à la débauche avec toutes ces filles (*sine effectu libidinis*), il leur distribua pourtant des pièces d'or, en disant:—Que personne ne sache qu'Antonin vous a fait ce don!» Il se sentait plein de sympathie et de tendresse pour ces malheureuses instigatrices de la débauche publique. Un jour, il convoqua dans une basilique de la ville toutes les courtisanes inscrites sur les registres de la police éditaire, et il présida lui-même cette étrange assemblée, dans laquelle il admit les entremetteuses de profession, tous les débauchés connus, les enfants et les jeunes gens vendus à la luxure (*lenones, exoletos, undique collectos et luxuriosissimos puerulos et juvenes*). D'abord il se présenta en costume de grand-prêtre du soleil, pour mieux imposer à cette tourbe infâme, et il prononça un discours de circonstance, commençant par ce mot: *Camarades* (*commilitones*), qui revenait à chaque instant dans son allocution impudique. Ensuite il ouvrit la discussion sur plusieurs questions abstraites de volupté et de libertinage (*disputavitque de generibus schematum et voluptatum*). Son immodeste auditoire battait des mains et poussait des acclamations, chaque fois qu'il rencontrait quelque effroyable imagination de débauche. Enivré de son succès, il sortit un moment et reparut habillé en femme, portant la toge et la perruque blonde des courtisanes, découvrant une gorge postiche et montrant sa jambe nue, avec les allures, les gestes, les agaceries et les paroles d'une prostituée de carrefour. Sous ce costume, il s'approcha de celles à qui son caprice avait emprunté la livrée mérétricienne, et il leur prouva qu'il savait leur métier aussi bien qu'elles. Puis, se débarrassant de sa gorge d'emprunt (*papillâ ejectâ*), il prit les airs et l'habit des enfants qu'on vendait à la Prostitution (*habitu puerorum qui prostituuntur*), et il se tourna vers les débauchés, pour leur faire voir qu'il n'était pas moins expert qu'eux dans leur art honteux. Enfin il termina la séance, en prononçant une nouvelle harangue plus monstrueuse que la première, en promettant à chaque assistant un donatif de trois pièces d'or, et en se recommandant à leurs prières pour obtenir que les dieux lui accordassent la santé, la vigueur et le plaisir dont il avait besoin jusqu'à sa mort.

Ce ne fut pas la seule marque de bienveillance spéciale qu'il accorda, par amour du métier, à la classe des courtisanes. On le vit souvent racheter de ses deniers toutes celles qui étaient esclaves au pouvoir des lénons, et les affranchir ensuite, afin qu'elles pussent continuer à leur profit l'odieux trafic qu'elles avaient appris à exercer. On raconte même, à ce sujet, qu'ayant racheté ainsi au prix de cent mille sesterces (19,375 fr.) une courtisane fort belle et très-fameuse, il ne la toucha pas et la respecta comme une vierge (*velut virginem coluisse*). Quand il voyageait, il se faisait suivre de six cents chariots, remplis de lénons, d'appareilleuses, de mérétrices et de cinædes bien pourvus (*causa vehiculorum erat lenonum, lenarum, meretricum, exoletorum, subactorum etiam bene vasatorum multitudo*). Il avait toujours des femmes avec lui dans ses bains, et c'était lui-même qui les épilait. Il se servait aussi, pour sa barbe, d'une pâte épilatoire (*psilothro*), et il employait de préférence à cet usage celle qui avait déjà servi à l'épilation de ses femmes. Il employait également, pour faire sa barbe, le même rasoir avec lequel il avait rasé le poil des parties honteuses de ses gitons (*rasit et virilia subactoribus suis novacula manu suâ, qua postea barbam fecit*). «Il n'y a personne, dit Xiphilin, qui puisse faire ni écouter le récit des abominables saletés qu'il fit ou qu'il souffrit en son corps.» Xiphilin répugne à entrer dans ces détails, que Dion Cassius avait minutieusement recueillis et que la langue grecque couvrait d'une sorte de voile qui les rendait plus tolérables; mais l'histoire originale de Dion Cassius n'a pas conservé le règne d'Héliogabale, comme si les pages consacrées à ce règne abominable avaient été déchirées par une main pudique. Lampride dit aussi qu'on avait réuni, dans les histoires de cette époque, un grand nombre d'obscénités, qu'il a cru devoir passer sous silence, parce qu'elles ne sont pas dignes de rester dans la mémoire des hommes (*digna memoratu non sunt*): «Il inventa, dit-il, plusieurs nouveaux genres de débauche, et il surpassa les exploits des anciens débauchés, car il connaissait toutes les pratiques de Néron, de Caligula et de Tibère (*libidinum genera quædam invenit, ut spinthrias veterum malorum vinceret, et omnes apparatus Tiberii et Caligulæ et Neronis norat*).»

On doit surtout regretter le texte original de Dion Cassius, en citant ce curieux passage de l'Abrégé de Xiphilin, prudemment affaibli dans la traduction du président Cousin: «Héliogabale allait aux lieux de Prostitution, en chassait les courtisanes, et s'y plongeait dans les plus infâmes voluptés. Enfin il destina à l'incontinence un appartement de son palais, à la porte duquel il se tenait, tout nu, debout à la façon des courtisanes, en tirant un rideau attaché à des anneaux d'or et appelant les passants d'un ton mou et efféminé. Il avait d'autres personnes attachées au même emploi, dont il se servait pour aller chercher des gens dont l'impudicité pût lui donner du plaisir. Il tirait de l'argent des complices de ses débauches, et se glorifiait d'un gain aussi infâme que celui-là. Quand il était avec les compagnons de ses débordements, il se vantait d'avoir un plus grand nombre d'amants qu'eux et d'amasser plus d'argent; il est vrai qu'il en exigeait indifféremment de tous ceux auxquels il se prostituait. Il y en avait un, entre autres, d'une taille fort avantageuse, et qu'il avait dessein, pour ce sujet, de désigner César.» Le président Cousin, dans cette pâle traduction, a évité de rendre la naïveté cynique du texte grec, qui n'avait pas à ménager la susceptibilité des beaux-esprits français.

Si les appétits sensuels d'Héliogabale étaient immodérés, son imagination dépravée avait encore plus de puissance et d'activité. Ainsi, ce qu'il cherchait sans cesse avec une impatiente curiosité, c'étaient de nouvelles manières de souiller ses yeux, ses oreilles et son âme, en souillant aussi la pudeur d'autrui. Les prodigieux festins qu'il offrait à ses mignons et à ses gladiateurs, mettaient entre leurs mains des coupes aux formes obscènes, et faisaient circuler devant eux des amphores et des vases d'argent surchargés d'images érotiques (*schematibus libidinosissimis inquinata*). Toute cette argenterie effrontée brillait surtout dans les soupers d'apparat, qu'il donnait à l'occasion des vendanges, et dans lesquels il s'amusait à déshonorer les citoyens les plus recommandables et les vieillards les plus majestueux. Il leur demandait, pour les embarrasser, s'ils avaient fait preuve dans leur jeunesse d'autant de vigueur qu'il en déployait lui-même, et ces questions, il les leur adressait avec une impudence inouïe (*impudentissime*), car jamais il ne s'abstint des expressions les plus infâmes et il y joignait souvent des gestes et des signes plus infâmes encore (*neque enim unquam verbis pepercit infamibus, quum et digitis impudicitiam ostentaret, nec ullus in conventu, et audiente populo, esset pudor*). Voilà comme il entendait célébrer la liberté des vendanges. Il interrogeait brusquement un vieux à barbe blanche et au maintien solennel: «Es-tu fidèle au culte de Vénus (*an promptus esset in Venerem*)?» Si le vieillard rougissait, à cette impertinente question: «Il a rougi! s'écriait-il, la chose va bien (*salva res est*).» Le silence et la rougeur équivalaient pour lui à un aveu. Il s'autorisait alors à parler de ses propres actes, et si tous les vieillards baissaient les yeux en rougissant, il faisait appel à ses jeunes complices, pour les inviter à répondre sans détour sur le sujet qu'il avait posé: ceux-ci obéissaient aussitôt et tâchaient de renchérir encore sur la turpitude de leur maître, qui se réjouissait de les entendre et qui leur portait d'ignobles défis. La flatterie déliait souvent la langue des vieillards, qui se vantaient à leur tour de commettre les mêmes ignominies et d'avoir des maris (*qui improba quædam pati se dicerent, qui maritos se habere jactarent*). L'empereur, à ces révélations inattendues, exultait de joie et ne s'apercevait point que ces misérables feignaient des vices qu'ils n'avaient pas, pour lui complaire et le divertir.

Cet empereur hermaphrodite voulut avoir plusieurs femmes légitimes et plusieurs maris. Il épousa d'abord la veuve de Pomponius Bassus, qu'il avait fait condamner à mort en l'accusant de s'être fait le censeur de la conduite privée de l'empereur. Cette femme, aussi belle que noble, était petite-fille de Claude Sévère et de Marc-Antonin. Héliogabale, qui eut recours à la violence pour lui faire subir une odieuse union, la délaissa bientôt pour ses rivales: «Il ne les recherchait pourtant pour aucun besoin qu'il en eût, dit Xiphilin, mais par le désir d'imiter les débauches de ses amants.» Il se maria ensuite avec Cornélia Paula, dans l'espoir, disait-il, d'être plus tôt père, «lui qui n'était pas homme,» ajoute Xiphilin, comme pour mettre à la torture les commentateurs. Ce mariage fut célébré par des jeux et des fêtes publiques, mais bientôt il répudia sa nouvelle épouse, sous prétexte qu'elle avait une tache sur le corps. La véritable cause de cette répudiation était un autre mariage qu'il souhaitait contracter avec plus d'éclat que les précédents. Il avait pénétré dans le temple de Vesta, et peu s'en fallut qu'il ne laissât s'éteindre le feu sacré (*ignem perpetuum extinguere voluit*), pendant qu'il profanait le sanctuaire par un inceste. Il enleva la vestale Aquila Sévéra et l'épousa insolemment à la face du ciel, en disant que les enfants qui naîtraient du grand-prêtre du soleil et de la prêtresse de Vesta auraient sans doute quelque chose de sacré et de divin. Mais Héliogabale n'eut pas plus d'enfants de ce mariage sacrilége que des autres, et il se dégoûta bientôt de sa vestale, qu'il remplaça par deux ou trois femmes successivement jusqu'à ce qu'il eût repris Aquila Sévéra.

Mais, pour parler de ses mariages avec des hommes, c'est à peine si nous oserons nous en tenir à la traduction de Xiphilin, que le président Cousin n'a point osé reproduire avec une fidélité scrupuleuse. Héliogabale se maria donc en qualité de femme, et se fit appeler *madame* et *impératrice*. «Il travaillait en laine, portait quelquefois un réseau et se frottait les yeux de pommade. Il se rasa le menton et en fit une fête, prit soin qu'il ne lui parût aucun poil, pour être plus semblable à une femme, et reçut, étant couché, les sénateurs qui l'allaient saluer. Son mari était un esclave natif de Carie, nommé Jérocle, conducteur de chariots.» Il avait remarqué Jérocle, un jour que, tombant de son chariot, ce cocher avait laissé voir ses cheveux bouclés et son menton sans barbe: Jérocle avait une abondante chevelure blonde, une peau lisse et blanche, des traits fins et un regard chatoyant, mais il joignait à ces apparences efféminées une taille de géant et des formes athlétiques. Héliogabale le fit enlever tout couvert de sueur et de poussière; puis, il l'installa dans sa chambre à coucher, au sortir du bain, et le lendemain il l'épousa solennellement. «Il se faisait maltraiter par son mari, raconte Xiphilin ou plutôt le président Cousin, dire des injures et battre avec une si grande violence qu'il avait quelquefois au visage des marques des coups qu'il avait reçus. Il ne l'aimait point d'une ardeur faible et passagère, mais d'une passion forte et constante, tellement qu'au lieu de se fâcher des mauvais traitements qu'il recevait de lui, il l'en chérissait plus tendrement. Il l'eût fait déclarer césar, si sa mère et son aïeule ne s'étaient pas opposées à cet acte de démence impudique.»

Jérocle eut pourtant un rival qui balança un moment le crédit dont il jouissait auprès de l'empereur. C'était Aurélius Zoticus, dit le *Cuisinier*, parce que son père l'avait élevé dans les cuisines, où tout enfant il tournait la broche. Zoticus renonça de bonne heure au métier paternel pour embrasser l'état de lutteur: il l'emportait en bonne mine et en vigueur corporelle sur tous les athlètes avec lesquels il se mesurait dans les jeux du cirque. Les pourvoyeurs d'Héliogabale reconnurent avec admiration les singuliers mérites de ce robuste champion et s'emparèrent de lui pour le mener à Rome avec une pompe triomphale. Sur l'éloge qu'on avait fait de lui à Héliogabale, qui brûlait de le voir, il avait été nommé chambellan (*cubicularius*) de l'empereur. Celui-ci l'attendait avec une impatience qui éclata de la façon la plus indécente, quand le nouveau chambellan fut introduit dans le palais à la clarté des flambeaux. «Dès que cet infâme prince l'aperçut, raconte Xiphilin en conservant les termes mêmes du récit de Dion Cassius, il accourut à lui avec beaucoup de rougeur sur le visage; et, parce que Zotique en le saluant l'avait appelé *seigneur* et *empereur* selon la coutume, il lui répondit, en tournant la tête d'un air plein de mollesse comme une femme et en jetant sur lui des regards lascifs:—Ne m'appelez point *seigneur*, puisque je suis une *dame!*» Il l'emmena baigner à l'heure même avec lui; et l'ayant trouvé tel qu'on le lui avait représenté, il soupa entre ses bras comme sa maîtresse.» Jérocle, jaloux de ce rival, eut l'adresse de lui faire verser par les échansons un breuvage réfrigératif qui lui ôta toute sa vigueur et qui le frappa d'impuissance. Héliogabale, loin de soupçonner le complot dont Zoticus était victime, le regarda dès lors avec autant de colère et de mépris qu'il lui avait témoigné d'estime et d'affection auparavant. Peu s'en fallut qu'il l'envoyât aux bêtes, et Zoticus, dans sa disgrâce, fut encore trop heureux de se voir seulement dépouillé de ses honneurs et chassé du palais, de Rome et de l'Italie.

Héliogabale, qui se jouait ainsi scandaleusement de l'institution du mariage au double point de vue de la morale et des lois, eut la pensée bizarre de marier aussi les dieux et les déesses. Il commença par donner une femme à son dieu phénicien, comme si ce dieu avait eu besoin de femme et d'enfant, dit Xiphilin. La femme qu'il lui avait choisie était Pallas, et pour accomplir cette union divine, il fit apporter dans sa chambre le palladium, cette statue vénérée, que les Romains considéraient comme la sauvegarde de Rome, et qui n'avait pas été changée de place une seule fois, excepté lorsque le feu avait pris au temple de la déesse. Mais le lendemain de cette profanation étrange et ridicule, qu'il avait poussée aussi loin que possible en couchant les deux statues dans le même lit, il déclara qu'une déesse si guerrière ne convenait pas à un dieu si pacifique, et il fit apporter, à Rome, pour ce dieu, la statue de Vénus Uranie, la divinité des Carthaginois. Uranie, qui présidait à l'incubation des êtres dans le travail mystérieux de la nature, et qui personnifiait la lune et les autres de la nuit, devait naturellement être l'épouse d'Héliogabale, dieu du soleil et de la génération. L'empereur célébra donc leurs noces avec splendeur, et il fit contribuer tous les sujets de l'empire aux présents magnifiques qu'il offrit aux époux; lui-même, le visage peint et fardé, il dansa, en tunique de soie, autour des deux statues placées côte à côte dans un lit de pourpre, et enchaînées l'une à l'autre avec des bandelettes de lin. Cet incroyable mariage de statues donna lieu à de grandes réjouissances à Rome et dans toute l'Italie. Héliogabale s'identifiait, en quelque sorte, au dieu dont il portait le nom; il se faisait un devoir religieux de lui soumettre, de lui sacrifier tous les dieux, même celui des chrétiens; car il souilla leurs temples de ses impuretés et il fit déposer leurs images dans le panthéon du soleil: c'était là qu'il venait, au sortir de ses monstrueuses débauches, remplir son ministère de grand-prêtre. Il ne refusait pas néanmoins de prendre part au culte des autres divinités, surtout s'il avait un rôle à jouer dans les mystères de ce culte. Ainsi, on le vit agiter sa tête échevelée parmi les prêtres mutilés de Cybèle; il se lia comme eux les parties génitales (*genitalia sibi devinxit*), et il fit tout ce que ces impurs fanatiques avaient l'habitude de faire. Il s'associa également aux rites bizarres et obscènes d'Isis, de Priape, de Flore et de Cotytto.

Rien ne peut présenter une idée exacte et complète de ces festins féeriques, dans lesquels il rassemblait tout ce que le luxe, la prodigalité, la gourmandise et le caprice pouvaient inventer, pour satisfaire ses passions, ses sens et ses instincts pervers. Il ne vivait, pour ainsi dire, que pour découvrir des voluptés nouvelles (*exquirere novas voluptates*). Lampride a énuméré quelques-unes des folles merveilles de ces repas, où il était toujours assis sur des fleurs ou sur des essences précieuses, vêtu de pourpre ou d'étoffes d'or, surchargé de pierreries sous le poids desquelles il disait succomber de plaisir (*quum gravari se diceret onere voluptatis*), et la tête coiffée d'un lourd diadème oriental. Ces fabuleux repas duraient des jours entiers, des nuits entières, sans autre interruption que les intervalles consacrés à la débauche, comme des repos accordés à l'estomac, qui ne se lassait pas plus que l'ardeur des sens. Les convives alors n'étaient plus des hommes, mais des bêtes fauves: ils s'efforçaient à l'envi d'imiter leur empereur, sans espoir de l'égaler. Celui-ci, échauffé par le vin et les parfums, rejetait tous ses vêtements, se couronnait de rayons d'or, suspendait un carquois sur ses épaules, et nu, les cheveux flottants, le corps frotté d'huile aromatique, il montait sur un char, resplendissant de pierres précieuses et de métaux, attelé de trois ou quatre femmes absolument nues, qui le traînaient autour de la salle du banquet. (*Junxit et quaternas mulieres pulcherrimas et binas ad papillam, vel ternas et amplius, et sic vectatus est: sed plerunque nudus quum illum nudæ traherent.*) Sa générosité à l'égard de ses compagnons de table se traduisait en présents gigantesques ou ridicules, que le sort distribuait souvent au hasard des lots; il riait beaucoup, quand la fortune aveugle avait fait tomber dans les mains d'un vieux débauché une coquille portant ces mots qui étaient un ordre: «Se conduire en homme devant l'empereur»; il riait davantage, si, par une de ces chances qu'il aimait à provoquer, une vieille décrépite devenait la maîtresse d'un beau jeune garçon. Souvent les billets cachetés, que ses convives tiraient de l'urne, leur ordonnaient les douze travaux d'Hercule ou les condamnaient à des services ignobles et dégradants. Ces espèces de loteries conviviales, où il mettait en frais son imaginative, entraînaient parfois avec elles l'exil, la confiscation et même la mort pour ceux que le sort n'avait pas favorisés. Heureux celui qui en était quitte pour dix mouches, dix œufs, dix toiles d'araignée, à fournir ou à recevoir! Les femmes, quelquefois les prostituées ramassées dans les rues, qui assistaient à ces orgies et qui en subissaient toutes les vicissitudes, étaient ordinairement les mieux partagées et se retiraient, épuisées de lassitude, le visage décomposé, le corps meurtri, les vêtements en lambeaux, mais chargées de butin. La plus misérable, et la plus déchue, que sa bonne étoile avait amenée à la table de l'empereur, pouvait se vanter d'avoir été un moment presque impératrice, car Héliogabale prenait son plaisir partout, pourvu qu'il n'eût pas affaire deux fois à la même femme (*idem mulieres nunquam iteravit, præter uxorem*). Enfin, les courtisanes de Rome avaient le droit de venir se prostituer, au lupanar impérial qui restait ouvert jour et nuit dans l'intérieur du palais (*lupanaria domi amicis, clientibus et servis exhibuit*). Courtisanes et gitons se recommandaient d'eux-mêmes à sa sollicitude paternelle: un jour, il leur fit distribuer la septième partie des approvisionnements de blé que Trajan et Sévère avaient accumulés dans les greniers publics, et qui pouvaient subvenir à sept années de disette.

Ce monstre à face humaine déshonora l'Empire pendant un règne de quatre ans où il entassa toutes les extravagances, toutes les atrocités, toutes les débauches, toutes les abominations qui peuvent outrager la nature. Il se glorifiait d'imiter Apicius dans sa vie privée, et, sur le trône, Néron, Othon et Vitellius. Il n'avait pourtant que dix-huit ans, lorsqu'il fut tué par des bouffons dans les latrines où il s'était caché. Les soldats, qui avaient conspiré pour délivrer Rome et le monde d'un pareil empereur, sévirent aussi contre ses complices et leur firent endurer différents supplices, arrachant aux uns les entrailles et empalant les autres, afin, disaient-ils, que leur mort ressemblât à leur vie (*ut mors esset vitæ consentiens*). Le *traîné*, l'*impur*, comme le surnommèrent ceux qui traînaient son corps dans les fanges de la ville, ne devait pas avoir d'égal dans l'histoire des empereurs, et, après lui, l'humanité sembla se reposer, sous la bienfaisante influence d'Alexandre Sévère, en ouvrant les yeux à la lumière de la morale évangélique. Mais, avant que le christianisme, qui envahissait de toutes parts la société païenne, eût mis un frein aux passions sensuelles et constitué la police des mœurs dans les gouvernements, on vit encore les empereurs qui se succédaient sur le trône, comme les histrions sur un théâtre, donner au peuple l'exemple contagieux de tous les écarts de la Prostitution. Presque tous s'adonnèrent à la débauche, presque tous se laissèrent aller à de monstrueux raffinements de dépravation. Gallien, qui ne vécut que pour son ventre et ses plaisirs (*natus abdomini et voluptatibus*), imitait quelquefois Héliogabale: il invitait un grand nombre de femmes à ses festins, et alors il choisissait pour lui les plus jeunes et les plus belles, laissant les laides et les vieilles à ses convives. Si le *divin* Claude, comme pour faire oublier aux Romains l'impur Gallien (*prodigiosum*), régna en philosophe chaste et modeste; si Aurélien réprima le luxe par des lois somptuaires et punit rigoureusement l'adultère, même parmi les esclaves; si l'empereur Tacite défendit d'établir des mauvais lieux dans l'intérieur de Rome, défense qui ne put être maintenue (*meritoria intra urbem, stare vetuit, quod quidem diu tenere non potuit*); s'il fit fermer les bains publics pendant la nuit; s'il interdit les habits de soie et les profusions du luxe efféminé; si Probus a été vraiment digne de son nom; Carin, prédécesseur de Dioclétien, fut, en revanche, suivant les termes de Flavius Vopiscus, «le plus débauché de tous les hommes, le plus effronté des adultères et des corrupteurs de la jeunesse, et poussa l'infamie jusqu'à se prostituer lui-même (*homo omnium contaminatissimus, adulter, frequens corruptor juventutis, ipse quoque male usus genio sexus sui*).» Il avait pour préfet du prétoire un vieil entremetteur, nommé Matronien; pour secrétaire, un impur (*impurum*), avec lequel il faisait toujours sa méridienne; pour amis, les êtres les plus pervers. Il se souilla des vices les plus infects (*enormibus se vitiis et ingenti fœditate maculavit*), et il ne respecta rien (*moribus absolutus*). Mais Dioclétien balaya toutes ces immondices qui avaient fait du palais des empereurs un lupanar; et Dioclétien, qui fut un chrétien par la chasteté de ses mœurs et par la moralité de ses lois, quoiqu'il ait cruellement persécuté les chrétiens, Dioclétien le sage, l'austère, le philosophe, eut pourtant l'odieux courage de faire de la Prostitution un des supplices qu'on infligeait aux vierges et aux matrones chrétiennes! C'est pourtant sous Dioclétien que semble s'arrêter l'histoire de la Prostitution romaine.

Copyright © 2023 par Alicia Editions
Couverture : Canva.com
Image : *Scène de banquet, fresque, Herculanum, Italie, ca. 50 BCE*
ISBN Ebook 9782384551156
ISBN Livre broché 9782384551163
Tous droits réservés

www.ingramcontent.com/pod-product-compliance
Lightning Source LLC
LaVergne TN
LVHW032007070526
838202LV00059B/6327